U0057957

全語言教育

李連珠 著

這一本書獻給

知識、能力、智慧、愛的泉源

耶穌基督

祂是本書的協同作者

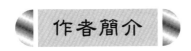

作者簡介

李連珠

學歷：美國亞利桑那大學（University of Arizona）幼兒教育學哲學博士（Ph. D.）

現職：國立台南大學幼兒教育學系專任副教授
全語言教師、全語言教育工作者

經歷：中華民國全語言教育發展研究會理事長、監事
台灣第一個全語言教師團體發起人

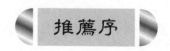

心手相連，珠璣滿腹

　　本書是連珠十幾年來獻身「全語言教育」，在台灣播種、深耕，與豐收的完整記錄。

　　有幸被邀寫序，自當投桃報「李」，不負所託。但它量多，堪稱「巨著」，長篇大論必成續貂狗尾；而其質美，有目共睹，也不須我再畫蛇添足。「點睛」重任，勢必需要另起爐灶。

　　思之再三，決定少談書多談人；縱使談書，也不吊書袋而以傳送書香與人氣為重。首先介紹連珠（及本書）與我結緣經過。其次，以「牽手」、「對話」，與「開心」為題，捕捉她在書中的身影與神韻。最後邀請大家與她共譜「不了情」。

❖ 緣起

　　二○○○年三月二十六日上午，我在台北一個學術研討會上，擔任連珠論文發表的主持人。她的演出極為精采。不只言簡意賅地陳述「全語言課程」的理論基礎與理想價值，並當場解析一些幼稚園大班孩子「讀寫萌發」實例，示範如何落實上述理念於實務現場（李連珠，2000）*。

　　看似無意義的塗鴉，經她抽絲剝繭，大家方才看到蘊藏其中的奧秘。而這些孩子善用資訊，集體創作一封謝卡兼邀請卡的歷程，更令與會者大開眼界。參閱第四章第二節的「書信往返」與「邀請函」語言事件，即可見識連珠的解讀功力與當日演出的魅力。

　　午餐時，我興奮地邀她為相熟的出版社寫書；但她表示已與他人有約。

---

* 李連珠（2000）：實施統整性的全語言課程：以一個幼稚園大班為例。台北國際兒童教育協會中華民國分會「幼兒教育課程統整方式面面觀」學術研討會。

雖感遺憾，我仍鼓勵她儘快把這些有趣又深具意義的「故事」集冊出版。交談之中，我答應為她新書寫序。

交代此一故事，旨在印證連珠深思熟慮、謹慎行事的風格，以及醞釀才能出味的堅持與用心！從發願寫書到完稿付印，至少歷經六年；若從播種之時起算，則已超過十五年！連珠說她一九九○年十一月在屏東師院的專題演講，「可能是台灣最早以 Whole Language 為題的公開學術講述，也是在台灣系統化介紹 Whole Language 的名詞和觀念最初步活動之一」（第十章第二節）。──我時任屏師幼師科主任，正是邀她演講的人！沾光「推手」，與有榮焉。

❖ 牽手

與連珠結緣多年，讀其書如見其人，關注焦點與「純讀者」有別，深層體會也較與眾不同。如我讀她與孩子互動的眾多故事，雖也被其鞭辟入裡的解析吸引，卻更被瀰漫其中的濃情蜜意感動，並常在眼前浮現一幅「牽手」畫面⋯⋯

回憶與本書結緣當日，連珠在台上演出時，我彷彿看到她牽著孩子的手，和他們在寬廣的草原上，一起散步、遊玩，與歡笑⋯⋯。任想像奔馳，我又看到一幅景象：大人輕輕牽手，不強求、不焦急；孩子安心，輕鬆自在地行進，自由摸索周遭世界，盡興把玩自己挑選的事物；而那大人因此「看見」了孩子，並對其精采多樣的表現，產生由衷的感動，與深入的「理解」與「欣賞」。

我喜歡也珍惜這個「牽手」影像，和由它衍生的景象，因此銘記在心。不知道是否由於它與連珠描繪的烏托邦不謀而合（或至少異曲同工），當我對書中所言產生共鳴時，「牽手」影像常自動跳出，與之唱和⋯⋯

連珠與孩子互動的精采故事，不勝枚舉；她的身影在書中也處處可見。這些多采多姿故事的詳實記錄，與連珠對這些故事的細緻解析，都是我心儀的「牽手」影像與想像的見證。

以下是我印象特深的一段章節。連珠闡述「幼兒讀寫萌發立場」（第四章第一節）時，建議大家「對閱讀和書寫持廣義之界定」，要「從幼兒

的觀點，而非成人的標準看幼兒的讀寫行為」，並「嘗試發現幼兒的已知已能和長處，而非指出他們的未知不能和錯誤」。

原來，她能娓娓道來孩子語言活動的建構歷程與教育意義，並不只因她對孩子內在思維瞭若指掌，而更因她對孩子的主體性，真摯地尊重、體諒與憐惜。

而連珠不只善牽孩子的手，她也很會牽老師的手。深信老師是落實教育理念與理想的關鍵人物，她長久與幼教老師密切接觸，從啟蒙觀念、引領方向、協同實驗、檢驗成果，以至組織成長團體與支持團體，一路陪伴著她們穩定前行（參見第貳、參部分各章；尤其第七章）。

我覺得，連珠把她的「牽手」哲學（以孩子為尊，儘量讓他們自在、自由與自主的發展），推廣及於以「牽手」為業的老師了。她牽著形形色色的老師的手，容許她們以自己的方式與步驟，在自己班上實驗她們所認定的全語言課程。她樂見各地全語言教室以不同的風貌展現，因為「沒有兩個全語言教室是完全一樣的」！

我不禁又生想像，連珠是否有意以本書為媒，再扮「牽手」，帶著大家一起去品嚐、感受，和體會「沒有兩個人是完全一樣的」的道理？

❖ 對話

連珠用心看見孩子與老師本真，並以真情相與，故能順利牽到她們的手；但若不輔之以理、導之以道，到此就停止不前，則「牽手」將徒具形式或流於空言。我稱讚連珠是「牽手」高手，乃因她不只用心、多情，也很會講理。

能否講理，攸關本書成敗。如「作者序」所示，本書要角「全語言是一種教育哲學觀、一套教育信念，也是一個運動」。它本已有多重面貌，但實施後出現良莠不齊的多種化身；它雖有堅實、豐富而多元的理論基礎，但經歷史、文化與社會洗禮，產生了錯綜複雜的關係……。如何驗明「正身」，以免指鹿為馬；如何引人「入勝」，而非走馬看花；如何為頭暈眼花、無所適從者止憂解惑、指點迷津……，全須仰賴識途嚮導的牽手與講理。

連珠善於講理，可從本書具備佈局宏偉、結構完整、組織嚴密，與論證有力等優點，獲得佐證。全書分三部分，首先奠定基礎與釐清內涵，其次暢談應用與實踐；最後統合內外、遠交近攻，展望未來。如此佈局與架構組織，反映了她統觀全局、胸有成竹，循序漸進的成熟思維。三部分各含三或四章，我從其章節結構與順序安排，看到她系統思考、井然有序的特色。細讀各章內容，更發現她在說理論道時，旁徵博引、言而有據；在實踐探究時，重視反省經驗、逐步建構理解，並因此促成兩者的交流與連結。由此可見她駕馭思維、收發自如的功力。

由上所述，連珠「能」講理，無庸置疑。但如她思想便捷、能言善道者眾，是否人人皆可勝任嚮導？其實不然。「能」講理固然重要，「會」講理才是關鍵。一個好嚮導必須具備與人「對話」的意願與能力。

「對話」一詞在本書首見於「作者序」。由於相關背景與我兩次解讀的經驗有重大關聯，容我以較長篇幅轉述如下：

連珠發現，在台灣對全語言已有各種「不可不謂有負面作用」的解讀；她憂心忡忡，擔心重蹈美國推動全語言教育時，因「誤解、誤導、誤傳、及偏頗實踐」而遭質疑攔阻的覆轍。但她發現，有許多教育工作者「努力、忠實地在建構他們的全語言觀，共塑全語言的本土知識」，於是她說：

> 我們的確需要資訊，需要對話，需要更多智能的激盪。我們無法
> 阻止不同的解讀，但是可以開啟對話，進行建設性的溝通，讓不
> 同的解讀可以慢慢落入全語言可包含的大範疇之內。

她過去雖與研究與實務工作者，有許多面對面的對話，但對象有限，因此著作本書以便「開啟一個新型態的對話，一個能普及更廣大對象的對話」。她以此書「建立對話的開端和基礎」，盼望得到讀者回應，並盼望讀者之間也能「透過本書為媒介進行對話，透過對話，澄清修正我自己的及讀者間不同的解讀」。

第一次讀它時，我雖瞭解連珠提議「對話」的用意，並肯定以它為溝通方式的價值，但印象最深的是，我對連珠回應「異類」的態度，甚感不

解。我若碰到類似遭遇，必定氣急敗壞、鳴鼓攻之；為何她看似無動於衷、心平氣和？

讀完全書，重讀「作者序」時，我已有「能」講理不如「會」講理的體會，對連珠回應態度自然有不同的理解。我對她提議「對話」的用心，亦有新的體會。利用「對話」與人交流資訊、激盪智能，其實僅是初級目標，人性交流才是終極關切。我的領悟是：心中有人，「牽手」與「對話」才能牽手與對話！

連珠深諳「牽手」與「對話」之道，並身體力行她對「全人」的信仰。她與人交往心存尊重、信任，故能平等以待，虛心就教；她知道個人知識建構常要經過一段演化歷程，故能包容異見、耐心等待；她相信每人都能用自己的方式與進度去理解任何事情，因此不強求同意，也不奢望速效，故能含情說理、循循善誘。同時，她對「全語言」既有通盤的瞭解與堅定的信仰，自然不為噪音所擾，反能聚焦於「如何」對話，譬如：由淺入深、抽絲剝繭，不厭其煩，反覆訴說……

❖ 開心

本序一開始設定了「少談書多談人」的原則。藉助「牽手」與「對話」的捕風捉影，我對連珠的風采與神韻的描繪，應已告一段落；驀然回首，那「人」身影依稀可見。

但我雖以連珠本人為描繪焦點，卻不以此為限，我也有藉此呼應「全語言」哲學核心價值的意圖。我談連珠其「人」，也談她「以人為本」之道。

我撰寫「牽手」一節，肯定連珠「容許老師們以自己的方式與步驟，在自己班上實驗他們所認定的全語言課程」的時候，曾有以下一段草稿：

> 真實的孩子和老師，在真實教室裡，營造出一個真實的世界！在那裡，一大群人牽著手，不再佩戴辨別角色、象徵身分，甚或代表地位的標籤，譬如：「孩子」、「大人」、「老師」、「老師的老師」，快樂地交往、生活，與不斷的成長。「孩子」和「老

師」牽手沐浴在「全人」綱領下，自然融為一體了。

這是我對「牽手」終極目標：「以人為本的世界」的嚮往與想像。「牽手」與「對話」都不是單行道，路的這頭有伸出手、起始對話的人，路的那頭也有回應牽手與對話的人。而且，雙向進行的目標，與瀰漫整個活動的氣氛，都與「全人」綱領息息相關。

前節所提領悟：「心中有人，『牽手』與『對話』才能牽手與對話」，同樣在強調「以人為本」是成功牽手與對話的基礎。若把那句話倒過來講，則可用來預告成功牽手與對話的結果：「牽手」與「對話」牽手與對話，心眼就開，人味兒就自然流露。也就是說，「心中有人」是順利啟動的關鍵，也是進行活動的目標。

想提醒一點的是，我並非憑空想像得到上述體會與心得，這些都是我藉著閱讀連珠與本書的機緣，受其啟發而逐漸建構的理解。譬如，我曾說連珠「能娓娓道來孩子語言活動的建構歷程與教育意義」，在於「她對孩子的主體性，真摯地尊重、體諒與憐惜」；我稱讚她是「牽手」高手，因為她「不只用心、多情，也很會講理」；另外，「牽手」影像以及由它促發的想像中的景象，以及「能」講理與「會」講理的分辨，處處可見她的身影、刺激，與影響。

心既嚮往「以人為本的世界」，就要努力向引路嚮導連珠學習「牽手」與「對話」之道。入門途徑是隨時提醒自己「心中有人」。但要如何「心中有人」？如何得見真人？「開心見性」與「萬法歸宗，唯心是用」，突然浮現心頭。

但我得聲明，我無意也無能在此「高」談闊論、談經論道，那兩句話不過是我看連珠真心相惜、用心說理、耐心等待、細心琢磨，將心比心……所產生的聯想。心眼開，就能見人。與人交往，就能開心，不是嗎？

❖ 不了情

本節是推薦序的「結語」，但希望它也是另一段因緣的「開端」。

連珠在第十章第二節，非常詳盡地敘述了全語言在台灣的發展歷史與

全語言教育

未來的展望。限於篇幅，我不擬在此細談我的心得，僅想以連珠「作者序」的一段話作結，並代她呼籲：請大家一起與她共舞！連珠說：

> 書中有關實務的部分，因為我的工作範圍和經驗多數在幼兒教育階段，所取的大多是幼兒教育現場的資料。……至於它在其他教育階段的應用，我誠懇邀請在不同教育階段的工作者加入分享，一起拼排出全語言本土實務的完整面貌。

國立屏東教育大學初等教育學系教授

高敬文

作者序

　　全語言這幾年在台灣教育界是個時興的話題，隨著邁近幾年教育改革的風潮，愈來愈多人注意到它，思考它是否可以是新課程的一種選擇。它受到矚目反映在幾個現象——許多教師在職進修課程以它為主題；越來越多研究探討它的實務應用；論述它的期刊文章已累積數百；實務工作者要求提供更多的資訊和實務實例。身為全語言教育工作者，我樂見其成，但是我知道，就回應這些關切和呼聲而言，我們仍有一大段路要走。我們需要資訊，以更進一步探索全語言到底是什麼；需要更多人願意冒險成為全語言教師，共建全語言實務；需要更多分享的機會，好切磋實務經驗；需要更多學術與學術、學術與實務的對話，以釐清觀念淬鍊詮釋；需要更多研究來發現實務，支持實務，啟發實務，更重要的，從實務學習。

　　全語言是一種教育哲學觀、一套教育信念，也是一個運動。全語言運動在美國、加拿大是一個教育改革運動，而且起自草根。它對美國小學教育所造成的影響，可能是半世紀以來最大的。影響之深，以致它所推動的觀念已成為許多不同階段教師專業的一部分，即使全語言不是今日美國教育的主流。而我預估這些影響會持續下去。就像許多新思維和改革運動，全語言實務普遍興起之後，受到了認同歡迎，也遭逢質疑攔阻。全語言在教育政策面不能完全貫徹，是許多錯綜因素交雜作用的結果，因素之一即是對全語言的誤解、誤導、誤傳及偏頗的實踐，包括學者、研究者和實務工作者之間，都出現過這種情況。

　　較諸美加地區，台灣的全語言還在萌芽，將來不管它是在草根階層繁茂，在學術殿堂樹立，或獲權策部門青睞，我盼望我們能免蹈美國的覆轍。全語言有豐富多重的理論內涵，它的原則應用在實務現揚，更是繽紛多彩、各具樣貌。要解讀它，本就不是一件容易的事，要正確解讀它，更需要反覆的辯證釐清。在台灣我已然看到對全語言各種不同的解讀，有的定位它

全
語
言
教
育

為語言教學法；有的將它等同於一些零碎的活動；有的制式化它成一套有步驟可循的教法；有的將它包裝成一套教材；更令人錯愕的是有人持之為一種標籤，冠之於想要推銷的事物，或用以標榜自己的有別於他人。我也看到了理解和實踐之間的差距，所宣稱的和所實行的不一致。這些現象或許正常，但對全語言在台灣的發展不可不謂有負面的作用。當然有更多教育工作者努力、忠實地在建構他們的全語言觀，共塑全語言的本土知識。我們的確需要資訊，需要對話，需要更多智能的激盪。我們無法阻止不同的解讀，但是可以開啟對話，進行建設性的溝通，讓不同的解讀可以慢慢落入全語言可含容的大範疇之內。

對話的形式有很多種，也可採不同的策略。我過去與研究工作者、實務工作者有許多面對面的對話，但每次都只止於有限的對象。這一本書的著作，是為要開啟一個新型態的對話，一個能普及更廣大對象的對話。藉著陳述我個人對全語言的解讀和經驗，讓有興趣的對話者知道我的想法，建立對話的開端和基礎。作為對話起始者，我盼望有機會可以在不同的情境之中得到任何形式的回應，讀者之間也可以透過本書為媒介進行對話，透過對話，澄清修正我自己的及讀者間不同的解讀。我深信全語言在台灣未來的發展是建立在對它正確的瞭解之上。

這本書可視之為瞭解全語言理論和實務的參考資料。當然，書本內容的詮釋權在於讀者，讀者在詮釋的過程中，也需要有可以引用的參考資料。作為一份參考資料，這本書有它的資料來源，也有它組織資料的方式，或可提供讀者方向更廣度進一步去尋取所需的資料。書中有關實務的部分，因為我的工作範圍和經驗多數在幼兒教育階段，所取的大多是幼兒教育現場的資料。不管所呈現的是哪一個階段的教育，我儘可能地將全語言的精神透過實務現象具體呈現。至於它在其他教育階段的應用，我誠懇邀請在不同教育階段的工作者加入分享，一起拼排出全語言本土實務的完整面貌。

最後我要謝謝所有在實務現場堅持信念、不辭辛勞、忠實實踐全語言的教師們，特別是本書中所描述全語言教室內的老師！因著這些教師的堅持，本書才有全語言實務可以分享，其他的教師才看得到全語言不只是理

想，而是具體可行好的教學。我以這一本書邀請所有教育工作者成為全語言的參與者。

李連珠　謹誌

全
語
言
教
育

前言

　　「什麼是全語言」是多數初接觸全語言者共同的問題，問題很簡單，卻很難回答。全語言有深厚的歷史和哲學淵源，它是過去二百年來西方教育思潮、教育改革和社會運動交錯醞釀累積而成的社會知識。全語言的內涵豐富，它不只是關乎課室內的課程與教學，它同時是關乎課室外大環境中的人事物如何支持課程與教學，關乎近幾十年來它在美加等幾個西方國家中和整體教育發展的交互作用。因此全語言無法以一、二個句子簡單定義之，要瞭解它要同時從上述三個範疇著手。

　　本書將分三部分涵蓋此三範疇，以十章來說明全語言。因為它複雜而豐富的內涵，這十章乃從研究的態度和方法出發，以數個研究為基礎，彙整從民族誌、行動研究、實驗課程分析、訪談、文獻分析等所得的資料，就三個範疇一一闡釋它的內涵。第壹部分，從歷史和社會的觀點，追溯它的歷史根源，從中剖析闡明它的理論根基，進而提列它的課程原則，同時探討歷來相關研究所揭示全語言的課程價值。第貳部分，在理論基礎之上，探討課程和教學實務，以幼兒教室為例，長期深入實務現場，發現幼兒的學習歷程，陳述全語言幼兒課程及幼兒教室的面貌，並以所發現的實務現象與理論基礎相呼應。第參部分，從社會、文化和政治的角度，進一步探討課室以外與全語言課程發展相關的因素，以顯明全語言教室所在的大環境及其中的人事物，因為沒有這些大環境，全語言教室無法產生。此部分同時也嘗試呈現邁近大環境的變動，從中指出全語言教育的發展趨勢、它的啟發和未來。

目次 Contents

目
次

第壹部分

全語言的基礎與內涵

全語言是個教育哲學觀，也是個教育改革運動。要瞭解一個哲學觀必須先從它的理論根基著手；要認識一個運動，就得在歷史和社會脈絡中來發現。全語言雖是近三、四十年才興起，卻有長久的哲學淵源，從前代智慧累積而來的哲學根基，加上近代的研究，築構出它多面向的理論內涵，形成了它特有的觀點。第壹部分就在探討全語言的基礎和內涵。第一章追溯全語言的歷史根源，從中鋪陳它的發展，揭示它發展的歷史和社會脈絡，也嘗試為它演繹出具涵蓋性的定義；第二章在闡發它的理論內涵，逐節一一說明五個理論支柱的內容，同時將這些理論聯繫至它的哲學根源；第三章在探討與全語言相關的研究，展現過去三十多年來西方研究者在此一領域內的工作，以及研究如何和理論互相印證。

第壹部分在本書中具有概論、引入的性質，將全語言相關內容作一整體的介紹，奠立了後面七章的基礎。第貳部分和第參部分大多著眼在全語言的實務層面，全語言實務是全語言理論所驅動，因此後面幾章在探討實務時，每每都得再次回到理論根基，反覆論證，以確保實務的敘述是在理論情境之中，同時也讓有些從中間開始閱讀的讀者仍能在該章之內找到相關的理論脈絡。此外，全書雖分十章組織，但有些章節卻是前面某章節的延續（如第三章與第十章、第四章與第二章及第五章、第八章與第九章），前後不同章之間可能都有呼應關係，作者不厭其煩反覆論述，既為了各章的獨立性，也為了章與章之間的聯貫性。

第一章　全語言的歷史與根源

第一節　全語言的名詞釋義
　　一、全語言的「全」
　　二、全語言的「語言」
　　三、名稱的由來
　　四、名詞的正式使用

第二節　全語言的根源
　　一、對兒童的觀點：兒童、學習、教師、教學
　　二、對語言與課程的觀點
　　　　㈠課程
　　　　㈡認知、學習、思考、語言
　　　　㈢語言學習
　　　　㈣閱讀
　　　　㈤兒童文學
　　　　㈥寫作
　　　　㈦早期讀寫發展
　　三、教育和社會潮流
　　　　㈠進步學校
　　　　㈡統整課程
　　　　㈢開放教育
　　　　㈣對教科書的反動
　　　　㈤各國全語言教育政策
　　四、全語言運動
　　　　㈠全言教室的出現
　　　　㈡全語言專業團體

第三節　全語言的定義與內涵
　　一、對不同人定義不同
　　二、前人的定義

全
語
言
教
育

全語言的歷史與根源

　　一個學說的發展是聚合眾人的智慧和精力，歷經長期的探索、驗證、修正調整，且在真實的社會文化情境中實踐、再調整的知識社會化歷程。期間，知識的傳遞流通、論點的交換切磋、觀念的辯證修正、理論的實際操作等，都交錯地雕塑、影響、助長該學說的發展形成。教育領域的學說更是如此。

　　Whole Language（全語言）就是一個歷經長期涵育、多方挹注，幾經檢驗辯證，理論、研究和實務交互支持結合而成的教育哲學觀。它的思想淵源可上溯自十七世紀，涵納彼時至二十世紀數位教育思想家的思想，奠基並跨越整合現代的心理學、語言學、心理語言學、社會語言學、人類學、基模理論、文學理論、民族誌、人類學、哲學及教育學等理論（Weaver, 1992），它有堅實的有關學習、語言發展、語言學習、閱讀和寫作歷程、課程的研究為佐證，並且持續在多元多文化的教育情境內進行實際的實踐、交流、考驗與調整。全語言同時也受西方英語系幾個主要國家，尤其是美國、英國、加拿大、紐西蘭等國的教育政策、教育運動和社會運動中一些重要思想所啟發，形成一種運動，與前者相呼應。經過二十多年的發展歷史，全語言的理論內涵和教育實務已臻成熟明確，不論是對教育相關理論的啟發，或在實務現場內，均產生頗大的影響。要探討全語言的思想淵源和發展歷程，可以從上述幾個具影響性的力量去剖析，鋪排其源流。

　　全語言是一種教育哲學觀，也是美加地區一個教育的草根運動（Y. Goodman and K. Goodman, 1993; Watson, 1989）。不管就全語言名詞的使用

流傳、全語言興起在學術和教育實務上的回應和影響、或全語言草根運動的發生地而言，美國都是全語言的主要地區。本章探討全語言的形成歷史，將以美國為核心地區和思考角度來闡述。美國全語言學者Yetta Goodman以其學者和研究者的洞見，與美國全語言運動重要參與者的理解，本著局內人（insider）的敏銳眼光，從歷史家的角度，深入文獻，探討全語言的淵源。他[1]追本溯源全語言的名稱由來及哲學根基，仔細回溯自十七世紀以來影響全語言內涵構成的思想家、研究者，及其相關理論和教育思想，如何涵養全語言今日的內容，是現今極少數瞭解全語言哲學淵源和發展歷史較周全的重要文獻之一（Y. Goodman, 1989b）。本章呈現全語言的歷史，參酌其結構，也將從全語言理論的淵源來陳述，主要的焦點置於全語言形成一教育改革運動前之醞釀期及運動初期，鋪陳其哲學和理論淵源及與當代教育潮流和社會運動之交叉關係，Y. Goodman這份研究文獻是重要的參考資料。下文有關全語言歷史的探討，首先將從名詞的釋義和由來著手，再擴及哲學淵源及相關的運動，並鋪陳其繁複的實質定義和內涵。

▶ 第一節
全語言的名詞釋義

「何謂全語言」是一個看法紛歧、時有爭議、常被誤解、持續被討論的議題。名詞的表面字義不免有導引的作用，單從文字表面來看，全語言因其中的「語言」二字，指的似乎是與語言相關的事物，許多人因而引伸解讀其為一種語言教學法，這是對全語言最大也最普遍的誤解。作者在上一段已明白宣告全語言是一種教育哲學觀，為了還原全語言的真貌，本書其他部分必要時有可能再出現類似的提醒。當然，這是作者對全語言的詮釋，而詮釋權在於解讀者，不同的人因其在全語言的經驗不同，可能有不同的詮釋，而不同的詮釋之間可能相容、互有增添、甚或相斥，都留待第

---

[1] 本書中第三人稱均以「他」字表之，意在將焦點定在該位人士的專業，而非性別。

三節再進一步探討。現只就字面上的意涵作一初步說明。

一、全語言的「全」

「全語言」一詞的重點應是在「全」字，原文 "whole"（全部）與 "holistic"（渾然一體的）有相通之處，也常有替用互注的情況。「全」有完整、整體、統整之義。而這完整、整體、統整的意涵應涵蓋到學習者、語言、學習、教學、課程和教師等面向，也就是指學習者（包括學生、教師）、語言、語言學習和其他的學習、教學、課程都要全。學習者的「全」指的是要考量並尊重學習者全人，亦即他的整體發展、他的特質、興趣、需要、能力、長處、弱點、習慣的學習策略，還有他所從來的文化、族群、社會所凝聚而成的獨特經驗。語言的「全」指語言整體，包括口頭語言和書面語言，語言行為中的聽、說、讀、寫，以及語言系統裡的語意、語法、語音字形及其關係、微妙的語用，還有語言情境、相關的社會情境。這些要素在語言使用和語言學習過程中，都在交互作用整體運行。學習的「全」，延續上面的意義，指語言學習是從整體著手，它也指語言的學習和其他學習同時發生，統整在一起，是渾然一件事，它更進一步指學習時學習者全人的參與及其背景對學習的影響。教學和課程的「全」意指促成催化學習的過程所採用的，是一統整性的組織和整體導向的策略；所有的材料是完整、帶有情境的；所有的活動是整合學習者經驗的。根據這樣切割式的剖析（其實有違全語言的本質，但稍後會再還原其整體性），對全語言作一個很簡短名詞的字面解釋：**視學習者為一完整的個體，在整體的情境中，以語言學習所有要學習的事物，同時學習語言的全部。**

要注意的是，以一個簡單的名詞解釋呈現一個複雜的哲學觀是很危險的一件事，也不可能完全涵蓋其要義。不過這個簡單的字面釋義至少指出了一個重點——全語言不只是談語言教學而已，它大大超越了這個範疇。要瞭解全語言的內涵，需要對全語言的所有面向都深入認識，因此讀者對「何謂全語言」，要保留至本章第三節全語言的定義及第二章全語言的理論基礎之後，才有可能得到較完整、合宜的答案。

二、全語言的「語言」

全語言既然不只是關乎語言教學，何以用「語言」一詞為名？擷取語言為名，一方面是因全語言體認語言在所有學習中所扮演的媒介、整合性角色，另一方面也是全語言運動的形成歷史和草根本質使然。全語言並非先有人訂定了一個名詞，提出了一套思想之後，再去推廣至學術界和實務界。事實上次序剛好相反，也就是說，是教師在嘗試實踐了一些與全語言精神相關的實務，並和學者們所提出相關的理論對照呼應，一陣子之後，名稱才慢慢確立。全語言學者 Y. Goodman 指出「全語言」一詞由誰先開始已不確知，但推測「全語言」一詞普遍被使用，可能是在實務現場之中，當教師接觸了有關語言發展、閱讀和寫作歷程的新理論之後，開始對語言發展、語言學習有新的洞察，同時瞭解到學習者中心、整體導向、以解決問題的方式組織課程以及教學的重要原則和態度，也發現語言是其中主要的元素，而在討論中常提到語言。全語言之所以包含「語言」一詞，可能始於此時（Y. Goodman, 1989b）。因為最早是教師們用來討論語言相關的理論和實務，使用了「語言」一詞，也就如此延用了下來。但全語言絕不止於語言教學，這一個重要觀念在稍後探討它的哲學背景和內涵時會進一步地辯明。

三、名稱的由來

「全語言」一詞並非某些人登高一呼之後的產品，名稱也歷長期、幾經多個團體和個人於非正式場合中援用，慢慢才約定成立，其中幾個最早的正式的名詞使用，卻具有里程碑的意義。目前可考「全語言」一詞最早出現於文獻，是在 John Amos Comenius 為兒童撰寫的世上第一本圖畫書 *The Orbis Pictus* 的前言（Comenius, 1887）[2] 之中，在此書中，Comenius 用

---

[2] 原書出版社於一六五八年以拉丁文寫成，英文版於一八八七年在美國出版。

"Whole Language" 的意涵和今天所指並不一致，但該書中所反映Comenius
對幼兒和學習的關心，顯示了他對教育的理念和全語言有相通之處（Y.
Goodman, 1989b）。這個名詞雖沒有被承襲下來，用以指稱某個特定的思
想或事物，卻似乎是哲學種子的一個細胞，是三百年後學習者中心之思潮
的一個起點。

　　在一九七〇年代以後，「全語言」這個名詞開始出現在美國的教育界。
當時有些人陸續在非正式場合中使用「全語言」一詞，最初是一般性的使
用，如上文所提及，乃起始於教師之間教學相關的討論。後來經學界、實
務界更多人的相繼參與注入，形成了一個教育性社群，全語言變成了此社
群的共同關心，終而以此一名詞涵蓋相關的思想和實務。Y. Goodman為此
作了很好的註腳：

> 全語言是個草根運動，許多不同地區的教師、行政人員、師資培
> 育學者、研究者加入了研究團體和討論團體的網路之中，大家共
> 同參與，提出問題，進行對話，透過研究尋求答案，撰寫學術文
> 章，逐漸為一些相關的思想作出結論，也逐漸形成了全語言富動
> 力的思想內涵和定義。（Y. Goodman, 1989b, p.115）

　　因著語言在學習上的特殊角色，師資培育學者、教師們在教學實務相
關的討論中廣泛地使用了「全語言」一詞之後，慢慢地此名詞逐漸出現在
一些正式的師資培育和在職進修課程之中，而後漸漸地出現在報告、文件、
期刊、專業和學術文章、課程綱要、書籍裡，最後連圖書檢索系統中也採
用它作為一個關鍵詞（Y. Goodman, 1989b），可見彼時相關的學術性期刊
文章、論文、研究報告已大量出版流通，有關全語言的資訊交流已極熱絡。

四、名詞的正式使用

　　「全語言」一詞的正式使用，似乎揭開了美國全語言運動的序幕，也
為此一教育哲學派典作了正式的宣告。Y. Goodman（1989b）明確記錄了

「全語言」被正式公開使用的幾個具里程碑意義的事件，包括研討會中發表的學術論文、研究報告的出版、教師支持團體和教師在職進修課程等不同的形式——全語言學者 Harste 和 Burke（1977）在一九七七年學術研討會的發表中提出全語言觀的閱讀歷程說法，以全語言為一個閱讀歷程的派典；Watson 和一群教師於一九七八年在密蘇里州哥倫比亞市成立美國第一個教師支持團體，援用「全語言教師團體」（Teachers Applying Whole Language，簡稱 TAWL）為其名稱；K. Goodman 和 Y. Goodman（1979）出版發行的研究報告《理解為本的全語言閱讀課程》（*A Whole Language Comprehension-centered Reading Curriculum*）中出現「全語言」一詞；Orin Cochran 和 Ethel Buchanan 及其所參與的當地教師支持團體一九八〇年於加拿大溫尼伯市舉辦第一個及一系列有關全語言的教師在職進修研習會（參見表 1-1）。全語言出現在這些不同的場合和不同性質的文件中，呈現了全語言哲學觀的不同應用，正反映了它具廣度內涵的事實。這些「全語言」的援用，導出一個公開的約定，「全語言」遂成為一正式的專有名詞，用來表達有關語言、教師和教學、學習者和學習及課程等事物的新想法。

第二節
全語言的根源

　　全語言不是一個個人的創見，它是聚合眾人的智慧和精力，歷經長期的醞釀匯聚整合，又在真實的社會情境中與當代的社會和知識脈動一再互動印證，淬鍊而成。它的哲學根基也紮在數位前代思想家的智慧，它的實務受到現代眾多理論家的理論和研究者的研究結果支持，它並承續、結合、延伸當代相關的教育思潮和運動，演進成一理論性的實務。探討它的哲學淵源，可以從這些方向著手。全語言既然是關乎學習者和學習、教師及教學、語言及課程等的信念，探討它的哲學淵源，不外也從這幾個向度，去看歷來影響此四者的思想、理論及其他因素。對於影響全語言的思想家、理論家及其思想理論，本章著眼在歷史的演變，僅作一初步的呈現，至於

表 1-1　全語言名稱的最早出現和正式使用

時間	性質	相關人物	地區	內容
1658/ 1887	名詞第一次出現於文獻，但有不同的意涵	John Amos Comenius	歐洲／美國	介紹世上第一本兒童圖畫書 *The Orbis Pictus*
1977	學術論文	Jerome Harste Carolyn Burke	美國	以「全語言」稱閱讀歷程的一個派典
1978	教師支持團體名稱	Dorothy Watson	美國 密蘇里州	成立第一個「全語言教師團體」
1979	研究報告	Kenneth Goodman Yetta Goodman	美國	以全語言稱一種課程——「理解為本的全語言閱讀課程」
1980	教師在職進修研習活動	Orin Cochran Ethel Buchanan	加拿大溫尼伯市	第一個全語言教師在職進修研習會

資料來源：整理自 Y. Goodman，1989b。

這些思想理論的詳細內涵及其與全語言理論的關係，則留待第二章全語言的理論基礎再進一步闡述。

一、對兒童的觀點：兒童、學習、教師、教學

　　全語言的學習者觀是學習者中心（learner-centered）或兒童中心（child-centered）的觀點，學習、教師和教學都是從這個基礎上去考量發展。歷代教育思潮中對兒童及其學習和連帶的教師和教學等觀點的演變，為全語言鋪設了最基本的基礎。Y. Goodman 認為，全語言的兒童觀淵源，可上溯至十七世紀的教育哲學家 Comenius。事實上自 Comenius 以降，教育思想家 Rousseau、Pestalozzi 等人對近代兒童觀的形成，都有其歷史性和哲學性的

意義，他們的教育思想互相承襲，輾轉匯聚，直接間接影響了現代的教育
思想家（如 Dewey）和教育思想。這些思想家在論及兒童的同時，也同時
提出了他們對學習和教師或教學的看法。全語言即承襲了這累代匯流的智
慧。

　　Comenius 相信兒童有發現新事物的潛能，當他們所學習的內容是與他
們熟悉的生活經驗有關，而且他們可具體去操作，用他們熟悉的語言去談
論時，他們就能從中整理出新的資訊（Y. Goodman, 1989b）。因此教育應
順應兒童天生的本質（如好動、好奇、喜歡探索、遊戲）而為，由於兒童
經由感官學習，實物是教學最好的材料，而實際操作是較佳的途徑（Sadler,
1969）。為了讓學習能有效地發生，學習經驗必須是兒童喜歡的，學習活
動是他們有興趣的，對他們而言有意義的，否則所教和所學不一定一致。
因此，教師必須充分瞭解他們的學生，教學才能真實、明確、適切。此外，
Comenius 主張學習的語言，必須是學習者慣用的語言，而非用外來強加的
所謂唯一標準語言（指當時的學校語言拉丁文），主張應該讓兒童以母語
學習。

　　Rousseau 繼承了部分 Comenius 的思想，強調教育應順兒童天性，使之
自由發展，教師要能瞭解兒童的天性，教學時要適應兒童天性但也不違反
自然。Rousseau 最具革命性的思想也是最大的貢獻是將教育的重心從大人
轉移到兒童、從教師轉移到學生，他打破兒童是成人縮影的觀念，強調幼
兒有其發展的本質，教育應以幼兒為中心，注重幼兒不同發展階段之個別
需要，教育在於引導兒童於自由和快樂之間獲得平衡（Rousseau, 1979）。
他同時推動民主教育，強調兒童人格尊嚴，肯定兒童想法有價值，宜被正
視。另外，他認為經驗是兒童獲得知識的來源，尤其是感官經驗，學校宜
提供兒童實際經驗的機會。

　　Pestalozzi 也是個相信兒童的教育家，他相信兒童可以自動自發學習，
他肯定兒童，也亟欲提昇兒童的價值，他認為應該提供給弱勢者平等的教
育機會，學校應經營如同家庭般的氣氛和環境，較有利於學習（Silber,
1960）。和 Comenius、Rousseau 的想法相近，Pestalozzi 也認為知識的獲取
宜直接從實物的觀察、實際的行動著手。對於教師的工作和角色 Pestalozzi

特別有所著墨，指出教師除了應尊重兒童的個別差異，主要的工作在於供應、觀察、協助、促成，而非干預或知識的給予（Bowen, 1981）。Pestalozzi特別看到了語言是獲取知識的重要元素，是當代注意到語言與學習關係的少數教育家之一。

　　從上述教育思想家的思想中，可以看出有關兒童和兒童的學習、教師和教學等思想的發展潮流，其中有許多觀點承先啟後地仍影響著今日的教育，仔細檢視也可以找出全語言相關信念的脈絡。Rousseau以兒童為教育的中心是個劃時代的新思想，幫助教育工作者開始從兒童的角度思考學習和教學，Pestalozzi所提出尊重兒童的發展及其想法，相信兒童有內發、自動、獨立的學習能力，瞭解和滿足兒童的個別差異和需要等都在這個大前提之下。兒童中心的思想到了二十世紀又被進步主義教育家特別提出，並賦予新意。全語言學習者中心的思想即在這個思想脈絡之中發展成形。全語言主張尊重學習者的本質（包括他的整體發展、興趣、需要、經驗背景和個別差異），學習活動要在這些基礎下發展，並且是對學習者有意義的；相信只要情況適合，所有的學習者都可以學習；看重學習者的想法，視其為有價值，讓學習者參與於作選擇和決定的過程，尊重其意願等，都是學習者中心大前提之下的延伸。

　　Comenius和Pestalozzi建議學習要透過具體操作，Rousseau認為經驗是知識的來源，全語言有相似的看法，主張有效的學習要能提供實際參與的機會，讓學習者主動活躍地介入於學習活動中，並能將所學的和過去的經驗及已有的知識相聯繫。Comenius和Pestalozzi等都提出了非直接教導、灌輸、干預的教師角色，全語言視教師為教室內的供應者、促成者和觀察者，是學生的學習伙伴；他們經營教室內成為小型的民主社會，每一個學生都是社群成員，教師以一個成員身分參與，和所有其他成員合作設定學習目標和內容；他們瞭解學生，對學習內容有充分的知識，考量學生的需要、期望、文化、社會背景，以計畫學習經驗；他們看重環境在學習上的功能，努力經營豐富的學習環境，以支援、促成學習。全語言教師瞭解教與學互相影響，教師所教和學生所學的並不一定完全相對應，主控學習的還是學習者。Pestalozzi主張學校要和家庭的生活和環境相近，全語言認為

全語言教育

教師或課程設計者應讓學校內的學習歷程儘量接近學校外的學習，學校內的學習經驗也要和學校外的能相聯繫。全語言平等重視所有不同背景學習者的態度可以在Pestalozzi關懷弱勢兒童、為其爭取對等教育權利的教育實踐中尋得根苗；Comenius 和 Pestalozzi 開始注意到語言在學習上的角色和全語言對語言的見解，也許可視為一個啟端和一個發揚。這些都是全語言信念和幾位教育思想家的思想相通之處，由此也可看出全語言信念的一些根源，或可謂這些思想間接影響了全語言的哲學內涵。

上述幾位教育思想家的教育思想，或互有沿襲，或有所革新，但其思考角度由成人轉移至兒童、權利由少數人分佈至多數人、對兒童的新眼光、對學校和教師的不同描繪，卻歷時代逐漸傳衍成形。二十世紀中葉以前曾一度大放異采的進步主義思維，可以從其中尋到一些影子。全語言學者在探討全語言思想淵源時，多以Dewey、Piaget、Vygotsky和Michael Halliday為對全語言理論基礎的涵養影響最大的理論家。Dewey 的教育哲學或有其歷史根源，本身確實直接影響了全語言的基本哲學觀。因為 Dewey、Piaget、Vygotsky 和 Halliday 等人的理論都直接影響了全語言內涵的形成，淵源密切，因此在本章將先約略指出其與全語言的基本關聯，至於他們的理論和全語言理論的詳細關係，會在下一章探討全語言的理論基礎時再作詳細的闡論。

二、對語言和課程的觀點

(一)課程

全語言對課程的觀點受以 Dewey 為主的進步主義教育哲學觀影響頗大。Dewey 對教育、民主、社會之關係的論述，以及學習者是課程發展的中心、課程應與兒童的生活和經驗融貫、學習即以問題解決的方式重整經驗、省思在教學中的意義等主張（Dewey, 1938, 1943），都提供全語言對學習者與學習、教師和教學、課程的參考。Dewey 也提到語言是兒童從事建構、創造和探究的一種工具，應將其統整於其他科目的學習中，認為口

頭語言、閱讀和寫作等發展都會在探究的過程中同時進行，此也與全語言的語言學習觀相近。

(二)認知、學習、思考、語言

Piaget 和 Vygotsky 是影響全語言理論的另外兩位重要理論家，Piaget 在認知發展、概念的形成、思考本質上的觀點，有助全語言學習觀點的形成。Piaget 指出，兒童對外在世界的瞭解是個建構的過程，而非被傳遞（transmit）的結果，他們主動地與外在物質互動，從而建立其思考類別，進行他們的概念化歷程，這個論點指出了兒童在學習過程中的主動角色。全語言所持的也是建構的學習觀。Vygotsky 社會導向的學習理論，讓後繼學者再一次思考個體學習和社會情境之間的關係，以及教師和同儕在學習中所扮演的建設性角色。Vygotsky 特別指出幼兒的語言和思考的發展，都被他所在的社會環境中之他人所支持或影響，為全語言在學習和語言學習的思維上開拓了社會面向的廣度；他還指出遊戲對心智功能的作用，啟發全語言學者再一次重視學習者如何在非教師架構活動中組織自己的思考，因而看重提供活動選擇的重要性。

前述自 Comenius 以降幾位教育思想家有關兒童和兒童教育的論述，也可以看成是近代幼兒教育思想的潮流演進，鋪設了二十世紀幼兒教育的基礎，此時許多幼兒教育實務正映現了其中的一些理論。加上後來的進步主義的思潮所及，幼兒教育呈現較諸其他學習階段更學習者導向、更活潑的教育實務；其中英國的幼兒學校（infant school）是當時具示範作用的幼教實務，也影響了美國的幼兒教育。二十世紀初期，G. Stanley Hall 在美國興起兒童研究風潮，以科學方法有系統地研究幼兒的心理和發展，幫助幼兒教育工作者對幼兒的發展特性有一明確客觀的認識，從而建立較適合幼兒發展的實務。全語言從當代的幼兒教育取得許多借鏡，幼兒教育的許多理念可以在全語言的原則之中看到，例如，尊重並考量幼兒的發展特質；活動的發展要跟隨幼兒；課程的安排要以幼兒既有的經驗為起點，由此延伸擴展；視遊戲為學習的機會，以遊戲鷹架幼兒的心智發展；提供選擇讓幼兒可以按個別興趣、能力探索等，即使不是對全語言思想的挹注，也是一

些參照。

(三)語言學習

對語言和與之相關的語言學習的觀點,是全語言理論一個重要的支柱,全語言的語言和語言學習觀建立在社會語言學和心理語言學的基礎之上,閱讀、寫作與兒童文學等領域的理論和研究,則進一步充實了它的內涵,部分英語系國家(如英國)的語言教育政策對它亦有所借鏡之處,而更早的思想家,如Comenius、Pestalozzi和Dewey,對語言和教學關係的創見,可能是全語言語言觀的最早發端。

上文提到,Comenius 和 Pestalozzi 已初步指出了語言和學習的關係,Dewey 提出語言統合的看法,認為語言是兒童從事建構、創造和探究的一種工具,在探究的過程中,兒童語言得到進一步發展,所以應將語言統整於其他科目的學習之中,不論口頭語言,或閱讀、寫作的教學,都要基於此原則。這與全語言以語言統整各科學習的觀點相同。

影響全語言語言和語言學習觀最重要的一位理論家是社會語言學家Halliday。在一九七○年代,Halliday 從社會角度提出語言發展和語言使用的論述,建立了全語言有關語言的內涵,其中有幾點形成了全語言重要的語言學習觀,特別是他指出:1.語言是功能性的,功能是語言發展的動力;2.情境對語言使用和學習具有影響力;3.語言學習是建立社會意符系統(social semiotic system)的歷程;4.語言的學習(learning language)、以語言學習事物(learning through language)和語言知識的學習(learning about language),三者是同時發生的(Halliday, 1980)。這些觀點不只影響全語言的語言學習觀,也是全語言課程觀的重要基礎,詳細內容會在第二章的相關章節中再次闡述。

(四)閱讀

另一位影響全語言語言觀的重要理論家是心理語言學家Kenneth Goodman。他在一九六○年代中葉從心理語言學的角度提出的閱讀歷程理論和研究,是全語言理論的重要內涵。但是閱讀理論的發展,全語言的根源事

實上可上溯至更早的讀者反應理論。

一九三〇年代，在以新批判主義（New Criticism）為主流的文學領域中，Rosenblatt 提出讀者反應理論，挑戰當時新批判主義以文本有其既定無法更改之意義，閱讀即在分析文本之文學特性等論述。Rosenblatt 指出文本是活的、開放的實體，其約定的形式（convention）是構成式的，經由作者與讀者間的協商組構而形成，而閱讀是讀者和文本之間反覆互動的動態過程。Rosenblatt 以「交易」（transaction）一詞稱此種交互組構的歷程，謂讀者在閱讀過程中扮演了十分活潑有動力（dynamic）、具策略的角色，擷取自己有關文本和文類形式的知識，從文本中持續嘗試組構自己的意義和觀點（Rosenblatt, 1976, 2004）。這個開創性的見解揭示了讀者在閱讀時自由建構文意的現象，賦予讀者在解意上合法的掌控性地位。Rosenblatt「交易」的觀點也啟示了學習中交互組構的動態歷程，對持建構觀點的後繼學者多所啟發。全語言對學習的看法即承襲了這種「交易」的立場。稍後全語言學者 Weaver（1992）採用交易的概念和名詞，發展了一個學習模式，以對照傳統傳導式的教學，闡釋了全語言的學習觀，本書在第二章第三節將有更詳細的陳述。

K. Goodman 的閱讀觀與 Rosenblatt 的立場類似。K. Goodman 所提出的閱讀歷程（reading process）理論，或稱「Goodman 閱讀模式」，指出閱讀不是一對一符號的解碼，而是複雜得多的心理歷程。他認為閱讀是意義建構的歷程，稱之為「心理語言上的猜測遊戲」（psycholinguistic guessing game）（K. Goodman, 1967），在閱讀過程中，讀者主動地取樣、預測、確認、或更正、再確認所預測，是讀者和文本及語言之間的互動過程，同樣也是一種「交易」的觀點。一九七〇至八〇年代 K. Goodman 和 Y. Goodman 的閱讀差異分析（miscue analysis）的建立和研究結果（K. Goodman and Y. Goodman, 1979, 2004），指出閱讀時讀者出現與文本不一致的差異，即一般稱之為「錯誤」者，正反映讀者的策略運用，是具資訊性價值的，相關研究結果也更進一步支持了 K. Goodman 的閱讀歷程理論。Goodman 的閱讀歷程理論與 Rosenblatt 的讀者反應理論有許多相似之處，二者都贊成文本的詮釋不是固定不變的，它可能因不同的讀者而出現不同的詮釋，

讀者對文本意義的建構解讀大大受到其背後的知識和經驗所左右；二者也都揭示讀者在閱讀中的主動參與角色，而非被動地就文字作解碼以譯出文意。Goodman 的閱讀歷程理論和閱讀差異分析理論之內涵，留待第二章第六節全語言的評量中會再詳細說明。同時代另一學者 Frank Smith 在閱讀方面的研究，雖與 Goodman 有不同的切入點，但都同意閱讀存在著讀者、文本和語言之間的互動（Smith, 1973, 1994, 1997）。

交易的閱讀觀和 Goodman 的閱讀理論為當時的閱讀課程專家和實務工作者提供了新的思考方向，重新檢視閱讀教學的內容和方式，此時有二個新取向的閱讀課程模式產生，其一是盛行於一九六○至七○年代的語言經驗活動（Language Experience Activity）；其二是文學為本的閱讀課程。語言經驗活動是將閱讀與寫作和其他的探究活動結合，教師提供許多不同的實際經驗，讓學生使用自己熟悉的語言，參與於和日常生活相關的經驗活動之中。在語言經驗活動中，提供各種不同的學習經驗（如主題討論、參觀、訪問、實驗、觀察、影片欣賞……等）是第一個要素，另一要素則是看重語言在經驗活動中的角色，讓學生在活動過程中能充分使用聽、說、讀、寫，一方面充實經驗內容，一方面增加閱讀和寫作的機會，後來推動語言經驗活動的學者如 Lee 和 Allen（1963），更進一步將如何實施語言經驗活動整理出具體可循的步驟（Allen and Allen, 1976）。全語言和語言經驗活動一樣地看重語言在學習中的角色，因為二者都鼓勵語言的使用，有不少人將二者等同，謂語言經驗活動是全語言的前身。事實上二者雖有相同之處，全語言的範疇卻比語言經驗活動要大得多，且在執行層面上焦點也有差異。Y. Goodman（1989b）辯正了二者的不同，指出許多使用語言經驗活動的教師重視活動的步驟過於理念和精神，再者，教師常落入只求成果的陷阱，將活動焦點訂在寫作成品的產出，有時不免錯失或違反了語言學習和兒童發展的原則和精神。

㈤兒童文學

一九六○年代，語言經驗活動以外的另一個閱讀課程上的革新是以文學為本的課程。在新閱讀理論的注入，及兒童文學研究者如 Leland Jacobs、

Charlotte Huck 等人對文學的推廣之下，教師開始在課程中加入文學作品，以之補充甚或取代閱讀教科書，讓學生閱讀大量的童書，並發展與童書閱讀相關的活動。稍後的研究（如，Applebee, 1978; Rosen, 1984; Wells, 1986）證實，文學書籍的閱讀和敘述能力的發展對閱讀能力及整體的語言發展有正向的作用。以文學為本的課程後來逐步發展，不只成為閱讀課程的一種選擇，更擴大至語文課程，甚至在幼兒教室內有些教師以此為語文課程的整體，以文學和各式相關童書（包括故事類和知識類）及出版材料（如報紙、雜誌）統整所有的學習。全語言課程中教師同樣以包括文學在內的各式出版物和真實材料支持學生的探究活動，和以文學為本的課程一樣，看重文學所能提供給學習者的經驗。

兒童文學於課程中的應用，在紐西蘭學者 Donald Holdaway 的努力之下又往前推進一步。Holdaway（1979）推廣共讀經驗和文學為本的閱讀課程，鼓勵教師應多多為兒童出聲閱讀，也多讓兒童閱讀各類的書本和其他書面材料。他推薦大書的使用，為文學在幼兒教室內的使用開拓了新途徑，提昇了共讀的品質和經驗。

㈥寫作

除了閱讀以外，寫作領域的理論和研究對全語言理論的形成也有注入。這些研究包括對年齡較小兒童早期書寫發展的發現，以及寫作發展與教學歷程的探討。Read（1975）的研究是個啟發性的研究，他的研究無意中揭露了幼兒在書寫中大量出現自創式拼字（invented spelling）的現象，而這些自創式拼字蘊藏了可貴的有關書寫者語言發展、他們對語音和字母關係的假設等訊息。Read的分析讓教育工作者用不一樣的態度看待兒童與約定俗成（convention）不合、即通常被視為錯誤的拼字，從中進一步認識了兒童對口頭語言和書面語言關係的假設和掌握的情況，研究也發現自創式拼字讓兒童能更自由、積極參與於寫作之中。自創式拼字之研究所啟示的精神，和全語言從學習者的角度出發的態度是一致的，鼓勵教師以建設性的態度看待學生的錯誤，相信他們有主動建構知識的能力，也和Goodman閱讀理論中視閱讀差異為建設性資訊互相呼應。

一九七○至八○年代許多有關寫作的論述、探討兒童甚至中學及成人的寫作發展和寫作教學的研究，也支持了全語言在語言學習上的觀點。Donald Graves 的研究（Graves, 1975, 1983），揭示了小學兒童學習書寫的歷程，是從整體著手，從意義的表達開始，而非零碎的技能學起；當寫作的內容是與學習者相關時，他們可以有較自由且充分的表達，而支持的環境可以幫助他們持續地成長。此外，學者 Donald Murray（1986）、Lucy Calkins（1983, 1985）等提出過程寫作的論述，主張寫作應是一個動態、個體自身及與同儕間反覆回應的過程；教師應提供時間和機會，讓寫作者能充分地思考、計畫、與他人討論、修改、從他人取得回饋、再修改，強調學習者的省思及與他人之間的互動和互助。這些寫作領域的理論和研究所提供的訊息，都對全語言理論有所注入，也與全語言精神有相通之處，不管閱讀或寫作，其內容與學習者相關的是一重要的原則；學習者都是從整體著手，以意義的理解和表達為核心；讀者在閱讀和作者在寫作時都會主動運用策略；而在一個支持的社群中，所有成員的互助合作是語言學習的有益條件。在這些知識和資訊的提供之下，教師們開始拋棄不在情境中、零碎的技巧的教學，嘗試統合聽、說、讀、寫等語言的各個面向，尋求提供真實的閱讀和寫作活動的可能性，以及以語言統整各課程領域的作法。

㈦早期讀寫發展

一九七○年代中期至一九八○年代間一個語言發展的新學術潮流——讀寫萌發（emergent literacy）的研究興起，隨著 Durkin（1966）及 Clark（1975）對早期讀者（early reader）的發現，研究者開始著手探討幼兒早期讀寫（early literacy）發展的歷程，重要的研究者包括 Clay（1975, 1982, 1987）、Dyson（1983, 1989）、Ferreiro 和 Teberosky（1982）、Y. Goodman（1984, 1986, 1996c）、Harste、Burk 和 Woodward（1984）、Heath（1983）、Taylor（1983）、Teale 和 Sulzby（1986）等，他們的研究結果（本書的第四章會有詳細闡述）指出，幼兒的口頭語言和書面語言的發展過程是類似的，他們在進學校接受正式教學之前已是書面語言使用者，他們已主動在建構語言知識，具讀寫的能力，而他們對語言功能的認識要先於語言形式

的發展，讀寫是他們社會參與的一種途徑，環境和情境都是重要的支持要素。讀寫萌發的研究發現成為全語言早期讀寫發展理論的內涵。

上述理論學說和個人都處在跨越時空、廣大的教育學術社群之中，本身也是社群中的元素，他們之間持續互動，或承續或修改或超越，可以看出之間互相啟發、雕塑、注入的趨勢，全語言也是這個社群的一部分，與這些理論學說和個人互有激發。到一九八○年代中葉，全語言哲學觀的內涵大致已成形，後人不難在這些理論學說中尋得它的根源（大要見表1-2）。

表 1-2　全語言的思想淵源

年代	思想家理論和研究領域	與全語言相關的理論重點
十七世紀	Comenius	要提供實際參與的機會以促進有效的學習，讓學習者主動活躍地介入於學習活動中，並將所學的和過去的經驗和已有的知識相聯繫。
十八至十九世紀	Rousseau	建立兒童中心的基本哲學觀，尊重兒童和他們的想法，認為經驗是知識的來源。
	Pestalozzi	平等重視不同背景的學習者，為其爭取對等教育權利。反對直接教導、灌輸、干預的教師角色，視教師為供應者、促成者和觀察者，是學生的學習伙伴，學習社群成員之一。主張學校的生活和環境要和家庭的相近，近似全語言主張學校內的學習歷程儘量接近學校外的學習。
1900～60年代	Dewey進步主義	學習者是課程發展的中心，課程應與兒童的生活和經驗融貫；學習即以問題解決的方式重整經驗；強調省思在教學中的意義和重要性。

（下頁續）

（續上頁）

1920～年代	幼兒教育：英國幼兒學校美國兒童研究	持幼兒中心的哲學觀。教學要尊重並考量幼兒的發展特質，活動的發展要跟隨幼兒，課程的安排要以幼兒既有的經驗為起點，由此延伸擴展。提供幼兒遊戲機會，以之鷹架幼兒的心智發展和學習。提供選擇讓幼兒可以按個別興趣、能力探索。
1930～60 年代	讀者反應理論：Rosenblatt	認為讀者在閱讀過程中扮演了活潑有動力、具策略的主動角色，根據自己的相關知識，從文本中持續嘗試組構自己的意義和觀點，與文本有反覆來回的互動，提出了所謂「交易」的創見。
1970～年代	學習、思考、語言發展理論：Vygotsky	社會導向的學習理論，指出社會情境對個體學習的影響，以及教師和同儕在學習中所扮演的建設性角色，特別指出幼兒的語言和思考的發展，都被他所在社會環境中的他人所支持、影響。
1960～年代	認知理論：Piaget	兒童對外在世界的瞭解是個建構的過程，而非接受他人傳遞的結果，他們主動地與外在人事物互動，從而建立其思考類別，進行他們的概念化歷程，強調兒童在學習過程中的主動角色。
1960～年代	閱讀理論和研究：K. Goodman F. Smith	閱讀不是一對一符號的解碼，而是複雜得多的心理歷程。閱讀是意義的建構，在過程中，讀者和文本及語言之間持續地互動，讀者運用已有的語言知識、文本及自己經驗所提供的資訊，主動地進行取樣、預測、確認、或更正、再確認所預測，以建構文意。閱讀的主權在讀者，所有閱讀中所出現的差異，都有其發展和策略使用上的意義。

（下頁續）

（續上頁）

1970～ 年代	社會語言學： Halliday	兒童語言的使用是功能性的，情境對語言使用和學習具有影響力，語言學習是建立社會意符系統的歷程，而語言的學習、事物的學習和語言知識的學習三者是同時發生的。
1960～70 年代	語言經驗活動	提供學生各種不同的學習經驗，看重語言在經驗活動中的角色，讓學生在活動過程中能充分使用聽、說、讀、寫，一方面充實經驗內容，一方面增加聽、說、閱讀和寫作的機會，以促進語言發展。
1960～80 年代	兒童文學	以包括文學在內的各式出版物和真實書面材料支持學生的探索活動，看重文學所能提供給學習者的學習經驗。
1970～80 年代	寫作理論和研究	寫作是一個意義建構的過程，也是社會性歷程。從學習者的角度出發，鼓勵教師以建設性的態度看待學生的錯誤，相信他們有主動建構知識的能力。
1970～80 年代	讀寫萌發理論和研究	幼兒的口頭語言和書面語言的發展過程是類似的，他們在進學校接受正式教學之前已是書面語言使用者，他們已主動在建構語言知識，具讀寫的能力，而他們對語言功能的認識要先於語言形式的發展，讀寫是他們社會參與的一種途徑，環境和情境都是重要支持要素。

資料來源：參考 Y. Goodman, 1989b。

三、教育和社會潮流

　　影響全語言的不只是理論層面的因素，過去和當代實務界的現象、活動，同時也推波助瀾地激勵、助長全語言運動的興起、前進。這些活動有的或已然形成一種運動，有些是由學者帶頭，有的是社會運動，有的是官

全
語
言
教
育

方政策的推行，也有一些是實務工作者的努力和參與，但大抵都受到當代相關教育思潮的激勵、啟發。全語言從大環境的運動中有所學習，全語言形成一種運動，也在整體教育和社會潮流之中，它的發展歷史中有幾個運動、潮流是具有啟示性質的（大要見表 1-3）。

(一)進步學校

在一九二○至三○年代之間，受到以 Dewey 為首進步主義思想的激發，實務界興起新教育運動，或稱「進步學校運動」。進步學校運動主要在拋棄舊教育中價值標準和學科內容方法取決於由上由外而來的權威，再強加於學生的作法，主張將課程及相關的決定權放在教師和學生手中，看重學習的社會本質，努力營造學校成為民主的社會，促進學生間和學生與教師間的合作學習。基本上進步學校運動是進步主義思想付諸行動的實例，雖然沒有造成大的風潮，但卻是大規模實務工作回應理論的一個先發例子。

(二)統整課程

幾年後進步主義的影響再度在實務界引起迴響，一九四○至五○年代之間另一個教育運動——統整課程運動興起。統整課程運動起源於 Dewey 的統整的概念，許多課程理論家開始在中小學推動統整日、統整課程，揚棄課程按科目切割和科目的孤立，而將不同科目內容整合來設計學習活動。這一波課程的整合不只發生於實務現場，更有學術團體政策面的涉入。當時的學術團體如美國教育委員會（American Council on Education，簡稱ACE）及督察和課程發展協會（Association for Supervision and Curriculum Development，簡稱ASCD）都曾發表專書專文推薦，並參與統整課程的發展和設計（Y. Goodman, 1989b）。除了學界理念的激發，統整課程運動亦有其相關的社會背景，彼時因大量來自全球各地移民進入美國，學校內學生人口呈現多元種族、文化、國籍、社經和語言背景，教育家針對此一實際現象，呼籲學校當局尋求適合不同背景學生之學校經驗，提供與學生相關的經驗，以幫助學生學校內的學習。統整似乎是當時較好的選擇，它指的不只是課程中不同領域知識的整合，同時在多元學生背景中也整合出適

表 1-3　與全語言發展相關之運動和潮流（北美地區）

年代	運動／潮流	相關的團體和個人	相關的思想／活動內容
1920～30 年代	新教育／進步學校運動	進步主義學者、教育家 Dewey	反對舊教育中由上強加價值標準、學科內容和方法於學生的作法；主張課程及相關的決定權應放在教師和學生手中，而非由上由外而來的權威；強調學習的社會性。
1940～50 年代	統整課程運動	Kilpatrick	提出方案教學法，主張以生活經驗相關的主題為探究的焦點，統整學習。
		課程理論家 學術性團體 ACE、ASCD	推動中小學的統整日、統整課程，反對按科目切割課程，導致科目孤立，主張學習活動宜整合不同科目之內容。 學術性團體 ACE、ASCD 參與統整課程之設計和推動。
		教育家	針對學生呈多元種族、文化、國籍、社經和語言背景之社會現象，呼籲尋求適合不同背景學生之學校經驗，提供相關之經驗幫助學生在學校的學習。
		教師及課程專家	以單元或主題的方式設計課程，尋找與學生生活經驗相關之單元或主題作為探究的焦點，探討並解決與之相關的問題，以聯繫各科的學習和學生的生活經驗。

（下頁續）

第一章
全語言的歷史與根源

全語言教育

（續上頁）

1960年代	民權運動	大眾	全民教育機會均等；發展個人潛能；尊重少數民族學生語言和文化之個別差異。
1960年代	開放教育運動	學者、教師	重視學生的個別性，提供個別特質發展的機會；允許流覽、談論、選擇，促成自由探究、分享。
		開放教育研習中心 Weber	支持有志於開放教育之教師、行政人員、教育專業人員，提供機會聚集共同探討相關議題。
1970～80年代	新評量主張	北達科達研究小組	提出記錄和評量兒童學習的新途徑，建議採用多元的評量觀點和評量方法。
	全語言教室出現	全語言教師	各地的個別教師開始轉換至更整體導向的教學；全語言教師逐漸出現、增加、慢慢成熟。
1970～80年代	各國全語言教育政策：紐西蘭	國家教育權威機構	宣佈以整體導向的教育為國家的教育政策。教師必須與學生一起計畫語言教學的內容，課程中提供適當廣度的語言，並考慮學生的背景，擴展他們的經驗。
	英國	學者	一九七○年代之間，提出了語言橫跨課程的概念。
	英國	官方	一九七五年官方公佈一份有關語言教育的文件，以語言橫跨課程概念

（下頁續）

（續上頁）

			為基礎，建議將英語語文課程和各科整合，並應用閱讀和寫作在所有的學習之中。此文件影響及於本國和其他以英語為主之國家的語文教學。
		師資訓練課程方案	將語言視為課程的重點，以統整語言發展和學習。
	加拿大	魁北克省教育部	發布有關小學英語語文課程的官方聲明，規定語文課程必須是全語言的、以兒童為中心的、統整的。
		其他各省官方部門	實施類似的整體導向的語文教育政策。
1970～80年代	各式全語言團體之成立運作	以學者、教育家為主的全語言學術團體 CELT 成立 全語言學者	師資培育教育家、教育領域研究者聯合成為一學術社群，合作研究，並提供實務現場相關的心理語言學、社會語言學、課程等方面之教育新知。
		第一個區域性全語言教師支持團體 TAWL 成立（1978） Watson 全語言教師	全語言教育工作者有機會聚集以交換知識、分享教學經驗、互相協助支持、促成專業成長。

（下頁續）

（續上頁）

1980 年代	教師在職進修活動	第一個全語言的教師在職研習活動（1980） Orin Cochran Ethel Buchanan	提供教師系統化的全語言在職進修課程。
1980 年代	對閱讀教科書的反動	Veatch K. Goodman 等人 Shannon 全語言教師	反對以語言技能訓練為目的、切斷零碎、制式化的閱讀教科書為單一閱讀材料，呼籲教師在閱讀材料的選擇上擺脫教科書的束縛，提供學生更多樣化閱讀材料的選擇，建議以出版流通的各類文學書籍和真實的閱讀材料，取代教科書。
1989	國際全語言團體成立	國際性的全語言教師團體「全語言聯盟」（Whole Language Umbrella）成立	北美地區區域性全語言教師團體之聯合。
1980～ 90 年代	美國之全語言教育政策	加州、德州等數州	官方制訂之課程綱領曾以全語言為語言課程綱領之原則。

資料來源：參考 K. Goodman, 1986, 1989c; Y. Goodman, 1989b。

合民主社會成員的多元價值觀和態度（Y. Goodman, 1989b）。在統整課程運動過程中，進步主義教育家Kilpatrick扮演著重要的角色，他所提出的方案教學法（project method）（Kilpatrick, 1936）給予課程專家和教師們可用的參考，他們開始以單元或主題的方式設計課程，選擇與學生生活經驗相關之單元或主題作為探究的焦點，探討相關的議題，解決過程中萌現的問題，以聯繫各科的學習。

　　除了倡導統整的概念，這一波運動倡導的幾個重要的共同精神對全語言也有所啟示：1. 學校的目的在發展充實的個體；2. 學習是社會性的，學

校同時也是個社會歷程，個人的內在趨向會因社會需求有所改變調整；3.社會互動和團體合作可促進個體發展（Y. Goodman, 1989b）。全語言主張統整的課程和建立班級成為學習社群，和這一波運動所倡導的一些理念是相呼應的。

㈢開放教育

一九六〇年代美國興起開放教育運動，開放教育的基本思維建立於對學生個別性的尊重，和學生具自主學習能力的信念，認為教育應該要讓學生的個別特性得以發展，有機會按自己的方式學習。但是由教師主導設計的制式課程，無法滿足學生學習上的個別需要和興趣。學校可以提供適當的環境和充分的材料，允許學生自由流覽、選擇、探索、操作、互動、談論，鼓勵學生在其中模擬角色扮演，解決問題。為了能有充分的探索空間，他們打破了班級的界限，拆除教室牆壁的藩籬和限制，擴大空間，以學習區（learning center）的方式配置合併的空間，在其間充實材料，讓學生可以充分活動探索。開放教育的概念在當時激起不小的迴響，許多學校教室改組成為開放的空間，教師嘗試以開放的態度和開放的課程提供學生學習，一時蔚為風潮。一九七〇年代之間，推動開放教育的學者 Weber（1973）在紐約開創了開放教育研習中心，提供諮詢和研習課程，創造機會讓有志於開放教育之教師、行政人員、教育專業人員可以聚集，共同探討開放教育相關的議題，分享實施的經驗，彼此支持協助（Y. Goodman, 1989b）。這個團體揭示了專業支持團體存在的意義及所能發揮的功能，對稍後全語言教師團體的成立有示範的作用。開放教育運動雖然至終沒有能扭轉教育趨勢，成為主流，但它所主張尊重並順應學生之個別特性，供應他們自由探索的機會等理念，對後來的教育實務卻有持續性的影響。全語言的哲學觀中重視學生的個別性，提供個別特質發展的機會，強調選擇，促成自由探究和問題解決等，都和它有相通之處。

教育是在整體社會脈絡中運作，美國社會是其外圍的大環境，其中的轉變也直接間接地影響著教育場域的運作。除了上述教育界的幾個重要運動之外，同時代持續發展的美國社會中民權運動的訴求，以及平權意識抬

頭，也逐漸反映在學校教育行動之中，民權運動所訴求的平等、消弭對少數民族歧視、種族性別的機會均等，反映在教育上就是全民教育機會均等（K. Goodman, 1992a）、尊重少數民族學生語言和文化之個別差異、發展個人潛能的呼籲，這些呼籲逐步地也成為政府當局反偏見、協助文化和語言不利者的教育政策。全語言對文化和語言少數的尊重，對他們有別於主流的敏銳，容許他們以自己的方式學習，即順應了平等、均權潮流的精神。

㈣對教科書的反動

　　一九七〇至八〇年代，當讀者導向的閱讀理論和文學為本課程逐漸被認識之後，學者和實務工作者開始檢視當時普遍存在於閱讀課程中的套裝閱讀教科書（basal readers）的適當性，K. Goodman 和他的協同研究者（K. Goodman et al., 1988）將當時坊間盛行的閱讀教科書系列作了系統性的分析，指出這些系列讀本多基於閱讀工學觀寫成，結構編序化，按預設的次序將語言材料切割成為零碎片段，以訓練閱讀技能，不只不符閱讀歷程，也因材料控制過甚，失掉了情境線索，而變得難以理解，由之衍生的評量則低估了學生的能力和成長。Shannon（1983）探討過小學使用閱讀教科書的情況，也指出這些材料對教師專業和學生學習的不適當性。Veatch（1985）呼籲教師在閱讀材料的選擇上擺脫教科書的束縛，提供學生更多樣化閱讀材料的選擇，並大力推薦已出版流通的各類文學書籍，以取代單一、制式化的教科書。這些呼籲以及教師的自我專業檢視和教學省思，在當時引起了對以單一教科書為閱讀材料的反動，許多教師或完全不再使用上級（如學區或學校）規定的教科書，或將教科書列為眾多閱讀材料之一而只擇取其中較具文學性的部分，有些學校的行政主管因教師能提出有力的理由和證據，也同意或鼓勵教師自行選擇閱讀材料。不再受制於閱讀教科書在許多地區的實務現場紛紛傳開，隱然形成一股潮流。

　　反教科書運動同時讓教育工作者對當時盛行的制式評量重新思考，由閱讀工學觀和行為心理學所發展出來的測驗是否能反映學生的學習一再被檢驗，在此之前有學者組成的「北達科達研究小組」提出了評量的新觀點，建議採用多元的評量途徑和方法，以記錄和評量兒童的學習（Y. Goodman,

1989b），不只是對當時思維的衝擊，也啟發了後來全語言質性的評量派典。

㈤各國全語言教育政策

在全語言理論內涵逐漸形成之際，英語系國家的語言教育政策為全語言學者提供了許多參考和借鏡。早在一九七〇年代之初，紐西蘭即全國性地開始實施整體導向的（holistic）教育，其中明顯地有進步主義的影響，在整體導向教育政策下所揭示的閱讀教學理念和實務，對全語言運動頗有啟示。有人或謂全語言是從紐西蘭開始的，只是他們一直未使用這個名詞，指的就是這種整體導向的課程精神。

同樣在一九七〇年代之間，英國學者也提出了「語言橫跨課程」（language across curriculum）的概念，一九七五年官方公佈一份有關語言教育的文件就以這個概念為基礎，建議將英語語文課程和各科整合，並應用閱讀和寫作於所有的學習之中。這份文件影響所及不只在英國國內，並及於其他以英語為主的國家的語文教學（K. Goodman, 1986）。美國境內的全語言運動中，不少學者和教師關心語言橫跨課程的實施，也關心語言中聽、說、讀、寫四個面向的統整，英國的語言教育政策是其參考和借鏡。

加拿大是另一個對全語言運動起激勵作用的國家。正當美國全語言運動尚在草根階層形成之際，加拿大魁北克省已有官方的舉措，該省教育部發布有關小學英語語文課程的官方聲明，規定語文課程必須是全語言的、以兒童為中心的、統整的，其他各省如亞伯達、英屬哥倫比亞、曼尼托巴、薩斯克其萬、安大略、新斯科夏、新伯倫瑞克、紐芬蘭等，亦有類似的整體導向的語文教育政策（K. Goodman, 1986）。這些較整體導向的各國語言政策激勵美國的教育工作者尋求實務上的可能，以提供學生切合他們語言學習的經驗，對全語言運動的形成，不可謂沒有影響。

四、全語言運動

全語言運動是個草根運動，是在實務現場之中，因教師們的專業省思

和改善行動而興起的。這股草根改革的興起，是知識的呈現，也直接呼應了上述各種潮流的激勵。

㈠全語言教室的出現

在學習者中心的教育哲學觀匯聚成一種思潮，社會與教育大環境正趨向民主、平等的同時，許多教師也面對著部分學生學習失敗的事實，尤其常見的是閱讀和語文學習的失敗。面對著學生在技能導向的語文課程和標準化測驗體制之下的學習失敗現象，教師開始思索自己的教學、學習的真正意義以及課程教學和學習的關係，並嘗試尋求幫助學生的方法。此時，上文所論及 Vygotsky 和 Piaget 的發展和學習理論、Halliday 的語言發展理論、Goodman 的閱讀理論以及寫作、文學為本課程、讀寫萌發之研究結果等知識，相繼披露，適時地提供教師們教學上諸多相關問題的答案。這些有專業自我期許、亟欲協助學生成功的個別教師，在各地開始轉換至更整體導向的教學，將理論所提供的知識應用至自己的教學之中，有些教師也得到行政主管的支持。教師們看到了學生的改變，回過頭來能將自己的實務與所應用的理論相印證。於是，嘗試實踐全語言的教師逐漸出現、日漸增加，全語言教室、學校也慢慢在各地出現。隨著更多的實務經驗和理論輸入，這些教師也日趨成熟，成為全語言教師，支持或參與推動的行政主管也逐漸增加。他們開始聚合，成為實務現場中一股新的力量。

㈡全語言專業團體

除了實務工作者，全語言運動中的社群成員也包含了學者和研究者。這些學者、研究者不只以理論和研究結果為教學實務提供各種知識和解答，同時在精神上給予教師實際的支持，有些更與教師合作，成為學習同儕、研究伙伴，一起研究，互相學習，是全語言運動另一股重要的推動力量。在一九七○年代初期，一群教育學者成立了第一個全語言學術團體「語言和思想拓展中心」（Center for the Expansion of Language and Thinking，簡稱 CELT），這個組織成員以教育領域的學者和研究者為主，設立的主要目的在於聯合師資培育教育工作者、教育領域研究者成為一個學術社群，

以進行對話，合作研究，提供實務現場心理語言學、社會語言學、課程等方面相關的教育新知，並尋求適當方法，讓實務工作者可以參與於此學術社群的知識共建歷程。這個團體對全語言運動的發展和推廣有頗大的貢獻。

當教師開始嘗試實施整體導向的課程和教學之後，他們發現必須面對許多伴隨而來的問題，例如，更多專業知識的注入；有效教學策略的發展和掌握；面對既有體制如何自處或突破；如何與同儕、行政主管和家長的溝通等，這些問題有些甚至可能轉變成為困境。教師們意識到他們需要支持和對話的機會，於是就近地與可接觸到正在做同樣事的其他教師聚合，分享相關的經驗和資源，彼此協助解決問題，互相扶持，促成專業成長。慢慢地，非正式的聚會在許多早期實施全語言的地區進行著，而逐漸具有團體的結構。一九七八年第一個區域性全語言教師支持團體在美國密蘇里州的哥倫比亞市成立，定名為「全語言教師團體」（TAWL）。全語言教育工作者有機會聚集，以交換知識、分享教學經驗、互相協助支持、促成專業成長。如此區域性的教師支持團體在美國亞利桑那州、加州、加拿大曼尼托巴省、新斯科夏省等地區的一些城市中相繼地成立，截至一九八九年為止，美國、加拿大地區已有超過五百個全語言教師支持團體存在（K. Goodman, 1992b）。有些較具規模的團體會定期發行刊物，對外舉辦研討會，幫助團體成員以外的教師專業上的成長。

這些團體的運行顯示教師的聯結和持續的溝通是必要的，也反映了教師支持團體的幾個重要意義：1.支持、溝通、對話促成教師的專業發展；2.團體可凝聚智慧和力量，以對類似下列各種不合宜的上級規定或大眾壓力作回應：堅持使用標準化測驗；以學科測驗成績斷定辦學績效；頒佈預設課程；要求使用窄化的教科書；要求回歸至基本能力（back-to-basics）等；3.提供機會讓教師可與心志信念相近之專業同儕對話；4.顯示了全語言教師們追求知識，以成為更負責任的專業教育工作者的決心。全語言教師團體可謂全語言運動中最具體可見的組織，是推動全語言運動最重要的力量，也最能反映全語言運動的草根本質。

不同地區的全語言教師團體成員，常互有聯繫，也同樣活躍地參與其他的學術團體和研討會。在全語言運動逐漸炙烈之後，各地的全語言教師

團體思考聯結成一更大的聯盟，以進行跨區域、更廣面的分享對話和支持。在區域性教師團體領導人聯合籌畫之下，國際性的全語言教師組織「全語言聯盟」（Whole Language Umbrella）於一九八九年在加拿大溫尼伯市成立（Watson, 1989）。「全語言聯盟」是北美地區各地全語言教師團體之聯合，也含納學者、研究者及其他地區的類似團體。稍後為了運作方便，全語言教師聯盟改隸屬於全美最大的教師專業團體「美國英語教師協會」（National Council of Teachers of English，簡稱 NCTE）之下，成為一個支會，不變的是定期出版刊物，每年舉行研討會，提供各地全語言教師分享的機會，到現在仍在運作之中。全語言教師團體的普遍成立運作，與全語言運動接近同步同調，大概可看為全語言運動的指標之一，藉以看出全語言運動的廣度和強度。

全語言運動的顛峰時期大約在一九八○至一九九○年代中期，在全語言教師多年努力之下，全語言逐漸獲得社會大眾的認識，在八○年代中期以後，全語言教室不只越來越多，也有許多地方教育主管帶領全學區或全校轉換至全語言，規模大的甚至遍及全州，加州於一九八七年公佈了新的語言課程綱要，即建議一文學導向的課程，一般人以之為全語言的應用，此為其中較受矚目的。其他州雖不一定有如此大規模，但地區性的改革卻隨處可見。

在美國，全語言運動可以看成是一個民間的教育改革歷程，Y. Goodman 稱它「是個對舊有爭議的新回應」，乃教育工作者對既存課程和教學上的不滿意尋求新途徑的運動。它的訴求有個基本的精神——將教學的決定權交還給學生和教師，在這個精神之下，它呼籲教育界再一次思考課程、語言學習、學習者的個別性、學習的社會性、教與學的關係等等議題，以及教師和學生在這些事上的自主權。

全語言運動是由教師起始，以教師為主體的教學權和學習權的爭取，它有堅實的科學理論基礎和研究的支持。它的理論紮根在心理學、語言學、心理語言學和社會語言學之上，同時本於人本及民主精神，基於對學習者的尊重，提出了有關語言、學習、語言學習、影響語言學習的個人和社會因素、教學和課程的系統化見解，並在實務現場之內實地實踐。它有悠長

的哲學歷史背景，也與近百年內的一些教育運動、社會潮流相呼應，承襲了學理的、社會的和歷史的源流，也添加了新的動力。自一九七〇至九〇年代，二十多年之間，參與此運動的教師、行政人員、學者、研究者，共同創造了全語言在教育領域的影響。Y. Goodman給予獻身全語言運動者高的評價，認為他們所做的事超越了以前的改革者：

> 他們對語言的角色和影響有更大的尊重，更瞭解兒童主動參與學習的重要性，更明白要有有效的語言學習，真實和功能的語言使用是必要的歷程。全語言教育者更瞭解，教師應相信自己有作決定的權力和責任，並要求自己的決定要基於充分的專業知識，方能提供給學生更佳的學習經驗。他們比前人更明白在教學上要考量教室內學習社群的特性，以及社會性因素對學生和學習的影響。
> （Y. Goodman, 1989b, p.125）

全語言匯整了與它相關前人歷史的智慧，與同代類似的潮流結合，以一個結合理論和實務的教育運動，開創了教育新的歷史，而它自己也成為整體教育發展長程歷史的一部分。

▶ 第三節
全語言的定義和內涵

初接觸全語言者很容易尋求一個直述、代表性、概略的定義，以便瞭解它，可惜這樣的定義很難找，也不切實際。對全語言下一個簡易的定義是一件困難且危險的事。多數全語言擁護者可能不同意，也無法以一個簡單的句子來界定全語言，因為單一、條文式的文字定義不只無法涵蓋全語言的全部內涵，甚至可能引起誤解或造成對全語言的傷害。全語言難以界定的另一原因，是不同的人因個人的專業知識和經驗不同，及在全語言的不同體驗，會有不同的定義，而所有界定都可能不是全備、甚或排它的。

即使如此，全語言的定義仍是對全語言不瞭解或有疑問者想要尋求的答案。有了界定，較易於以之察驗某些實務是否真為全語言，並評析它的結果、影響。不管為不瞭解全語言的人，或為全語言教育工作者，全語言都需要有一個周全的定義，因此界定全語言確有其必要性。適當的定義或可幫助探討全語言的對話聚焦，確立理性、客觀、具體的討論指標。只是因為全語言的繁複內涵和建構的本質，任何人在為它下定義或在閱讀定義時，都要小心不落入執著字面解釋的陷阱，並瞭解到不同人有不同定義，每一個定義有可能只是局部且不排他此一動態的事實。

一、對不同人定義不同

不管從文獻或在實務現場都不難發現，全語言對不同的人有不同的意義，一個人對全語言的定義正反映他個人對全語言的詮釋，以及他發展中的全語言知識、理解和經驗。這些界定有可能是暫時性、發展性的，隨著個人專業的成長和理論、研究、實務上的經驗而改變。持全語言信念者常從自己對全語言的探討操作經驗中，推論出階段性的定義，如此在持續探索操作中一次又一次地修改。全語言學者Watson（1989）就提到自己對全語言在三個不同階段有三種不同的界定，他敘述自己最初將全語言界定在語言範疇之內，而多用語言學的詞彙界定它。但在與教師、學生和研究工作者多年互動之後，他作了調整，看全語言大大超越語言範疇，而視之為對語言、學習者、教師、課程、政策等等的信念（beliefs），由此界定全語言是一個詞彙（label），用來陳述信念、教學策略、兒童語言學習的經驗，及它們之間互為支持的關係。最後，更超越前者地，他又將全語言界定為是一種教育觀點（perspective），一種對學習者和學習、教師和教學、語言和課程等信念所架構的教育觀點。對他而言，全語言定義是建構性、發展性的，隨著他在專業上的經驗而調整。就全語言的精神而言，這種詮釋上的建構歷程是應該被允許的。類似的現象在實務現場之中可能更為常見，從全語言哲學觀出發，Watson就主張應該允許教師建構屬於自己的全語言定義，形成自己的全語言知識。不只定義不同，實務現場中也常可看

到不同的教師用不同的方式在實施全語言，不同的定義反映了教師對全語言的概念，也反映了他們應用全語言的範疇，或他們關注的焦點。因此，當我們讀到對全語言的不同界定時，應有這樣的認識——沒有任何單一的定義可涵蓋全語言的所有內涵，不同的定義之間可能並不互相排斥，而是共同描述全語言，集合成一更完整的面貌。比較重要的是，要檢驗這些定義是否都落在全語言的廣大範疇之內，且與全語言的精義不悖。

二、前人的定義

全語言強而有力的論點是關乎下列三個重要的層面：全語言學者所認可的有關語言和學習的研究；從這些研究中所推論出來的教學理論；與這些理論精神一致的教學實務。可見全語言涉及研究、理論與教學實務，為全語言下定義，要能反映這些內涵。

研究全語言者為全語言下過不同的定義，有人稱之為一種理論，有人稱之為一套教育和教學上的信念，有人認為它是一種理論和實務的結合，有人指它是一種觀點、一種立場、一種教育哲學觀，也有人將之歸類為一種課程模式，甚至有人是以某些特定的活動在研判是否為全語言。其中有兩種具爭議性的界定須進一步釐清。

詮釋全語言最大的危險是將之侷限在活動上。以特定的活動來定義全語言來自於對全語言有限的認識，也是最不適當的定義，這樣的定義又常將焦點放在閱讀和寫作類的活動，Butler（1988）就定義全語言的課程元素有：對兒童閱讀、共讀、長時段的默讀、教師指導的閱讀、個別閱讀、語言經驗、兒童寫作、示範寫作、分享的機會、學科的讀和寫等活動，是個對全語言窄化，甚至曲解的詮釋。觀察者可以在全語言教室中看到一些全語言教師會使用的策略、一些教學原則、教學材料，也可能發現他們所提供給學生的經驗相類似，但這些表面的活動或材料是全語言精神下的產物，卻無法代表全語言。例如，在全語言的幼兒教室內，教師常使用大書，常為幼兒出聲閱讀，但並非凡使用大書和為幼兒出聲閱讀的都是全語言教室；在小學中高年級的教室內，全語言教師會讓學生以過程寫作的方式經營寫

全語言教育

作，其他的教師可能同樣使用過程寫作，但卻堅持所有學生文章的形式要達到教師預設的標準，以致完全與全語言精神相左。活動可以複製，精神的掌握卻需要對理論有通透的理解和同意，非全語言教師可以複製全語言教師常作的活動，所經營的卻可能根本不是全語言教室。也有人指出全語言課程裡有一些基本的事物，例如文學為本的活動（Froes, 1996; Raines, 1995b）。事實上，全語言教室內並沒有所謂基本的活動，Edelsky 等人指出，全語言教室內若有什麼基本的，大概只能說是一些原則和信念，是教師如何看待錯誤、如何處理教科書、期望學生如何學習約定形式的原則（Edelsky, Altwerger and Flores, 1991）。

另一個引起討論的是將全語言界定為純粹一種理論。全語言擁護者認為全語言不只是一種理論（Bergeron, 1990），全語言包含有理論，但理論本身無法涵蓋全語言，因為全語言也是一個由其哲學觀所蘊育支持的草根運動，視之只是一種理論，等於無視於它在實務上所造成的改變歷程和影響。全語言是一種理論也是一種實務，Harste（1989a）稱它為「實務性的理論」（practical theory）；K. Goodman 等視它為教育領域的草根改革（K. Goodman et al., 1991）。對於全語言的理論與實務關係，Edelsky 等人作了切要的說明：

> 全語言是一種專業的理論，一套理論在實務上的映現。也就是說，它既不是一些與實務無關的理論，也不是未紮根基在理論上的實務，因此，我們不可能將全語言作成一個理論性宣言，而不與實際的教育實務相聯繫；也不可能用一張所謂全語言活動表檢核一個教室，就可以稱它為全語言教室。是不是全語言不是看行為，而是看教師所陳述的信念、教室內互動的特質、教師和學生潛在的意圖、以及成熟的理論所驅動的實務等面向，決定它是全語言。
> （Edelsky et al., 1991, p.7）

以下是一些不同的全語言學者對全語言所下較接近事實、較適切的定義，從這些定義中，讀者可以試著描繪全語言的粗略面貌。

對許多人而言，全語言顯然包含了多重繁複的意義，而不是一種必須遵循的狹隘教條。全語言結合了我們對於語言、學習、孩子和教師的觀點。（李連珠譯，1998，頁4）

全語言是一種哲學觀，是一個關乎學習的本質及如何在教室內、學校中培養此本質的信念體系（belief system）。……全語言是理論的實務應用。（Weaver, 1990, p.3; 1992, p.5）

全語言一詞是個簡速的指稱方式，用以指述一套有關課程的信念體系，這裡所謂的課程並不單指語文課程，它涵蓋了發生在教室內的所有事物。……全語言是一種哲學立場。全語言是用來描述教師和研究工作者如何將新近有關語言學、心理語言學、社會學、人類學、哲學、兒童發展、課程、寫作、文學理論、符號學及其他科學之理論和研究，應用在實務上。（Newman, 1985, p.1）

全語言不是一種教學方法，或一套教材，或一個課程方案（program）。有別於此的，它是一個派典（paradigm），一種觀點，一套信念，一個運動。（Edelsky et al., 1991, p.63）

全語言是派典的轉換。……它超越只是一種閱讀和寫作的教學法，它是一組緊密結合、進步的有關教和學的想法。……它是關乎教室應該如何組織經營、教育應是什麼的觀點。（Daniels, 1995, p.116）

全語言是一種思考的方式，一種在教室內和孩子一起生活和學習的方式。（Bird, 1987, p.4）

全語言……是關乎讓教師被聽到，讓學生被看見。（Watson, 1989, p.129）

由這些定義可看出，全語言是遠遠超越活動層面的一些信念、觀點、態度、立場、哲學觀。定義全語言要能反映它的理論、研究發現、哲學觀、實務，甚至它的草根精神。K. Goodman 等人掌握了全語言本質，認為全語言不只是對教師而言，它對教育歷程中相關的幾群人各有不同的意義，他們進一步地將全語言哲學觀的範疇由教師擴大至學習者、行政人員及家長，而分別為他們界定了全語言：

> 對教師而言，全語言意味著成為一個專業人士的新時代，亦即要基於一個完全的、整合的、哲學的、事實的基礎，作無數專業上的決定，以便幫助自己的學生學得最多最好。……它意味著要開始在自己的教學上作主掌權、負起責任，也期望獲得權威和尊重。
>
> 對學習者而言，全語言意味著豐富的、真實的、適合發展的學校經驗；意味著學校內的學習和學校外的學習一樣真實、相關、容易。
>
> 對學校的行政主管而言，全語言意味著要扮演支持教學和學習的新角色，意味著課程領導人要能提供資源，促成較整體導向的課程計畫，幫助教師評量自己的教學和學生的學習，以便助長雙方持續的成長。
>
> 對家長而言，全語言意味著不管自己孩子的年齡大小、能力、興趣、文化、語言、生理狀態的差異，自己都願意委身去提供給他們最好、具挑戰性、適當的學習經驗。（K. Goodman et al., 1991, p.4）

三、描述性定義：語言、學習者與學習、教師與教學、課程

全語言既無法以一些簡單的文字定義來表徵，描述它會比為它下定義恰當，下定義只是概括地說，描述則較能勾勒全貌。在前面 K. Goodman 的

定義中指出，「全語言結合了我們對於語言、學習、孩子和教師的觀點」，而這些觀點共同指向學校的課程，因此，在描述全語言時，可以從這幾個面向來談：語言、學習者和學習、教師和教學、課程。事實上這四者也正是全語言的四個重要理論支柱，在下一章會就理論內涵充分作探討。如果從這四個面向去描述，或可為全語言作出描述性的定義如下。

全語言是一種教育哲學觀，是關乎語言和語言學習、學習者和學習、教師和教學以及課程的觀點和信念：

1. 全語言關乎語言的完整性、統合性，指出語言系統中各元素的不可分割拆解，語言使用者在語言情境中以語意為中心，統整地交互使用所有元素。全語言關乎語言學習的整體性以及心理、社會現象，主張語言學習是從整體開始的認知歷程，更是一由功能出發的社會歷程，也指出語言在學習和思考中的重要角色，語言教學時都要順應這些現象。

2. 全語言關乎對學習者的尊重和信任，尊重學習者全人，相信所有學習者在安全、支持、自然的環境中、真實的情境下，會起始學習，產生課程，管理自己的行為，評量自己的策略和努力，每個人都可以學習成功。全語言關乎學習，認識學習動力的、交互組構的社會本質，並將學習主權賦予學習者。

3. 全語言關乎教師的專業、成長、新角色，和對教師的信任、授權。全語言認識教師是一專業，會基於語言和學習的相關知識，瞭解學生，與學生一起發展課程。全語言指出教師的角色是學生的伙伴，具協助者、促成者、計畫者、觀察者、參與者、學習者、教室內的研究者、省思者等多元支援性角色。全語言主張應充分授權教師作各種課程的決策，也相信教師願意為學生、為課程教學委身、成長。

4. 全語言關乎學習者中心的、探究的課程，強調課程的統整、相關、真實，主張學校內的學習要和學校外的學習相似，並能銜接，課程要對學生開放，提供各種可能的探究方式、可用資源及材料，從學生的興趣及探究需要出發，並持續地根據有關學生學習的發展調整修正。全語言拒絕預設的、套裝的、單一化的、現成的課程和材料，

以及零碎技能訓練的教學，也反對矮化教師成為按教師手冊照本宣科的技術員。

總而言之，全語言是個對教育、教育歷程、其相涉的個人和群體，新的思考方式。

四、什麼不是全語言

在文獻和實務現場中對全語言的定義或描述，常見到迷思、誤解或以局部指稱整體的現象。藉著指出有哪些不是全語言，也許可以幫助還原全語言的真面貌。下文左欄所列是一些對全語言常見的迷思，右欄則是相對的辯正，以澄清錯誤的傳述。

對全語言的迷思	對迷思的澄清
全語言是一種教學模式（approach）	全語言範疇要大得多，除了教學，全語言尚關照教師及學習者，以及課程的本質。
全語言是一種課程方案（program）	全語言是對語言、語言學習、學習、學習者、教師、教學和課程的一些信念及態度，大大超越課程方案的範疇。
全語言是一種套裝課程（packaged curriculum）	全語言因為是一種教育哲學觀、一些信念和態度，無法用一套內容或材料呈現。
全語言是一套教學方法，有明確的步驟可依循	在全語言的精神和原則之下，可以有各種可能的教室實務，無法用一套方法代表或框限，每一種建議的教學策略都有可能因學習者和教室情境、文化的不同，而有不同的作法，所以也不可能整理出一套制式的步驟。況且，全語言談的不只是教學而已。
全語言是關於語言教學的理論	全語言的確指出了語言和語言學習的本質，這些觀點會映現在語言教學之中，但全語言也指出語言在學習中的角色，而強調以語言統整所有學

對全語言的迷思	對迷思的澄清
	習，因此是對整體課程和教學的論述，此外，它同時也關心學習者和教師，所以不只是語言教學的理論而已。
全語言談的就是一些特定的教學技術	和上一個迷思很類似，在不同的全語言教室內也許可以看到全語言教師常用的一些策略，但這些策略是在全語言原則下建立出來的，教師在使用這些策略時，重點在於如何掌握全語言精神而非執行這些策略，策略須依學習者的不同而調整，這就不是教學技術可關照周全的了。
全語言是一種實務	全語言有理論為基礎，有實務實踐其理論，它固然關心實務，但實務所紮根的理論和研究也是它內涵的一部分。
全語言是語言經驗活動的別稱	二者都看重經驗和語言在學習中的角色，但全語言要多得多，有的全語言教師也許會使用語言經驗活動，但它是眾多語言活動中的一種，頂多只是全語言課程中極小的一部分。二者並不等同。
全語言就是文學為本的課程	多數全語言教師會使用文學為閱讀的材料，並以之支持主題的探究，但文學是閱讀材料中的一類，全語言教師會使用其他類別的真實材料（例如，環境文字、食譜、報紙、期刊、雜誌、非文學類書籍），而且全語言並不只關乎課程，還有其他的面向。
全語言就是直接教學法	二者對教學的觀點剛好相反。全語言主張語言的學習從整體到局部，因此教學時也是從整體開始，使用完整的材料，以意義的理解為中心，看重語言的功能性，讓語言的學習對學習者而言是真實的。直接教學法雖然將學習的材料由最小的音和字轉移到較大的語言單位（如句子、全

對全語言的迷思	對迷思的澄清
	文），但學習的焦點仍在語言的零碎片段之上，以能掌握這些語言片段，習得運用這些片段的技能為目標，材料對學習者的意義和功能常不是主要考量。
全語言就是自然教學法	一如前述，全語言不是教學法。二者都認出了幼兒在學習語言時未經正式教學的事實，並儘量讓語言教學接近語言學習的真實現象。自然教學法或在語言教學上與全語言有共通之處，但也只是全語言語言教學中的一種策略，全語言是更廣度的教育觀點。
全語言是開放教育的別稱	二者有相似的哲學背景，都尊重學習者及其個別差異。全語言指出了語言和社會性因素在學習中的角色，此則是開放教育未特別著眼的。
全語言就是使用大書、出聲閱讀、簽到、過程寫作……等閱讀和寫作活動	有些活動的確是全語言的元素，或全語言教室內可見的活動，但全語言要大大多於這些，不能以局部指稱整體。況且教師在使用這些活動時若未能掌握全語言的精神和原則，也可能產生完全非全語言的結果。
全語言可以包裝成為套裝的教材	這是對全語言最大的誤用和傷害。全語言是個哲學觀、一些信念，不是一種教學法，它既沒有一套教法，也反對單一化、預設的材料，在全語言的精神和原則之下，課程教學可以有各種可能，如何製作成一套教材？全語言鼓勵教師順應學生的需要，以多元、各式各樣的材料支持探究，套裝教材顯然與此基本精神相違。這個錯誤敘述可以改為——「任何教材只要自稱為全語言教材，就馬上可以斷定其絕對不是全語言。」——才接近事實。

對全語言的迷思	對迷思的澄清
全語言在訓練學生的語言技能	全語言反對零碎的語言技能訓練。所有語言技能是學習者在功能性的語言使用、各領域的學習之中同時習得，而非抽離出來單獨教的。全語言學習者語言技能的獲得是功能性語言使用的結果。
全語言教師絕對不教技能	這是上一個迷思的另一極端。全語言不作脫離使用情境的技能訓練，但當學習者有需要、時機適當、且在功能性的語言使用情境中時，全語言教師會教導相關的策略和技能。全語言著重培養學生的讀寫策略甚於技能。
全語言教師不作任何直接教導	與上一個迷思類似，全語言教師並不排斥直接教導，當有必要且在情境中時，全語言教師還是會提供直接的說明。重要的差別在於，全語言教師所教的都是與學生正在進行的事相關、且是學生當下所需要的，而非教師按序編定的教材和技能的教學。
全語言強調的就是在情境中教技能	這與上兩個迷思相反，但同樣是一種誤解。「真實」是全語言教學中很重要的原則，活動對學生而言若不真實，所有的教學不管在不在情境中都不符合全語言精神。況且全語言除了教學之外，還關乎教師、學習者、課程，範疇要大得多。
全語言不評量學生的學習	在全語言課程中評量是學習和教學的一部分，但是全語言教師不以單一的標準化測驗或紙筆測驗決定學生的學習成就，且將學習成就窄化在技能表現之上。全語言教師關心學生的發展和成長，經由多元的評量管道和方式、多方的參與，取得資訊以瞭解學生的發展和學習，好進一步提供必要的協助。在全語言教室內除了教師評量，學生也參與評量，包括學生自我評量及同儕評量。

對全語言的迷思	對迷思的澄清
全語言教室裡沒有組織	在全語言教室內教師賦權予學生，讓他們可以為自己的學習負責。有別於傳統的組織方式，全語言教室內學生學習如何獨立自主學習，如何自我管理。全語言認為好的班級經營是所有學生都參與於探究工作中，而不是保持教室的無或低音量。事實上全語言教室比教師主導的教室更有組織，只是這種組織必須在教室內有一段時間的觀察才能發現。
在全語言教室內教師對學生沒有特定的學習期望	全語言教師不會期望所有的學生在同一時間內以同樣的速度學習並達到相同的目標。全語言教師會計畫、提供、促成並記錄學生個別的成長，因此當學生有所成長時，全語言教師可以辨認得出來。全語言教師不會只期望學生技能的表現，他們對學生有更高階的期望──成為一個能思考、能解決問題的語言使用者。
全語言沒有研究支持	指全語言對學習沒有幫助的研究，其設計多數以語言技能表現為學習的指標，並採用技能導向的測量工具（如標準化測驗）為工具，也就是說，這些研究者採用出自完全不同的派典、無法測量全語言的工具在考驗全語言的效度，才會作出這樣的結論。就比較性研究而言，有大量順應全語言精神而設計的研究支持全語言對學習、學習者、教學、教師有益。此外，全語言本就基於大量在認知心理、學習理論、心理語言、社會語言、讀寫萌發等研究結果而建立的，故有豐厚的研究支持。
任何人只要自稱是全語言就是全語言	全語言既建立在豐厚的理論和研究基礎之上，要實施全語言自然要對這些理論和研究之啟示有相當程度的瞭解，並能掌握其精神要義。凡自稱為

對全語言的迷思	對迷思的澄清
	全語言者都要能接受並經得起以全語言相關信念和各項原則的檢驗。
只有極少數最好的老師才能實行全語言	成為全語言教師最大的條件之一是委身。全語言相信所有的學習者，教師如果看待自己是一個學習者，而願意委身為學生和教學付出代價，追求專業知能，改變態度，全語言接受教師可以慢慢成長此一事實。
要實行全語言只要由上級派定即可	全語言尊重學習者、教師，並授權他們在學習上自主，擁有自己的學習過程。全語言提倡交易式的學習，重視教師的專業委身，由上級規定明顯與上述精神相違。況且要實施全語言要先建立全語言哲學觀，培養全語言信念，須長時期的發展，更需要支持鼓勵，上級的規定往往缺乏時間上的彈性。

資料來源：部分參考 Weaver, 1990; Weaver et al., 1996; Altwerger et al., 1987。

五、全語言是什麼

全語言既非上述任何一種陳述，也不是上述所有陳述的總和。如果要用簡短的聲明來表徵全語言的本質，下列這些聲明組合起來或可點出全語言的精神：

全語言是一種教育哲學觀、一種觀點、一種立場、一些信念、一些態度；

全語言是一種組織教室的方式；

全語言是一種促成學習的態度——提供選擇、由學習者擁有、以培養學習策略及解決問題能力為主、提倡合作、鼓勵冒險；

全語言是一種看待學習者的態度——尊重、信任；培養獨立、自主；期望成長；相信每一學習者都在發展中，並促成其發展；

全語言是對學習材料的堅持——要求完整、真實、相關；

全語言是對教師的認可，肯定其專業、省思、成長、主權；

全語言是一種賦權的歷程——行政主管對教師賦權、教師對學生賦權；

全語言是民主的學習社群運作的方式；

全語言是恢復人類學習本質的呼籲，要學校內的學習和學校外的學習一樣自然、容易。

以上這些反覆的論述，無非要還原全語言的完整、真實面貌。但是光看定義是不夠的，更重要的是，教育工作者必須檢驗教室內正在進行的事，是否被他們的定義所支持，且二者精神是否一致。例如，當全語言被定義為「學習者中心、意義為焦點、使用真正文學的」，教師就要探討在自己的課程中，這三個原則是否真的存在，以及如何將此三者轉成為具體的材料和活動呈現出來。因此為全語言下定義，重要在引出它的哲學基礎、理論內容、實務原則和精神，這些就鋪陳在第二章。

第二章　全語言的理論基礎

第一節　全語言的語言觀
  一、語言是整體、不可分割的
  二、意義是語言的中心
  三、語言必須要放置在社會和語言的情境中
  四、閱讀與寫作是動力的、建構的歷程

第二節　全語言的語言學習觀
  一、語言的發展乃透過實際的使用達成
  二、語言的發展是從整體到局部
  三、語言功能的發展先於語言形式的發展
  四、語言學習是建構語言知識的歷程
  五、語言學習是個社會性的歷程
  六、語言學習是個賦權予學習者的過程

第三節　全語言的學習觀
  一、學習乃透過交易組構
  二、學習是社會的運作

第四節　全語言的教學觀與教師觀
  一、學習社群
    ㈠充分的自我認識和互相認識
    ㈡民主社會的操練實踐
    ㈢協商、參與、擁有
    ㈣合作學習
    ㈤支持的氣氛與環境
    ㈥多元的探究方式
  二、教師之教學態度
    ㈠信任、尊重、賦權
    ㈡支援、協助、促成、鼓勵、引導、計畫、期望成長
  三、教師之角色

全
語
言
教
育

四、教師之專業態度

　　㈠知識

　　㈡自主、自信、決策、責任、信任

　　㈢委身

　　㈣省思、持續成長

第五節　　全語言的課程觀

一、學校內學習與學校外學習的關係

二、語言、思考與學習

三、課程原則

　　㈠統整、語言跨越科際

　　㈡學習者中心、擁有、選擇

　　㈢探究、主題

　　㈣相關、真實、功能、沉浸

四、全語言課程的特性

第六節　　全語言的評量

一、評量的哲學基礎

二、對標準化測驗的質疑

三、派典的轉換

四、全語言的評量觀

　　㈠評量是課程的一部分

　　㈡評量是描述、省思和改變的歷程

　　㈢評量由學習社群中成員合作參與

　　㈣評量藉由多元資訊的蒐集和分析達成

五、兒童觀察

六、閱讀差異分析

　　㈠ Goodman 閱讀歷程模式

　　㈡何謂閱讀差異

　　㈢閱讀差異分析研究

　　㈣閱讀差異分析的功能

　　㈤回顧式的閱讀差異分析：重新評估、重建價值

第二章

全語言的理論基礎

....

　　從全語言的歷史根源中可以看出，全語言是個科際整合（interdisciplinary）的學說，它承襲了前代從人文出發有關教育、教學和學習的哲學觀，匯聚了當代心理學、語言學、人類學和社會學等領域的知識，建基在心理語言學、社會語言學、語言發展、語言學習和教學等跨學術領域的研究工作，並參酌了與語言和溝通相關的理論，整合、形成它特有的理論基礎。它同時將這些理論轉化成實務的原則和態度，與教師一起建構其成一實務性的理論，可應用在各階段、不同的教室、不同的學生身上，幫助教師執行工作，成為更能促成學習的教師。

　　全語言的理論乃由幾個主要支柱組合而成，它是關乎語言、語言學習，關乎學習者和學習、教師和教學，也關乎課程，探討全語言的內涵可以從這幾個面向著眼。本章就試著從這幾個面向來呈現全語言的理論內涵。在論及學習、教學和課程時，一定會涉及評量，評量是全語言運動過程中常遭遇到的挑戰，全語言並非沒有評量系統，只是它的的評量觀有別於既有的思維，本章在最後也將全語言的評量觀和評量系統整體呈現，讓本章對全語言理論的探討更完整。

第一節
全語言的語言觀

全語言對語言的觀點大大有別於過去的傳統觀點。全語言語言觀的建立，乃源自於現代語言、閱讀和寫作等領域理論家的理論，和相關研究結果的啟示。理論家 Vygotsky（1986）、Michael Halliday（1977, 1983, 2004）；研究者 Kenneth Goodman（1996a）、Frank Smith（1994, 1997）、Marie Clay（1975, 1987, 1998）、Donald Grave（1983）和 Jerome Harste（Harste et al., 1984）等人對全語言語言觀的形成，都有重要的貢獻。他們對閱讀、寫作和語言的看法共同建構了全語言的語言觀。全語言指出，語言有其特質，在教育場域執行語言相關實務時，不得不考量這些特性，並思考其在實務上的意義。

一、語言是整體、不可分割的

全語言認為，語言是整體的（whole）（K. Goodman, 1986; Watson, 1990），「整體的」意指不可分割、系統化及含容性（inclusive）。全語言學者 K. Goodman（1986）特別強調每一種語言都有其內在系統，也有其特有的表徵符號體系。語音是其中的一個系統，但也是整體系統的一部分，語法、語意和字形也是，口頭語言和書面語言亦然，只是各有不同的表徵媒介。當在實用的情況之下，語言的每一個系統都在運作、呈現，並且互相影響；當其中的任一個系統被強行移除，或無法與其他系統共同運作時，那麼它就不再是一種語言，再不能以語言的方式存在，例如，當我們將一個字從全文中分離出來，作字音上的分析、組合、分解時，它就變成了一個機械性的無機體，失去了語言的特性。因為語言中所有的系統同時發揮作用，且相輔相成，讀者在閱讀時，可以從多元系統中取得多重的線索，來幫助自己理解文意，預測下文的發展，掌握語法型態等；同樣的，寫者

在寫作時，也一樣援用多元系統以完成意義的表達。因此，語言不應被分割成小片段，並加以分析研究。語言只有在它整體並存時才是語言，Goodman 進一步主張書面語言和口頭語言是兩個平行的系統，而聽、說、讀、寫的發展是同時進行的。因此，我們應當視語言為一個整體，讓所有的內部系統並存並行；也就是說，當我們看待語言時，應永遠將其放置在語言情境中，包含上下文，考量使用者，並注意語言發生時的情況，對語言發生時的社會性敏感。如此，才能真正掌握語言運作時的各個層面。

語言的整體性也指它的含容性。全語言主張，面對語言時，不應排除某些特定的語言和語異，例如方言、或有別於主流的用法，像地域性所產生語音的變異；不同次文化團體中另類的語法習慣，或語意的延伸使用……等。這些語異都是存在該語言內的客觀事實，是該語言系統的一部分，並不承載任何價值，因而不宜賦予優劣判斷，進而排除或漠視、歧視之。這個主張顯示了全語言看語言是從使用者的立場，也可以說是一種對語言使用者「賦權」（empowering）的態度，是對語言社會性的關心。

二、意義是語言的中心

多數語言都有它的符號（symbol）系統。符號系統是個媒介，用以傳遞意義，口頭語言裡的符號系統是語音、語法，書面語言裡的符號系統是字形、句法、章法。不管語音、語法或字形，都只是媒介，用來達成意義的傳遞，雖然語言在運作時，外顯的是這些表層結構，但意義是本、是出發點，符號是次、是工具，二者的先後次序應以還原。全語言指出意義才是語言的核心，是人類發明語言、使用語言的本衷。K. Goodman 說：「當群體中的成員開始使用一種共通的方式溝通時，語言於是焉興起。」（K. Goodman, 1986, p.11）溝通是動機。Halliday（1983）指語言發展是個「學習如何理解和表達」（learning how to mean）的歷程，認為語言是創造意義的過程，是對這個概念的極佳詮釋。

嬰幼兒學習語言的歷程正可說明這個概念。嬰幼兒學習語言的歷程和先民社會中語言的發明和發展，有極類似的過程。在原始社會裡，當人類

全語言教育

有溝通需要時，開始創造、發展語言，而就在傳達意義的過程中，人類逐漸注意到語言必須有一群約定俗成的外在形式，以利意義的傳遞，於是一再修正調整語音、語法、字形等這些表層結構的形式，使之逐漸形成系統，達成約定俗成（convention）。很類似的，嬰幼兒出生在有人環繞的社會中，當他們有溝通的需要時，會開始使用語言傳達所欲表示的意義，而在傳達意義的過程中，他們逐漸注意到周圍的人的語言有一群約定俗成的外在形式，使用者必須依循這些約定俗成的形式，意義才得以傳遞清楚，於是他們會逐漸去注意該語言中特定的語音、語法、字形等形式，並一再對照修正調整，以符合這些約定俗成的結構，他們的語言就這樣逐步發展完成。這個歷程在在指出意義和形式之間的關係和先後次序。毫無疑問的，形式是用來服務語言的功能，亦即意義的溝通傳達。全語言認為語言的使用不應該只專注於所援用的形式，而忽視了所欲傳達的意義，對形式的關注必須發生在滿足意義傳遞的目標和考量之中。

三、語言必須要放置在社會和語言的情境中

社會語言學家 Halliday 建議，看待語言必須從社會的角度觀之，他提出了社會意符系統（social semiotic system）的概念，認為語言是一個複雜的意義建構的系統，而此系統的建立是透過社會群體的約定和共識來達成的（Halliday, 1978）。既然語言是溝通最常用的媒介，而且有其約定的形式，學習者就必須在社會情境中學習，方能精確掌握此系統。語言具文化性也具社會性，語言中意義的建構，須有社會成員的共同理解，而這些理解須要個體在其語言社群中長期沉浸及有目的的使用方能達成。個體在其所處的語言社群中習得語言，同時也創造了語言新的意義和形式，在共識的語言常態中挹注了豐富度、多元性和差異性。因此，同樣一段口頭或書面語言在不同人之間，可產出極不同的解讀，可見社會共識並非對語言的意義作了明確的規範，而是增加了成員之間對意義認可的廣度，也就是說因為社會群體，語言的意義更豐富了。這種現象在不同的人類社會中都可發現，例如在美國社會中的英語、世界不同華人地區的中文使用。以台灣

地區的中文為例，近十年來方言化、外來語化詞彙的產生（如「打拼」、「走透透」、以「粉」字代「很」、「粉絲」表影歌迷）和由時事或社會事件衍生的語言使用（如以「遛鳥俠」稱裸奔者，一方面語含雙關，增加趣味，另一方面表對該行為支持的態度，但已離文詞原意甚遠矣），都說明了語言不可脫離社會和文化，也彰顯了語言情境在指稱詮釋上的角色。上述幾個詞彙若抽離情境，台灣地區以外的中文使用者恐怕很難理解。可見將語言抽離所在的社會情境或語言情境，意義有可能產生變化，或有不同的解讀詮釋，而失去了它的本意、喻意或真實性。

　　全語言的其他學者如 K. Goodman 等有類似的觀點，他們指出，文意並非存在於文本上甚或在語言內裡，而是存在於語言使用者，使用者是根據自己在語言社群中的經驗在理解或表達意義；也就是說，語言只能傳達社群中成員所知道的意義（K. Goodman, Smith, Meredith, and Y. Goodman, 1987）。因此，語言若不放置在使用的情境底下，其社群約定的意涵是無法指明的，這是全語言很重要的語言觀點，也是全語言閱讀觀、寫作觀的基礎。

四、閱讀與寫作是動力的、建構的歷程

　　文意既不固定於文本的字面之上，那麼在寫作和閱讀時語言使用者在意義的建構上就擔負很重要的角色。全語言特別指出了語言使用者在讀寫過程中動力的（dynamic）和建構的（constructive）角色和努力。全語言對閱讀和寫作的觀點，大大受心理語言學家 K. Goodman 閱讀理論的影響。從心理語言學的觀點，K. Goodman 稱閱讀的歷程是一個「心理語言上的猜測遊戲」（psycholinguistic guessing game），他對閱讀的歷程有一深入的研究和描述（K. Goodman, 1967, 1996a），大致觀點先略列於以下兩段，細節則在本章第六節再詳加闡述。

　　閱讀雖始於語音或文字的輸入，終於意義的輸出，但多數讀者都走最直接最短的捷徑，使用最少的資源，以到達目的地。過程中，他們會策略性的取樣，根據自己的語言知識，就語言的重複特性，選取最少但最有用

的資料，對該段語言的結構（例如用字、句型）作預測。接著，他們會將預測的結果與自己從當時情況及上下文所建立起來的整體語意，作比對測試，看語意和句法通不通，通的話預測就得到確認，繼續往下，否則就放棄先前的預測，重來一次並作必要的修正，如此循環不已。簡言之，閱讀是一連串取樣、預測、測試、確認的循環歷程。過程中，讀者運用閱讀策略，使用最少的訊息，以得到最可靠、最精確的預測，他們所援用的訊息，部分是當時文本上所看到的，部分則是他們預期會看到的，但並不一定出現在文本上。語言使用者需要學習判斷文本中的資訊何者是重要須留意的，何者則否，並據此整理出可理解的意義（K. Goodman, 1996a）。

在上述的歷程之中，閱讀者做了很多不顯現在文本上的努力，以建構屬於自己的意義，整個過程並非單純、直線式的解碼動作（decoding），將作者的編碼（encoding）結果逆向操作回去。相反的，反覆地援用知識、判斷、作決定是這動力過程的本質，而讀者自己的語言知識、價值觀和經驗等，都可能影響到他的理解。同樣的，寫作不是一個直線式的編碼動作，在寫作時，作者並非只將語音或文字訊號，按語音規則或拼字規則，組合成一套語言的表層結構，來呈現所要傳達的意義就可以。寫作是更複雜的過程，作者必須思考在文中要提供多少資訊，以便讀者能推斷出或再建構作者所要建構的意義，也就是說，作者心中要有讀者，一如讀者心中有作者一般。閱讀與書寫都是充滿動力、不斷改變、十分建構性的歷程。

整體而言，全語言認為語言是個人和社會的建構產物，它有其內在、自足的系統，不可分割，它運作時是系統內所有成份一起在交互作用，而意義是它的核心。語言被使用時有其當下的情境，更鑲嵌在使用者所在的社會情境中，所有這些因素組合成它的完整性。因此，語言是完整的，看待語言的使用也要整體地看待。

第二節
全語言的語言學習觀

多數研究語言發展的學者都同意語言學習是個認知的歷程。全語言學者從他們的研究發現語言學習是個較之要複雜得多的歷程。從社會語言學的觀點，Dyson（2004）、Halliday（1978, 2004）、Heath（1983, 2004）、Taylor（1983; Taylor and Dorsey-Gaines, 1988）等學者就指出語言學習大大受到社會性因素的影響，是個涉及個人和社會的歷程。K. Goodman 認為語言學習有其容易和困難的狀態，語言或學習情境若能具備下列特質，會使語言學習起來容易得多——是真實的、自然的；是完整的；是有意義的、可以理解的；是有趣的；是與學習者相關的；是屬於學習者個人的經驗；是日常生活的一部分；具有社會性功能；對學習者而言是有目的的；學習者自己想學的；學習資源是唾手可得的；學習者有使用的自主權（李連珠譯，1998，頁 16）。這些狀態指出了語言學習中的個人和社會面向，也反映了語言學習的實際歷程，順應這些自然的歷程，學習自然就輕省。

一、語言的發展乃透過實際的使用達成

過去有學者將語言學習理論歸類成兩大派別，二者的觀點隱然對立，其一被稱為「由上而下」（Top-down），謂語言的學習是由全面開始，再逐次進入細部的枝節知識；另一則稱為「由下而上」（Bottom-up），強調語言學習必須先由細部開始，逐步往上累疊知識技能，才能學會全部。全語言常被歸類為前者之代表，雖然許多全語言學者不同意如此等同的說法。此二派典歷來常被並提對照，幾度辯論，但粗略的二分法卻可能忽略了各家理論的詳細內涵。

對立的思考模式也反映在實務現場上。每一個語言中都有其語音、語法、字形或拼字規則，究竟要學習者先學會語言規則再使用語言，或先使

用語言再深究語言知識，是教學上常見的考量和辯論。以拼音語系社會中學習閱讀為例，究竟學習者得先具備相當的詞彙量，學會拼音法則之後才能閱讀，或是從直接閱讀過程之中，學習者會歸納整理出語音語法規則，發展出自己的詞彙庫，不同的假設會導出不同的教學設計。

如果語言學習不是先學會細部的知識技能再去聽、說、讀、寫，那麼語言技能是藉由什麼途徑獲得？全語言認為語言的發展是透過實際的使用而達成。全語言的觀點乃基於大量幼兒第一語言發展的研究，研究者例如Cambourne（1988）、K. Goodman 和 Y. Goodman（1982）、Harste 等人（1984）、Taylor（1983）、Teale 和 Sulzby（1986）指出，書面語言的發展可以如口頭語言發展一樣是個自然的發展過程。嬰幼兒藉由說話而學會了說話，在聽的過程中學會理解他人的話語，學會了口頭語言和它的相關知識。書面語言和口頭語言是兩個平行的系統，有不同的符號媒介，但運作的過程是類似的。學習書面語言也和學習口頭語言般類似的過程，幼兒可以藉由直接去讀去寫而學會閱讀和書寫，並從過程中整理出書面語言的規則。也就是說，嬰幼兒並非先學會聽、說、讀、寫的相關規則知識技能，才會聽、說、讀、寫，他們並不等待學會發所有的音之後再去說話表達，或等認得相當數量的字，學會拼字、語法、章法之後才去書寫傳遞訊息，所有語言相關的知識技能都是在直接使用語言的過程中，逐步整理建構發展出來的。沉浸是個很重要的條件，幼兒要能處在一個有充分語言使用的環境中，有機會察覺語言的各種用途用法，並且實地去實驗探究這些用途用法，在情境中擴展使用的策略。研究閱讀的學者F. Smith（1976）提出了一個有名的論述）──「以直接閱讀學習閱讀」（learning to read by reading），可為此作最佳的註解。Vygotsky有一段論及閱讀和寫作教學的話有相近的主張：「教閱讀和寫作的最好方法不是讓孩子直接去學閱讀和寫作，而是讓孩子可以在遊戲的情境中發現閱讀和寫作的技巧。……就像孩子如何學會說話，他們也可以這樣學會讀寫。」（Vygotsky, 1978, p.118）學習者既然不是先學會聽、說、讀、寫的相關規則，才會聽、說、讀、寫，而是透過在真實的語言事件中實際的使用達成，因此，全語言不同意先教語言的知識技能，再讓學習者去使用語言；相反的，提供語言學習者各種可

能的機會，讓他們可以作真正的閱讀和書寫，才是推動讀寫發展最關鍵的條件。

二、語言的發展是從整體到局部

在「由下而上」派典中，許多發展心理學家主張，人類學習語言是從小片段（例如單音、字）開始，再逐步擴充至較大的語言單位（如詞、詞組、句子），這樣的假設，可能和他們所觀察到嬰幼兒的語音發展現象有關。他們看到了嬰孩先會發單音，再學會說單字，再將單字組合成詞或詞組，再組合成句子，而認為語言發展就是這樣由小片段累積而成；事實上，這現象是反映了嬰兒肢體動作能力和認知的發展。剛開始時，嬰兒控制發音的生理能力極有限，以致他們只能發出簡短的單音，甚至只是一串串模糊無法區辨的發聲，從語音和語法上看，似乎是片段的、局部的，但語音、語法不是語言的全部，語意、語用是語言使用中更核心的層面。認為語言發展是從局部開始，顯然是以語言的外表形式為焦點，並以此作為語言發展的指標，只看到了語言的表層，不免限制了對語言發展真實、全面的認識。

全語言的觀點剛好相反，全語言主張語言的發展是由整體到局部，這個觀點和全語言的另一主張——意義是語言的中心是一體的兩面。如果同意意義是語言行為的中心，那麼我們不得不承認嬰兒的發聲，即使只是一個單音、單字，都有可能在表達一個他試圖要溝通的完整語意，即使大人尚無法解讀這意義。就是透過類似的、一再反覆的說話意圖，幼兒學習逐漸整理、修飾他們的發聲，成為更明晰、精確、可解的話語形式。換句話說，他們都先有完整的語意和語用意圖，稍後再慢慢注意語音、語法等表層結構上的細節和精確度。書面語言的發展也是類似的歷程。如果溝通訊息是書面語言使用的出發點，那麼在實際的情況中，閱讀時試著要瞭解文字符號所要傳遞的意義，會是閱讀者的主要關心點。而就在試圖瞭解整體訊息時，閱讀者有時不得不去注意文本的細節，例如，某個詞彙有不同以往的組合方式，是否意味著特殊的涵義。作者寫作時也是專注於意義的表

達，而在表達的過程中，也才會去注意該如何用讀者能接受的方式陳述想法，例如會注意使用正確的拼字。意義的表達和理解總是先存在的意圖和優先的考量，形式的細節則用來促成意義的表達，是逐步修正調整，稍後才發生的。全語言學者 K. Goodman 對讀寫學習的一段論述，說明了語言的學習如何從整體到局部：

> 在語言發展的任何階段，不論是一個剛開始辨識週遭文字的初學者，或是想學著看懂電視節目指南，或是想寫一份高中的科學研究報告，每一個人都必須在一個整體的情境、經驗中，才能學會其中比較片段的語言成份或技巧。例如：這個字是怎麼拼的？兩個字湊在一起是什麼意思？節目表是怎麼排列的？正式報告的格式是什麼樣子等等。如果我們先學寫信的各個步驟：先學信的開頭招呼怎麼寫，再學信的第一段怎麼開始，最後學怎麼做個正式的結尾。學完這些寫信的步驟之後，我們可能還是寫不出一封信。因為寫信是一件有實際作用的事，我們藉由寫信來取得資訊、向人致謝，或邀請某人參加某個活動。如果沒有一個真實、需要寫信的情境，學習這些寫信的步驟與技巧，就一點意義和功能都沒有了。所以想讓語言學習變得容易，就必須幫助學習者從整體出發，再去注意語言的細節。（李連珠譯，1998，頁 40-41）

三、語言功能的發展先於語言形式的發展

社會語言學家 Halliday（1983）提出了「語言的發展功能」（developmental functions of language）論，此論點來自於他在自己的縱貫研究中對幼兒語言使用的長期觀察。他指出幼兒的早期語言使用都是功能性的，也就是說，幼兒使用語言是為了達成真實生活中各種不同的目的，滿足各種生活的需要。他們以語言取得所需；來控制他人的行為；與人建立關係或從事互動；來表達個人的想法、意見或創作；也用語言進行想像或扮演遊戲；

以語言學習；或取得資訊……等。可見幼兒早期使用語言都是從功能性目的出發的，著重在溝通的意圖之上，這是語言發展的最初意圖。但就在進行溝通的過程中，幼兒逐漸意識到自己的語言形式之有限及與他人形式有所不同，而這些不同往往是影響溝通的關鍵因素，於是他們開始注意到形式、語言的細節層面，而對此有所探索調整，這是稍後發生的事，而且通常是發生在實際使用的情境之中。

事實上，幼兒早期口頭語言的發展和人類語言的發明和發展是很類似的。語言的發明是人類社會溝通需要之下的產物，是功能性的，在最初階段這些語言形式可能是極粗略的。因著社會的變遷，溝通內容的繁複度增加，語言的內涵不得不擴展，複雜性也隨著增加，語言內部的系統才逐漸形成，而有結構規則可循。形式是後來才逐漸完成的。書面語言的產生，是為了跨越時間空間的限制，滿足超越當下的溝通需要，歷程十分相似。以中國文字的發展歷史為例，結繩記事是目前可考較早的書面語言形式，其產生是當時人類社會為了將祭祀狩獵等重大事件留下記錄，滿足事件可以超越時空留存記錄的需要是當初發明這個特殊表徵符號的目的，此符號系統發明的出發點是功能性的。後來因所須記錄的事件增多，所須記錄的內容繁複度增加，結繩已不足以滿足需要，於是在表徵方式，也就是書面語言形式上，起了修改變化改進，以因應日益複雜的需要。中國文字就在因應社會變遷符號形式上不得不改變的模式裡，反覆發展，以便符合當代人的需要，適合他們使用，這個發展變革直到今天仍然在進行著。

全語言洞悉人類語言發展的這個本質，指出功能在先、形式在後的發展歷程，希望在語言教育過程中，能順應人類發展語言、使用語言的這個現象。

四、語言學習是建構語言知識的歷程

研究語言發展之學者或者多數同意語言學習是個認知歷程，但由於所持的認知模式不同，解釋語言學習的歷程也就有所歧異。持行為主義認知觀點對語言學習可能強調外來刺激和練習的作用，全語言的語言學習觀則

受到建構論的觀點影響。K. Goodman從心理語言學的觀點指出，語言的學習是個知識建構的過程（K. Goodman et al., 1987）。他採用了 Piaget 建構的認知發展架構，說明語言發展就像認知發展，是一連串同化調整以達均衡的歷程，過程中學習者主動參與於語言的使用，一邊對所使用的語言形成各種假設或發明，並逐步測試這些假設或發明，而作必要的調整修正，確認假設，直到與外界約定俗成的形式一致為止，是一個形成假設、測試、調整、確認、再形成假設的循環。發明語言似乎是人類的天性，各代各地人類都在做發明語言的事，小孩子也不例外。在幼兒學習語言的過程中，會出現許多不存在大人世界裡的用法，通常是孩子的發明或就既有的語言概念形成的假設，是一股由內往外發的力量，這股力量讓幼兒持續打破語言的限制，擴展它的使用範圍。而當他們以所發明或假設的形式去與外界既存的現象比對時，他們的假設或發明往往受到挑戰，溝通受到阻礙，這些衝突促使語言使用者作了省察思考，而不得不修正調整，是外省的力量，藉外來的省察而向內聚合，這股力量將孩子的語言集中到一個共通的意義和約定俗成的形式上去。兩股力量互相抵觸消長，直到達成平衡，學習就完成，語言就可通行無礙。圖 2-1 是上述過程的大要呈現。

　　另一個全語言學者Weaver（1992）從批判思考的研究結果肯定建構的學習觀，指出學習是建構意義的過程，過程中必然歷經假設的建立、測試和修正，同樣的，語言的學習非被動接受知識或模仿，而是主動建立規則的過程，在使用中語言學習者推斷出語言的規則，並去測試修正。他也從認知心理學觀點再次強調學習者的主動角色，指出學習乃建立在已有知識

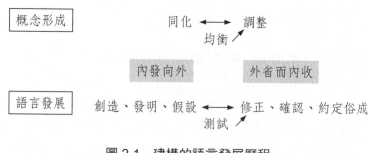

圖 2-1　建構的語言發展歷程

和經驗基礎的事物之上，涉及自我覺知和自我動機，必須學習者自己完成。R. Ruddell 和他的協同研究者所進行一系列閱讀學習的研究（Ruddell and Speaker, 1985; Ruddell and Ruddell, 1994; Ruddell and Unrau, 2004）支持了這些論點，也指出了全語言哲學觀肯定學習者在語言學習過程中的主動角色和所進行的複雜智能活動。

五、語言學習是個社會性的歷程

全語言認為語言學習是個社會參與的歷程，是在社會情境中發生的，因此談語言和語言發展，須置於社會、文化和歷史的情境脈絡中，這個觀點受到了社會語言學、人類學、心理學和批判理論的影響，並可清楚地看出 Vygotsky 及 Halliday 思想的根源。

Vygotsky 探討個體的語言、思考和學習的歷程，特別指出社會性因素對上述幾種發展的影響，讓學者再次去思考、檢視社會情境與個體發展的關係。Vygotsky 所提出的語言發展歷程挑戰了 Piaget 認知導向的語言發展觀，有別於 Piaget 以語言由內在建構開始再轉為社會性，Vygotsky 認為嬰幼兒的語言先是社會性的，逐漸才轉為內在，成為組織思考、有力的心智工具。他們的社會經驗被內化了，他們的社會語言就雕塑了個人語言。在社會互動過程中，兒童認識了語言有其社會性意義，逐漸瞭解所創造語言的意義必須合乎約定俗成、接近大眾的意義，如此意義才得以傳遞。幼兒很早就發現了語言的社會約束力，以及它的社會性本質。

Vygotsky 的最佳發展區理論（Zone of Proximal Development）進一步闡釋了社會互動和合作在語言發展與學習上的建設性影響。最佳發展區理論指出成人或有能力之同儕，以及其他社會性因素可提昇個體的學習，包括語言發展。事實上它正指出了兒童發展歷程和此歷程中社會所提供之資源，兩者間的互依性。剖析 Vygotsky 理論的核心思想可以發現幾個重點——Vygotsky 認為社會性活動和文化內涵乃個體思考的來源；指出中介（mediation）是種社會性輸入，對個體的心智運作具有關鍵性影響，可能啟動個體較高層次的發展；強調個體實無法從社會中分離而仍能正常發展

運作；因而也確立了教育實務（pedagogy）在兒童發展中的核心性。

全語言採納了部分 Vygotsky 社會觀點出發的語言學習觀[1]，同意語言學習的社會性本質，並更進一步指出個體性和社會性之交互作用，個體創造語言，而社會語言雕塑個人語言，二者是互相作用的；K. Goodman 以離心力向心力喻表這種雙向關係。個體的語言創造是離心力，語言的社會性就是向心力。社會語言固然雕塑個人語言，但個人也在社會語言內涵的變易上居主動角色。沒有一個人類社會的語言是恆久固態的，一種語言若是靜止不變，很自然且快速地它會防礙、抑制使用者以語言去溝通、回應他們的新經驗，也抑制他們的學習。任何一種語言都隨時在納含使用者所添增、挹注的新內涵。然而，即使個體可以創新、改變語言，但是改變了的語言必須要能被其他人所理解、接受，語言才能發揮效用。語言的創新永遠都必須和有效的溝通取得平衡（Y. Goodman and K. Goodman, 1993）。學習者並非被動地被其社會經驗所操控，相反的，他們乃主動積極地在過程中嘗試瞭解、建構他們的世界，並內化其社會經驗。全語言同時看重個體的主動性和社會的必然影響性，或可一解部分學者對全語言的質疑。

或有人以 Piaget 和 Vygotsky 的學習理論是相衝突的，而質疑全語言的語言學習理論基礎內部自相矛盾。事實上 Piaget 的認知發展說同時指出了學習中個體和社會所扮演的角色，同化是個體的主動作用，調整是社會力量的運行。Goodman 的離心力向心力之說是用另一種方式的比喻（參見圖2-1）。Vygotsky 表彰社會的作用，以社會語言先於內在語言，卻也陳明個體心智運作的積極性，二者強調不同而已。全語言則以個體和社會二者在語言學習上都具關鍵，而一一指明。

全語言之語言學習觀的另一重要根源是社會語言學家 Halliday 的思想。Halliday（1978）指出語言是一個社會範疇的活動，學習語言是在建立一個與外界互通的意符系統（semiotic system），所以學習語言是個社會化的過

---

[1] 全語言哲學觀和 Vygotsky 有關學習和教育之觀點並非全然一致（詳見 Y. Goodman and K. Goodman, 1993），但語言發展受社會性因素影響之看法，則部分參酌了 Vygotsky 理論。

程，他稱之為「學習如何理解和表達的歷程」，他說：

> 孩子以有意義的方式，學習成為什麼樣的人，學習怎樣做事，學
> 習如何行動，和如何與人互動。他所學習的是一個有意義的行為
> 系統。換句話說，他在學一個意義符號的系統，而語言正是這個
> 系統的一部分。只是，這整個意義符號系統不可能獨立存在，必
> 定在社會情境中發生。因此，孩子所發出的每一個聲音，最重要
> 的是其所代表的意義，而這個意義是為了某種目的而產生，孩子
> 希望藉由發出這些聲音而達成這個目的。這是一個表徵的行動，
> 只要參考孩子各種可能要表達的意義和所使用的符號之後，就可
> 以明白地詮釋這個行動。（李連珠譯，1998，頁 42）

意符系統是社會性的，由社會成員共同建構，有該社會中成員共享的
特定意義，個體在參與中一起建構也分享其意義，因此，Halliday 主張在
探討語言學習時，必須將之置於所在的情境之中，因為語言所在的情境及
其狀況對於意義的建立是很關鍵的因素。

由前文建構的觀點觀之，語言學習不得不也是一個社會化的歷程，上
述所謂外省的力量，即來自於語言的社會規範，沒有社會所顯示語言的約
定俗成性，語言知識的建構是無法完成的。雖然創造語言是語言發展中常
見的現象，但因為孩子需要瞭解他人，也需要被他人瞭解，這些需要促使
孩子去注意週遭人的反應，進而修正自己的語言，以符合社會語言的常態。

六、語言學習是個賦權予學習者的過程

全語言教育者認為語言賦予人權力，在一個文明的社會裡，能讀能寫
可以改變一個人的社會地位、社會關係，其想法意見可以被聽聞（Harste,
1989a）。更進一步地，全語言主張所有學習者的聲音都應該被尊重，特別
是那些來自非主流社會，與主流價值不一致的學習者。所有學習者應有機
會用自己的語言、方式來表達。全語言看重學習者，視學習者為學習的核

全
語
言
教
育

心，學習語言既是個學習表達的過程，因此在全語言的哲學觀裡，語言學習必須是一個賦權予學習者的過程。全語言賦權的主張可用來對照傳統教學的控制觀。過去人們假設教學是可以控制的，教師的「教」可以控制學生的「學」，所有教的行動可以產生相對應的學的行為。全語言認為教學是個複雜得多的歷程，其中教師和學生的多面向個人本質，都在教與學的過程中投入了因子，產生非線性、交流的、連鎖的反應。也就是說，教學是個改變的歷程，教師可以學，學生也可能教，雙方都可能作改變或被改變，互相激勵成長發展，全語言看清這種交流的能量，認識學習者在過程中所能發揮的作用，因而主張賦予學習者學習過程中的權力。

賦權的主張來自全語言哲學觀中對個體的尊重。每個學習者都有其文化和語言背景、學習策略、長處和弱點，這些特質不一定和主流價值一致，但卻是學習者的一部分，是需要被尊重的。學習若能從學習者自己的文化、語言經驗、興趣、長處、優勢出發，並建立在這些基礎之上，學習者就有較多成功的機會。此外，全語言肯定每一個兒童都可以是學習者，有能力學習，也能獨立主動地學習。教師應該因應學習者的方式，將學習主權交還給學習者，由其掌管自己的學習，決定何時、以何方式、為何目的、導致何結果而使用語言。如此，學習者可以按自己的需要和目的從事聽、說、讀、寫，語言活動才會是相關且功能性的，對他們而言語言的學習就是較容易的。K. Goodman（1986）提到讓語言學習者「擁有」語言使用的過程，使得語言的學習較為容易。學生需要體會得到教室內的學習是有目的、有選擇、有用處、能參與、自己能擁有的。

在賦權的原則之下，教師須在教室內建立互相尊重的氣氛，經營教室成為一個學習的社群，教師看重每一位學生，也鼓勵、幫助他們如此看待自己以及同儕。教師會仔細計畫，以便教室內這種師生的相互交流能發生。看重學習者的本相，看重他們所知道的、所做的事及他們的信念。在每一個語言事件中讓學習者握有過程的掌控權。當兒童感受到他們可以掌管自己的語言學習、且學習是有目的時，學習就變得較容易；他們可以按自己的目的讀寫，他們在學習上就有了權力了。

全語言視語言學習是個人也是社會化的歷程。在複雜的運作過程中，

學習者主動積極地在創造語言，建構語言知識，但也隨時在既有的社會架構、語言常態中，逐步順應調整，以回歸到社會約定俗成的形式。促使這一切發生的動力，在於個體處於社會群中必然存在的溝通需要，因著溝通的需要，個體直接去使用語言，整體地去表達，也為了維持溝通的有效，個體需要去注意語言中的細節，在使用中逐步去發展掌握語言局部的技能，就在這非線性、各因素交錯作用中，個體學會了語言。

第三節
全語言的學習觀

　　本書第一章已對全語言的理論背景作了基本的探討陳述，全語言哲學基礎受了 Dewey 等進步主義思維的影響甚鉅，也融入了 Piaget 等的建構觀點及 Vygotsky 等的社會角度。這些哲學基礎俱反映在它的幾個主要的理論支柱之中。整體而言，全語言的學習觀，是從學習者乃學習之主體出發，尊重學習者的個別特質和學習主權，認同學習中的建構歷程和社會性的交互影響。

　　全語言學習者中心的思想乃進步主義兒童中心觀點的延伸擴展。Dewey（1916, 1938, 1943）認為教育是經驗的重組和改造，也是一種民主的社會歷程，在於發展兒童聯結、擴大、援用經驗的潛能，培養他們民主社會的參與能力。他主張教育本身沒有目的，教師不宜建立自己的目的來當作兒童生長的目標。目的必須出自學生本身經驗的自由發展，由外強加介入或出於權威的，反而妨礙學生知識的運用。學生經驗的獲得必須是他個人的切身事物，方能刺激他作經驗的聯結、推論。再者，思想概念不能靠傳遞輸入，當一人將概念敘述給另一人時，對接受者而言概念已變成一個事實，他可能失去興趣，或他原有的想法會被抑止。好的學習是讓學習者直接處於問題情境之中，親自去尋找解決的方法。

　　這樣的主張直指教育的中心是兒童，兒童宜握有學習的主導權。學校若要充分實現兒童的自我和潛能，須提供良好的環境和機會，以兒童的需

要和興趣為基礎，將課程與實際生活相連接，激勵其自動自發的精神，啟迪其創造能力，滿足兒童適應環境的各種需要。學習的材料就是兒童的物質環境和社會環境。兒童和環境交互作用，進行經驗之重組。學校須遷就兒童，建立適合兒童的環境。進步主義教育家 Kilpatrick（1936）提出「完整兒童」概念，特別強調尊重個體的全面性和個人價值，重視個別差異和個別發展，讓兒童依其生活環境的社會需要自行統馭自己的學習和行為。而完整兒童的教育，則以全人的生長和發展為依歸，培養兒童尊重、自我指導、創造力、思考、自我批判、選擇等民主所須的特質。這種兒童中心的思想，涵養了全語言學習者中心的整體哲學觀，統御了全語言的學習觀、教學觀和課程觀。

一、學習乃透過交易組構

　　建構論強調學習中學習者的主動參與。根據 Piaget 的理論，學習是在反覆的同化和調整過程中進行的，學習者依當下的情況而作預測，從情境所提供一般資訊的特性中取樣，再經確認，或拒絕該項預測。這樣的學習觀指出，主動的參與和自我推理的機會，是讓真正的學習能發生的首要狀態。全語言學者 Weaver 延續這樣的觀點指出，「有意義、持久的學習通常發生在主動參與於建構意義的歷程中，而非就教師或書本所提供的資訊，被動地複製，以填滿空白。全語言乃根植於對學習這樣的認識。」（Weaver, 1990, p.8）。這個陳述明確地將學習的主體指向學習者，且對教師的角色和過去常見的教學實務提出挑戰。Weaver 進一步以傳達和交易此二教育模式的比較，來呈現全語言對學習本質的信念，他指出傳達模式乃基於行為主義的學習觀點，而交易模式則顯然受了建構論和社會論學習立場的影響。這個比較（見表 2-1）對照了此二模式在學習數個面向上的差異。

　　整體而言，此二模式對誰是學習的主體看法是很不一樣的。傳達模式認為課程或教師是學習的主體，交易模式則認為學習者才是學習的主體。他們對學習的表現、學習歷程、學習的個別性、學習的證據等也具不同觀點。其他的全語言學者，例如，Cambourne（1988）、Edelsky 等人（1991）、

表 2-1 學習模式之比較：傳達模式和交易模式

	傳達模式（Transmission Model）	交易模式（Transactional Model）
理論基礎派典	行為主義的學習觀。	認知和社會的學習觀。
學習或教學的主體	強調直接教導，教學首先由課程主導，再由教師掌控。	看重學習，認為學習只能促成，但不能由教師直接的控制。
學習的內容	學習是技巧的習得和累積，先從小技巧學起，再擴展成大的技能。	細部的技能都放在完整、有意義的情境中學習。
學習的表現	學習是習慣的養成，因此說或寫出正確的回答，避免給予錯誤的答案是很重要的。	學習是複雜的認知活動的結果，這過程只能透過教師的催化、促成，和同儕間的互動，才能達成。
學習的歷程	重視答案的正確性，因此冒險是不被鼓勵的，甚至可能被處罰。	冒險以及冒險所導致的所謂「錯誤」被視為是學習過程中的必要和必然現象。
學習的個別性	凡教過的內容學習者得即刻學會，因此學習者可能經驗不同程度的失敗。	學習者可以處在不同的發展階段，並以不同的速度、方式學習，因此沒有所謂失敗的觀念。
學習的證據	學習的證據在於能夠複製、或說出已被預設的正確答案。	學習的證據表現於有能力應用所學的知識，有不一樣的思考，在各種不同的工作和情境中會使用策略解決問題。

資料來源：改編自 Weaver, 1990, p.9。

Hall（1987）、Heine 和 Hornstein（1996）都持有類似的觀點，認為學習應是雙向的、來回的交流、充滿動力的。

二、學習是社會的運作

若從社會角度來看學習，社會性輸入是學習中的必要因素，對個體的心智運作能起關鍵性的影響，並啟動個體較高層次的發展。Vygotsky 強調了個體的心智發展無法從社會情境中抽離，學習必須發生在學習社群之中，藉由社會合作推動。紐西蘭學者Cambourne（1988）對此有進一步的詮釋。Cambourne 的學習模式常被全語言學者引用以闡明學習的歷程，他認為要學習發生，有幾個必要的元素必須提供，完整、成功的學習中不只這些元素須一一存在，各元素之間還要能產生互動，交相作用。這些元素包括沉浸（immersion）、示範（demonstration）、參與（engagement）、期望（expectation）、責任（responsibility）、使用（use）、約略（approximation）及回應（response）。

1. 沉浸：學習者必須沉浸於所欲學習的事物之中，有充分機會觀察探究該內容及其相關面向。就發展書面語言能力而言，學習者必須沉浸於各式各樣不同文類的文本中，有許多機會去閱讀、寫作各種文類，實地去探索它們的本質和特性。

2. 示範：對所欲學習的事物，學習者需要看到大量的示範，含行動和物品，有許多機會觀察到人們如何建構使用該事物的內容。若以語言的學習而言，學習者需要看得到不同文類的語言材料，看到語言的功能、語言可如何被使用。這些示範對學習者而言是原始資料，他們可以由此整理出語言的結構。示範是學習發生的必要條件，但並不自足，還需要有參與。

3. 參與：示範有時可能流於只是陳列而被學習者忽略，學習不會發生。示範之外還得有參與，學習者有機會實際地去執行或使用其內容，學習才會發生。而學習者通常要有以下的體會，才願意去參與：(1)看出所示範的事物或行為，對自己而言是可行的，例如觀察到別人在說、聽、讀、寫時，看到自己也可能成為一個說者、聽者、讀者、寫者；(2)參與所觀察到的這些活動對自己有用，可擴展自己的生活

經驗；(3)去做了這些事，即使失敗了，也不會冒被處罰的危險，或有不愉快的後果。

4. 期望：學習者的重要他人對學習者的期望，對學習具有極大影響力，學習者需要感受到這些人對他有特定的、可以成功的期望。學習者也要對自己有所期望，視自己為學習者，並有能力學會。

5. 責任：在每個學習事物的歷程中，應該由學習者而非教師決定在該次學習中要學些什麼、何時要學、如何去學。學習者若未能作這些決定，就失去了他在學習上的權力。責任亦意味著選擇，選擇權宜在學習者，當教師或其他較有能力者提供示範時，學習者到底注意到哪一層次，要參與哪一部分，教師無由知道，因此教師不宜事先設定知識內容和學習的次序。教師若取消了學生的責任，並為他們預作決定該學哪一部分，而把其他的挪走，等於將學習行為去情境、去脈絡、片斷化，少了完整情境線索和脈絡關係，反而使學習歷程變複雜。教師真正的責任，在於對學生持適當期望，提供高度沉浸的機會，給予有意義的示範。

6. 使用：學習者需要充分的時間和機會，以功能性的、實用的、真實的方式去使用、援引所學的內容，練習掌管自己的學習。以語言學習為例，學習者需要時間和機會使用語言，包括與他人和獨自練習的時間和機會，以發展語言的形式和技巧。

7. 約略：學習若考量了個體的差異，就不宜有預設的、一致化的標準。錯誤是學習過程中必然會發生的，但不可能持續永久，約略是必然的現象，是導向標準的實驗歷程。學習者應有自由只達到約略的形式即可。對學習者約略形式的接納，是讓語言學習可以產生的絕對基本條件，否則「假設—測試—修改—再測試」的學習循環不能運作，真正的學習就無由發生。

8. 回應：學習者必須從有知識的其他人身上得到回應，這些回應必須是相關的、適當的、願意花費時間進行的、隨時可接收到、不具威脅性、不要求回報的。在口頭語言的學習中，成人的回應常具上述這些特質，在與幼兒從事語言交換時，成人可能加添了幼兒語言形

式中不完全的部分，並示範完整的形式，或進一步鷹架幼兒的語言學習，如加長句子，讓幼兒可以繼續，以提供更多機會讓幼兒去援用、練習、假設、明確化、演繹、類推。這樣的回應通常隨時可提供，常常會發生，不具威脅性，也不要求回報，下次幼兒再使用錯了也不會遭到處罰。這樣的回應使得學習在特定情境脈絡之下，達到最大的效果。

在這些元素之中，「參與」是個中樞的、影響性元素，不只本身是必要的，且連鎖其他元素的有效性。「沉浸」和「示範」必須要伴隨著「參與」，反之亦然。例如，當學習者沉浸於各式各樣的文本中，觀察人們如何建構、使用各式文本時，他也要實地去閱讀、寫作這些文類，以掌握其特性，知道該如何建構、使用。而當他願意參與時，不只各式文類的文本要具備，也要有情境可供參考，以建構和使用這些文本，才能達到相互作用的加乘效果。同樣的，如果「期望」、「責任」、「使用」、「約略」和「回應」等狀態能理想地呈現，則「參與」的可能性也會增加，而更多的參與，讓學習者能進一步去體驗人己的期望、自己的責任、使用的過程、形式的掌握發展及他人的回應（Cambourne, 1988）。

學習是這些元素交叉作用的歷程，當這些有利學習的元素開始運行操作時，它是一個相當複雜、連環、雙向、動態的交流（見圖 2-2）。每一個行動可能涉及不只一個元素（見表 2-2）。表 2-2 顯示學習發生的過程，以及這些學習元素在行動中的角色；圖 2-3 則呈現了學習歷程的動態關係。由表 2-2 可以看出 Cambourne 不但認為學習是個社會歷程，他也肯定學習者在學習歷程中主動的角色及學習本質上就是個意義建構的歷程。

綜而言之，在全語言的學習觀裡，學習的主體是學習者，學習發生的最大動力在於學習對學習者而言是有目的性、能滿足需要、出自於學習者的興趣及他的主動意願。而達成學習的最佳途徑是透過直接的參與，並在有意義、完整的情境中直接、實際地使用、經歷。

學習是個複雜的認知歷程，涉及假設的建立和測試，假設的建立受到學習者個人的主觀經驗所左右，看待學習歷程不能不考量學習者的角度。為了假設之建立，測試修正能發生，環境能提供充分的資源是必要的條件，

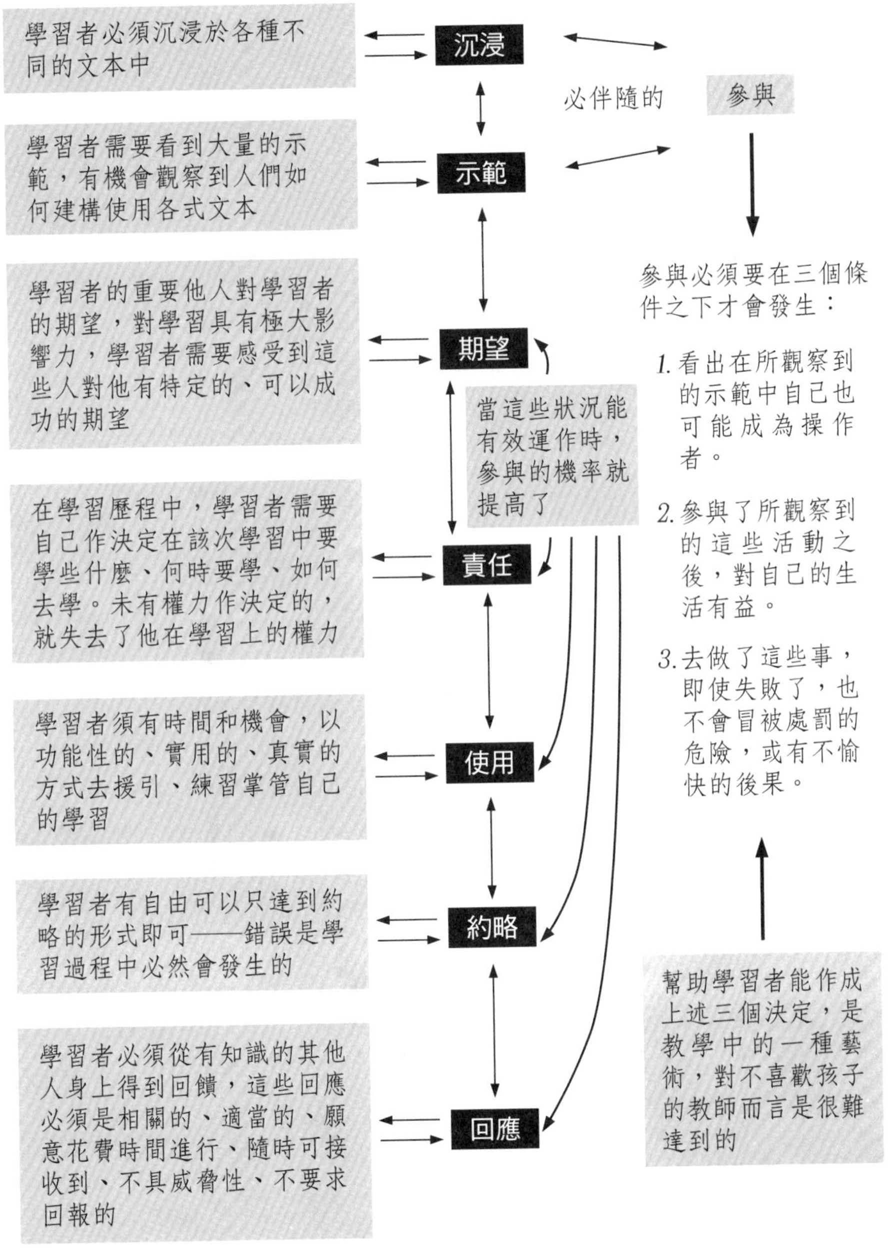

學習者必須沉浸於各種不同的文本中 ←→ **沉浸** ←→

必伴隨的　　　參與

學習者需要看到大量的示範，有機會觀察到人們如何建構使用各式文本 ←→ **示範** ←→

參與必須要在三個條件之下才會發生：

學習者的重要他人對學習者的期望，對學習具有極大影響力，學習者需要感受到這些人對他有特定的、可以成功的期望 ←→ **期望**

當這些狀況能有效運作時，參與的機率就提高了

1. 看出在所觀察到的示範中自己也可能成為操作者。

在學習歷程中，學習者需要自己作決定在該次學習中要學些什麼、何時要學、如何去學。未有權力作決定的，就失去了他在學習上的權力 ←→ **責任**

2. 參與了所觀察到的這些活動之後，對自己的生活有益。

學習者須有時間和機會，以功能性的、實用的、真實的方式去援引、練習掌管自己的學習 ←→ **使用**

3. 去做了這些事，即使失敗了，也不會冒被處罰的危險，或有不愉快的後果。

學習者有自由可以只達到約略的形式即可——錯誤是學習過程中必然會發生的 ←→ **約略**

學習者必須從有知識的其他人身上得到回饋，這些回應必須是相關的、適當的、願意花費時間進行、隨時可接收到、不具威脅性、不要求回報的 ←→ **回應**

幫助學習者能作成上述三個決定，是教學中的一種藝術，對不喜歡孩子的教師而言是很難達到的

圖 2-2　Cambourne 的學習模式

資料來源：Cambourne, 1988, p.33。

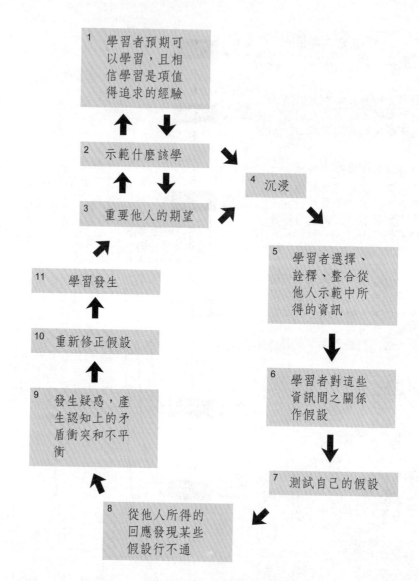

1 學習者預期可以學習，且相信學習是項值得追求的經驗

2 示範什麼該學

3 重要他人的期望

4 沉浸

5 學習者選擇、詮釋、整合從他人示範中所得的資訊

11 學習發生

10 重新修正假設

9 發生疑惑，產生認知上的矛盾衝突和不平衡

6 學習者對這些資訊間之關係作假設

7 測試自己的假設

8 從他人所得的回應發現某些假設行不通

圖 2-3　學習元素之動力歷程

資料來源：Cambourne, 1988, p.39。

包括實用和參考的材料、資訊，以及教師和有能力之他人所作的示範。學習者需要有充分機會沉浸其中，實際使用，以便從這些資源中統整出自己

表 2-2　學習元素之運作

運作之歷程	涉及之元素
學習者期望自己可以學習，而且相信學習是項值得追求的經驗	期望、參與
在他所在的情境中，有人示範他所要學習的內容	示範
在學習的過程中，學習者的重要他人對學習者有所期望，期望他可以學習	期望
有充分的環境讓學習者可以長期沉浸其中	沉浸
學習過程中學習者有機會作選擇、詮釋，並將從他人的示範中所得的資訊加以整合	示範、參與、使用
學習者對這些資訊之間的關係建立假設	參與、使用、約略
學習者進一步測試自己的假設	參與、使用、約略
學習者陸續從他人處得到回應，進而發現某些假設和實際情況不一致	回應、約略
學習者對上述現象發生疑惑，產生認知上的矛盾衝突、不平衡	約略、回應、參與
學習者重新修正先前的假設	參與、使用
學習在這些歷程之中發生	

的知識。

　　學習同時也是個社會歷程，是在學習社群之中藉由社會合作推動的。教師固然是促成學習的重要他人，其他成人和同儕也都是協助學習完成的重要因素。社群成員對學習者要有學習的期望，從社會的示範回饋，學習者對自己也會有所期望，進而主動參與。學習者的個人歷史、文化、傳統和過去經驗都是本身學習的媒介，也受這些因素影響，因此，看待個體的學習要能考量其個人特質及其社會背景，並尊重個體的價值觀、學習方式、發展狀態及學習速度。全語言認為犯錯或約略是學習過程中必然的現象，

全語言教育

事實上這些不完全正映現了學習者的長處和發展現況，是瞭解學習者的重要資料，因此學習者應被鼓勵冒險、不怕犯錯。況且，學習並不只是習得知識，更重要的是在發展個體的心智習性、態度，並根據環境條件建立起對事物的定義，以瞭解世界，進而參與其中。這樣廣度地看學習，就不以能否提出正確的答案為是否學習成功的指標了。

上述探討的全語言學習觀應用在語言教學上，可以歸納出一些促成學生語言發展的催化者角色，教師或學生週遭的成人可以是個示範者，示範語言的各種不同功能、語言約定俗成的形式、語言使用者的角色（聽者、說者、讀者、寫者、學習者、冒險者）；是個期望者，期望學生可以成功，視他們為有能力者；是個回應者，對學生溝通的意圖和努力給予正向的回饋；是個環境提供者，讓學生能沉浸在各式語言材料中；是個學習社群經營者，讓學生可以體會到支持；是個權力分享者，與學生分享課程的決策權，讓他們成為獨立的學習者。如果能這樣就是一個全語言教師。

第四節
全語言的教學觀與教師觀

全語言的教學觀和教師觀是全語言理論中五個重要的支柱之一，它和另一個支柱——學習觀有著相同的哲學背景，也有厚實的相關研究基礎。全語言對學習所持不一樣的觀點和態度，直接影響到它對教學的態度和對教師專業和教師角色的界定。要呈現全語言的教學觀、教師觀，不得不先從學習的層面著手。前一節作者已對全語言的學習觀點作了基本的探討，在進入教學和教師觀之時，要再一次探討學習的社會本質。

在過去的教育中論到學習團體，通常有以下這些特質——大約是按年齡、能力或分數而形成的次團體；課程和教學的直接主導權通常在教師，間接主導權則在教科書或上級頒佈之課程；課程有既定的目標，學習有預設的知識內容；學習成敗之判別在於教師，且多基於個人的考試分數，成敗常被視為是個人努力與否及時間精力付出多寡的結果；學習過程中的互

動通常發生在教師與個別學生之間，且常是由上起始。這樣的一群人雖名之為在一個空間下的學習團體，但事實上他們的學習是相當個別化、孤立式的。

全語言認為課室內外都有學習團體，但全語言以「學習社群」（learning community）的態度看待它，課室內每一個學生共屬一個學習社群，在學習社群之中，學習是社會性、統整性的活動，全語言的教學和教師，即是在學習社群這樣的概念下運作的。

一、學習社群

全語言以學習者為學習的主體，學習目的不只在習得知識，更在發展個體的心智習性和態度，學習是一個認知歷程，也是個社會歷程，除了學習者主動參與、複雜的心智作用外，週遭的人、事、物都會與學習者產生交流互動，而讓整個過程是個動態的歷程。這些都運作在學習社群之內。

全語言學習社群的哲學觀建基於 Dewey、Vygotsky 和 Halliday 等學者的理論之上。Dewey 視教育是一種社會歷程，而學校是一種社會團體，學校的活動就是社會團體的活動，學生在此社群中實際參與民主社會的歷程。他認為民主社會中，任何社群中的所有成員能平等參與、分享，又能與其他不同群體充分交流，藉以改善自己，獲取更豐實的經驗及更好的適應。民主社會中的教育，一方面要擴大共同參與的層面，使個人的各種能力更能自由發揮，另一方面也要使社會裡的每一成員關心社會的關係和管理，培養共識，共同改進社會。這樣的功能要同樣發生在教室內，學生一如社會人，透過參與、溝通、分享、合作，共同解決問題，滿足個別和團體的需要，向自己也向全體負責，使個人和團體均得改變、改善、成長（Dewey, 1916, 1943）。

Vygotsky（1986）視教育為最基本的社會活動，也是文化活動。他認為語言和思考都是從社會層次出發，再進入到個人層次，社會成員在個體的語言和思考發展形成之中，具有提攜功能。在教育場域中也是如此運作，個體所在的所有團體成員是學習過程中所謂的重要因子，互相影響。Halliday（1978）認為學習是社會集體意義的探求，過程中所有成員，包括教師和學生，都可能對此學習情境中的各種成份，產生影響作用，因此，個體的社會經驗可誘發出學習的最佳潛能，也會左右學習者的思考。教師當然可利用學習情境中的各種要素，營造學習社群，創造有利的學習條件。

上述這些從社會角度出發，以學習社群有利學習的理論，也有相關研究支持。Bloome（1987）的研究記錄了一群學生如何在社會互動中，尋到自己在團體中的地位，又如何一起解決問題、建立價值觀、體會感受。Freire（1985）在他的研究報告中呈現了一個學習社群運作的實例，描述一群成人學習者如何在社群形態下學習語文，過程中又如何同時帶來當地社會和政治上的改革，極具震撼力。Heine 和 Hornstein（1996）在師資培育課程中，實地以全語言哲學觀帶領一批職前教師，建立了一個有利學習的社群，讓這些職前教師能充分地掌管學習，在參與、互動中，逐步建立他們對學習、教學和教師的信念。Knowles（1973）的研究則建議如何因勢利導成人學習者的特質，以促成學習的最佳成果。這些只是學習社群發揮正向作用的一些研究例子。

這些理論和研究作了一個共同的建議——理想的學習發生在社會群體裡，而社會群體中的成員及其間的互動，都會對學習、學習者及社群本身產生重要的作用和影響，是教育場域中可以去營造的人文條件。學習社群的觀念即基於這樣的思維。全語言主張，教育須提供一個如此的社會機體，讓學習可以在一個民主的情境中發生。全語言認為一個良性、有利學習的社會機體，即是一個以學習者為主的學習社群，它通常具有下列這些特性。

㈠充分的自我認識和互相認識

在一個催化、促成學習的學習社群中，成員間有充分的互相信任和尊重。相互的信任和尊重建立在幾個重要的基礎之上，第一個基礎就是充分的自我認識，以及師生之間和同儕之間的互相認識。全語言學習社群中，教師認識學生，學生認識教師，教師也幫助學生認識自己，更會創造機會讓同儕之間能互相認識。透過活動，成員們可以知道對方的歷史、目前的狀況、對未來的希望，也瞭解各人的特質、專長和弱點，他們可以借別人

的長處補自己的不足，互相提攜，增長學習，也因熟識而能建立友誼，彼此信任。

充分的自我認識對學生有多重的意義。其一，幫助自己建立更有效率的學習策略；其次，幫助自己建立切合事實的自我價值觀，看重自己是個學習者；此外，它帶領學習者進入一個持續的自我省思、評量的歷程，檢視自己的長短處、信念、價值觀，進而作必要的修正調整。如此循環不已，不斷提昇，邁入一無止境的學習歷程。全語言教師常以建立個人檔案的方式讓學生反思自己的能力，個人可經由檔案作自我省思評量，反映其信念、價值，並定期審視修改。檔案若是公開的，則同儕可加入審視省思的歷程，有助於彼此的瞭解並互有注入，整個歷程則可進一步鼓勵學習的社會化。只是教師須注意是學習者主導經驗並且受到尊重。

㈡民主社會的操練實踐

教育是個社會化的過程，全語言認為處在今日民主社會的學生，在學校期間就應當有機會練習成為民主社會的國民，因此，學校經驗應是一個加入社群的過程。在每一個教室內，教師和學生同是成員，成員以社群的方式組合，以社群成員的方式一起生活學習，以民主的精神運作，教室就是一個小小民主的社會。全語言教師不教民主，而是實際操練、示範民主。在這樣的學習社群中，所有參與者，包括教師和學生，都可以在某些事物上有所專長，對社群有所貢獻；同時在某些事物上又是生手，需要他人的協助。如此，集合群力，建立共有的知識，形成一個接納、互助、尊重、開放、公平的學習共同體。

㈢協商、參與、擁有

以民主原則運作的教室，其課程是經協商的。協商使課程內容較可能符合學習者的需要，對學習者而言是相關、有意義、功能性、重要的。協商也促進主題的深入探究。全語言看重學習者的生活經驗，努力將學校的學習經驗和學習者的生活經驗相連結，因此學校外的世界能進入到教室之中，學校內的學習能最接近學校外的學習。在此前提之下，課程的最佳資

訊提供人（informants）就是學習者本身。

為了讓課程內容對學習者而言是符合需要、相關、有意義、重要的，並能邀請學生對學習經驗的歷程和內容有所貢獻，課程通常是開放給學生，讓學生有機會提供建議，作選擇，師生一起討論修改，再決定課程內容。因此，參與是學習社群的另一重要屬性，學生不只參與了課程的建構、決定，同時因課程是學生參與建構的，他們勢必活躍參與於活動的過程，掌管自己的學習，也為自己的學習負責任。在這一類的教室內，因為學習是學生所追求的、是功能的，刺激智能和學習的經驗能常發生，學生的學習熱力常是自發、高昂的，他們以學習為樂，在過程中他們更認識自己，更瞭解主題中所探究的內涵，也體會了何為真正的教與學，他們真正擁有了自己的學習過程。

㈣合作學習

在看重民主、協商和參與的學習社群中，合作是必然的學習型態之一。當學習者以社群方式聚合，他們之間是息息相關的，所有成員都是其他成員的學習伙伴，他們基於相互的瞭解和信任，可以聯手計畫，協力執行，互相幫助，以達成共同的目標。教師會幫助學生瞭解學習是合作性的，常須透過參與者的中介調和，一面特意經營氛圍，並創造各種機會，讓學生可以凝聚關心的議題，共同參與探查，腦力激盪想法，群策各種可能資訊來源，發揮個人的不同專長，一起解決歷程裡的各種困難，回應探究中的每個問題，一起創造共同的知識，培養個人的洞察，在這樣的群體中，成員們會有共享的經驗，與人共事的能力，也從其他人學到了不同的策略和知識。在學習社群中教師不是唯一知識來源和貢獻者，每一個參與之成員都對完成之方案有功，也都對其他成員的成長有所輸入。

㈤支持的氣氛與環境

一個彼此瞭解、具民主精神、成員能合作參與的學習社群，必須要建立在一個支持性的環境中，在此學生是主體，教師預備、促成、激勵、催化學習的發生，也就是說，教師支持學習而不干礙學習。教師所創造出來

的教室氛圍是安全的，容許犯錯；是信任的，相信所有學習者都有能力完成相稱的工作；是尊重的，認可學習者已有已知的，願意讓他們用自己的方法嘗試新經驗；是自由的，學習者可以有選擇。教師營造促進增加社會性互動的環境，提供機會和資源，讓學生發現、創造知識，教師則輔導協助他們。在學習社群中，學生也學習信任、尊重、支持他人，及與他人互動合作。

㈥多元的探究方式

全語言鼓勵以探究（inquiry）作為主要的學習途徑（Harste, 1992），探究可以培養學生有能力審辨現象，提出問題，以多元方式探查，深入回答問題。探究也常以合作的方式進行，讓成員有充分、創造性的參與。全語言教師會鼓勵學生看重自己的學習歷程，在學習社群中進行探究，就有興趣的現象提出認真的問題，進一步發展工具，持續探索，以尋求所探究問題的答案。

探究性的學習是個合作式、科際整合（interdisciplinary）的學習。要回答所探查現象中的問題，可能涉及多重領域的知識和方法，探究的過程就須綜合應用這些領域的知識和不同的方法，直到找出答案，或發現下一個值得進一步追求研究的問題，學習者在過程中就同時學習了這些不同的領域知識和方法。學習社群的學習常是整合多元探查方式的，從觀察到現象、發現並提出問題、進行探查、尋得答案、整理資料到呈現結果，可能用到許多不同的探查方法，例如：圖書館博物館蒐索查詢、期刊雜誌報紙查閱、資料閱讀、訪談、調查、觀察、實驗、文稿文件公共記錄等之檢閱、物件檢視、文件資料之比較整理、會議、討論、辯論、各式記錄撰寫、物品製作、發現和洞見之分享、報告結果之呈現和準備、正式和非正式形式的發表展示……等。在這些歷程之中，教師也鼓勵學生就探究之歷程，作後設之省思、檢驗和討論，有意識地檢視自己所學到的、是如何學到的，提昇學生的思考層次。

全語言教室內必須反映這些學習社群的本質，教師在瞭解這些本質之後，如何在自己的教室內將這些精神落實在實際課程和教學活動之中，建

全語言教育

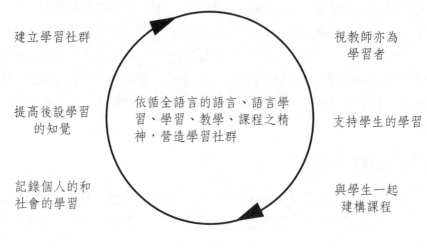

依循全語言的語言、語言學習、學習、教學、課程之精神，營造學習社群

建立學習社群

視教師亦為學習者

提高後設學習的知覺

支持學生的學習

記錄個人的和社會的學習

與學生一起建構課程

圖 2-4　全語言學習社群之運作

立一個全語言的學習社群呢？一個全語言教室內的學習社群，必須要建基在全語言幾個哲學基礎之上，也就是說，教師要能依循全語言的語言觀、語言學習觀、學習觀、教學觀和課程觀所揭示的精神和原則，並營造上述學習社群的班級特性，這是一切的核心、圭臬。在這些基礎之上，教師著手建立一連串、互相關聯、相互作用的實務，教師須視自己亦為學習者，和學生一同學習，他同時須在各方面支持學生的學習，與學生一起建構課程，過程中記錄個人的和社會的學習是必要的程序，用以省思檢視學習，並提高後設學習的知覺。這些實務初期似有先後順序，但實際運作之後卻是循環不已的，共同組構了反映全語言精神的教學。圖 2-4 呈現了學習社群的完整面貌以及各元素之間的關係。

二、教師之教學態度

　　教學觀主要指教師對教與學的態度，教師對教與學的態度具體映現於其班級經營之中。在學習社群的概念之下，教與學的互動狀況已在上面幾段初步呈現。若從教師的教學態度來看，則更清晰地勾勒出全語言的教學

觀。

㈠信任、尊重、賦權

在全語言教室內，教師的態度與一般傳統教室內的教師大有差別，他們信任、尊重，並賦權予學生。全語言教師相信在適當的情況之下，所有的學生都能學習，他們努力創造有利學習的情況，也願意賦予學生學習的責任。全語言教師相信學習的主權在於學生，是學生而非教師該擁有學習的過程。所謂「擁有」，指為自己而做、主動參與、握有決定權。因此，在學習過程中，教師幫助學生發現自己學習的目的，鼓勵學生主動參與，並賦予學生過程中的決定權，以支持學生的學習擁有權。全語言教師瞭解學生的多元性，在尊重學習擁有權的精神下，視學習多元化為必然，而在教學上鼓勵學生依自己或小組的需要發展，因此在全語言教室內，學習常是多線進行、多元發展的。這是賦權的行動，教師將學習的權力授予學生，幫助學生釋放自己、相信自己、看重自己，也看重自己在學習上的權力，教師鼓勵學生使用學習上的權力，發展學習上的自主權。教師賦權和學生擁有，形成了一連串的良性循環，在全語言教室內塑造了信任、尊重、獨立、自主、民主的學習社群氛圍。

㈡支援、協助、促成、鼓勵、引導、計畫、期望成長

全語言教師認識學生的多元性，也認識學生的個別性，他們知道不同的學生有不同的發展實況，用不同的方法和速度學習，他們尊重這些差異，也順應這些個別特質。他們努力瞭解學生的特性、學習方法和學習策略，在尊重學生的學習自主權時，教師同時引導、支持、督察、鼓勵、促成學習，但不作控制。這不意味著全語言教師坐等學習自動發生；相反的，他們細心計畫，好讓學習和發展能推動進展。全語言教師計畫學習的成長，也期望學生能成長，他們對學生的最佳發展區敏銳，在互動的過程中，設法提供足夠的支援、中介、協助，以挑戰學生的能力，提昇學生的學習（K. Goodman, 1986）。全語言教師明白在學習過程中，犯錯是必然甚至有益的，他們以建設性的態度對待學生表現時的不完全精確，鼓勵學生冒險，

支持學生嘗試不同的方式去覺知、理解、呈現、解決問題。容許學生冒險，教師事實上也在冒險，教師偕同學生以學習者的心態一起學習、成長。

三、教師之角色

秉持上述的教學觀，全語言教師扮演著有別於一般傳統教室中教師的角色，是更多重、動力、具挑戰性的角色。在全語言教室內，教師不再是知識的輸出者、貢獻者，也不是教室主權掌握者，他們不是裁判，亦非權威，而是能發揮調和作用的媒介。以下是常見的全語言教師在教室內所發揮的一些作用。

1. 教師是課程初步籌畫者，他們不接受外來未考量學生特性、制式的課程或教材。他們計畫適合自己學生的課程，規畫有豐富資源的學習環境，營造支持的學習社群，創造適當的學習機會，起始可以支持學生持續成長、與學生生活經驗相關的學習經驗。他們邀請學生參與課程的決策及探究的活動，他們促成、催化學習，讓學習者可以放心探索，不怕犯錯或作錯決定。

2. 教師是學習的中介者（mediator），他們不主控或干預（intervene）學生的學習。他們挑戰學生思考，總是先提問題，尋求學生的意見看法，再提出自己的觀點。他們督視每一個學生的學習，必要時提供支持、建議或示範。他們對學生的最佳發展區敏銳，觀察學生的學習，以便在適當時機協助個別或小組學生，以提昇他們的學習能力。

3. 全語言教師是兒童觀察者，他們仔細觀察，以便更瞭解學生，好提供適切的協助，並作為評量的參考。透過長期的觀察，教師蒐集資訊，作系統化整理，以便對學生的學習和成長有一客觀且完整的認識。這些結果可以回饋給學生，更是自己計畫教學、輔導學生時的重要參考，此外，也可作為向家長及行政上司報告有關學生學習時的重要證據。

4. 全語言教師賦權予學生，他們信任學生，與學生分享課程決策的權

力，鼓勵學生掌握自己的學習過程，並負起學習的責任，成為獨立的學習者。在學習過程中，教師接受學生的多元性，尊重、支持學生的學習擁有權，也幫助學生看重自己，看重學習，發揮學習上的權力。

5.全語言教師也是學習者，他們與學生一起學習，認可學生可以幫助他們更認識教與學，更認識語言的本質以及語言學習的歷程。他們自我定位為學生的學習伙伴，與學生合作提昇雙方的學習（Church, 1996; Harp, 1993; Whitmore and K. Goodman, 1996）。

四、教師之專業態度

全語言主張賦權予學生，也賦權予教師。依全語言的哲學觀，教學是一種專業，所以教師就是專業人士。教學既然是專業工作，自然有其必要的專業條件，知識、自主、自信、決策、責任、信任、委身、省思和持續成長，就是其中的重要條件，這也是全語言教師所須具有的條件。

㈠知識

全語言教師必須具備充分的知識基礎，以便有效地執行他們的工作。他們必須具備有關語言發展、學習、課程和教學的知識，知道語言如何發展，瞭解所服務年齡層兒童語言學習的特性，對研究所揭示讀者的閱讀歷程、寫者的寫作歷程有正確的認識；他們需要瞭解孩子是如何學習的，對現今的學習理論有所涉獵、思考、分析批判，從而建立起自己的信念；他們也要有課程和教學的理論基礎，明白建構課程和教學的原理原則。這些專業知識可以是在職前養成，或藉由在職中持續的閱讀、進修或參與專業團體的方式取得。部分知識亦從他們瞭解學生的過程中累積而來，藉由持續的觀察和互動，他們對自己的學生逐日認識，建立充分的瞭解，他們的教學就建基在這些專業知識和對學生的瞭解之上。

㈡自主、自信、決策、責任、信任

　　全語言教師因為具備專業知識和對學生的認識，所以他們期望於教室內在教學、課程和學習材料上，握有自主權，也贏得他們上司的信任。他們不使用單一化套裝教材，不一定接受指定的教學內容或教科書，也拒絕依循套裝教材所附的教師手冊教學，因為這些教材和手冊是由教室外不認識學生的人編寫出來的，未考量到不同學生的特質和個別需要，也矮化了教師的專業能力。全語言教師確信可以為自己的學生帶來最好的學習經驗，他們致力達成這樣的自我期許。在每日的教學活動中，他們常要依據情況判斷，作成最適當、有利學習的決定。判斷、作決策是全語言教師教學中必要的程序，他們也願意為自己的教學負責。相關行政人員應該嘗試瞭解教師的信念、其教學實務的實質意義及對學生的影響，賦予教師該有的信任、尊重和課程的自主權。全語言教師常能從所擁有的教學自主，及自主權所帶給學生學習上的助力而獲得樂趣（K. Goodman, 1986）。

㈢委身

　　在期望自主之下，相對地，全語言教師也期望自己配得這自主權，他們願意努力付出，以成為學生學習的最大推手，贏得專業上的肯定，並為自己的教學負成敗的責任。他們委身於學生，委身於教學，也委身於信念的堅持與實踐。在捨棄教科書導向的教學及套裝教材之下，他們必須因應課程內容和學生特性，致力於蒐集各式各樣不同的學習材料，設計適合學生的學習活動，提供學生最好的學習機會。他們努力嘗試，以使課程內容對學生而言是相關的，安排學校內的學習經驗和學校外的一樣真實。為了做到他們相信對學生和學習最好的，全語言教師在教學上的投入和委身，要遠超過按教科書或套裝教材教學的付出。

㈣省思、持續成長

　　全語言教師對自己的教學和學習作持續性的省思，他們視自己為學習者，是教室內學習社群的一份子。他們願意和學生一起學習，以便更進一

步瞭解學生、學生的學習，和自己的教學。經由長期對學生的觀察和自己教學的省思，他們持續修改調整課程、學習活動以及和學生互動的方式，以使之更符合學生的需要和興趣，更有效促成學生的學習。他們永不自我滿足，持續追求進步，他們的教學歷程正反映了他們個人專業上的成長。

第五節
全語言的課程觀

　　全語言對教育和課程的觀點受到以 Dewey 為主進步主義的教育哲學觀影響很大。Dewey 及 Kilpatrick 等對經驗的意義及本質、教育的目的及與社會的關係、學校的功能、課程的內涵、兒童的學習等之論述，是全語言課程觀重要的背景基礎。探討全語言的課程觀，不得不先從上述進步主義的相關思想著手，以追溯剖析全語言課程觀的整體思想脈絡。

　　Dewey 認為經驗是個體的嘗試、閱歷，是人和環境的交互作用，要從實際活動中獲得。經驗是有機體，有其時間和空間的範圍，本質上就具有變化、連續和機會等特性。個體若能將其對事物作為的結果，與先前的活動連貫起來，就獲得了有意義的經驗。所以舊經驗是新經驗的基礎，也是用來解決未來事物的方法。個體從經驗中感受並使用所嘗試的事物和所承受的結果、其間之關聯，如此連續更迭，前後連貫，個體的經驗、生活遂有所增進。群體的運作亦是如此，在群體中，個人的活動既可利用個人的經驗，又可利用群體的經驗，結果個人和群體的經驗均因而有所增加、改進。故 Dewey 指經驗為所有訓練之母（Dewey, 1943）。

　　教育則是經驗不斷的重組和改造，沒有終極的目的，歷程也是結果，主要在於增加學習者的經驗，幫助學習者瞭解經驗和經驗、活動和活動之間的關聯，讓學習者能發現前後活動間的關聯，以便更能掌握事物的意義，增加指導後來經驗的能力。教育就存在這些連續不斷的經驗和活動之中。可惜過去學校的組織運作卻常成為學生最難得到經驗的地方（Dewey, 1916）。

Dewey 稱教育是生長、發展與生活，與上述的經驗之說有極大關聯，他認為教育不應只在傳遞知識，知識也不是學習的最終目的，而是整理經驗的工具，是工作的一種資本、資源，可用來進一步學習更多的事物，隨著新的發現，知識也須在學習者主動的經驗中不斷的被重組。因此，對個體而言教育的真正目的，應該是在於提供讓學習者自我的更新、生活的更新、經驗的改造、社會的適應等機會，促成發展，培養、增加學習者的自我指導能力，以獲得最佳自我。教育既是在促成學習者經驗的改造重組，其目的就應建立在學習者原有的活動和需求之上，即既有的經驗之上，而其內容應是學習者的生活（Dewey, 1916, 1943）。

教育對社會應該也有類似的功能。進步主義教育家認為社會也是一種持續改變的實體，而社會較好的思想，可藉由未來的兒童在日後實現。個人充分發揮了，社會才有機會實現其目的（Dewey, 1943）。教育是一種社會歷程，對社會而言，教育的功能在改變、改造、改善、改進社會；所以教育、社會和生長三者是互相關係的，而社會又以民主社會為理想。

Dewey 認為民主社會是有利個體生長的環境，是一種有關聯的生活模式，一種共有的經驗溝通模式（Dewey, 1916），因為在民主社會中，各群體間能更自由的交互作用，各人的經驗可以互相傳達參考，擴大了眾人的空間，也打破了階級、種族和地域的界線。由於各種交流，社會的習慣能不斷的變化，以適應新的需要。要實現民主所需的社會生活，在教育上要特別注重利益分享、進步和改造，亦即需要有系統的教育。所以教育不但是建設民主社會的力量，而且是社會改革的必需要素。教育使社會裡的每一份子關心社會，共同改進社會（Dewey, 1943）。簡言之，民主社會裡教育的另一功能在教導學生民主，培養他們成為民主社會的公民。

因此，學校應以民主生活為基礎。學校就是一種社會，學校生活應與當時的社會生活處處有關；兒童在學校裡的活動應包括社會的活動，學習如何成為一個公民，使學校生活和社會生活連結，使學生對學校的學習和生活有興趣，日後也能成為懂得社會需要、能為社會做事的社會人（Dewey, 1943）。

教育既在培養、增加自我指導能力的人和社會，課程就必須視情境之

需要，隨時加以修正。進步主義教育家強調課程的本質一樣是持續的變化、不斷的改造和經驗的再指導，是個動態但連續的歷程（Dewey, 1916）。其次，他們主張教育不是在預備將來的生活，教育本身即是生活，不可忽略了當下的各種需求和狀況。因此，學校課程須與實際生活相連結，包括兒童之整體生活經驗，以協助兒童經驗的繼續重組和改造，同時須滿足兒童與社會接觸的需要，不與社會隔離、脫節。課程要能使學校成為積極的社區生活的形式，而不只是學習場所而已（Dewey, 1943）。

除了課程與生活的關係之外，進步主義教育家在探討教學時同時關照了兒童在學習中的地位。他們特別強調興趣是學習的重要動力，指出兒童天性喜歡學習和自己興趣有關、或能解決自己所關心之問題的事物，因此學習內容不宜由教師或其他外在的加入，而應出自學習者本身經驗的自由發展，亦即學校所提供的，應是兒童想要或有需要學習的經驗。Kilpatrick提出完整兒童的觀念，更明確指出兒童才是學校和課程的中心、課程真正的主人，強調學習歷程應由兒童來決定，兒童個人的需要、興趣及能力應被尊重。

此外，他們主張學校中的學習，應透過解決問題的方式來達成，Dewey的「做中學」論點即建議課程以兒童的需要為起點，安排學習環境，使學生在其中從事活動，自己尋求解決辦法，在解決困難的過程中，改進經驗，學習知識（Dewey, 1916）。因此，教學不是知識技能的填入和接納。知識是可變的、進步的、可創造的，知識既是用來整理經驗，以掌握各種生活情境，學校須幫助兒童將抽象知識的追求，轉變成主動的教育經驗，讓知識能一再因應變化，不斷重組，以解決各種新發現的問題（Dewey, 1943）；實驗、發現、探究、方案都是從而發展出來可行的學習方式（Dewey, 1916）。至於教材組織的理論亦導源於做中學的概念。任何教材若不能與兒童過去生活中重要的經驗相連結，則是空泛無意義的。教師宜由兒童的生活經驗內去尋覓學習的材料，再發展成充分、豐富、連貫、更有組織的形式。

進步主義的這些觀點，對全語言教育家課程觀的形成有相當程度的影響。全語言教育家呼籲重新思考學校內與學校外學習之間的關係，主張課

全
語
言
教
育

程應以學習者為中心，賦予學習者學習上的主權，讓學習活動和材料是從學習者經驗出發，與學習者相關，課程應以統整的方式組織，以促成探究和思考，並看重學習社群的經驗等立論，都可看出進步主義的淵源。

一、學校內學習與學校外學習的關係

有識於多數學校內的生活與學習和學生的實際經驗差異太大，全語言學者特別呼籲教育界重新審視學校內的學習和學校外學習的關係。類似的呼籲早在二十世紀初進步主義教育家即已提出，他們批評當時學校生活和社會生活以及學生的經驗脫節，學校的教材比不上學生自己的經驗材料生動真實，活動無法激發真正的問題解決，致使學生在學校裡所學的本領難以應用到社會上去，所習得的概念似乎獨立自存，與外界隔絕。他們認為，學生在學校不應盲目地學習技能，以致只習得了死知識，缺乏思考，而養成呆板、接受他人權威支配的學習習慣。生活即教育，學校生活要能考量當下的各種需求和狀況，使活動與重要的社會情境聯繫，讓學生有機會在這些情境中，解決情境中的問題，獲得概念及知識，使教材與學生日常生活中那些更廣泛、更直接的經驗建立相互的連結關係，隨時把學校教材和校外生活經驗連在一起，增加學生行動的效果，使他們更認識自己以後所居住的世界（Dewey, 1916, 1943）。學習的本質並未改變，今日學校內的學習仍然應該以學校外的生活為基礎。

除了學習的內容和材料，全語言學者進一步指出在學習的方法和歷程上，學校內的學習也宜儘量接近學校外的學習。人類在社會生活中，為了瞭解他們所處的世界，已培養了許多探究的能力和方法，這些方法是人類所習慣而且有效的學習方式，學校卻往往忽視這些已建立且有效使用中的學習策略，強加在學習者身上另一種極不一樣的學習程序，要求學生從頭適應。Cambourne（1988）研究幼兒語言學習的發現指出，學校外的學習是兒童不假外力、較有效率的學習，因學校外的學習多數指向生活的目的、具功能性、能激發動機、且富多元資源。Cambourne 在分析了學校外的語言學習情境和條件之後，依循類似因素建立了學校內語言學習的模式，建

議學校提供類似學校外學習的情境、條件，以促成有效的學習。Y. Goodman 和 K. Goodman 也主張學校內的學習本質上應與學校外的學習一樣容易，如果事實未達如此，則表示學校內所設立的學習環境和條件值得檢討。有學者或謂學校內的學習內容和學校外的學習內容性質不同，所以要用不同的方式學習。Goodman 等提出反駁，稱如果認定某些概念（如科學性概念）只能在學校學，而某些概念在學校外即可學習，那麼無異同意學習學校內的概念是基於不同的經驗類別（Y. Goodman and K. Goodman, 1993）。事實上讓學校外學習容易的因素，同樣讓學校內的學習較容易，學習者都須以自己的經驗為基礎去獲取新經驗，從已建立的基模上去延展新概念，並且大大地依賴語言來學習。所以，概念的學習歷程其實是單一的，但這歷程都受個人的理解和社會性影響所左右、限制。不幸的是許多學校內的學習活動並未能掌握這些促進學習的因素，揚棄了學習的有利條件，直接由教師控制。Bloome（1987）在他的民族誌研究結果中就提出批判，指出某些學校內的學習行為，只是一些表面的展現，學校只塑造出某些按預定行為表現的學生，概念沒有真正的調整，也沒有真正的學習。可見學習不能由教師主導控制。因此，全語言力主課程宜貼近學習者的經驗，讓學校內的學習在內容、形式和方式上都接近學習者既有的經驗。

二、語言、思考與學習

全語言的課程觀不只是學習者本位哲學觀的貫徹，也淵源自對語言和思考於學習中角色的獨特觀點。Dewey 所論及的思考，社會語言學家 Halliday 對語言與學習的特有論述，及心理語言學家 K. Goodman 對語言、思考與學習關係的見解，都涵養了全語言的課程觀。

Dewey（1938, 1943）認為思考是整理經驗的必要條件，是一種探究、深入的調查、研究的歷程。思考的結果會產生知識，但卻高於知識的獲得，因為可以因應新的經驗。思考進行的步驟涉及發現問題、觀察情境、形成合理的假設、以實際實驗來考驗假設，進而形成概念。可見，思考是學習的途徑，思考與學習可能同時發生。

Halliday（1980）所提出語言與學習關係的論述，對全語言的課程觀有很大的影響，他認為語言的學習涉及許多複雜的認知活動，其中有三種相關的學習同時發生——語言的學習（learning language）、語言概念的形成（learning about language）和事物的學習（learning through language）。也就是說，人類藉著語言學習各項事物的時候，同時也學會聽、說、讀、寫，以及語言本身的形式結構。三者不只同時發生，而且是發生在真實的語言事件中。這個論述大大挑戰了過去對語言與學習關係的假設。過去人們認為人類必須先學會語言，才能以語言為工具來學習知識，而學習語言則是由語言知識的學習開始，三者的次序是——由語言知識的學習開始，再學習聽、說、讀、寫，再以之去學習事物的知識。因此，語言是個獨立的學習科目，用以深究語言的形式結構，以便習得聽、說、讀、寫的能力，其他非語言領域的學習則是不相干的事，是分開處理的。Halliday 指出，瞭解週遭的世界是人類的本能，也是學習的主要動機，他們通常透過語言來達成這個目的，而就在人類逐步嘗試瞭解週遭世界之時，他們增加了聽、說、讀、寫的能力，同時建立了語言的相關知識，三者並無先後次序。這個論點指出了語言的學習和其他領域學習不可分的關係，對語言課程和整體課程自有其引申意義，既然聽、說、讀、寫的習得、語言知識的形成和事物的學習是同時發生的，那麼學校的課程就要能促成這樣的歷程。

K. Goodman 等對思考與語言之關係有類似的看法。語言是組織思考、學習的一種媒介，思考和語言是學習的必要歷程，而在學習的歷程中，思考和語言也同時被琢磨得更加精鍊，思考映現語言，也助長語言的發展，三者互為表裡，同時並進（K. Goodman et al., 1987）。Vygotsky 也以語言為組織思考的工具。語言、思考和學習是同時並進，互為表裡，彼此增長的歷程，而其中語言又是最具體外顯的媒介和表徵，是人類學習中的關鍵角色，藉由語言，人類才可能從事經驗分享，心智才能連結，也才能創造、形成超出個人所能的公共智慧，讓個體可以超越自己的極限，從分享他人的經驗中學習。

因此，全語言課程是個以思考和語言為本的課程，也就是說，課程應該是用來促成語言和思考發展的課程，同時也是讓學習者可以藉由語言和

思考來學習的課程。全語言課程因而不應是語言課程，只針對語言學習而設定，它是為語言發展，也是為思考和學習的培養而設計的課程。K. Goodman 稱之為「雙重目標的課程」（dual curriculum）（李連珠譯，1998），所有領域的學習，都必須具有雙重的課程目標，即促進該領域之知識和經驗的獲得，同時催化相關的語言學習和思考發展，語言的學習是編織在所有學習經驗之中，和其他領域的學習統整在一起，這個主張超越了過去的語言教學。過去的語言教學常將語言列為一獨立的科目，焦點通常在學習語言的概念和技能，與其他領域的學習分開進行；相對的，其他領域的學習也鮮少考量學習者語言上的需要，無形中喪失了許多語言學習的契機，也減低了語言課程的效能。全語言的課程主張打開了語言課程和其他課程的新境界。

　　在雙重目標課程的中堅思維之下，全語言課程有其特定的組織方法。在全語言課程中語言和思考既是目標，也是媒介，那麼，一個全語言課程就必須是統整的，將語言和思考統整在學習活動中，提供學習者選擇的機會和擁有權，課程內容必須和學習者是相關的，並將語言跨越所有學習領域，這樣的課程通常是以主題的方式組織而成，也是一個探究的歷程，全語言稱其為探究的課程。

三、課程原則

㈠統整、語言跨越科際

　　全語言主張課程以統整的方式組織，是基於上述對語言、思考和學習關係之洞見，亦源自於進步主義的幾個有關兒童學習的思想。其一，兒童生活是整體的，經驗是一貫的，他們的心理、思想與動作的變化，並無過渡或間斷，無論何時他們心中所注意的就是當下世界的全部，其中的學習也具有此一貫的特性，不能分割或隔開。其二，兒童只有在行動中才能求得知識，知識也唯有依賴行動才能完成，實際的參與是必要的途徑，在參與中觀察、實驗、聯想、設計、合作，從行動中建立概念，學做並行。其

全語言教育

三，學習要能成為兒童生活所需要的經驗，與兒童日常生活接近，從兒童的興趣、能力出發，課程要與兒童的經驗融貫一起（Dewey, 1943）。要營造這樣的學習情況，唯有採取統整的方式，以一個問題、單元或主題為核心編整活動。分科教學則適行其反，不只無法達成有效學習，甚至有所干礙。Dewey 明白地反對分科教學，謂「我們的世界並不分成數學、物理、歷史等等不同的層次，所有的研究、學習都在於瞭解這個共同的大世界內的各種關係，而兒童就活在這些多樣但具體而活躍的關係之中，他們的學習自然就是聯成一體的，將學校的經驗和生活的經驗連結，因此所有的學習必然是相關的。如果能將學校視為一個整體，並將其與學生整體生活連結，學校教育在文化、訓練、資訊和效益上之目標與理想的分歧就會消失。」（Dewey, 1943, p.91）視學校為一個整體即指學校的經驗是一體、連貫的、統整的，課程當然須具這樣的本質。

　　課程的組織方式，亦須反映人類學習的本質。藉由分析了成人世界的學習現象，Krogh（1990）指出，人類的學習歷程本質上即是統整的。在多數學習事件中，人們乃以解決生活中的問題出發，在解決問題的過程中，綜合擇取、練習、運用了不同領域的知識和經驗，以達成目標。換句話說，學習是非常生活相關、個體經驗導向、且結合多重資源的。兒童的學習也有類似的特質，兒童的學習動力來自於急欲認識其所處的世界，想要進一步瞭解其所見所聞所感覺，因此學習內容和組織的方式，必須是兒童本位，從他們的意義和相關度出發，以他們的經驗和能力為首要考量。統整性的學習活動，能提供學習者全面且豐富的資源和歷程，也較能切合學習者的經驗。因此，Krogh 主張兒童課程宜以統整的方式來組織，因為統整性課程具有下列這些長處：1. 可以涵蓋較廣較完整的學習領域，兼顧兒童的各方面發展；2. 是一種較自然、合乎人類學習本質的學習方式；3. 較能從兒童的興趣出發，建立在兒童既有能力之上，在學習歷程上兒童能有較高的參與度，能力亦能發揮至極致；4. 能將技能融入有意義的情境之中學習；5. 在時間和內容的配合上較有彈性。

　　從語言發展和學習的觀點觀之，將語言統整於整體課程中是必要的。兒童必須有可供說、聽、讀、寫的事物，才會去從事說、聽、讀、寫，所

有課程領域的學習探究，正提供幼兒說、聽、讀、寫的事物和機會。反之，說、聽、讀、寫的歷程和能力，也讓各課程領域的學習有最佳的媒介，二者的結合正創造了最豐盛的學習經驗。基於對語言、語言發展和學習的立場，全語言以統整為建構課程的總綱。此處的統整有多方面的意涵，包括：

1. 保持語言的完整，不管口頭或書面語言都不被拆解成零碎片段，沒有任何聽、說、讀、寫活動是為了學習語言技能而被抽離情境。

2. 統整聽、說、讀、寫，四者不分開教導，讓四者的學習互相支持，由學習者按需要使用，也以綜合使用此四面向的其中幾個支持學習。

3. 以語言支援、促成生活和所有的學習活動，語言不再是單獨課程與其他領域的學習分開，所有的語言活動也不再是為語言而活動，而有其生活和學習上的目的。

4. 由學習者的經驗、興趣出發，整合學習活動，以主題的方式組織。

可見，全語言課程宜統整不同的語言形式，包括口頭和書面語言，並與其他領域的探究整合在一起。而整合的方式可以是：

以生活相關的議題為中心來組織，將過去學校課程中常見的訓練和學科整合在一起，以解決問題的方式進行。它強調語言的完整性和不可分割性，並強調語言必須置放於真實的使用情境中，不可將之切割成零碎的語言技巧，並加以練習。全語言主張課程宜接近學習的自然狀態，讓學校內的學習近似學校外學習的狀態，因為在學校外，人類就是持續在嘗試瞭解他們所處的世界。在全語言的課程中，知識、態度和能力的建立，是在透過語言的使用和思考的歷程，從事各種訓練和學科活動時達成的。（K. Goodman et al., 1987, p.7）

這段話為統整作了最精確的詮釋，說明了統整課程中語言跨越科際、完整不可分割的特性，也強調了全語言課程中真實、相關性的重要。

㈡學習者中心、擁有、選擇

全語言認為教育是賦權的歷程，因此全語言課程是授權予學生和教師。全語言以學習者為課程歷程的中心，課程不只必須以學習者為核心，取材自他們的生活經驗，並且要和學習者共同建構。兒童需要學習的是和他們經驗以及他們周圍世界相關的事物，他們的工作就是去發現自己所在世界中的各種問題，並進一步找出答案來。學校就在於幫助他們完成這些工作。Harste（1992）認為兒童應是課程的資訊提供人，他們的發展、興趣、所關心之事物、學習中所表現的成長、省思、思考等，是教師在建構課程的最主要考量，學習者就應被邀請參與其中。因此全語言課程不應是教師的預下處方，事先設定，不可更動的；相反的，課程要因應兒童的需要，從學生的興趣和研究問題發展，透過合作協商的過程建構出來，並要富動力，有彈性，是發展中的，隨時可能變更調整，以因應實際情況，因此在執行課程過程中，任何時候修改、擴展、延伸、甚或變更方向，都是可接受的，兒童應主導他們的學習。

學習者中心的課程意味著擁有權，並非教師或任何教室以外的其他人而是學習者擁有學習的過程，亦即活動是學習者想要做的，是為了學習者的目的，由學習者掌管。因此，學習者擁有選擇權，可以決定活動、材料、時間、組別、主題、探究的方式、資源的種類等事物，學習者還可按自己的能力和興趣，決定何時要學、要學些什麼、用什麼方式學、用什麼速度學習，甚或有時可以選擇不參與。

㈢探究、主題

全語言認為教育是個探究的過程，全語言的課程就是探究的課程，著重在針對所欲研究的題目探查現象、回答問題、解決問題，因此主題是個較理想組織課程的方式。甚者，全語言所主張的主題是超越一般由教師所預設的單元模式。基於全語言的語言學習觀和學習觀及上述學習者中心、賦權、擁有的立場，較理想的主題進行方式是以主題循環（theme cycle）的方式為之。主題循環之有別於一般傳統單元在於主題是由師生協商產生，

而非由教師主導預設；活動建立在師生共同的知識之上，以回答一起提出的問題，滿足雙方的興趣，而不是為達成教師單方設定的學習目標；活動的計畫和材料的組織由師生共同負責，而非全然由教師擔負；學習歷程、批判性思考、解決問題才是活動焦點，而非活動本身。在這樣的架構之下，語言和各學科領域是探究的媒介、學習的工具，同時也藉由探究而提昇。在主題循環架構之中，主題和其下探究的題目是由師生參與、提案、協商而產生，反映了學生的興趣及對事物的關心、好奇。他們一起蒐集統整已有的知識和資訊，提出研究的問題，然後進一步合作計畫適當的學習經驗，找尋可用的資源，組織研究進行的方法。在此同時，他們也會找出適合的、功能性的聽、說、讀、寫活動，以達成探究的目標。在回答了先前的問題之時，他們會一起針對這一段已完成的歷程作回顧、回應，統整出所學到的新知識，以某種方式呈現之，並評量這段學習經驗，提出新的問題、新的題目，進入到下一個研究，如此循環不已。

如此方式架構的課程充分反映了學習者中心的思維，課程內容是豐富、真實、適合學習者。除了知識和概念的發展，也促進了語言和思考策略的發展。探究過程促成成員間社會關係的正向發展，教師和學生都有機會分享他們的知識和能力，可以互相支持彼此的學習成長。信任取代了控管，參與培養了自我看重、自我信任，是一個學習社群的運作結果。

㈣相關、真實、功能、沉浸

全語言課程也強調相關、真實、功能、沉浸，亦即活動是與學習者相關的，對學習者而言是真實的、具功能性的，並且有機會充分地沉浸於所做的事物之中。全語言主張經驗為本的課程，課程要能反映學習者的經驗，並進一步擴張之。在主題循環的架構之下，探究活動是由學習者身上發展出來，對學習者而言是相關的；是他們想要知道的事物，是真實的；可以達成個人和社群的目的，是功能的。在全語言課程中，教師邀請學習者參與於探究的過程中，並提供充實的環境和材料，讓學習者充分投入閱讀、寫作、討論、實驗、調查……等各式的研究活動中，以回答自己提出的問題，這些活動具有個人和社會性意義。相關、真實、功能、沉浸等原則都

環繞著學習者而言，正說明了全語言課程是個學習者本位的課程。全語言課程摒棄由教材掌控、教師主導的結構，轉而開創出反映學習者經驗、藉由參與、合作組構而成的學習者課程。

全語言學者 Harste 曾深入觀察研究全語言運動對過去二十年間美國語言課程的影響，發現在這些年間，語言課程產生了新的內涵，他稱之為「全語言課程的實際運作」（Whole Language curriculum in action）。新的內涵包括擴展了學生溝通的潛能、知道如何激發作者而非徒然訓練了一些拼字高手、組織課程讓學生可以不被中斷地參與、培養策略而非教授技能、視知識和知識的獲得是社會合作的歷程等等（Harste, 1994）。這些新課程的內涵正映現了沉浸、擁有、相關、探究等概念，並突顯了學習者在探究過程中的主動角色。

在全語言的課程原則之下，全語言的教室自有其獨特的本質和面貌，它的面貌可以具體的反映全語言的語言、語言學習、學習、教學和課程等觀點，將在本書的第六章有進一步的呈現。

四、全語言課程的特性

全語言已從舊課程中走出，建立了新的課程思維，是個學習者導向的課程。它的課程具有學習者導向課程的特性，但因全語言在語言、學習和教學上的獨特觀點，它更有其特殊強調之處。若試著並陳其間的相同相異之處，或可進一步說明全語言課程的特性。表 2-3 嘗試從基本哲學觀等十個面向，陳列比較傳統教學、一般學習者導向的課程模式和全語言課程，由表中可看出全語言和傳統教學極不相同，而與一般學習者導向課程有許多相似之處，但要多出一些特性（以隸書字體標示者）。本表可具體而簡要地點出全語言課程的特性，並作為本節所有闡述之總結。

表 2-3　全語言、其他學習者本位課程模式、傳統教學之比較

	傳統教學	一般學習者導向之課程模式	全語言
基本哲學觀	教師和教材本位	學習者本位	學習者本位
課程主體	行政上級規定之教科書、教材	學習者	學習者 課程由教師與學生協商產生，由學習者擁有
課程組織	分科	統整	統整 語言橫跨課程，爲滿足雙重目的——語言和學科知識
學習材料	由教師依規定之課程決定技能學習導向、編序化	與學習者相關、學習者有興趣的事物	沒有一定材料，與學習者相關、學習者有興趣的事物 真實的、完整的、有意義的、功能性的
學習歷程	由教師主導	學習者參與	學習者參與 學習者自主
學習方法	教師直接教導學生按序接收	以主題組織；個別化、合作	以主題組織：個別化、合作探究（inquiry）、解決問題；沉浸；使用發展策略；思考、語言是學習的途徑
學習環境	不重視情境	豐富的學習資源、相關的情境	豐富的學習資源、相關的情境 豐富的讀寫環境；以學習社群運作
學習氣氛	有層級畫分的（hierarchical）	尊重、選擇	尊重、民主、責任、冒險、支持、期望、社群成員合作
教師角色	知識的傳輸入者、對錯的裁判	供應、協助、促成、催化	供應、協助、促成、催化、學習者、兒童觀察、學生的學習伙伴、學習社群成員、專業自主、決策、責任、省思和持續成長
評量方式	成果導向、單一化評量	過程導向、多元評量	過程導向、多元評量、學習檔案、自我評量、培養後設知覺

099

第六節
全語言的評量

評量原是課程的一部分，關乎如何為學習留存記錄，它反映相關人員的教育價值觀，在學習和教學中什麼是被看重的，決定了要蒐集資料的種類及如何留存記錄。評量應是課程的產物之一，因課程而定。但在實務現場裡，評量卻常常影響課程，甚至主導教學，教師根據評量的方式或內容，決定要怎麼教、教什麼。評量主導教學是舊教育中常見的現象，台灣就是一個例子，過去幾十年間，評量主導教學是中等教育界裡既存的事實。

一、評量的哲學基礎

在全語言的課程觀裡，已經提出了什麼是一個課程中有價值的、被看重的。若從全語言的課程觀中去檢視思考，不難窺見全語言的評量精神。全語言課程是探究為本、歷程導向，而非內容唯一的課程，主張由學習者出發，在以教師、學生、同儕組成的學習社群中，提供真實、相關、有意義的學習經驗，讓學習者可以透過語言的使用，淬鍊其思考、學習、解決問題的能力，同時學習好語言。過程中學習者有選擇權，並擁有其歷程。

全語言的課程和評量是全語言對教育整體觀點的綜合操作。從全語言的評量觀中可以很清楚地看到全語言的課程觀，並能窺見全語言對語言、語言發展、學習、教學和教師的態度，其理念的脈絡明晰，可以一一追本溯源。

全語言中「完整、整體」（whole）的思維，是全語言一以貫之的精神，在評量觀裡尤其是其主要綱領。全語言呼籲在從事評量時要看待每一個學生為一個完整的個體，整體地去看他的學習、思考及語言使用，包括橫向的在學校內和在學校以外情境中所發生的，及縱貫的他的歷史、家庭和文化背景的影響。當觀注點超越了教室的唯一性時，評量所涉及的內涵

和對象就大大擴展了。

　　全語言的「完整、整體」思維，也意涵著對個體的尊重。全語言的評量在許多方面都是基於尊重的實務，主張評量同時也在提供機會讓學習者作自我價值的重建（revaluing），肯定自己的知識和學習。它承認語言是一社會文化的實際操作，語言的學習是社會化的歷程，因此它主張在評量過程中，含納學習者的家人，賦權予家庭，邀請他們參與評量過程。它當然也對教師賦權，強調教師的專業知能和省思在評量中的作用，主張充分授權予教師依其專業知能及教室和學生的特性建立適合個別的評量系統。當所評量的是學生的語言學習時，全語言的語言學習觀，例如，看清語言發展是一建構知識的歷程、視讀寫是一富動力的過程，也充分反映在其評量觀中。

二、對標準化測驗的質疑

　　探討評量的幾個學者，如 Y. Goodman、K. Goodman、Weaver、Neill、Owocki、 Burke、Hood、Marek 和 Watson 等，提出真實的（authentic）且整體導向評量的原因之一，是對存在於美國學校中數十年之久標準化測驗（standardized test）效度和適當性的質疑。標準化測驗是許多學區中採用以評量學業成就，特別是閱讀和語文學習成就的工具，以單一化的紙筆測驗分數作為學習成效的指標，對許多學校、教師和學生造成極大的影響。有幾位學者具體的指出了它的問題和負面的影響（Owocki and Goodman, 2002; Neill, 2000; Weaver, 1990），下文會再進一步探討。全語言學者對標準化測驗的質疑，指出標準化測驗與全語言的「完整、整體」精神背道而馳，也「和全語言教師對教學、學習和課程的觀點相對立」（K. Goodman, 1989b, p.xiii）。

　　全語言反對標準化測驗，指出標準化測驗嚴重扭曲了教育的本質，對教育內相關的個體和團體產生深遠的負面影響，其根本問題是對評鑑的過度簡化。Weaver（1990）針對標準化測驗作了詳細的評析，並指出了其中根本且具影響力的偏差，他指出標準化測驗最根本的偏差是模糊了評量

全語言教育

（assessment）和評鑑（evaluation）間關鍵性的區別。評鑑通常是對好壞、對錯、成就或價值作成判斷，需要多元的資料參佐；而評量則是在評鑑之前蒐集資料的程序，透過評量的程序，蒐集可取得的各種可能資料，以便幫助作出精確的判斷。標準化測驗就是以單一的資料作成了成就的判斷，以單次的評量等同於評鑑。國際閱讀協會（International Reading Association）和美國英語教師協會（National Council of Teachers of English）聯合發表的一份文件中指出，以標準化測驗評鑑學習成效是不適宜的，因為它只提供最簡單的評鑑方法，沒有充分的評量，也就是說，據此所作成的判斷是依據不充足的證據，因為單一的測驗分數絕對無法充分地測量學習，反映學習的完整內涵（International Reading Association and National Council of Teachers of English, 1989）。

全語言反對標準化測驗，因為它對教育不只無益而且有大損害。除了上述立足的偏差，全語言學者Owocki和Goodman（2002）和Weaver（1990）更進一步具體指出了標準化測驗的諸多害處。要瞭解它的具體害處，可以從幾個問題層面來探討。

標準化測驗的第一個問題在於它所傳遞隱約可見的歧視本質。首先，它施行的目的在於將人分等級，測驗結果往往按分數將學生、老師和學校分成不同等級，因而有的個人或團體會被貼上較差甚或失敗的標籤，這種等級的劃分對立非但無法改進教育，而且造成對特定個人和團體的傷害（Weaver, 1990）。劃分等級的結果，使得階級差異及教育的不平等持續循環，甚至更形惡化。此外，標準化測驗的施行也是差別待遇的，它並非平均地對所有人口施測，但卻製造了一個客觀的假象，粉飾了它的機會不均和不公性。

標準化測驗的第二個問題在於它的偏見，或以偏概全。它所測驗的內容偏向於以語言的、邏輯的、數學的、分析的方式學習的內容為主，專注於低階的技能、簡單的事實和在孤立中展現的技能，所測的都是些在孤立情境裡呈現的局部、片段、零碎的知識。這樣的測驗內容和方式，一方面無法涵蓋學生的整體學習內涵，無法顯示孩子的學習策略和建構知識的方法，低估了學生心智活動的能力；另一方面對那些學習方式不是以分析性、

編序化、從局部到整體取勝、或智能傾向不是語言的、邏輯的、數學的學生而言，也無法測得其真實的學習和整體的成長（Owocki and Goodman, 2002）。再者，有許多學生的語言、文化、背景經驗，與測驗所設定的主流價值並不一致，他們在自己的經驗中所累積的知識能力，無法幫助他們提昇在測驗中的表現，測驗所呈現的結果是極偏離事實的。標準化測驗將教育者的注意力專注在學生不瞭解、不知道或不會做的事物上，非但偏焦、不具建設性，對某些學生而言，可能早早就宣判了他學習的死刑，影響可能遠及終身。

標準化測驗的第三個問題是它缺乏效度和建設性。檢視標準化測驗的內容，學者發現許多標準化測驗並未能反映當代學界對兒童發展、認知發展及學習的認識，亦即它站在一個不真的基礎之上。而它的建構，有時並不符合內容選取和設計的效度標準（Weaver, 1990）。其次，標準化測驗的結果往往無法提供給教育工作者具體可用的參考資訊。就教學的參考而言，因為它通常不能提供有關學生讀寫發展的確實資料，低估了學生參與智能活動的能力，不鼓勵參與性的學習，因此教師無法用測驗所提供的資訊，幫助他們的學生發展成為讀者、作者、能思考、能學習的人。這個事實大大削弱了它的參考價值和建設性。

標準化測驗對教育的最嚴重影響之一是它矮化了教師的專業。它所提供的資訊不但無法幫助教師計畫有意義的學習經驗，對教學無益，它所隱含的訊息更不鼓勵有效的教學。相反的，大量使用標準化測驗所帶出來的訊息，是鼓勵無效能的教學，要教師跟隨測驗教學，學生跟從教學活動。標準化測驗常製造測驗成績的壓力，以致它無形中主導了教師的教學，讓教師常不得不按測驗內容決定教什麼、如何教，對教師的專業成長是很大的傷害（Weaver, 1990）。

三、派典的轉換

全語言哲學觀在學習、課程、教學上的立場都顯現了派典的轉換，它的評量觀也同樣反映它不同的派典。學者Heine和Heine（1996）指出，全

全
語
言
教
育

表 2-4　全語言評量觀所映現觀念之轉換

視教師是知識擁有者 學生是知識接收者	→ 視教師和學生是合作學習的伙伴 　　互相支援對方的探究
視每一學生為單一個體	→ 視他們為學習社群的一份子
視評量是為教師和學生劃分等級的工具	→ 為教師和學生對學習作個人省思
視評量為對學生的表現打分數	→ 對學生的學習作具體實在的描述
視教學為知識的傳授	→ 視學習是個人化的知識建構

資料來源：整理自 Heine and Heine, 1996。

語言的評量觀反映了一些觀念上的變革，對學習、學習者、評量都持著有別於過去的態度。表 2-4 簡要地呈現了這些觀念上的轉換，顯示其如何走出舊式思維，開展出新的思考。

　　全語言學者 Y. Goodman 專研於整體導向、反映學習者本位、呼應全語言哲學觀的評量多年。他對評量的一段註解，很能詮釋全語言評量的精神和精義：

　　在全語言教室內，評量最大的力量建立於「成為」（becoming）的過程之中，也就是人們從現在的狀況改變成他們所要的狀態的歷程。這個改變對學生、教師的專業成長和進行中的課程都很重要。……我們可用「反射」（reflection）的概念，並以「鏡子映現影像」為喻來談這件事。在教室裡，身為教師，當我們認真地檢視學生所做的事以便有效幫助他們之際，我們注意到，就在此刻我們也看到了我們自己影像的反射。環境是學習發生的場所，而教師是環境主要的組織者、改變者。教師的計畫、組織工作，多方影響教室內的學習環境，以致當我們評量學生時，我們也在評量我們自己和我們的課程。看見我們自己的作為如何反映在教室內和學生身上，幫助我們瞭解語言學習的本質、我們對學生的影響及教與學的關係。教師和學生之間的交互作用是極富動力的，

會造成教與學經驗中人與行動的改變。評量正是在檢視這些改變，也映照出學習、教師和課程的發展。因此，當我們在鏡中看到了我們的教學在學習及學生身上所映現的影像，我們也趁機以所見反省我們的專業成長。（Y. Goodman, 1989a, p.3）

「成為」一詞，蘊含了全語言評量觀中數個重要的概念。全語言的評量專注在改變的歷程，定焦於描述這些改變；教師的角色是在描述改變，也在協助改變，更在追求完善中自我改變；全語言教室內教師與學生、教學與學習是互相作用的，因此，評量不只是評量學生，教師也在評量自己和所計畫、執行的課程；在全語言教室中，評量不是獨立或定期實施的事件，而是整合在課程歷程中，隨著課程交互推衍，持續性的工作。學者Bird（1989b）在協助許多教師實施全語言之後，稱評量一如好的教學，是個持續「修改」（revision）的歷程，正呼應了這個「成為」的精神。

四、全語言的評量觀

全語言視評量是一個所有成員都涉入、持續性的改變歷程，一如學習是個多元的探究，評量資料的蒐集也是途徑多元，與教學結合成一整體。全語言的評量包含以下幾個概念。

㈠評量是課程的一部分

從全語言的學習觀和課程觀觀之，評量不是某個課程單元完成後施行的獨立事件，評量是課程的一部分，和課程同時並進，且持續交互作用（K. Goodman, 1989b; Y. Goodman, 1989a; Weaver, 1990）。評量應發生在教學和學習的過程之中，是持續性、一直進行中的活動。

全語言課程是統整、探究為本、歷程導向而非科目中心的課程，它的評量正反映這樣的精神。全語言又主張課程應同時促成學生在語言、思考和學習上的發展，它的評量自然有這樣統整性的焦點。全語言課程是個雙

全語言教育

表 2-5　評量的雙重程序

教師的評量	學生學習的歷程
教師參與	學生和教師都參與
針對	學生透過語言的使用
語言發展	學習瞭解他們的世界
認知發展	回答他們的提問
課程	解決他們的問題
進行評量	評量自己的學習
是一連串	進行
持續的	閱讀
隨時在進行	寫作
整合的	說話
過程	聆聽

資料來源：Y. Goodman, 1989a, p.7。

重目標的課程，全語言的評量亦為雙重程序的評量，包含學生學習的歷程
（when students are learning）和教師的評量（teacher's evaluation），二者宜
合而為一，同時進行。程序之一（表 2-5 的右側）是學生正在主動地忙於
學習，而教師也積極地協助他們，他們學習的活動可能包括：閱讀某些材
料，以解決問題，以增加他們的科學知識，或為了文學欣賞的樂趣、美的
享受；他們也可能為了表達見解，整理他們所學到的知識，從事文學或藝
術創作，或只是作日常生活中的一些例行組織活動，而進行寫作……等等。
他們善加利用口頭語言和書面語言來認識瞭解他們的世界。另一半程序（表
2-5 的左半部）是教師的評量，當教室內的學習社群正投身於學習之中時，
教師同時以不同的評量程序在督視，以確定語言學習、思考和概念發展的
標的能達成（Y. Goodman, 1989a）。

　　全語言既認定語言、思考在知識建構過程，一方面作為媒介，一方面
也因而鍛鍊得更精確，因此在評量時，不作單獨語言和認知技能的評量，

而是將焦點放置在知識的應用和想法的呈現上。所有評量資料的取得，必須是在真實的學習經驗之中，而非從抽離情境的測驗裡。

　　全語言的評量既與課程整合成為一體，它就必然是持續的、進行中的、長程的，隨著課程的發展執行而推進，而非階段性一、二節課的測驗。它與學習、教學互相結合，以取得與課程、教學、學習每一相關面的資料，教師從這些不同類型的資料中，瞭解學生的進步情況，以決定接下來教學的內容、時間和方法，以幫助學生的學習和發展。它之所以強調持續性、長程性，是考慮到評量必須發生在各種不同的情境之中，以涵蓋學生學習和發展的全貌。在學習者本位的哲學觀之下，評量需要順應學生的發展、個別性、文化背景。只截取某個時空點所發生的事作為評量的依據，無法呈現學習、發展和個別特質的全貌，如此的評量不只失真，也失去公平性。因此全語言的評量必須涵蓋各種可能的情境，讓它在持續流動的課程情境中，捕捉學生成長的每一瞬間。

(二)評量是描述、省思和改變的歷程

　　全語言反對以評量作學生間的比較，以之為他們劃分等級。全語言從完全不一樣的角度看評量，視評量為描述、省思和改變的歷程，是學生的、也是教師的對學習和發展的描述、省思和改變的歷程（K. Goodman, 1989b; Y. Goodman, 1989a; Owocki and Goodman, 2002）。全語言學習者本位的哲學觀，讓教師尊重個別獨特的發展，他們檢視學生的學習成果時，看的是學生自己的比較和成長，而非以外在的標準衡量，或同儕間的比較，評量是個別化的。評量時他們定焦在學生的長處，嘗試發現學生會做的、已經知道的、如何應用已有的知識學習和他們的優點策略等，而進一步描述之。藉著評量的過程，學習者有機會瞭解自己在做些什麼、為什麼要如此做，檢視自己知道的和會做的，而對自己的學習逐漸認識，也藉機比較自己的成長，看到自己的成就，進而自我肯定。全語言的評量觀裡有一個很重要的概念——「重新看重」（K. Goodman, 1996b），指的就是學生透過評量歷程中的省思審視，逐漸認識自己的學習能力和成就，而重新看待自己，給予自己適當的肯定和價值。全語言希望評量是一個教師幫助學生認識、

並看重自己是個學習者的歷程。教師的責任即在運用不同的策略，取得上述資料，以深入瞭解學習的過程和成果。當教師發現了學生學習上的長處時，他們也「重新看重」學生和他們的能力，而有更良性循環的互動。

因此，自我評量是全語言評量裡最重要的方法之一。學生參與於對自己的評量，決定要蒐集些什麼樣的資料、蒐集的時間點、以什麼方式呈現……等評量程序中常作的決定，和教師一起整理、分析、解讀這些資料，進而對自己的學習提出暫時性的結論、階段性的建議和未來的發展計畫。在評量過程中，參與的不只教師，學生是很重要的合作伙伴。

評量對教師而言也是個省思和改變的歷程。當學生在班級社群中積極參與於學習之時，教師以不同的評量程序，探究學生的特質、他們知道些什麼、會做些什麼、如何學習；評估班上學習的狀況是否達到課程目標；查驗教學活動、社會及硬體環境、材料，是否符合兒童發展，是否提供多元途徑，以滿足課程目標，是否幫助達成語言學習、思考和概念發展的標的。藉由取得的資料，教師同時思考活動、環境、材料等是否需要調整，並發展未來課程和教學的計畫。整個過程是教師對自己的課程和教學的自我評量，省察自己對學生學習的影響和貢獻。這樣的評量觀，評量不再是劃分等級，不只是純粹的價值判斷；評量是一種描述的歷程，師生共同描述教室內的學習和發展狀況，評量是一種生產的歷程，師生合作將描述的資料轉換成幫助進一步學習的資訊輸出，產生具體的改進。

(三)評量由學習社群中成員合作參與

全語言視教室是個社會有機體，是個利害攸關、互相扶持的學習社群，教室中每一個人，包括學生和教師，都不是單獨存在，而是社群的一個成員。所有課程的相關活動都在這樣的社會環境中進行，評量當然也是如此。全語言主張，評量並非針對個人的學習成就作出價值判斷，進而作比較；評量是在描述學習和發展的歷程和長處，它需要多樣的資料，非唯一、集合的觀點，好作客觀的描述，進而指出成長和需要。因此，全語言的評量是個合作的工作，教師是過程的主事者，他邀請學生甚至家長參與，在合作互動中，師生共同參與、互相協助，透過資料蒐集和省思、討論，對學

生的學習和教師的教學作檢視省察，師生各發揮其角色上的作用，貢獻所見所思。「看重」是這過程中很重要的態度，教師看重學生是獨特的個體，認可他們有知識、有足夠能力參與，對自己的成長作評量，教師視學生為學習的伙伴，可以一起計畫、督視、檢視、評估所有的學習經驗（Bird, K. Goodman, and Y. Goodman, 1994）。評量就是在這樣的社群意識下運作完成。專研全語言評量程序之一兒童觀察的學者 Y. Goodman 更主張邀請學生的家長參與評量歷程（Owocki and Goodman, 2002），在下面兒童觀察一段中會再進一步探討。

㈣評量藉由多元資訊的蒐集和分析達成

全語言反對以分數、或單一化、少量不充足的資訊，作為評斷學生學習的依據。全語言的評量發生在探究活動進行之際，真實的學習經驗之中。教師須選擇各種不同的場合、情境和時機，使用各種不同的方法和程序，以取得各種不同型態的資料，綜合整理分析，整體地來看個體的發展和學習。多元是個重要的原則。至於在什麼情境之下使用什麼程序、工具，以取得有用的資料，得看教師的專業知識以及他對學生、班級社群及課程發展的認識而定，相關正式、非正式的工具有許多取得的管道，但沒有一套固定得依循的步驟。

全語言評量應該包含正式、非正式、甚或偶發的評量程序，尤其非正式的評量程序或工具，是全語言教室內常用的評量方式。全語言倡導兒童觀察（kidwatching），即是一種非正式的評量方式，卻能取得許多不同的學生學習相關資料（有關兒童觀察的細節，在下文有另段專門探討）。全語言教師作評量常使用大量的觀察、記錄及與學生的互動，他們也使用系統化的評量工具。全語言評量使用各種不同類型的方法以取得各種不同的資料，下列是一些例子。

1. 學生自行選樣的記錄：自我評量是全語言評量的重要方式之一，由學生針對自己的學習選取代表性的記錄、樣本，是自我評量的重要資料，這些資料可能包括：學習目標的設定、省思札記、閱讀文章和書籍清單、寫作主題彙整、寫作樣本、閱讀錄音、閱讀內容評論

或喜愛的雜誌期刊文章摘句、對某個議題觀點的呈現……等。在每一類別資料之後，由學生加上文字敘述選取該筆內容的理由、自我評析及其在學習和發展上的意義（Meyer, Goodman, and Goodman, 1996）。

2. 觀察記錄和田野筆記：教師選擇各種不同的時刻、情境、活動型態，針對學生的語言、思考和學習作不同方式的觀察，並將觀察所得以不同的形式記錄下來。觀察的時刻有些須事先計畫安排，有些則屬偶發，教師要對所謂「可觀察」時刻敏銳，掌握萌現的機會，捕捉學習的關鍵時刻。記錄的形式包括軼事記錄、田野筆記各式檢核表、結構性和非結構性的描述性表單、針對個人或團體的記錄等（細節參見 Bird 等人，1994）。有些觀察有正式的程序，如訪談；有些則是非正式，教師在學生參與一般學習活動時進行，如學生在為他人閱讀時教師察看他的書本和故事的概念。

3. 學習或省思札記（learning/reflection log）：屬於個人所保有、對自己學習的省思記錄。札記可以針對各種不同的學習活動作回應反省，例如：針對一段文學作品的閱讀而抒發感想；對某一段討論作評論；將個人某一個科學研究作歷程的描述整理……等，都可能是其內容。教師從中可以探知學生個人對該項經驗的想法，發現學習的證據。

4. 對話式札記（dialogue journal）：可以是個人、一小組人或全班的學習札記，最大的特性是它開放予擁有人以外的個體，以文字對話的方式來回作回應，學生教師都有可能參與。在札記中回應的人可以針對已書寫的內容給予回饋、評論、回答或建議，起始者從中可以得到同儕以及教師專業的觀點，所有參與者也可以看到不同的觀點，而教師則從其中觀察到不同的個人及社群的想法和成長。在對話式札記中，學生的想法觀點可以得到探究、進一步往前推進、付諸行動、作橫向聯結或邀請更多的注入，他們也常在互動過程中得到伙伴的肯定、支持、提醒、協助，許多問題可以在過程中釐清、解決或延展（Patterson et al., 1996）。

5. 定期的學生表現樣本：教師定期蒐集的學生的表現記錄，從中擇出

具有學習跨越性或里程碑意義的樣本，以代表該生的學習發展，例如閱讀樣本、書寫樣本，藉由這些樣本，教師可以看到學生跨越時間的成長。

6. 會談（conference）、訪談（interview）：是介乎教師與學生或學生與學生之間，針對某一主題進行的會談或討論。會談常是正規課程活動的一種，也是教師和學生進行評量很好的機會，談話的內容提供許多有用的資訊，讓教師或學生對與該主題相關的學習及聽、說、讀、寫的能力和策略，進行評估。

7. 正式評量程序之記錄：教師透過某種系統化設計的評量工具，對學生依程序進行評量所產生的記錄，其形式有可能是詳細目錄（inventories）、問卷或表格等。全語言少數的正式評量程序之一，是用以發現學生閱讀歷程和策略的「閱讀差異分析」（Reading Miscue Analysis）。「閱讀差異分析」的相關細節在本節稍後探討。

學生自行選樣的記錄是自我評量程序的一部分，這些資料常以學習檔案（portfolio）的方式呈現，學生選取、整理不同情境、不同來源的各式自我記錄，建立成檔，以反映自己的學習。學生建立學習檔案必須符合自主的原則，即內容是由學生而非由教師決定，教師固然可以與學生討論協商或給予建議，但當保留最後決定權予學生。蒐集、選擇、取樣的過程，對學生而言就是個省思的過程，也給予他們機會對自己的學習進入後設的層面，審視自己的學習歷程和學習策略。因此，它也是個重要的學習歷程，他們要學習就一個思考者、學習者、閱讀者和寫作者，蒐集各種證據以反映自己的思考、學習和語言的使用，並進一步以社群成員的身分，反映班上學習社群合作進行過的方案、討論……等，擇取適當的參與記錄，將團體合作的歷程和成長作最好的呈現。為鼓勵學生自行取樣建立學習檔案，教師需要創造安全的心理環境，一個可以放心探險的環境，讓學生敢於從個人也從專業的角度，發出真實內裡的聲音，說出想法，提出問題，在過程中統整、歸納自己的學習經驗（Henkin, 1996）。教師也可視情況或需要蒐集學生的個別學習檔案，對年齡較小的幼兒，當他們選取自己的樣本而無法涵蓋多元樣本時，教師會有自己的一套幼兒學習檔案，部分教師仍會

邀請幼兒參與，協助選取其中的部分項目。

這些在不同情境中取得的不同性質的資料，提供給老師和學生多個、廣角的鏡頭，透視學生的學習和教師的教學，它們的組成所呈現的整體面貌、真實性、客觀度和可信度，絕非對錯兩極標準、幾個測驗分數或簡單幾個等第所能辦到的。

五、兒童觀察

全語言學者以其對語言、語言學習、學習和課程的觀點出發，探討適合的評量方法時，首先提出來的就是「兒童觀察」（kidwatching）的概念。「兒童觀察」一詞雖然早在一九三〇年代即有學者提及，但一直到一九八〇年代之間，全語言學者 Y. Goodman 才開始倡導推廣，並提出系統化的理論和方法（Y. Goodman, 1985, 1996a），而成為全語言課程中一個重要的評量方式。

兒童觀察除了立基於上述全語言的評量觀之外，它更充分反映了全語言尊重學習者的哲學觀。全語言體認到每一個學生都是不同的個體，負有其獨特的社會、文化、知識和經驗背景，並以不同的方式和策略在建構知識，深入去觀察每一個學生，才能還原其學習的真相，也才能為他們提供最適切有用的協助。兒童觀察即在對學生的學習作一個別化、全方位、又具系統性的資料蒐集，讓教師可以深入瞭解學生，取得有用資訊以發展有效的教學，並為家長提供多元、充分的學生學習和成長的個別化描述。學者 Neill（2000）更進一步指出，除了教室內課程的功能，兒童觀察能因應學生語言、文化、經驗的不同背景和不同的學習方法，打破過去學校中語言、文化、經驗和知識取得的單一價值觀，因此兒童觀察可以幫助學校發展一套適合在地文化在地需要的評量原則和實務，建立可以有效支持學習的校級評量系統，強化學校的改革。

那麼何為兒童觀察？兒童觀察主要在做什麼？簡單地說，兒童觀察在幫助學生使用語言來溝通和學習，要達此目的教師須常常問這些問題：學生是誰？他們知道些什麼？會做些什麼？如何學習？並藉由下列三大項工

作，來回答這些問題，以支援孩子的學習：1.密集地觀察並記錄學生已知和會做的。教師除了採用不同的觀察和記錄程序，也邀請學生和家長參與此評量的歷程，以便進一步瞭解學生的經驗、興趣、態度、在家中語言使用的現況及家庭文化背景；2.試著洞察學生建構知識及呈現知識的方法；3.教師以所取得的資料，計畫、發展或調整課程和教學活動，俾便配合學生的長處和需要，更充分地支援他們的學習，同時評估班上的學習狀況是否達到課程目標，察驗教學、硬體環境、社會環境、材料，是否符合兒童發展，是否提供多元途徑滿足這些課程目標（Owocki and Goodman, 2002）。

兒童觀察包含三大項主要的工作，教師在進入觀察的同時，有許多相關的細節和配合程序需要注意，方能取得有用的資料。Owocki 和 Goodman 建議從事兒童觀察時要包含下列幾個步驟：1.建立當事人（insider）的觀點；2.瞭解語言和讀寫的發展歷程；3.組織安排提供豐富的學習環境；4.與學生互動；5.觀察並記錄學生的知識；6.分析資料；7.培養學生的自我評量；8.教師自己亦從事自我評量；9.以評量的結果改進課程和教學。（Owocki and Goodman, 2002, p.3）

1. 建立當事人的觀點

進行兒童觀察時，教師本身是參與者也是主要的工具，對自己所在場域中所扮演的角色要有知覺和省察。教師對教室文化和學生要建立局內人的觀點，花時間觀察記錄並與學生互動是必要的，藉由互動和觀察的過程，教師才能深入瞭解學生和教室內已形成的文化，對學生的思考和學習有洞察力。觀察所得的記錄，按專業原則作詮釋。值得注意的是，教師不只要對學生作詮釋，也要對自己作詮釋，因為詮釋根植於文化之中，是從文化中學習來的，教師需要省思自己所在文化如何影響自己的詮釋架構，洞察自己在語言、讀寫發展、學習、孩子、他們的世界（相關之人事物、家庭、過去、現在、文化……）等方面的信念，這些信念基礎何在，它又有何影響和結果。當事人的觀點讓教師對學生有所瞭解詮釋，也洞察自己，詮釋自己，並思考自己文化信念的影響。

2. 瞭解語言和讀寫的發展歷程

因為語言與思考及學習的關係，觀察語言的使用和發展是兒童觀察中核心工作之一。教師對語言發展本質的瞭解和讀寫發展的知識，是他從事兒童觀察的專業基礎，瞭解孩子讀寫發展是如何發展的，觀察時方能掌握到標的行為。若以觀察五歲幼兒的讀寫發展為例，教師需要知道就五歲幼兒而言，文字知覺、書本概念和書本使用知識、敘述、出聲閱讀、書寫等，是讀寫發展的重要面向，更進一步地，他需要知道要從哪些行為去看這些發展面向。例如，使用英語的幼兒，文字知覺表現在下列這些行為之上：知道環境中有些符號存在；知道這些符號代表某種意義；瞭解符號以何種方式在表徵意義（以文字本身或伴隨文字的情境線索、符號和表徵物的物理關係、字的概念、文字書寫方向、口頭語言和書面語言的對應）；字母和字音的關係等。教師有了這些幼兒讀寫發展的知識之後，才能據此安排適當的觀察時機，發展有效的記錄工具，以取得有用的資訊，發現幼兒真實的發展情況。

兒童觀察強調語言是個人和社會文化的產物，受到個人特質的影響，更是在社會文化中實際操作。早在上學之前，幼兒即置身在他們的家庭、社區裡，體驗了他所在次文化中最常用的語言形式（Heath, 2004; Taylor, 1997）。每一個家庭中的語言，尤其是書面語言的使用情況、語言互動的型態，都可能有極大的不同，孩子參與其中的情況也因家庭而異，因此每一個孩子都有其獨特的語言習慣文化。孩子也在這些語言經驗中，發展他們的文化知識、瞭解讀寫在這些文化活動中被使用的情況。這些經驗和孩子的個人特質包括個人興趣、活動偏好、對文字的注意、學習的方式、性情習慣等，都會影響他們讀寫活動的參與及知識的建構，是教師需要去發現的因素。其他影響因素還包括他們的家庭、所在的社區、所處的次文化團體對活動種類、知識的價值觀、社會組成和互動型態、語言的使用習慣等，教師在觀察、詮釋孩子的語言使用時，不能不放在社會文化情境中，考量其社會文化的因素所導致的結果和影響。

3. 組織安排提供豐富的學習環境

提供豐富的學習環境是兒童觀察的一部分，也是基礎條件。有用的評量資料來自於觀察孩子參與於聽、說、讀、寫、探究、扮演、遊戲……等各類有意義的學習活動之際。豐富的學習環境除了指在軟硬體設備上多充實資源材料，以促成助長語言、思考、學習的發生之外，豐富的意義亦在於看重孩子的思考，讓孩子有機會和教師一起計畫活動，並設法使孩子的學習看得見。當學習經驗對孩子而言是有意義的、相關的，他們較能顯示出他們已知的、會的，因此豐富的學習環境要能使學校經驗連接於孩子的個人和社會經驗，而教師的觀察要能涵蓋這些不同的情況：當孩子參與於有意義的學習經驗、各種不同的主題活動之中；在各種不同的場所、情境中，為著多元的目的使用語言；在與各種不同的對象互動之際。如此方能一窺孩子真實學習的全貌。

在施行兒童觀察的教室內，教師的看重會從孩子身上延伸至他們的家庭。為了讓學校的經驗貼近學生學校以外的經驗，許多使用兒童觀察評量策略的教師會設法讓課程與學生的家庭經驗聯繫，他們會與學生的家人合作，邀請他們來分享他們的「知識資產」（funds of knowledge）（Moll and Greenberg, 1990），或是他們在日常生活、工作所使用的資訊、策略、工具、技術等，讓這樣的分享成為教室內重要的活動，讓學生的家人成為課程內容和學習歷程的貢獻者之一。

4. 與學生互動

一個兒童觀察者，知道要創造機會與學生互動，並且懂得如何在互動中引發學生將自己的能力、知識、想法表達出來。在與學生互動的過程中，觀察者要一方面支持學生新的思考方式，一方面保留他們的好奇心，幫助他們在既有的能力基礎上，以不同的方法來看新事物，必要的時候，觀察者可以問問題的方式發現孩子各種想法背後的理由，有時也可安排正式的互動時段，例如設定目標的會談、小規模教學，和學生一起討論。師生互動可同時用來提昇學習和教學，教師和學生以伙伴的方式一起記錄、回應、省思他們的知識，討論自己的長處、興趣、學習的策略，找出自己學習上

全語言教育

有效率和無效率之處，以決定學習和教學的下一步驟。

以評量幼兒的文字知覺為例，教師可以安排下列的互動機會，在互動中觀察幼兒的知識內容。

(1)分享家庭環境文字閱讀經驗：每個幼兒由家裡帶來他們認得的環境文字物品（如食品或日用品包裝盒、速食店外帶盒、便利商店或量販店的購物袋、交通標誌、書或雜誌封面……），在大團體或小組時間讓幼兒閱讀分享談論這些環境文字。

(2)安排戶外環境文字觀察活動：到學校附近社區街道旁觀察附近的環境文字，鼓勵幼兒指出他們注意到的環境文字，討論其內容和功能，也可讓他們攜帶筆記本寫下或畫下他們感興趣的環境文字，留作記錄。

(3)製作環境文字蒐集簿：鼓勵幼兒和家人一起做個人環境文字蒐集簿，蒐集幼兒認得的環境文字，剪下貼在簿本裡，成為發展中的個人學習記錄之一，並安排機會讓幼兒間可以互相分享、流覽、討論。

(4)製作環境文字展示板：上述活動也可以擴大，幾個幼兒或家庭合作，作環境文字展示板，在教室內陳列供全班幼兒流覽。

(5)成立班級環境文字特區：教室內成立一個特別區，除了陳列教師和幼兒、家長一起蒐集的環境文字，並進一步地安排機會讓幼兒間或與教師一起討論這些不同環境文字的功能、其中所含文字的特性，讓幼兒合作進行不同形式的分類（如按功能、字形、字音……）。

(6)促成遊戲中的文字使用：在扮演區放置各式各樣的環境文字和讀寫材料，鼓勵並觀察幼兒如何將這些讀寫材料融入遊戲中（Owocki and Goodman, 2002）。

藉由上述這些活動的進行，教師可以和幼兒互動，問關鍵性的問題，以引發幼兒呈現其環境文字的知識。教師也利用這些機會觀察幼兒與環境文字相關的談論，以瞭解他們建構中的知識。

5.觀察並記錄學生的知識

前面已提到，發展的相關知識是教師進行觀察時的指導方針，教師根

據發展的模式去觀察孩子，但卻要注意不受限於這些模式，能接受孩子發展的差異，發現他們的個別性。觀察儘量包含不同的方式、在不同的情境中的觀察，包括在一天或一週中的不同時刻、不同活動型態、不同場合、不同學習領域的活動等，以瞭解孩子的各種可能，勾勒出他們發展的全貌。另外，要注意不以某一定點的發現概括代表發展，所以維持長時間的觀察記錄是必要的，以瞭解發展趨勢及歷時的改變。

教師進行觀察時，可能發生在抽身於活動之外，完全不參與的情況；或在旁協助，部分參與的情況；或與孩子互動、會談時刻，置身其中的情況之下。觀察所得的資料可以用軼事記錄，或較詳細的樣本記錄或田野筆記。觀察時刻的選擇很重要，要慎選代表性時機，以取得有用資訊。另一方面當然也要衡量客觀條件，考量可行性，配合教師在教室內的整體經驗。檢核表是另外一種教師常用的記錄方法，可快速取得資料，但需要事先建構好觀察項目。使用檢核表時要注意不是只看行為存不存在，而是要找出相關學習的蛛絲馬跡，因此常須藉由文字註記，加入補充的資訊。此外，教師亦應蒐集學生學習相關的物件（如書寫樣本、閱讀錄音帶）。這些不同型態記錄和資料資訊，可交叉對照驗證。

再以文字知覺的評量為例說明觀察和記錄的細節。要知道幼兒是否察覺環境中有些符號存在；知道這些符號代表某種意義；認為符號以何種方式在表徵意義；假設字形和字音之間有哪些對應關係等，教師可以設計非正式的評量，安排不同的互動機會，在這些互動過程中，針對上述內容進行觀察，以軼事或檢核的方式記錄，也可以較正式地執行「文字知覺測量作業」（Print Awareness Tasks）（Y. Goodman et al., 1989）程序，來探其究竟。

「文字知覺測量作業」是Y. Goodman所發展評量幼兒文字知覺發展的正式訪談活動。訪談分成三階段進行，每一階段都先對幼兒呈現一組環境文字，再請幼兒回答相關的問題。三階段的文字都一樣，但包含不同的情境線索。第一階段是它在環境中所出現的樣子，例如剪下的餅乾盒子、交通標誌的照片。第二階段移除了所有情境線索（如商標、顏色、圖案），只保留原字體。第三階段則呈現以標準字體書寫的相同文字。每一階段教

師在呈現文字時，會問幼兒相關問題，以測知幼兒是否認得該環境文字組及其上的文字、幼兒所使用的線索及他們的文字知識。問題有這些類別：⑴你有沒有看過這個？在哪裡看過？⑵這是什麼？上面在說什麼？⑶你怎麼知道的？你為什麼會這麼想？⑷上面還說了些什麼？用手指給我看。對這些問題的回應，會顯露幼兒文字知覺的內涵和程度。評量幼兒語言發展的觀察重點和記錄技術，在第七章第一節中會有更細節的探討。

6. 分析資料

在正式和非正式評量程序中所取得的資料需要進一步的分類，較易於進行分析。教師一邊在進行觀察記錄之時，要同時一邊建立每一個學生的個人檔案。每個學生檔案中的資料要作細節的分類，至於如何分類要看教師評量的目標而定。就幼稚園幼兒的語言發展評量而言，可以將資料分成閱讀、書寫和口頭語言三大類，每一類之下含各種不同型態的資料。分析資料時，教師常常要問下列這些問題，換句話說，資料可以用來回答這些問題：此幼兒知道了哪些語言知識？有哪些證據顯示該幼兒的語言正在發展？當該幼兒在語言使用中出現了與約定俗成不合的形式時，這些差異（miscue）顯示哪些孩子建構中的語言知識？

7. 培養學生的自我評量

自我評量是全語言評量的重要程序，進行兒童觀察時，教師特別要培養促成自我評量，包括學生的自我評量和教師的自我評量。有經驗的兒童觀察者會經營自我評量的氛圍條件，鼓勵學生進行自我評量，藉由自我評量的過程，幫助學生檢視自己的學習和成長，覺知自己的思考歷程和學習歷程，甚至進一步地對此作思辯、批判、評論。學生的自我評量可以擴展至學生家庭，教師邀請家人加入兒童觀察的行列，填寫問卷或家校之間對話式札記、作軼事記錄、蒐集書寫樣本、列出孩子在家的閱讀和書寫清單……等，視實際的狀況和需要與家長協商進行，好囊括更完全、更真實有關學生學習的資料。

8. 教師自己亦從事自我評量

好的兒童觀察者亦作自我評量。教師在對學生的活動進行省思時，很自然的也會省察到自己所提供的經驗、互動、環境和材料是否促成學生的學習、是否符合學生的需要、是否達成課程目標，自己的信念對課程和教學的影響，以及自己對學生學習的影響和貢獻。其次，教師也需要對自己的觀察、記錄和詮釋過程作省察，思考自己的專業知識、信念和對學生瞭解，如何影響這些過程。

9. 以評量的結果改進課程和教學

兒童觀察在瞭解學生的特質，找出他們知道的、會做的以及學習的方法，以幫助他們增加語言的能力，並以之同時促進他們的思考和學習。評量資料的分析結果，正提供了這些資訊，讓教師知道學生擁有哪些語言的知識，發現他們語言發展的證據，並思考他們不合約定俗成的語言形式在發展上所代表的意義。教師利用這些資訊進一步計畫課程，安排活動，提供經驗，讓學生從既有的基礎之上，延展擴張他們的知識。

兒童觀察反映了幾個教育上很重要的態度——提昇、賦權、自我價值重建、給予學生尊嚴。兒童觀察程序鼓勵學生自我評量，帶領學生進入後設的層次，提昇了他們學習的境界。兒童觀察賦權給予學生，讓他們可以自己評量自己，藉由評量自己的歷程，重建自我價值。兒童觀察除了賦權予學生，也賦權予家庭，承認不同家庭的獨特性，即其所在所用的語言、文化、種族、社會階級、性別觀、價值觀、組織模式、社會及宗教意識等所形成的特有次文化，並肯定其在學習上的地位和價值。對家庭獨特性的認可，同時意味著認可孩子的身分定位，認可孩子本身的經驗及這些經驗在學習上的價值，這樣的態度給予了學生該有的尊嚴（Owocki and Goodman, 2002）。賦予權力、提昇價值、重建尊嚴，正是全語言尊重學習者哲學觀的實踐。

六、閱讀差異分析

　　由全語言評量觀所發展出來的另一種評量是「閱讀差異分析」（Reading Miscue Analysis）。較諸兒童觀察，閱讀差異是一個更具操作性的工具，有一套完整、系統化、有步驟可依循的操作程序。閱讀差異的發展乃本於全語言對語言和語言學習「完整、整體」的觀點，也基於對閱讀歷程深入的認識。閱讀差異最初是閱讀歷程研究的產物，後來用來瞭解學生的閱讀歷程，更進一步地應用於語言學習的評量。要瞭解閱讀差異，得先認識其所本之閱讀歷程的理論和研究。

㈠ Goodman 閱讀歷程模式

　　在前一章探討全語言的歷史背景時曾提到，全語言的哲學淵源之一是一九三〇年代 Rosenblatt 劃時代的讀者反應理論觀點。Rosenblatt 認為文本的意義並非固定在文字上面，閱讀時文本是一活的、開放予讀者的實體，意義是由讀者協商組構而成。這種交易的觀點賦予讀者極大的主權，也提昇了讀者閱讀時的主動地位和詮釋的重要性，這種立場和全語言從進步主義承繼而來看重學習者的精神是一貫的。此外，Rosenblatt（2004）的理論主張閱讀時讀者會和文本之間從事反覆來回的交流互動，對全語言基礎之一的閱讀歷程理論亦有所啟發。

　　全語言的語言學習觀有一大基礎是建立在 Kenneth Goodman 的閱讀歷程理論和研究。在一九六〇年代晚期，Goodman 針對閱讀歷程提出了革命性的觀點。當代主導語言教育的閱讀觀認為，閱讀是個透過視覺運作的解碼（decoding）過程，讀者針對文本的文字作解碼再以字音的形式呈現。Goodman 認為閱讀是個複雜得多、涉及更廣的認知行為，其中文本所包含的資訊、讀者個人的語言知識經驗和社會文化背景，都在交叉運作，產生影響。他指出閱讀不是單純的以字音解碼，拼讀出文字而已；閱讀是個意義建構的過程，讀者的主要目的在瞭解文本的意義，因此從文本建構意義是讀者在閱讀時的主要工作。閱讀時，讀者針對文本所提供的資訊，循

環使用取樣（sampling）、推斷（inferring）、預測（predicting）、確認（confirming）和更正（correcting）的策略，來達到意義的建構，每一個策略都涉及複雜的心智活動（K. Goodman, 1996a）：

取樣：選取閱讀時要運用的資訊。

推斷：使用已知的資訊（包括所選取的資訊，和讀者自己既有的覺知、語言知識）來猜測未知的。

預測：預測接著下來的語言（包括字詞、片語、句子、句型等）會是什麼樣子，語意會如何發展，下文的句型結構又如何，可能會出現什麼字詞、片語……等。

確認：判斷先前的預測和推斷是否有效、意義是否通達，以便決定要繼續往下閱讀或回頭去更正，是一種自我監督的策略。

更正：當所預測和推斷的經否定後，重新取樣、推斷、確認，重新建構文本的意義。

讀者在進行這些閱讀策略時，同時使用了語言中的字形字音（grapho-phonic）、語法（syntactic）和語意（semantic）等三種不同的線索系統（cueing systems），從中擇取有用的重要資訊，以建構屬於自己的文意。他所建構出來的意義大大受了個人和社會因素的影響，其中讀者的知覺、語法和語意的知識及文本中所存在的資訊，都在交互運作。讀者對這些資訊是有所選擇的，而非照本宣科。所以，閱讀是在社會情境中，思考和語言交互作用下，建構意義的過程（K. Goodman, 1996a）。

(二)何謂閱讀差異

Goodman 閱讀歷程模式的建立，除了他本人的理論創見之外，也尋求了大量的研究證據支持。為了測試他對閱讀歷程的假設，Goodman 發展出「閱讀差異分析」工具，對大量的不同對象進行觀察分析，從結果中尋求證據。從這個角度觀之，閱讀差異分析一方面可以說是 Goodman 閱讀歷程模式下的產物，另一方面也可說是此閱讀歷程理論建立的輔佐工具。

何謂閱讀差異（reading miscue）？要瞭解閱讀差異不得不在 Goodman 的閱讀歷程理論架構下去思考。閱讀既不是照本宣科，而是文本和讀者內

裡眾多因素的錯綜運作，可以預期讀者的閱讀會出現各種和文本歧異的可能。閱讀差異乃指一個人的出聲閱讀和文本的文字間出現不一致的現象，或指口頭閱讀一段文本時，讀者所讀的和聽者預期要聽到的有所不同。Goodman特意使用「差異」（miscue）而不用「錯誤」（error或mistake）一詞，主要在避開「錯誤」所載的負面暗示，並強調他對閱讀的信念——所有的閱讀行為都會顯露語言線索和讀者個人經驗交互運作的跡象，既不是隨機更非不經意的行為。要特別強調的是，閱讀差異概念包含了雙重基本觀點：1.閱讀差異不是錯誤，而是行動中閱讀歷程的呈現；2.它提供豐富、重要的資訊，讓觀察分析者和讀者自己可以瞭解閱讀歷程中讀者策略的使用、他的長處和弱點（Y. Goodman and K. Goodman, 2004）。閱讀差異分析就是針對讀者的閱讀差異進行系統化的分析。

㈢閱讀差異分析研究

前面提到，閱讀差異分析既是閱讀歷程理論的產物，又是閱讀歷程理論的研究工具。研究閱讀差異的學者三十多年來從事閱讀差異分析的實徵研究，涵蓋許多不同的人口，包括從幼兒至成人等不同年齡者、不同型態的身體和學習障礙者、不同人種、不同的語言、英語的不同方言使用者（Brown, Marek, and K. Goodman, 1994）。這些閱讀差異分析的研究結果和閱讀歷程理論互相佐證支持，為閱讀提供了更進一步的洞見。Y. Goodman和Marek（1996）從這些研究結果中為閱讀歷程提出了簡要的結論：

1. 閱讀的目的在建構意義。

2. 在建構意義的過程中，所有的讀者都會出現閱讀差異的現象。

3. 閱讀只有一種歷程，在這種歷程中字形字音、語法和語意等三種不同的資訊都同時並整合地在運作。

4. 資訊的整合運作是透過取樣、推斷、預測、確認和自我更正等程序而達成。

5. 不管是熟練的、中等的或不熟練的讀者，在閱讀時都走過同樣的歷程。他們閱讀時建構意義的成效如何，不在於這個歷程本身的好壞，而取決於他們在這歷程中對各種資訊和策略的控制如何。

6.閱讀熟練與否，主要的差別在於對語法語意資訊的控制，越熟練的讀者會使用較多語意上的資訊，較少語法上的資訊。至於對字形字音的控制，不同熟練程度的讀者間則顯示較少的差別。

這些資訊對教師及研究者在從事閱讀差異分析，以及在教學的計畫和學生的輔導上，都有重要的啟示。

㈣閱讀差異分析的功能

閱讀差異最初的發展雖是為了研究的目的，提供工具測試閱讀歷程。但是研究的最終目的仍然指向教育上的啟示。閱讀差異稍後的應用則大多在提供教學上的參考或教學相關的研究上。許多全語言教師將閱讀差異分析應用在教學評量上，是對診斷式或評量式測驗工具所採取的改革。診斷式或評量式測驗工具往往單以量性資料為依據，其背後的思維包括：有所謂的絕對標準；所有的錯誤都等同對待；所有偏離標準的都被視為不合理，是隨機發生的；所有人都得用預設的單一方法來閱讀文本。這些思維不管與全語言哲學觀或Goodman的閱讀歷程觀點都相違。此外，量性資料只測量表面行為，忽略了閱讀時深層的智能活動，如策略的運用，有些策略甚或被視為問題，此類的資料既不充分也不客觀。為補量性資料的不足，閱讀差異分析不只採集量化資料更關心質性資料，質性資料提供資訊，讓教師和研究者瞭解閱讀差異何以產生，深入洞察學生的閱讀歷程，教師藉由分析學生的口頭閱讀，取得有關學生的閱讀能力和策略的具體資訊，以作為教學計畫時的參考，方可將教學建立在學生的長處而非弱點之上。

閱讀差異分析可為下列各種人員提供有用資訊：1.教師：包括一般教師、特殊教育教師、閱讀專門教師，幫助他們瞭解學生的閱讀歷程、資訊策略的使用、其長處和弱點，以計畫適當的教學活動；2.研究人員：瞭解閱讀歷程；3.閱讀材料創作和出版者：瞭解材料的特質與閱讀的關係。教師和閱讀材料出版者都可以藉此知道哪些特質的材料是適合學生、可讀性高的，哪些又可能引起讀者閱讀的困難，從而選擇適合學生的材料。

全
語
言
教
育

㈤回顧式的閱讀差異分析：重新評估、重建價值

　　回顧式的閱讀差異分析（Retrospective Miscue Analysis）是閱讀差異在
教學和研究上的進一步應用，被視為是重新評估閱讀歷程，重新建立讀者
價值的一種方法（Y. Goodman, 1996b）。回顧式的閱讀差異分析就是讓讀
者在教師或研究者的協助之下，自己走過閱讀差異的程序，藉由分析自己
的口頭閱讀差異，得以省思、評量自己的閱讀歷程，藉著回顧式的閱讀差
異分析，讀者回答與閱讀歷程相關的問題——我的哪些語言知識和對語言
的觀點，影響了我的閱讀策略？如何影響？我使用了哪些語言線索系統？
這些線索的使用有效或無效？我可以如何改進，以使我的閱讀更有效率、
更有效能？讀者可以因而對自己的閱讀歷程有更深的洞察。它是自我省思
的歷程，也是一種自我分析、自我研究的策略，讓讀者藉此過程進入後設
的層次，檢驗自己的學習，進而對自己的閱讀能力建立新的價值觀。教師
和研究者常以它為教學工具來幫助學生，它提供機會讓學生可以自我評量，
讓教師可以評估教學相關的資訊，以改進教學和課程。

　　回顧式的閱讀差異分析的核心精神在於視閱讀差異並非只是一些偏離
文本、有損文意的錯誤，而是一組有助於瞭解閱讀歷程及讀者之優勢和弱
點的豐富資訊，它甚至可進一步提供資訊給讀者，讓他們可以此重新評估
自己的閱讀。回顧式的閱讀差異分析原則上以閱讀差異的步驟為基礎，再
延伸加上由教師或研究者所帶領的回顧式分析討論，以促成讀者的自我研
究。

　　閱讀差異分析不管是一般程序或與讀者一起進行的回顧式分析，都幫
助教師和學生更進一步瞭解語言的本質和閱讀運作的情況，而對語言、閱
讀、讀者建立新的價值觀和態度。價值觀重建是全語言在教育上的宗旨之
一，而兒童觀察和閱讀差異分析等評量上的建議，可說是達成這目標的途
徑之一。再者，這兩種評量上的建議也都強調教師和學生可扮演更重要的
角色，在進行兒童觀察和閱讀差異分析時，教師不單是教師，他同時是個
研究者，而學生則被邀請參與、後設自己的學習，這種賦權的思維，原是
全語言的基本精神。

第三章　全語言的研究

第一節　有關全語言的研究

一、描述課程和教學歷程的研究

　　㈠有關教師的研究

　　㈡有關學習者的研究

二、檢驗教學效益的研究

　　㈠語文教學的研究

　　　*1.*文學為本課程的研究

　　　*2.*早期讀寫學習的研究

　　　*3.*中高年級閱讀和寫作學習的研究

　　　*4.*雙語、英語第二語言學習的研究

　　㈡其他領域教學、其他學習因素的研究

　　㈢針對不同人口的研究

　　　*1.*低成就學習者

　　　*2.*特殊族群

　　　*3.*中等學校以上學習者

三、比較性研究

　　㈠支持整體導向教學的研究

　　㈡支持技能導向教學的研究

　　㈢有關比較性研究的思考

第二節　閱讀教學研究的辯論

一、閱讀學習大辯論

二、國家閱讀研討小組報告書

　　㈠報告書的內容和影響

　　㈡對報告書的評論

　　　*1.*有關受測項目選用和計算的問題

　　　*2.*有關測驗效度的問題

　　　*3.*有關實驗處理的問題

　　　*4.*有關取樣的問題

125

全語言教育

附錄三之一　本章內引用之實證研究及研究評析

全語言的研究

　　全語言是個有深厚理論基礎並有充實研究支持的實務性理論。它的理論建基在整合跨領域的學術思想，並融鑄了累代教育相關的哲學觀點；它的理論涵蓋了語言、語言學習、學習和學習者、教師和教學及課程，也有堅實的研究佐證，已在上一章作了闡論。全語言在理論形成完備系統，實務邁入廣面教育現場，引起教育工作者普遍迴響的過程中，其應用在實務上的相關研究也陸續出現，進一步支持了它的理論內涵和實務原則。本章即在呈現有關全語言實務的研究，整理出研究所顯示它在實務現場對學生和教師所產生的影響。全語言在一九八〇至九〇年代之間，於美加地區引起了極大的教育改革。改革必然要面對支持與反對，全語言運動不管在實務界或學界都有其支持者和反對者，又因其披靡面廣大，引起的討論和爭議也特別受到矚目，甚或成為論戰及政治性話題、政策角力（第十章會特別探討）。反對全語言者通常是持技能導向的語文教學觀者，持技能教學觀者常以比較性研究的結果為依據，否定全語言的效益，推翻全語言或整體導向教學的適切性。自整體導向的教學在美國教育現場萌芽之後，以實證研究驗證不同教學模式之教學效益的論戰即一直存在，在全語言的發展歷史中，有幾個受到注意、常被引用、甚至變成政府相關單位教育決策依據的反對全語言的研究，也值得加以探討。從探討分析與全語言相關的研究之爭，或許可以進一步指出對不同派典之研究可以持的態度，以及全語言研究應有的走向。

第一節
有關全語言的研究

　　研究和理論之間有雙向的動態關係，理論受到研究的啟發，研究也進一步印證支持理論。研究和實務的關係亦然，實務提出問題，形成探究的焦點，研究幫助回答實務的問題，也進一步影響實務，如此循環不已，這些循環即促使教育品質提昇的必要過程。各種不同性質不同規模教育上的變革，幾乎都得建立在這樣的良性循環之中。教育性研究若不能對教育實務有實質上的建益，它的價值是有限的。Shanahan 和 Neuman（1997）在探討研究和教學實務的關係時，主張研究的價值在於能對教學實務起啟示和影響作用。他們縱觀了一九六○至九○年代間有關語文課程和教學的實證研究，評估它們對實務產生的實質影響，選出了四十個有重大影響的實證研究，並列出名單上前面十三個，一一討論這些研究在過去三十多年間對實務的影響。仔細瞭解名單上這十三個研究（見表 3-1），不難發現全語言在過去這三十多年間對美國教育實務的影響。這十三個研究中有十個和全語言的理論或實務有關，有些研究所提出的觀點形成了全語言的理論內涵（Goodman、Durkin, 1966、Read、Clay、Graves，在本書第二章和第四章曾分別討論）；有的是全語言理論應用在實務的研究，亦即支持全語言理論的研究（Atwell）。其餘的研究多數提出了跟全語言相通的觀點，Freire 指出讀寫行為不只是一堆技巧的表現，而是根植於學習者的歷史、文化和日常經驗之中，因此反對罔顧學習者特質、直接知識灌注的語文教學；Pichert 和 Anderson 也指出了讀者的個人觀點影響他們的閱讀理解和複述，是基模理論中的重要研究，幫助實務工作者去注意如何引發學生的先前知識以幫助閱讀理解；Durkin（1978-79）的研究強調閱讀理解在語文學習中的重要性；Sticht 等人的研究提出了一個劃時代的觀點——語文的學習必須是功能導向的，要能和真實生活中的情況相聯繫，此觀點和全語言的功能觀是一致的。以上這些研究所揭示的觀點都涵蓋在全語言理論之中，也可

表 3-1　一九六一至一九九七年最具影響力的十三個語文教育之研究
（按年代排列）

Goodman, K. (1965). A linguistic study of cues and miscues in reading. *Elementary English, 42,* 639-643. *

Durkin, D. (1966). *Children who read early.* New York: Teachers College Press. *

Bond, G. L., & Dykstra, R. (1967). The cooperative research program in first-grade reading instruction. *Reading Research Quarterly, 2,* 115-142.

Children's Television Workshop (1969). *Sesame street.* New York: Public Broadcasting System.

Freire, P. (1970). *Pedagogy of the oppressed.* New York: Herder and Herder. *

Read, C. (1971). Preschool children's knowledge of English phonology. *Harvard Educational Review, 41,* 1-34. *

Sticht, T. G., Caylor, J. S., and Fox, L. C. (1972). Project REALISTIC: Determination of adult functional literacy skill levels. *Reading Research Quarterly, 7,* 424-465. *

Pichert, J. W., & Anderson, R. C. (1977). Taking different perspectives on a story. *Journal of Educational Psychology, 69,* 309-315. *

Sten, N. L., & Glenn, C. G. (1977). An analysis of story comprehension in elementary school children. In R. Freedle (Ed.), New directions in discourse processing: Vol. 2. *Advances in discourse processing* (pp. 53-120). Norwood, NJ: Ablex.

Durkin, D. (1978-79). What classroom observations reveal about reading-comprehension instruction. *Reading Research Quarterly, 41,* 481-533. *

Clay, M. M. (1979). *The early detection of reading difficulties.* Auckland, New Zealand: Heinemann.*

Graves, D. H. (1981). *A case study observing the development of primary children's composing, spelling, and motor behaviors during the writing process.* Final report. NIE Grant No. G-78-0174. Durham, NH: University of New Hampshire. (ERIC Document Reproduction Service No. ED 218 653).*

Atwell, N. (1987). *In the middle.* Portsmouth, NH: Heinemann.*

*與全語言有關者。

資料來源：Shanahan and Neuman, 1997, p.206。

以在多數全語言教室內看到，可視為關乎全語言發展重要研究的一部分。如果這些研究真的在美國語言教育實務上有舉足輕重的影響，那麼可證實全語言是過去三十多年來對美國語言教育最具影響力、理論驅動、有研究支持的課程改革運動。這十個具里程碑意義、與全語言相關的研究也指出了一些探究的方向，後續不少探討全語言實務的研究就由此延伸。

　　全語言是個教育哲學觀，而不是語文教學法。這個概念在探討全語言的研究時是個重要的提醒，不能以此宏觀的角度來看全語言相關的研究，就會落入偏狹甚而失真的侷限中。過去有不少研究或研究之爭即未能立於這個原則基礎之上，以致錯置了焦點，失落了重點。全語言是關乎語言、語言學習、學習和學習者、教師和教學、課程的信念和原則，全語言的研究應該要落在這個大範疇之內，並反映這些組成要素之間的關係。換句話說，反映全語言理論的研究，宜探討與語言、語言學習、學習和學習者、教師和教學、課程等實務相關的各種議題，例如，語言的獲得、語言的使用；學習歷程、學習策略；學習者背後文化和經驗的影響，個人、社會、認知、情緒、態度等方面的變化；教師對教學和學習的觀點、教師信念和實務的關係、教學策略、支持學習發生的方式；課程的組成元素、發展或改變歷程……等，而當探討這些議題時，要能反映全語言的派典。因此，不管是用來驗證理論，或用來瞭解實務，有關全語言的研究應該要有較整體的視野，還要對全語言有真正的洞察。

　　存在於文獻中有關全語言的研究是有相當廣度的，但並非所有研究都能掌握全語言的精義，反映其派典。「全語言」一詞雖然在一九七〇年代中期以後才出現，而後慢慢成為約定俗成之名稱，事實上具全語言精神的實務早在那之前即已存在，因此探討全語言導向實務的研究早已存在，至今已累積有四十年的研究結果。但大多數的研究都集中在一九八〇年代後期至一九九〇年代初期之間，正當全語言在美加地區實務界引起最大迴響，造成極大課程變革之際，也是全語言引起最多討論的時候。這些研究分別用來回答實務上不同的問題，有不同的目的、不同的關切層面、關心對象。有的研究用來描述實務歷程、教師的轉變；有的關心實務對學生學習的效益；有的探討課程或教學的要素；有的探究應用在不同人口的結果。教室

內的研究多數是以群體為對象，也有不少是個案的研究，深入瞭解所關心的現象。最多也最引起討論的是教學效益的比較性研究。本節有關全語言研究的回顧就嘗試從這幾個方向來呈現。

一、描述課程和教學歷程的研究

大約在一九八五年前後，全語言教室紛紛在美加各地出現，初期的全語言教室多數是在教師起始的情況中形成，在全語言哲學觀逐漸被認識、接受之後，陸續有些學校、學區、甚或全州性的課程轉換。不管是教師主動起始，或行政主管政策性的決定，轉換至全語言，教師、教學、課程和行政都面臨新的挑戰。教師需要資訊幫助自己有效執行教學實務；行政人員、外來的合作者（如課程顧問）同樣需要瞭解過程相關的因素以便有效支援教師，探討實施全語言歷程的研究是當時最迫切需要的研究。事實上，探討全語言實務歷程的研究是最能反映全語言精神的研究取向，因為此類研究能適度保有整體中的相涉局部，試圖提出一個較完整的面貌，較真實地呈現研究對象、情境和情況。下文雖然為條理化將研究按重點分成了幾個類別呈現，但每一個研究在關注整體的趨勢之下，都可能同時涵蓋了數個相關的面向，不得不注意。

㈠有關教師的研究

Pierce（1984）的研究是一個描述個別教師由傳統教學轉換至統整性支持語文學習課程歷程的研究。他採質性的方法，深入兩個二年級教師的教室內，長期記錄兩位教師和他們班上學生在課程轉換過程中的改變。他兼採開放性資料（如田野筆記、觀察記錄、訪談、文件、學生工作樣本）、正式測量工具及標準化測驗等不同型態的資料蒐集，綜合分析質和量性資料，以揭示所研究教室內師生的樣貌，其改變歷程和改變所至之處。研究結果呈現了師生多方面的改變，整體而言，學生的語文能力提昇了，閱讀和寫作能力均有成長，連續兩年標準化測驗成績均高過學區平均；他們活動的參與度提高；能獨立工作，並願意為自己的學習負責；他們學會作選

131

擇，知道要選擇自己想要做的讀寫活動；對閱讀和寫作的興趣也增加了。教師方面，資料顯示他們在課程和教學上作了改變；他們想辦法取得對課程較大的控制權；願意在教學上思考作決定，而且視自己有作決定的能力；能辨認出學生在閱讀和寫作上的發展和策略的使用，也能欣賞這些成長；這個歷程整體改變了他們對語文學習和教學的觀點。這個研究是對個別教師單獨作課程轉換的描述，有其個別性和獨特性，但其中仍有許多現象是在其他情境中可以發現的。描述較大規模轉換的研究，則可以幫助整理出某些共通現象或原則。

在德州政府宣佈以整體導向為語言教育政策之後，德州境內的許多教師須面對課程轉換的局勢，此課程轉換的歷程是彼時研究界和實務界亟須瞭解的現象，Nistler 和 Shepperson（1990）為此設計研究以探討轉換歷程中一些須關注的問題。他們研究的焦點在於瞭解：*1.* 轉換過程中教師所關心的議題為何；*2.* 教室外之人士（如行政人員、來自大學的課程顧問）對教師所關切的議題如何回應；*3.* 轉換過程中發生了些什麼改變。透過歷程的探討他們發現了改變中一些需要注意的相關因素——所有參與者需要瞭解：*1.* 改變是一段歷程而非一個事件；*2.* 改變是個人化的經驗，須容許個人以自己的方式和速度體驗、進行；*3.* 改變涉及教師的成長、發展，須包含在改變的議程之中；*4.* 改變如果是發生在教室實務之中、在學生身上、在計畫和預備課程的過程中時，教師較容易瞭解體會改變的實質意義。Nistler 和 Shepperson 的分析聚焦在課程轉換的主要角色——教師身上，關照了全語言中教師此一面向；分析結果指出了課程轉換過程中重要的考量，有助於後來進行課程轉換的學校和教師預備、調整，讓轉換的過程更順暢圓融。

有些描述轉換歷程的研究，目的是在發現課程轉換過程中的問題，Otto 和 Iacono（1990）的研究是其中之一，此研究指出研究對象在轉換過程中所面對在材料的預備、時間管理、評量等方面的困難，也描述了這些困難如何逐步解決，及教師對學生的學習產生正向態度的情況。Pace（1992）的是另一個類似的研究，描述一群教師在自己校內起始課程轉換後所歷經的過程，及他們所面臨的問題。

Bright（1989）的研究同時探討了全語言和傳統教學，但主要目的不在比較二者，而是嘗試要描述這兩種教學的特性。研究者以四年級教室為對象，探討在兩種不同教學之下所呈現的學習、課程、教學、教師的角色及教師的評量信念，以為其整理出可見的模式，也是以呈現真實實務現象，描述課程歷程為主。

(二)有關學習者的研究

課程轉換無非希望提供學生更好品質的教育，課程轉換對學生學習所造成的影響是描述性研究另一個關注的重點。Slaughter 等人（1985）發展了一個民族誌研究，進入到幼稚園、一年級和二年級的教室內，去發現在包括全語言的不同語文教學模式裡，有哪些有利於學生口頭和書面形式對話的社會情境。在整理了質性資料之後，研究者指出，要有正向的語言學習，語言活動對學生而言必須是功能性的、有意義的。而這些特性正是全語言所強調語言活動的本質，這個研究雖不在測試全語言的效益，或以之比較於其他教學模式，但研究發現卻指出全語言是促成學生口頭和書面形式對話的適當選擇。

Pardo（1992）的歷程描述研究是以較大的孩子為對象，並把關心點放在社會層面。在兩年期的研究中，Pardo 以市中心五年級教室內實施文學為本課程的歷程和影響為主要探討內容，特別聚焦在由學生主導的文學活動上，嘗試發現在此課程中具影響力的社會性因素。在開放性的研究架構、質性的資料中萌現了幾個重要的現象，研究者發現，一個促進高度互動和有效學習的社會性安排，異質性分組比同質性分組更有利合作和討論；教師在文學材料的選擇上要反映學生的閱讀程度、興趣和書本的可取得性；教師要營造社會氛圍和機會，讓學生可以發出聲音，讓他們擁有自己的學習歷程。研究者並建議順應學生的個別差異而帶入文學經驗。此外，本研究也指出了在公立學校體制之下，實施如此課程時要如何突破所面臨的限制，以便課程能有效運作。

當全語言持續是教育工作者熱烈討論的議題，而有關全語言的研究已累積了相當大數量，大概每隔一段時間就會有研究者回顧整理已完成的研

究，試圖從紛歧的研究中整理出一些模式，有的研究者檢閱蒐集的標的研究，作綜合評析，有的進一步以後設分析（meta-analysis）的統計程序為研究群作一整體分析和結論。Simich-Dudgeon（1989）即作了一個整合的研究評析（research review）。他關心英語能力不足學生的英語學習，蒐集之前已完成此範圍內的各種研究，包括各種不同教學法（如技能導向的教學、拼音教學法、語言經驗活動、全語言）、各種年齡（含成人、兒童）、不同學習內容（如文法、拼音、認字）。Simich-Dudgeon 綜合分析了這些研究的結果，作了一個結論，謂不管成人學習者或兒童學習者，其讀寫學習的成功條件是很相似的，其一，學習環境和內容要能反映學習者個別的需要和能力；其二，學習最好是統整的、功能的、個別化、學習者有選擇的；其三，學習者要有機會在社群中分享個人的和社會的讀寫故事。此研究評析以英語學習者對象，所描繪有利學習的狀態是許多研究的共同發現，所提出的可能是一個適用在不同情境、不同對象的普遍現象。

描述性研究所提供的資料較能呈現全語言課程對特定對象、在特定事物上的整體作用和影響，對實務現場的敘述能不失全貌。詳細檢視上述研究的結果可以發現，這些研究大部分證實了全語言對學生和教師的正向影響——讓教師改變了信念和教學；幫助學生增進了學習能力。大部分研究也支持了全語言對教師與教學、學習者與學習所持的觀點，研究發現趨向指出學習者中心是較理想實務的原則，教學和課程要考量學生，要個別化，對學生具有意義和功能，提供選擇，鼓勵合作。也指出學習要透過學習社群運作，讓學生和教師都在學習社群中成長。這些研究也指出，教師也應被視為學習者，讓其在和學生類似的學習狀況中成長。並印證賦權確是實施全語言必要的過程，教師和學生都需要有機會表達想法。當然這些不同的研究也分別具體地將全語言原則應用到不同實務現場的細節描繪出來，不同學習社群有其特性，有不同的優勢，有不同的問題需要克服，這些研究可謂為更廣大的全語言社群共同勾勒出一個較完整的面貌。

二、檢驗教學效益的研究

　　除了瞭解實務現象，研究者也關心全語言的教學效益。雖然全語言擁護者不見得同意將研究焦點放在證實效益之上，但因為全語言教育工作者常被要求提出全語言是有效益之教學的證據，以致有一些全語言研究者也從事教學效益的研究，以回應其他教育工作者的訴求。全語言雖涵蓋了五個面向，但多數研究者仍聚焦在語文學習之上，關心全語言是否能有效促成學生語文的學習，尤其是剛入學時的入門閱讀（beginning reading），因此有極多數的研究是在探討全語言對語文學習的效益。也有研究者所關心的是母語非英語學生的語文學習，包括雙語（bilingual）和英語第二語學習（English as second language，簡稱 ESL）。全語言在學習上的影響是全面的，有些探討語文學習的研究會關注到學習的其他層面，有的研究者則設計研究專門探討語言以外學習上的因素或變數。本段所呈現的多數是檢驗全語言在這些不同層面效益的研究。

㈠語文教學的研究

　　「全語言」一詞大約在一九七○年代以後才慢慢被統一使用，以代表那些整體導向、著重意義的表達和理解、大量使用文學和真實材料、藉由大量真實閱讀和寫作學習語文、強調合作學習、看重策略和問題解決能力發展、以探索的方式進行的教學實務。在「全語言」尚未成為一普遍的名詞，所謂的全語言教室尚未出現以前，已有不少課程上的改革具有全語言精神，許多學者在檢視全語言相關研究之時，會把在這一類教室中進行的研究也包含進去。在美加地區有關語文教學的改革，倡導文學為本的課程可能是全語言課程改革運動的前一波，而有關文學為本課程的研究更早在一九三○和四○年代即已開始出現。

1. 文學為本課程的研究

　　文學是全語言課程中重要的一部分，許多學者認為文學為本的課程和

全語言課程有許多相似之處，都強調以真實完整的文學作品取代教科書，讓學生閱讀討論，並延伸出寫作和其他各種不同的經驗和活動。事實上文學為本的課程是全語言哲學根源的一部分，二者雖然不能完全等同（請見第一章），但文學對學生語文學習有同樣的影響。文學為本的課程比「全語言」一詞更早為教育工作者所知，早在一九三〇年代即有許多教師以文學架構課程，相關的研究也陸續發表。學者 Thompson 稍後於一九七一年回顧了之前近四十年間有關文學為本課程的研究，蒐集了自一九三七年至一九七〇年間，比較技能導向（skill-based）、以教科書（basal）為本的課程和文學為本（literature-based）的課程對學童閱讀學習效益的比較研究，共四十個，評析各研究結果，作了一個綜合的報告。根據Thompson（1971）的綜合結論，在四十個研究中有二十四個指文學為本的課程方案優於技能導向的課程方案；一個指技能導向的課程方案優於文學為本的課程方案；其他的十五個則顯示兩種課程對學童的閱讀成就沒有顯著的差別。將近二十年後有類似的研究摘要出現，Tunnell 和 Jacobs（1989）同樣整理過去二十年的研究，發現整體而言文學為本課程中學生的測驗成績高於技能導向教學中的學生，而且文學為本課程的正向效果不只出現於一般班級的學生，也發生在第二語言學習、特殊及低社經地位的學生群中。這兩篇研究評析為五十年間有關文學為本課程對閱讀學習的效益作了一個正面的總結。因著全語言課程和文學為本課程間的相似性，這個結論也可視為全語言有助閱讀學習的間接參考。

2. 早期讀寫學習的研究

一九八〇年代中期以後，以全語言教室為場所的研究許多聚焦在幼稚園和低年級兒童語言技能，特別是讀寫技能的習得，探討全語言如何幫助這些學生學習語言。其中有的單以全語言教室內的兒童為主要對象，有的跨越不同教學模式，同時看不同課程方案中兒童語文學習的相同相異處。Akers（1988）以十六名幼稚園幼兒為對象，探討幼兒在全語言導向課程中讀寫技能習得的情況，以辨明全語言是否和傳統方法、教科書導向的課程方案一樣可以幫助幼兒習得讀寫。研究者進行近一年的觀察，交叉使用觀

察記錄、讀寫樣本、檢核表及正式的評量所取得的資料，以測量這些幼兒讀寫能力的成長。資料分析的結果顯示，這群幼兒在字母辨認、字母書寫、字音分辨、文字辨認和一般書寫上都有明顯成長，研究者肯定了全語言對早期讀寫技能習得的效益。Allen（1988）的研究有較大的樣本，他和七個教師對一百八十三名幼稚園幼兒進行了一年的研究，探討這群幼兒讀寫發展的現象。他們從研究之初即定期觀察記錄了幼兒的書寫行為，並在學年之初及結束時評量了幼兒的字母辨認、字音分辨、文字辨認以及閱讀文本等能力，以測量出其中的差距。結果顯示，不管幼兒原本的讀寫行為如何，只要教師鼓勵幼兒嘗試甚至用自創式的形式書寫，他們就能成為寫者。而這正是在全語言幼兒教室內教師對幼兒讀寫的態度。

Avery（1985）的研究是個案研究，以一個在一年級全語言教室內能力中等、有些緊張的學生為對象，探討他的閱讀和書寫發展。研究者以質性方法從入學之初記錄了該名學生讀寫相關的各式工作樣本、札記、訪談，以及教師所發展與課程相關的教學計畫、文件和檔案。研究者明確具體地呈現了該學生多方面的成長，他成為一個有信心的讀者和寫者，在成就測驗上有優越的表現（得了滿分），在標準化整體成就測驗高居在九十三百分位數，並且學會掌管自己的學習歷程且願意為之負責。

幼兒書寫發展中常出現的自創式拼字（invented spelling）是研究者關切的現象之一。全語言教室內教師鼓勵學生以自創式的拼字書寫表達，這種方式是有益或妨礙學生後續的書寫能力也是研究嘗試回答的問題。Clarke（1988）的研究結果和 Allen 的能互相佐證，他指出被鼓勵使用自創式拼字的一年級學生在一年級結束時，其拼字測驗的成績和被要求以正確拼字書寫的學生一樣好，而且因在自創拼字之時學生必須使用他們的拼音知識，以致他們的拼音技巧和認字能力發展得更快更好。Wilde（1992）的研究顯示自創式拼字是寫作發展中過渡但重要的階段性行為，如果讓兒童沉浸在豐富的語文環境並有許多閱讀機會，兒童會逐步拋棄自創式拼字，趨向成熟、合乎約定俗成，最終拼出正確的字，並進一步掌握拼字模式的概念。此處所談的正是全語言教室內常提供的環境和機會。

de la Cruz（1989）的研究探討的是口語能力，指出全語言教學有效提

昇了幼稚園童口頭語言能力，增加了他們接收性和表達性的詞彙，發展了更合宜的語法結構。

Engel（1991）的研究是一個大規模的長期研究，研究對象包括幼稚園至三年級的一般班級和雙語班級內的學生共三百三十六名。研究者記錄了這些學生的發展達五年之久，進行了一千個以上的個別評量，並蒐集了數種質性的資料（如學生的工作樣本、教室觀察記錄、教師訪談記錄）。此外並擇部分對象，另外進行追蹤資料蒐集，作個案研究。研究結果指出，學生的學習雖有個別差異，但所有的學生進入中年級以後都具備了足夠的閱讀和寫作能力；雙語班的學生雖然在開始時文字相關的知識不如一般班學生，但在幼稚園和一年級階段有同樣程度的成長；學習的意願態度以及自我尊重是學習中的關鍵因素。研究結果也顯示了教師方面的改變，參與的教師改變了他們的信念和教學，並願意持續保持全語言導向的實務。整體而言，全語言課程對教師和兩種學生都有正向影響。

全語言教室內的學生通常常作獨立閱讀，並有極大的閱讀量。Allington（1983）和 B. Taylor 等人（Taylor, Frye, and Maruyama, 1990）的研究都顯示，獨立閱讀與閱讀能力的成長有高度正向相關；Anderson 等人（Anderson, Wilson, and Fielding, 1988）和 Greaney（1980）的研究也都指出學校外的閱讀量與學生的閱讀成就、閱讀理解及字彙量的增長有正向相關。這些研究指出全語言課程中的某些成份有助於學生閱讀能力的提昇。

在眾多全語言相關的研究中，事實上有關早期讀寫學習的研究最多見，但大部分都是比較性研究，比較全語言和其他課程模式在早期讀寫學習上的效益，在下面比較性研究一段中會有更多的探討。

3.中高年級閱讀和寫作學習的研究

在探討全語言對較高年級學生語文學習效益的研究中，Traw（1996）的研究是個大樣本的研究，他以兩個學區內所有小學的四和五年級約共二千五百名學生為對象，評量在該二學區實施全語言之後，學生是否學會了該學的語文技能。他以標準化成就測驗和技能測驗為測量工具，蒐集實施全語言之前及之中多年的標準化測驗成績，進行分數的分析比較，同時使

用訪談以佐證補充量的資料。標準化測驗成績顯示，實施全語言前後學生的分數沒有明顯改變，都落在該年級的同樣段落裡，也就是說，原來該學的技能都學了。訪談資料亦顯示，學生在全語言課程中一樣學會技能，但多數教師偏好全語言，指出全語言對學生產生許多正向的認知的、社會性和情感性影響，如批判性思考、書本知識、自我概念、看重讀寫等的顯著提昇。

寫作的研究通常關注文法結構知識和應用，及與之相關的訂正的議題。全語言鼓勵學生表達，在學生修改作品過程中，透過同儕或師生會談的方式修正文法和形式細節。技能導向的教學主張教師應訂正學生寫作上的錯誤，Hillocks Jr. 和 Smith（1991）的研究證實教師對寫作的訂正並未能提昇學生的寫作成就成績。DiStefano 和 Killion（1984）的研究則指出在學生從事修改和編輯的過程中，在作品內選擇適當的段落談文法結構是更有效的方式。這些研究都指出全語言的寫作教學安排是較能有效提昇學生寫作能力的。

Hillocks（1986）作的是寫作研究的後設分析，他蒐集一九五〇至一九八五年間共七十三個量化的寫作教學研究，透過統計程序，比較各種不同寫作教學模式的效益。分析結果指出，直接教導寫作技巧的教學在增進學生寫作能力上的效益最低；次者為教師個別指導學生或開放式寫作，但比前者的效益要高出多倍；效益最高的是學生透過小組合作解決寫作問題的方式，而這種強調透過社會合作進行探究的教室實務，正是全語言課程中的成份。

Shaw（1991）的研究也是個研究評析，但涵蓋更大的範疇。他涵蓋了在全語言的範圍內，探討學前讀寫學習、文學為本和教科書導向教學效益、有學習失敗可能（at risk）的一年級學生的學習、全語言和傳統教學對教入門閱讀的效益、學生寫作能力的發展、年齡較大學生的學習以及實施全語言等不同方向的量化研究，將這些研究結果作了整體檢視，他最後歸結對不同階段的閱讀發展而言，全語言都可能是較有效的課程選擇。Weaver 等人（Weaver, Gillmeister-Krause, and Vento-Zogby, 1996）也發展了類似的研究評析，指出全語言對學生學習的正向影響包含多方面，如，音素知覺、

拼音規則知識、字彙量、拼字能力、閱讀策略、寫作策略、對自己讀寫的態度等，對全語言的語文學習效益有整體的肯定。

4.雙語、英語第二語言學習的研究

全語言的應用不只在第一語言的學習和教學之上，有不少以英語為第二語言學習的教室及英語和母語並行的雙語教室內也採用全語言。上述所提及語文教學的研究多數是以英語為母語的學生為對象，Engel的研究是其中同時探討一般班級和雙語班級中學生的研究，Snow 等人（Snow, Garry, and Engel, 1989）的研究是另一個。他們以幼稚園至三年級雙語和普通班的學生為對象，進行了五年的縱貫研究。此研究嘗試描述在全語言課程中語言的學習如何發生。研究者指出，如果給予一個支持性的學習環境，學生在中、高年級時會學會和他們年級相當的讀寫能力，雖然他們讀寫成長速度有極大的差異。A. Moore（1990）及 Raphael 和 Brock（1992）的研究都是以英語第二語學習（ESL）的學生為對象，記錄了這些學生在全語言導向課程中如何增加他們的英文知識和能力，以及對他們語文學習態度上的正向影響。Nigohosian（1992）則記錄了移民學生在全語言課程中克服聽、說、讀、寫困難的情形。這些研究結果都證實全語言有利雙語或第二語言學習。

㈡其他領域教學、其他學習因素的研究

全語言課程原則的應用廣及各領域的學習。Balajthy（1991）的研究是關注全語言應用於自然領域學習的例子，所研究的課程是個小學和大學合作的課程，由大學學者提供課程諮詢，幫助教師統整全語言於自然領域的教學中，此研究即在探討此歷程。質性的資料顯示這是一個成功的案例，不只教師和相涉人員共同建立了一個全語言導向自然領域新的教學模式，也為大學裡的職前教師提供可貴的現場經驗。

合作學習是全語言教室中的本質，有研究者對全語言教室中的合作學習有興趣。Soundy（1991）探討伙伴式閱讀對閱讀學習的影響，結果指出參與於伙伴閱讀的學生在整體閱讀理解上有明顯的成長，包括對閱讀正確

度的自我要求、對字的敏感度及複讀的意願都提高了。Stevens 和 Slavin（1995）以一個六百三十五個學生的大樣本探討以小組進行閱讀和寫作方案，結果指出在小組學習之後，這些學生在字彙量、閱讀理解、語言表達、後設認知等方面都優於傳統教學中的學生。Johnson等人（Johnson, Johnson, and Holubec, 1991）作了一個研究的後設分析，統計了三百七十五個有關合作學習的研究，指出合作學習活動有助促進學生的學習成就。Slavin（1991）評析之前有關合作學習的六十七個研究並作了綜合報告，謂其中百分之六十一的研究發現證實實施合作學習的實驗組學生比控制組學生顯著地有較好的學習成就。

全語言主張學習活動若是有意義、相關性、功能性，及對學習者賦權，常能有效提昇學生的學習動機。Oldfather（1993）的研究即在探討全語言與四、五年級學生語文學習動機的關係。研究主要執行時期為八個月，但研究者持續長期地追蹤對象至高中，至少有四年之久。研究者指出，學生的語文學習動機和兩類互動性元素有關——教室內對學生建構意義之期許和重視；教室內文化對學生口頭和書面表達的積極、深度回應。全語言教師會邀請學生充分地表達，對學生的表達會積極地回應，也鼓勵同儕間互相回應，陳列分享學生的想法和作品，並提供選擇讓學生決定學習的內容、方式及評量的方式。亦即讓學生能擁有自己的語文學習歷程，發出自己的聲音，並分享學習的控制權和責任。這個研究將教師如何賦權予學生的歷程明確地呈現出來。

檢驗全語言教學效益的研究各有其探討的焦點，整體而言，研究肯定了全語言的效益，也分別指出了全語言在不同項目的學習和發展上的正向影響。就語文學習而言，不管第一語言或第二語言的學習，全語言以不一樣的方式幫助學生習得口頭語言、閱讀和書寫的技能，包括字母和文字辨認、音素知覺、拼音規則知識及運用的能力、字彙量、拼字能力、文法知識、閱讀理解等，幫助他們發展許多與語文學習相關的知覺和態度，如意義取向的讀寫態度、閱讀策略、寫作策略和資源的有效應用、閱讀和寫作上的獨立性、視自己為讀者寫者、對閱讀的興趣等。

從這些研究中，教育工作者瞭解許多發生在語言學習者身上的現象具

有發展的意義，值得鼓勵，如讀寫時出現的差異、自創式拼字；瞭解提供何種人文環境可以更有效支持語文學習。除了語文學習，這些研究也指出全語言對學習的其他因素有益，如動機、批判思考能力、合作、社會性互動等。檢驗效益的研究結果可以和描述性研究發現互相印證補足，為全語言的實務提出更全面、有力的證據。

(三)針對不同人口的研究

全語言適用在不同年齡、不同教育階段的學習者，有研究反映了這個事實。上述研究多數是以小學學生為主要的研究對象。探討學生語文學習的研究者有很多是以學習不利、低成就或有學習失敗可能的學生為對象，這是因為有不少學者假設全語言只適用於有充足語文經驗學生的學習，對語文經驗和能力缺乏、低成就的學生是不適當的。很有意思的現象是有人對此持著完全相反的想法，有不少特殊教育的教師以全語言來幫助他們班上的特殊學生，包括有學習障礙、閱讀障礙的，也有資賦優異的學生。此外，還有少數民族及中等學校、大學及成人學習者。這些與全語言相關的教室實務都有研究探討。

1. 低成就學習者

全語言只適用於中等以上學習成就學生的暫時性假設，讓許多研究者想一探它對低成就學習者的適用性。在全語言的教學研究中有極大數量的研究是以低成就學生為對象，包括語言能力不足、有學習失敗可能、學習不利等。Michalove等人（Michalove et al., 1993）的研究即以一和二年級低成就非裔學生為對象，進行長期描述性的研究，探討教師如何讓學生投入教室內真正的讀寫活動和讀寫社群之中，以及實際投入如何提昇他們的學習。此研究描述全語言如何讓這一批被視為極可能學習失敗的學生成為活躍的學習者。他們的另一個研究（Allen et al., 1991）也是以低成就學生為對象，結果指出全語言所提供的選擇、時間、對冒險的支持、歸屬感和語言經驗使這些學生有不一樣的學習歷程。兩個研究都顯示全語言對低成就學生的學校生活和學習有正向作用。

Bock（1989）探討的是學習不利、被特別安置的「第一階」（Chapter 1，聯邦特別補助的課程方案）二年級學生。在實施全語言期間，研究者進行包括觀察記錄、田野筆記、訪談、閱讀差異分析、閱讀錄音、問卷調查、照片等質性資料及正式測驗的量性資料蒐集。資料顯示，全語言環境和教學有效提昇了研究對象的閱讀和寫作能力。Bartley（1993）則探討文學為本、統整導向的語文教學是否能有效改善語言能力不足中年級學生的閱讀理解能力，結果指出全語言導向的教學有效。Rafferty 等人（Rafferty et al., 1991）也是探討文學為本課程對低成就學生語文學習的效益，對象則是高中學生，結果證實有幫助。Sulentic（1989）研究中的對象是高年級低成就學生，全語言不只有助提昇其學習，在學生的態度和行為方面也有助益，如可以和同儕合作學習，能作選擇，會自行閱讀，能信任人，願意冒險，情緒較穩定，知道要從錯誤中學習等，同時家長的參與也明顯提高了。

另一種介乎低成就和學習障礙之間的學生是閱讀障礙、閱讀遲緩或閱讀困難的學生。這些學生在傳統或技能導向的教學中，常被施以更多抽離情境的技能訓練，閱讀材料更不完整，以致閱讀的問題往往更加嚴重。全語言教學中提供可解意、完整、在情境中的材料，並賦予學習者更多材料的選擇，反而有助這些學生專注在語意的理解上，而成為可以閱讀的人。閱讀研究中即有專門探討閱讀障礙學生在全語言課程中的學習。C. Moore（1990）的研究是針對有學習障礙和閱讀障礙的移民學生，指出全語言減少了該學生的閱讀差異，改變了他對閱讀的態度，增加了他的閱讀流暢度。Church 和 Newman（1985）記錄一個高年級有閱讀困難的學生，從過去傳統教學中進入一個建構導向的教學後在語文學習上的改變，一年之後該名學生明顯在閱讀上有成長，比較願意冒險，會使用閱讀策略，對閱讀產生較高興趣。Kersting 和 Ferguson（1988）研究一個三年級但只具一年級閱讀能力的閱讀遲緩學生，此學生經過六個月的全語言課程之後，閱讀能力提昇至 2.6 年級。研究者建議，全語言對初學閱讀者或無法閱讀的成人都是可用的教學。Lyons 等人（Lyons et al., 1993）研究閱讀落後的學生，在加入讀寫萌發研究學者 Clay 所發展理解導向、著重個別輔導的「閱讀復原」（Reading Recovery）課程之後閱讀能力的改變，發現原本落後的閱讀能力

143

在一學期之後就趕上正常者，且二年之後閱讀測驗成績還一直維持在平均分數之上。

2. 特殊族群

全語言在語言學習上強調相關、功能、意義導向及尊重學習者的態度，提供有特殊背景或特質的學生更大學習的機會，全語言在特殊族群的應用包括了身體、情緒或智能異於常人、文化人種語言有別於主流的學生。一九九〇年前後開始有不少特殊教育教師嘗試以全語言幫助他們的特殊學生，研究也跟著出現，檢視全語言在特殊教育上的應用。Hinnenkamp（1991）記錄一個有多項中度功能性障礙的十二歲學生進入全語言課程一年中的轉變。從蒐集的各式閱讀、寫作樣本及閱讀後的口語故事複述等資料發現，該名學生一年後逐漸成長為一讀者和寫者，能以讀寫表達和理解，口語能力也提昇。Mills 和 O'Keefe（1990）探討一個有情緒障礙、被教師列為有可能學習失敗的學生，在一個全語言教室內的學習歷程。研究者從幼稚園追蹤至一年級，觀察其變化、成長的過程。資料呈現了全語言教室的特質如何促成該學童在一年間許多方面的進步，不只學習能力提昇，在學習的態度和情緒上都有明顯的改善——他從不安退縮變為對學習有熱度；他對書寫逐漸顯露出積極的反應；他雖然安靜但願意維持與人的溝通；在札記書寫時段會與大人或同儕透過書面進行互動；在自由閱讀和靜默閱讀時段他會選書獨立閱讀；他也會參與全班方案的計畫過程並加入工作。

Schleper（1993）作了一個研究的評析，蒐集了以聽障學生為對象探討其在全語言課程中的讀寫發展的各式研究，涵蓋了不同背景不同年齡的學生。評析後指出全語言有利於聽障學生的語文學習，如果聽障學生能處在一個和正常學生相似豐富的語文環境，他們讀寫能力的發展是可以和正常學生一樣並進的。Matthrews（1992）的研究則是針對資優生，嘗試描繪不同教室中教師如何提供全語言導向的語文教學給資優學生，幫助其學習，而歸結出全語言是有正向作用的課程。Browne（1986）的研究對象是印第安學生，探討他們的學習模式，建議採用如全語言之類整體導向的教學，以遷就印第安學生特有的語言、文化和學習方式。

3.中等學校以上學習者

全語言適用在不同年齡和年級的學習者。在中學以上的課程中，因分科的原因，研究通常以英語課程和教學為主。Gross（1992）的研究探討中學學生在全語言和傳統教室中英語課閱讀寫作的學習，他的質和量資料顯示學生能力的成長，學生態度的正向轉變，包括勇於表達意見；願意選擇自己的學習內容和方法；閱讀的意願提高；更用心參與經營對話式札記；能用適當的書面語言分享想法；能合作學習，互相協助建構意義。研究者也記錄了教師轉換全語言的過程，發現教師在教學上常有省思，也調整得更切合全語言精神。Bodycott（1987）記錄了中學生在全語言英語課中學習自由選擇閱讀材料，培養了較高的文學洞察力和批判能力。Rafferty等人（1991）也是針對中學的低成就學生，探討文學為本課程對其語文學習的效益。Roskos（1990）則記錄了成人學習者如何從全語言導向的基礎教育課程中培養對文字較高階的思考能力。

全語言應用在大學教室多數是在師資培育課程之中。Christensen（1990）探討大學中職前教師對全語言的概念及所關切與全語言相關的議題，有助瞭解未來教師建構全語言知識的情況。M. Smith（1990, 1992）的研究嘗試描繪職前教師在全語言師資培育課程中社會化的歷程，探討他們對課程內容的觀點、信念的建立及信念付諸實務的實況。研究結果指出全語言課程幫助職前教師培養批判教學的意識，學生在課程中雖不能完全得到所需的幫助，但有機會逐步建立全語言觀念，也願意維持這些信念。研究也顯露了職前教師在實習時執行信念的限制，以及造成限制的個人、社會、教學、文化等因素。這些因素的揭露，提供給計畫類似職前課程者可用的參考。此外，有不少研究探討教師在職進修課程和教師支持團體的運作，則留待第九章再探討。

針對不同人口所作有關全語言的研究有描述性的，重在發現現象、瞭解現象；有的檢視全語言導向的教學對學習者的影響，並列出產生影響的項目。整體而言，這些研究肯定了全語言所帶給不同階段、不同特質學習者正面的影響，幫助他們不同方面的成長，包括成為真正的讀者和寫者；

增加寫作的策略、文類廣度和形式的成熟度；提昇有效閱讀策略的使用；培養了願意冒險、嘗試、實驗的態度；增加了閱讀的興趣；提高學習成就和測驗成績；培養洞察批判能力；有多元的表達能力，會使用多元的表達媒介；參與活動更積極；能與人合作工作學習；提昇了自信心；較能適應學校的生活等。這些研究幫助教育工作者更瞭解學生如何學習，學習的社會因素為何；教師可以如何支持學生，如何經營學習社群，提供什麼經驗，以促成學習。也揭示教師和職前教師信念的建立、信念和實務的關係，提供全語言應用在教師專業成長的參考資訊。

三、比較性研究

在全語言全盛時期有大量與全語言有關的研究是比較性研究，比較幾種語文教學中常見的教學模式何者最能幫助學生學習語文能力，包括全語言、文學為本（literature-based）的教學、語言經驗活動（language experience activity）、拼音（phonics）教學、技能導向的（skill-oriented）教學、教科書為本的（basal readers approach）教學、規則為本的（rule-based）教學、傳統（traditional）教學等。不同的研究者分別使用不同的名稱，但名稱之間的定義和差別並不十分明確。大抵而言，全語言、文學為本的教學和語言經驗活動常被歸為一類，以代表較整體導向、使用文學等完整、真實的讀寫材料，讓學習者進行真正的閱讀和寫作的教學。其他的幾種一般視為強調讀寫技能的直接教導，通常採用為訓練特定技能而發展、抽離語言情境、不以解意為主的材料，而教師是教學的主體，學生常被要求做密集技能練習，亦即所謂傳遞模式的教學。在本節為討論方便，暫時以技能導向的教學概稱之。全語言常被拿來與這些技能導向的教學比較，因為與它們的基本觀點和教學實務都幾呈相反。

主張技能導向教學者假設為了學會閱讀和書寫，兒童必須具備特定的先備技巧。以拼音教學為例，主張拼音教學者假設，外顯、明確、系統化、按部就班的拼音規則的學習對學習閱讀和書寫是必要的基礎，必須透過教師主導的直接教學教導拼音規則，而學習者需要使用傳遞特定拼音概念的

材料，反覆練習，以建立這些概念。在技能導向教學中對學生語言技能的評量通常以紙筆測驗為之，而許多比較性研究在學習效益的測量上採用標準化技能測驗，如音素知覺（phonemic awareness）、拼寫（encoding）能力、拼讀（decoding）能力、拼字（spelling）能力、拼音（phonics）能力等測驗，從學生的測驗分數來判定學習的結果。全語言教育工作者認為語言技能是在真正讀寫的過程中逐漸掌握建構的，這些技能都應融合於完整材料的閱讀和書寫情境裡來說明、討論、調整修正。就拼音規則的學習而言，全語言不主張單獨抽離開來教導、辨認，因為語音資訊和語法、語意、語用資訊都是學習者在閱讀書寫時可用的參考線索，在實際的閱讀和書寫中會持續去引用，因此拼音教學是融合於進行中的閱讀和書寫活動之中。因此全語言教師以學生的讀寫作品、讀寫行為來瞭解學生學習的情況，考量全語言本質的研究者也會採用包含此類樣本的質性資料來決定教學效益。有關教學效益的爭議，最引起注意、最多被討論的是有關入門閱讀學習，即幼稚園大班和一年級學生學習閱讀的成就。許多比較全語言和其他教學法在語文學習效益上的研究，都以這些年級的學生為對象，因為這些兒童正值初學閱讀書寫，教育工作者希望能在入門階段就以較有效的方法教導他們。

㈠支持整體導向教學的研究

自一九八〇年代中期以後即有大量比較性研究出現，Ribowsky（1986）、Freppon（1988）、Stice 和 Bertrand（1990）、Dahl 和 Freppon（1992）等的研究是常被引述中的幾個。Ribowsky的研究是開始用量化測量全語言效益的研究之一，因為所比較的是強調拼讀技能的教學，他選用了能反映不同派典的測量工具，包含標準化測驗和正式評量程序，但結果指出全語言的學生在各項測量上都優於強調拼讀技能（code emphasis）教學的學生。Freppon（1988）的研究雖是個比較性研究，但並不在比較不同語文教學模式的效益，而是嘗試在發現、描繪在不同教室模式中的學生如何看待閱讀、他們對閱讀的目的和本質的概念。他比較了文學為本和技能為本教學中的一年級學生，透過結構性訪談、口頭閱讀行為的觀察蒐集資

料，以便瞭解學生對閱讀的瞭解和想法。結果顯示這兩群學生在許多方面都有明顯的不同，而這不同正反映了他們所接受的教學。在文學為本教室中的學生，在閱讀時對語意的關切度較高；有明顯的情感投入和反應；認為閱讀時對意義的瞭解比認字重要；會使用較多元的閱讀策略；常作自我修正；界定好讀者為讀很多書的人；多數並肯定自己是讀者。而在技能導向教學中的學生在閱讀時則較關心是否能念出字音；只有少數人有情感的反應；認為閱讀時認字較重要；使用較單一化的閱讀策略；界定好讀者為認得很多字的人；只有少數視自己為讀者。至於在閱讀的正確度、閱讀行為出現的次數和閱讀時尋求協助等項目上，兩群學生則無明顯的差異，技能為本的學生在閱讀時，比文學為本的學生有二倍以上的次數重複拼讀字音，但拼讀成功的機率卻只有文學為本的學生的一半。他們也較不瞭解單字在意義溝通上的角色。從以上這些發現可以證實，教師的教學對學生的閱讀概念有極大的影響。另外一個值得重視的事實是前述那些閱讀行為中出現的各種現象，不管長處短處，都無法透過傳統的閱讀評量方法呈現，尤其標準化測驗更無法揭示這些豐富但細微的枝節。這樣的描述性研究所能提供給教師的參考資料，要比測驗分數要多而且具體。

Stice 和 Bertrand（1990）二年期的研究，以一、二年級有潛在學習失敗的學生為對象，探討全語言對這樣學生語文學習上的效益，同時對照比較相似條件的傳統教學下的學生。結果指出在閱讀成就標準化測驗上，全語言教室內的學生和傳統教室內的學生表現一樣或略好，書寫的量化分析（如字數量、句子數量、拼字）顯示全語言學生和傳統教室學生一樣，但使用較多的自創式拼字。質性的資料顯示，全語言教室內的學生：1.閱讀時較專於意義的尋求建構，較會去修正閱讀差異，複述時內容較完整；2.有很多書寫行為，教師即使不直接教拼字，他們也和傳統教室內的學生表現一樣好；3.在閱讀時表現得更有信心；4.閱讀時使用更廣度的策略；5.視自己為讀者、寫者、學習者，在這些方面對自己有較高的評價；6.似乎對閱讀歷程有更多的瞭解；7.雖然教師不直接教讀和寫的技巧，但他們和傳統教室內的學生駕馭得一樣好；8.學習上比傳統教室內的學生更為獨立，朝向獨立學習者的路上邁進。研究者結論對有潛在學習失敗的一、二年級

學生而言，全語言是可替代傳統教學有效的選擇。

　　Dahl 和 Freppon（1992）的研究比較全語言和技能導向教室內學生在意義建構上的能力，結果指出就一年級的學生而言，比起技能導向教學全語言教室內有更多學生能寫出完整的故事；有一年級學生該有的拼字能力、認字能力、拼音技巧；用字更多元化、更好。Elley 和 Mangubhai（1983）的研究是探討英語第二語言的學習，比較母語非英語四至六年級學生在沉浸式環境有大量文學閱讀的教學中（實驗組）和在傳達式技能教學的傳統教室內（控制組），他們英語的口頭語言和讀寫學習的差異。二組實驗組的學生都置於沉浸式的環境中，一組加入各式共讀活動及由閱讀延伸的活動，一組只加入固定的靜默閱讀；控制組的學生則仍維持在原來的傳達式、技能導向的教學狀態中。實驗結束時所實施的標準化測驗顯示，二組實驗組學生的口語和閱讀理解都比控制組要成長兩倍；在文法知識和應用能力上，實驗組的仍然高出控制組，雖然文法知識只在控制組班上教。結果另外還顯示對文法知識有最好駕馭能力的都是有大量閱讀的學生，而不是接受直接文法教導的學生。測驗分數所呈現的趨勢肯定大量完整真實材料的閱讀對語言知識技能獲得的效益。

　　上述這些研究都指出全語言對閱讀寫作的學習較諸技能導向的教學更有效幫助學習者習得所需的技能和知識，並培養更正向相關的態度。Weintraub（1992-1997）將此類比較性研究作了一個整理評析，他檢視一九九二至一九九七年五年間有關入門閱讀的研究，分析了這些比較全語言教室和傳統教室內閱讀教學效益的研究之後，作出幾個重點概述，謂整體而言，整體導向的閱讀教學較傳統技能導向的閱讀教學更為有效，其中的十五個研究指在全語言教室內常見的幾個教學成份經統計證明較為有效；有五個研究中全語言教室內學生的測驗分數高於傳統教室內的學生分數；另有二個個案研究顯示全語言教室內所用的教學策略有效提昇學生的閱讀能力；只有一個研究的結果指出全語言和傳統教室沒有差異。這個綜合整理印證了不少比較性研究的結果，也挑戰了不少得相反結果的研究（參見表3-2）。

　　在爭論全語言相對於技能導向教學效益的研究中，Manning 和 Kamii

全語言教育

表 3-2　比較全語言和其他教學模式效益之研究

研究者	研究對象[1]	比較的教學模式[2]	資料型態	測量項目	結果[3]
Antonelli (1991)	1, 2, 4, 5	全 vs.規	量	拼讀能力	無
Burns-Paterson (1991)	1, 3	全 vs.科	質	閱讀概念	全
Dahl and Freppon (1995)	K, 1；低社經、市中心	全 vs.技	質、量	書面語言知識 閱讀書寫態度	知識：無 態度：全
Griffith and Klesius (1990)	1	全 vs.科	量、質	拼讀能力、拼字能力、書寫流暢度	無
Grisham (1993)	4	全 vs.傳	量、質	閱讀成就、態度 寫作成就、態度	閱讀成就：無 態度：各半數 寫作成就：傳
Hagerty et al. (1989)	4, 6	全 vs.傳	質、量	閱讀理解 寫作成就	全
Holland and Hall (1989)	1	全 vs.科	量	閱讀成就	無
Manning et al. (1989)	K-2（縱貫）；低社經、少數族裔	全 vs.技	質、量	閱讀的概念、閱讀行為、閱讀成就	全
Manning and Long (1990)	K-2（縱貫）；低社經、少數族裔	全 vs.技	質、量	寫作的看法、拼字能力、寫作成品	全
Miller and Milligan (1989)	1；低社經	全 vs.科	量	拼讀能力、閱讀理解	全
Milligan and Berg (1992)	1	全 vs.科	量	閱讀理解	全
Purcell-Gates et al. (1995)	K, 1；低社經	全 vs.技	量	故事書語言之知識	故事語言基本知識：無 深度知識：全
Reutzel and Cooter (1990)	1	全 vs.科	量	閱讀成就	全
Richardson et al. (1991)	K	全 vs.科	量	閱讀理解	無
Roberts (1991)	1；低社經	全 vs.技	質、量	寫作能力	全
Schafer (1989)	2	全 vs.科	量	閱讀成就	無
Varble (1990)	2	全 vs.傳	質	寫作能力	寫作形式：無 內容和意義：全

註1：K指幼稚園，1, 2等數字指年級；其他加註指研究對象的背景特質；縱貫指縱貫研究。

註2：「全」表全語言、「規」表規則為本的教學、「科」表教科書為本的教學、「技」表技能導向的教學、「傳」表傳統教學或直接教學。

註3：所登記為整體效益較優者，簡稱與上同，「無」表無顯著差異。

（2000）的研究是較為近期且有啟示性的研究之一，他們的研究方向有別於多數教學效益的研究，也示範了一個能真正呈現兒童語言知識的有效研究取向。他們採 Piaget（1967）和 Ferriero（Ferreiro, 1978; Ferreiro and Teberosky, 1982）批判方法的研究架構，以兩群幼稚園幼兒為對象，探討在一年期間這兩群分別接受全語言和拼音教學的幼兒，在閱讀和書寫行為中所顯現字母字音關係的概念。在拼音教學教室內，教師直接教授拼音規則，幼兒每天接受口頭語音訓練，作拼音規則練習單，以及團體的拼音練習活動。在全語言教室內，幼兒透過出聲閱讀、共讀、日記書寫、教師書寫示範，以及教室內任何可能的適當機會，認識字母和字音的關係，建構拼音規則知識。換句話說，在全語言教室內幼兒有機會建構他們所經驗有關書寫系統的概念；而在拼音教學的教室內，幼兒直接接受教師知識的灌輸注入。有別於許多以前後測的方式判定兒童的技能成長，Manning 和 Kamii 透過批判性、結構式的訪談程序，連續四季記錄了這些幼兒所顯示的拼音規則知識。資料包括了幼兒的口頭回應、書寫樣本和閱讀樣本錄音。資料採質性分析，研究者將閱讀和書寫能力分成數個等級，按季判定每個幼兒在該季所屬的能力等級，並作組內季間的差異比較，以顯明各組幼兒知識的成長。此研究的資料分析結果有幾個重點：*1.*就書寫的成長而言，在第一季全語言幼兒有較多屬低能力等級，亦即較拼音教學的幼兒落後；但第二季以後全語言幼兒的能力等級明顯提高，超過拼音教學的幼兒；到了第四季，全語言幼兒已大大超過了拼音教學的幼兒；*2.*全語言幼兒顯示極高發展的連貫性和一致性，有百分之八十四幼兒的知識是持續往前成長，只有百分之三的幼兒有退化的現象；而拼音教學中的幼兒發展的連貫性和一致性則低得多，有百分之四十二的幼兒在一整年間沒有明顯的進步，其中有百分之三十的幼兒出現退化現象，這些幼兒似乎未能持續保留已習得的知識；*3.*就閱讀的成長而言，情況和書寫成長類似，全語言幼兒在第一季呈現落後的狀態，但到了第四季則大大超前了拼音教學的幼兒，多數幼兒擁有高階的閱讀能力；*4.*就字形字音關係知識之建構而言，全語言幼兒比拼音教學的幼兒有更明顯的成長，在研究之初二組幼兒並無差別，在第一季末全語言幼兒有百分之三十七已提昇了等級，拼音教學中的幼兒則有百

分之二十一；到了第四季全語言幼兒有百分之七十三已達最高階，拼音教學中的只有百分之三十二。換句話說，全語言課程比拼音教學更加速了幼兒的知識建構。此外，研究者發現拼音教學中的幼兒在閱讀時常出現隨機、無法分類、無模式可尋的回應，顯見這些幼兒沒有一個語言知識的架構，研究者稱之為「一個通則性的理論」（a general theory），並歸因於這些幼兒學的都是零碎片段的資訊，未能統整成一系統，以致容易忘記。研究者結論在幼稚園階段，拼音教學中的幼兒未能如全語言中的幼兒般持續成長，而且在知識上較容易混淆。若要視此結論為對兩種不同派典課程效益的暗示，那麼所指為何就很明顯了。此研究讓教育工作者再思考知識建構在語文學習中的角色，以及在教學中和研究中如何處理此一變數。

㈡支持技能導向教學的研究

不意外的有些研究指技能導向的教學要優於像全語言之類整體導向的教學，或因二者無差異而謂全語言並不優於技能教學，這些研究中，Stahl和Miller（1989）的研究評析是常被援用並引起許多討論的研究，也常被視為此類研究早期的摘要。Stahl和Miller蒐集了自一九六〇至一九八八年之間比較全語言或語言經驗活動和教科書為本教學對入門閱讀學習效益的研究，作整合性分析。他們所包含的研究有兩類：美國國家教育處（United States Office of Education）所委託的一年級研究（first grade studies）共五個；其他民間的研究共四十六個。按可取得資料的詳細度，他們採用了兩種分析，含充分統計資料的（共二十個）進行統計的後設分析；數據不充足的進行計數。值得注意的是他們把全語言和語言經驗活動歸為一種，分析時是混在一起計算的。針對分析結果他們提出幾個結論，指出整體而言，全語言或語言經驗活動和教科書為本教學比起來在入門閱讀的效益上並沒有明顯的差異，但更進一步指出：1.全語言或語言經驗活動在幼稚園比在一年級有效；2.全語言或語言經驗活動在認字上比在閱讀理解上有效；3.較晚期的研究結果趨向於對教科書為本教學較有利；4.全語言或語言經驗活動對一般學生比對處不利狀態（如來自低社經家庭）的學生有效。這些分析結果常被引述作為否定全語言的證明。

如果仔細去看 Stahl 和 Miller 的分析會發現一些值得注意的現象，這些現象讓人重新思考他們的結論和引伸意。其一，前面已提及他們把全語言和語言經驗活動歸為一種，分析時是混在一起計算的，所得的數據不見得真正反映全語言教學的實質效益。其二，若仔細看數據，對所謂的「無顯著差異」可能會有不同解讀。就幼稚園部分，計數的結果，有十七個比較（非研究）指全語言或語言經驗活動較有效；二個指教科書為本教學較有效；十四個指無差異。考慮十七和十四的差距，其顯著性有待進一步探究。一年級部分按序比是 9：13：43。Stahl 和 Miller 以此稱全語言或語言經驗活動在幼稚園比在一年級有效，但此稱法似乎是全語言或語言經驗活動自身的比較（17：9），而非與教科書為本教學的比較（9：13）（Schickedanz, 1990）。其三，謂全語言或語言經驗活動對低社經地位的學生較無效的結論，來自於九個研究，其中有兩個提供了三年級時作的後續測驗成績，成績顯示全語言或語言經驗活動和教科書為本教學中低社經學生並無顯著差異，換句話說，這些學生到了三年級能力已發展相當，雖然他們在一年級時有差異。全語言或語言經驗活動是否具有長程效益是可以再進一步探究的。如果參考其他也針對低社經學生的研究（詳見表 3-2），可看出 Stahl 和 Miller 的結論是有相反見證的。由上述三個角度可見，由數據到結論，不同的計算和詮釋方式可能導致不一樣的結論。此外，如何解讀無顯著差異是另一件有意思的事，若所得的數據可信，無差異至少表示全語言可以同樣協助學生學習入門閱讀所須的技能，它是有效益的。但最關鍵也最需要澄清的是對全語言、閱讀學習的界定，以及與之相關的測量工具的使用，這常是比較性研究最大問題癥結所在。這些問題可以用 Jeynes 和 Littell（2000）的研究來對照反映，在下文探討。

㈢有關比較性研究的思考

在表 3-2 中擇列了比較性研究極盛時期的一些研究，大約列出了這些研究的研究對象、資料型態、所測量的項目及整體結果。資訊顯示，一般效益比較研究所關心的對象通常是入學不久的學生，這些資料也反映了研究者的派典，研究結果有的支持全語言，有些則否。注意這些研究所探討

的項目，深入瞭解研究的內容，會發現一些模式——大部分比較性研究都採量化的測量工具，尤其最常用標準化測驗，有些研究會兼採質性的工具和資料，有些只取用量化資料。其次，對閱讀和書寫的學習通常以閱讀和書寫的技能表現來檢驗，有的會兼顧較多元的讀寫面向，有的單以技能為考量。在解讀比較性研究的結果時，有幾個問題需要思考，以便從這研究中引伸出較切合實際的啟示和應用。

1. 有關界定的思考：閱讀、寫作的學習當如何界定？又如何界定其成就？閱讀、寫作的學習表現在哪些知識行為和態度之上？拼音、拼讀、拼寫、認字、拼字能力、語法知識是否就是閱讀寫作能力的代表？閱讀理解、閱讀策略該如何測知？重要性如何？對閱讀寫作的概念和態度在閱讀寫作學習上的角色如何？歷程又如何？讀者須研判研究中如何界定上述幾項，比較性研究若以標準化測驗分數代表學習成就，它的寓意也須重新定位。

2. 有關測量工具的思考：測量工具是否能有效測知學習是一個持續被提問的問題。比較性研究常被批評的一點是過於窄化的測量，只用純測驗作為測量的工具，是從局部去看學習。測驗分數無法告知學生如何閱讀、如何理解一般常態中的文本等許多發生在閱讀寫作過程中的現象，無法探知他們多種不同知識如何交叉作用及其與情境的關係，也常未考量個體的社會文化經驗因素在讀寫過程中運作的情況，局部指標是否能代表整體事實是不得不思考的。Neill（2003）批評許多研究採標準化測驗不只效度上有瑕疵，對學生更有長久負面的影響，他指出施行測驗是基於對人類學習的錯誤假設，無法測量出學生高層次的思考，標準化測驗就評量重要的學習類別、高層次思考而言，並非有利的工具，往往無法真正測出學生的學習，改善教學，反而窄化課程，阻礙了學生的學習。

3. 有關取樣的思考：進行比較性研究時，研究者對全語言和全語言教學的定義是很關鍵的問題。有些研究所包含的教室並不具全語言的代表性，這些教室內所進行的教學也就不見得是真正全語言教師會做的，因此所得出的教學效益就不能稱之為全語言教學的效益。以

下以Jeynes和Littell的研究分析為例來說明此一現象。Jeynes和Littell（2000）以十四個比較全語言和教科書導向教學對來自低社經家庭兒童語文學習效益之比較研究為對象，進行研究的後設分析。這些研究中的對象為幼稚園至三年級的學生，教學模式分二類——全語言和教科書為本教學，其中他們根據實質的教學內容按他們的標準又把全語言類的分為「純」全語言組、標示全語言組、廣義全語言組及折衷組（即全語言再加上其他型態教學）。他們分析的焦點是閱讀技能的習得，並依標準化閱讀成就測驗判定效益。根據統計分析的結果，他們宣稱若把所有四組全語言算一起的話，全語言對低社經地位學生學習閱讀並不比教科書為本的教學較有幫助。但是有兩個現象值得注意，其一，如果只計算符合他們標準的全語言班級，亦即他們所稱的純全語言班級，則這些班級內學生的成績顯著地要高於其他教學的學生，亦即全語言較諸其他教學對這些學生是有明顯效益的，而這些較合乎全語言精神的班級都出現在較晚期的研究之中。其二，研究執行的時間越長，全語言的顯著效益越明顯。對此二現象他們作了一些推測性結論：(1)當全語言被明確地界定時，它的效益就更趨正向；(2)越晚期的研究，較多使用非標準化測驗，兩種不同派典測量方法的差異就反映在總效益之上。他們進一步指出，教科書為本教學中的學生趨向於在標準化測驗中表現較好，但在非標準化測驗中卻剛好相反。這個分析結果印證了測量工具的問題，以及前面取樣的假設——如果所取的樣不是真正全語言教室，所得出的教學效益就無法真正反映全語言教學的效益，也回答了Stahl和Miller分析中有關全語言對低社經地位學生較不具效益事實可能是長短程效益的疑問。同樣的情況不少，表 3-2 中所列 Holland 和 Hall（1989）的研究就是其中一例，他們的研究如果把全語言界定在真正的閱讀，分析會有不同的結果，全語言會呈高正向效益。在解讀比較性研究時，仔細分辨研究中所稱全語言教室的教學實際情況是有必要的。

從比較性研究的發現中大概可以歸結出幾個結論。全語言教室內的學

生在標準化閱讀寫作測驗上的表現比技能導向教學中的學生好，或至少一樣好。他們在字彙量、拼字、文法、拼音等能力，和技能導向教學中的學生至少一樣好，有時更好。比起技能導向教學的學生，全語言教室內的學生在閱讀時會專注在意義的擷取，會使用包括拼音規則在內的語音、語法、語意、語用等知識和文本上的資訊來幫助理解，而有較高的閱讀理解，且有較高的閱讀流暢度。在寫作時他們比技能導向教學中的學生有較豐富的內容，較能藉由寫作表達自己的想法，他們會使用自己的字音字形知識自創拼字，但整體拼字正確度比技能導向教學中的學生更好或一樣好。他們在閱讀和寫作上都比技能導向教學中的學生發展了更多元更有效的策略，可以較有效地解決閱讀寫作過程中的問題。比起技能導向教學中的學生，全語言教室內的學生對閱讀和寫作有更正向的概念和態度，他們視自己為讀者和寫者，願意在讀寫上冒險，持續投入，對讀寫較有興趣，而且也較獨立。而這些在全語言教學中所培養的知識能力和態度，通常可以持續至後續的學習之中。

第二節
閱讀教學研究的辯論

真正的全語言研究者大概不會選擇作證實效益的研究，尤其是比較效益的研究，作研究時也不喜歡採實驗、控制和測驗的方式求證，但是上一節所探討的研究有一大部分都落在這幾個範疇之內。要明白何以如此，大概得把這些研究放在時代情境之中，觀其所在的歷史脈絡才行。有為數不少和全語言有關的研究，不管主動或被動，都落在所謂「大辯論」（The Great Debate）的洪流裡，成為洪流的一部分。大辯論洪流是整體導向語文教學擁護者和技能導向教學擁護者之間針對閱讀教學效益持續的辯論，也有人視之為全語言和拼音教學之間的辯論。大辯論始自一九六七年，發展歷經一九七〇至九〇年代，到了二〇〇〇年更是風起雲湧，進入高峰。談全語言的研究，無法避開歷來閱讀教學的辯論，為將上一節所探討的研究

置入情境中，本節將就大辯論的發展，略作陳述。

一、閱讀學習大辯論

一九六七年閱讀學者Jeanne Chall出版了一本書《閱讀學習的大辯論》（*Learning to Read: The Great Debate*），為閱讀教學的辯論揭開了序幕。這本書的出發點在於對完成於一九一〇至一九六五年間比較不同入門閱讀教學法的研究，進行批判分析和結論，所以也是個研究評析。雖然他所探討的入門閱讀教學法有很多種，但在分析過程和結論之中，他把這些不同的教學分為兩大類——強調拼讀技能（code emphasis）的教學和強調意義（meaning emphasis）的教學，而所作的結論即在比較兩大類教學的效益，並指出強調拼讀技能的教學比強調意義的教學可以導出較好的閱讀成就，更進一步地，將結論延伸成拼音教學要比全字教學（whole word）有效。自此，閱讀教學被二分法地分成兩大類，而且被引伸為兩個對立的教學模式派別。Chall的報告為後來閱讀教學的研究和討論建立了一個模式，常被引註，也被不少技能導向教學擁護者引為經典。之後的比較性研究就常使用此二分法模式。

從他的研究評析中，Chall 建議學習閱讀必須從語言中的細小片段學起，例如認識字母、字母與字音的關係、常見字母的拼組模式、拆解或組合字音成單字等，以便能掌握更大的語言單位，因此建議對入門閱讀學習者，應提供可以訓練這些技能的教學，例如拼音教學，特別是系統化的拼音教學。幾乎在同時，Ken Goodman 提出閱讀歷程理論，主張閱讀是意義建立的過程，在閱讀中讀者應用了多重的語言線索幫助理解文意，閱讀應從具有上下文情境的完整文章著手（詳見第二章第六節）。Chall將主張從細部學起按部就班教導和 K. Goodman 所主張意義導向從整體著手的閱讀觀，分別標稱為「由下而上」（Bottom-up）和「由上而下」（Top-down）的兩個派典。這是一種簡化粗略的分法，曾引起一些爭議討論，但對後來教學的比較研究卻大有影響。

Chall的報告提出時，全語言理論系統尚未完全形成，與全語言精神相

近的實務以不同的方式和名稱散見，「全語言」一詞更未誕生。此時一般人較熟知意義導向的教學就是語言經驗活動，當時語言經驗活動也正盛行，很自然的 Chall 的結論就變成拼音教學優於語言經驗活動。這個比較的說法在一九八○年代全語言興起之後，就被取代成為拼音教學優於全語言，直到最近這幾年仍然有人很簡化地將 Chall 的結論引述成類似這樣的對照，例如，強調拼讀技能的教學比全語言有效。過度的等同是研究界定和取樣上的一個問題，也顯示研究者對全語言的不瞭解，最常見的是將全語言等同於語言經驗活動（其區別已在第一章作了說明）；也有人將全字教學等同於全語言（如 Foorman, 1995）。全字教學法或稱為「望字發音」法（look-say 或 sign word），教師不先教拼音，而是直接由字著手，讓學生藉由視覺辨認記得字形，再以此去閱讀，顯然不是全語言。Foorman 文章裡面的名稱寫法和加註很能代表許多技能導向擁護者對全語言的誤解：「……全字／語言經驗活動（後來變成了全語言）……」（1995, p.377），他作了兩次等同：全字教學＝語言經驗活動＝全語言。如果研究是依這樣的定義進行，所產生的結果如何詮釋、應用更會是個問題。

　　Chall之後的比較性研究常使用上述二分法的模式，拼音教學是否優於全語言也一直是研究探討的主題，上一節所列的研究有很多即在回答類似的問題，主張技能導向教學者和主張整體導向教學者持續在研究上尋求證據，進行辯論。有不少研究指語音的拼讀拼寫能力是閱讀技能的預測變項，關係著閱讀成就，而大力支持拼音教學（如 Bradley and Bryant, 1985; Vellutino and Scanlon, 1987; Wagner and Torgesen, 1987），也有研究者再一次以研究評析結果為之提出證據（如 Adams, 1990; Wagner, 1988）。Bradley 和 Bryant（1983）的研究指兒童能分辨字首字尾相似的音並將之歸類的語音能力，是入門閱讀和拼字成功與否的預測變項，將語音技能對閱讀影響的探討推入更細節的層次。到了一九九○年代前後，許多研究轉而探討音素知覺和閱讀學習的關係。音素指的是口頭英語中最小的語音單位，英語裡的音節和字都由兩個以上的音素組合起來，音素知覺（phonemic awareness）指能區分、辨認出一個字所包含之音素並能去操作這些音素的能力，也就是說兒童在聽到一個字時，可以指出其中包含了哪些音素，並

能拼組拆解這些音素。持技能為本的語言教育工作者認為，音素知覺是兒童學習閱讀、拼字和認字的必要先備技能，而音素知覺教學即在訓練兒童發展音素知覺，因此視其為教入門閱讀的有效方法（Juel, Griffith, and Gough, 1986）。有許多研究（如 Ball and Blachman, 1991; Foorman et al., 1997; Nation and Hulme, 1997）指出，兒童可以藉由訓練學會分辨音素並把單字依音素拆解，而音素知覺教學可以提高兒童的測驗成績，因而大聲呼籲採用密集式、系統化、按部就班教導所有音素、音素和字關係的教學。探討音素知覺教學效益或與之比較全語言的研究陸續出現，研究的辯論持續進行著。

音素知覺教學和拼音教學的研究在九〇年代後期在政策面取得了優勢，造成了實務界的大變動。技能導向教學（或更明確地說是拼音教學）和全語言之辯論，大大影響了實務教學，美國過去五十年間的語文教學就在整體導向或技能導向之間擺盪如鐘擺，相關研究在其中有一些影響性，但影響有限。影響更大的是政治因素，而當政治因素和研究結合時，實務工作者是很無力的。二〇〇〇年左右出現的一份研究評析——「國家閱讀研討小組報告書」（National Reading Panel Report），即是一個政策和研究結合的例子，將閱讀教學大辯論和閱讀教學實務的鐘擺推到了一個極端。下文將對這份文件作一深度的探討，藉此探討也同時指出在大辯論中常見與研究相關的問題。

二、國家閱讀研討小組報告書

二〇〇〇年以後，閱讀教學的最大辯論是有關國家閱讀研討小組（National Reading Panel，簡稱 NRP）所提出關於閱讀教學的報告（以下簡稱 NRP 報告書）及其後續影響的討論。這份報告書在語文教學界和研究者之間引起極大正反兩極的反應，幾成論戰，也對實務現場造成了很大的影響。

(一)報告書的內容和影響

一九九七年間美國在國會主導之下，由國家兒童健康和人類發展院

全
語
言
教
育

（National Institute of Child Health and Human Development）委任一個十四
人小組成立國家閱讀研討小組，針對閱讀教學的研究作一檢閱評析，期望
為多年爭議不休的閱讀教學作出一個具指標作用的結論。過程中涉及美國
政府和特定團體間的利益關係和權力操作，但這不是本章探討的範圍，留
待第十章第一節再作說明。本節僅從研究的層面來談。

國家閱讀研討小組蒐集了鎖定的研究，作了檢閱評析之後於二〇〇〇
年提出了報告（National Reading Panel, 2000）。其大約過程和內容是這樣
的：小組先蒐集過去已出版有關語言技能教學（如音素知覺教學）對於閱
讀學習之效益的實驗性和準實驗性研究報告，研究對象包括從幼稚園至六
年級學生，他們設立了選取研究的標準，研究必須是為測試假設（如音素
知覺教學在改進閱讀表現上優於其他教學模式），而且一定要有實驗組和
控制組的對照，並控制變數（如實驗組要實施音素教學；控制組要完全未
實施，材料和方法也要嚴格檢驗）。他們分了五個類別來檢閱分析這些研
究中的資料，其中之一稱之為字母知能（alphabetics），指的是音素知覺教
學和拼音教學，共五十二個研究（Ehri et al., 2001）。他們將這些研究中的
數據資料重作了統計後設分析，將分析結果提出了報告，作了幾個重點結
論，其中包括：1.對兒童施行系統化的音素知覺訓練可以顯著有效地增進
他們的閱讀能力；2.技能教學優於全語言教學；3.無證據顯示鼓勵兒童在
學校多閱讀能提高兒童的閱讀成就。

NRP報告書發布之後，因它具官方色彩，有聯邦政府部門為其背書，
又挾帶著政府權力和後續政策性舉措，產生了很大的影響。它所建議的實
務幾乎成了所有官方閱讀課程政策的唯一參考指標、聯邦政府資助課程經
費核准的依據，儼然成了閱讀教學的真理。Scherer（2004）估計有二千所
以上的學校為取得政府相關部門額外經費補助，放棄原來的教學模式，改
採政府依NRP報告書建議所訂的教學模式。一時之間，許多學校的課程都
變得很像，整體趨向單一化、標準化。這個現象讓許多學者憂慮，一方面
耽心學校會不會捨棄原來較豐富多元的課程去遷就窄化、處方式的課程，
教學的單一標準和制式化對閱讀教學整體發展產生負向影響，另一方面更
不願看到政策主導教學，教師失去了專業自主，專業知能無從發揮。許多

持技能導向教學觀者則對NRP報告書表示歡迎，視之為否定全語言最好的證據。

(二)對報告書的評論

當有關NRP報告書的討論熱烈進行之際，不少學者再一次去檢視這份報告的內容及其分析的過程和方向，Krashen 及 Camilli 和他的同僚是其中的研究者之一。他們都各再將NRP報告書所包含的研究資料重新作了統計分析，同樣採後設分析，但考量不同的變項組合，用不同的計算方法。Krashen不只用不一樣的方式來計算、解讀NRP報告書的資料，並且引用NRP未包含的其他研究，作類似的分析，以為參佐。他們的分析結果與NRP報告書很不一樣，也指出了NRP報告書在取樣、分析方法和資料解讀上的問題。其他學者也對報告書中研究的測量方式等提出評論，以下是不同研究者對 NRP 報告書內容所舉出一些常見的質疑。

1. 有關受測項目選用和計算的問題

到底NRP報告書所指技能導向教學優於全語言教學所依的數據是以什麼測驗項目統計出來的，是討論點之一。Krashen（2003）指NRP報告書中所提出數據的計算法是把所有測量項目混在一起計算，包括單字辨認。這些分數綜合起來所得的數據，顯示全語言班級中學生的分數不如技能導向教學中的學生。但如果只計算閱讀理解的分數時，全語言組的分數反而比技能導向教學組的高。換句話說，技能教學優於全語言教學的宣稱，只在以單字辨認為測驗項目時有效，在閱讀理解測驗部分則不實。Krashen（2004）進一步例舉其中一個研究，指接受拼音教學的學生在認字測驗上分數高出很多，但在閱讀理解測驗中卻大為低落。其次，Krashen也將音素知覺組的數據重新統計，結果顯示音素知覺組的效應量（effect size）並不顯著大於未接受音素知覺教學的學生。他同時參照了其他相關但未包含在NRP報告中的研究，而在其他數個研究中找到了支持這個結果的研究證據（詳見 Krashen, 2003 的分析）。Camilli 等人同樣將 NRP 的資料用後設分析的方法重新分析，所得到的拼音教學組的效應量只有NRP報告書中的一

全語言教育

半（Camilli, Vargas, and Yurecko, 2003，引自 Camilli and Wolfe, 2004），也就是說，拼音教學組的真正表現並不如 NRP 報告書所宣稱的。Krashen 的另一份報告（Krashen, 2002a）也指出，拼音教學對閱讀學習的影響極為有限。且隨著時間的長度，其效益消退，在過了四個月至一年之後再做後測，則實驗組和控制組的分數未再有顯著的差異。從這兩份重新分析的資料中可見，NRP 報告書的資料是有重新解讀空間的。

2. 有關測驗效度的問題

對於 NRP 報告書指技能教學組學生在測驗上表現優於全語言組的學生，另有學者針對測驗是否有效測出學生的閱讀能力提出評論。以認字測驗為例，研究閱讀歷程的學者指出，在技能測驗中字詞通常是單獨出現，未伴隨有上下文情境，以致學生無法運用他們平常閱讀時的知識和策略，只能以字音字形對應關係的知識去辨認字詞，無怪乎受過密集拼音規則訓練的學生測驗分數會高出未受訓練的學生（Garan, 2002; F. Smith, 2003）。這是一個操控過的程序，限制學生只能以他人預設而非自己擅長的方法去完成工作，這樣的測驗是否能測出學生真正的閱讀能力值得商榷。

就閱讀理解部分而言，也有類似的質疑。Krashen（2003）認為考試的情境和真實生活中閱讀的情況不一樣，在真實情況中讀者遇到有不認得的字時，有三種不同策略可以應用：首先，跳過那個字不理會，看那段的意思通不通；如果文意還是不通，就由上下文猜測該字的意義，再看文意通不通，如果猜測行不通，讀者會去查或問人該字的意思。通常只在前兩種情況行不通時才使用最後一種，亦即看著文字試著拼出它的音來，看是否可以由字音中知道它的字義，而理解整句的意思。但在考試中只有極有限的上下文可供參考，以致讀者不得不只用第三種策略，而當一個讀者對字形字音關係不能完全掌握時，就無法在考試中取得高分，但他真實閱讀時不見得理解能力不好，這樣的讀者在考試情境中能力就被低估了。這些是學者對測驗結果是否代表學生真正能力的質疑中的一、二個例子。

3. 有關實驗處理的問題

對 NRP 報告書中研究施行實驗處理（treatment）的嚴謹度和一貫性是

另一個評論的重點。評論之一是 NRP 對所包含研究中的實驗處理未仔細檢查，實驗處理的分辨太過概略籠統，以致於跨不同研究中的實驗處理或有很大差異、或名實不符，變項和依變項區分不清。例如，某種課程模式中包含了大量的閱讀，對學生提供個別化的指導、合作學習、策略教學、伙伴閱讀、例行自由閱讀時間等，但研究者卻只看其中的拼音教學，並把測驗結果所顯示的效益歸諸拼音教學，而罔視課程中其他成份和安排的影響。其次，學生的閱讀能力和閱讀量是有很大關係的，但 NRP 報告書中的研究並未考量閱讀量此一重要的變項，實驗期間受測學生的閱讀量，即學生讀了多少教材以外真正的材料，並未被列入考量。Krashen（2003）認為，不管是否被視為是全語言組，所有組別學生的真正閱讀量都是實驗處理，都應被計入。他從其他研究中證實，當考量了學生真正的閱讀量及閱讀理解時，直接拼音教學對閱讀理解分數是個很微小的預測變項，直接的技能教學並不優於全語言。對 NRP 報告書所宣稱實際閱讀無助於增進閱讀成就，許多學者是不認同的。

對實際閱讀無助於增進閱讀成就一議，Krashen 從閱讀的實質著手探討，他認為教師所提供閱讀活動的實質大大影響學生從中的受益，教師是否提供學生持續的靜默閱讀（sustained silent reading）時段，以及閱讀時段品質都具有影響性。Krashen（2003）分析包含靜默閱讀活動的研究，包括 NRP 資料中的和不在其中的，並以閱讀理解測驗為分析的焦點，發現有持續靜默閱讀時間的學生表現比沒有的要有顯著正向結果，且後測時間距離實驗處理時間愈長，有持續靜默閱讀的學生表現愈優於沒有的學生，也就是說持續的靜默閱讀時段具有長程效益，研究時間愈長愈能看出其影響，但 NRP 使用的研究沒有任何超過一年以上。對實驗處理未謹慎分辨，未考量其內在變因和長程的作用效益，各組即非在平等的狀態下發展，對學習表現的解讀就要特別小心了。

4. 有關取樣的問題

NRP 對研究和研究報告內容的選取是另一爭議焦點。NRP 在挑選研究時是有選擇性的，連 NRP 成員自己都承認（Ehri et al., 2001），自稱選擇

性的取樣是為了符合小組所設所謂「科學化」的標準，以致只有極少數的研究入選為樣本。有研究者認為NRP對所選擇研究的報告內容重點也有選擇性，只看其中一些項目而非全貌（Cunningham, 2001; Garan, 2001, 2002; Krashen, 2004）。Krashen（2003, 2004）在針對純音素知覺教學重作的後設分析中發現了NRP報告書中一些取樣的特別現象，例如，其中只有半數研究是以說英語的兒童為對象，這半數中只有一個研究是發生在美國境內，其他的是說西班牙語、希伯來語和挪威語，而這些語言中字形字音關係較英語要穩定得多。也就是說，NRP報告書的結論雖然要應用在說英語的美國兒童身上，但只有一半資料是從說英語孩子身上得來，而支持它結論的語言特性也和英語不同。英語有過多規則以外的拼音，讓英語的學習不能純從拼音規則著手。因之NRP報告書樣本的特性是有損它結論的可信度的。其次，那些指出音素知覺教學優於其他教學的研究，研究對象的人數都很少，從五個到十五個不等。Krashen從他自己的分析結果和NRP資料的特質作出結論，指NRP資料中以說英語兒童為對象的研究結果，並未有力地支持音素知覺訓練對學習閱讀有顯著效益。Cunningham（2001）則質疑NRP對閱讀研究所設立的選樣標準未反映真正的閱讀教學，所選的研究通常使用心理學和醫學介入性措施（intervention）效益研究的設計，研究中要求閱讀教學材料和方法的有效性要如閱讀障礙者所用的一樣受到檢驗，亦即視閱讀教學一如介入性措施，對閱讀的界定偏狹，以致所作出的結論的適用性需要再被檢驗。此外，NRP未涵蓋所有相關的研究，但卻包括了些有問題的研究（如實驗處理有問題），不該取用卻被取用，其代表性就值得商榷了。

5.有關因果關係的問題

　　學者另外一個關心的是學習的因和果的關係，到底是音素知覺教學導出閱讀能力，還是閱讀培養了音素知覺；是拼音規則教學教會孩子拼音以致有能力閱讀，還是閱讀讓孩子整理出拼音規則。Krashen（2003）在他重作的統計分析中用不一樣的方式計算、解讀NRP報告書有關音素知覺教學組的資料，並引用NRP報告書以外的研究證據指出，音素知覺是閱讀經驗

的結果而不是原因，數據所顯示是因兒童讀得多而發展出音素知覺。同樣的，拼音教學的效益也是如此，懂得如何拼音是閱讀的結果，而不是因。Smith（1994）就曾指出，一個學生有字形字音關係的知識，懂得如何拼音，是因他有很多機會閱讀，從中整理出拼音規則，而不是因接受了拼音的教導而才會閱讀。就是堅持拼音教學的研究者 Foorman 也承認「閱讀和拼字是語音知覺的結果、也是貢獻者」（1995, p.10）。在 NRP 報告書中，音素知覺教學和拼音教學在因果倒反之下，二者對閱讀的效益似乎被誇大了。

　　NRP 報告書所引起的評論，反映了持整體導向教學觀和技能導向教學觀者之間很多觀念上的歧異，是長久以來閱讀教學辯論的延續，辯論歷史的一部分。表面上看起來批評者著眼在許多方法和數據解讀的細節上，支持者也持這些數據振振有詞宣稱有科學證據，事實上是基礎面為閱讀、評量、教學、學習等派典的捍衛，因此份報告書的影響太大太深遠，且被進一步持為政策的工具，評論者希望以具體細節的資訊，讓讀者大眾重新作判斷，思考報告書所喻指的價值和意識型態，間接的、也最重要的是藉由評論，呼籲回歸教學自主，讓教師保有在教學（不只是閱讀教學）上的選擇權。

三、合乎全語言精神的研究

　　過去四十年間閱讀教學的辯論，是個派典之爭，雙方所持的研究依據都未能使對方信服，事實上也是因派典之故。從全語言教育工作者的立場觀之，有許多針對全語言教學效益所作的比較性研究，特別是經嚴格控制，以技能測驗為測量工具，依學生學習成就分數高低為判定依據的實驗研究，都有一個很大的問題——以一個派典的眼光和方法在評量另一個完全不同的派典。Harste 感嘆「我們常用舊眼光在評量新教學」（1994, p.153）。因為技能導向研究者的思維和研究策略，在大辯論的洪流裡，全語言實務常被局部、甚至扭曲地界定，全語言的研究也被框限在狹隘的視野裡。有不少全語言研究者為回答對方的問題，或為讓不明白的教育工作者和家長確

信，也不得不採用了類似的實驗研究。到底什麼才是合乎全語言精神的研究？在進行全語言的研究時要有什麼基礎？是全語言研究者不得不思考的重要問題。

　　合乎全語言精神的研究要落在全語言的派典之內，能反映它的哲學觀。研究應是受理論所驅動，所有的研究都要建立在一個理論基礎之上，研究者必須對所要研究的事物有充分的瞭解。K. Goodman（1989c）就指出如果要檢視全語言，研究者必須要先瞭解什麼是全語言、全語言教室的本質、教師在教學上的著眼點是什麼，同時考量研究要如何設計才不致於干擾教室內原已存在的，或扭曲了全語言，也就是說，研究、研究設計與理論基礎及教室實務都要和諧。他以工作參與程度（time on task）的探討為例說明。研究者若要探討全語言教室內學生工作的情形，必須先對全語言中的雙重目標課程、學習者選擇、問題解決導向的統整性學習等有明確的概念，用這些概念來界定「工作」，或根本就不用「工作」這樣的名詞和想法，而改為學習者之投入和參與。其次，也要重新界定研究中的角色。在全語言教室中教師和學生的角色結構和一般教室的不太一樣，研究者的角色也會有別於一般研究中的，他不只是一個施測者、局外人、旁觀者，有時需要參與其中。相對的，教師和學生也有可能成為研究小組成員，協助蒐集資料，提供資訊。研究者要能探討教室內正在發生的事，而不干擾它、限制它或改變它的本質，也不將教室內的某些成份從自然情境中抽取出來單獨研究。所以，研究是在真實世界中而不是在實驗室裡進行。同樣重要的，所有的研究結果都要放到情境中去思考，不能單獨或片面地解讀，研究和實務既從相同的理論基礎出發，研究結果就須和理論整合，並置於實務的情境之中。

　　合乎全語言精神的研究不應是用來證實效益，或比較哪一個方法好。光指哪一種方法有效不見得可以改善教學實務，教育工作者需要知道那一種方法為什麼有效，相涉的重要要素是什麼。Harste（1994）認為研究應該是中立的，甚至可以平息爭辯，研究的作用是用來揭開一個團體內部運作時所持守的意義，研究者的角色在於敘述運作中的意義、意義所形成的理論、理論執行時的影響，亦即在解開其內涵，以幫助此團體中成員及外在

大學習社群再次審視自己的價值觀。全語言研究應該發揮類似的建設性角色，提供上述資訊。研究者可與教師合作，檢視在教室內實務和理論是否一貫，發現全語言理論的執行在實務上產生什麼改變，又如何影響學生、教師以及教室內的結構。全語言所涵蓋的語言、語言學習、學習、教學及課程等面向，在教室內仍有許多待發現的現象、待回答的問題，需要研究者進一步探討。全語言教室有不同的發展階段，教師有其成長歷程，研究可以去探討不同的歷程，呈現過程中的因素和策略，幫助教師成長，支持課程的轉換。

　　未來對全語言的研究應該是開放的、反身的（reflexive）（Harste, 1994）。開放意味結果是未知的，且方法願意隨著所研究的現象而修正，而不再用錯誤的方法驗證自己的觀點，如此也許可以跳脫過去方法上的限制和研究辯論中對方法的爭議。反身指研究者在研究過程中要持續檢視自己的假設和價值觀，並作必要的調整，以致研究者能扮演比研究方法或工具更重要的角色。反身性應用在教師的研究是未來全語言研究可行的方向。沒有人比教師更瞭解自己教室內發生的事，同樣的，教師也容易流於視教室內種種現象為當然。因此，教師須成為研究者，更多探究自己的教學，反身映照，檢視自己的理念和實務的關係，持續調整，在教室內進行改變，讓實務、理論、研究更深結合，透過全語言大學習社群合作，形成全語言教室文化，如此才能提昇全語言的未來。

附錄三之一　本章內引用之實證研究及研究評析

Adams, M. J. (1990). *Beginning to read: Thinking and learning about print.* Cambridge, MA: MIT Press.

Akers, B. L. (1988). *Early literacy curriculum: Utilizing language experience and*

全語言教育

whole language in kindergarten. (ERIC Document Reproduction Service No. ED 315 164).

Allen, J. (1988). *Literacy development in whole language kindergartens.* Technical Report No. 436. (ERIC Document Reproduction Service No. ED 300 780).

Allen, J., Michalove, B., Shockley, B., and West, M. (1991). "I'm really worried about Joseph" : Reducing the risks of literacy learning. *The Reading Teacher, 44,* 458-472.

Allington, R. (1983). The reading instruction provided readers of differing reading abilities. *Elementary School Journal, 83,* 548-559.

Anderson, R., Wilson, P. T., and Fielding, L. (1988). Growth in reading and how children spend their time out of school. *Reading Research Quarterly, 23,* 285-303.

Antonelli, J. (1991). *Decoding abilities of elementary students receiving rule-based instruction and whole language instruction.* (ERIC Document Reproduction Service No. ED 331 002).

Avery, C. (1985). Lori "figures it out": A young writer learns to read. In J. Hansen, T. Newkirk, and D. Graves (Eds.), *Breaking ground: Teachers relate reading and writing in the elementary school* (pp. 26-37). Portsmouth, NH: Heinemann.

Balajthy, E. (1991 October). *A school-college consultation model for instruction of technology and whole language in elementary science instruction.* Paper presented at the Annual Meeting of the New York State Reading Association, Kiamesha Lake, New York.

Ball, E., and Blachman, B. (1991). Does phoneme awareness training in kindergarten make a difference in early word recognition and developmental spelling? *Reading Research Quarterly, 26,* 49-66.

Bartley, N. (1993). Literature-based integrated language arts instruction and the language deficient student. *Reading Research Quarterly, 32,* 31-37.

Bock, J. (1989 November). *Portraits of six developing readers in a whole language classroom.* Paper presented at the Annual Meeting of the 39th National Reading Conference, Austin, TX.

Bodycott, P. (1987). Developing reader critics: Products of wholistic learning. *Australian Journal of Reading, 10,* 135-146.

Bradley, L., and Bryant, P. E. (1985). *Rhyme and reason in reading and spelling.* Ann Arbor, MI: University of Michigan Press.

Bright, R. (1989). Teacher as researcher: Traditional and whole language approaches. *Canadian Journal of English Language Arts, 12*(3), 48-55.

Browne, D. B. (1986). *Whole language: An approach to reading that fits native American reading styles.* (ERIC Document Reproduction Service No. ED 296 861).

Burns-Paterson, A. L. (1991). *First and third graders' concepts of reading in different instructional settings.* (ERIC Document Reproduction Service No. ED 339 027).

Camilli, G., Vargas, S., and Yurecko, M. (2003). Teaching children to read: The fragile link between science and federal education policy. *Education Policy Archives, 11*(15). http://epaa.asu.edu/epaa/vlln15.

Camilli, G., and Wolfe, P. (2004). Research on reading: A cautionary tale. *Educational Leadership, 61*(6), 26-29.

Christensen, K. E. (1990). *A study of teachers' viewpoints on whole language.* (ERIC Document Reproduction Service No. ED 329 907).

Chall, J. (1967). *Learning to read: The great debate.* New York: McGraw-Hill.

Church, S., and Newman, J. (1985). Danny: A case history of an instructionally induced reading problem. In J. Newman (Ed.), *Whole language: Theory in use* (pp.169-179). Portsmouth, NH: Heinemann.

Clarke, L. K. (1988). Invented versus traditional spelling in first graders' writings: Effects on learning to spell and read. *Research in the Teaching of English, 22,* 281-309.

全語言教育

Cunningham, J. W. (2001). The National Reading Panel Report. *Reading Research Quarterly, 36,* 326-335.

Dahl, K. L., and Freppon, P. A. (1992). *Learning to read and write in inner-city schools: A comparison of children's sense-making in skill-based and whole language classrooms.* Washington, DC: U. S. Department of Education, Office of Educational Research and Improvement.

Dahl, K. L., and Freppon, P. A. (1995). A comparison of inner-city children's interpretations of reading and writing instruction in the early grades in skills-based and whole language classroom. *Reading Research Quarterly, 30,* 50-74.

Dahl, K. L., and Scharer, P. L. (2000). Phonics teaching and learning in whole language classrooms: New evidence from research. *The Reading Teacher, 53,* 584-594.

de la Cruz. B. M. (1989). *Implementing a whole language curriculum to improve oral language competence in an inner-city kindergarten.* (ERIC Document Reproduction Service No. ED 313 145).

DiStefano, P., and Killion, J. (1984). Assessing writing skills through a process approach. *English Education, 16,* 203-207.

Ehri, L., Nunes, S. R., Willows, D. M., Schuster, B. V., Yaghoub-Zadeh, Z., and Shanahan, T. (2001). Phonemic awareness instruction helps children learn to read: Evidence from the National Reading Panel's meta-analysis. *Reading Research Quarterly, 36,* 250-287.

Elley, W. B., and Mangubhai, F. (1983). The impact of reading on second language learning. *Reading Research Quarterly, 19,* 53-67.

Engel, B. S. (1991). *Longfellow school literacy project: A five-year study of outcomes from a whole language program in the primary grades.* (ERIC Document Reproduction Service No. ED 344 185).

Farris, P. J., and Andersen, C. (1990). Adopting a whole language program for Learning Disabled students: A case study. *Reading Horizons, 31*(1), 5-13.

Foorman, B. R. (1995). Research on "The great debate": Code-oriented versus whole language approach to reading instruction. *School Psychology Review, 24,* 376-392.

Foorman, B. R., Francis, D. J., Beeler, T., Winikates, D., and Fletcher J. M. (1997). Early intervention for children with reading problems: Study designs and preliminary findings. *Learning Disabilities, 8,* 63-71.

Freppon, P. (1989 November). *An investigation of children's concepts of the purpose and nature of reading in different instructional settings.* Paper presented at the 39th National Reading Conference, Austin, TX.

Greaney, V. (1980). Factors related to amount and type of leisure reading. *Reading Research Quarterly, 15,* 337-357.

Griffith, P. L., and Klesius, J. P. (1990 November). *The effect of phonemic awareness ability and reading instructional approach on first grade children's acquisition of spelling and decoding skills.* Paper presented at the 40th National Reading Conference, Miami, FL.

Grisham, D. L. (1993 April). *The integrated language arts: Curriculum enactments in whole language and traditional fourth grade classrooms.* Paper presented at the Annual Meeting of the 74th American Educational Research Association, Atlanta, GA.

Gross, P. A. (1991 December). *Interactive reading on the secondary level.* Paper presented at the 41st Annual Meeting of the National Reading Conference, Palm Springs, CA.

Gross, P. A. (1992 December). *Sharing meaning: Whole language reader response at the secondary level.* Paper presented at the 42nd Annual Meeting of the National Reading Conference, San Antonio, TX.

Hillocks, G. (1986). *Research on written composition: New directions for teaching.* Urbana, IL: National Conference on Reading in English and ERIC Clearinghouse in Reading and Communication Skills.

Hillocks, G. Jr., and Smith, M. W. (1991). Grammar and usage. In J. Flood, M.

全
語
言
教
育

Jensen, D. Lapp, and J. R. Squire (Eds.), *Handbook of research on teaching the English language arts* (pp. 591-603). New York: Macmillan.

Hinnenkamp, B. (1991). *Reading and writing with a special needs student: A case study.* (ERIC Document Reproduction Service No. ED 326 846).

Holland, K. W., and Hall, L. E. (1989). Reading achievement in the first grade classroom: A comparison of basal and whole language approaches. *Reading Improvement, 26,* 323-329.

Jeynes, W. H., and Littell, S. W. (2000). A meta-analysis of studies examining the effect of whole language instruction on the literacy of Low-SES students. *The Elementary School Journal, 101,* 21-33.

Johnson, D., Johnson, R., and Holubec, E. (1991). *Cooperation in the classroom.* Edina, MN: Interaction Book Co.

Juel, C., Griffith, P. L., and Gough, P. B. (1986). Acquisition of literacy: A longitudinal study of children in first and second grade. *Journal of Educational Psychology, 78,* 243-255.

Kaster, W. C., and Clarke, B. K. (1989). *Reading/writing readiness for preschool and kindergarten children: A whole language approach.* Sanibel, FL: Educational Research and Development Council.

Kersting, F., and Ferguson, J. (1988). *Narration in reading remediation.* (ERIC Document Reproduction Service No. ED 299 536).

Krashen, S. (2003). *False claims about phonemic awareness, phonics, skills vs. whole language, and recreational reading.* NoChildLeft.com, 5, 1. http://nochildleft.com/2003/may03reading.html.

Leinhardt, G., Zigmond, N., and Coolery, W. (1981). Reading instruction and its effects. *American Educational Research Journal, 18,* 343-361.

Lyons, C. A., Pennel, G. S., Deford, D., and Clay, M. (1993). *Partners in learning: Teachers and children in reading recovery.* New York: Teachers College Press.

Manning, M., and Kamii, C. (2000). Whole language vs. isolated phonics instruction: A longitudinal study in kindergarten with reading and writing tasks. *Journal of Research in Childhood Education, 15,* 53-65.

Manning, M., and Long, R. (1990). *Writing development of inner city primary students: Comparative effects of a whole language and a skill-oriented program.* (ERIC Document Reproduction Service No. ED 336 745).

Manning, M., and others (1989 November). *Effects of a whole language and a skill-oriented program on the literacy development of inner city primary children.* Paper presented at the Annual Meeting of the Mid-South Educational Research Association, New Orleans, LA.

Matthrews, M. K. (1992 April). *Gifted students and whole language: A descriptive study of four classrooms.* Paper presented at the Annual Meeting of the American Educational Research Association, San Francisco, CA.

Michalove, B., Allen, J., and Shockley, B. (1993). *Engaging children: Community and chaos in the lives of young literacy learners.* Portsmouth, NH: Heinemann.

Miller, J. K., and Milligan, J. L. (1989 July). *A comparison of the whole language approach with a basal reader approach on the decoding and comprehending ability of beginning readers.* Paper presented at the 6th European Conference on Reading, Berlin, West Germany.

Milligan, J. L., and Berg, H. (1992). The effect of whole language on the comprehending ability of first grade children. *Reading Improvement, 29,* 146-154.

Mills, H., and O'Keefe, T. (1990). *Accessing potential: Lesson from a "at risk" six-year-old.* (ERIC Document Reproduction Service No. ED 323 542).

Moore, A. (1990). *A whole language approach to the teaching of bilingual learners.* (Occasional Paper No. 15) (ERIC Document Reproduction Service No. ED 332 500).

Moore, C. (1990). *Increasing reading fluency for learning-disabled and remedial readers.* (ERIC Document Reproduction Service No. ED 323 519).

Nation, K., and Hulme, C. (1997). Phonemic segmentation, not onset-rime seg-

第三章

全語言的研究

mentation, predicts early reading and spelling skills. *Reading Research Quarterly, 32,* 154-167

National Reading Pannel (2000). *Teaching children to read: An evidence-based assessment of the scientific research literature on reading and its implication for reading instruction. Reports of the Subgroups.* Washington, DC: National Institute of Child Health and Human Development.

Nigohosian, E. T. (1992). *Meeting the challenge of diversity: Applying whole language theory in the kindergarten with ESL Korean children.* (ERIC Document Reproduction Service No. ED 352 818).

Nistler, R. J., and Shepperson, G. M. (1990 November). *Exploring new directions for staff development: Teachers in charge of change.* Paper presented at the 40th Annual Meeting of the National Reading Conference, Miami, FL.

Oldfather, P. (1993). What students say about motivating experiences in a whole language classroom. *The Reading Teacher, 46,* 672-681.

Otto, B. W., and Iacono, M. (1990). *Implementing changes in reading instruction.* (ERIC Document Reproduction Service No. ED 323 526).

Pace, G. (1992). Stories of teacher-initiated change from traditional to whole language literacy instruction. *Elementary School Journal, 92,* 481-476.

Pardo, L. S. (1992). *Accommodating diversity in the elementary classroom: A look at literature-based instruction in an inner city school.* (ERIC Document Reproduction Service No. ED 353 575).

Phillips, L. A. (1990 December). *Weaving a web of literacy: A one-year evaluation of the implementation of a literature-based whole language approach.* Paper presented at the 11th Annual Meeting of the American Reading Forum, Sarasota, FL.

Pierce, V. (1984). *Bridging the gap between language research/theory and practice: A Case study.* Unpublished doctoral dissertation, Texas Woman's University, Denton, TX.

Purcell-Gates, V., McIntyre, E., and Freppon, P. A. (1995). Learning written storybook language in school: A comparison of low-SES children in skill-based and whole language classrooms. *American Educational Research Journal, 32,* 659-685.

Rafferty, C. D., and others (1991 December). *Developing a reading/writing curriculum for at-risk high school students.* Paper presented at the 41st Annual Meeting of he National Reading Conference, Palm Springs, CA.

Raphael, T. E., and Brock, C. H. (1992 December). *Mei: Learning the literacy culture in an urban elementary school.* Paper presented at the 42nd Annual Meeting of the National Reading Conference, San Antonio, TX.

Reutzel, D. R., and Cooter, R. B. (1990). Whole language: Comparative effects on first grade reading achievement. *Journal of Educational Research, 83,* 252-257.

Ribowsky, H. (1986). *The comparative effects of a code emphasis approach and a whole language approach upon emergent literacy of kindergarten children.* Unpublished doctoral dissertation, New York University, New York.

Richardson, M., Apaza, J., and Graff, D. (1991). *Evaluation of whole language and traditional language arts instruction using a Cloze-Procedure Test for reading comprehension.* (ERIC Document Reproduction Service No. ED 339 012).

Roberts, R. B. (1991 November). *Writing abilities of first graders: Whole language and skill-based classrooms.* Paper presented at the Annual Meeting of the Mid-South Educational Research Association, Lexington, KY.

Roskos, K. (1990). *A naturalistic study of the ecological differences between whole language and traditional individualized instruction in ABE settings.* (ERIC Document Reproduction Service No. ED 329 769).

Schafer, V. (1989). *The effects of teaching a whole language philosophy to second grade students.* (ERIC Document Reproduction Service No. ED 309 400).

Scherer, M. (2004). What works in reading? *Educational Leadership, 61*(6), 5.

Schickedanz, J. A. (1990). The Jury is still out on the effects of whole language and language experience approach for beginning reader: A critique of Stahl and Miller's study. *Review of Educational Research, 60*(1), 127-131.

Schleper, D. R. (1993). Whole language works...and I've got proof. *Perspectives in Education and Deafness, 11*(3), 10-15.

Shaw, P. A. (1991). A selected review of research on whole language. *Journal of the Wisconsin State Reading Association, 35*(1), 3-17.

Simich-Dudgeon, C. (1989). *English lliteracy development: A approaches and strategies that work with limited English proficient children and adults.* (ERIC Document Reproduction Service No. ED 318 274).

Slaughter, H. B, and others (1985 March). *Contextual differences in oral and written discourse during early literacy instruction.* Paper presented at the 69th Annual Meeting of the American Educational Research Association, Chicago, IL.

Slavin, R. (1991). Synthesis of research on cooperative learning. *Educational Leadership, 48*(5), 71-82.

Smith, M. S. (1990). *A study of the socialization of student teachers with a whole language perspective.* (ERIC Document Reproduction Service No. ED 329 903).

Smith, M. S. (1992 March). *Manifesting a whole language perspective: Novice teachers in action.* Paper presented at the Creating the Quality School Conference, Norman, OK.

Snow, M. B., Garry, M., and Engel, B. S. (1989 November). *Assessing a whole language program: A five-year study.* Paper presented at the 79th Annual Meeting of the National Council of Teachers of English, Baltimore, MD. (ERIC Document Reproduction Service No. ED 333 342).

Soundy, C. (1991). Classroom comparisons of young children reading collaboratively. *Reading Instruction Journal, 34,* 13-16.

Stahl, S. A., and Miller, P. D. (1989). Whole language and language experience approaches for beginning reading: A quantitative research synthesis. *Review of Educational Research, 59,* 87-116.

Stevens, R., and Slavin, R. (1995). Effects of a cooperative learning approach in reading and writing on academically handicapped and non-handicapped students. *Elementary School Journal, 95,* 241-262.

Stice, C. F., and Bertrand, N. P. (1990). *Whole language and the emergent literacy of at-risk children: A two year comparative study.* (ERIC Document Reproduction Service No. ED 324 636).

Stice, C. F., Thompson, D. L., and Bertrand, J. E. (1991). *Literacy development in two contrasting classrooms: Building models of practice toward a theory of practice.* (ERIC Document Reproduction Service No. ED 340 004).

Sulentic, M. M. (1989). *Whole language for high-risk students: A descriptive study.* (ERIC Document Reproduction Service No. ED 323 490).

Taylor, B. M., Frye, B., and Maruyama, G. (1990). Time spent reading and reading growth. *American Educational Research Journal, 27,* 351-362.

Thompson, R. A. (1971). *Summarizing research pertaining to individualized reading.* (ERIC Document Reproduction Service No. ED 065 836).

Traw, R. (1996). Large-scale assessment of skills in a whole language curriculum: Two districts experience. *Journal of Educational Research, 89,* 323-339.

Tunnell, M. O., and Jacobs, J. S. (1989). Using "real" books: Research findings on literature based reading instruction. *The Reading Teacher, 42,* 470-477.

Varble, M. E. (1990). Analysis of writing sample of students taught by teachers using whole language and traditional approaches. *Journal of Educational Research, 83,* 245-251.

Vellutino, E. R., and Scanlon, D. M. (1987). Phonological coding, phonological awareness, and reading ability: Evidence from a longitudinal and experimental study. *Merrill-Palmer Quarterly, 33,* 321-363.

Wagner, R. K. (1988). *Causal relations between the development of higher psychological processes.* Cambridge, MA: Harvard University Press.

Wagner, R. K., and Torgesen, J. (1987). The nature of phonological processing

全
語
言
教
育

and its causal role in the acquisition of reading skills. *Psychological Bulletin, 101,* 192-212

Weaver, C., Gillmeister-Krause, L., and Vento-Zogby, G. (1996). *Creating support for effective literacy education.* Portsmouth, NH: Heinemann.

Weintraub, S. (Ed.). (1992-1997). *Summary of investigations related to reading.* Newark, DE: International Reading Association.

Wilde, S. (1992). *You kan red this! Spelling and punctuation for whole language classrooms, K-6.* Portsmouth, HM: Heinemann.

第貳部分

全語言的課程與教學

　　第貳部分進入全語言的課程和教學實務，呈現理論在實務的應用。全語言既是一群理論所驅動實務上的應用，也就沒有特定對象的限定。全語言可以施行在不同階段的教育現場，從幼稚園、小學、中學，一直到大學、研究所，甚至可以有全語言親職。因為是一些信念所驅策之原則的掌握，全語言落實在實務現場時，就沒有特定的模式。不同的全語言教室因其組成份子和內在外在環境條件的不同，會有它獨特的面貌。要分辨一個教室是否為全語言教室，要跨越表面的教學活動，去檢視活動背後的精神，探究其所本的理論。

　　在本書的第二章作者探討了全語言教育的原則，這些原則應用至實務現場的情形是因教室而異的。我們無法以單一教室來代表所有全語言教室的面貌，只能以某一特定階段的課程為例，透過少數教室的視窗，呈現全語言理論如何被實施。而在呈現特定一種全語言課程時，可以同時呈現全語言精神和精神應用於那個教育階段的原則。在以下四章，作者將以幼兒的語文課程和幼兒教室為例，探討全語言課程和教學的內涵，在描繪某一特定全語言教室之時，勾勒出全語言教室一種可能的面貌。第四章將針對全語言理論中與幼兒讀寫發展相關的部分，深入闡發，完整舖排幼兒語文課程的基礎——讀寫萌發，讀寫萌發雖是全語言理論的一部分，但在談幼兒語文課程之前，作者覺得有必要對讀寫萌發的內容作一深入、系統化的介紹，以為後面三章的基礎。第五章進一步探討幼兒語文課程的原則和內涵；第六章則描繪不同的全語言教室，並從這些教室中再一次探討全語言的實務；第七章敘述一個幼兒教室成為一個全語言幼稚園的過程、其課程內容及其所反映的全語言本質。希望從這些課程和教室的描述中，具象化全語言的理論。

第四章　讀寫萌發──全語言幼兒語文課程的基礎

第一節　早期讀寫發展理論的派典──讀寫萌發
一、讀寫萌發理論的發展
二、讀寫萌發的釋義和挑戰
三、讀寫萌發的基本立場
　　㈠對閱讀和書寫持廣義的界定
　　㈡從幼兒的觀點，而非成人的標準看幼兒的讀寫行為
　　㈢嘗試發現幼兒的已知、已能和長處，而非指出他們的未知、
　　　　不能、缺點和錯誤

第二節　讀寫萌發的理論和研究──幼兒讀寫發展的現象
一、幼兒的語言發展是一個自然的發展過程
二、幼兒的語言發展是一主動建構知識的歷程
　　㈠尋求表徵關係
　　㈡文字知覺和書本概念
　　㈢使用中文幼兒的語言知識建構
三、幼兒語言功能的發展先於語言形式的發展
四、幼兒語言使用乃以意義的理解和傳達為中心
五、幼兒以文字符號及情境線索理解表達
六、幼兒持續探索文字符號，逐步建立其表徵系統
　　㈠符號的探索
　　㈡表徵系統的建立
　　㈢策略的使用

第三節　讀寫萌發的教學觀──研究於課程的啟示
一、讀寫萌發對傳統假設的質疑
　　㈠預備度議題
　　㈡語言形式議題
　　㈢成人角色議題
　　㈣學習資源議題

181

二、讀寫萌發理論於課程上的啟示

　　㈠於課程內容的意義

　　㈡於實施方法的意義

　　㈢於成人角色的意義

　　㈣於環境安排的意義

第四章

讀寫萌發──
全語言幼兒語文課程的基礎

　　全語言是一種審慎成熟的理論所驅動的實務。全語言乃建立在紮實的語言發展的理論基礎之上，而其課程原則主張學習者導向（詳見第二章）。全語言哲學觀在幼兒課程上之觀點，同樣基於對人類語言發展、語言學習歷程的瞭解，它的理論基礎乃建立於學者所提供大量早期書面語言發展的研究結果，這些研究結果互相印證凝聚形成的早期讀寫發展理論──讀寫萌發，正是全語言的幼兒語言發展觀，也是全語言幼兒語文課程的部分理論基礎。

第一節
早期讀寫發展理論的派典──讀寫萌發

　　讀寫萌發（Emergent Literacy）理論乃累積了一九七〇至八〇年代大量對幼兒書面語言發展的觀察和研究結果而形成。當時語言發展和語言教育學者開始對幼兒的語言發展觀點興起重新檢驗的動機，乃起於一九六〇至七〇年代間的二個早期讀寫發展的研究──Durkin（1966）在美國加州針對剛入學一年級學童之閱讀發展的相關探討，和Clark（1975）以英國幼兒為對象的類似研究。這二個研究雖初設的研究目的不同，在研究過程卻發現了一個共同的事實──研究對象中有部分幼兒雖未接受過正式的閱讀教學，卻已具備了不等的閱讀能力，有的閱讀能力甚至已具有四年級的程

度。這個發現讓學者開始去思考過去的假設，即學童須經過學校的正式閱讀和書寫教學才可學會讀寫，是否真確。

一、讀寫萌發理論的發展

一九七〇年代在紐西蘭等不同國家，開始有學者以幼兒為對象長期觀察其讀寫發展的歷程，如 Clay（1975）。一九八〇年代，有更多早期讀寫發展（early literacy）的研究結果公諸學界，涵蓋了紐西蘭、北美、南美地區不同國家使用英語、西班牙語之幼兒的研究，這些研究逐漸勾勒出幼兒學習閱讀和書寫的諸多現象及其歷程，重要的研究和研究者包括：Bissex（1980）、Clay（1975, 1982, 1987, 1998）、Dyson（1983, 1988, 1989, 2002）、Harste、Burke 和 Woodward（1984）、Heath（1983, 2004）、Ferreiro（1984, 1986, 1990）、Ferreiro 和 Teberosky（1982）、Y. Goodman（1984, 1986, 1990, 1996c）、Y. Goodman、Altwerger 和 Marek（1989）、Kamii、Manning 和 Manning（1991）、Landsman（1990）、Martens（1996）、Mason 和 Sinha（1993）、Sulzby（1986）、Taylor（1983）、Taylor 和 Dorsey-Gaines（1988）、Teale 和 Sulzby（1986）。這些研究有的以閱讀發展為焦點；有的專注於書寫發展；有的同時探討二者及其交互關係。研究結果有的呈現了幼兒在讀寫發展中所建構知識的內容，例如，Bissex（1980）、Dyson（1982, 1983）、Ferriero 和 Teberosky（1982）、Y. Goodman（1990, 1996c）、Kamii 等人（1991）、Landsman（1990）；有的指出幼兒在讀寫行為中出現的模式和策略，例如，Clay（1975, 1982）、Dyson（1989）、Harste 等人（1984）；有的揭示了讀寫形式上的發展、演變歷程，例如，Clay（1975, 1998）、Dyson（2002）、Harste 等人（1984）；有的發現了社會、環境因素及情境對讀寫的交互影響，例如，Dyson（1983, 2004）、Y. Goodman（1984, 1986）、Harste 等人（1984）、Heath（1983, 2004）、Taylor（1983）、Taylor 和 Dorsey-Gaines（1988）。這些研究將早期讀寫發展的本質作了一連串真相的呈現。

這些研究結果除了揭示了之前不曾被發現幼兒早期書面語言發展的諸

多面貌，同時也指出了一個共同的事實——幼兒讀寫能力早在進入學校接受正式的閱讀書寫教學之前即已開始發展，當他們進入學校之際，已擁有不等的各種書面語言知識。類似的研究，逐漸為持相同立場的幼兒早期讀寫發展理論挹注更多的支持和內涵，遂形成了一個新的派典，明顯有別於普遍存在於過去語文教學的背後理論。Teale 和 Sulzby（1986）為文提出了"Emergent Literacy" 一詞，以稱這種早期讀寫能力露現的現象，意喻幼兒的讀寫能力可以自然而然地發展，就像種子埋在土中，只要有適當的水份、土壤及光合條件，即可自然發芽生長。這個名詞逐漸被認可且廣為引用，而成為此理論派典的正式名稱。"Emergent Literacy" 理論引進國內，大約是在一九九一年前後，其間學者先後使用了不同的中文譯稱，一九九三年前後「讀寫萌發」一詞出現之後，廣被接受，而成為多數人使用的譯名。

這些發生在一九七〇至九〇年代初期，共同築起讀寫萌發理論基礎的研究，之所以能形成一系統化、堅實的理論，乃因為他們提出並指證了早期讀寫發展跨越地區和語言系統的普遍共通現象。這些研究分佈在世界不同的地區，也跨越了不同的語言系統，研究所及的對象涵蓋了包括美國、英國、紐西蘭、中南美洲、中東等不同地區，使用英語、西班牙語、希伯來語等不同語言系統的幼兒。他們指出幼兒的讀寫發展中有以下這些共同現象，可謂早期書面語言發展的普遍共通本質：1.幼兒學習書面語言是一個自然的過程，一如他們學習口頭語言一般；2.幼兒在接受正式教學之前，已擁有相當數量的書面語言知識，他們老早就開始閱讀和書寫，已經是書面語言的使用者；3.幼兒學習閱讀和書寫是一連串概念化（conceptualization）的過程，在學習過程中，通過有系統、持續的組織、假設、驗證、修正等工作，幼兒主動而活躍地逐步建構他們的語文知識，因而有自創（inventing）的現象；4.在閱讀和書寫時，幼兒使用各種策略來瞭解或表達意義，這些策略反映他們發展中的書面語言知識，對形式之控制，幼兒同樣作主動、有系統的概念化工作，自創是幼兒趨向約定俗成形式之前必經的路徑；5.社會和環境的影響在幼兒書面語言發展中扮演著重要的角色，包括環境中文字的分佈、文字被他人使用的現象及參與個體間的語言互動，其影響表現在幼兒的讀寫行為中。這些現象的細節在下一節會進一步探討。

二、讀寫萌發的釋義和挑戰

綜合上述讀寫萌發的研究結果，可以為讀寫萌發觀作一概要性的釋義——幼兒閱讀和書寫能力的發展和口頭語言發展一樣，可以是一個自然而然的發展過程，就好像植物的種子若有充分適當的土壤、陽光、空氣、水，就可以自然而然的萌芽生長一樣。讀寫可以自然萌發的論述提出之後，曾遭到了持不同觀點者的質疑，質疑的重點有二，其一，書面語言的學習和口頭語言的學習是不同的；其二，在現實之中，並非所有的幼兒都自然而然學會了讀寫。讀寫萌發的學者針對這些質疑，作更進一步的探究，提出了辯證。學者 Cambourne（1988）是其中之一。他檢視在現實社會中口頭和書面二個語言系統運作的情形指出，口頭語言是為日常生活而非「學習」，幼兒對口頭語言形式的控制能力是「使用」口頭語言的副產品。至於讀寫的學習，真實世界中並未提供相同的環境和機會，以致於幼兒無法同樣的獲得書面語言能力。在現實世界中：1.讀寫通常不是溝通的主要媒介，以致幼兒無法如口頭語言那般參與；2.一般人要求形式要絕對正確的態度，讓人以為必須先學會讀寫，才能真正去讀寫，這其實是似是而非的論調；3.讀寫是眾多溝通的方式之一，但一般人認為它只發生在特定場所（如學校、辦公室）中，且是在孤立的情境中，以致未充分地使用它。亦即真實世界並未提供像口頭語言學習那樣的條件給幼兒學習讀寫。Cambourne強調，口頭語言的學習模式是人類熟悉且是人大腦習慣的學習方式，適用於各種不同的學習，包括書面語言的學習。其他全語言學者（如 Y. Goodman, 1996c）亦主張口頭語言和書面語言是兩個平行的系統，學習的歷程是類似的。

從讀寫萌發的研究中顯示，幼兒讀寫之所以能夠萌發，環境是個很重要的因素，就如土壤、陽光、空氣、水之於植物的生長。若檢視多數幼兒所處的書面語言發展環境，可以發現和口頭語言發展的環境有很大的差別。口頭語言發展的環境通常有以下特質：1.語言的使用是為了溝通，充滿動機；2.成人是支持、接納的，積極主動地參與於幼兒的語言使用中，成為

其說聽的伙伴，且樂於示範如何使用語言和約定俗成的形式；3.幼兒所能接觸到的語料雖雜亂沒有系統，但卻是豐富多元、包含情境的，豐富而完整的語料有利於他們建構語言知識；4.成人容許幼兒約略的形式，並給予長至數年的時間，讓幼兒可以逐步調整修正，以達成形式上的精確。反觀書面語言的發展環境，則剛好與之相反：1.讀寫的學習不具溝通的功能，動機相形減弱；2.成人趨向於批判，並樹立了絕對的標準隨時在評量幼兒的讀寫形式；3.幼兒能接觸到的語料極其有限，且多數是脫離情境的，以致他們沒有足夠的資料可以建構知識；4.成人通常要求幼兒在極短時間內即要達到形式上的精確，幼兒沒有充分的時間逐步發展。是這麼相異的環境，促使多數幼兒的書面語言發展未能像口頭語言的發展那般自然萌發。

三、讀寫萌發的基本立場

讀寫萌發觀的研究，不只揭露了幼兒早期讀寫發展過程中的各種現象，建立了讀寫萌發堅實而系統化的理論基礎，而且開啟了幼兒教室內新的教學實務。若仔細檢視讀寫萌發觀和過去幼兒語文教學背後的種種假設，不難發現讀寫萌發對於幼兒和語言學習的態度，站立在以下幾個基本立場之上，這些立場亦顯示它有別於語言學習之傳統觀點：1.對閱讀和書寫持廣義的界定；2.從幼兒的觀點，而非成人的標準看幼兒的讀寫行為；3.嘗試發現幼兒的已知、已能和長處，而非指出他們的未知、不能、缺點和錯誤。

㈠對閱讀和書寫持廣義的界定

有別於過去將閱讀狹隘地界定為對文字的正確辨認和按其音誦讀，讀寫萌發觀認為閱讀是意義接收和理解的歷程，因此，閱讀乃指所有嘗試瞭解書面形式（包括圖畫、各式符號、標誌、各種文字）所傳達訊息的行為。對幼兒而言，閱讀不單指文字的辨認，閱讀的對象也不侷限於書籍裡的文字，它同時包括閱讀環境中各種招牌、包裝盒、設計圖案、圖形、標示、圖表、書中的圖畫等非文字符號及文字。閱讀的注意焦點是意義的接收和理解。

相似的思維，讀寫萌發觀認為書寫是意義傳遞的歷程，因此，以任何一或多種自己選擇的符號系統，來表達意義，或代表象徵某個人、事、物，都是書寫。這些符號系統可能是圖畫、參差的線條、具表徵性的塗寫、自創式的符號或文字、圖案或正確的字母、數字、字。這個界定大大超越了過去將書寫定義為寫字，亦即以特定筆畫複製或抄寫正確的字，而看到了幼兒在書面形式上更廣面的發展歷程。

㈡從幼兒的觀點，而非成人的標準看幼兒的讀寫行為

對讀寫的廣義界定亦透露了讀寫萌發觀一個很重要的態度──它站在幼兒的角度看幼兒的語言行為。對幼兒而言，溝通時不管聽、說、讀、寫，都只能以自己辦得到的方式進行，而複製正確的文字常常是超越幼兒能力的。願意依照幼兒能行的方式來看他們的表達和理解，而不堅持大人的標準為唯一衡量依據，是能真正進入幼兒世界，挖掘其不明確不外顯種種語言行為的先決條件，是讀寫萌發觀很重要的基本立足點。若漠視幼兒的發展特質，持拿著有固定標準的鏡頭來檢視其語言行為，將遺漏許多重要的內容，而這是過去傳統語言發展觀常見的態度。讀寫萌發觀不在表面形式上堅持成人的標準，在觀察幼兒的語言行為時，它建議要更進一步從孩子的角度來看語言事件中的相關要素，例如，讀寫的動機、從所發生的社會情境，表面形式的背後知識、假設或理由等，以還原每一個語言事件的真相。

㈢嘗試發現幼兒的已知、已能和長處，而非指出他們的未知、不能、缺點和錯誤

讀寫萌發觀在於發現幼兒語言世界裡發展中的各種內容，認可這些存在，進而從這些存在中描繪出幼兒語言發展的各種面貌，各種可能性、個別性和共通性。對研究者和教育工作者而言，知道幼兒世界的真實具體存在，他們已經知道的和會的，才能瞭解真相，進而有所建設。也因為它不秉持既定的標準，因此也就不會去比較出所謂「對」、「錯」或「會」、「不會」。相反的，傳統語言發展觀因持有既定標準，很容易比較出幼兒

錯誤的、不會和不能的，而將焦點定位在糾正、填補、注入。一個在發現已存在的基礎，好在其上建設；一個在剷平既有的架構，以便從頭堆疊。

這些基本立場的差異，衍生出極不相同的教學實務。概略言之，讀寫萌發觀的教學實務，在營造以幼兒為主體、由幼兒出發的情境和機會，催化、促成每一個幼兒的學習和成長；而傳統教學則由教師主導，規畫齊一的學習內容和方法，令學習者遷就適應。至於細節，將於本章的第三節作更多的探討。

第二節
讀寫萌發的理論和研究──幼兒讀寫發展的現象

一九七○至一九九○年代之間讀寫萌發觀的研究，為讀寫萌發奠立了理論基礎，指出了幼兒早期書面語言發展中的共同現象。這些現象普遍出現在拼音語系不同地區的幼兒身上。後續的研究為這些普遍共通現象加添了更多的證據和知識內涵，部分研究更指出了非拼音語系幼兒讀寫發展中的獨特現象，這些獨特現象正反映了該群幼兒所使用之語言的特性。從萌發的立場，針對使用中文之幼兒所作早期讀寫發展的研究（李連珠，1995；黃瑞琴，1997；Lee, 2002），正發揮上述作用，補充了非拼音語系幼兒讀寫發展之資訊，使讀寫萌發理論更為充實完整。在本節中，作者將綜合整理文獻和個人研究所得之不同語言系統裡幼兒讀寫發展的共同現象，作進一步闡述，過程中將同時揭示和語言系統相關的獨特處，尤其是使用中文幼兒的特有現象。

讀寫萌發的中外研究顯示，幼兒的書面語言發展出現了下列幾個共同現象：一、幼兒的語言發展是一個自然的發展過程；二、幼兒的語言發展是一主動建構知識的歷程；三、幼兒語言功能的發展先於語言形式的發展；四、幼兒語言使用乃以意義的理解和傳達為中心；五、閱讀時幼兒利用文字及其周圍的線索來理解意義，或辨認符號和文字；書寫時使用文字及其他熟悉的符號來傳達意義；六、讀寫發展過程中，幼兒持續探索文字符號，

全語言教育

使用各種文字符號和策略從事閱讀書寫，逐步建立其表徵系統。下文將一一地闡釋其精義，並以幼兒的閱讀和書寫實例佐證說明。

一、幼兒的語言發展是一個自然的發展過程

幼兒在進入幼稚園之前，已經有相當的口頭和書面語言的經驗，他們的口頭和書面語言的經驗知識交互作用支持，使他們在接受正式教學之前，已然是聽者、說者、讀者、寫者，是書面語言的使用者。研究者記錄了許多不同地區的幼兒自然學會讀寫的例子。Clay（1975, 1982）觀察紐西蘭三至六歲幼兒的閱讀和書寫發展，發現這些幼兒不只能讀能寫，而且在閱讀和書寫過程中，展現了他們特有的形式內涵和策略。Ferreiro 在中南美洲不同國家中研究使用西班牙語三至六歲的幼兒，指出他們已擁有不少書面語言的相關知識（Ferreiro, 1990; Ferreiro and Teberosky, 1982）。Harste 等人則在美國研究使用英語的幼兒使用書面語言的情況，同樣指出這些幼兒已擁有相當大量讀寫書面語言的策略，並以讀寫作為他們社會活動的重要媒介（Harste et al., 1984）。其他的研究者亦記錄了類似的幼兒讀寫行為（Bissex, 1980; Heath, 1983; Y. Goodman, 1986, 1996c; Lee, 1990, 1995; Martens, 1996; Teale and Sulzby, 1986）。

使用中文的幼兒一樣具有這樣的能力，作者在研究台灣三至六歲幼兒的讀寫發展時發現，這些未接受過正式讀寫教學的幼兒已能讀、寫與他們相關的文字符號（李連珠，1995）。幼兒在與其周圍的人、事、物和世界互動時，藉由實際的使用，逐步掌握了他生活所須的語言。他們早由生活周遭的環境中，發展了某些有關文字符號的概念和使用能力（李連珠，1995；吳敏而、黃琪芬，1994；黃瑞琴，1997；Clay, 1987; Dyson, 1988, 1989; Y. Goodman, 1996c; Martens, 1996; Whitmore and Crowell, 1994; Whitmore and Goodman, 1995），也看到了成人如何以書面語言溝通互動，而願意作類似的嘗試。書面語言的發展和口頭語言的發展一樣，都肇端於與人及環境互動之際，而實際的使用則是幼兒學習語言所經的途徑。若以種子自然萌芽為喻，幼兒閱讀和書寫能力萌發所須的土壤、陽光、水、空氣，

就是充滿文字符號互動的環境、真實的溝通需要、可以用文字符號溝通的機會以及周圍的人接納的態度。在這些條件具備之下，幼兒的閱讀和書寫能力是可以自然而然萌芽發展的。

二、幼兒的語言發展是一主動建構知識的歷程

從幼兒的角度觀看，讀寫萌發的研究者發現，在語言發展的過程中，幼兒並不如過去所假設那般被動和無知，許多幼兒的語言行為並非偶然或隨機，也不是模仿的結果。相反的，讀寫萌發研究的結果顯示，幼兒在語言發展過程中扮演著主動積極的角色，在與世界互動的過程之中，幼兒事實上系統地在建構自己的語言知識，而非被動地接收周圍成人所教導的語言技能（Ferreiro, 1990; Kamii et al., 1991; Whitmore and Goodman, 1995）。

㈠尋求表徵關係

從 Piaget 派學者的建構觀點，Ferreiro 和 Teberosky（1982）非常詳實地記錄了墨西哥和阿根廷等不同國家內，三至六歲使用西班牙語的幼兒在書面語言發展過程中所建構的書面語言知識。他們的研究指出，幼兒在發展他們的書面語言知識時，努力地在找尋語言中的表徵關係（representational relationships），包括語言和表徵物之間的代表關係，以及口頭語言與書面語言之間的代表關係。在尋求各項表徵關係時，幼兒不斷地形成假設，並進行測試、修正，下列是他們針對所使用拼音語系的西班牙文所形成的各種假設：

1. 字形獨立：要代表一個人、事或物的字，在空間上必須有所區隔，而有獨立的字形。
2. 字的外形與表徵物之關係：用來表徵事物的文字，在外表上要反映出所表徵之事物的特質（例如，用來代表大象的字和用來代表小老鼠的字，在外表上要顯示出體積大小的區別）。
3. 成其為字之最短形式：一個字至少須有三個字母才可稱之為字（word）。

4. 外形差異（external variation）：表徵不同事物的文字，外形上要有不同。

5. 音節假設（syllabic hypotheses）：對字母與音節、字與音節之對應關係，幼兒有許多種不同的假設，例如一個音節相等於一個字母、或一個音節是一個字、或一個音節是一個子音字母加上一個母音字母……等，這些假設甚至呈現了發展的先後次序。

值得注意的是，這些假設在成人世界並不存在，可見不是成人教導或環境暗示所致，而是幼兒內發建構的結果。這些假設會隨著幼兒語言經驗的增加而逐步修正調整，凡與約定俗成形式不合的，會漸漸被拋棄，這過程中來自環境的示範扮演著很重要的角色，是促成幼兒修正調整的力量。

有趣的是，這些假設是跨越地域的，不同地區的幼兒竟然有類似的假設；有些假設更是跨越語言系統，使用不同語言系統的幼兒有相同的假設。Landsman（1990）對使用希伯來語幼兒所作的研究，有類似的結果。作者在他研究使用中文的台灣幼兒的讀寫發展時（Lee, 1990, 1995），有與Ferreiro 和 Teberosky 研究結果類似的發現，稍後會進一步探討。

其他以使用英文的幼兒為對象的讀寫萌發研究，也記錄了幼兒建構書面英語的知識，這些知識與上述說西班牙語幼兒的各種假設有許多相同之處。研究指出，幼兒須整理出書面語言中各種語言形式之間的關係和運作的方式，而建構出相關的知識，例如：

1. 圖與文、畫與寫的區別：區辨圖和文，區辨何為畫圖（drawing），何為書寫（writing）。

2. 間隔概念（space concept）：如何斷字，字與字間是否須有空格，字母該如何排列成字……等。

3. 書寫方向（directionality）：認識閱讀時的視線和書寫時文字排列的順序，英文是由左至右，到了極右須回到最左，再往右。

4. 各種語言單位的概念：對字母、字、音節，以及它們之間關係的概念。

5. 拼音概念（phonetic concept）：字母和發音的關係，如何以一個或一串字母來代表一或數個音。

*6.*拼字方式（spelling）：字（word）中的字母組合方式，與拼音概念
的發展有關。

(二)文字知覺和書本概念

與書面語言發展的相關概念還包括瞭解文字符號在環境中的運作方式
和書本的運作方式。Y. Goodman 等人（1989）指出，文字知覺（print
awareness）是幼兒需要發展的基本概念，是對文字的初步覺知。Clay
（1975）有很類似的發現，他指出幼兒發展出下列幾種相關概念：*1.*標誌
概念（sign concept）；*2.*訊息概念（message concept）；*3.*頁和書本概念
（page and book concepts）。所用的名詞雖然不同，指稱的概念則是相近
的。

文字知覺或有稱之為環境文字知覺，因文字知覺多由環境文字中發展
出來。環境文字是幼兒最早接觸到的書面語言，指出現在我們的生活環境
中，具有指引、說明、規範、宣傳作用的文字或符號，如：公共場所的指
示標誌、貨品包裝袋、交通標誌、招牌、特定公司或商品的註冊商標等。
環境文字是幼兒建構書面語言知識的開始。幼兒的文字知覺包括：*1.*開始
察覺到環境中有文字符號存在；*2.*知道這些文字符號和我們的生活有一些
關係；*3.*知道生活環境中的文字符號代表著某些意義；*4.*在閱讀環境文字
時，知道是文字而非其他的情境線索（如：圖案設計、標誌）在傳達訊息。

幼兒的書本概念包括以下的概念：*1.*知道書本與閱讀的關係（如：書
本是拿來讀的，而非一般的玩具；閱讀是將書中的訊息以口頭語言的方式
呈現出來）；*2.*知道閱讀時如何持拿書本，包括上下、正反方向正確，翻
頁時一次只翻一頁；*3.*能辨認書本的組成部分（如：封面、封底、頁）；
*4.*知道閱讀的方向；*5.*知道書中包含有某些資訊，如：一個故事、一些歌
謠或事物的介紹解說；*6.*知道可以藉由閱讀圖文得到這些資訊；*7.*知道書
本是有人寫成的，知道「作者」一詞的意義等。

上述各種概念的發展，指出幼兒在書面語言發展過程中可能歷經的各
種認知歷程，須建立的認知架構，而他們所形成的各種假設，正反映他們
在達成約定俗成形式之前各種內發的嘗試和努力。

㈢使用中文幼兒的語言知識建構

作者曾經以使用中文台灣三至六歲的幼兒為對象，從萌發的觀點探討這些幼兒的文字知覺和發展中的書面語言概念（Lee, 1995）。在該研究中，幼兒須進行不同階段的閱讀和書寫。研究結果印證了幼兒早期讀寫發展的一些世界性共通現象，也指出了使用中文幼兒在建構語言知識時的獨特現象，而這些現象正反映了中文語言系統的特性。研究資料顯示這些幼兒和其他拼音語系中的幼兒一樣也在建構他們的書面語言知識。他們同樣對環境文字有高度的知覺，知道是文字而非其他的情境線索在傳達訊息，在閱讀環境文字時有高度語意的關切。這些幼兒所建構的書面語言知識，顯示他們和 Ferreiro 研究中的幼兒一樣，也在尋求語言中的表徵關係，並對中文文字系統的本質，建立了數種系統化的假設。他們在閱讀和書寫時，會使用這些假設作為讀寫的策略。

他們所建構的知識包含下列幾種假設：

1. 對文字與其代表物品之關係，出現三種假設：多數認為物品是由文字代表，極少數幼兒假設物品由文字和非文字線索代表，或物品非由文字代表。而嘗試以書寫符號來代表所欲傳達的事物或意義時，出現三種不同概念化的現象，多數幼兒認為要以不同書寫式代表不同物品，並須維持外形差異；極少數年幼幼兒假設不同書寫式可代表相同物品，或以相同書寫式代表不同物品。

這群幼兒在早期讀寫能力發展的過程中，持續尋求語言的表徵關係，和 Ferreiro 研究中使用西班牙語的幼兒一樣，他們常自問的問題是「不同的事物是不是必須以不同的書寫形式來代表」，並作了與那群幼兒類似的假設。這群使用中文的幼兒多數認為，當製造出一串串符號來代表不同的事物時，這些符號要維持外形上的差異，因此在他們大多數的書寫式上總維持著外表上的變異，例子之一是六歲幼兒小衛的書寫行為，他以四個不同國字，排列成八個不同的組合形態，以代表八個不同物品（見圖 4-1）。這八個不同物品之名稱字數各異，為了維持書寫式外形的差異，而又因擁有極有限的文字

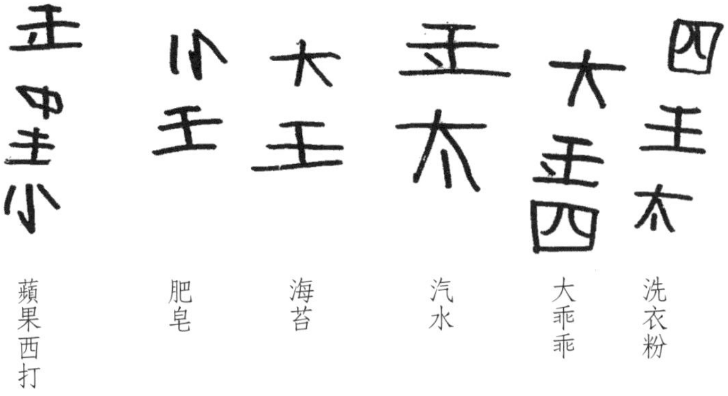

| 蘋果西打 | 肥皂 | 海苔 | 汽水 | 大乖乖 | 洗衣粉 |

圖 4-1　維持外形差異的假設

庫存，小衛於是合併僅知的幾個文字，重新排列，作不同的組合，以代表這些不同的物品。他的書寫式和表徵對象之間字數和音節的對應是一對一的。另外，有些幼兒也假設符號需要反映表徵物的特性，例如有的幼兒當寫爸爸的姓時，字寫得很大，而寫自己的姓時，同樣的字卻寫得很小。

2. 語言單位的概念，包括詞、字、部件之概念。雖未使用「字」、「詞」等名稱，許多四、五、六歲幼兒已擁有字、詞的概念，他們認為詞而非單字，才是完整的語意單位，而字則是書寫單位。所有的三至六歲幼兒均擁有「中國文字字形獨立」特質的概念，部分幼兒有國字形成的知覺，他們知道國字是由部件組成，這些幼兒會運用字、詞、部件的概念為閱讀或書寫的策略。圖 4-2 是一個五歲幼兒信哲所寫自己的名字，而這代表他名字中三個音節的三個符號，是他的姓「吳」部件的不同排列組合，他顯然察覺他的姓「吳」字是由不同的部件組成，而用這些部件在組織他的文字，三個字也都維持了外形差異的原則。

3. 文字與音節的對應關係，是口頭語言與書面語言關係概念的一部分，幼兒的假設包括一對一對應、發聲與文字列長度之對應以及無法分辨之對應。大多數幼兒已有一對一的對應概念，他們知道口頭語言

195

全語言教育

圖 4-2　名字書寫中的部件概念

　　的一音節在書面形式上由一個字代表。只有三歲和極少數四歲幼兒
有其他的對應假設。中國字一字一音是這群幼兒很早即建構出來有
關中文的書面語言知識。

三、幼兒語言功能的發展先於語言形式的發展

　　讀寫萌發所指出幼兒語言發展的一個重要現象，是幼兒語言功能知覺
的發展早在形式的掌握之前即已開始。換言之，幼兒在還無法掌握語言形
式之前已開始為著溝通目的而進行聽、說、讀、寫了。在繼續往下闡述之
前，有幾個相關的名詞須先作說明：

1. 語言功能：語言具有達成溝通目的的特性，此即語言的功能性，亦
   即說或聽某話、寫或讀某文的目的。絕大多數的語言事件都是功能
   性的，都有它欲達成的溝通目的，少數的例外，也可能因不再具語
   言活動的特質而不被視為語言活動，例如寫書法，已超越語言而被
   視為一種藝術活動。
2. 語言形式：屬語言的表層結構，指傳遞訊息時，具體看得見或聽得
   見語言媒介的組合方式，如字音，字形或字的拼法、語法、句法、
   章法等。
3. 約定俗成的形式（convention）：語言既屬人類的發明，是為溝通而

存在，就有其必要的特性——它必須是約定俗成的，因此字有一定的發音、寫法或拼法，詞彙有一定的組合方式，句子有特定的結構……等等。約定俗成的形式一般慣稱為「正確」，但就讀寫萌發不持成人標準的立場而言，則以「約定俗成的形式」取代「正確」。

4. 自創的形式（invention）：幼兒在語言發展的過程中，需要有一長段的時間探索成人世界的語言形式，在完全到達約定俗成形式之前，會有一長段的過渡時期，期間會出現許多幼兒自己的創造發明，這些與約定俗成不一致的稱為幼兒自創的形式。一般慣稱不合約定俗成的形式為「錯誤」，讀寫萌發則採用「自創的形式」或「發展中的形式」（developing form）等詞，以表明其幼兒的角度。

人類發明語言文字是為了溝通的實際需要，幼兒在進入人群社會之後，很快地就發現了語言在溝通上的功能，這種功能知覺促使他們早期的語言使用多數用來滿足表情達意的需要。社會語言學家 Halliday（1975）在他的縱貫研究中長期觀察九至十八個月大幼兒口頭語言的使用，他發現幼兒在語言上的嘗試不外為了滿足自己生活中的不同需要，Halliday 將他所記錄到的功能性的語言使用稱為「發展的語言功能」（developmental functions of language）。根據他的記錄，幼兒早期的口頭語言使用在滿足以下的幾個功能：

1. 取得生活的所需——工具性的（instrumental）功能。
2. 控制他人的行為——規則性的（regulatory）功能。
3. 與他人建立關係——社會性的（interactional）功能。
4. 表達展現自己——個人性的（personal）功能。
5. 用來學習——啟發性的（heuristic）功能。
6. 用來假裝扮演——假裝性的（pretending）功能。
7. 用來傳遞資訊——資訊性的（informational）功能。

這些功能都和幼兒日常的生活有極密切的關係，可見在語言發展的過程中，對幼兒而言語言是功能性的，而以之來滿足各種生活需要則是語言發展的重要動力。

研究幼兒書面語言發展的學者有類似的發現，他們指出幼兒早期對文

字符號的探索，很多時候發生在探索文字符號在生活中所扮演的角色之際（Y. Goodman, 1996c）。書面語言大抵可歸納出以下的幾種功能，這些功能亦反映了文字所具不同的性質：

1. 在環境中標示、說明、指引、宣傳——環境文字（environmental print），如：路標、招牌、產品說明書。

2. 幫助個人完成自己的工作——職業文字（vocational print），如：作學習區活動記錄、為完成的建構物作標示、製作或查閱工作分配表。

3. 資訊取得和傳遞的媒介——資訊文字（informational print），如：查詢名單、寫留言、記電話號碼。

4. 從事休閒活動時的輔助——休閒文字（recreational print），如：閱讀故事書、玩桌上遊戲時作續分表。

5. 進行儀式性活動時的一部分——儀式文字（ritual print）。

不管如何分類，這些研究語言發展的學者共同指出了幼兒在學習語言過程中一件重要的工作——發現語言文字在人類生活中所具有的能力（power），並多方嘗試著去運用這能力，以滿足身為所在社會一份子的各種個人和社會性需要，而這正是學習語言的主要動機。語言的功能知覺是幼兒語言發展的初步功課，他們必須在語言的功能性上有充分的探索和實驗。此時，即使他們所能掌握的語言很有限，會寫的字很少，也阻擋不了他們為著顯著目的而進行聽、說、讀、寫上的嘗試。以下這個語言事件可以說明幼兒因看到語言可以如何地幫助他們表情達意，不受阻於自己文字符號的有限，仍嘗試去寫去讀。

> 水芸和宗勳是一個幼稚園大班裡二個常玩在一起的好朋友。一天，不知何故他們的友情起了變化，不再像以前那樣結伴。水芸寫了一封信給宗勳，表達了他和宗勳「絕交」的心意，信中充滿了他的委曲。宗勳接信後馬上回給了水芸一封信，聲明一切是誤會，都是因班上另一個小朋友孟仁從中作梗之故，並表明願意重修舊好的態度。兩人寫完之後都分別拿去給老師，一邊閱讀，一邊要老師用「老師的字」幫他再寫一遍。

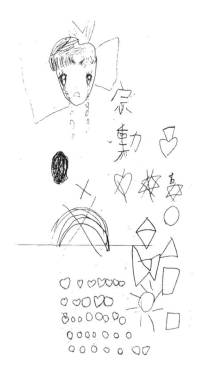

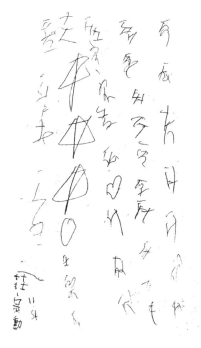

讀為：宗勳，你不要管我好不好，莊宗勳我不要讓你玩來玩去，你每次都讓我變成壞人，害我每次都被吳孟仁說我變壞。

讀為：周水芸一起玩，結果吳孟仁破壞了我們的願望，而且孟仁把我們帶壞了，不可思議。尤其是孟仁都說不跟周水芸好了。

圖 4-3　功能性使用——書信往返

　　對這兩位幼兒而言，這兩封信的功能性是很明顯的——用來傳達兩人當面難以啟齒的情感和想法，因為他們心中有如此迫切溝通的需要，以致他們根本不在意自己能寫的字其實只有寥寥幾個，而仍然使用了書面方式，以他們會書寫的符號來進行溝通（圖 4-3）。在那當時，他們看語言的功能更重於語言的形式（此處指字的正確寫法、信的寫法）。

　　功能知覺的發展是初步，絕不是終點，對形式的敏感度會在長時間達成語言功能之際，逐漸增加。透過與語言文字的互動，日復一日的聽、說、讀、寫，幼兒對語言文字功能的認識日漸增加，對口頭語言和書面語言的

瞭解也逐漸建立。他們同時練習如何理解意義，也學習並實驗不同的表達方式（Clay, 1998; Dyson, 1991, 2002）。在這過程之中，出現了許多自創式的語言，包括口說的和書面的。當幼兒自創式的語言面臨溝通的障礙時，幼兒不得不逐步修正自己的形式，使之趨向約定俗成的形式（K. Goodman, 1986; Whitmore and Goodman, 1995）。當他們在功能性的語言使用上有相當的探索之後，對語言形式的掌握日趨成熟，他們會逐漸關心自己的語言形式。有時他們對形式的要求比成人更重視，尤其當那個讀寫事件對當事人而言很重大或具特別意義時。以下的幾個語言事件正說明這個現象。

一群幼稚園大班的小朋友下課時間在書寫區交頭接耳、忙碌地書寫一封謝卡兼邀請函，這封信是要寄給一位曾經來過班上並送他們一套圖畫書的訪客，是「他們老師的老師」。在信上他們謝謝這位老師並邀請他來班上說故事。幾個幼兒完成了邀請函後，決定要寫一張回條附在信內，於是幾個人合作寫了起來。為了完成這張回條，把不會寫的字寫好，他們去找了幾個不同的資源，包括從月曆上抄了「星期」兩個字，當他們寫到「要」字時沒有人會寫，大夥正在思索之際，一位小朋友突然說：「我知道！」並疾步至圖書區，取出《小美一個人看家》，拿到正忙著其他事的老師那兒，翻到其中一頁，要求老師閱讀並逐字指點。當老師念到「要」字時，這小朋友說「好了」，按住那字，將書移回原來的書寫桌，讓同伴們將「要」字抄下。就在大家七嘴八舌寫著，回條接近完成時，當中一位女生太雲看著回條（圖4-4），說：「不是這樣啦！」並試著要說明這回條寫法有問題。幾經努力仍無法說服他的同伴，太雲決定自己寫一張（圖4-5），並註上自己的姓名，表示這是他個人的作品。二張回條同時附在信內寄出。

圖 4-4　邀請函的回條一：集團創作

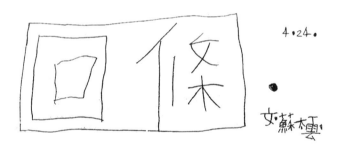

圖 4-5　邀請函的回條二：個別書寫

在這個語言事件中，有幾個重要的訊息值得注意。第一，這群幼兒已經能掌握回條的基本格式。其次，他們非常在意字的正確寫法（形式），因為他們意識到對方是大學裡的教授，是老師的老師，不可以亂來，因此這張回條在形式上必須要儘量正式一些。所以他們捨棄平日常用的策略，例如保留空位（place holding），以圈圈或方格取代不會寫的字，或以約略的寫法代替，他們要確認每一個字都寫對了。他們已注意到形式的重要，而書寫對象是他們決定形式重不重要的主要因素。第三，他們會為了達成溝通目的而選取有用的資訊，且深知何處去取得，他們的策略是參考環境文字和書本。這些都是這群小小寫者會的、已知的、他們的長處。再者，第二張回條的作者太雲展示了他更精確形式的掌握。讀者可以從兩張書寫樣本中看出太雲的堅持何在，他注意到第一張回條沒有提供不要來的選擇，而這是不合回條形式的，只是他無法以口頭語言說服他的同伴，為了堅持形式上的正確度，他選擇自己再寫一張。另一個語言事件顯示了幼兒類似的對形式的關心。

家俊是幼稚園大班的幼兒，從平日言行當中，老師注意到他是一個很看重父母的孩子。有一陣子他很喜歡創作故事並做成書，一次他完成了一本圖畫書，很滿意，想要在書的封底加上作者介紹。老師看到了他這個意圖之後，就將這件事帶到班上大團體活動時間內討論。老師拿出了許多有作者介紹的不同圖畫書，為全班閱讀以供大家參考，同時邀請其他幼兒給家俊建議可以放什麼資訊在作者介紹欄內。討論結束時，家俊已胸有定見，他決定除了介紹他自己，還要加上他父母的名字。在接下來的自由選擇時間內，老師協助家俊書寫作者介紹欄。家俊在老師協助提供參考資訊之下動手寫了大部分的字，但是到了要寫他父母的名字時，家俊堅持要由老師動筆，理由是他寫的字開開的，不好看，老師寫的字比較好看。老師於是把握這契機，讓他知道成人在寫字時會按特定的筆畫筆順書寫，同時一邊動手示範一邊口述手部動作，先寫出了他父母的名字，再鼓勵家俊自行動手。家俊終於肯動手，按示範的筆畫筆順完成了父母名字的書寫，不只對結果頗為滿意，也很高興自己的嘗試。

在這個語言事件中，對家俊而言，形式（此處是字形的美觀）是很重要的，因為它用來表徵重要的對象（他的父母）。幼兒常因對象或讀寫的目的不同，而對語言形式有不同的要求。而對象和目的事實上正反映了讀寫的功能性質，換言之，功能性大不大、重不重要，會影響幼兒對形式的關心程度。相對於家俊對形式的完美要求，茵茵在下列讀寫事件中對形式的要求就隨意得多，因為書寫的對象是自己。

在畢業之前，幼稚園為大班幼兒舉行了一次在學校宿營的活動，畢業生可以在學校住一個晚上，幼兒們都很期待這個活動。宿營當天學校提早放學，讓幼兒可以先回家梳洗準備，再到學校來過夜。放學前老師交待了相關注意事項，提醒幼兒想好要帶的物品，並建議他們想個方法讓自己不忘記。茵茵想了一下，拿了紙筆作了一張備忘錄（見圖 4-6）。

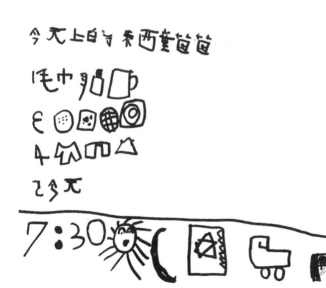

讀為：
今天（晚）上
（要帶）的東
西童茵茵。
1 毛巾牙刷牙
  膏杯子
3 餅乾
4 睡衣小內衣
5 今天

（晚上）七點
三十分太陽下
山月亮星星出
來的時候要坐
娃娃車到學校

圖 4-6　宿營攜帶物品備忘錄

全語言教育

茵茵在形式的選擇上是自由的，他不在意會不會寫正確的字，因為讀者是自己，只要自己看得懂，備忘的目的就達到了。在這個語言事件中，目的完成了，書寫的功能發揮了，形式不是主要的關心點，對象和目的才是關鍵，因此，達成目的的幾個重要資訊（如時間、所須帶的物品）在此書寫中被特別的註記。值得注意的是，茵茵雖然不在意字會不會寫、是否寫得正確，然而在形式上他並非全然忽略，他使用最有利於閱讀的分項條列的方式註記，可算是適當的選擇。

上述這幾個幼兒在形式上的不同堅持，說明了功能的重要性，也顯示幼兒的自創形式有其時間性、過渡性，他們在適當的時機中會因溝通的目的或功能上的考量，而自動移向約定俗成的形式。而此時，環境和周圍的人所提供相對照的約定俗成形式，是幼兒修正調整的重要推動力量。

四、幼兒語言使用乃以意義的理解和傳達為中心

促使幼兒主動使用語言的原動力，是人類最基本的溝通需要（Dyson, 1989; K. Goodman, 1986; Taylor, 1983）。幼兒透過語言來表達自己的感覺情緒、想法意見，用語言來接收並傳遞資訊，也用語言來從事遊戲和假裝扮演（Clay, 1998; Halliday, 1977）。對幼兒而言，從最初開始，語言即是功能性的，是達成生活和學習目的，以及瞭解外在世界的重要工具，而語言活動的重心即在於意義的表達和理解（Bissex, 1980; Dyson, 1991; Halliday, 2004; Harste et al., 1984）。

探討幼兒文字知覺的研究指出，幼兒在最初遭遇文字符號，對之進行探索的初期，就具有高度的語意關切（Y. Goodman et al., 1989; Harste et al., 1984; Haussler, 1982; Remero, 1983），也就是說，他們在察覺到環境中存在的文字符號時，會試著要發現這些文字符號所傳遞的訊息，特別是當這些文字符號與自己有相關時。這個發現可以解釋為什麼多數幼兒能很快辨識出由英文字母"M"變體而成的金黃色雙拱門標誌意思是「麥當勞」。在作者的研究中（李連珠，1995）亦發現，幼兒在閱讀時的觀注焦點是意義的瞭解。以下的二個閱讀實例可說明幼兒如何運用語言知識為策略，賦予

所閱讀的文字合宜的意義。

例一：五歲幼兒維之在閱讀帶情境的環境文字組──校園內和校門口都有的交通標誌「當心兒童」之後，回答研究者「這上面在說什麼」的問題，說「小心兒童」。研究者要他進一步指出口頭回答書於何處時，維之改變答案為「車子要停下來再走」。在研究者再一次作同樣要求時，維之一邊用手指著文字一邊念「停兒童過」。這三組回答就形式上來看差異很大，尤其第二個。但三個回答都環繞著該環境文字的中心意義，第二次回答甚至有更明確、詳細的意義闡釋，雖然從形式上看和原文差別最大。第三次回答若與原文對照似乎最不適切（四個字都錯了），但卻在掌握意義的原則之下，同時兼顧了音節和字數的一對一對應，而就該環境文字組而言，這個回答的意義則是更完整的。答案與原文的對照請參見表4-1。

表 4-1　閱讀時對語意的關切例一

環境文字	當心兒童
第一次回答	小心兒童
第二次回答	車子要停下來再走
第三次回答	停兒童過

例二：四歲幼兒明宜被要求閱讀點心時間常喝的牛奶包裝，上面除了情境線索之外，尚有字體大小不一的二行文字「味全」和「保久特級鮮乳」。看完之後，研究者問明宜「這上面在說什麼」，明宜回答說「牛奶」。研究者要他進一步指出口頭回答書於何處時，明宜指著「味全」讀為「牛奶」。研究者再問「還有什麼」，明宜說「請天天喝」。研究者作同樣的要求，明宜一邊

用手指著「保久特級鮮乳」一邊念「請天天去買喝」。這三組回答雖然就字形上來看與原文都不合，但三個回答都顯示明宜對該組環境文字所傳遞訊息的關切，而所賦予的意義是合理且相關的。第二個回答「請天天喝」是「牛奶」意義的延伸，第三個回答「請天天去買喝」則在相同意義之下同時遷就了音節和字數的對應，而衍生了就語法而言較不適切的回答。答案與原文的對照請參見表4-2。

表4-2　閱讀時對語意的關切例二

環境文字	味全	保久特級鮮乳
第一次回答	牛奶	
第二次回答		請天天喝
第三次回答		請天天去買喝

　　這二個語言事件，若依過去對讀寫的傳統界定來看，都是所謂「錯誤」的閱讀，無甚可取。但持萌發的觀點觀之，在他們的回答中可發現這二位幼兒在閱讀時對語意有高度關注，瞭解他們為了維持合宜語意所採取的閱讀策略，以及其中所顯露一對一音節文字對應的概念。在尋求合宜語意的努力下，有時對語法等表面形式，反而較不關切。意義的理解是這些幼兒閱讀時的中心。

五、幼兒以文字符號及情境線索理解表達

　　文字知覺是幼兒早期讀寫發展的重要基礎之一。早期讀寫發展的研究者 Y. Goodman（1996c）認為讀寫能力之發展有它的根基，指出讀寫發展的根基（roots of literacy）有：1.實際情況中之文字知覺；2.使用情況中之文字知覺；3.書寫功能和形式之發展；4.對書面語言之談論；5.書面語言之後設認知（metacognition）和後設語言知覺（metalinguistic awareness）。

根據他的理論，不管是在實際環境文字的情境，或在書面的閱讀和書寫情境中，幼兒的文字知覺都是他們邁向更成熟語文能力的必經之路，而文字知覺常始自與環境文字的接觸。

環境文字是幼兒最早接觸到的書面語言，通常伴隨著充分的情境線索，如：圖畫、設計圖樣、商標、標誌、顏色、形狀、字體等。幼兒最初與文字接觸的經驗裡，在閱讀環境文字時，學習著從情境線索中界定它所傳遞的訊息，組織出它所包含的意義。對識字不多的幼兒而言，伴隨著文字的情境線索是很重要的參考來源，他們會同時利用文字及其周圍的線索來辨認、理解符號和文字的意義。在作者探討幼兒文字知覺的研究中，證據顯示使用中文的這群幼兒在閱讀環境文字時，常常使用文字和文字以外的情境線索幫助自己理解意義，而當所閱讀材料的情境線索減少或完全被移走時，幼兒解意的可能性就大大減少，語意的關切度也明顯降低了。情境線索是幼兒閱讀時的對象之一，不只是文字。

幼兒會將他們的文字知覺應用到他們所有的閱讀行為之中，例如在閱讀童書時會參考插畫和上下文本的線索來理解故事內容，在閱讀教室內的環境文字（如，學習區、學習材料的標示）和表單時，會參考文字所在的情境和伴隨的圖畫或其他部分文字來瞭解其意義。幼兒的文字知覺也會應用到他們的書寫行為之中。當幼兒所擁有的「語言資料庫」（linguistic data pool）（Harste et al., 1984）有限時，也就是說他們會寫的文字或符號有限時，他們會使用其他自己可以製造的符號來表達。出現在他們書寫中的符號線索可能有圖畫、可以辨認和不可辨認的符號，可以辨認和不可辨認的各種文字系統（例如阿拉伯數字、字母、注音符號）以及接近約定俗成形式的文字。圖 4-6 所示童茵茵的書寫樣本是一個例子，他使用了國字、阿拉伯數字和圖畫來記錄他需要記得的事項，正說明了小小寫者為了滿足自己的溝通需要（在此處是為自己作備忘錄），如何使用自己可以辦得到的符號和圖畫來書寫，來傳達意義。

全語言教育

六、幼兒持續探索文字符號，逐步建立其表徵系統

㈠符號的探索

讀寫萌發的研究指出，幼兒的讀寫在到達約定俗成之前會有自創的形式，創造是幼兒建立表徵系統的歷程中不可避免的現象。在幼兒接觸書面語言之初，就開始建構其書面語言的知識，對於文字、符號、書寫的探索，也是建構書面語言知識的一部分，他們必須知道在表徵時文字、符號可以如何組合、排列，他們也需要實驗自己在文字、符號的製造上有多大的掌握，並在這過程中測試各種不同的策略。

探討使用英語系統幼兒讀寫發展的不同研究都提出了幼兒探索文字符號的證據。Harste 等人（1984）指出，幼兒最初的書寫已然是對書寫的真正嘗試，他們在嘗試的過程中，個個都須發展屬於自己的書寫系統，而不管文字的表面結構如何，他們發現幼兒在書寫中顯示了組織建構語言的能力和一致性。Clay（1975）的研究發現，幼兒在早期的書寫嘗試中，透過不同的方法在實驗文字符號的排列和表徵方式，並能維持一致。他歸結出幼兒書寫時常使用幾個原則：1.彈性（flexibility）：將一符號或字母作裝飾或變形，以創造出新的符號；2.庫存（inventory）：將所有已學會的符號、字母或字像陳列庫存量似地排列出來；3.重現（recurring）：一再重複使用相同的符號或字母；4.產生（generating）：察覺到相同的字母可出現在不同的字之中，而以有限的符號或字母嘗試製造出不同的字的組合；5.方向（directional）：嘗試探索閱讀和書寫時文字排列的各種可能方向；6.對比（contrastive）：把兩個相似的符號並排，以作外形的對比；7.縮寫（abbreviation）：暫時地以單一字母或符號代表一個完整的字。這些原則是幼兒們對文字符號的探索和實驗，透過這些探索實驗，幼兒逐步擴充他們的資料庫內容，修正調整他們的書面語言知識，建立其表徵系統。

㈡表徵系統的建立

　　幼兒建立表徵系統之時，也在累積其語言資料庫的內容。與環境中各種書面語言互動的經驗，讓多數幼兒語言資料庫的內容是多元的，不盡然合於約定俗成的形式，也超越了單一、主流的語言系統。以作者研究中使用中文的台灣幼兒為例，他們語言資料庫中的符號類別除了不同形式的國字，還有阿拉伯數字、英文字母、注音符號、標誌、圖畫以及不可分辨的符號等，這些不同種類的符號有時會同時出現在同一件書寫成品中（圖4-7）。其中的國字又有各種不同的發展形式，例如：看起來很像國字但無法辨識是哪一個字（近似國字）；可辨識得出是哪一個字，但筆畫不合約定俗成形式（可辨認的國字）；或與約定俗成完全一致的國字（正確國字），其間的區別可參見圖4-8。

圖 4-7　多元的語言資料庫存

　　幼兒建立表徵系統的歷程是他們趨向約定俗成形式前的努力痕跡，不論語言系統為何，幼兒書寫形式的發展有其大致的發展歷程，Harste 等人（1984）就記錄了英語系中三至六歲幼兒書寫式的發展演變。長期觀察幼兒的書寫發展，作者也發現了使用中文幼兒書寫式的大致發展趨勢，而他們在符號上的發展也正顯示了他們建構中的語言知識。大致而言，幼兒在三歲左右即能掌握中文字字形獨立的特質，不管他們所製造出來的符號是否可辨認，每個符號都保持了空間上的區隔獨立，見圖 4-8 之㈠。三、四歲間，幼兒的符號會慢慢趨向非連續性、有固定方向、直線條的組合，隱然是一些筆畫的組合，見圖 4-8 之㈡。四歲左右，幼兒的書寫中開始出現了一些近似國字，字趨向方正，也有部件的結構，看起來很像國字，但又指不出來是哪個字，見圖 4-8 之㈢。五、六歲之間，幼兒的書寫式會陸續出現可辨認的國字，可能是部分部件的組合、部件倒反了或筆畫有所變異，外表有部件的結構性，看起來很像某個國字，但筆畫不完全一致，見圖 4-8 之㈣。多數六歲幼兒的書寫式中已出現了一些正確國字，尤其是在寫他們自己的名字或重要、熟悉的人事物時，見圖 4-8 ㈤。值得注意的是，在幼兒的語言資料庫中即使出現了合乎約定俗成形式的國字，在表徵時幼兒有時仍保留他們的創造和選擇，在意義上並不見得與成人認定的一致，例如幼兒可能寫了一個完全正確的「太」而讀之為「乖」，這是幼兒在發展表徵系統時常見的現象。上述不同年齡幼兒書寫式的發展，只是一個大致的發展趨勢，幼兒極可能因為個別的書面語言經驗，而在發展上有快慢之別。

　　從表層結構來看，幼兒書寫式的發展似乎是由局部到整體——先會寫近似筆畫的線條，進而掌握了部分部件，才能寫出正確的國字，他們的注意焦點似乎是從文字的局部開始。面對這樣的表面現象，我們不得不注意背後的相關因素，這可以從二方面來探討——書寫行為背後的文意意圖（meaning intent），和書寫行為背後的認知和身體發展狀況。

　　前面已經提到，幼兒的語言使用是以意義的理解和傳達為中心。因此多數時候幼兒在從事書寫時，主要的關注是意義的表達，他們通常有高度的文意意圖。若從這個角度觀之，他們在整體意義傳達上的關切，是優於對局部形式的掌握。而他們所能掌握的形式則受限於他們當下的發展狀態。

(一)不可分辨的符號

(二)近似筆畫的符號

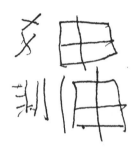

(三)近似國字

(四)可辨認的國字

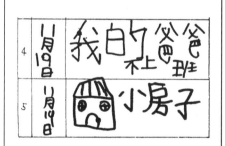

(五)正確國字

圖4-8　書寫式的發展

圖4-8所呈現字形的演變，整體而言，有一從「約略、籠統」，而逐漸「細節化、精確」的大致發展趨勢，這樣的發展和幼兒的認知和身體能力有關，年幼的幼兒們對文字的知識尚在建構中，而書寫動作所涉及的視覺分辨能力和小動作能力也尚未臻成熟，因此無法精確掌握文字中的細節，卻不足以阻止他們對文字符號的嘗試和使用。而隨著年齡增長，他們對形式的關注會逐漸提高，在符號上就更趨精確、細節化，因此，就語言的深層結構而言，幼兒的書寫發展還是從整體到局部的。

(三)策略的使用

幼兒的語言發展是一建構知識的過程，他們在從事閱讀和書寫的時候也在使用他們發展中的書面語言知識。Clay 所發現幼兒早期書寫嘗試中的彈性、庫存、重現、產生、方向、對比、縮寫等原則，是幼兒對文字符號的實驗，也透露了幼兒建構中的語言知識。其他的研究也揭示了幼兒在閱讀和書寫時所發展類似的策略（Ferreiro and Teberosky, 1982; Y. Goodman et al., 1989; Harste et al., 1984; Lee, 1995, 2002），例如在 Harste 等人和 Ferreiro 與 Teberosky 研究中的幼兒書寫時也使用了重組、重複、庫存檢視、陳列等策略，而作者研究中的台灣幼兒也出現這些共通現象。幼兒在閱讀和書寫時可能使用不同的策略，但這些策略往往源自相同的概念。

幼兒在閱讀時會使用情境線索和自己書面語言的知識作為參考，使用中文的幼兒在他們的閱讀和書寫行為中，就透露了他們對中文系統特質的知識，例如一字一音、部件、字形、字、詞等的概念在他們的閱讀和書寫樣本中常有跡可尋。以下是在作者文字知覺的研究中（李連珠，1995）一些實際閱讀和書寫樣本的陳述。

例一：研究者要求一位五歲幼兒閱讀環境文字孔雀香酥脆的包裝袋，在這組環境文字中有三組文字：「孔雀」、「香酥脆」和「香魚」，以及伴隨的情境線索。當研究者要求這名幼兒閱讀並指出所讀的對象時，這幼兒的第一次回應是指著「孔雀」讀為「孔

雀」；指著「香酥脆」讀「餅⋯⋯」但半途停了下來，放棄先前的回答，重新再指讀，第二次他仍指著「孔雀」讀為「孔雀」，但改指著「香魚」讀為「餅乾」，口頭回答和文字的對照請見表 4-3。顯然這幼兒是以他已發展的一字一音的書面語言知識來幫助自己讀這組環境文字，因為「餅乾」的音節和「香酥脆」的字數不一致，於是他搜尋其他線索，參考一字一音的知識，改指「香魚」為「餅乾」。

表4-3　文字音節對應的閱讀策略

文字	孔雀	香酥脆	香魚
第一次回答	孔雀	餅	
第二次回答	孔雀		餅乾

例二：一個六歲幼兒在閱讀瓶裝可口可樂的標籤時，稱其為「蘋果西打」。當研究者要求他用手指出所閱讀的部位時，他一邊指著「可口可樂」一邊念「蘋果西⋯⋯」，並自語：「不對，這（指著第二個『可』字）是『蘋』啊⋯⋯」，然後宣告：「不是蘋果西打。」否定了他先前的閱讀。研究者再追問是什麼時，第二次他說是黑松汽水，在研究者要求他用手指出時，他重複了前次的程序，指著「可口可樂」一邊念「黑松汽⋯⋯」，接著又自語：「不對，這（指著第二個『可』字）是『黑』啊⋯⋯」，然後又再次放棄而宣告：「不是黑松汽水。」這位六歲幼兒在閱讀時所引用的線索是字的外形結構，他注意到「可口可樂」中的兩個「可」是同樣的字，但當他念「蘋果西打」和「黑松汽水」時，第三個音與第一個音卻是不同的，顯然和文字不符，因此否定了自己的辨認。

全語言教育

表 4-4　字形辨認的閱讀策略

文字	可口可樂
第一次回答	蘋果西打
第二次回答	黑松汽水

　　字形的辨認是此幼兒讀寫時所引以為參考的書面語言知識之一（見表4-4）。有的幼兒在讀寫時會同時參酌二種以上的語言知識，使用二種以上的策略，以充分地理解或表達意義。

　　在閱讀和書寫時，幼兒的書面語言知識往往促使他們採用必要的策略以達認知上的平衡，概念和策略往往互為表裡，是一事的兩面。在圖 4-1 小衛的書寫樣本中就出現了多重的概念和書寫策略，包括一字一音、外形差異等概念，而在這些概念主導之下，小衛採用了資料庫存檢視陳列和重新排列組合等策略。很明顯的，在小衛的語言資料庫中存有的符號極為有限，為了表徵不同的事物，又得維持外形的差異，於是他將有限的幾個符號按一字一音的原則，重新排列組合，完成了這個語言事件中的表徵動作。

　　重新排列組合是資料庫存有限的幼兒書寫時常用的策略。五歲的黃芊育是另一個例子，他在自由書寫的時候，以五個類似部件的不同符號和阿拉伯數字「01」（他在班上的號碼 10 的倒反）重新排列組合，以分別代表自己的名字、「房子」、「爺爺」、「花」、「牛奶」、「牙膏」、「太陽」等事物，見圖 4-9。這五個符號正是他姓名中的部件。芊育的書寫樣本顯露了他的書寫策略，同樣的也透露了他的語言知識，顯然他已留意到自己姓名中文字的組成部件，他也有接近約定俗成字音的對應概念，並假設表徵符號外形須有差異。

　　年齡較小的幼兒因其符號書寫的能力有限，常會以幾個簡單的圖形或圖畫來代替複雜的文字，他們知道這些圖形並不等於那個要寫的字，只是為其保留空位而已。圖 4-3 水芸和宗勳的書信中就大量地使用保留空位的策略，以幾個簡單的心、星、圓圈……等形狀來表達繁複的情感話語。口頭語言的知識也常會被應用到書寫上來，有些幼兒會以語音作為參考的線索，而用同音的近似字或符號來代替所欲書寫卻不會寫的字，例如有幼兒

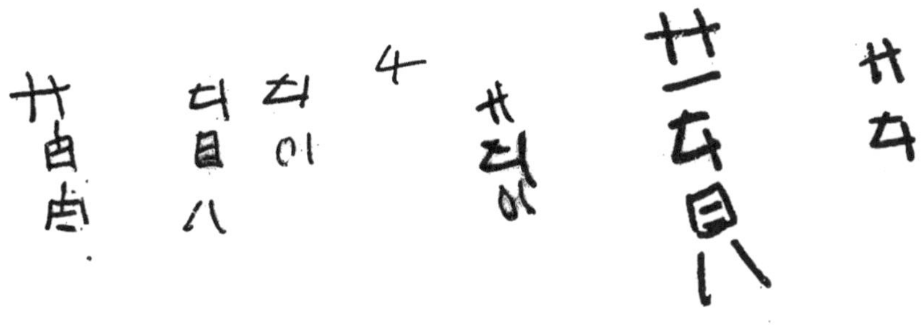

圖 4-9　重組的書寫策略

以一個四分音符代表「師」字，因為「師」、「四」音相近。口頭語言和書面語言的表徵關係顯然是幼兒常常需要思索的問題。

識字不多的幼兒在面臨複雜、超乎能力或較重視的書面溝通，而又有高度的溝通意願時，他們會去尋求身邊可用的資源，以完成書寫或閱讀，圖 4-4 所示回條的書寫過程即是一個例子。作者長期在幼稚園教室內觀察幼兒的語言使用，發現幼兒尋求可用的資源以完成其閱讀或書寫活動的實例，幾乎天天發生，他們尋找的資源包括成人和同儕的協助、環境文字、書本及教室內其他的書面資源，例如為了寫朋友的名字去翻閱、抄錄班上的簽到表，目的在完成預定的閱讀或書寫。讀寫策略的發展和運用，實是小小讀者和寫者在從事閱讀書寫時重要的工作之一。

讀寫萌發的研究開啟了探視幼兒語言發展的另一個視窗，為我們揭示了幼兒讀寫發展中的各種現象，披露了幼兒在語言發展中被忽略的角色，讓我們可以重新辨認幼兒在其中的主動性、創造性和建設性。當我們明瞭幼兒在讀寫過程中心智忙碌工作的情形，以及促成他們讀寫的內在動機和外在環境條件，我們一方面得正視他們已擁有的知識和所使用的策略，另一方面也須重新審視相關的教學實務，方能催化、促進幼兒的語言發展。

第三節
讀寫萌發的教學觀——研究於課程的啟示

　　上節已探討了研究所指幼兒早期讀寫發展的共同現象，其中某些現象甚至同時存在於使用不同語言系統的幼兒之中。如果語文教學宜本諸語言發展的本質，那麼讀寫萌發觀的研究結果，顯然有其在教學上的涵義和啟示。在探討這些啟示之前不妨先檢視一下目前幼兒及一年級教室內一些常見的語文教學活動及其背後的假設，與之相較於讀寫萌發觀點，從而提出一些相關的議題，推結出合宜的教學方向。

　　在不少幼兒和一年級教室內，注音符號、認字、寫字和語詞教學仍是主要的語文教學活動。注音符號、單字和語詞教學強調符號和文字的正確辨認和誦讀；寫字活動則或強調寫前的準備，如運筆、筆畫、筆順的練習，或專注於字形的正確複製及筆畫筆順的按序操作。不管認字或寫字教學，內容大概是由教師或教材所設定，往往呈現一由簡而繁、由局部至整體的次序。教學過程亦多由教師主導。另有部分幼兒教室內則出現另一極端的實務操作，基於成熟論的觀點，以幼兒視覺和小動作能力的發展未臻成熟為由，認定幼兒不宜從事執筆書寫的活動，而堅持在幼兒教室內不可進行寫字教學，當然限制幼兒執筆書寫。在這樣的教室內，幼兒的書面語言經驗通常是極有限的。這些教學實務之中，常出現下列的情形——在教學活動中，幼兒被迫放棄原已發展的概念，大家一起從頭學起；進行真正的閱讀之前，幼兒須先認注音符號、一些簡單的單字和語詞；進行真正書寫之前，幼兒須作許多握筆、運筆、筆畫、筆順的練習；語言形式之準確與否被視為反映學習成敗的指標，而成為「非正即誤」二分法式的評量依據，意義的理解和表達降為次要，語言的使用往往淪為附庸；在語文課程和教學中，教師是學習活動的中心，他決定學習內容及活動過程，透過預設的程序，灌輸語文知識給幼兒；反之，幼兒在學習上明顯地被定位為跟隨者，沒有選擇內容、方法的自由，他主要的工作在藉不斷的反覆練習，接受灌

注的知識，以達預期的成果。為了便於比較論述，上述教學實務在本章內暫且稱之為「傳統語文教學」。

這些教學實務潛藏了幾個基本的假設：1.幼兒在入學時，其書面語言知識是空白的，而語言學習過程中學習者是被動的知識接收者；2.學習閱讀書寫之前，必須具備某些預備的技巧或基礎條件；3.語言學習有一由易而難、由簡而繁、由局部至整體的次序，因此按序編整過的教材較易於學習；4.正確形式之掌握是學習讀寫的首要條件，而語言形式是語言活動的中心；5.語言之學習須藉增強以強化，而反覆練習是求得形式準確的必要方法。反觀讀寫萌發的研究所揭示幼兒讀寫發展的種種現象，顯然和這些假設有極大的不同，尤其有幾處或觀點完全相反，或焦點有異，都值得進一步探討析論。表 4-5 呈現二個派典的初步對照比較，至於細節則會在後文進一步一一提出討論。

由上面的對照表中可以看得出來，讀寫萌發觀和傳統語文教學觀對語言學習中的學習者、促成學習的條件、學習歷程、學習的重點、學習的方法等面向，或者持不同的觀點，或者從不同的角度著眼。著眼點不同，也就衍生不同的立論。讀寫萌發觀尤其挑戰了傳統教學中幾個常見的議題，並提出對該議題的觀點，茲一一探討如下。

一、讀寫萌發對傳統假設的質疑

㈠預備度議題

所謂預備度（readiness），是從發展的觀點指出幼兒個體的發展都有其先決的基礎條件，每一階段的發展都須基於前一階段的發展基礎，亦即每一個階段的發展都是下一階段的預備，當個體發展尚未預備好之時，不宜讓幼兒從事下一發展階段才能做的活動。這個概念援引至語言發展和學習則強調聽、說、讀、寫都有其準備狀態，例如，學習說話之前必須聽覺和發聲器官發展成熟；學習閱讀之前必須視覺分辨能力成熟，先能辨認注音符號；學習書寫之前除了視覺分辨能力，還要手眼協調、小動作能力等

全語言教育

表 4-5　幼兒語言學習之假設：傳統語文教學觀與讀寫萌發觀之比較

傳統語文教學之假設	讀寫萌發觀點
幼兒在入學時，其書面語言知識是空白的，而語言學習過程中，學習者是被動的知識接收者。	幼兒在入學時，已具有相當數量的書面語言知識，在語言學習過程中，學習者主動地建構語言知識。
聽、說、讀、寫的發展各有其預備的技巧或基礎條件（預備度）。	溝通（功能）是幼兒進行聽、說、讀、寫的動機，幼兒並不等待基礎條件都完備了才會去溝通，而是認識了讀寫的功能之後，就開始實際以讀寫進行溝通。
語言學習有一由易而難、由簡而繁、由局部至整體的次序，因此按序編整過的教材較易於學習。	語言學習沒有特定的次序，幼兒按其溝通的需要而使用語言，通常由與自己相關的先發展。語言學習是由整體到局部，幼兒多數的語言使用都是由完整的意義出發，形式（局部）是用來傳遞意義，達成溝通目的之媒介，稍後才會關注。
正確形式之掌握是學習讀寫的首要條件，而語言形式是語言活動的中心。	早期的讀寫行為中形式的精確與否並非首要考量，溝通目的是否能達成才是關心所在，意義是語言活動的中心。
語言之學習須藉增強以強化，反覆練習是求得形式準確的必要方法。	對形式的掌握是藉由日復一日真實的使用，逐漸修正調整而成。

有相當的成熟度，並能正確地握筆，對筆畫熟練等。在基礎條件尚未發展完全之前，不宜讓幼兒去聽、說、讀、寫。其中尤以寫的預備度最引起教育工作者的注意。預備度的概念也影響教師語文課程的設計和教學，會特別注意依一般發展次序安排，例如在進行寫字教學之前，會安排一段時間讓幼兒先從事小動作能力發展以及握筆運筆的練習，讓幼兒熟悉文字中的各種筆畫。

　　讀寫萌發觀從較宏觀角度看語言學習，因而質疑——幼兒是否真待個

體相關肢體能力相當成熟之後方開始學習書面語言？他們學習書面語言是否依循假設的特定次序？他們是否入學之後才開始接觸書面語言？中西方的研究俱指出，幼兒早在入學之前已是書面語言的使用者，他們在與環境中文字接觸的過程中即逐步發展其書面語言知識，他們學習語言時，是在整體語言情境中著手，並不一定基於特定的技巧。他們所建構的書面語言知識、所作的假設，顯示他們有自己的概念系統，並非依傳統教學所假設之順序學習。

因此，讀寫萌發觀主張幼兒語文教學宜基於幼兒已發展的語文知識，由此延伸幼兒的學習。教師宜致力於發現幼兒已擁有的語文知識，提高豐富、多元、自然的語言經驗，以助其概念的發展。若幼兒已是閱讀者或書寫者，課程再回過頭去要求幼兒作所謂基本技巧的練習，或強扭幼兒原有的概念以適應教師預設的內容，是否適當，是值得深思的。

至於讀寫時所依賴的肢體動作能力，讀寫萌發觀則持建設性的態度。按成熟論的觀點，三至六歲幼兒有其發展特質，其視覺分辨、小動作及手眼協調等能力，都尚未成熟至可以明確分辨字形的細微差異，以及能握筆運筆寫字的程度，因此有許多持傳統教學觀的教師，不提供幼兒書寫的機會，甚或禁止幼兒寫字；這是將發展特質作了較消極的解讀。讀寫萌發觀同意幼兒在發展上的特質，但採取積極、建設性的態度，呼籲順應這些發展特質，建議在教學上必須有以下的因應措施和態度：1.在幼兒選擇讀寫時，順應幼兒的肢體動作能力，提供他們有充分情境線索、能操控運用自如的讀寫材料（如故事類的圖畫書）和工具（如未畫格的大張空白紙、粗管的筆），並容許他們按自己可以做到的方式從事讀寫，不以大人設定的方法限定他們；2.對幼兒在閱讀書寫的表現，不要有超乎年齡的期望，尤其是語言形式的掌握，例如，不要求四歲幼兒能認得特定的字，不要求五歲幼兒要按正確筆畫筆順書寫，但認可他們有該年齡的自創發明形式；這是讀寫萌發觀針對預備度所持的態度。

(二)語言形式議題

傳統語文教學看語言學習是從語言的表層結構——形式的角度著眼，

因此認定語言學習是從局部到整體，且堅持形式的正確及練習的必要性；讀寫萌發觀則關注語言的深層結構——語意和語用，所以歸結語言的學習是由整體到局部，主張給予幼兒形式發展的時間，容許他們逐步移向約定俗成。由此觀之，二者之間有個基本的立場歧異——對語言中形式的不同定位。讀寫萌發觀促使語言教育工作者再一次思考以下的問題——語言形式在語言學習中到底居何角色？脫卻語意和語用，形式存在的價值又為何？幼兒學習語言的過程是從意義的尋求或形式的確立開始？此為教學中講求語言形式之前，必須深入思考的問題。

讀寫萌發的不同研究中所揭露的讀寫發展現象印證，幼兒語言發展過程中，意義是他們首要的關心。幼兒文字知覺的研究亦指出，幼兒的高度文字知覺和語意導向，顯示他們在與文字接觸之初，意義的理解和表達是優先的活動，文字的形式並非唯一焦點。而讀寫知識的獲得是透過持續的語言使用及與環境中文字充分互動完成的，也就是說，語言學習的最初動機是解意和溝通（功能），再慢慢步入對形式的要求。形式固然有其必要性，然而沒有意義、功能或目的，語言活動的動機性、必要性就值得重新檢驗。

其次，研究顯示，幼兒對形式的控制在達成約定俗成形式之前有許多自創發明和假設，即所謂「發展中的形式」。發展中的形式在與環境中文字充分互動之後，雖終將趨向約定俗成，但卻是幼兒語言發展的必經途徑。幼兒藉著與文字互動的過程，反覆其假設、測試、修正等認知程序，以建構其書面語言知識，而環境和社會正扮演刺激、參考和示範的角色。若考量語言發展中的這些現象，發展中的形式既是幼兒必經的途徑，就不宜以「不正確」視之，它只是與約定俗成尚未一致而已。傳統觀點對形式正確度的堅持，無非因有一嚴明的成人標準，且以形式為主要焦點。

讀寫萌發觀並非認為形式不重要，也不認為個體可以用自創發明的形式長久溝通無礙，更不以為幼兒會耽於這些發展中的形式，以之為唯一的溝通媒介。幼兒自創的形式會發展改變，只是改變的契機並非透過練習，尤其是由成人所設計外加的練習。幼兒對形式的掌握是在長期真實的使用中，逐漸修正調整而成，也就是說，練習是在真正的使用中進行。萌發的

研究就發現許多幼兒自發性的練習，只是對幼兒而言，這些具練習效果的讀寫行為並非知覺上的練習，較多是實際的語言使用，例如在他們重現、庫存、產生、對比等書寫策略中，幼兒同時練習了自己的書寫形式，在他們為了樂趣去閱讀圖畫書時也同時是在練習閱讀的技能，只是這些練習是具溝通功能，而非機械性操作。因此，對形式的調整改進，萌發觀的方法並非反覆練習，內容也不是由他人設定，二者應該都是出自幼兒的自發和選擇。

萌發觀同意語言形式在溝通中的重要性，但同時看清若順應語言發展和幼兒發展的本質，對語言形式和語言功能的要求應有優先次序的考量。促成幼兒的書面語言發展，宜從鼓勵幼兒對書面語言功能的認識、對文字符號的探索開始，以之為優先，待幼兒成為語言使用者之後再講求形式。過早要求形式的精確，因超乎幼兒的能力，可能導致幼兒不敢再冒險，失去讀寫的意願，也就不可能成為語言使用者，喪失了萌發的機會。所以功能與形式是個優先次序的問題，而非要不要的問題。

㈢成人角色議題

傳統的語文教學假設幼兒沒有獨立的學習能力，因此亦不宜賦予學習的自主權，幼兒唯有在成人的引導下，方能系統化、有效地學習。傳統的語文教學同時假設，學習語言要按序，材料並須經控制編整，而編排次序和執行控制的人是教師，學習者在學習過程中，被動地按部就班接受成人灌輸的知識，反應所施行的增強，才是達成學習成果的最佳途徑，幼兒學習的方法、需要和興趣並非重要考量，也非影響學習的重要因素。

讀寫萌發的研究卻指出，幼兒在語言學習過程中，是主動的語文知識建構者，對所使用的書面語言作各式的假設，其讀寫能力的習得，實是一個內發的認知過程。既是認知發展過程，每一幼兒自有其速度和內容，唯有順應其內容，不干擾或強行導向，此概念化的過程方得灌溉成長。除了主動參與建構知識，個體內發的學習動機——實際的溝通需要，更是學習語言的重要動力。

因此，幼兒宜是語言學習活動的起始者、主導者，他們應被賦予學習

內容和學習方法的決定權、選擇權。成人的角色不在預設語言活動的內容和知識，以灌注式的方式傳授予幼兒，而在探知幼兒所具備的語言知識，跟隨幼兒的主導，安排豐富的語文環境，提供助長概念形成、自發性的讀寫機會。

㈣學習資源議題

傳統語文教學不只賦予教師語言學習活動的主導角色，並以編序化的教材為學習語言的主要、甚或唯一的資源，而且主張在強度控制之下進行教學活動。讀寫萌發的研究則指出，幼兒早在入學之前即已開始他們的語言探索，他們從環境中大量地擇取資訊，從中逐漸整理出自己的概念。他們的學習資源是多元的，是透過與生活相關的各種實際讀寫習得書面語言，教材或課本絕非習得語言的唯一材料和途徑。研究同時指出，幼兒的語言使用，受語言情境的左右。在自由開放的語言情境中，幼兒較有機會顯示他已知已有的知識；在有限制的情境中，幼兒可能缺乏如此機會，因此語言學習活動也不宜有材料和方法上的控制。

在兩相對照之下，可明見讀寫萌發觀對傳統語文教學中預備度、語言形式、成人角色和學習資源等思維的挑戰。上文針對這四個議題所作的辯證，同時證明了讀寫萌發觀認同讀寫發展中：*1.* 幼兒的主動角色，尤其在知識的建構、語言的使用、形式的選擇上幼兒的活躍參與；*2.* 發展中之形式是必然的發展過程，應該容許它的存在並鼓勵進一步的探索；*3.* 環境是重要的發展條件，包括外在的讀寫環境，以及與他人以文字符號互動的機會；*4.* 功能性的文字使用是學習讀寫的契機、動力和主要途徑。這些都有其語言教育上的意義。

二、讀寫萌發理論於課程上的啓示

讀寫萌發的研究揭示了幼兒在語言發展中的各種現象，提出了有別於過去傳統語文教學在書面語言學習上的觀點。它的理論有實際語文教學上的意義，以讀寫萌發作為理論基礎的教室實務，不得不在課程內容、實施

方法、教師角色和環境安排上有相稱的原則，以反映其精神。

(一)於課程內容的意義

讀寫萌發的研究指出，幼兒的語言學習是個自然的發展過程，是在日復一日為著實質溝通目的而進行的聽、說、讀、寫之中，逐漸發展而成，他們先有語言功能的知覺再逐漸掌握語言形式，在聽、說、讀、寫活動中意義總是他們關注的重點，也總是從整體的意義表達和理解開始。要促成幼兒讀寫能力的萌發，就要順應這些發展歷程和特性。

因此，建構幼兒的語文課程不在於設計結構嚴明的語文教學活動，而是在創造各式各樣真實使用語言的機會，讓幼兒有機會進行與生活相關的聽、說、讀、寫，這些語言活動都具有功能性，包含多元的目的，且針對多元的對象。也就是說，讀寫萌發觀的語文課程是提供豐富、多元、為著不同目的、對著不同對象、在不同情境中、真實的使用語言的機會，真實、功能、多元是其原則。其次，這樣的語文課程中，語言材料必須是完整的，包含完整的語言情境和線索，讓每一語言事件都由傳達完整的意義出發。簡言之，讀寫萌發指出幼兒語文課程在提供豐富多元的語文經驗；活動的內容是真正的閱讀和書寫；活動的材料則是生活中有完整情境功能性的語言文字。

(二)於實施方法的意義

在上述的課程方向之下，學習活動的實施也有其原則。幼兒既是語言知識的建構者，持續、主動地在建立其表徵系統，在讀寫萌發觀的語文課程中，就得讓幼兒的語言學習是透過使用——實際、真正的使用，也就是真正的聽、說、讀、寫來達成。過程中，幼兒應被允許使用他們自創的文字符號、發展中的形式，被鼓勵從事實驗，進行假設、測試、修正。他們應被賦予選擇的權利和機會，包括參與與否、活動的種類、參與和表達的方式、語言形式等，能有選擇的自由。為促成自創的形式能修正成合乎約定俗成，示範是必要的，教師宜在教室內提供資訊，幫助幼兒瞭解自己的符號系統與約定俗成形式的關係，分辨其異同，加速幼兒的調整，示範是

全語言教育

間接的告知，而非當面的糾正。

其中還有一個非常重要的原則——鼓勵冒險。幼兒願意實驗探索文字符號，以發展中的形式實際去使用語言，是願意冒險，冒犯錯的險。如果教室內的氛圍是尊重的、接納的，幼兒知道沒有一個標準在衡量他們，不必耽心犯錯，比較願意冒險，也唯有願意冒險，上述的學習行動才可能發生。使用、選擇、冒險是關鍵。也就是說，語文活動的方式宜是日常的語言使用，宜允許幼兒有語言使用的選擇，可以用不同方式表達的自由，並鼓勵在讀寫上的冒險態度。

㈢於成人角色的意義

讀寫萌發觀賦予學習者和教師不同的角色，有別於傳統語文教學觀的界定。以萌發為本的語文課程中，教師是語言學習的催化者而非主導者、權威者，藉著發揮下列的幾個功能，教師促成幼兒的語言學習。在讀寫萌發為本的教室內，教師宜是：1.語文環境之安排者，安排有利讀寫發生的環境，讓幼兒可以浸淫其中；2.聽、說、讀、寫機會之創造者，尋求安排各種可能的機會，讓幼兒可以為真正的目的從事聽、說、讀、寫；3.幼兒的語言伙伴，是幼兒說、聽、讀、寫的對象之一，提供常態且必要的語言互動機會；4.語言資訊提供者，在環境和互動過程中，向幼兒展示語言的約定俗成形式，供幼兒參考對照，以利幼兒進行語言形式的修正調整，是幼兒趨向約定俗成形式必要的外在助力；5.語言使用者，向幼兒示範如何成為讀者、寫者，如何使用語言幫助自己達成生活的各種目的，以及閱讀書寫的意義和樂趣。這些角色在幫助幼兒也成為實際的讀者和寫者，提昇他們使用語言的能力，推進其書面語言的發展。

㈣於環境安排的意義

幼兒的語言學習是個自然的發展過程，是藉由長期與周遭的人和文字符號互動而達成，而他們所建構的書面語言知識和發展中的表徵系統，也需要由周圍的人和環境所提供的資訊進行調整修正，因此環境是影響幼兒語言發展不可或缺的條件。一個以萌發為本的幼兒語文課程，一定要包含

有豐富的語文環境。

　　豐富的語文環境可以從三方面思考，首先，要安排充實的讀寫環境，也就是一個有充分機會讓幼兒從事讀寫的環境，其中有大量有意義、使用中的環境文字，讓閱讀和書寫環境文字是在教室內運作、生活的一部分。其次，要支持成人和幼兒間的書面互動，讓幼兒有許多機會以文字符號和周圍的成人互動，包括老師、行政人員、家長、教室的訪客或班級的朋友，讓書面互動和口頭互動一樣，是教室內的常態人際互動媒介。在剛開始時，教師或其他成人需要起始這樣的互動，讓幼兒看出文字符號在人際互動上的功能，而願意應用到自己的生活中。同樣重要的，要支持幼兒與幼兒之間的書面互動，當幼兒看到以文字符號進行人際溝通的可能性時，也會在自己的同儕朋友之間嘗試，但是對有些尚無法獨立閱讀書寫的幼兒而言，成人或有能力同儕的協助是必要的，教師要對幼兒這樣的需要敏銳，適時提供資源或協助。

　　讀寫萌發的教學觀，重在發現幼兒已有的語言知識，順應幼兒的學習方式，提供豐富的語文環境，透過真正的語言使用，逐步促成語言發展的自然過程。對於有別於約定俗成幼兒的創作發明，應該抱持嚴肅、認可、鼓勵的態度，對幼兒的學習能力和學習自主權，站在肯定且尊重的立場。這是從讀寫萌發理論所引申的教育意義，至於課程的內涵、原則和實施的細節，則留待下章再探討。讀寫萌發視幼兒為有能力、獨立的個體的立場，和全語言學習者中心的精神是一致的，讀寫萌發觀的課程會進一步反映全語言課程原則中的「自主、相關、選擇和冒險」。一個全語言的幼兒語文課程，也可以說是讀寫萌發的課程。

全語言教育

第五章　全語言的幼兒語文課程

第一節　全語言幼兒語文課程的基礎和目標

一、幼兒語文課程的理論基礎

　　㈠讀寫萌發研究所揭示幼兒語言發展的現象

　　㈡全語言所提揭的語言本質

　　㈢全語言的課程精神

　　㈣幼兒個別和文化差異的考量

二、幼兒語文課程的目標

第二節　全語言幼兒語文課程的內涵

一、口頭語言經驗

　　㈠語言的功能知覺

　　㈡語言的音韻知覺

　　㈢語言的理解

　　㈣語言的使用

　　㈤對話的態度

二、書面語言經驗：閱讀

　　㈠文字知覺

　　㈡書本知覺

　　㈢書面語言的功能知覺

　　　　1.知道文字符號在生活中的用途

　　　　2.藉由閱讀達成各種生活和學習上的目的

　　㈣閱讀能力、策略和習慣

三、書面語言經驗：書寫

　　㈠書面語言的功能知覺

　　㈡文字和符號的探索

　　　　1.自發地探索各種圖畫、符號、文字

　　　　2.嘗試以圖畫、符號、文字表徵

　　㈢以書寫達成生活和學習上各種不同的目的

227

四、文學

　　㈠故事知覺

　　㈡對文學的回應

　　㈢文學的愛好

第三節　全語言幼兒語文課程的實施原則

一、語文課程並非教授和練習與生活無關的語言技巧，而是在生活和探究活動中實地進行有意義的聽、說、讀、寫

二、語言活動應該是功能性的、真實的

三、課程的內容對幼兒而言應該是相關的、有意義的、感興趣的

四、安排豐富的語文環境

五、促成幼兒與大人及其他幼兒的互動

六、提供多元的表達途徑

七、使用文學等多元語言材料

八、提供幼兒選擇的機會

九、創造個別化的成功機會，並期望每個幼兒都能成為語言使用者

十、評量著重歷程，並途徑多元視窗

十一、老師的態度和角色：接納、示範、幼兒的語言使用伙伴、兒童觀察者

第五章

全語言的幼兒語文課程

··

　　讀寫萌發觀視幼兒為有能力、獨立的個體，這種立場和全語言學習者本位的精神是一致的，讀寫萌發觀同時也照映了全語言在課程上選擇、擁有、相關、自主的主張。本書第二章闡釋了全語言的語言觀及課程原則，一個全語言的幼兒語文課程，要能反映這些精神、原則；第四章也說明了讀寫萌發和全語言的關係，全語言在論及幼兒的語言發展，持的即是萌發的觀點，所以一個全語言的幼兒語文課程可以說是從讀寫萌發出發，順應語言的本質，依全語言課程精神建構的語文課程。本章將依次探討全語言幼兒語文課程的理論基礎、它的相關內涵以及實施原則。

第一節
全語言幼兒語文課程的基礎和目標

　　全語言的幼兒語文課程既是從讀寫萌發出發的語文課程，它的首要基礎當然是讀寫萌發的基本立足點，及其所指出的幼兒語言發展的現象。其次，全語言所揭示的語言觀，亦即語言在學習和生活中的溝通本質，也是它的重要基礎。此外，它當然還須反映全語言的課程原則，以及全語言對學習者的尊重。下文將從這幾方面來探討全語言幼兒語文課程的理論基礎。

一、幼兒語文課程的理論基礎

㈠讀寫萌發研究所揭示幼兒語言發展的現象

上一章已指出幼兒語言發展的種種現象，揭示幼兒的語言發展乃一萌發的歷程，同時也是知識建構的歷程。基於溝通的需要，幼兒經由日復一日的語言使用，發展其聽、說、讀、寫的能力。從幼兒的觀點出發，幼兒的閱讀和書寫有其發展上的特性，必須從廣義的角度來看待，同時也必須考量幼兒的個別和文化差異。

1. 幼兒早期語言發展乃一萌發的歷程：幼兒的讀寫能力可以不經正式教學而自然習得，通常他們在進入幼稚園之前，已經有相當的口頭和書面語言的經驗，藉由與其周圍的人、事、物和世界的互動，藉由實際的使用，幼兒逐步掌握了他生活所須的語言。幼兒語文課程即在創造、促成語言萌發的各種條件，讓幼兒的聽、說、讀、寫能自然發展。

2. 幼兒的語言發展是一知識建構的歷程：在與世界互動的過程之中，幼兒主動地在建構他的語言知識，而非被動地接收周圍成人所教導的語言技能。透過與語言文字的互動，日復一日的聽、說、讀、寫，幼兒逐步發展有關文字符號的概念和使用能力，並實驗不同的表達方式。在這過程之中，出現了許多口頭和書面的自創形式。當幼兒自創式的語言面臨溝通的障礙時，幼兒不得不逐步修正自己的形式，使之趨向約定俗成的形式。幼兒語文課程的重點之一，即在促成這種交互作用的建構歷程發生。

3. 功能知覺的發展先於語言形式的發展：對幼兒而言，從最初開始，語言即是功能性的，是達成生活和學習目的，以及瞭解外在世界的重要工具。他們也看到了成人如何以書面語言溝通互動。當他們對語言文字功能的認識日漸增加，對口頭和書面語言的瞭解逐漸建立之後，對語言形式的掌握也會隨著日益敏銳，日趨成熟。幼兒語文

課程首在幫助幼兒建立對語言功能的知覺，稍後再催化他們在形式上的關切和發展。

4. 幼兒的語言使用以意義的理解和傳達為中心：促使幼兒主動使用語言的原動力，是人類最基本的溝通需要。幼兒透過語言來表達自己的感覺情緒、想法意見，用語言來接收並傳遞資訊，也用語言來從事遊戲和假裝扮演，其語言活動的重心即在於意義的表達和理解。此時，幼兒使用語言的焦點是意義，是整體的表達和理解，在溝通過程中慢慢才會去注意語言的枝節——形式的約定俗成與否，這發展是先由整體開始再注意到局部。幼兒語文課程也必須先由意義的表達和理解出發，讓語言活動建立在溝通的需要上。

5. 幼兒閱讀和書寫時從整體情境著手，情境線索是語言行為的一部分：閱讀時幼兒利用文字及其周圍的線索來理解意義，或幫助他們辨認符號和文字；書寫時則使用文字及其他熟悉的符號來傳達意義。情境線索本來就是語言的一部分，使用語言時不能將之排除於外。幼兒語文課程要正視情境線索在語言使用中的角色，在讀寫材料的提供和讀寫事件的營造上要能保有完整性。

6. 讀寫發展是一建立表徵系統的過程：在讀寫發展過程中，幼兒持續探索文字符號，使用各種文字符號並運用各種策略從事閱讀書寫，逐步建立其表徵系統。幼兒語文課程要能提供幼兒探索文字符號，建立讀寫策略的機會。

全語言幼兒語文課程既以讀寫萌發的理論為基礎，也就不得不同意讀寫萌發對讀寫的界定。對閱讀和書寫的界定，讀寫萌發觀所持的是一廣義的界定。就學習者本位的立場，亦不得不考量幼兒發展的特質，而對讀寫有一別於傳統窄化的定義。幼兒語文課程中的閱讀和書寫必須基於一個廣義的界定：

1. 閱讀，乃指所有嘗試瞭解書面形式（包括圖畫、各式符號、標誌、各種文字系統）所傳達之訊息的行為。對幼兒而言，閱讀不單指文字的辨認（尤其不只是認國字），閱讀的對象也不侷限於書籍裡的文字，它同時包括閱讀環境中各種招牌、包裝盒、設計圖案、圖形、

標示、圖表、書中的圖畫等非文字符號及文字。閱讀的注意焦點是意義的接收和理解。

2.書寫，指的是以任何一或多種自己選擇的符號系統，來代表象徵某個人、事、物、想法、概念或某種經驗，也就是某種意義的表達。這些符號系統可能是圖畫、隨意塗鴉、具表徵性的塗寫、自創式的符號或文字（如：參差的線條、具有國字方正架構的線條組合、看起來很像字的字、可以辨識但筆畫不完全正確的國字）、圖案、阿拉伯數字、英文字母或正確國字。這個界定有別於過去對書寫的定義。過去在幼稚園中，書寫常被等同於「寫字」，亦即以特定姿勢握筆，按特定的筆畫筆順，在狹窄的紙面空間（如格子）內，複製或抄寫正確的國字。這樣的寫字活動，絕非全語言的書寫，因為它不合乎發展，不適合幼兒。

全語言的幼兒書面語言活動，除了一方面必須將書寫行為的焦點放在意義的表達上，一方面也需要提供適合幼兒發展能力的書面材料。就閱讀而言，材料必須要完整，文少圖畫多的圖畫書，尤其是故事類的圖畫書，是各類書籍中較適合幼兒的；就書寫而言，提供適合幼兒動作能力發展的書寫工具（如：粗大的筆、彩色筆）和材料（如未畫線的大張白紙），讓幼兒以可以駕馭自如的符號，來表達他所要表達的意思是基本條件；幼兒應該被賦予材料、工具和符號的選擇權。

㈡全語言所提揭的語言本質

全語言指出了語言的本質，及其在人類社會中運作的方式。它認明了語言是人類溝通的主要工具，是人類用以反映經驗、分享和延續文化與知識的主要媒介。全語言也看到了語言是個人也是社會的產物，個人在語言上的創造力和獨特性是每一個社會人群中的共同現象，而社會群體必定要有共識則規範了語言有其約定俗成的形式，語言就在這二股力量之間調和至服務社會人群的適當狀態。在這些過程中，語言的特有本質也益發明顯：1.它是整體不可分割的；2.唯有在完整情境中方能成立；3.而理解（閱讀）和表達（書寫）的過程為極富動力（dynamic）、建構性（constructive）的

過程；4.因為是群體也是個人的產物，因此它是含容的（inclusive），方言或語異等少數人的語言形式自然存在。

認清語言的這些本質，在語文課程上就有幾個重點需要顧及。既然語言是整體不可分割的，完整的文章、語言事件中的對話，才是具有文意可理解運用的單位，也才保有完整的情境，那麼課程中所提供的語言材料就要是完整並具情境的語料，對幼兒而言，圖畫故事書就是適合的完整材料的一種，相反的，單字、語詞、縮短或分解了的句子，或這些語言小片段的練習就是違反語言本質、不適合的材料。文學在幼兒語文課程中是好的選擇，因為文學作品不只具有完整的語言情境，其中的語言通常又較為精鍊、優質、多樣化，涵蓋不同的文類和不同形式的語料，有利於幼兒認識、彙儲語言資料。

語言是變動性的，其表達和理解的過程也充滿動力與建構性，說者和寫者在表達過程中，要不斷思考、決定、改變，以順應聽者或潛在讀者的需要，提供足量的資訊以達成溝通的目的；而聽者和讀者在理解時，也須從語料或文本以及自己的舊有經驗知識中尋求可用資訊以助文意的理解。語文課程中必須容許這些歷程發生，給予學習者充分的時間、機會，從事意義的建構。統一或制式的語言形式和材料、單一化的標準都會限制語言的使用和發展。因此，在全語言課程中，要有多元的語言材料，教師也要能含容語言形式中的差異（例如方言），並以適當的態度看待之。

(三)全語言的課程精神

除了語言的本質，全語言也指出了人類學習語言的一般歷程。語言是人類溝通的主要工具，人類為了各種溝通需要而發明語言，使用語言；透過語言，人類之間的資訊交流能更普遍、更廣及，語言也成為學習的媒介。而在溝通和學習的過程中，語言也相對的逐步被調整修正得更精確、更合乎大眾所用。可見語言是持續變動的，語言的學習也涉及個人和社會的歷程，它被個體內在溝通的需要所驅動，同時也受外在社會常態的修正。

社會語言學家 Halliday（1980）指出，語言的學習、語言概念的形成和事物的學習，三者事實上是同時發生的，而且發生在真實的語言事件中。

就幼兒而言，在他們嘗試瞭解周遭的世界時，語言是他們最主要的媒介，他們透過語言來認識世界，當他們逐步建立起他們對周圍人、事、物的瞭解時，他們的聽、說、讀、寫能力也隨之增加，同時逐步建構了語言的相關知識。幼兒並不等待學會了說話之後再來學生活中的各項事物，書面語言的學習亦然。過去假設學生得先學會閱讀再來學其他學科內容，是個不合實際情況的假設。

如果聽、說、讀、寫的學習、語言知識的形成和事物的學習是同時發生的，那麼學校的課程就要能促成這樣的歷程，不管是哪一領域，必須具有雙重的課程目標——促進該領域之知識和經驗的獲得，同時催化相關的語言學習（K. Goodman et al., 1987）。也就是說，語言的學習應該編織在所有的學習和經驗歷程中，和其他領域的學習統整在一起。過去的語言教育常將語言列為一獨立的科目，焦點通常在學習語言的相關知識或概念，與其他領域的學習分開進行。相對的，其他領域的學習也鮮少考量學習者語言上的需要，無形中喪失了許多語言學習的契機，也減低了語文課程的效能。

因此，全語言的課程原則，首在統整。不只統整聽、說、讀、寫，也將語言的學習與所有領域的學習經驗融合，讓語言的學習橫跨在所有的學習經驗中。要達成這樣的狀態，最好的課程組織方式就是以主題或單元來架構，以探究的方式進行活動。此外，基於學習者本位的立場，全語言也主張課程應該提供學習者選擇的機會，讓他們決定用什麼方式進行探究。而學習內容必須是與學習者相關的，是他們熟悉的、是生活的一部分、經驗上可聯繫、或他們想知道的。全語言課程是讓學習者成為學習歷程的主人，所有的學習都應是為自己而做，活動是真實、具有個人意義的。所以，「教師應將課程的最終目標設定在提高學生選擇的機會和擁有權，讓課程內容與學生產生高度相關性。」（李連珠譯，1998，頁 59）

㈣幼兒個別和文化差異的考量

全語言課程是學習者本位的，因此必須考量學習者的個別特性和學習者之間的個別差異。建構幼兒語文課程當然也要有此考量。幼兒個體間的

差異可能是語言和文化背景的不同，也可能是發展、能力、學習方式和興趣上的差異（National Association for the Education of Young Children, 1999）。

考量幼兒的個別和文化差異，就應賦予幼兒語言種類的選擇權。許多幼兒入園時的優勢語言並非學校的語言，學校不應排除幼兒使用這種方言的機會，讓幼兒有機會在自己的選擇下，決定在何種情境中要使用何種語言溝通。更進一步地，園裡的課程設計和師生互動都應善加利用幼兒的優勢語言，以之為學習和生活的主要工具，同時以此為起點，逐步建立他們使用主流語言的能力。

除了語言種類上的兼容，教師同時須考量與之相關的文化因素，尤其是城鄉文化的差距，以及不同家庭間文化經驗的不一。幼兒的學習和發展，都發生在多層次的社會文化情境中，家庭、社區都是學習發生的場所，對幼兒的發展和學習均深具影響。來自不同社區、城裡或鄉間的幼兒，語言經驗可能有某種程度的差距，表現在語言的知覺、應用能力、態度等各層面上，可能呈現不同的發展狀況，教師須瞭解這些源自社會文化情境的差異，認同幼兒尚在發展中的能力，並接納幼兒呈現其知能的各種方式。因此，教師在評量幼兒的語言發展時，要同時考量這類社會文化的差距，而有所斟酌。教師不宜對特定幼兒貼上標籤，或有較低或不合實際的期望。

幼兒除了他們的優勢語言、社會文化可能不同之外，個別差異還可能出現在發展速度、學習方式或興趣等的不同，這些不同使得每個幼兒學習聽、說、讀、寫的時機、模式、能力等都可能不一樣。同樣是四歲的幼兒，有些已能獨立閱讀故事書，有的可能對書本的用途還未有概念。幼兒之間原無一致的發展階段和時間表，因此，面對發展分歧的不同幼兒，所提供的語文課程若是單一化的，對某些幼兒而言可能會過度簡單，沒有挑戰性；對另一些幼兒而言又可能太難，造成過多挫折。因此，教師除了須對個別幼兒的長處和需要加以瞭解，在課程內容和方法上也須保有最大的彈性。幼兒語文課程應該是一個個別化的課程，活動的設計、語言的使用，宜建立於每個幼兒已知、已有的知識經驗之上。教師不宜持有統一的標準，期望同年齡的幼兒有相同的語文能力。另一方面，教師也應針對每個幼兒因

個別和文化所造成的差異進行評量，以提供適切的輔導。

　　基於上述幾個基礎，一個全語言的幼兒語文課程，應該是一個溝通導向、與生活相關、跨領域的課程。也就是說，語言應該是幼兒用來學習和生活的工具，幼兒語文課程的重點，在於促成幼兒全面的語言使用，幫助幼兒一面以語言文字達成各領域的學習和生活上的目的，同時一面逐漸建立他們的語言知識和能力。語文不是一個獨立的學習科目，相反的，它融合於所有領域的學習以及生活作息之中。語文課程設計不在由教師設計技能導向的教學活動，按部就班地教導零碎的語文技巧；而是在安排創造語言使用的機會，提供真實、功能性、完整、多元的語言材料，讓幼兒為自己的目的，按自己的選擇，實際去聽、說、讀、寫，從而逐步建立語言能力。

二、幼兒語文課程的目標

　　一個全語言的幼兒語文課程，應該以溝通和使用為導向，因此，它的主要目標，不只在協助幼兒發展與語文相關的知覺，培養幼兒語言文字及其他相關表徵媒介的應用能力，同時也應建立幼兒對語言文字的正向態度和使用習慣（International Reading Association and National Council of Teachers of English, 1996; National Association for the Education of Young Children, 1999; Neuman, Copple, and Bredekamp, 2000; Whitmore and Goodman, 1995）。幼兒語言能力的發展，須藉由多元語言素材的接觸來達成，文學和讀物是其中很重要的語言材料。為了長程語言能力和興趣的發展，培養幼兒在文學和讀物上的知覺、應用能力和態度也應是幼兒語文課程的目標之一。

　　因此，全語言的幼兒語文課程宜提供幼兒經驗，以發展下列幾項知覺、能力和態度：

　　　1. 培養幼兒口頭語言和書面語言的功能知覺：幼兒必須先知道語言文字在生活和學習中所扮演的角色和所能發揮的功能，才會開始在日常生活中去嘗試使用語言文字。

2. 培養幼兒的文字知覺和書本知覺：幼兒的文字知覺包括：(1)開始察覺到環境中有文字符號存在；(2)知道這些文字符號和我們的生活有一些關係；(3)知道生活環境中的文字符號代表著某些意義；(4)在閱讀環境文字時，知道是文字而非其他的情境線索（如：圖案設計、標誌）在傳達訊息。書本知覺包括以下的概念：(1)知道書本與閱讀的關係（如：書本是拿來讀的，而非一般的玩具；閱讀是將書中的訊息以口頭語言的方式呈現出來）；(2)知道閱讀時如何持拿書本，包括上下、正反方向正確，翻頁時一次只翻一頁；(3)能辨認書本的組成部分（如：封面、封底、頁）；(4)知道閱讀的方向；(5)知道書中包含有某些資訊，如：一個故事、一些歌謠、事物的介紹與解說；(6)知道可以藉由閱讀圖文得到這些資訊；(7)知道書本是有人寫成的，知道「作者」一詞的意義等。藉由提供實際的語言使用、功能性的聽、說、讀、寫等機會，逐步培養幼兒的文字以及書本的相關概念。文字知覺和書本知覺另一方面也是幼兒邁向正式閱讀的重要基礎。

3. 建立幼兒對文學、讀物的基本認識：提供幼兒與書本互動的機會，一方面讓幼兒發展文字和書本知覺，同時也幫助幼兒對書本有進一步的認識，累積正式閱讀所須的策略和能力。

4. 提供幼兒從事自發性探索與運用文字和符號的機會：自發、自由、功能性對文字符號的探索和運用，是發展文字相關概念及建立幼兒符號系統不可少的經驗，藉由文字和符號上的探索實驗，幼兒逐步建構其有關中國文字之知識，同時建立其個人之符號表徵系統。

5. 培養幼兒使用語言為學習和生活工具的能力：課程若能經常提供幼兒經歷上述的經驗，可以逐漸培養幼兒以語言為生活和學習工具的能力和習慣，此正是以溝通和應用為長遠標的語文課程的目標。

6. 建立幼兒以語言為學習和生活工具的態度與習慣：讓幼兒能實際將語言應用在日常生活和學習歷程之中，一方面協助達成生活目的，增加各領域學習內涵之深度和廣度，另方面也促進幼兒的語文能力。

7. 培養幼兒對文學、讀物的喜愛和閱讀習慣：對文學和讀物有興趣和閱讀習慣，可培養終身學習的潛能，也是提昇幼兒語文素養的途徑。

（李連珠、林慧芬，2001）

由這些課程目標可以看出，全語言的幼兒語文課程並不在訓練幼兒抽象、孤立、零碎的語文技能，而是在建立更堅實發展語文的基礎，培養幼兒成為實質的語言使用者，而且是獨立、自主、有效率的語言使用者。文學的設定另方面也在提昇幼兒語言的品味和長程的讀寫潛能和興趣。在這樣的基礎之上，幼兒聽、說、讀、寫的技能，會自然伴隨學習者起始、具內發動機的語言活動逐步發展出來。

第二節
全語言幼兒語文課程的內涵

全語言的幼兒語文課程在提供幼兒各種使用口頭和書面語言的機會，增加幼兒這兩個並行語言系統的經驗（李連珠，2000a；Bodrova and Leong, 1999; Cambourne, 1988; ERIC Clearinghouse on Language and Linguistics, 1998; Whitmore and Goodman, 1995）。雖然就統整的觀點而言，聽、說、讀、寫實不宜分開來談，語言活動的設計也不宜切割成口頭和書面兩種。但為方便呈現經驗內容，從本節起將從一、口頭語言經驗；二、書面語言經驗：閱讀；三、書面語言經驗：書寫；和四、文學等四個面向，說明全語言幼兒語文課程的內涵。

一、口頭語言經驗

口頭語言指藉由聲音傳遞的語言系統，它的使用大致是以聽與說兩種行為出現。口頭語言的範疇包含語音、語法、語意和語用。在真實的語言事件之中，這些元素交互作用，以促成表達和溝通，達成生活中各種不同的目的。

口頭語言包含聽和說兩部分，指的是幼兒以口語或口語輔以肢體語言的方式，進行理解、表達與溝通的歷程。在口頭語言的發展過程中，幼兒

透過與周遭事物的互動，一方面形成概念，一方面瞭解語言，探索語音，學習語彙，發展詞句，同時實地嘗試如何適當地應用這些語詞於各種溝通情境中，以達成生活上的各種目的。在溝通過程中，幼兒需要學習如何與人互動輪流；如何傾聽、等待、解讀非語言線索；如何起始、持續及結束話題；如何適時適當地提問、回應；如何依據對方的背景判斷他的理解程度，進而決定是否需要提供更進一步的資訊或調整表達方式等。這些口語能力是幼兒在日常生活中，透過自然的人際互動及有意義、功能性的活動經驗中，經由充分的語言使用，逐漸培養而成。

　　對幼兒而言，語言是功能性的。在幼兒教室內，教師可以幼兒已有的口語能力為基點，設計情境，提供有意義的學習經驗。透過團體討論、經驗分享、戲劇扮演、兒歌、手指遊戲、童詩及適齡的語言遊戲（如：語詞接龍、猜謎、編說故事等）等活動，增加幼兒的語彙量，拓展語句的完整性及複雜度。同時，教師宜在師生及同儕的社會互動中，利用自然的對話機會，示範使用不同的語法（如：肯定句、否定句、疑問句等）、傾聽、輪流、談話禮儀等，並且多方面提供幼兒同儕間談話、互動的機會，幫助幼兒提昇語言的熟練度、理解能力及溝通能力。

　　為促進幼兒口頭語言的發展，一個全語言的語文課程，應該提供語言使用的機會和經驗，讓幼兒發展以下的概念和能力：㈠語言的功能知覺；㈡語言的音韻知覺；㈢語言的理解；㈣語言的使用；㈤對話的態度（李連珠、林慧芬，2001）。

㈠語言的功能知覺

　　語言的首要目標在於溝通，對幼兒而言也是如此。在幼兒教室內，幼兒須有機會體驗到語言的本質即在溝通。因此，教師必須營造一個功能導向的語言環境，讓幼兒瞭解口頭語言的功能在於表達與溝通，知道語言是溝通的工具，具備有許多不同的功能。教師可設計活動並創造非正式的口頭語言機會，讓幼兒實際以說和聽來滿足自己的需要，形成某種規則或約束他人的行為，藉以進行社會互動，用來表達自己，用來學習、認識新事物，傳遞資訊，或從事想像或扮演等活動。功能知覺能幫助幼兒形成語言

使用的動機，也釋放幼兒語言形式不精確的焦慮，而把焦點置放在意義的傳達與理解，而非形式的精確上。因此，在一個全語言的語文課程之中，教師安排語言活動之首要焦點是溝通，亦即語言應是用來滿足教室內幼兒生活和學習上的目的，而語音、語彙和語法的正確性，相較之下則為次要的考量。

㈡語言的音韻知覺

幼兒的語言經驗同時須讓幼兒對自己所使用的語言（可能是國語或閩南語、客語等鄉土語言）中的音韻特質有知覺，能逐步掌握，慢慢注意到該語言中多數的聲、韻以及協韻，並能分辨聲、韻中的些微歧異和押韻及不押韻，例如知道詩、歌謠、語言遊戲中何者為協韻，會強調或反覆念誦這些韻腳。值得注意的是，幼兒的音韻知覺是一些發展中的概念，聲、韻的製造和分辨也是發展中的能力，和個體的身體發展有關，每個幼兒的發展現況可能有異，能力也不一，例如，有些孩子對擦音和塞擦音的區別仍在發展中，還無法完全分辨得清楚，教師及園所課程應該提供機會讓他們繼續發展。音韻知覺和語音能力發展並非藉由直接的團體教學可達成，當下糾正的方式也不能讓幼兒有效地進行調整修正；提供正確示範、充分的語言使用、念唱詩、歌謠、從事語言遊戲和自然的社會互動等機會，讓幼兒逐步體會出來，是較適宜的方式。

㈢語言的理解

在以溝通為導向的語文課程中，語言使用者對意義的理解是重要的目標。教師宜關注幼兒的語言理解程度，以協助幼兒理解語言內容的大意，包括一般談話和藉由視聽媒體所傳達的資訊。當幼兒嘗試理解談話的內容及資訊時，可能使用的策略或現象包括：

1. 在專心聆聽他人說故事、念詩歌、解說後，能適時回應。
2. 談話有需要時，會運用視覺與聽覺媒介，輔助理解。
3. 以提問和回答問題的方式，幫助理解談話的內容。
4. 有需要時，能複述所聽到的內容或回應他人的問話。

5. 會按他人的口頭指示行事。

6. 在觀看、聆聽故事錄音帶、影片或錄影帶後，會依內容或情節作適當回應。

┊

教師不管是在協助幼兒理解說話內容，或在觀察評量幼兒的理解能力時，都可以幼兒現有的理解策略為基點，參酌上述的幾個方式，轉換為教學策略，來幫助幼兒發展理解的策略，如：在說完故事後，詢問幼兒書中圖畫與故事內容的關係或故事大意；解說作品的製作流程後，請幼兒複述重要步驟；設計須依口頭指示方式進行的遊戲，以提昇幼兒的語言理解能力等。

㈣語言的使用

幼兒需要視語言為溝通的工具，並以之協助其達成生活和學習上的不同目的。幼兒也許會採用口語或語言加上肢體動作的方式來達成，以下是一些可以在幼兒教室內觀察到語言使用的例子：

1. 取得所需（如：手指販賣機中的飲料，並說「我口好渴，我想要喝水」）。

2. 表達自己的情感、想法、意見，必要時並能進一步說明（如：生活分享；描述圖畫或物品）。

3. 與他人互動（如：早上來園時，與老師、友伴打招呼）。

4. 用來假裝扮演（如：「我們來玩醫生的遊戲」、創作簡單的故事）。

5. 取得或傳遞資訊（如：「你教我摺紙飛機，好不好？」）。

6. 起始持續或終止活動（如：以能引起對方注意的方式，主動起始話題，可能的方式有以手指示、以眼示意，或直接陳述，如：「我跟你講哦，……」）。

7. 學習（如：問問題）。

┊

此外，教師宜協助幼兒明白，在對話中語音清晰，讓對方聽得懂，是溝通的必要條件。教師並應提供幼兒具有基本語法結構及邏輯的語言材料，讓幼兒能兩相對照而逐漸調整自己的語言形式和邏輯，在語言中能逐漸包含基本詞彙（如：顏色、數目之相關詞彙或動詞、形容詞）、有完整的句子、會運用不同類型的句子（如：肯定句、否定句、疑問句），或必要時會用簡易的連接詞（如：結果、然後、就、而且）等。幼兒若能使用多步驟的行動指示，或會按合理的次序，口頭敘述自己、家人、朋友的經驗，則顯然對語法邏輯已具相當的概念了。

㈤對話的態度

除了語音、語法發展，教師也須協助幼兒培養其語用發展。語用發展的能力之一是在對話時，會考慮對象、情境的不同以及對方的反應，而調整說話的內容或方式。例如，改變說話的口氣（如：會以類似大人的語氣對小嬰兒說話，但是當轉而面對大人時，又會改回以自己平常的語氣對話），或轉換語言形式（如：對老師說話時使用國語，但和祖父母交談時會換用閩南語），開始會考慮到對方所需訊息的多寡，而調整自己說話的內容（如：在對朋友展示新得到的玩具時會補充說明「這是我阿姨買給我的，我台北的阿姨哦！」）等，教師作為一個溝通的伙伴，可以在對話時以提問、建議等方式提醒幼兒，以增加幼兒這方面的知覺。

語用的範疇也包括社會化技巧，例如：談話的基本禮儀。教師宜協助幼兒在對話中，注意聽他人說話，並注視說話者，以解讀對方的表情及肢體線索。協助幼兒如何有效地參與會話和討論，並遵守會話的規則，包括如何：

1. 加入正在進行中的社會性互動。
2. 參與討論事物。
3. 適時回應。
4. 以提問來幫助理解。
5. 等別人說完話再接話。
6. 輪流。

7.話不離題。

⋮

　　在全語言課程中，教師所提供的語文經驗在幫助幼兒養成習慣，以語言為與他人溝通之主要媒介。在語言互動的過程中，樂於瞭解他人，或與他人分享自己的經驗、觀點與想像。語音和語法的知識、語意的掌握以及語用能力和態度即在這些過程中形成。

二、書面語言經驗：閱讀

　　書面語言指藉由文字和符號傳遞的語言系統，它的使用可能以讀或寫的方式出現。書面語言的範疇包括文字符號傳遞意義的方式、文字的形音義、語法和語用等規則。幼兒的書面語言能力的發展始自對文字符號功能的認識，藉由與書面材料互動的過程，再逐步地建構與文字相關的各種概念。

　　一個適合幼兒的語文課程，宜考量幼兒與文字符號互動的各種現象。首先，基於閱讀的廣義界定，教師在設計閱讀活動或觀察幼兒的閱讀行為時，宜關注幼兒對訊息的接收、意義的掌握，而不是文字辨認的能力。幼兒在嘗試瞭解書面訊息時，會發展出多重的閱讀策略，與文字相伴隨的情境線索，是他們瞭解意義的重要參考來源。以閱讀環境文字為例，在一個食品包裝袋上，伴隨著文字的情境線索可能有廠商的註冊商標、設計圖案、商品圖片、以特定的字體寫成的產品名稱、相關的廣告文宣等。幼兒有可能綜合使用上述多種線索以辨認該產品，而未必認得其中的文字，就幼兒而言，這也是閱讀。

　　在一個全語言的幼兒語文課程中，為促使幼兒書面語言之發展，教師的首要責任在提供語言經驗，催化幼兒文字知覺的發展。其次，教師須協助幼兒對語言文字的功能，有與生活切合的認識。此外，教師尚須提供書籍閱讀的機會，讓幼兒發展基本的書本概念，培養以理解意義為主的閱讀策略，進而發展對書籍的喜愛和閱讀習慣。

㈠文字知覺

幼兒的文字知覺通常建立於環境文字的閱讀經驗中。環境文字是指出現在我們生活環境中，具有指引、說明、規範、宣傳作用的文字或符號，如：公共場所的指示標誌、貨品包裝袋、交通標誌、招牌、特定公司或商品的註冊商標等。環境文字是幼兒書面語言經驗的開始，一個二、三歲的幼兒，在還沒有能力閱讀書本之前，可能早已能辨認環境中與自己相關的標誌或符號，例如麥當勞的大 M 字，逐步形成其文字知覺。文字知覺會直接影響到幼兒語文知識的建構，因此是幼兒語文課程的必要範疇。

文字知覺是幼兒書面語言發展歷程中很重要也是最初步的發展。在閱讀發展的初期，幼兒會參酌語言情境中的各種情境線索，以瞭解該文字情境所欲傳達的意義或訊息。情境線索包括文字（例如：書寫字體、字形、字意）和非文字線索（例如：圖畫或圖案、商標或標誌、顏色）。幼兒會嘗試使用環境中多種文字和非文字線索以理解訊息，例如：看到麥當勞的紙袋時，根據紙袋上的金黃色雙拱門式 "M" 圖案、英文字McDonald、紙袋形狀紙質等線索，讀之為「麥當勞」。

在幼兒初步注意到環境文字之後，他們會嘗試去辨識與日常生活相關的環境文字，例如：作息時間表、月曆、注意事項或規則、班級幼兒名單、名牌、各種標籤、說明書、路標、交通標誌、招牌、包裝袋、商標等，並嘗試理解其意義，從而獲取該標示所傳遞的訊息。例如，能從廁所門口的標示圖上辨別何處為男生廁所，何處是女生廁所；會依據標示將學習材料歸回架上正確的位置；會看月曆判斷當天日期及所列的事項或活動；能辨認儲物櫃上自己、好朋友的名字或家長通知單上爸爸的名字。

為了促成幼兒的書面語言發展，教師宜在課程裡、教室環境中，安排機會讓幼兒能接觸日常生活中常見的環境文字。幼稚園教室內常見的環境文字可能有：

1. 學習區、學習材料、器物、設備等的標示。
2. 遊戲情境中的文字或符號使用，例如：購物單、備忘錄、商店招牌、路標、標示、醫院診所名稱、病歷、處方箋……等。

3. 與日常作息相關的文字或符號使用，例如：作息時間表、點心午餐菜單、日期、天氣圖表、學習區或工具材料的使用規則、標語……等。

4. 與休閒活動相關的文字或符號使用，例如：故事書、報紙、雜誌、歌謠詞曲單、桌上遊戲……等。

5. 與幼兒工作相關的文字或符號使用，例如：觀察記錄、登記表、資料查詢……等。

6. 人際互動的文字或符號使用，例如：留言板、信、字條、給家長的通知、電話、地址記錄等。（Lee, 2000）

⋮

教師須對教室內可能使用文字的機會敏銳，適時提供情境和材料，將環境文字融入生活中，讓幼兒有機會使用（李連珠，1996）。幼兒若能常接觸環境文字，並有成人或能力較高之同儕為之出聲閱讀，慢慢會理解文字有固定的意義，某個符號永遠代表同一個特定的意義，這是文字知覺中較晚期的發展，是教師在幼兒有相當的文字知覺後可以協助幼兒進一步發展的。

(二)書本知覺

與文字知覺相關的是書本知覺，也是幼兒書面語言發展中一組重要的概念發展（見前文）。再者，書本閱讀是正式閱讀的開始，書本知覺將影響幼兒的閱讀概念和閱讀策略的建立，幼兒需要知道書本與閱讀的關係，以便發展正確的閱讀能力和態度。在閱讀書本時幼兒可能參考書頁中所有或多重的線索，包括插畫，以理解書中所傳遞的訊息。但是，知道意義主要藉由文字傳遞是幼兒語言發展中很重要的概念發展，是日後邁入正式閱讀的基礎。教師須幫助幼兒建立這個概念，例如在閱讀時總是同時用手指點所讀的文字，是可能的方法之一。幼兒會開始察覺到傳遞意義的是文字，成人由書中所讀的故事，乃閱讀書中的文字而來。由此，幼兒才能逐步瞭解文字有它特定且一致性的意義。

　　上述概念之建立，無法藉由正式的概念教導，灌輸予幼兒。這些概念的發展只能透過日復一日書本的閱讀來達成，包括幼兒自行閱讀、同儕互讀以及成人為其出聲閱讀。幼兒需要發現書本的樂趣，喜愛閱讀，願意主動擇書閱讀，參與常態的書本閱讀活動，才能逐步發展出上述概念。教師的工作除了提供各式的書籍外，還須引發出幼兒對故事的天生愛好，使用策略培養幼兒內發的閱讀興趣，讓閱讀變成教室內常見的活動，這些概念自然會在累積的閱讀中培養完成。

㈢書面語言的功能知覺

　　所謂書面語言的功能知覺，乃指幼兒瞭解文字符號在我們日常生活中所扮演的角色和具備的功能。最初階段，幼兒可能開始注意到文字符號在生活中的用途，並嘗試瞭解其訊息，進而慢慢知道如何藉由閱讀文字符號以達成生活上的各種目的。

1. 知道文字符號在生活中的用途

　　在幼兒生活中，文字符號所呈現的功能性可能包括：環境的指引（如：商店招牌、路標、標示）；資訊的來源（如：作息時間表、點心午餐菜單、日期、天氣圖表、報紙）；休閒娛樂活動的途徑（如：書本、報紙、雜誌、歌謠詞曲單）；工作的必備工具（如：作科學觀察記錄、登記、資料查詢）；與他人溝通互動的媒介，跟不在眼前的人說話的方式（如：留言板、寫信、寫字條、寫標語）；學校與家庭間的聯繫管道（如：給家長的通知、定期簡訊或出版物、由家中攜來的書面材料）；幫助記憶的方法（如：電話、地址、購物單、備忘錄）；個人創作和表達的工具（如：故事書的製作、日記或心情札記）等。幼兒必須眼見文字符號如何被周圍的人使用，才能建立這種知覺。教師如能提供豐富的環境文字，讓幼兒有機會與之互動，那麼幼兒較有可能在使用的過程中，體會到文字符號在日常生活中的這些不同的功能。

2. 藉由閱讀達成各種生活和學習上的目的

　　在瞭解了文字符號於日常生活中的功能之後，若環境或生活中有相當

的機會，幼兒會開始為了滿足生活或學習上的目的，嘗試去閱讀環境文字或查閱不同型態的書面資料，例如：圖畫、圖書、標示、標籤、班級名單、月曆、指引、說明、廣告、海報、報紙、圖表……等，以取得所需的資訊，並作適度地回應。以下是一些可以看見幼兒自發性閱讀行為的例子：需要知道班上小朋友名字怎麼寫時，會查閱班級名單；會按照以圖、符號或文字寫成的書面指示（如：食譜、工作流程圖），依次完成工作，或到達要去的地點。

當幼兒以功能出發，嘗試閱讀各種不同形式的書面材料時，通常他們的焦點在於瞭解其大致內容或主要資訊。教師必須在教室內提供不同形式的書面材料，例如：故事書、資訊類書籍、報紙、雜誌、傳單、海報、圖表、名單、標籤、標示、信或卡片、地圖、指引……等，協助幼兒閱讀這些材料以滿足學習或生活目的，例如，查閱一本圖文並茂描述蝴蝶的小書之後，可以知道蝴蝶的大約成長過程；看了日曆以後知道今天的日期。

除了製造機會幫助幼兒閱讀各種不同形式的書面材料，教師也應該促成幼兒將閱讀內容應用於日常生活或各種學習活動中（Raines and Canady, 1990）。以下是一些在幼兒教室內觀察到的閱讀相關活動：會使用書中的詞彙、句型於日常對話中（如，讀了《為什麼，為什麼不？》之後，會將「為什麼不？」應用於與他人的對話）；看到蛹時，會回想起《好餓的毛毛蟲》書中昆蟲的三態變化，而猜測蛹可能孵出蝴蝶來；到花園以種子種花時，會參考《小布種豆子》的步驟種花；進行團體討論時，會談到曾讀過書面資料中與主題相關的內容；在娃娃家進行扮演活動時，演出所讀過的故事內容（李連珠，2000a）。

㈣閱讀能力、策略和習慣

幼兒閱讀能力和策略的培養，大量倚重於與成人的共讀經驗。教師須安排機會，讓幼兒可以聽到成人或較有能力的同儕為其閱讀。若選取的材料適當，閱讀的經驗足夠，則在成人閱讀書本時，幼兒會在適當處參與共讀，並作某種形式的回應。例如，在與成人共讀《門鈴又響了》一書時，會要求成人在適當處停頓，讓他接讀「門鈴又響了」一句；或針對閱讀的

內容作評論，提出問題，討論閱讀的內容、語言特性（如重複的字句或句型），以自己的話依序說出情節大要，或回答與此相關的問題。

有相當的共讀經驗之後，幼兒會嘗試獨立閱讀，即自行選擇書本或其他書面材料，自行閱讀此份材料，並持續一段時間長度。

此外，教師在協助幼兒閱讀時，注意力的焦點宜置於整體意義的理解，而非單獨文字的辨認。若閱讀焦點是文意的理解，幼兒會使用伴隨書面材料的資訊和發展中的閱讀策略，以理解文意、預測內容或後續發展，或猜測不認識的字之大略意義。有的幼兒會交錯運用多種資訊，如：以伴隨的圖片、建構中的語言知識、特定文體的特質和風格、情境線索（書名、封面、插圖、上下文的關係、情節發展的可能性）以及既有的經驗和知識，從事預測及理解。有些幼兒會交錯運用多種閱讀策略，包括：或辨認字形；或使用字形字音的關係；或依據上下文的關係；或使用建構中的語言知識（如：一字一音、詞的概念）；或利用已擁有的詞彙；或用猜測的方式；或從記憶中閱讀；或跳躍略過某些文字，以取得大致文意。有些幼兒知道重複閱讀有助於增進理解，而能在閱讀時採用反覆閱讀的策略，透過反覆閱讀文本，以找尋上下文的意義。

若以故事書之閱讀為例來說明幼兒的閱讀策略，幼兒在複讀故事書時，大約會逐漸呈現出以下的策略或能力，以重新建構故事的內容或相關的資訊：

1. 假裝閱讀。
2. 單從插圖來理解或敘述故事大要。
3. 同時參酌插圖和記憶中（之前別人為他閱讀時的記憶）的故事大要閱讀或敘述。
4. 根據情境線索（如：書名、封面、插圖、事件的關係、文本）、個人經驗和個人的故事概念，預測故事的後續發展。
5. 複述時偶爾出現文本的句子。
6. 同時參酌插圖和文本以理解內容。
7. 內容的闡述逐漸繁複完整。
8. 以文字為主要理解內容的途徑，大部分的時候是按文本閱讀。

幼兒在最初接觸圖畫書時，通常會看圖以理解故事內容。隨著閱讀經驗的增加，幼兒在閱讀故事書時，資訊的選用會逐漸改變。成人為他閱讀過的內容或句子，會成為他自行閱讀時建構故事的重要資訊來源，幼兒也會逐漸注意到文字在書中的角色，慢慢地轉移閱讀焦點至文字上。

值得注意的是，上述各種閱讀方法雖然在幼兒之間都可觀察得到，但每個幼兒會因經驗的不同，呈現各種不同的發展狀況，教師不宜有一致的標準，尤其不應期望幼兒能按文閱讀。有時幼兒會對著書本各頁，將故事的內容以口頭的方式讀（其實是口述）出來，甚至讀（口述）得極接近書中的文本。幼兒不見得認得文中的字，有很多時候是從記憶中閱讀，記得的可能是大要，也有可能是文本。這能力雖非認字能力，但同樣重要，因為它顯示了幼兒能掌握該書的意義和內容。故事閱讀得越多的幼兒越常出現這樣的情況，也越有這樣的能力。

教師可考慮在教室內使用多重視聽媒體，幫助幼兒培養視閱能力，瞭解視聽媒體所呈現的故事或資訊。視聽媒體可能包括圖畫、有聲圖書、照片、表演、偶戲、戲劇、錄影帶、電腦遊戲、光碟、網站⋯⋯等。

除了得到閱讀所需的技巧外，閱讀活動的另一重點在於讓幼兒感受閱讀的樂趣，進而喜愛閱讀，從小養成主動閱讀不同形式書面材料的習慣，讓閱讀成為終身的興趣及學習新知的方法。例如，幼兒會因以下目的而主動閱讀：為了確定當天的日期和當天的活動主動查閱月曆；為休閒目的閱讀文學類的書面材料；為滿足個人好奇心而閱讀不同文體書籍；為生活及學習需求，主動的查詢各種不同的書面資料⋯⋯等（李連珠、林慧芬，2001）。

三、書面語言經驗：書寫

本文所指的書寫，均本於前一節所界定廣義的書寫，亦即以任何一或多種自己選擇的符號系統，來表達意義，或代表象徵某個人、事、物或想法。這些符號系統可能是圖畫、隨意塗鴉、具表徵性的塗寫、自創式的符號或文字（如：參差的線條、具有國字方正架構的線條組合、看起來很像

字的字、可以辨識但筆畫不完全正確的字）、阿拉伯數字或正確國字。幼兒可能用畫圖或模仿筆畫的方式書寫，也可能以一般寫字的方式寫。

在幼稚園裡，為了幫助幼兒的書寫發展，教師一方面必須將書寫活動的焦點放在意義的表達上，一方面也需要提供適合幼兒動作能力的書寫工具和材料，讓幼兒以他可以自如駕馭掌握的符號，來表達他所要表達的意思；幼兒應該被賦予材料和符號的選擇權。

其次，所有的書寫活動必須要發生在自然的情境之中，讓幼兒是為了真實的目的從事書寫。書寫活動不應是一種灌注式的教學活動、技能（如筆畫、筆順）的訓練或教師指定的作業。幼兒所有的書寫活動，都必須是由功能（如：為了表情達意、為了記錄做過的事、為了起始社會互動、為了取得所需……等）出發，用來支援學習，讓日常作息更順利，是教室內生活的一部分。

基於發展的考量，教師對幼兒的書寫形式宜採接納的態度。書寫式的精確不是幼兒階段語言發展的重點；幫助幼兒建立正向的態度，視書寫為溝通的媒介，鼓勵幼兒從事符號的探索，才是幼稚園語文課程的優先目標。因此，教師的責任在提供各種功能性書寫的機會，讓幼兒有充分的機會建立自己的符號系統和語言知識。至於字形、筆順等形式上的技能，不宜在此階段要求，但是教師可以伺機，在切合情境的情況之下，示範或提供資訊，以利幼兒自行修正調整。

幼兒語文課程必須提供幼兒經驗，以發展下列各種知覺、應用能力和態度：1.瞭解書寫在學習和日常生活中的用途；2.開始自發地探索各種圖畫、符號、文字；3.嘗試以符號來代表特定的人、事、物或想法，並且可以閱讀自己書寫的內容；4.開始以書面語言來達成生活和學習上各種不同的目的；5.書寫時，嘗試使用發展中的書寫策略，以完成書寫；6.為不同的對象、目的或主題書寫；7.喜歡藉由各種形式的書寫表達個人情感及需要。這些知覺、應用能力和態度可從三方面來探討：書面語言的功能知覺；文字和符號的探索；以書寫達成生活和學習上的各種不同目的。

㈠書面語言的功能知覺

書面語言功能知覺，乃指幼兒瞭解書寫在學習和日常生活中的用途。在一個有利讀寫發展的環境中，幼兒可以從周遭成人的語言使用和教室生活中，體會出書寫在生活和學習上所扮演的角色，且進一步藉由書寫達成生活和學習的目的，並在過程中逐漸掌握文字和各式的書寫形式。教師宜安排機會讓幼兒經驗到書寫的功能，例如：取得所需（如：器材使用或借書的登記）；指引別人（如：寫桌上遊戲的遊戲規則）；傳遞資訊（如：寫每日活動記要、動物或植物的書面介紹、每日天氣的登錄、美勞成品的製作過程說明）；參與或完成工作（如：作觀察記錄、存檔記錄）；個人創作和表達的工具（如：故事書的製作、日記或心情札記、遊戲情境中寫歌譜）；用來假裝扮演（如：從事醫院遊戲時開處方、超級市場遊戲時佈置情境張貼特價廣告）；與他人溝通互動的媒介（如：寫信、卡片、留言、給家長的通知單）；幫助記憶的方法（如：記電話號碼、地址、購物單、備忘錄）……等。

㈡文字和符號的探索

幼兒的書寫發展，通常起始於對圖畫、符號、文字的探索，此類探索對往後的書寫發展有極重要的影響。除了符號的探索之外，幼兒也須開始以能掌握的文字符號去從事表徵，才能發展出稍後的正式書寫（Butler and Clay, 1987; Clay, 1975; Dyson, 2002; Harste et al., 1984）。

1. 自發地探索各種圖畫、符號、文字

自發的探索是促成書寫發展的最初步驟，教師必須營造充分接納的氣氛或訊息，以鼓勵幼兒的探索。幼兒在從事符號上的探索和實驗時，會出現多元的符號系統，包括：圖畫、隨意塗鴉、具表徵性的塗寫、自創式的符號或文字（如：參差的線條、具有國字方正架構的線條組合、看起來很像字的字、可以辨識但筆畫不完全正確的字）、阿拉伯數字、英文字母或正確國字等，或偶爾間雜有注音符號；這些符號反映了他建構中的書寫系

統。

值得注意的是，幼兒的符號系統會隨著自發性書寫機會的增加逐漸擴張，並逐漸趨向約定俗成的形式，或所謂正確的寫法。教師一方面要接納此類符號上的實驗，一方面應創造與生活結合的書寫機會，促成這樣的探索，並在必要且合乎情境狀態（如：在團體討論時由教師筆錄討論內容或應幼兒的代寫要求）之下，提供資訊或示範，幫助幼兒在書寫式上逐漸修正以趨約定俗成的形式。

2.嘗試以圖畫、符號、文字表徵

在探索文字符號的同時，教師可創造機會讓幼兒開始以自己所能掌握的書寫形式，去表徵特定的人、事、物或想法。幼兒所使用的符號可能是上面所列各種符號的任何一種，或合併多種使用。幼兒最先開始表徵的對象，可能是他自己或與他相關的事物。姓名是幼兒常常利用的讀寫資料來源，幼兒所使用的符號常常會和他的姓名有關。這些書寫式通常也反映幼兒發展中的書寫系統。漸漸的，他們也會同樣地以符號代表某一個人、某一件事或說某一句話。在經過相當時間符號上的探索和實驗之後，幼兒會逐漸體會到特定的意義須以特定的符號來代表，因此文字或符號的使用會漸呈一致性。他們所使用的文字不一定是正確的國字，所採取的符號也不一定合乎約定俗成的用法，重要的是，幼兒開始注意到符號與表徵對象之間的一致關係。可能是在同樣的階段，幼兒在書寫完之後，可以將自己書寫的內容（可能是以任何符號系統寫成）閱讀出來。

在這個階段，教師的焦點不宜在幼兒閱讀的精確度。上述的書寫和閱讀行為，主要在顯示幼兒已注意到閱讀和書寫的關係，知道自己書寫出來的文是可以讀的，因而逐漸注意文字或符號的一致性。此時的閱讀同時也幫助幼兒重新組織他的文意，審視他的書寫形式。

㈢以書寫達成生活和學習上各種不同的目的

在幼兒認識了書面語言的功能，並有機會對各式的文字符號作充分探索之時，他們同時也以自己可以運用自如的符號系統從事表徵，並達成生

活和學習上的不同目的。這三件事是同時達成的。

　　幼兒間常見的符號系統可能是圖畫、圖案、數字、塗鴉、自創的字或符號、阿拉伯數字、英文字母、接近正確國字的字、正確國字或注音符號等，也可能用不同的素材，如視聽媒體來達成不同的目的，這些目的可能包括：取得所需、指引他人、表達自己的情感想法意見、參與他人的或完成自己的工作、與他人互動、從事休閒娛樂、用來假裝扮演、取得或傳遞資訊、學習……等。以下是作者曾觀察到幼兒書寫活動的一些例子：

1. 填寫各式的表格（如：借書證、器材使用登記表）。
2. 製作表單（如：身高體重圖、購物單、名單）。
3. 表徵自己（如：名字），或呈現與自己相關的資訊（如：電話號碼、班級、地址、創作品）。
4. 從事調查或探究（如：意見或喜愛度調查），為特定的事物（如：建構的積木、科學的觀察、做過的活動、讀過的書、某一個事件、體能動作的分解）作記錄。
5. 從事創作（如：為物品命名或加標題、創作故事、為自己創作的故事、圖畫、積木建構物等加上標題或說明、作設計圖或成稿圖）。
6. 敘述某一事件的發生始末（如：日記）。
7. 因應扮演情境需要（如：扮演餐館遊戲時寫點菜單；診所遊戲時做健保卡）。
8. 書信往返、邀約（如：請求信、邀請卡）。

　　⋮

　　幼兒選擇的書寫方式可能是口述代寫或自行書寫。對自行提筆書寫尚無信心或安全感的幼兒，仍然會考慮書面是一種可以選擇的表達方式，而口述內容由老師代寫文字，以完成書面的創作或表達。已能自行書寫的幼兒，則可能以自己能運用自如的符號、文字或文圖並用的方式書寫。

　　教師要注意的是，這些書寫行為必須發生在自發、自願的情境（如遊戲）之中，或是生活的一部分，教師可採用建議的方式，讓幼兒覺察到可以書面語言進行這些性質的溝通，但不可強迫或硬性規定幼兒從事這些書

全語言的幼兒語文課程

253

寫行為；幼兒宜有選擇和決定權。

　　若有充分的機會，幼兒會逐漸發展其書寫策略，以完成書寫。剛開始從事書寫的探索時，幼兒有可能只是隨意塗鴉，沒有特定、明確的意義要表達。體驗了文字符號的用途並且有相當的探索之後，幼兒書寫時注意的焦點在於文意的表達，關心的是意思如何說清楚，而不會只在意字會不會寫，或寫得正不正確。此時，幼兒書寫的內容通常有完整的意義。在符號的選擇上，幼兒可能會一或多種合併使用，也可能採取「保留空位」的方法，為他所要表達但不會寫的每一個字以一個簡單的符號（如圓圈或星星）保留空位。在書寫的經驗增加之後，幼兒的句子結構會日趨通順（如：用完整的句子、能按先後次序敘述行為或事件）。他們所使用的符號也會因書寫經驗的增加，而逐漸趨向正確國字。遇有必要時也會作修改（如：更換詞彙；加長句子；在圖畫上加細部）。漸漸的，他們會以同樣的符號代表特定的人、事、物或一句話。在經過相當時間符號上的探索和實驗之後，幼兒會逐漸體會到特定的意義須以特定的符號來代表，因此文字或符號的使用會漸呈一致性。他們所使用的文字不一定是正確的國字，所採取的符號也不一定合乎約定俗成的用法，重要的是，幼兒開始注意到符號與表徵對象之間的一致關係（Whitmore and Goodman, 1995）。

　　當因需要而從事書寫時，幼兒會尋找可用的參考或協助資源，以完成預定的書寫內容。可使用的參考和人力資源包括：班級名單上他人的名字、教室內的環境文字、兒童書的文本或請同儕或老師示範某個字的寫法。當然，請老師代寫也是一個可用的資源。

　　書寫發展中常見的這些現象，呈現了幼兒書寫時的策略和能力。因為語言經驗、興趣不一和個別差異，幼兒間的發展狀況可能有極大的差異，教師不宜要求所有的幼兒均具有同樣的或所有的能力。較建設性的作法是想辦法幫助幼兒發展他的下一個策略。

　　再者，教師宜創造機會，讓幼兒經歷為不同的對象、目的或主題書寫。幼兒須逐步發現，當為不同的對象、目的或主題書寫時，可能須採用不同的書寫形式，例如：填借書證，會用和寫卡片不一樣的格式，因為此二者的對象、目的、情境都不同。幼兒也會因目的不同，而採用不同體裁書寫，

標示、表單、字條、留言、信或卡片、敘事、故事……等都是不同的文體。在幼兒尚不能自己動手書寫之前，教師動手示範的各種不同目的的書寫活動，也同樣提供給幼兒類似的經驗。

提供書寫經驗的極致，還在於培養幼兒書寫的興趣，喜歡藉由各種形式的書寫表達個人情感及需要，例如，會把生活中的重要事件寫在日記本上；會以寫小卡片的方式表達對喜歡的人（如朋友或老師）的情感；喜歡以文字符號呈現個人的創作……等。教師須有計畫、長期地催化、促成幼兒的這些興趣，過程中使用合乎全語言課程精神的策略是必要的。

四、文學

在幼兒階段，適用的文學範圍包含故事、兒歌、童謠、兒童詩、散文以及語言遊戲。文學作品中的語言，通常較為精鍊、優質、多樣化，是幼兒書面語料的重要來源。因此，文學經驗的呈現，要同時兼顧口頭語言和書面語言兩種形式，亦即，教師必須提供經驗，讓幼兒可以聆聽、念誦和述說這些不同類型的文學內容，同時也要有機會讓幼兒閱讀，進而經歷書面的回應或創作。文學讀物是幼稚園內必備的語言材料，其中，故事的特質特別切合幼兒的發展和興趣，故事書尤其應該是最主要的閱讀材料。文學讀物應該以文字伴隨圖畫的方式呈現，以故事書為例，圖畫書是較佳的選擇（李連珠，1991）。在文學經驗之中，幼兒統整地從事聽、說、讀、寫，發展語言能力。文學的使用，提供幼兒重要的情意、語言和學習經驗（李連珠，2000a；墨高君譯，1996；Raines and Canady, 1990; Routman, 1988; Sebesta, 1989）。

作為閱讀材料之一，文學讀物可幫助幼兒發展文字知覺。在故事類讀物的閱讀經驗中，幼兒逐步發展其故事知覺。幼兒對文學讀物有初步的認識並產生探索的興趣之後，教師宜鼓勵幼兒對文學經驗以某種方式作回應，這些都是全語言幼兒語文課程可發展的方向。

(一)故事知覺

　　故事知覺指對故事的組成元素和特性有初步的認識，幼兒的故事知覺可能包括：知道故事中含有人物和一連串有先後次序、因果關係的事件；能掌握故事中情節的先後次序；知道故事中的主要人物；察覺到故事常使用特定的語言寫成（例如童話故事常以「從前從前」開始）；在故事場景和現實世界中轉換沒有困難；知道故事是有人寫成等。幼兒的故事知覺有助於在聽和閱讀故事時，對故事內容的理解和預測能力的發展，在故事創作時作計畫，也有助於培養作者觀。作者觀幫助幼兒視自己為作者，進而願意從事各式的創作，或有利於較有深度的作者研究活動。

　　若使用的是圖畫書，幼兒還須瞭解圖畫書中插圖與文字的關係，包括：知道故事的內容也在插圖中呈現；知道插圖和文字所傳達的資訊是相關的；知道插圖可以補足或強調文字所要傳遞的資訊。這一類的知覺，教師不見得能以問答的方式測得，如何掌握契機，察知幼兒此類能力的發展，是頗重要的。

　　長期使用文學之後，幼兒會逐漸注意到文學作品中文字的優美或特別處。幼兒這一類的知覺可能會出現在書本的閱讀、討論或在平日的用語或語言遊戲中，書中特別的詞或句子會出現在自發性語言裡，例如一個幼兒在讀過《小羊與蝴蝶》之後，遊戲中移動手中玩偶時，口裡會喃喃自語書中的文句「左彎彎右彎彎，彎彎曲曲，曲曲彎彎」；另一個幼兒在閱讀過《一片披薩一塊錢》後，吃點心時會援用書中的句子「吃了好像陽光在按摩你的胃，感覺沒有翅膀也能飛。」來描述自己享受食物的心情。（李連珠、林慧芬，2001）

　　故事知覺的培養除了藉由長期常態性的文學讀物閱讀之外，仍需要教師運用策略，在文學的延伸活動中有計畫地提昇，故事討論、故事圖的製作和使用、故事元素遊戲、扮演活動……等是少數的策略例子。利用延伸活動增加幼兒對文學的回應是原則之一。

(二)對文學的回應

故事閱讀是幼兒經驗聯繫的過程，在聯繫經驗時，幼兒可能以不同的方式對所讀的故事內容作回應。最常見也是最初步的回應方式是口頭的，通常在閱讀故事後，幼兒會口頭地聯繫故事中與個人類似的經驗，或口述故事，或回答、提問相關的問題。有一個幼兒在閱讀過《小小大姊姊》之後，聯繫書中的弟弟角色到自己的弟弟，說：「我弟弟也很愛哭。」即是一個聯繫個人經驗的例子。

對文學作回應除了有助幼兒培養故事知覺，也有益他們對內容的理解和經驗的統整。教師宜鼓勵幼兒嘗試以不同的方式回應文學。回應文學的方式有很多種，以下是一些可能的方式：

1. 複述文中的句子、情節或故事內容大要。
2. 故事或內容討論。
3. 談論讀物的內容及相關的話題（如：人物、情節、主題、作者、插畫）。
4. 日常語言中出現書中的語言、詞彙、句子。
5. 故事圖的製作和使用。
6. 比較不同故事中的人物、情節。
7. 將故事作戲劇扮演或表演。
8. 作同模式的故事再創作。
9. 以口語或書面介紹故事。
10. 以藝術形式（如：畫圖）、音樂形式（如：將故事中的文句編成歌曲唱）或肢體動作形式重現故事內容或部分情節。
11. 對特定作者進行作者研究。（李連珠、林慧芬，2001）

文學創作是對文學回應的另一種方式，且是較具深度，需要相當經驗的方式。教師在使用文學一段時間之後，宜帶領幼兒從事文學的創作，並培養其創作的興趣。幼兒的文學創作可能以幾種不同的方式呈現，例如：從事語言遊戲（如：玩文字接龍）；改換兒歌中的詞彙或句子；創作或改作兒歌；改換故事文本的詞彙或句子；口頭創作故事、玩故事接龍；以畫

圖的方式創作故事；以圖畫、文字或符號等多重媒介創作故事……等。

文學作品因性質和內容不同，可能引發的回應方式也會有異。同樣的，幼兒會因經驗不一，對同一本書也可能以不同的方式回應。教師宜對幼兒的回應方式採開放的態度。

㈢文學的愛好

全語言的語文課程宜培養幼兒對文學的愛好，而長期的使用文學是培養幼兒喜愛文學作品的重要途徑。教師在日常作息中宜安排例行的大團體、小組和個別閱讀時間，教室內也要有數量充足、不同內容、各種文體的文學讀物，供幼兒自由取用。此外，教師宜設計非正式的活動，有策略地推動幼兒的閱讀和對讀物的喜愛。借書活動、故事錄音、新書介紹或建立特別文學專欄（如作者專欄）、建立閱讀清單……等是一些教師使用過的策略。要注意的是，不管使用任何策略，都要堅守內發、自發、自由選擇等原則，教師不可規定或將活動強加在幼兒身上。

幼兒對文學作品的喜愛可能外顯在幾種行為之中，例如：喜歡念誦某幾首兒歌、童謠、童詩；喜歡從事語言遊戲；行為中顯示對某一本書的喜愛（如：重複借閱同一本書多次）；口頭表達對某一本書的偏好（如：「我最喜歡《朱家故事》」）；評論某本書或書中人物（如：「我討厭《新天糖樂園》裡的巫婆，他很壞，都要害小孩子」）；將讀過的故事扮演出來；在藝術形式的表達中，融入故事的內容……等，都是一些跡象。

幼兒對文學的喜愛，同時也表現在獨立閱讀的習慣上，喜愛文學的幼兒，會選擇自己想看的兒童書閱讀，並能在沒有教師的協助之下把書本看完。教師宜提供許多可供做此類活動的時間和機會，如自由選擇時間、故事閱讀時間等，讓幼兒可以從事自發性的閱讀。

語言活動應該是統整的，聽、說、讀、寫常常是在一個事件中同時發生。雖然本節將語文課程的內涵分成許多細目來陳說，但許多語言活動可同時涵蓋多重功能，幫助幼兒建立多種知覺、能力或態度，教師在安排活動時不宜只存單一的焦點或目標，而為每一分項目標分別設計不同的活動。為建立幼兒的語文能力，課程宜有一整體的考量，統整性的規畫。

第三節
全語言幼兒語文課程的實施原則

全語言的幼兒語文課程，有其所築立的理論基礎，它考量了幼兒語言發展的現象、語言的本質、全語言課程精神以及幼兒的個別差異。在這些基礎之上，它建議了幼兒語文課程的可能範疇及內涵，期所提供的經驗是能促成幼兒真正的、整體的語言發展。它立於有別於過去語言教育中以學習者為被動語言知識接受者的立場，指出幼兒語文課程應超越教師教授、學生接收的模式，而在學習活動中賦予幼兒對語言、文字、符號等主動探索、參與、建構知識的機會。執行全語言的幼兒語文課程，有其須注意的一些原則：1.語文課程並非教授和練習與生活無關的語言技巧，而是在生活和探究活動中實地進行有意義的聽、說、讀、寫；2.語言活動應該是功能性的、真實的；3.課程的內容對幼兒而言應該是相關的、有意義的、感興趣的；4.安排豐富的語文環境；5.促成幼兒與大人及其他幼兒的互動；6.提供多元的表達途徑；7.使用文學等多元語言材料；8.提供幼兒選擇的機會；9.創造個別化的成功機會，並期望每個幼兒都能成為語言使用者；10.評量著重歷程，並途徑多元視窗；11.老師的態度和角色：接納、示範、幼兒的語言使用伙伴、兒童觀察者。細節在下文將一一探討。

一、語文課程並非教授和練習與生活無關的語言技巧，而是在生活和探究活動中實地進行有意義的聽、說、讀、寫

語言是生活的重要工具，日常生活的一部分。當教學由生活中脫離，語言與其發生的情境隔開，成為語言技巧練習（如：字卡認字）時，語言已失去它的溝通本質。對幼兒而言，不只語言失去了意義，語言活動不具目的，他們也無法將所學的技巧及內容與生活連結，未能真正理解所教授

的語言。較適當的方法是老師將聽、說、讀、寫融入學習和生活中，讓幼兒在使用語言的過程中理解語言的意義、規則，在自然發生的聽、說、讀、寫活動中，學會如何聽、說、讀、寫。例如，在扮演區開店的遊戲中，幼兒可以自己為店取名字、寫招牌、討論販售的貨物、為貨品分類並製作標籤、協商角色、記帳結帳開收據……等，聽、說、讀、寫並用，也進行了多元的表徵工作，探索了不同類型（如招牌、標籤、收據）的書寫形式；在進行蝴蝶的單元時，可以讓幼兒找尋、閱讀與蝴蝶相關的書籍或其他型態的書面參考資料，過程中幼兒一方面習得了蝴蝶的相關概念知識，一方面很自然地認識「蝴蝶」這兩個字及其他相關的詞彙（如毛毛蟲、蛹等）以及資訊類文體特有的格式。

二、語言活動應該是功能性的、真實的

語言既是溝通的工具，語言活動應該是基於溝通的目的而進行。也就是說，多數的聽、說、讀、寫的安排，是為了達成某種生活或學習上的目的。例如，發言以表達自己的意見；口述故事以分享或呈現自己的創作；創造符號來代表自己；為了使用錄音機填登記表；為了記錄今天做過的一件重要的事而寫日記；為了享受一個有趣的故事而讀故事圖畫書；為了讓速食店的遊戲能順利進行而製作點餐牌；為了寄卡片給朋友而學寫朋友的名字。這些語言活動都先有一個實用性的目的在心中，再依需要採用聽、說、讀、寫任一適用的形式，以達成預定的目的。當活動是功能性的，它對學習者而言多數也是真實的，亦即生活的一部分。「功能、真實」精神的掌握須仔細分辨，若掌握不精確，同一種活動在一個教室內可能對幼兒是功能的、真實的，在另一個教室內可能完全相反。以幼兒教室內常見的簽到活動為例，若教師將之定位為社會性活動，是幼兒以教室社群的一份子，在每日生活中向其他成員作「已到校、願意參與團體」的宣告，並只對這個層面作檢驗，也就是說，給予幼兒簽不簽到和書寫形式上的選擇，那麼它對幼兒而言是功能的、真實的。如果一位教師將之定位在書寫活動，要求每一位幼兒一定要做，並只能用正確國字簽寫自己的名字，那麼它對

許多幼兒可能就不是真實的，也不具功能性，因為這是別人要求他做，而非自己的選擇，他看不出這事真正的目的何在，和自己的關聯為何，而所要求的形式又是自己無法做到的，這活動極可能變成一件苦差事，甚或遭幼兒排斥。教師若能精確掌握功能和真實的原則，幼兒樂意參與所安排的活動，他們聽、說、讀、寫的能力就在一連串功能性語言使用過程中逐步掌握。教師的工作即在創造機會，讓幼兒從事功能性的語言活動。

三、課程的內容對幼兒而言應該是相關的、有意義的、感興趣的

「相關的」是指學習者熟悉的、有個人關聯的、或個人經驗上可以聯繫的、生活的一部分；「有意義的」（meaningful）則是對幼兒而言重要的、是他們想知道的、能產生個人意義、也是容易理解或表達的。基於相關、意義和興趣的考量，教師在安排語文課程時，宜從幼兒本身或立即社會文化（如家庭、學校、社區、在地）的經驗出發，內容是幼兒熟悉的，是他們想知道的，對他們而言重要的或感興趣的，如此，活動內涵或語言內容對幼兒而言才會是有意義、容易理解的。此外，語言材料如果是完整的，就具完整情境，含上下文線索，是較有意義的，通常較容易理解；反之，零碎的語言材料因情境改變了，失去了上下文等相關的線索，意義減低了，也就變得較不易理解。一本故事圖畫書是完整的語料，具有完整的語言情境，是較容易理解的，也是幼兒較感興趣的；字卡裁剪掉大部分的線索，意義就變得抽象難懂，對幼兒而言相較就是無意義且不感興趣的。教師在選擇材料時，不得不審慎分辨。

四、安排豐富的語文環境

一個豐富、有利讀寫發展的語文環境提供幼兒多重使用語言的機會。老師宜創造富於語言溝通的環境，讓聽、說、讀、寫是教室內日常生活運作的主要歷程或途徑。例如，老師多與幼兒談話、討論，以語言刺激其思

考、表達；讓每個幼兒的個人用品、作品都有自己的名字在其上，以註明所屬；教室內的用品也標示了名稱以利取用和歸位；團體討論時，將討論內容和結果，以文字、符號或圖表的方式記錄下來，並作陳列，以為稍後綜結或追溯之用；自主性的活動中多利用文字符號作為活動的指引，讓幼兒藉由閱讀指引獨立操作；在各學習區放置書寫工具和相關的書面參考材料（如在扮演區放置食譜、點菜單，在美勞區提供美勞工具書），讓幼兒在學習區活動中能使用文字符號輔助活動之進行……等，是少數幾個例子。另一方面，教師宜提供多元的語言資源、各式不同型態的書面材料（包括：書籍、報紙雜誌、圖畫、圖片、表單、標示、海報、月曆、指引、說明、條文、卡片、書信……等），示範文字符號在生活中各種不同的用途，提供多元的各式聽、說、讀、寫經驗，讓幼兒沉浸在豐富的語文環境中。

五、促成幼兒與大人及其他幼兒的互動

語言具有許多不同的溝通功能，達成人際互動是其中之一。幼兒需要看到以語言從事人際互動的需要，也需要看到他人如何以語言進行社會性互動。老師應多提供時間與機會，讓幼兒能與大人及其他幼兒以口頭和書面的方式從事互動。對於那些尚不認識書面語言的人際互動功能的幼兒，教師可以起始書面的交流，例如率先遞送卡片或書信予個別幼兒，或在公佈欄上張貼給團體的話，都可讓幼兒體會到書面溝通的可能性，而在有需要時進行類似方式的人際互動。教師也可創造機會，鼓勵幼兒用書面的方式與教室以外的成人（如班上的訪客、幼兒家長、校內行政人員）進行交流。這樣的書面語言使用是真實、相關、有意義、具功能性的，是生活的一部分，不是正式教學活動，卻一樣幫助幼兒的語言發展。

六、提供多元的表達途逕

表達是一種溝通能力，幼兒課程應提供幼兒發展多元的表達媒介，包括語言（含口語、文字、符號）、藝術、音樂、戲劇、肢體舞蹈等。在眾

多表達媒介中，語言無疑的是最常用的一種，也是多數表達媒介中會使用到的工具。教師應讓幼兒有以語言多方表達的經驗，包括口頭和書面語言。除了日常多使用口頭語言，教師宜創造機會讓幼兒可以看到並使用書面的方式表達，以文字和符號表徵。例如，教師可以在大團體的討論中，將幼兒的意見謄寫下來；對不會或不願意自己動手的幼兒，教師可以將他們口述的內容代寫成文字，讓幼兒直接經歷口頭語言以書面的方式呈現，進而瞭解二者之間的關係。由此幼兒會逐漸對書面語言產生興趣，進而想要以文字或自創的符號表達。

幼兒因其發展的特質，在嘗試以書面表達的過程中，會出現多元的表徵方式，正確文字絕非唯一，在進入完全以正確文字表徵之前，會有許多發展的形式，以有別於約定俗成的形式表達，教師宜容許這些多元的表徵形式，鼓勵表達的歷程。

七、使用文學等多元語言材料

全語言語文課程宜涵蓋多元語言材料，幼兒也不適合以教科書式讀本為學習內容。全語言的幼兒語文課程應提供幼兒多樣不同種類的語言材料，讓他們有機會接觸不同形式、不同文類的口頭和書面語料，上文提及不同文體（如故事、詩歌、散文、知識、資訊……等類別）的圖畫書、雜誌、報紙、書信、各式環境文字等是較適合的語言材料，其中尤以文學類讀物更是幼兒教室內應常備的書面語言材料。

文學作品中的語言，通常較為精鍊、優質、多樣化，有利於幼兒認識、匯儲語言資料。文學作品的內容也涵蓋各種不同的知識和經驗，是幼兒學習各類知識，體驗不同經歷的重要來源。教師應善加利用文學作品，尤其是圖畫故事書，以豐富幼兒的語言、情意和知識經驗。

教師應該在教室內充實大量的童書，提供時間機會讓幼兒可以在小組中或個別地閱讀童書。許多幼兒因識字有限，無法獨立閱讀，因此教師須定期在大團體、小組中或個別地為幼兒閱讀童書。在閱讀童書的過程中，教師可以詢問幼兒預測性的問題，例如，讓幼兒看完書中的圖片後，預測

故事內容。教師也可以與幼兒討論故事的內容，藉此測知幼兒的理解與看法，同時提供幼兒發表意見的機會。對幼兒喜愛的書，老師可以反覆閱讀，加深幼兒對故事文句和內容的熟悉度。

除了例行的閱讀，教師更可以利用童書作為探討主題內容的工具，讓學習的內涵、文學和語言能充分地結合統整。此外，鼓勵幼兒以不同形式（例如：語言、故事創作、肢體、音樂或藝術……等）對童書做回應，不僅可增加幼兒對書本內容的理解，加強新舊經驗的聯繫，更可加深探究的深度和廣度，培養多元的表徵能力。

八、提供幼兒選擇的機會

當有選擇時，幼兒有較多的機會顯示出他會的或已知道的。因此教師應給予幼兒選擇的權利，讓幼兒依自己的能力和興趣，決定以什麼方式和語言互動，以及在語言活動中如何應用自己已有的能力。例如，幼兒若對某一本童書有興趣，他可以選擇自行到語文區獨自閱讀，與同伴共讀，借回家由父母為他閱讀，或請老師在大團體時間為全班閱讀，他當然也可以選擇讀給其他人聽，或作故事錄音等。同樣的，有表達的需要時，幼兒可以選擇以口頭、書寫、繪畫、圖案、圖表或戲劇扮演等方式呈現自己的想法，或請老師代寫他們的表達內容。書寫時，對尚未掌握國字正確形式的幼兒，教師尤須給予書寫式上的選擇，讓他們可以選擇自己辦得到的形式來表達。

九、創造個別化的成功機會，並期望每個幼兒都能　成為語言使用者

幼兒需要看到自己是個可以成功的學習者、語言使用者，教師也須如此看待幼兒，並創造機會讓幼兒成功。對語言活動缺乏興趣和能力的幼兒，教師尤須尋求適合他能力的個別化活動，並提供必要的協助，讓他可以勝任完成，並得到老師和同儕的肯定。

不論幼兒的家庭背景、家中所說的語言為何，教師應期望每個幼兒都能成為語言使用者。教師須讓每一個幼兒在學校中，都能使用他們最熟悉的語言（可能是國語或任何一種鄉土語言），以之為起點，自然地增進其母語和主流語言的能力（Neuman, Copple, and Bredekamp, 2000）。老師應鼓勵幼兒能在各種情況下以不同的方式使用語言，養成以語言溝通表達的習慣。

十、評量著重歷程，並途逕多元視窗

在全語言的課程中，課程目標不在塑造所有幼兒成為能力相等的個體，因此，評量不宜本諸一套教師預設的標準，或唯一的標準，也不宜只專注在幼兒的終極成就。在上一節課程內涵所列的各項學習經驗下，多處提出了幾種可能的發展狀態或階段，目的即在指出幼兒間廣度的發展可能，提醒教師順應幼兒的個別差異。

再者，語文課程既然建構在功能的、生活的、跨領域的原則之上，並環繞著幼兒的經驗及其所關心的事物上，那麼教師的評量亦當反映這樣的哲學觀。幼兒的語文能力既藉由不斷的、全面性的語言使用逐日養成，過程中這些逐日的經驗，不管屬不屬於語文領域，都反映了幼兒的語言成長軌跡。這些資訊既映現幼兒的發展，也提供教師建構課程或設計學習活動重要的參考資料，是教師不得不集結、重視、利用的。透過兒童觀察，教師宜持續地、長期地記錄成檔（documenting），解讀這些過程，以瞭解個別幼兒的發展和需要，公平切實地呈現幼兒的語言發展實況。

要切實地瞭解幼兒的語言發展，教師就要全面性檢視幼兒在各種不同情境下的語言活動和內容，因此評量的途徑應該是多元化的，涵蓋正式和非正式的語言使用、口頭語言和書面語言行為、單獨的和互動性的、在所有領域活動和生活中語言文字使用的實況……等。可蒐集的檔案內容可能包含：幼兒各式的書寫樣本、閱讀記錄、對文學的談論或所作的回應、語言交換、幼兒對自己語言行為的談論、以語言文字或符號為媒介的創作、遊戲中各式語言活動、訪談、會談（conference）、教師的兒童觀察記錄、

正式的評量程序……等。檔案形式則可以是：書面成品或複本、立體成品或記錄、錄音帶或光碟、觀察記錄、照片、錄影帶或光碟……等。教師的視野必須是廣角的，必要時也要能拉長鏡頭有深入的焦點，以探知幼兒行為表相之下的成長意涵。

十一、老師的態度和角色：接納、示範、幼兒的語言使用伙伴、兒童觀察者

面對幼兒語言發展過程中各種不同的現象和能力，教師的首要態度是接納。幼兒間原即存在著個別差異，幼兒也有他們發展和經驗上的限制。幼兒的語言形式，不管口頭或書面語言，都還在發展之中，一定會出現過渡時期或自創的形式（例如，某些音發得不十分正確；某些詞用得不很恰當；閱讀時不按字面讀；書寫時使用大人看不懂的符號；寫的字筆畫不完整或筆順不正確），這些「發展中的形式」，是幼兒正在建構語言系統的跡象，教師宜接納，進而鼓勵，以培養幼兒繼續探索、使用語言的信心和意願，他們的語言才有機會繼續發展，而日臻正確。在此階段，語言的正確性不是重點，幼兒使用語言的意願和習慣才是。

除了一方面鼓勵幼兒使用語言的意願，提供幼兒探索實驗語言形式的機會和環境，教師還應在環境和互動過程中，示範約定俗成的用法，提供正確的資訊，以利幼兒調整修正，幫助幼兒完成語言系統的建構。

為了鼓勵幼兒多方面從事聽、說、讀、寫，教師還須示範語言使用者的角色，讓幼兒看到成人如何用不同的方式，以不同的形式，藉由語言達成生活中的各種不同目的。例如，教師可以在日常互動中，經常地以口頭及書面語言與幼兒及他人溝通（如：與幼兒進行個別或團體的談話；寫聯絡簿與幼兒父母溝通；留字條給幼兒以表嘉許）；在各種書面材料中（如：標示、報章、雜誌或書籍等）找尋所需資訊；為了休閒的理由閱讀文學讀物等。幼兒在觀察了這些行為之後，比較能體會使用語言的各種可能。

此外，教師還須扮演幼兒語言使用的伙伴。幼兒因為經驗和發展上的限制，在從事聽、說、讀、寫時，有時需要有能力的成人起始、協助。教

師不是語言標準的設定、傳授或提供者；相反的，他是幼兒生活和工作的伙伴，和幼兒合力藉由聽、說、讀、寫，一起完成所要完成的事務。他同時也是幼兒溝通的對象，對幼兒的聽、說、讀、寫給予必要的回應。全語言教師同時是個兒童觀察者，藉由觀察並使用非正式和正式的評量程序，教師找出幼兒已知的知識、會做的事以及他們的長處，試著瞭解他們建構知識、呈現知識的方式和策略，以便計畫有助於促成他們的語言發展，提昇他們學習的課程和教學。

一個全語言幼兒語文課程不在教導幼兒聽、說、讀、寫的技能或預備技巧，而是讓幼兒在一個豐富、有利讀寫的語文環境裡，為了生活和探究活動的目的，從事功能性、有意義的聽、說、讀、寫，藉由此歷程一方面獲得相關的知識和經驗，一方面習得使用語言的能力和語言的相關概念。

因此在一個全語言幼兒語文課程中，教師的責任、態度和角色實有別於傳統教室內的教師。教師的首要責任在於安排一個豐富的讀寫環境，創造各種可能的語言使用以及社會性互動的機會。教師同時還需要是幼兒的語言伙伴，在使用的情境中示範語言約定俗成的用法或形式，並作為幼兒聽、說、讀、寫的對象。更重要的是，教師對幼兒發展中的語言形式必須有接納的態度，教師須瞭解幼兒是主動的語言知識建構者，也是活躍的參與者，其語言形式與約定俗成的不一致，只是發展的過渡期，教師的支持和示範正是他們邁向約定俗成形式的必經歷程。

全語言語文課程的內涵指出幼兒在幼兒階段可能出現的各種語言發展狀態，以及必須經歷的重要經驗，它的目的在提供幼教師發展課程時一個廣度的參考，而非樹立制式的評量標準。教師必須明白這些經驗對幼兒各種語言概念、能力和態度發展的重要性，依此來建構課程，設計學習活動，提供語言經驗，才能確定所提供的是真實的、生活化、全面性、豐富、多元的經驗，能因應不同能力、興趣和背景幼兒的需要。同時，教師也須瞭解，不同幼兒間所呈現發展的差異是可預期的現象，也是須接納進而因應其特質進行協助的連接點。

本章提出了建構全語言幼兒語文課程的基礎、其內涵和實施原則，這些內涵和原則在實務現場執行時，會因教師和幼兒的背景和經驗的不同，

全語言教育

而發展出多元豐富的面貌。全語言教室沒有一致的面貌，全語言語文課程
在不同的幼兒教室內也會出現各式各樣的樣式，因為全語言本質上就不是
一套教學方法，它是一組理念的實際呈現，是無法以一個班級實務來概括
的。本書第六、七兩章將呈現幾個不同的全語言幼兒教室，讀者從這幾個
教室內可具體看到在全語言課程原則之下，所發展出來的教學實務可以有
各種不同的面貌。

第六章　不同的全語言教室

第一節　全語言教室的本質
　　一、環境與材料
　　　　㈠環境
　　　　㈡材料
　　二、課程與學習活動的本質
　　　　㈠學習者中心
　　　　㈡統整
　　　　㈢真實
　　　　㈣沉浸和投入
　　三、班級經營和教室氛圍
　　四、評量的本質
　　五、全語言幼兒教室與傳統幼兒教室之比較
第二節　不同教室中的全語言
　　一、第一個全語言教室
　　　　㈠場景
　　　　㈡場景的背後
　　二、第二個全語言教室
　　　　㈠場景
　　　　㈡場景的背後
　　三、第三個全語言教室
　　　　㈠場景
　　　　㈡場景的背後
　　四、第四個全語言教室
　　　　㈠場景
　　　　㈡場景的背後
　　五、相同之處
　　　　㈠環境和材料
　　　　㈡課程與學習活動的本質

㈢班級經營和教室氛圍

六、不同之處

㈠環境和材料

㈡課程與學習活動的本質

㈢班級經營和教室氛圍

不同的全語言教室

「我現在也在做全語言啊！我常常讀童書給小朋友聽，讓他們每天都簽到，我們也做大書。不過有時候我實在沒辦法全部都做全語言的活動，因為我們每一科都有進度要趕啊，而且還得留一些時間寫作業本。」

「做全語言好像不錯，只是我耽心如果我們做全語言，會不會過度強調語文教學，而忽略了其他科目，課程不就變得不均衡了。全語言是用來教語文的好方法，但是我該怎麼處理其他科目呢？」

「我們今年開始走主題和全語言。你看，這是我們用的教材（出示某出版社出的所謂全語言讀本和教師手冊）。很不錯吧！主題網都畫好了，很多語文活動，每週都排了注音符號、兒歌、故事、還有唐詩，蠻豐富的。」

「現在好多人都在談全語言，到底什麼是全語言？有的人說是用兒童書，有的人說一定要讓小朋友畫字，有的說一定要做代寫。我真想看看全語言教學和一個全語言教室到底長什麼樣子。」

這是一個自稱在做全語言的幼稚園小班的教室，正值上午的學習區時間，主教老師正在向小朋友說明當天的學習區活動。老師說：

271

「小朋友，我們今天開放四個角落活動。第一個活動是和莉莉的媽媽一起在美勞角做花的剪貼畫；第二個活動是插花，想要插花的小朋友到後門積木角的旁邊去找陳老師；我們今天也開放娃娃角，老師今天在娃娃角裡放了很多塑膠花，你們可以玩花店的遊戲；還有一組小朋友可以和我一起，我們今天要在科學角做花的圖表，幫花的部位寫上名稱。好，現在每一個人都想一想自己想要做什麼，等一下老師說開始的時候，大家就開始去你要去的那個人那裡排隊。要記得哦！每一組只能有七個小朋友。……好，開始！」

迷思和謬誤

以上幾段和全語言相關的對話和場景，是最近幾年來在幼教老師之間經常聽到，或在幼稚園教室裡看到的現象。這些現象反映了部分教育工作者，至少是幼兒教育工作者，對全語言實務的曲解、疑惑、好奇和興趣。在可供參考的全語言教室尚不普遍之際，教育工作者或因對全語言理論缺乏認知，或對理論之領悟有所偏差，論及全語言，就常出現類似上述各憑己意的詮釋、各行其是的實務。

常見的謬誤有——將全語言當成一種教學法，甚至只是語文教學法，可以按部就班複製的；或將全語言拆解等同於一個個的活動組合，而單從活動層面來實施；或以為全語言只關乎課程，而忽略了學習者、教師以及其他相關要素在這個理論裡的整體角色。這些現象都大大地曲解、也窄化了全語言教育哲學觀。因而有人自稱在做全語言，只因他在教室內做某些全語言教室內常看到的活動，而未見到這些活動事實上與全語言原則並不一致，忽視所用的材料與全語言精神極其相違，也未意識到課程的其他部分與全語言精神相去仍遠。至於出版界趕著全語言熱潮，隨之起舞，自稱出版有全語言套裝課程、全語言讀本、甚至全語言學習單者，就更是差之千里了。

本書第二和第五章已對全語言的基本理論、精神、實務原則作了充分的闡發，並指出全語言理論和原則付諸實務時，沒有一定的面貌。到底什麼樣的教室可稱為全語言教室，是個複雜的問題，無法以一、二個簡單句子回答，也無法以單一教室為範例說明。然而窺探全語言教室仍是理解全語言的具體途徑之一，本章將嘗試從全語言教室常見的本質談起，再呈現不同的全語言教室，或有助於從其中的共通處進一步去瞭解全語言實務。

第一節
全語言教室的本質

對全語言最常見的錯誤詮釋是將它定位在活動之上，尤其是閱讀和寫作活動，有人稱文學為本的課程就是全語言，更有人提列出一套活動認為是全語言教室內必然要有的，實務現場也不乏以一些代表性的活動作為實施全語言的證據。根據第二章所呈現的全語言理論基礎，徒有活動本身是無法成其為全語言的，一個教師有可能採用了全語言教師常做的活動，而他所進行的仍然不是全語言，他的教室仍然不是全語言教室；或者同樣的這些教學方法可能被一個持有不同理念的教師做成很不一樣，而導出相反的結果。真正瞭解全語言者會同意，全語言既然是一些教育信念和態度，而非公式化的教學方法，因著教師運作班級的方式或將理論引用至日常實務的策略不同，每個全語言教室都是不一樣的。全語言學者 Edelsky 等人就說過「全語言基本上就沒有所謂統一的一套實務」（Edelsky et al., 1991，p.77）。但是，一個教室是否能稱為全語言，是否維持一些課程原則則極為關鍵性，研究全語言的學者（如 Cambourne, 1988; Daniels, 1995; Edelsky et al., 1991; Froese, 1996; Harste, 1992; Raines and Canady, 1990; Weaver et al., 1996 等是其中的一部分）已從研究資料中推論出了全語言課程的一些共同原則和實務，這些原則超越了活動的表面，是在觀察一個教室是否為全語言時可引用以參考支持的。大致而言，全語言原則可以從以下這些面向來觀察：一、環境與材料；二、課程與學習活動的本質；三、班級經營和教

室氛圍；四、評量的本質。

一、環境與材料

為了促進兒童書面語言的學習，也為了支持他們其他領域的學習和生活的組織運作，教室內宜安排成有利讀寫發展的讀寫環境（literate environment）。所謂讀寫環境指的是一個隨時能提供許多閱讀和寫作機會的教室環境，包括硬體的配置和材料的供應。

㈠環境

全語言的環境要能促成探究和語言的使用。以幼兒教室為例，一個有利語言學習和讀寫發展的環境應包含有豐富的環境文字，以及其他日常生活須用的閱讀和書寫材料，因為對幼兒而言，他們語文知識的發展始自於環境文字的閱讀（Y. Goodman et al., 1989），豐富的環境文字有助於幼兒發展文字知覺以及文字其他的相關概念。

環境文字（environmental print）指陳列在教室環境中的文字，用以幫助居住其中的個別學生和團體日常生活能正常運作的各種指引、標示和說明。一個幼兒教室內的環境文字有這些可能性：

1. 學習區、學習材料、設備的標示、標籤、說明，例如，圖書區、男女生廁所、小閣樓、容器的內容物、電腦、大小型各式積木、觀察用物品……等的標示、說明。

2. 各項公開的訊息，例如，每日要事、日曆或月曆、例行作息時間表、各項兒童書寫的訊息、注意事項、公佈欄……等。

3. 導引學生的行為或活動的指引、說明，例如學習區輪流表、班級約定、學習區使用規則、工作指引、食譜、方案的執行步驟、執行工作的注意事項……等。

4. 其他與學習活動相關的文字，例如，童謠兒歌的海報、團體共創的故事、團體討論記錄、兒童生活相關的記錄……等。

⋮

上述例子多數是團體共同的環境文字。Hartle-Schutte（1991）建議在觀察讀寫環境時，不只要看全班共同使用的功能性文字使用記錄，同時也要看環境中所呈現個人的功能性文字使用跡象。個人的功能性文字使用的例子有：學生為自己的作品加上標題或說明、個人的日記或學習札記、學生的出版品、往返信件書寫、給個別家長的信、教師給學生的字條、同儕的字條……等。當然不同的教室內會出現不同的環境文字和讀寫事件，全語言教師會盡力促成孩子使用文字以進行溝通。

　　在幼兒或低年級的教室內，較理想的環境安排是以學習區配置空間，其中有些學習區對語文發展特別有幫助，例如，圖書區、聆賞區、書寫區、創作或出版區。其他種類的學習區可用來加強孩子的感官和動作、創作力、審美能力、各種不同的表徵和溝通方式、科學和數學概念等的發展。而這些學習區可用來輔助對學生有興趣的特定主題的探究。傢俱的安排則宜注意保有彈性，以便因應不同的活動和分組型態，可作必要的調整。為反映兒童中心的態度，兒童的各式作品是環境中的主要陳列。

(二)材料

　　基本上全語言教室內的材料是完整、有意義且是功能性的。舉例來說，一本故事書是完整的，對讀者而言是比只是一些從文章中抽離出來單獨的句子較容易理解的。閱讀和書寫材料要真實的，儘量接近日常生活中的材料。兒童需要看到自己的閱讀和書寫對個人是有意義的，且具有個人和社會性目的，他們需要看到或知道其他人生活中如何使用閱讀和寫作。這些是在安排環境和材料時，教師可以思考並充實的內容。

　　以幼兒教室為例，在幼兒教室內通常有極多元、各種不同的閱讀和書寫材料，以下是一些常見的例子：不同文類的書本、報紙、雜誌、錄音帶、錄影帶、錄音機、視聽器材、圖片、電腦、桌上遊戲、操作的物品……等。其中優質的各式文學作品是最重要的材料。幼兒需要看到可以為哪些不同的目的進行書寫，當目的不同時書寫的方式是不一樣的，因此多元性和品質同樣重要。故事、資訊類書籍、散文、詩、歌謠、參考資料或工具書（如字典、百科全書、各式表單、各式圖表、圖片……等）及其他類的書面材

料（如漫畫、地圖、地球儀……等），以及幼兒創作的書等，都是一個幼兒教室內讀寫環境常見的內容。

除了供應這些材料，它們的可接近性是另一個關鍵元素。這些材料應該按兒童的視線高度陳列，是兒童可看得見、取用得到、任何時間都可探索、使用的。此外，提供使用這些資源的機會是必要的，好鼓勵兒童的閱讀和書寫。教師需要提供時間、材料、空間和活動讓兒童可以進行聆聽、敘述、談論、閱讀和書寫，各種不同的書寫材料和工具（各式的筆、紙、黑白板、粉筆或白板筆）也是所須提供的一部分。

二、課程與學習活動的本質

前面已提及，全語言沒有所謂基本的活動或方法，但是有些活動或方法確實因其本質與全語言的精神一致，以致常可在全語言教室內看到，例如，由學生自行選擇的文學閱讀、文學主題的研究探討、不同領域的主題循環探究、學生進行的民族誌研究方案、對話式札記、小型寫作工作坊、大書共讀……等（Edelsky et al., 1991）。不過在研判一個教室是否全語言時，不管這些活動表面上看起來如何，觀察到這些活動在教室內發生時，觀察者都要超越表象，深入探究其背後的哲學基礎或精神。要判斷活動是否為全語言，其實仍有一些指標可依循，就課程和活動的本質而言，全語言的課程和活動通常是學習者中心的、統整的、真實的、學生有充分的沉浸和投入的。

㈠學習者中心

全語言指出教育應是個探究和對學生和教師授權的歷程，在這樣的思維之下，學習者中心必然是課程的主要原則之一。學習者中心的課程即課程必須是環繞著學生的經驗和興趣取材，並和學生一起建構出來的（Harp, 1993）。學生所需要學的是他們周遭的世界和與他們經驗相關的事物，他們常問一些有關外在世界的問題，並需要為這些問題尋找答案，當所學的是他們有興趣且想要知道的時，他們可以學得最好。Harste（1992）就主張

學生應該是課程的資訊提供人。教師發展課程的主要考量依據是學生的發展、興趣、所關心、成長、他們的思考、反映，教師還應邀請學生參與建構的過程。因此，全語言教室內的課程不應是處方式或一成不變的，教師預定的課程內容應是開放的，可隨時因學生的需要而修改、延伸、擴展，甚或調整方向，這樣的課程容許學生有機會主導他們的學習。

一個學習者中心的課程同時意味著讓學習者，而非教師甚或不認識學生的教材編輯者，擁有學習的歷程，學習活動可以由學生起始，在可能的範圍內由學生參與撰寫安排，是學生要做這些活動，過程由學生主導，是屬於學生的，要滿足的是學生的目的。

一個學習者中心的課程同時也意味著要提供學生選擇，由學生決定在何時、要做些什麼事、用什麼方式去做，甚至有時可選擇不參與。若設有學習區，學生可選擇在哪一區活動，活動、材料、工具、時間、分組、主題、探究的方式及各種資源等都讓學生可按自己的興趣和能力作選擇。

(二)統整

全語言課程是有雙重目標的課程，是為推動語言和思考發展的課程。全語言課程統整語言中聽、說、讀、寫等所有形式，也與各領域內容的學習整合在一起，全語言教師不按領域學習來規畫時間——這一節課上閱讀，下一節課上寫作，諸如此類；也不將一門課規畫成單單學習該領域的內容，而忽略了語言和其他相關知識在該領域學習中的角色和功能。相對的，語言的學習也不是發生在語言課或經由純語言的練習，事實上，除了生活中真實的、功能性的語言使用及有關語言的討論，全語言教室內語言的學習是編整在社會、自然、科技、數學、健康、藝術、戲劇、音樂等所有領域的學習之中。這些科學及人文領域的活動幫助學生認識他們自己及外在的世界，同時發展語言（Froese, 1996）。因此，各領域的內容是和語言課程統整在一起，並以主題、生活中的現象和議題、問題解決等方式組織。

在這個原則之下，教師須察覺到語言在各個領域學習中的角色和重要性，教師若實踐語言跨越領域的課程原則，就須幫助學生去瞭解並掌握與該領域相關的特有語言內涵和形式，例如，在自然領域有關植物生長的探

全
語
言
教
育

究活動中，教師須提供給學生與此科學概念相關的專有名詞和資訊。而學生在調查的過程中，同時學了科學概念，也發展了閱讀（如：熟悉指稱植物不同部位的詞彙、參考類書籍的組織方式和形式）、寫作（如：如何作觀察記錄、如何撰寫報告呈現植物的生長過程）、聽和說（如：討論觀察和閱讀的內容）等能力。過程中也許會用到其他不同形式的表徵媒介，如繪畫、製作圖表。透過課程的統整，全語言教師讓學習對學生而言是整體的、自然的、有意義的。

㈢真實

全語言既主張語言乃透過真正的使用而學成，是一個理解世界的過程，情境對意義的瞭解是很關鍵性的，為真實的個人或社會性目的語言學習者實地去使用語言，語言於焉發展。所以，為了助長語言的學習，提供學習者各種真正的、實地的使用語言機會是很必要的。全語言課程必然要反映這個觀點，真實必須是課程的原則之一。所有的活動和材料要儘量像生活中那般真實。為了語言的學習，也為了透過語言學習，學生要實際為了各種不同的真正目的，投入真正的讀、寫、說、聽。至於怎樣的活動才能稱為真實的活動，是需要小心檢驗的，以下兩個在幼兒教室內實際觀察到的事件，也許有助於分辨何為真實、何者則非真實。

場景一

在一個幼稚園教室內，正當自由選擇活動時間，一個五歲小女孩正在書寫區寫信，因為他的生日快到了，他想邀請外婆來參加他的慶生會，也趁機告訴外婆他想要的生日禮物。在寫信的過程中，他先去看了張貼在教室白板上方的字母表以瞭解字母的正確寫法，又去找一位同學問某些字的拼法，完成後他拿了這封信請老師幫他看，為他閱讀，並確認信的形式。他所寫的文字，有自創式拼字，也有正確的拼字，但他所要表達的意思卻很清楚。教師和他一起討論如何在信封上寫地址。

小女孩決定要先回家向媽媽要外婆的地址之後，再自己書寫上去。稍後在大團體分享時間，這位小女孩分享他的信，他為全班小朋友閱讀信的內容，並談及父母為他準備即將來臨的慶生會。在經過小女孩同意之後，教師將小女孩的信張貼在教室內的公佈欄上一天，好讓其他小朋友有機會去讀。隔天小女孩將這封信帶回家和父母分享，再寄出去。

場景二

同樣在一個幼稚園教室內，一位幼兒教師正在計畫隔週的活動，他查閱學期初校方發的學期課程大綱，知道在下星期幼稚園的單元是信，單元活動內容之一是教幼兒認識最基本書信的格式和寫法，於是這位教師在一週中的一天安排了一個四十分鐘的課，計畫要教幼兒信的寫法，並讓幼兒練習寫。當天，他先為幼兒講解信的格式，讀了一封他朋友寄給他的信，然後要幼兒想一個人好寫信給他。幼兒開始在自己的桌上寫信，許多幼兒有困難書寫，教師則一面在各桌間巡迴，好幫助幼兒拼字或動手代寫，教師花了許多時間更正幼兒字母和拼字上的錯誤以及格式上的問題。四十分鐘過去了，老師宣佈下課，許多幼兒並未能完成書信，但被老師要求暫停工作，好接著上下一堂課。

　　第一個場景中的活動不只具有所謂真實的本質，而且是個有意義溝通的好例子，因這小女孩心中有真正存在的讀者（外婆），有真正寫信的動機和目的，而且在真實的情境之下，整個過程對他而言是個真正的溝通歷程；這件事對他是具有個人意義的，是完整的事件，也是功能性的。像這樣的情境是全語言教師要在教室內營造的。第二個場景中的活動則是老師要做、由教師主導的，對學生而言是個功課，沒有自己的目的，因而也沒有內發的動機。寫作過程中，寫信的對象、信的內容意義不是重點，因為

教師對形式的要求，形式才是關心的焦點。整體而言，是個虛構的假性情境，是由教師擁有的學習歷程。

㈣沉浸和投入

如果語言是透過使用而學習，那麼沉浸和投入就是語言發展的必要條件。兒童是主動的學習者，當他們在整體情境中溝通時，他們可以瞭解經驗的意義並建構與該經驗相關的知識（Raines and Canady, 1990），要成為一個語言使用者，他們必須有機會持續不斷地聽、說、讀、寫，一個全語言課程是在創造豐富的語文環境和讀寫的機會，讓兒童能主動活躍地投入進行中的語言事件（Edelsky et al., 1991; Mills, 1990; Raines and Canady, 1990; Vacca and Rasinski, 1992）。時間、材料、空間、機會及資源都是必要條件，好讓語言使用、讀寫事件發生。

三、班級經營和教室氛圍

全語言教室內有獨特的氛圍，全語言教師將教室經營成一個學習者社群，在其中學習透過社會互動和合作而達成（Edelsky et al., 1991; Harste, 1992）在學習社群中教師和學生一樣，都是學習者，雙方都為自己的決定和學習負責，但都會互相支持，並允許學習者按自己的步調學習。

全語言教室內所有的學習者都受到尊重並被接納，教師尊重兒童，也尊重他們的語言、背景、學習動機、學習方式、長處和弱點。教師視所有的學生都是有能力、發展中的學習者，相信他們的學習一定會發生，也相信他們習得知識的歷程終可完成，只是按各人的速度和方式。

在這樣的氛圍之下，自主是自然伴隨而來的現象，教師相信孩子，也讓孩子計畫他們自己的學習。而學生通常也都知道自己想做什麼、想學什麼及如何做、如何學，在學習上他們表現出獨立，並喜歡學習。教師因著自己的專業知識和對學生的瞭解，會試著從他人，通常是行政上司手中，取回課程和教學的自主權。

全語言教室是個不怕冒險的地方，在此，教師不認為學生的錯誤會持

續永久而加以否定或拒絕，相反的，教師看待學生這些錯誤，例如閱讀或書寫時的差異，正是學生建構語言知識的跡象，也是發展上的一些指標，可以指出學生的發展現況和所使用的策略。為了培養學生知識的建構，教師鼓勵學生冒險，在學習、閱讀和寫作活動中，推理作假設。因此多數學生是願意冒險者，知道他們可以建立、測試自己的假設，建構、再建構所知，甚至有時為了推論出真正的理解而把情況搞亂。在這些過程中，教師並非只坐等一切錯誤發生，相反的，他們提供資訊、說明，或示範約定俗成的形式，好讓學生產生認知上的不平衡，以便修改調整自己的假設和概念的架構。

雖然在全語言教室中教師尊重並接納學生的樣式，但並不意味教師就讓學生停留在認知中的自己，教師對學生有所期望，期望他們成為學習者、冒險者、能作決定者，並願意為自己的學習負責，這些期望會在師生互動之中傳遞清楚，教師「營造一種期望的、情感的、態度的氛圍，鼓勵支持學生走向他們被期望的發展目標」（Raines, 1995a, p.20）。幫助學生成為有學習能力的人。

既然課程的中心是學生，教師不再是控制學習活動和歷程的人，在全語言教室內，教師是個供應者、促成者，確認學生學習所需的材料、資源和機會有充分的供給。教師也扮演示範的角色，在聽、說、讀、寫等事件的溝通角色，讓學生看到語言在學習和生活中所具備的功能性，以及所有語言事件的意義。教師在必要時及學習的關鍵性時刻回應學生，他們是學生的語言伙伴，以不同的方式與他們溝通互動。在教室學習社群中，教師同時也是一個學習者（Mills, 1990）。他們透過觀察瞭解學生，透過省思認清楚自己的教學，他們也評量自己，只是用不同於傳統的方式為之。

四、評量的本質

全語言的評量觀與過去傳統對評量的觀念很不一樣，全語言評量的理論基礎在第二章已充分詳盡探討了。在全語言教室內，評量對教師和學生而言，是用以瞭解、確認學生已然學習了的內容，以作為參考，好決定進

281

一步該如何支持學習的延續。因此，評量與學習及教學交織疊合在一起，是一個取得有關學習和教學資訊的歷程，而不是在一段教學結束後執行、一次以決定成敗的考核（Gutknecht, 1995），所以它是非成果導向的。全語言教師關心學習的歷程甚於結果，教學的重點也著眼在學習的歷程之上。有些全語言教師會計畫階段性的評量，但在日常學習中，教師更會去觀察學生的學習，瞭解其成長的狀況。

全語言教師使用整體導向的評量，兒童觀察（Y. Goodman, 1996a）及學習檔案是他們常持的評量概念。兒童觀察反映這樣的思維：評量的歷程是持續性的、非正式的、藉由觀察的、從學生角度出發的、非對照學習標準的、以學生所學的知識為基準的。全語言主張教師都應是兒童觀察者，從持續、長程的觀察中，教師得知學生做了什麼、學會了些什麼、是如何做、如何學會的，教師根據自己在語言發展和學習上的專業知識，可以因此判別出學生的長處、弱點、發展現況和需要。

全語言教師的評量乃藉由多元的評量途徑，透過觀察、會談、記錄、檔案、學生表現之樣本、省思或學習札記、學生自我評量程序、正式程序……等，以蒐集各種不同能反映學生成長的資料。全語言學者Church提出「保有記錄」（recording keeping）的概念和作法，可以作為整體導向、完備的評量的例子。Church認為保有記錄的目的在於「幫助學生進行自我評量、建立學習者個人的發展史，也可以導引教室內的互動及教師的教學，並可作為與家長溝通的參考」（1993, p.189-190）。Church及其他學者（如Atwell, 1987; Hansen, 1987; Manning and Manning, 1995; Taylor, 1990）建議了一些保有記錄的方法，例如：

1. 軼事記錄：記錄學生的學習事件，嘗試捕捉學生的發展，通常是描述性的，藉由教師所問的問題，教師試著從學生的角度看待學習。
2. 訪談：藉由訪談查知有關學生的工作。
3. 觀察記錄：廣度地記錄各種可能的學習跡象。
4. 師生會談札記。
5. 班級狀態檢核表。
6. 教師日誌。

7.寫作及閱讀檔夾（folder）：由學生自行建立、保持，將自己平日的閱讀作成閱讀札記（可以包含書名、開始閱讀的日期、對書本內容的評論或推薦語、完成閱讀的日期……等），以獲知自己閱讀的進展。寫作檔夾的建立程序也類似。

8.學習檔案（portfolios）：可以由寫作及閱讀檔夾開始做起，逐步加入其他資料，代表性地呈現他們的學習、已習得的知識、對語言逐漸增長的駕馭能力……等。

⋮

當然，並非在所有全語言的教室內都會看到所有這些評量程序，既然一個教室的全語言與否，乃在乎它所持守的原則、所映現的觀點，而非所使用的方法或活動，論及評量當然也是如此。

有人批評全語言教室內沒有組織。如果根據上文所提述的原則，全語言教室事實上是經過仔細經營的，只是組織的方式仍然是根據全語言原則，複雜但精神一致，而非依據傳統教室的結構方法。Daniels（1995）反駁全語言教室內無組織之說，指出在全語言教室內有許多結構，只是與一般教室中所預期看到的不同而已，因為全語言不是用來訓練學生的技能表現，而是在培養學習者能發展現代科技先進、民主社會成員所需的態度和行為。

五、全語言幼兒教室與傳統幼兒教室之比較

不少全語言的研究者在他們的研究中描繪了各種不同年級的全語言教室（Bird, 1989a; Edelsky et al., 1991; Flurkey and Meyer, 1994; Y. Goodman, Hood, and K. Goodman, 1991; Harlin et al., 1991; Manning and Manning, 1989; Mills and Clyde, 1990; Raines and Canady, 1990; Vacca and Rasinski, 1992）。這些教室畫像共同反映了全語言的哲學觀，也各自呈現它們的獨特性。沒有兩個完全一樣的全語言教室雖是個事實，但這些教室的共同特質及其所輝映的全語言精神卻與傳統的教室形成了明顯的對比。Daniels（1995）和Doake（1994）曾就全語言教室與傳統教室作過比較，Daniels 指出全語言

全語言教育

教室和傳統美國公立學校極度不同，他說：

在全語言教室內，教師主導控制教學的情形較少見；……不常見到學生被動地作息學習；教師不常要求學生要靜坐聽講；學生有較少的時間花在抄寫作業和練習簿，用較少的時間在讀教科書和閱讀系列讀本；教師較少試圖以有限的時間教完所有學科領域的所有教材；有較少背誦式的學習活動，較小競爭和分數上的壓力；較少將學生按能力分等級、分組，並定期評估追蹤；較少將學習不理想的學生抽離班級去上特別課程；較少倚賴標準化測驗來評斷學生的學習和教師的教學……。

在全語言教室內，有較多動手操作、誘導式的、主動的、活躍的、經驗導向的學習，也就是說，教室內會有較高的音量、較多的走動、較多孩子的活動；教師較強調高層次的思考，聚焦在較少的主題，但作更深入的探究；有較多的時間是花在閱讀完整的、原始的、真正的書，而不是孤立的、互不關聯、文短而少的閱讀教科書；有更多民主原則的實際操作。因此，在全語言教室內有更多合作、協同的活動、更多異質性的分組，班級就是個成員互相倚賴的社群。教師在對學生的成長作觀察和判斷時有較多的信任；對個別學生的情感需要和學習方式有較多注意。……最重要的是，在全語言教室內，孩子有較多選擇，這正意味著孩子會負更大的責任。在全語言教室內的學生，願意為自己的工作、目標的設定、工作的自我掌管、尋找閱讀書本、選擇題目、為自己的學習作記錄、自我評量等事務負較大的責任。（Daniels, 1995, p.115-116）

這一段敘述指出了全語言教室內教師教學、學生學習、評量的態度及班級經營與傳統教室的不同。若要更全面地看二者的差別，還可以就全語言教室的原則——環境與材料、課程的本質、班級經營和氣氛等幾個面向來探討。下文即嘗試就這幾個面向作比較，但因考量同一階段的教室狀況

較為接近，所以擇定幼兒教室為對象，比較是基於每一類各數個幼兒教室的觀察所統整的資料，其結果列於表 6-1。

表 6-1 全語言幼兒教室與傳統幼兒教室之比較

全語言幼兒教室	傳統幼兒教室
環境與材料	
一、環境 有豐富的環境文字，有供個人使用的，也有供團體使用的；鼓勵學生為日常生活和學習的目的作功能性的文字使用。	未意識到環境文字的重要性。因此未充分提供。部分教室或張貼有文字卻未落實於功能性使用。
有豐富、多元、大量的童書，包括故事類、非故事類與學生創作的書，有各種不同文類，以提供學生學習語言和所有領域的學習，以及休閒閱讀之用。	童書數量有限，且多數是知識性的或與教室內正進行的課程無關。
教室以學習區的方式組織規畫，以提供選擇，及促成統整性的學習。其中包含有促成語言發展的學習區，如圖書區、書寫或出版區、聆賞區。	許多教室內已規畫有學習區，但在使用上常未能符合學習區自由選擇和探索的精神，有的只是填充活動間的空隙，並非正式課程的一部分。學習區的設置未考量用以促成學生的讀寫發展。
二、材料 有豐富的學習材料，隨時可取得使用；材料大都是完整的、有意義的、功能性的。教師在準備材料時以幼兒想要或選擇要閱讀和書寫的為重要的考量。	學習材料的種類和內容都有限，坊間出版的現成套裝教材常是主要的學習材料，這種教材通常是與學生不相關的、對學生而言沒有真正目的、無意義的。

（下頁續）

（續上頁）

課程與學習活動的本質	
一、學習者中心 課程是與學生一起建構的，而且是按學生的興趣、所關心的、發展狀態而發展，同時隨時對著從學生中萌發出來的需要和興趣開放，活動常開放由學生起始。	課程和活動都是預先設定的，設定者可能是學校負責課程的行政人員或教師，或只是依循現成教材的編排，常未能順應學生當時的興趣和需要。教師就按事先預定的內容執行活動，控制學習的內容和進度，學生沒有機會參與課程的建構或起始活動。
學生參與了課程的建構，就擁有了自己的學習歷程，他們在老師和同儕的協助之下，為自己的目的而學習，使用自己的學習策略，以自己的速度學習。	活動多數是教師設計的，學生就是跟隨老師的指示去做，因此他們的學習是為了滿足老師而非自己的目的。
學生有選擇的自由，可以決定主題、活動的種類、材料、工作的伙伴、探究的方式、時間的長短等學習過程中的相關事物。	因課程和活動是教師主導的，學生的選擇機會相對的就減少了。
課程強調全人的發展，平均重視各發展領域的需要，重視培養高階的思考能力、解決問題的能力、學習策略，甚於技巧的表現。	課程的主要焦點是智能的發展和認知技能的表現。
二、統整 課程是統整的，語言中的聽、說、讀、寫也是統整的；閱讀和書寫的學習整合於各領域的學習之中。課程的安排環繞著探究和解決問題，學習活	課程常以單元組織，但是在許多教室內教師卻分領域地在架構單元活動，閱讀和書寫活動或為技能導向，或是被忽略了，語言活動則多數就是為了

（下頁續）

（續上頁）

動因而必須同時使用聽、說、讀、寫，並培養概念的形成和技能的掌握。	語言的目的。
三、真實 課程對學生而言是真實的，專注於有意義的，整體導向的、有目的的學習活動，這些活動通常發展自真實生活情境之中，有真正的目的，閱讀和書寫是功能性的。	學習是在學校情境中進行的沒有真正生活目的的活動，因此對學生而言是無意義的。
四、多元評量 採持續的、非正式的、過程導向的，並使用多元方式，蒐集多元資料。	採定期的、正式的、結果導向的，紙筆練習是常見的途徑。
班級經營和教室氛圍	
一、尊重與自主 教師尊重學生，視其為有能力的學習者，看重其個別性可對團體有所輸入，讓學生在自己的學習上自主，並賦予他們更大的學習責任。	教師期望所有的學生有相近的表現，視個別差異無益並嘗試降低。教師掌管教室內的學習，被期望為學生的學習負責。
學習是透過合作而非競爭，教師將教室經營成一個學習社群，在社群中包括老師的所有成員互相協助，一起合作以達成團體的和個人的學習目標。因為教室是一個社群，學生有更多機會執行練習民主的運作方式。	學習常是單獨進行的，因為教師是教室內的權威，學生沒有機會練習自主。
依學習的目的，教室內有各種不同的分組方式，如大團體、小組、一對一、個人的。分組的方式可能是教師建議主導，或學生的選擇。在不同時間每	由教師帶領的大團體活動最為常見，多數時候所有的學生都做同樣一件事，獨立的個人學習並不常被鼓勵。

（下頁續）

全語言教育

（續上頁）

人的學習伙伴可能不一樣。分組是以能促成最佳的學習為考量（如按有興趣的主題），而非按能力。	
學生主動活躍參與活動，他們通常知道想要什麼，對自己所選擇的活動方式自在有信心。活動的方式常是第一手的、動手操作的、經驗導向的，因此教室內表面上看可能有較高的音量、較多的動態，但在表面之下卻隱然有一種秩序在運作著。	學生常被動地等待老師告訴他做什麼、如何做，他們較在意如何按老師要求的去做。整個教室表面上看起來有秩序，但也常看到教師花時間在維護秩序，教師趨向於鼓勵安靜坐好。
二、冒險 教師視學習是持續性的、非線性的歷程，涉及許多假設和測試，因此接受學生發生錯誤，並會從中去發現學生的發展狀態，教師鼓勵學生在發展學習時去冒險。	教師視錯誤是學習失敗的表現，因而會去糾正、要求避免，學生因此不敢冒險。
三、教師角色 教師是學習的供應者、促成者、示範者、學習伙伴、社群成員、觀察者、評量者。	教師是做決定者、學習的主導者、教室的監督者。
教師憑藉其專業知識，對學生的學習和發展作觀察和判斷，並以之作為課程設計的參考。	教師按教師手冊或課程大綱教學，而常以學生的表現作為教學的評量。
教師視自己為學習者，並期望自己成長，他們從專業資源和學生身上，學習更瞭解學習、學習者，以之改進教學，並樂意與家長和其他專業教師分享。	教師不以專業態度看待自己和教學，以致常倚靠其他的材料來引導教學。

第二節
不同教室中的全語言

　　不同的教師對全語言有不同的詮釋，即使相近的詮釋也可能帶出不同的實務，但是在這些不同的實務之下，仍可超越表面活動探尋出全語言教室特有的、共同的本質。若能有相當長度的時間，觀察教室實務也可以是瞭解全語言的途徑，全語言學者Watson就說過「實地去一個全語言教室觀察，勝過讀上百個對全語言的書面定義，因為唯有在教室內，這些定義、理論、理論所載的實務，才成為真實的、活的」（Watson, 1989, p.134）。只是在觀察教室實務時，觀察者不能停留在表面活動和現象，而須進一步去思考、推敲背後的精神，才能還原其本質。

　　本節將從教室實務著手，用另一種方式來呈現全語言。下文將描繪五個不同教室內的場景，分別取自美國和台灣的幼稚園、一年級和二年級教室。第一、二、四個教室實例都是個別班級，每一個教室的場景包含了不同天的觀察記錄；第三個教室實例的場景則包含了二個不同的班級，聚焦在兩班學生的互動過程。

　　這些教室場景的呈現，指出了一個事實——沒有兩個全語言教室是完全一樣的。另一個客觀的事實是，這幾位教師各處在不同的全語言發展階段，對全語言有不同的詮釋，執行時也採用了不同的策略。因此，這些教室不管在活動層面或原則精神上，固有其相通之處，也有相異的地方，而這些相異，在全語言裡或可稱為多元，或可視之為發展之中，都是值得鼓勵的。在場景的描繪之後，作者將嘗試從全語言的理論基礎，歸納出這些實務背後的全語言精神，並探討不同教室間的相同相異處。

一、第一個全語言教室

㈠場景

這是一個幼稚園大班的教室。就像許多幼稚園教室，它有好的光線、足夠的空間，設有數個學習區，儲物櫃隔開了各個學習區，並隔出了不同大小的空間，供不同大小的團體活動之用，櫃中擺放了各種學習材料，或儲存幼兒的個人物品，在藝術區的旁邊還設置了一個洗手檯。學習區環繞著教室周圍，共有圖書區、聆賞區、書寫區、積木區、益智區、科學區及藝術區。教室中央保留了一個大團體活動空間，此外，教室內還可找到一些小角落，供個別活動用，或讓幼兒獨處。

訪客的眼光很容易被教室內大數量的書所吸引，尤其是散放在教室不同角落的大書，光是在書架上大概就有二十多本。除了圖書區，教室內四處都可看到書，包括在大團體區教師書桌旁架子上、畫架上、公佈欄下方、聆賞區、書寫區及許多角落，只要可以放入幾本書的空間，都可看到書本。書散佈的情景暗示著在這個教室內幼兒有需要隨時都可取得書，馬上可使用。這班的教師郝老師認為大書適合團體共讀，因為書中放大了的文本和插畫，所有的孩子都可以看得到，有利於他們從插畫的細節處取得資訊，或在出聲閱讀時作字形和字音上的對照聯繫。大書也適合小組共讀甚至個別閱讀，若在這教室內待得夠久，就會看到小朋友們三三兩兩一組地拿著大書邊指著文字邊出聲閱讀。

除了書本，這個教室環境內同時也充滿了各式文字。教室裡有海報、月曆、不同的字母和數字圖、兒歌海報、分享登記表以及與主題相關的各式資訊。此外，幼兒作品和自創的故事，掛滿教室空的壁面，甚至延伸到走廊的牆面，這些作品上通常有孩子自己寫的名字、日期、幼兒口述教師代寫的故事，有的是幼兒自己嘗試書寫的相關訊息。從教室內外所陳列的這些文字環境，訪客很容易看出他們正在進行的主題是什麼。

每天上午有一段約十五分鐘的閱讀時間，他們稱之為 "DEAR"，意

為「放下手邊的事物來閱讀」（Drop Everything And Read）的時間，這是為教室內所有人，包括老師，所設立的休閒閱讀時光，在這個時段內每個人可選自己想讀的書面材料閱讀，有些幼兒坐在鋪有地毯的地板上自己一人翻閱；有的坐在桌子前專心地緊抓著書看；有的選擇在僻靜的角落默讀；有的二人成對的散落在教室不同角落低聲互為伙伴閱讀；還有一組三個人拿了一本大書，趴在地板上，一人手指著書上文字，所有人齊聲出聲閱讀。其中有一位女孩走向在現場觀察的作者，主動提供為作者閱讀，這位女孩雖手指掃過文字，但他的口頭閱讀並不完全與書面文字對應一致。教室裡有低而不吵雜的閱讀音量，有人讀完了一本再去找第二本來讀。教師則在一旁看他的報紙，他此時的角色似乎就是教室內「讀寫俱樂部」（literacy club）（Smith, 1992）的一位成員而已。

這些幼兒閱讀時似乎使用不同的方式，運用不同的策略，對他們而言閱讀並非將文字轉換成聲音念出，而是試著從文字和插畫中建構出意義，組合成他認為文本所傳達的故事，過程中也測試自己對文本或該書既有的知識。也就是說，閱讀時，這些小讀者決定要做些什麼，他們探索書本所載訊息和不同的面向，有的閱讀時雖然一邊手指著文字，卻是從記憶中在複述故事；有的閱讀時的注意力焦點是插畫，從插畫中尋找線索以形成故事內容；有的注意的是書頁上較次要的資訊，例如有一位在看知識性書籍的幼兒，就很關注書中恐龍的數量，甚至書的連續頁碼；有二位幼兒則每翻讀一頁就會去認該頁面上他們認得的字母。但是沒有任何一個幼兒是逐字念誦的。

郝老師試著要幫助幼兒將閱讀的焦點放在閱讀歷程的幾個要素：理解書中所傳遞的資訊；使用有效的閱讀策略；以不同方式回應閱讀的內容。DEAR過後，教師會分享他讀過的內容，然後徵求願意的人也作閱讀分享。就在分享的時間內，教師和幼兒一起談論他們閱讀時的焦點，教師也藉機示範一個讀者可以用哪些不同的方式回應所讀的材料。

這個例行的 DEAR 時間只是這間教室內每日作息中眾多閱讀時段中的一個，它有幾個重要的目的：讓幼兒發展對文學的興趣和品味；學習去接觸、欣賞教室內各種不同類別的書籍；最重要的是，幼兒每天得以有一固

定長度的時間單單進行閱讀。在這段時間之內，幼兒對書面材料的選擇有極大的廣度，從故事書、知識性書籍、兒歌、地圖，到班級製作的各式圖表都有，包括大書和一般尺寸的書。有的幼兒在一天之內會換幾本不同的書；有的則持續好幾天都看同一本。有些幼兒選的書與教室內正在進行的活動有關；有些選的則是完全無關的書籍。

除了 DEAR 時段，這個教室內每日活動裡還排有幾個不同性質的閱讀時段，包括每天二次教師為全班出聲閱讀。教師作團體共讀時通常會先介紹書名、作者和插畫者，按序讀過版權頁、書名頁，隨著情節進展翻頁而問相關的問題，包括關鍵性的插畫細節、故事內容、情節發展、人物的特性等，讓幼兒根據已出現的各種資訊進行預測，閱讀完後讓幼兒有機會進行討論、評論或問問題。第二個可能時段是每天的分享時間，此時教師會鼓勵幼兒登記分享家中帶來的書。在作者進入教室觀察的其中一天，一位幼兒分享他在家所創作的無字書，他一邊展示每一畫頁，一邊口述故事內容。第三個可能的閱讀時段是個人或小組活動結束前的空檔，先完成工作的幼兒可以自行選擇喜歡的書看，等待其他人完成工作，再一起進入下一個活動，例如，小組日記書寫時間，凡所有已完成日記的人，教師會鼓勵他自行到圖書區看書。第四個可能的時段是在自由選擇學習區時間內，教師會帶領一組人作引導式閱讀（guided reading），其他人也可自由閱讀，二者都是這時段內幼兒可以選擇的活動項目。這些閱讀的機會讓幼兒能體驗不同的閱讀經驗，發展不同的策略。此外，訪客常可看到教師善用活動與活動間的銜接時段為孩子閱讀，例如剛從遊戲場回到教室時、預備吃點心之前或準備放學的片刻。某一次分享時間，有一個幼兒為全班出聲閱讀，閱讀完之後教師誇讚他閱讀的流暢度，並且給他一張書面記錄註明這次閱讀的正確性和流暢度。這張字條具有認可和備忘的功能，註明教師對個別幼兒的正向評論，透過這張字條，教師巧妙地將口頭語言和書面語言結合，功能性地使用二者。

圖畫書閱讀有時會帶出不同的延伸活動，藝術創作和書寫是其中常見的延伸活動。有一次閱讀完大書後，教師提供幼兒初步裝訂好普通尺寸該本大書的複製稿本，上面已印了部分文本及黑白的插畫，有興趣的幼兒可

以接續已打印好未完成的文句，再為每頁插畫著色或添加圖畫，完成故事的複製。在進行這個活動時，幼兒腦中需要有情節發展的架構，或從插畫中摘取線索，以完成整個故事。故事完成之後，幼兒可以回過頭去閱讀自己的版本。這個延伸活動將閱讀和書寫作了聯繫。

另一個聯繫閱讀和書寫的例子出現在一個小男孩身上，這位幼兒在家做了一本無字書，隔天帶到教室來作口頭分享，班上其他小朋友給了他一些回饋，也問了一些問題，其中的問題之一是為何他的書上沒有文字。教室內的助理布老師對這男孩說：「你的書雖然沒有文字，我還是很喜歡它，它還是一本書。」郝老師把握此時機，建議他為圖畫加上文本，說：「我喜歡你剛剛說故事的方式。要不要請布老師幫忙，把你剛剛說的話寫在你的書上？」小男孩同意了，在稍後分組活動時間和助理到書寫區去，由幼兒口述助理代寫了文本部分，一起完成了這本書。

例行作息中每天排有半小時的日記書寫，通常是在早上大團體分享之後的分組活動時段。教師以「談主題—聆聽—計畫」（topic-audience-plan）的方式來組織這個時段。學期初每一個幼兒都發有一本寫日記用的筆記本，日記小組活動一開始是談論題目，參加的每一個幼兒都有機會可以發表自己當天有興趣書寫的事物，教師會先起始一段與幼兒相關的會話，也許是幼兒顯示出有興趣的事物；最近班上發生的事件；某個或某些幼兒遭遇到的狀況；從一群幼兒萌發出來的話題；或那陣子教室內正在進行的單元。教師開啟話題，問了一些問題之後，幼兒之間可以自由和友伴討論、對談，一陣子之後，教師會先分享他所想到要寫的題目，然後讓幼兒有機會也當眾談談自己的題目，此時，未輪到發言的其他幼兒就是書寫計畫的聽眾，可聽到別人的計畫、要書寫的內容。進入實際書寫之時，幼兒坐在位置上先在日記本上寫下日期，再開始書寫題目及內容。有的幼兒先畫圖，畫完後再自己加上文字，或請老師協助他拼字，或由老師代寫，有的幼兒直接從文字開始書寫，完成文字部分再加上插畫，教師讓幼兒自己決定如何做，但在旁提供必要的協助。

幼兒書寫過程之中，教師主要的工作是在幼兒間巡迴，或對幼兒的書寫給予回饋；或為還不會自己動手的幼兒代寫；或幫助在拼字上掙扎的幼

兒用對策略拼字；或和還沒想好內容的幼兒多談話，幫助他凝聚主題，搜尋內容，端視幼兒的需要而定。在教室內有許多幼兒書寫時可用的參考資料，例如，幼兒個人儲物櫃上的名牌、牆上各式字母圖表。有些幼兒不知道該如何寫某個字母時，會來參考這些書面資料；有的幼兒則堅持要自己動筆，需要時再請老師告訴他字的拼法。

每天早上教師安排了約有近一個小時的時間讓幼兒從事學習區的活動，教室內通常有六個學習區可以選擇，包括數學區、積木區、圖書區、書寫區、藝術區、聆賞區。學習區中所提供的活動可能是由教師架構的，也有可能是幼兒起始的。作者觀察時課程的單元是「節慶」，許多活動就環繞著當時快接近的節日聖誕節設計。在書寫區供作個人小書的材料隨時可取得，教師將紙張裁成聖誕樹形狀供幼兒作書，有不少幼兒投入聖誕節相關事物的書寫，而作成一本本聖誕樹形的個人小書。在益智區有各式供探索數概念的操作教具、數數的桌上遊戲組合、型式配對的拼圖板，都開放讓幼兒自由操作使用。教師還設計了字母拼圖製作活動，由助理說明製作方法，讓幼兒自己將畫好的字母剪下，按字母順序黏貼，作成拼圖。聆賞區設有錄音機、與聖誕節相關的故事和兒歌錄音帶以及相配的書本，讓幼兒可以一面聽錄音帶一面對照著閱讀書本。在積木區有三位幼兒一起用單位積木合作在建造「鐵達尼號」。在圖書區，除了選擇自由閱讀的幼兒，還有教師帶領的引導式閱讀小組，有興趣的小朋友可以和老師一起閱讀，當天他們一起讀《公雞探險記》（*Rooster is Off to See the World*）的大書。有三個幼兒選擇在藝術區畫圖，畫完後教師為他們代寫下畫中的故事。

學習區時間的安排，在一個幼兒課程中是很重要的，有些教師將這時段設計成自由遊戲時間，它讓幼兒有充分的時間去探索他們有興趣的事物，此時幼兒能真正起始、掌控他們的學習，它常常是真正的學習發生的時機，幼兒也可以練習如何作選擇、作決定、解決自己的問題，並為自己的學習負責任。這位教師決定利用學習區活動時段，保持幼兒起始的活動和教師架構的活動之間的平衡，這樣的安排也許對那些還不習慣於決定自己活動的幼兒而言，多了一個選擇。在這個教室內，幼兒們可以按自己的速度進行活動，而且似乎都很投入自己的活動中，他們也可以按工作的需要以不

同的時間長度完成工作，而早些做完的幼兒都可以自由選擇一些費時較短的事做，幼兒顯然已十分熟悉這種自我管理的工作方式。

(二)場景的背後

郝老師的教室是一個正朝向全語言發展的教室，從上述這些場景中，可以發現背後一些合乎全語言的原則：課程是統整的；語言教學能把握全語言理論所揭示的原則；善於利用文學為課程和語言學習的材料；有豐富的語文環境，讓幼兒可以充分地沉浸、投入於語言學習及一般的學習；教師能尊重幼兒，也部分發揮了全語言教師的角色。

郝老師課程的統整性發揮在三方面——語言活動能統整聽、說、讀、寫、以單元統整閱讀和書寫，及以單元統整學習區內的活動。郝老師的課程架構是以單元內容的學習為主，學習區是用來供應、支持、促成單元的學習，是輔助性的。在單元的選擇上，郝老師能考量幼兒的經驗，使之與幼兒的生活相關。教室內的學習活動則包括有由教師主導、具結構性的，也有半結構的，賦予幼兒有部分決定的彈性，還有由幼兒起始的，漸次地開放，保有平衡，讓不同能力不同經驗的幼兒可以有適合自己的選擇。

就語言課程而言，郝老師能按全語言的閱讀理論教學，也就是說，他提供多種類的文類、題材、書面形式等材料，以及充分的閱讀機會，讓幼兒以實際的閱讀學習閱讀。因此閱讀是非正式的教學，甚至有時候是休閒活動，他也不使用固定的教科書。藉由實際的閱讀，建立幼兒對閱讀的正確態度，幫助學生發展閱讀策略，而非只是學習技能。類似的原則也援用在書寫活動之中，他讓幼兒以實際使用文字符號來學習書寫，他容許幼兒使用自創式的文字符號，發展自己的書寫策略，但在幼兒書寫時總是提供協助，好讓幼兒可以直接進入書寫活動，而不必太耽心形式的問題，讓幼兒視實際去寫，重於形式的精確。在幼兒發展書寫的同時，郝老師會提供資訊供幼兒參考，好使他們逐漸修改調整至約定俗成的形式，達成認知上的均衡。他也幫助幼兒看到口頭語言和書面語言的關係，並進一步作聯繫。郝老師認識文學對幼兒的吸引力，並以文學作為語言課程的主要內容。

郝老師嘗試建立閱讀的學習者社群，讓這社群微妙地運作、發揮功能，

成員在社會互動中，能看到較理想的語言形式、文學形式。教室內有豐富的語文環境，幼兒可以沉浸、投入其中。

郝老師可稱尊重幼兒的興趣、能力、選擇，他讓幼兒有機會主導自己的學習，在閱讀時幼兒不只可以選擇材料，也可自由選擇閱讀的焦點。這群幼兒多數是自主的讀者，可以掌握自己的學習。雖然如此，郝老師仍有主導和進行教導的時候，教室內有不少活動是由教師計畫的活動（如日記書寫），只是容許幼兒在內容上有選擇的自由。在課程的開放程度上，郝老師有他的決定，他基於學生現況和教室內各種客觀條件的考量，選擇在部分活動上由教師主導，例如圖畫書閱讀後延伸的文學和藝術創作並未完全開放；學習區的活動附在單元之下，與開放教育思維下完全開放予學生探索有差異等，可說是郝老師的課程決定。以幼兒教室而言，郝老師教室內功能性的文字使用較少，語言的學習大多以文學為主要媒介，這群幼兒對語言文字的功能認識有多少，是不明確的。但在教室內常示範閱讀和書寫，則是郝老師一致之處。這些原則和決定，可以看出郝老師對全語言的詮釋和掌握，也呈現了一個邁向全語言的教室面貌。

二、第二個全語言教室

㈠場景

這是座落在一幢古老建築物之內的一個一年級班級，教室所在的房間當初顯然不是為作教室而建，所以格局和一般教室不太一樣。它的天花板比一般教室高出很多，房間是多邊形，其中最大一面牆上有三個高狹的窗戶，將牆面切割成幾小片狹長空間而變得難以利用。但是帶班的杰老師卻將空間上的缺點轉變成一種風格，將這個房間規畫成一個具有家的氣氛、舒適、不怎麼井然有序、但卻有利於使用的教室。

教室的天花板雖然很高，所有的傢俱、儲物櫃和學習材料卻都以孩子的高度為基準設置，矮矮地座落在地板上，接近孩子的視線和取拿高度，除了一個有數層、儲放千冊以上書籍靠牆而立的書架。杰老師為學生準備

的各式學習材料只可以一句話形容——無法勝數！就書本而言，教室到處都可看到，成疊成堆地排列在地板上、桌子上、盒子裡、書架上或裝在書袋裡。這些書的歸類或集結方式有的是依作者、有的按單元領域、有的以主題、文類、相似的內容或類似的書名、有的按兒童的需要或興趣，有各種不同歸架和集結的方式，以順應各動不同的使用目的。杰老師還蒐集了許多回收的資源，各式容器、盒子、鈕扣、鍋盤、烹調器具、衣物、家電用品……等，作為學習的原始材料。杰老師讓學生在活動中大量利用這些他們熟悉的日常生活用品來幫助學習，例如鈕扣用於作分類、計算、型式的排列和辨認等數學相關的活動；盒子容器可用來從事藝術創作；而教室內有真正的烹調活動，也有家庭生活相關的扮演。

　　在這個教室內，書面語言是日常生活中很重要的溝通工具。杰老師以書面語言來組織每天的生活，其中一個例子是，每天早晨學生未抵達前杰老師在準備教室時，會在大團體集合區前的黑板上寫下與當天一天生活有關的訊息：日期、對學生的招呼語、當天早上活動的程序及特殊事件（如有訪客來訪）等，類似的訊息在稍後會視實際發生的情況再加上去。

　　學生抵達後會對這些訊息有所回應，他們一進入教室會先去查看黑板上的晨間訊息，以瞭解當天的活動內容，他們會用心閱讀，有的還會讀出聲來。有時學生會在所列的活動旁邊加上自己的名字，表示願參與該活動之意；有些學生會在老師寫的訊息旁邊加上他認為其他人該知道而未列在上頭的訊息。這個晨間訊息板面是班上所有成員溝通的管道之一，互動過程顯示出學生視自己和彼此為班級社群成員的團體意識，也看得出來每一個學生都是語言的使用者。

　　教室裡面還有很多不同形式、各式的環境文字，這些環境文字和功能性的文字使用也是重要的讀寫活動。分享登記表、學習區使用規則、工作指引、「我們已學會的字」表、學習活動的記錄表是其中的一些例子。班上的學生已經很習於以讀和寫來協助完成一天的生活，顯示他們對文字的功能性有充分的概念。有一個男孩分享他才得到的新皮夾，出示皮夾中的一張名片，名片上寫有他的名字、電話號碼和地址，他說：「如果我丟掉了，有人撿到了，會看到卡片和我的名字和電話。」他知道如何以書面的

方式達成日常生活中的目的。

為了推動學生們的語言使用，杰老師在教室內的每一個角落都設置了各種不同的紙、筆等書寫工具和材料，散放在所有學習區和多數架子上，讓學生需用時隨手即可取得。在這間教室內，讀和寫是整天持續在進行的事，但多數時候不是應課業要求的讀寫，而是生活或探究中必要的事。

環境是會說話的。杰老師安排、組織環境和材料的方式正反映了他的教育哲學觀——學習者是所有設備的核心考量；學習是在過每一天的生活中發生的；語言的使用不只是為了語言學習，也為了所有其他的學習。

在這個教室內，文學似乎是課程中很重要的一部分，這不只可從教室內書本的量和散佈的狀況，以及書本被使用、閱讀的情形看出，也可從學生對文學回應的方式和過程找到證據。學生們多數對童書、主要的童書作者插畫者、文學要素十分熟悉，討論或對話中他們似乎毫不費力地就可說出書本的名稱、作者和書中的人物情節，他們認識有名的童書作者如莫里斯桑達克（Maurice Sendak）、湯米狄波拉（Tomie de Paola）、艾瑞卡爾（Eric Carle）、安東尼布朗（Anthony Browne）、蘇斯博士（Dr. Seuss）、珍布雷特（Jan Brett）、李歐李奧尼（Leo Lionni）、勞伯米區（Robert Munsch）……等，可以辨認他們的作品，並能對作品的風格、相似相異點作評論。有一天，杰老師正打算閱讀蘇斯博士的《我口袋裡有個怪物》（*There's a Wocket in My Pocket*），他先拋出一個問題，以引發對蘇斯博士作品的討論：

教師：當我提起蘇斯博士時，你們想到了什麼？
（學生分別給了幾個不同的答案：故事、詩、假裝、好玩、好笑、很特別的插畫、很不尋常的人物、搞怪）
教師：你為什麼認為他搞怪？（對著說「搞怪」的韋恩）
韋恩：他讓他書中的人物做各種好笑的事。
教師：他在寫書時似乎常有一些不尋常的想法，他到底如何得到這些不尋常的想法？
陶比：他想像的。

蘭蒂：他有用頭腦。

吉姆：他的一些想法是從觀察動物來的，他爸爸有一個動物園。

教師：蘇斯博士的爸爸擁有一個動物園。你怎麼知道的？

吉姆：在另外一本不是故事的書上看到的。他常會跑到動物園，待在柵欄外面畫動物。

教師：也許這些經驗幫助他去寫和畫書裡面的動物。

（教師停止討論，進入書本閱讀。閱讀完後，教師繼續討論）

教師：這本書寫於一九三七年，你們覺得這本書和他稍後所寫的書有差別嗎？

學生：有啊！

教師：可不可以說說看？

艾美：他寫得比較好。

韋恩：他不再使用好笑的字了。

卡蘿：另外一本要長得多。

教師：我也注意到那本裡面有更多文本，插畫也有較多的細節，觀察得不錯……。

　　在後續的討論中，話題轉入了書中的人物，杰老師要學生想一想蘇斯博士作品中人物的名字，學生提出，老師將之彙整在黑板上，形成了一張蘇斯博士作品的人物名單，作為下回作者主題探討的資料。以上的討論是個有關作者、作者觀、寫作風格、文類、人物和童書形式的討論，而這些概念正是重要的文學要素。從上述討論的片刻中可看出來，這群六歲大的一年級小朋友對文學有豐富的知識，雖然他們不見得使用正式的文學名詞。

　　在另一個所觀察到的故事閱讀和討論中，教師正計畫要讀一本名為《手套》（*Mitten*）的圖畫書，並打算用它讓學生作相同故事之不同版本的比較。當時學生剛由白雪覆蓋寒冷的戶外進入教室，而有些學生並未穿著適當，杰老師就從雪天的穿著談起，來引發討論，然後才出示書本，讀了書名。此時，有一個學生傑森立即指出：

傑森：這是我們前幾天讀過的那本的不同版本。

教師：你覺得是這樣嗎？我為什麼要讀這本？

蘇西：因為是冬天。

陶比：因為我們星期五讀過《小矮人大麻煩》（*Trouble with Trolls*），
　　　而那本也是珍布雷特寫的。

泰勒：因為書裡有很多動物遭到了麻煩。

吉姆：還有另一本也是說手套的。

　　這些學生正在作文學的聯繫，他們按當時他們所注意到的部分，將教師要讀的這本書與經驗中其他相關的書作書名、作者、情節、主題等的聯繫。杰老師先讀了這本，接著又讀了同一個故事的另一個版本，名為《樵夫的手套》（*The Woodcutter's Mitten*），並要學生比較這二個不同的版本。

教師：這一本和第一本有什麼不同？

傑森：手套不是有毛的。

蘭蒂：這個手套是有手指的，而且不是雪白的。

昆西：這本裡的動物都有名字。

珍娜：另一本裡沒有青蛙。

艾美：每一次有一隻動物進來後，手套就變得更大更大。

汪達：這一本裡的文本也變得越來越大。

教師：汪達剛剛作的是有關什麼的聯繫？……是兩本書中文本的聯繫
　　　對照。我們來注意看看這兩本書中的句子有何差別……。

　　學生們開始在討論中使用「作聯繫」一詞，比較也逐漸聚焦在更廣的範疇上，例如，兩書中插畫的細緻程度、插畫在圖畫書中的角色、插畫如何攜帶訊息等。教師翻到第一本書的最後一頁，問：「這一頁上為何沒有任何文字？這一頁到底需不需要有字？」有一位小朋友說：「我覺得圖畫已經告訴我們發生什麼事了。」不同版本的比較，讓學生開始建立互文性

（intertextuality）的知覺。杰老師同時幫助學生注意作者的用字，例如，他們談論為何作者在 "he eyed the mitten"（他盯著手套看）、"to nose in"（鑽了進去）句中用 "eyed" 和 "nose"，用意是什麼，教師並讓學生思考如果不用這兩字，會用什麼字代替，而仍不改變原意，也討論不同名稱的手套（mitten 和 glove）和外形的關係。

預測是這群學生在閱讀過程中所用的策略之一，他們已發展了知覺，知道在文本和插圖中都可以蘊藏和後續情節及文本相關的資訊、線索，會善用這些資訊、線索，包括文本中重複的句型、重複的情節，以預測下文和下一個情節事件。以第一本書《手套》為例，他們知道要注意主幅插圖旁的小視窗中出現的動物，就可預測接下來要求要進入手套中的是什麼動物；在讀第二本書《樵夫的手套》時，常有小朋友在翻頁時會說「我知道接下來會發生什麼事」。另一次在讀《我妹妹吃了一隻兔子》（*My Sister Ate a Hare*）時，隨著情節的發展數字逐漸增加，學生都能猜出接下來的數字是什麼。還有小朋友評論此書「有許多押韻句」，還有一個學生給了一個總評：「這是一個循環式的故事。」他們閱讀，也分析、討論所讀的書，從他們過程中的驚呼「天啊！」「啊！好慘！」也顯示他們非常享受閱讀的過程。

另一天，在大團體討論區前的黑板上有一張剪成人體形狀的海報，海報上有一個圖表，是前一天團體閱讀《薑餅人》（*Gingerbread Man*）討論時發展出來的。表上分別有五個標題：(1)書名、作者和文類；(2)情境；(3)人物；(4)問題；(5)解決，這是故事的五個基本要素。在標題之下已經填上了一些資訊，顯然是從前次的討論中記錄下來的。今天杰老師計畫再讀另一個版本的《薑餅人》，這是預計要讀的三個版本中的第二本，他打算讀完三個不同版本之後讓學生去就幾個故事要素作比較。杰老師照例先介紹書名和作者，再閱讀全文，過程中他邀請學生在重複文句之處加入一起閱讀。閱讀完後是討論，教師將討論的焦點定在上述五個故事要素之上，並再一次以問題的方式喚起學生這五個要素的概念——「什麼是文類？」「情境是什麼意思？」……等。討論過程中，教師幫助學生從文本和插畫二者去蒐集相關的資訊，提醒他們注意圖畫中的細微之處，例如，從人物所穿

301

的衣服和背景的景觀去思考故事的情境所在。討論完後，海報上第二個圖表跟著完成了。他們初步比較了二個已讀版本中五個要素的異同。一週過後，當作者再回現場去時，第三個表也已完成，三個表同時陳列在黑板上。

在這個教室內，學生有許多書寫的機會。每天上午的第二個主要活動時段是書寫時間，小朋友可以在教室內選擇自己喜歡的角落進行書寫，有的趴在地板上；有的坐在桌子前；有一個女孩把小桌子搬到教室角落面壁而坐，似乎在避開他人的干擾；有一個男孩則躲在書架後面，讓人幾乎看不到他；有二個人靠坐在一起還各放了一個抱枕在膝上。從他們選擇的位置和姿勢，以及互動的樣子看起來，他們對正在做的事都感到十分自在輕鬆。寫作過程中介乎同儕之間或學生與老師間的對話持續進行著，談話的內容也許是寫作的主題，或對對方圖畫的評論，或拼字的討論。一個小女孩對來找他幫忙拼字的同學說：「你只要盡力試試看就可以了。」此時教師主要的工作是在學生間巡行，給予正向的評論，問問題以幫助學生發展書寫策略，提醒他們字音字形的關係以協助他們拼出字來，或指出找尋參考資料的方向。在過程中杰老師很用心地找機會，想辦法提昇學生思考的層次，幫助他們發展有效的閱讀和寫作策略，擴展寫作的方向。例如，在一次寫後的分享之中，教師覺得其中一位小朋友所分享完的作品似乎太短、未充分闡述，於是徵詢是否有人對方才的文章內容有疑惑。在讀者與作者來回的討論和澄清過後，教師建議該作者再進一步延伸擴展內容，增加更多細節。類似這樣的討論常被經營，讓學生互相幫助加深內容，提昇作品的成熟度。

杰老師讓學生自行決定寫作的題目，有時在寫作前的會談中會幫助學生先行計畫，但杰老師總是尊重學生的想法，並想辦法促成，甚至有時會保留學生的想法供其他人參考，幫助同儕思考。杰老師若提供建議，那麼一定是和學生最近的生活或經驗有關的。有一個女孩有一天在進行藝術創作使用熱熔機時燙到了手指，他決定要以此為隔天的寫作題材。這個事件和班上另一位學生因參加親人喪禮以致多日缺席之事，就成為隔天寫前計畫討論中的話題。從學生們在題材的選擇和寫作的內容可以看得出來，這群學生將寫作當成是與生活相關的事，且具有不同的功能——備忘、留存

記錄、對自己的學習和思考作回應、告知他人、進入想像的世界或是為了好玩講一個故事。寫作絕對不是為了取悅老師而作的作業。

在這間教室內寫作是理所當然的事，學生想要的話隨時都可以要求出版他們的作品。在學生的要求之下，杰老師會將學生的文稿以電腦正式打印出來，讓學生加上插畫，然後護貝，再與全班分享，並在選定的地方陳列展示。杰老師陳述，他相信孩子是「在閱讀的過程中學習閱讀」，而「讓他們閱讀自己所寫的東西，將閱讀和寫作聯結，是很重要的」。在出版區裡有一個展示板，上面張貼了不同種類的文章，有故事、日記、事件報導或敘述、各式札記。其中有一則故事是這樣的：

獾的蘋果　　　　　　　11 月 15 日

文：麥蓮娜

從前在一個八月天裡，有一隻獾在蘋果園裡發現了幾個蘋果種子。他心想：我可以把這些種子種在我家的園子裡。於是他爬回家，到家以後就把種子種了。

第二天早上，種子長出了兩棵蘋果樹。又過了一天，蘋果樹上長滿了綠蘋果。獾吃了兩個熟了的蘋果，覺得又甜又好吃。然後獾爬回家上床睡覺，並作了一個蘋果派的夢。

這個是個具有結構和主要文學要素的故事，故事中包含了人物，有主角、配角，故事的情境很清楚，主題明晰且前後一致，故事情節的發展前後貫串、合理、完整、流暢，可以說這個小朋友已發展相當好的故事概念，而這些概念的形成就發生在他無數的閱讀和寫作經驗之中。其他人的作品也顯示這些六歲的作者在寫作時，將各種不同的經驗和知識帶進他們的寫作之中。

㈡場景的背後

杰老師是發展全語言多年的教師，在他教室內很容易看到全語言的精神，對訪客而言最明顯的大概就是豐富的環境和材料。杰老師規畫這個教

室成為一個促成讀寫發展、供應學習的環境，大量、豐富、內容多元的書籍，以及各式的學習材料和工具，不只支持了教室內的探究，也針對了學生的個別需要。杰老師不用教科書，各類文學書籍就是學生的學習材料，也是他們從事探究和發展讀寫能力的資源。

杰老師教學上的安排反映了全語言的另一項原則——讓學生透過閱讀學習閱讀，經由寫作學習寫作。在這個教室內並沒有正式閱讀和寫作的教導，實際的文學閱讀和創作是學習語言的途徑。文學是課程的重要部分，杰老師善用文學統整學習，提供材料和機會，讓學生有大量各式文類的閱讀，對文學作回應，進而作文學的深度探討，在文學討論的情境中，學習語言技能（如語法、用詞）；而從學生的反應和創作中，可看出學生具有成熟的文學相關概念。

在這個教室內學生有許多寫作的機會和時間，杰老師營造了自由的寫作情境和氣氛，讓學生可以安心在寫作上冒險探索，在寫作中學技能。教室內有許多寫作的支援系統——豐富的書籍、材料，還有教師和同儕。教師或在寫作過程中提供協助，或安排師生間的討論，例如寫作會談，在討論中幫助學生發展寫作策略。教師也經營促成同儕間的互動、協助和合作，讓同儕間可以在編輯上互相協助，進行讀者和作者間之協商，建立學生的作者觀和讀者意識；而這正是學習社群運作的現象。

杰老師雖不正式教讀寫，但安排有教師架構的活動，例如討論、會談，在有組織的對話討論中，提昇學生的思考。對話討論時，教師尊重認可學生的想法、意見，也幫助學生瞭解彼此的看法，互相尊重。在杰老師營造的學習社群之中，這一班學生多數是語言使用者，從事與生活相關的、功能性的聽、說、讀、寫，是一群有信心的讀者和作者。

在作者有限的教室觀察期間，閱讀、寫作及文學是課程中很重要的一部分，雖未看到課程的全貌，但從杰老師經營他的班級及教學來看，他的確是個全語言教師。

三、第三個全語言教室

(一)場景

　　教師是全語言教室內很重要的元素，教師的成長改變意味著課程的改變，連帶地也會帶出學生學習上的改變。以下場景取自於林文韵所研究台灣一個國小一年級和一個二年級的教室內，這些場景也敘說了兩個教室內課程改變和教師成長的故事（Lee and Lin, 2003）。故事緣起於施老師的二年級小朋友要求他說：「我們想要讀我們寫的故事給其他人聽，而不只是給我們班上的同學聽。」施老師開始以全語言的精神帶領這個二年級的班級已有數月之久，他讓學生從生活和童書裡尋找題材，進行寫作創作，學生完成作品之後，施老師會讓他們有機會與同學分享閱讀。施老師同時參與了一個教師成長小組，以行動研究的方式探討在各自教室內進行全語言的歷程。施老師將學生的要求帶到教師小組來，一起探討其可行性。幾天之後，施老師的二年級小朋友收到了來自五個不同一年級班級共一百七十五封邀請函，邀請他們到一年級教室內去拜訪分享。施老師和一年級的方老師認為這是可貴的學習機會，決定嘗試合作，共同努力促成這次跨年級跨校的互動，將學生在方老師的一年級教室內的拜訪組織成「小作者會談」（young author's conference）的形式。

　　兩位老師將訊息帶回到自己班上，讓學生們討論，確定了這個合作計畫。在接下來二個月的時間內，一、二年級的老師和學生們都在為這件事進行準備。這段期間，二年級生先以書面的方式回覆了一年級生的邀請，答應到他們班上去分享所創作的故事，並約定了大約的拜訪時間。接著他們一邊創作故事，一邊開始和未來的聽眾建立友誼關係，透過書面，這兩班小朋友建立了筆友關係，開始通信，逐步增加彼此的認識。施老師針對這次的會談，安排了幾次策略教學，他讓學生去預想會談當天的情景、過程，提出一些作者必要的準備工作，於是學生們開始學習如何出聲閱讀故事，如何回應問題，清楚地答覆。在策略教學中，學生意識到有必要作作

全
語
言
教
育

者和書本介紹，於是多方涉獵相關書籍，閱讀參考出版物中的介紹方式，進而練習如何寫作者介紹、新書介紹及導讀。他們也討論到簽名會的事，預估有可能需要應讀者要求簽名，有學生指出簽名和寫名字是不一樣的，必須呈現出個人風格和獨特性，於是有一陣子全班小朋友都在練習簽名。這段期間可以看見有許多為準備這次會談而進行的聽、說、讀、寫。

在一年級教室這邊，同樣有許多討論、書寫和閱讀進行著。一年級生首先起始了拜訪邀請函的撰寫和寄發，在得到對方的回應時，他們閱讀了對方的回函及成為筆友的邀請，接著他們作友誼的回應，開始與對方書信往返。方老師同樣和一年級生討論如何準備這次的拜訪，鼓勵他們從聽眾和讀者的角度去思考。方老師為他們安排了策略教學，讓學生學習如何聆聽故事，如何問問題，如何訪問作者，同時思考有哪些可能的問題可以請教作者，而將之書寫在備忘錄上，學生還將這些策略教學中討論的結果作成書面記錄圖表。他們同時考慮到當主人的角色及歡迎的措施，於是著手準備歡迎海報以迎接客人，製作名片見面時可用以互相介紹，製作學校內行走路線和教室門口的指引標示、學校的地圖以及會談的時程表。這些一年級生興奮而勤奮地為這次拜訪忙碌著，樂於投入所有相關的聽、說、讀、寫之中。

到了約定的日期，施老師的二年級學生真的到方老師一年級的教室來拜訪，方老師和他的一年級生為二年級生舉行了一場「小作者會談」。在這場小作者會談中，一、二年級生打散，形成了數個小組，在小組裡，他們閱讀二年級生所帶來的故事創作品，每一組用不同的方式閱讀，有的由作者閱讀給其他人聽；有的大家一起出聲閱讀；有的則輪流閱讀，完全由該小組自行協商決定，老師們完全沒有預設方式，只在一旁認可他們的參與。閱讀完之後，作者可以分享他的創作歷程或心得，然後開放予聽眾發問。在多數小組中，一年級生踴躍地提出自己的感想和問題：

「可以請你念大聲一點嗎？我聽不清楚。」
「你可不可以慢一點，我才跟得上。」
「你花了多少天才寫完這個故事？」

「我喜歡你給你故事取的名稱，你怎麼想出來的？」

　　這些是眾多問題和感想中的一些例子。問問題時，有些學生會參考自己先前準備好的問題單，但隨著當時閱讀和會談經驗的進行，有許多新的問題萌發出來，激發更熱烈的討論。

　　問與答結束之後，許多心中充滿崇拜羨慕的一年級生要求作者簽名，於是一列列隊伍出現，一年級生耐心排隊等候簽名。二年級生們覺得很光榮而慎重地簽下過去一個多月來反覆練習過的個人簽名，此時，老師們只能在一旁開心地欣賞這場文學交流的熱力。

　　會談過後交流並未終止，後續互動中的語言使用仍持續著，這群一、二年級生以讀寫維持他們的社會關係。回到各自的教室之後，二年級生個別撰寫謝卡給他們的互動對象，施老師特別安排了時間讓他們可以回想、談論會談的種種、過程和想法心得，並以書面的方式將這些心得寫成札記。他們與一年級生的筆友關係並未中斷，書信往返仍持續著。而一年級生同樣也寫了謝卡，謝謝對方提供了一次不尋常的經驗，也閱讀了對方的謝卡。方老師同樣安排機會讓一年級生可以談論會談的過程、心得及建議，並進而作成書面札記。他們帶回來二年級作者所創作的書，再一次地閱讀這些故事，在閱讀後作書面的回應。持續交流的筆友關係中，一年級生同樣起始、回應各式的書面互動。

(二)場景的背後

　　施老師和方老師在教學上，儘量維持全語言幾個重要的原則，在活動的設計安排上，他們會尋求機會使之接近這些原則，在這次兩個班級的交流歷程中，這些原則一直是活動的背後架構。原則之一是讓學習對學生而言是真實的、相關的、有意義的，閱讀和寫作是有真實目的的，他們會安排機會讓學生為不同的對象、為不同的目的去從事閱讀和寫作。過去在施、方老師的教室內，學生已經有過故事、書信的寫作、討論圖表、標誌的製作等活動，但在課程限制之下，多數這類的活動是在想像的情境中進行。像此次小作者會談這樣的活動，卻提供了大量為真實目的而讀寫的機會，

也創造了相關的學習契機,例如,邀請函是真的用來邀請人的;筆友、聽眾和回饋是真實的;備忘錄是實用的;簽名是正式的而且就像是大人做的事。簽名活動原來並不在預訂的行程之中,但施老師對兒童觀察的敏銳度,讓他察覺到有些二年級生在猜測有人會要求簽名,也注意到學生認知中「簽」名是有別於「寫」名字的,而決定把握機會擴展學生的學習,他同意也鼓勵學生練習簽名,同時請方老師暗示一年級生,引發學生的興趣和討論,最後簽名活動就順勢加入行程之中。這事件說明了「真實的」情況是個關鍵,它形成動機,讓學生特別去關注筆法,當然在所有的學習中都是如此。

原則之二是讓學生在學習如何理解和表達的過程中,成為獨立的學習者。在準備會談的過程中,一年級生將策略教學中討論「如何聆聽」、「如何訪問」、「如何在小組中發言」等的結果,作成了一份份的團討記錄圖表,這些讀寫成品幫助他們學習參與會談的方法,藉由這些記錄,他們可以自我提醒、預備,獨立完成相關的準備,而不須教師的教導提醒。經此事件,學生漸漸養成作筆記備忘的習慣,作提問的問題單就是其中的一個實例。對學生的約束和規範慢慢地從教師轉移到記錄圖表,到備忘錄,到學生內發的自我提醒,最後學生成為自己的老師。

原則之三是讓學習是發生在學習社群之內。這次一、二年級學生的互動是一個很好學習社群運作的例子,在會談過程中,學生互相學習。二年級生為特定的讀者寫作,為他們閱讀,並從他們那裡得到回饋,換句話說,這些二年級生並非在與老師的寫作會議中學習寫作技巧,而是從與同儕互動中學習,包括來自另一個學習社群的學生。查驗他們作品的不是教師,而是他們的學習伙伴,直接或間接地讓他們知道寫得好的部分和該修改的地方。

在學習社群裡,一年級生學習如何成為一個真正的讀者。會談時當所有小組開始出聲閱讀,會場變得有些吵雜時,有一個一年級生突然提高音量,提醒他學習社群的其他成員說:「當我們都一起說話時,請每一個人都降低你們的聲音。」學生成為彼此的老師,這就是一個例子。

施老師和方老師都是好的兒童觀察者和學習的促成者。整體而言,這

次的會談可說是屬於孩子們，而非老師的。學生們並非因教師要求而做那些事，過程也不是按教師所指定而進行。教師的主要工作是促成、協助、供應，他們在旁提供所須的設備及時間的控制，偶爾坐在一兩個較害羞、不容易與陌生人交談的孩子旁邊，給予心理上的支持鼓勵。整個會談歷程，包括事前的準備、當天的議程和事後的發展，提供兒童觀察者（亦即教師）豐富的資料，簽名會就是兒童觀察的產物，也提供教師從事閱讀差異分析的絕佳機會。平日施老師和方老師通常要學生閱讀給他們聽，以便蒐集閱讀差異的資料，據以分析學生的長處及弱點，好協助他們。這次會談中，學生有許多真正的閱讀，教師正好蒐集學生的口頭閱讀樣本，瞭解他們在面對真正的聽眾，有強烈的表現動機時的潛能和真正的演出。在看到學生們這些行動之後，教師感受到孩子才是真正的資訊提供人，他們不願意再按著教科書教學，他們跟著孩子走。

這次的小作者會談同時顯示了兩位教師在全語言上的發展，若與他們參與全語言行動研究之前的教學相較，可以看出他們跨出過去的傳統教學有多遠，這些差別顯示在他們教材的選用、閱讀寫作的教學方法以及和學生互動的方式等方面。他們對自己的評價直接道出其間的改變和成長：

「就整體課程而言，最關鍵性的改變是我們看學生的態度和從前
不同。」
「全語言幫助我們以適當的態度去看學生的學習。」
「我不只改變了自己教師的角色，也改變了為人母親的態度。」

他們的改變還可以從其他面向窺見，表 6-2 例舉一二作大略的對照，這些改變正反映他們邁向全語言的路徑。

表 6-2　成為全語言教師的改變

過去	逐漸轉變為
教科書是主要的教學資源。	教科書是眾多學習材料中的一種，童書和其他真實的書面材料都是學習的資源。
教師依教師手冊所指引，按部就班地教學，鮮少將教學內容與學生的經驗連結。	教師跟隨著學生，按他們的需要和興趣發展活動，不再以教科書為教學的準則。
學生跟隨教師的教學練習聽、說、讀、寫，並專注在語言技能的練習。	學生為了溝通的目的去聽、說、讀、寫，專注於意義的建構。
教師主導所有的討論，問答的焦點在於對事實認知的確認。	教師促成討論，過程中鼓勵學生探索發掘自己和他人的想法。
教師是學生書寫作品的唯一讀者，他根據學生形式上的表現打分數，並訂正所有的錯誤。	學生可以為各種不同的讀者寫作，他們的讀者會給予回應，而回應的焦點是文意，而非其他表面形式的細節。
教師是權威的代表。	教師是兒童觀察者；學習的供應者、促成者。

資料來源：摘錄自 Lee and Lin, 2003。

四、第四個全語言教室

㈠場景

　　這是一個幼稚園大班的教室，史老師是帶班的老師，課程是以主題來架構，此時正在進行的是「醫院」。主題才剛開始進行不久的一天早晨，在大團體討論時間，幼兒們圍坐在史老師前面，回憶、統整前幾天的參觀經驗。他們先後去參觀了幾家不同型態的醫院，有綜合醫院、耳鼻喉科診所、中醫診所及牙醫診所。討論過程中，幼兒提出了他們在參觀過程中所

觀察到的事物，也聯繫了個人的看病經驗。史老師當場將幼兒的談話內容作成了網狀圖，彙整了幼兒的這些經驗，他們發現這些診所中有許多共同的事物，其中一項就是掛在牆上的醫師證書和開業證書。幼兒對每家診所都有的這些證書很好奇，史老師趁勢把握學習機會，安排了學校的護士，在另一天的團體活動中，從專業的立場說明證照的用途、種類和取得的途徑。幼兒從之前的討論和與訪客的對話中知道要開醫院是需要有證照的，於是改變原先開醫院的計畫，決定先開醫護學校，讓想當醫生、護士的小朋友先學會知識、取得證書之後，再開醫院。

他們決定開三種不同的學校——醫師學校、藥師學校和護士學校。為此，教室需要重新整理佈置，透過討論，他們初步決定了空間的配置，畫了簡單的設計圖，依此進行傢俱的搬移，並作清潔整理。空間整理完成之後，他們接著討論、決定每個學校所需配備的器材，孩子們不只從自己的舊經驗中提出意見，也諮詢了其他的專業資源，如校護和醫師家長。調查、討論的結果再度作成記錄，依此分頭蒐集所需的器物，分類標示擺放，共同佈置了醫護學校的情境。

此時的教室分成三個區域，入口處是護士學校，靠後門區域是醫師學校，教室的另一邊是藥師學校。每個學校入口處都明確標示了學校名稱，裡面各有一個工作桌，以及與學習內容相關的器材和物品。在護士學校裡有練習塗藥、打針、量體溫的各種器材，例如，體溫計、時鐘（計時用）、註明發燒界線的體溫計海報、棉花、夾子、藥膏、針筒、記錄的紙筆和夾板等，還有相關的書面說明和標示，例如，量體溫的步驟、物品的標示、全班幼兒的體溫記錄表。在藥師學校裡有各式藥品，每項藥品上都註明了適用的症狀，還有磨藥的藥缽、包藥紙、包藥步驟圖、藥水瓶、藥水杯、量杯、藥袋等，此外，在進行教學過程中所產出的書面說明、公告和記錄，會隨時加入環境之中，例如，考試時設計的試卷、截止考試的公告。在醫師學校裡，有立體人體模型、平面人體模型、人體器官教具、人體器官教具放大版、人體奇航錄影帶、口鏡、鉗子、洗牙機、補牙機、聽診器……等，這一區還設有許多人體結構和保健相關的圖書和教具，供醫學生學習知識。

　　要取得證書須有知識和技能，知識技能的習得是幼兒們接下來的活動重點。提供必要的參考資源是教師的工作，史老師所涵蓋的資源有十多種知識性的圖書、立體和平面的人體模型、人體掛圖、人體教具、身體構造和保健的錄影帶、醫護專業人士到教室獻身說法，還有習得上列各種技能所須的器具。這些資源在與幼兒討論過後，都列出了清單，除了教師可取得的，還徵求幼兒和家長協助提供，幼兒實際地參與了資源的蒐集工作。至於技能學習的內容，史老師也開放在討論中全班共同協商訂定。護士學校的練習包括量體溫、練習打針、練習塗藥、做體溫紀錄、照顧病人；上藥師學校的須練習磨藥、學會看各種藥名、練習倒藥水、學會看藥水杯、藥水瓶的刻度、學會寫藥袋子上的各項資訊；醫師學校的學生則須練習用聽診器，並學習認識人體器官。

　　在接下來的幾天之中，幼兒分組忙碌著三個學校的運作，多數幼兒都決定取得證書而忙於各種練習，少數不想取得證書的則可以自由選擇學習區或任何在進行的活動。在練習過程中，有許多萌發出來的問題，形成了新的學習契機，讓教師可以帶領幼兒進入更深度的探究。例如，在填寫藥袋上藥水服用量的資訊時，他們談到了液量的名稱和刻度，探討刻度是什麼、如何看刻度、刻度的單位、生活上有哪些物品是有刻度的等，史老師建議幼兒進一步觀察生活中還有哪些使用刻度的物品。往後幾天之中，陸續有幼兒提出觀察所得，除了近三十種一般性刻度物品（如電鍋量杯、尺、身高測量器、體重計、水庫水量標示壁、汽車儀表）之外，更有幼兒將其延伸聯繫至用類似概念設計的物品上（如電扇的速段、烤箱計時鈕）。史老師找機會讓幼兒在大團體中分享觀察所得，而統整出一張刻度物品表。這一系列萌發出來的活動，原來並不在老師的活動計畫之中，是在活動進行中萌發出來的。在那些天之中，在許多活動前後的討論裡，老師和幼兒還探討了其他類似的問題，藉機將包含健康、數學、語文、社會等領域的學習統整在醫護學校的主題活動之中。刻度的一系列活動統整了數學、語文、健康、社會等領域的學習。在練習測量和記錄體溫過程中，幼兒面臨如何讀體溫計、測量時間的長度、如何記錄資訊等問題，史老師於是在一個討論中，就這些問題提供相關參考資料（如放大的體溫計圖），進行討

論和說明，連帶談到正常和發燒體溫的界線以及記錄體溫的單位是℃等。填寫藥袋子時討論要列入哪些重要資訊，如人名、就診日期、服藥方式等，讓幼兒有健康、語文領域的經驗。

　　醫護學校的最後一項活動是證照考試和證書取得。幼兒針對考試項目自己動手書寫製作考試檢核表，逐項接受檢驗。在一個上午的團體討論時間，他們討論證書的格式和內容，史老師提供了實際的醫師證書、藥師證書和護士證書讓幼兒參考，他們發現這些證書的格式都很相近，有些項目是共有的，就歸納線索，設計了他們自己的證書。證書由老師用電腦列印出來，再由幼兒自行填寫上性別、姓名、出生年月日、日期，並黏貼照片，完成了正式的證書。

　　有了取得證書的醫生、藥師和護士一週之後，診所開張了。這一週間教室經幼兒和教師再一次的規畫整理，分頭蒐集資源材料，再分組佈置之後，變成了「哈姆太郎診所」，診所名稱按往例是經民主表決的，招牌則由一組幼兒負責製作。

　　教室門口掛著一張裝飾美觀的大海報，寫著「哈姆太郎診所」。進入診所，第一個區域就是掛號處和候診室。掛號櫃檯右上方有兩個牌子，一個寫著「部分負擔五十元，掛號費五十元，共一百元」，另一個寫著看病時間，掛號檯上有蓋健保卡的印章、紙筆、號碼牌，左上方正對著候診室有一個號碼燈，標示著輪到的診次。候診室就在掛號處的對面，有一張舒服的長沙發，旁邊有一個書架，放了許多讀物，是供病人等候時閱讀的。緊鄰掛號處是領藥處，再過去是診療區，與候診區間用屏風隔開，裡面醫生的工作桌是 L 型的，有一台電腦、一張可以旋轉的椅子，桌上有一個聽診器、病歷表、紙筆，另一邊牆上掛著當天值班醫師、藥師、護士的證書。靠牆是注射區，有一張小床供打點滴用，上面放著被子和枕頭。床旁有一個掛有點滴瓶的架子，還有一個放著書的書架，是供病人打點滴時閱讀的。再過去是藥局，就在掛號處和領藥處後方，工作間擺放了二件藥師制服及一些名牌，工作檯上有成列的藥罐，內裝各式不同形式的藥品（糖果、用來磨成藥粉的梅餅）、磨藥的藥缽、包藥紙、紙做的藥袋子。藥局旁靠牆處是電視區，有電視和數張椅子，電視持續播放著有關身體保健的「人體

大奇航」影片，讓等候的病人觀賞。在教室的另一個角落裡有一個郵局和一個提款機，是供診所和病人存提錢的，郵局內部有一張小桌子，放了鈔票、存摺和紙筆。各部門都有明顯的標示，並張貼著該部門營業相關的資訊，如提款機使用步驟、暫停看診牌。大團體討論區仍保留著，未納入醫院活動的空間，黑板上有工作人員記錄表，詳細註明每天各部門的工作人員名單，不當工作人員的就是當天的病人。

不管是空間配置或硬體設備，都是統整幼兒的想法，全班幼兒以分組的方式齊力完成的。開這家診所的過程中，幼兒同樣面臨了許多待解決的問題，例如，看病規則是什麼、各部門工作人員該做什麼、病人無聊時可以做什麼事等。而在解決這些問題的過程中，幼兒進一步發展了健保卡的製作、醫生病歷的書寫、藥袋的設計製作和書寫、看病所需的錢、提款機、提款卡的製作……等，史老師都適時提供了實物供參考討論。

以下是忙碌運作中的診所場景（顏綺貞，2004）。經協商，每天有輪值的工作人員，在工作人員登記表上都已註明每天工作人員的名單及任務。診所活動一開始，所有醫護人員就都先就位了。要看病的小朋友先到提款機用自己的提款卡提錢，接著拿健保卡到掛號處掛號。掛號處有兩位護士，接受掛號時，會讓病人在病歷表上寫上自己的姓名，在健保卡上蓋章並收費，再給病人一張號碼卡，請病人到候診區等待。此時護士會將病歷表和另一張相同的號碼單一起送到醫生處。候診病人一邊翻閱書本，一邊注意號碼燈等自己的診次。號碼燈是手動的，門診護士會按輪次掛上號碼，也會口頭呼叫病人。在診療室裡，醫生問病人生了什麼病，然後用聽診器聽胸部背部，有時會要病人量體溫，如果不幸發燒，他會要護士帶病人去打點滴。然後，醫生會根據病人的症狀在病歷表上勾選相關資訊：什麼病症、要打小針或點滴、打手臂或打屁股、開的藥是藥水、藥丸或藥粉等，最後醫生會在病歷表上簽上自己的名字以示負責。

醫生看完一個病人後，門診護士會將病歷直接送到藥局。藥局有兩個藥師，他們閱讀醫生在病歷表上勾選的症狀及開藥資訊，根據這些資訊放藥，也就是說，他們必須會看病歷才能包藥。這些已取得藥師執照的藥師，包藥技術都很純熟。包完藥還要在藥袋上面寫上病人的姓名、服藥的資訊

和日期，並同樣在病歷表上簽上名字以示負責，最後將包好的藥和病歷表一併交給掛號處的護士。

此時，看完病的病人分別在兩個地方等待，一個是有書的候診區，另一個是正在播放「人體大奇航」的電視區。掛號處的護士拿到藥後會呼叫病人取藥，然後將號碼牌及病歷表按次序收拾好歸位。

看病活動如此持續四十分鐘左右，活動結束時，掛號護士在掛號處放了一張「暫停看診」的牌子，開始數算當天的收入，將數額寫在一本簿子上，拿到教室另一端的郵局去存。其他的人員同時也就自己的工作做收拾，好回到大團體作分享討論。

(二)場景的背後

史老師是個成熟的全語言幼兒教師，他熟知自己班上的幼兒，對幼兒課程和全語言精神的運用更是駕輕就熟、不著痕跡。在這個教室內，觀察者可以看到全語言如何在主題教學中發揮其精髓，讓教室內的學習和學校外的學習一樣真實、自然、容易。

史老師建構這個班級的課程，讓幼兒可以：

1. 用語言來進行主題活動，在活動前後的討論中，語言是最重要的媒介；在活動進行中說、聽是必要的，幼兒也經由閱讀和書寫，滿足各種不同的需要，讓活動可以順利推動。

2. 因主題活動的進行，讓幼兒有許多機會去聽、說、讀、寫，幼兒不是為聽、說、讀、寫的目的而去聽、說、讀、寫，他們聽、說、讀、寫是為了完成想做的事，語言的使用都是功能導向的。

3. 在進行主題活動的過程中，幼兒透過聽、說、讀、寫得以進一步認識語言的形式，建立語言的概念，例如：不同文類題材的格式、字的寫法結構。就書寫而言，他們寫過自己和其他人的名字，認識病歷表、藥袋、表格、標示、證書、排班表、招牌、存提款單、觀察記錄、活動流程圖、概念網等的格式和所用到的字，也實際去書寫了。

4. 在主題活動進行過程中，幼兒同時學習健康、數學、社會、藝術和

語文等領域的知識，增加生活經驗。

換句話說，這個教室內的課程是統整的，聽、說、讀、寫的統整，也是各領域學習的統整。在這教室內，語言是用以支持探究的，孩子被鼓勵冒險去使用語言、去讀去寫，教師也提供閱讀書寫各種不同文類題材的機會，擴充幼兒的語言經驗。語言的學習和其他領域的學習都不是經由正式教材的教授，也不用套裝教材或教科書，而是在生活中，在幼兒所選擇的工作中完成；所以，對幼兒而言課程是相關的、真實的。而這些正是全語言課程中幾個很重要的原則。

在這個教室內，在許多方面都是以學習者為中心。課程是學習者中心的，主題和活動的產生通常是因應幼兒的興趣，或由幼兒的想法而萌發，而不是教師所預設。整個主題中活動的發展，常常都是幼兒的想法在主導，史老師就是設法讓孩子的想法能執行、可以實現。上述醫護學校的設立是眾多例子中的一個，這是教師計畫之外的想法，後來卻衍生成一連串豐富的活動。另外一個觀察到的例子是幼兒在讀完圖畫書《嘟嘟與巴豆》之後，決定要在教室內開個飯店，從而發展出飯店的接待大廳、房間、美容美髮部、義大利美食部、洗衣部、所羅門群島等幾區，並分組在小組中獨立討論出如何組織運作自己的部門，原都不在教師的預計之中。在這個教室內，幼兒的意見被看重，幼兒也被鼓勵作選擇、作決定，主題發展過程中有許多機會他們需要去解決萌現的問題，活動的過程常是解決問題的過程，因此這些幼兒常是完全投入，並培養了獨立自主的學習能力，以及合作的態度，史老師只在必要時介入，提供適切的建議或協助。史老師經營了一個合作的學習社群，設定自己是社群的成員之一。

史老師的教師角色最大功能在提供豐富的環境、情境和資源，以實現幼兒的想法，促成學習，並在必要時提供協助。就語言發展而言，他供應豐富、真實、多元的讀寫環境及材料，安排機會，讓幼兒沉浸、投入其中，充分的使用語言。他同時也是幼兒的學習伙伴，以學習社群一份子的角色，分享他的知識和觀點，與幼兒合作完成工作。

五、相同之處

　　以上五個教室內的場景呈現了四種不同全語言教室的面貌，也顯示五個教師對全語言原則不同的重點掌握。在郝老師的幼兒教室內，語言是課程的重點，閱讀和書寫活動尤其是郝老師促成讀寫萌發的策略。杰老師對他的一年級教室有類似的焦點，但已更進一步地架構了文學相關的活動，以深度的文學探究作為閱讀和寫作的題材和學習讀寫的途徑；這兩個教室內的語言課程及閱讀書寫活動的運作方式頗為近似，但在文學使用的質量和探討深度上，杰老師則提高了層次、也更為重視。第三個故事中的場景呈現了跨越班際的學習社群運行的情況，兩個班群和兩個教師的合作，讓這些一、二年級的學生和在全語言發展上起步不久的兩位教師，跨越了舊有的學習方法和教學模式，邁向學習者導向、合作的、真實的、功能性的語言學習和語言教學，焦點還是在語言課程，但是個課程轉變過程的故事。史老師的幼兒教室則呈現了一個成熟的全語言教室，在此，全語言不是語言課程，而是全面在課程、活動、環境、資源、同儕及師生互動中導引運作。語言課程完全融入了探究之中，閱讀和書寫活動是如此地不著痕跡，但卻天天在功能性情境之中進行著，在這個教室內，更獨特的是幼兒們所表現出獨立思考、自主學習、具探究精神的能力和態度，以及教師如何培養這樣的學習者。

　　教師對全語言有不同的詮釋，他們對全語言的詮釋就映現在他們的教學之中，他們對理論的詮釋也受到現實環境的作用，他們必須思考如何在既有的現實狀態和限制之下，將全語言的原則調和發展出教學上可行的作法。不同教室內的不同作法正證實了全語言不是一套可預先制定、制式的、步驟分明可遵循的教學方法。在上述幾個教室的場景之中，可以看到不少類似的事物，這些事物正是教師對全語言原則的把握，也反映了全語言的精神。

㈠環境和材料

就語文環境而言，這幾個教室雖有程度上的差異，但他們的語文環境都是豐富的，教室內都有充實的閱讀和書寫的資源——充滿的環境文字；數量充足、豐富、各式不同內容、不同文類的圖書；隨時隨地可取得的書寫工具和材料。多數的環境文字都是在使用的狀態之下，而非純粹只是裝飾或擺設而已，而且都與每日的學習活動有關，可以看得出來這些環境文字之所以會出現，是因為學生們在活動過程中用得到。多數閱讀和寫作材料是完整有意義的。

㈡課程與學習活動的本質

在所有的教室內，都可看出課程中的統整意圖，在語言學習上教師統整了聽、說、讀、寫；在兩個幼兒教室和杰老師的一年級教室中，教師更將聽、說、讀、寫統整於課程內容之中。他們或完全不用教科書，或是只將教科書當成語言材料的一部分，他們不正式教閱讀和書寫，而是提供學生真實、有意義的閱讀和寫作，讓學生充分沉浸於讀寫環境和語言使用中，以之為語言學習的途徑。

在前面四個班級中，各種不同的閱讀活動是閱讀課程的主軸，包括師生共讀、同儕共讀、引導式閱讀、獨立閱讀、出聲閱讀、默讀、伙伴式閱讀。所有學生每天都有機會自己閱讀；聽別人為他閱讀；和成人及同儕一起閱讀。同樣的，他們在書寫上也有類似的機會，他們可以獨立書寫；和同儕及成人一起書寫；也有機會看到成人如何使用書寫。寫作時他們可以選擇自己的題目，可以是自己有興趣的話題或對他們而言是重要的事物。閱讀和書寫可能發生在大團體、小組、一對一或個別的情形之下。在教室內進行的大部分活動中，語言的其他成份——聽和說同樣地整合在一起，在每日的各項活動中，學生可以看到聽、說、讀、寫之間的關係。

在這四個班級中，文學是課程（尤其是閱讀課程）的主要部分。一天之中這些學生都有數次的機會接觸到文學材料，選擇他們想看的去閱讀。因為所提供的書本包含各種不同的文類和內容，學生有真正的選擇，也因

為文學材料較諸教科書完整而真實，學生的閱讀因而有較大機會是較整體而真實的。在教師的安排之下，這些文學作品的閱讀常是導向更進一步深入的文學研究，而引出系列相關文學作品的閱讀和研究，也就是說，形成了文學主題的探究。同時，文學的閱讀也常導向後續的書寫，而這些書寫又會進一步地變成學生閱讀的材料，如此循環整合，形成整體導向有意義的語言課程。教師建立了一個讓學生可以沉浸投入的讀寫環境，從實際的閱讀書寫中學會閱讀書寫及相關知識技能的課程。

在第五個教室——史老師的教室內，文學雖不是課程的主軸，卻是支持主題探究的重要資源，在探究過程中，幼兒常有機會自己閱讀；聽成人為他閱讀；或與同儕一起閱讀。以「醫院」主題為例，史老師在教室內提供了《鱷魚怕怕牙醫怕怕》等九本故事類、《透視人體的奧秘》等十本知識性的圖畫書，支持主題的探究，而在診所活動的等候區裡更有一、二十本其他圖畫書供幼兒閱讀，教師亦安排機會為幼兒閱讀主題以外的文學材料（例如每天例行的為全班出聲閱讀），並讓幼兒可以選擇他們想看的書本閱讀。這班幼兒的書寫大部分時候不是文學的創作，但是天天有多次功能性的書寫發生，書寫幾乎是主題活動中必要的一件事，讓活動可以順暢進行。

綜而言之，在所有的教室裡，學生都有機會充分地沉浸於讀寫環境之中，全然地投入於聽、說、讀、寫及探究活動裡，在其中學習事物，也學習語言。

(三)班級經營和教室氛圍

在這些教室內，教師藉由不同的活動設計和結構以及不同的分組方式，建立了穩定的例行作息，透過計畫、討論、個別的獨立工作、小組的合作、會談、協商、評估及結合上述幾項活動，讓學生獲得了最大可能的學習機會。

這些教室都以學習社群的方式在運作，只是有程度上的不同。所有的教師都是尊重學生的，提供安全的學習氛圍，在讀寫活動中鼓勵學生冒險，並接受學生自創的、過渡時期的、發展中的語言形式。

319

　　這些教室之所以能有全語言的成份，教師角色是很關鍵性的。這些教師努力促成學習的發生，示範閱讀和書寫行為，並扮演學生探究及聽、說、讀、寫的學習伙伴、語言伙伴。他們觀察學生並提供必要的協助，有時他們也以直接說明或教導的方式，在關鍵時刻鷹架學生的學習往上跨越一層。他們瞭解學生的發展，也接受這些發展現況和特質，所以他們尊重學生學習的方式，但仍對學生持有學習的期望，他們為學生的成功作計畫，並能欣賞學生的成長。

六、不同之處

　　全語言教室各有其面貌，這幾個教室場景呈現了幾個教師課程的著重點，它們的差異反映了教師的不同焦點，是正常的現象。不同的教室實務是對全語言不同程度的實踐，實踐上的差異或許也反映了這些教師在全語言的發展上，正處在不同的發展階段。值得注意的是，這些差異不宜用以判別哪一個是全語言教室、哪一個則非。看待這些差異較適當的態度，是視之為在成為全語言教師的路上，這些教師正走在不同點。其次，觀看這些實務的差異也要進入原則層次，不能止於表面活動而已，要比較其差異仍可用前面所提的幾個指標來檢視。整體而言，這幾個教室的差異可以說大致是程度上的不同，也就是說，這些老師對全語言原則的掌握不是有與無的差別，而是程度的不一。

㈠環境和材料

　　這幾個教室內都有豐富的語文環境，但在環境文字的使用上則可看出有所不同。此處並非指環境文字數量的多寡，而是教師使用的方式。有的教師所提供的環境文字是為大團體或全班性的文字，而有的則除了全班性的之外，針對個人的環境文字也一樣充實。例如，在施老師和方老師班級中，就常見到學生與學生之間互寄的字條或信件、讀寫活動以外學生作的個人學習記錄。在史老師的教室內，學生有較多功能性的文字使用，也用在較多不同的用途上，顯示這幾班學生知道閱讀和書寫的適用範圍是有較

高廣度的，特別是用在探究和個人的領域。在全語言教室內，閱讀和書寫的個人及社會性目的和學習上的功能是一樣重要的，顯然幾位教師對這點的體會、實踐是不同的。

就學習資源的多元性而言，各班也有差別。在史老師教室內，因應主題的發展，史老師提供了極多不同型態的學習資源，包括教室外的（如參觀、訪客），這些資源支持了探究的歷程，加深了學習內容的深度，也豐富了學生的經驗，並進一步聯繫了學生的生活，提高了課程的相關度和真實性。藉由資源的安排供應，史老師使全語言的課程精神能更貫徹。

第一、二、五個教室的環境都是以學習區型態規畫的，只是有些教室內學習區並非完全被當成課程的一部分使用，在這樣的教室內，學習區有時只作為劃分空間的設置，劃分出幾個供小組活動的較小空間，有時並非是供學生作活動的選擇。有的班級內並非每天所有學習區都安排了活動，連帶的就減低了學生活動的選擇機會。學習區是否是教室內學習活動的常態，也反映在桌椅和傢俱排列的彈性與否，以及學生作品陳列的數量之上。有的教師容許學生選擇自己的座位，連帶地就決定了他要和誰一起工作，有的教師會依活動和分組的需要，重新調整桌椅和傢俱。對於能見度的考量也因學生年齡的不同而呈現出不同的程度。在幼兒教室內，教師會考量個人或小組工作時視線要能不受到阻隔，在一年級教室內就不那麼重要。除了學生發展的不同，空間的限制可能也是考量的因素之一。整體而言，上述的空間規畫和使用，直接影響了學習者導向和所提供選擇的程度，有的教室內有較多的選擇、較高的學習者導向，有的則選擇較少，因而是較少學習者的考量。

㈡課程與學習活動的本質

學習者中心應該是全語言課程的第一原則，課程是否是環繞著學習者並和學習者一起建構，決定了一個課程的全語言程度。學習者中心與否可以看成是一條延展出二個極端的連續線，教師可能站在這線的任一點之上，取決於他的教育觀點、他能做及決定要做多少。在一端，可以是完全教師主導的，但會儘量讓學習和學生的經驗相關；另一端則課程永遠是從學生

321

的想法、興趣、周圍事件而萌發，而且活動多數是由學生起始，教師會技巧地安排讓活動均衡照顧到學生的發展需要。至於居此二極端之間的中間任何一點，就看教師在發展課程時納入多少為學生的考量。有的教師只容許學生在活動層面作決定，例如，可以選擇活動，選擇要讀的書，決定寫作的主題內容，或完成一件工作的方式；有些則能放心地將課程的走向主權交予學生，容許活動甚或課程從學生萌發。

在這五個教室內，顯然教師們對學習者中心的執行程度是不同的。史老師在課程和教學上是比較學習者中心的，他容許課程和活動由幼兒身上萌發，相對的，在其他教室中則有較多教師主導的成份；這些教室中的學生在課程上的自由度，出現在活動、材料、題材的選擇上。即使如此，所有的教師都顯示了他們在學習者中心此概念的執行焦點，在觀察到的一些閱讀和寫作活動中，教師會聯繫學生當時和過去的經驗，幫助學生注意語言形式上的知識和技能，例如拼音、拼字法則、遣詞造句等，學生的錯誤不會遭到指責，而是被用來培養他們概念和技能的發展。

在這幾個教室內全語言的應用範圍也不同，有的應用在整體課程之中，以致多數活動都看得到全語言的原則，如史老師的幼兒教室；有的大都聚焦在語言課程，所以全語言的精神最常見於讀寫活動之中，如在施老師二年級和方老師的一年級班級內。以主題或單元組織課程是全語言的課程原則之一，但並非所有這些班級都這麼做，教師的課程決定須衡諸客觀環境條件，在既有的條件基礎之上發展，有時是有所限制的。此外，在統整的課程中，有些教室內語言用來支援所有領域的學習，因此教師會鼓勵多數活動中的語言使用，而不只是在語言活動中而已；有些則未能看到在其他領域學習中同時促進語言的學習。

在所有教室內，閱讀和書寫活動都是真實的，只是真實的程度不同。在史老師的幼兒教室內，學習常發生在真實的情境之中，解決主題發展過程中的各式真正的問題，是為了達成真正的目的，亦即活動是與生活相關的，真實度很高，而在其他教室之內就不常常如此。

㈢班級經營和教室氛圍

教室的經營、氣氛的營造某種程度反映了教師對學習者、學習和教師角色的信念，相信教師是系統化、足量知識的最好提供者的，趨向於按自己的計畫主導教室內的學習；信任孩子是有能力的學習者的會願意將自主權交給學生。全語言教師較少主導學習，經營班級較有彈性，他們視教室為學習社群，而自己是其中的一員，容許學生形成教室內的規則，自我管理；此現象在施老師和方老師及史老師的教室內最明顯。在他們的班級中，老師是一個學習伙伴、一個社群成員，學生自行掌管自己的學習和行為，結果是教室內有更好的條理次序，學生有更高的投入參與、更多作決定的時刻、更多學習上的冒險行為。

陳列上述這些不同不在指出這些教室全語言與否，而在指出全語言教室可以有多麼不同。有機會觀察全語言教室的教師或師資培育者，須小心持守這樣的態度——全語言原則是如何在不同教室內轉換成教學實務，每個教室有其不同的環境條件，每個教師有其不同的經驗、發展階段及對全語言不同的詮釋，這些因素如何影響實務，而這些實務又可以如何改進，以朝向更「全」的路上發展。

第七章　一個全語言教室的形成

第一節　邁向全語言的歷程

一、課程的原則

二、課程改變的過程

三、課程內容

　　㈠學習環境的改變

　　㈡作息時間的調整

　　㈢例行閱讀和例行書寫的建立

　　　　1.例行閱讀

　　　　2.例行書寫

　　㈣文學與課程的融合

　　㈤主題探究活動與閱讀書寫的結合

　　㈥生活中自發性閱讀和書寫的支持

　　　　1.材料和時間的供應

　　　　2.資訊和參考資料的提供

　　　　3.示範

　　　　4.接納認可

　　　　5.成為閱讀書寫的伙伴

　　　　6.回應

　　　　7.挑戰

　　　　8.建議

　　　　9.參與

　　㈦語言活動內容

　　　　1.讀寫活動的整體內容

　　　　2.讀寫活動的發展功能——教師的目的

　　　　3.幼兒參與閱讀的目的

　　　　4.幼兒參與書寫的目的

　　㈧課程基本架構的改變

　　㈨新評量系統的發展

全語言教育

1. 評量內容
2. 評量方法
3. 資料的種類

四、教室場景

五、萌發的課程

第二節　全語言的全，全在哪裡

一、環境與材料

　　㈠環境

　　㈡材料

二、課程與學習活動的本質

　　㈠課程以學習者為中心

　　㈡課程是統整的

　　㈢學習活動是真實的、有意義的、功能的

　　㈣幼兒有機會沉浸、投入

三、班級經營與教室氛圍

　　㈠一個學習社群

　　㈡尊重、接納幼兒

　　㈢幼兒擁有自主權

　　㈣幼兒願意冒險

四、學習社群成員的成長

五、成為全語言幼兒教室

附錄七之一　閱讀行為觀察表

附錄七之二　閱讀萌發發展評量表

附錄七之三　閱讀概念訪談表

附錄七之四　書寫策略和行為觀察表

附錄七之五　書寫評量表

第七章

一個全語言教室的形成

上一章呈現了五個不同教室內的場景，試圖要勾勒出不同教室內全語言的可能面貌，及不同教師實踐全語言的策略，這些場景雖採自多次的觀察，但也只是整體課程發展中某些代表性的局部，只描繪了長期教室內生活的有限幾天。為了讓讀者能一窺一個全語言教室全貌，本章將以一特定的教室為對象，敘述其整體的課程發展，說明其常態的活動，描繪教室內日常的場景，提列一些具特定意義的事件，以呈現一個全語言教室的整體面貌，並指出在這特定教室內所執守的全語言精神和原則。

▶ 第一節
邁向全語言的歷程

太陽班是台灣一個幼稚園大班，有兩位教師——閔老師和梅老師，都是合格幼教師，各有七和六年的教學經驗。班上有三十位幼兒，大部分幼兒曾經在這個園裡上過小班。閔老師和梅老師各自有其專業發展的歷史，他們都是具有省思能力的教師，願意在自己的專業上有所成長，兩人都不是一開始就是全語言教師，在認識、進而實施全語言之前，他們都曾走過傳統教學、單元教學的路，當他們開始接觸全語言之時，教室內開始嘗試學習區活動不久，但是附在單元教學之下。因此，下文所要敘述太陽班這一年的故事，不只勾勒了一個全語言教室，也描述這個班課程發展走向全

語言，成為全語言的過程，同時也是兩位教師成為全語言教師的發展歷程。

全語言精神之一是民主、尊重和自主。閔老師和梅老師決定要嘗試全語言是其專業選擇，而非外在的——行政上司或其他權威的要求；嘗試全語言的動機來自兩方面，其一是專業的省思，其二是對家長要求的專業回應。兩位教師都有在課程和教學上求變的想法，梅老師在接觸全語言之初，有這麼一段敘述，可以說明他在專業省思下自我挑戰的意願：

> 教了這麼多年，教學好像變成了每天都在重複的事，每一年都在做同樣的事，好像沒有什麼令人期待，令人興奮的了。很想要改變，可是又不知道可以做什麼改變，可以怎麼改。

此時，在閔老師和梅老師所在的地區，全語言相關的在職進修和研習課程，陸續地有人舉辦，台灣第一個全語言教師支持團體也在當地成立運作。閔老師和梅老師加入該團體，一方面以讀書會方式研讀全語言的相關理論，與其他教師作實務上的討論分享，一方面積極尋求外來課程的諮詢。另一個改變的動力源自於家長對注音符號和認字、寫字等語言技能教學的要求，兩位教師都覺得語言技能教學不合幼兒學習原則，在家長的壓力之下，亟欲尋求一套具說服力的取代方案。

一、課程的原則

閔老師和梅老師開始在太陽班嘗試全語言的那個學期，課程結構原則上仍沿襲上一學期的單元活動設計，但在活動的安排上逐步調整以符合全語言的原則。他們認為下列幾個全語言哲學觀對他們有許多啟示和挑戰，而願意重新思考它們在課程上的意義，並嘗試去實踐：1.語言是整體的、不可分割；2.語言發展是知識建構的歷程；3.語言的使用是以意義為中心；4.幼兒先發展語言的功能知覺，再去發展對語言形式的控制；5.語言學習、語言知識的學習和所有其他事物的學習同時發生；6.在語言學習的過程中讓幼兒擁有更大的自主權。

以單元活動設計為主要課程架構的太陽班裡，統整是過去即有的課程原則，閔老師和梅老師將各領域的學習統整在單元活動之中，這與全語言的課程原則原已相符，只是兩位教師都未認識語言在學習中的角色，因此在實施全語言之初，就調整了統整的內涵，明確地涵蓋了：1.聽、說、讀、寫的統整；2.以語言聯繫日常生活和學習活動；3.將文學與學習活動結合；4.由幼兒的經驗、興趣出發，整合學習活動；5.以主題組織學習活動。

1. 統整聽、說、讀、寫：讓幼兒能選擇以聽、說、讀、寫的任何或多重方式，來溝通表達；來從事日常生活中的諸多活動；來滿足生活中的諸多需要，聽、說、讀、寫的選擇在於幼兒。語言學習活動並不作聽、說、讀、寫的分項練習，而是儘可能開創豐富多元的聽、說、讀、寫的機會，讓幼兒透過不斷的使用，逐漸掌握聽、說、讀、寫的能力，同時也以之完成學習。其次，保持語言材料的完整，儘量包含上下文的脈絡、所在的環境特色、事件的前因後果等情境線索，讓幼兒有多重參考引用的資訊，以便他們可以根據自己既有的經驗和知識選取可用的資訊，有機會運用自己已發展的閱讀和書寫策略來從事閱讀和書寫，增加他們理解意義的機會。

2. 以語言聯繫日常生活和學習活動：兩位教師思考在既有的探究活動中，有哪些聽、說、讀、寫活動可以加入，一方面可以讓幼兒在知識和技能的學習上更透徹、更深入，一方面增加幼兒的聽、說、讀、寫機會，提供幼兒可以談論、閱讀和書寫的事物，讓幼兒實地去從事聽、說、讀、寫，同時讓閱讀、談論和書寫拓展幼兒的知識。此外，善用日常生活中的聽、說、讀、寫機會，以聽、說、讀、寫來組織管理教室內的活動作息和群體的生活運作。例如，口頭和書面的方式並行以建立學習材料或空間的使用規則；利用月曆或條列的形式，預告和記錄每日、每週或每月的活動；讓幼兒以登記的方式取得使用材料或工作機會的權利等。

3. 將文學與學習活動結合：在教室內大量使用文學，藉由文學提供幼兒各種新經驗、知識和資訊，進一步以文學來架構課程，組織、充實各領域的學習。例如，以具有音韻節奏特質的文學作品如兒歌、

329

童詩或重複句型的故事書，幫助幼兒培養語言音韻節奏的知覺和敏感度，提供欣賞性和創造性的經驗；藉由不同文類體裁的童書，提供書面語料，幫助幼兒逐步歸納出語言規則，對語法和句子的不同組成型態有初步的認識，進而形成新語彙；鼓勵幼兒對文學作回應或談論所閱讀的內容，提昇說聽的口語能力；鼓勵幼兒從文學作品中找尋創作的方向和題材，進行再創作。文學的選擇也兼顧了所有課程領域中的不同主題，以豐富課程內容。

4. 由幼兒的經驗和興趣出發，整合學習活動：課程內容不再完全事先由教師決定，讓幼兒有機會參與課程的建構，並對由幼兒身上萌發而出的議題和現象開放。活動安排時儘量維持相關、擁有、選擇等原則，讓課程內容對幼兒有意義、是幼兒關心、感興趣的、和他們的生活切合、具有個人或社會目的的，且兼顧幼兒學習的自主性和選擇權。

5. 以主題組織學習活動：在既有的單元統整原則之下，擴大範疇，以主題形成探究的核心，維持探究活動的焦點。當幼兒想要瞭解與主題相關的問題和現象時，學習活動對著幼兒的興趣開放，圍繞著主題發展，讓活動是功能性的，內容之間是相關的，使幼兒易於作經驗的聯繫。

二、課程改變的過程

太陽班是從既有的結構中開始轉型，朝向全語言發展，它的改變不得不附著在既有的基礎和客觀條件之上。閔老師和梅老師考量到影響課程的相關因素，如幼兒、教師的專業經驗、園方對課程的整體政策與既有的文化、教師同儕、家長及教學資源的供應等，決定先不做課程上大幅度的變動，而從教師具有自主性之處著手，一方面保有原來的單元組織方式，另一方面從既有的課程架構上，逐步加入全語言導向的活動，並調整教師的態度、教學策略及師生互動模式。他們意識到在涉及全園性的改變之前，至少可以先改變自己的態度——對幼兒、語言學習及教學的態度。可觀察

到他們態度的改變包括：*1.*學習欣賞幼兒所做的事和他們的成長；*2.*學習進一步去詮釋幼兒所做的事，這些事在發展、學習和語言學習上的意義；*3.*學習如何回應幼兒，尊重幼兒，以促成、催化他們的學習，培養幼兒的思考和獨立自主的能力；*4.*兩人彼此分享討論自己的教學和對幼兒的看法，也與校內同儕、行政上司及校外的教師作相同的分享。有了態度上的改變，他們同時從下列幾個大方向著手初步調整既有的課程：

*1.*重新規畫學習環境，使之成為一個推動學習和語言發展的環境。

*2.*調整作息時間，以促成完整、深化的探究活動。

*3.*建立例行的閱讀和書寫活動，培養幼兒的閱讀習慣和興趣，提供對文字符號的探索實驗機會。

*4.*在既有的課程中大量使用文學，加入多元的閱讀書寫以支持課程。

*5.*在主題探究活動中結合閱讀和書寫，統整聽、說、讀、寫，以語言支援主題的探究。

*6.*鼓勵、促成幼兒自發性的閱讀和書寫，使語言的使用是生活的一部分。

*7.*彈性調整課程的結構，包括：(1)加長主題進行的時間長度，從原有的一週一單元延長至一個月一主題；(2)捨棄科目的思考，改以課程網的方式建構主題的內容；(3)各主題進行時，保持內容和進行時間長度上的自由和彈性，以因應幼兒的興趣和需要；(4)停止使用購自坊間出版社的現成教材。

*8.*發展新的評量系統，以全面反映幼兒的學習和成長。

三、課程內容

㈠學習環境的改變

太陽班教室原是以學習區的方式規畫安排的，實施全語言之後學習區和整體環境都作了一些調整，以下是調整後的教室環境。每個學習區明確劃分並標有名稱。前門進口處是長條的置物櫃所隔出小小的玄關，櫃子上

方設置成簽到處，有一長條、攤開、以週為單位的簽到表，上面寫了日期、星期、全班小朋友和兩位老師的名字，每個名字下有五個空格供那人簽到用。櫃子的另一邊是積木區，架子裡擺滿各式積木、一籃籃分類放好的模型、玩具，都一一貼上了名稱；櫃子上方有一平面，一邊放了紙筆，一邊陳列了一、二件幼兒前一天保留下來展示的建構物，通常標明著作者和建構物名稱；對面的櫃子邊掛了一個插信袋，上有數個插袋各插了幼兒所寫不同的標示卡，如「入口」、「出口」、「停車場」、「車庫」、「彈珠跑道」……等建構體常用得上的標誌，還有幾張幼兒記錄的積木建構圖。隔壁是美勞區，置物櫃上方，放了好幾本美勞創作的參考書籍，如指印畫書、摺紙書、以撕貼及拼貼為素材的圖畫書，旁邊豎立了二個小架子，上面夾著二張幼兒自製的宣傳小海報，有二個幼兒推銷自己的美勞創作技法，並自動提供服務教人，其中一張寫著「彈珠滾畫，要做一樣漂亮的人可以來找我」旁邊有該幼兒的名字，是幼兒的手跡。美勞區架子上有各式創作媒材、工具和紙張，都條理地歸位並清楚地標示著。中間合併二張桌子供創作和書寫用，桌上的筆筒內裝有粗細不同各式的筆。

美勞區往對面延伸出一個書寫檯，除了各式紙筆，還有幾個容器，一個放了所有幼兒的日記本，一個放了借書證，一個盒子放了手寫的字卡詞卡，是每次有小朋友來問老師某個字怎麼寫時，老師寫下來給他們看之後留存下來供日後參考用的字庫詞庫，旁邊還有一個空白的紙卡盒，幼兒要書寫或出版時，可就近使用美勞區的材料和工具。書寫檯裡除了常見的書寫和出版工具和材料之外，也提供幼兒文字的參考資料，如字典、具字典性質的字卡集、教師的日記本、其他幼兒出版的大小書等，提供幼兒書寫和出版時的參考。圖書區就以書寫檯與對面的美勞區相隔。圖書區裡有一個開放陳列式的書架，上面所有的書都是封面朝外擺放，是重點陳列的書，其餘的書則以書背朝外按作者或出版社分類歸架。書架所圍出的空間一邊設有桌子，一邊是空的空間，放了一些軟墊，幼兒可以選擇在桌子前或舒適地坐在地板上看書，牆上有一個小白板和一些大表單，如「借書給我們的人」（登錄從家中帶書來借給班上使用的幼兒名字、所帶來的書名、日期）、「借書證使用記錄」（記錄幼兒用到第幾本借書證）。

圖書區旁邊是科學區，科學區內的陳設雖常因進行的調查探究而改變，但大概有幾大類的材料：與探究主題有關的參考書籍，如植物圖鑑或昆蟲圖鑑；觀察用的器具和供觀察的物品、實驗器材和陳列物品及相關的書面記錄和標示，例如，幼兒製作的植物觀察樣本、搗花瓣所成的各種不同顏色的汁液、浮沉實驗用的各種不同質地輕重的物品和實驗記錄……等。益智區有各式拼圖、小型積木、操作性教具和桌上遊戲，牆面上有幾張幼兒的拼圖完成圖，櫃子上有紙筆和零星的遊戲記錄或工作記錄的單張。扮演區常因幼兒的扮演內容而出現不同的物品、道具，有一張小床、一個偶台。

　　教室的僻靜角設有聆賞區，備有錄音設備，有二個手掌型錄放音機，幼兒可隨時取用，還有較大型附有擴音器的放音設備，供播放錄音帶和CD給全班聽。各區都有紙筆及與該區活動相關的書面參考資料。大團體討論區在教室前中央，牆上有公佈欄和一個大白板，白板上張貼了作息時間表、一張幼兒參與製作畫在全開海報紙上的當月月曆、一份印刷的日曆、數張團體討論記錄及團討產生的規則，還有一個活動掛圖架，掛著一疊空白海報紙，是供團體討論時作記錄用。

　　用以隔出學習區的置物櫃有多功能的用途，面向學習區的一面放置學習材料；朝上的一面常是展示陳列的空間，可放該區的物品、大書、書籍報紙、文具、幼兒作品、信箱；朝外的一面常被使用為張貼資訊的板面，教師就使用這些彈性空間，作為如「最受歡迎的書」、「新書介紹」、「作者專欄」、「新聞和氣象小主播」等活動的陳列板面，或用以公告各項資訊。

　　這些設備可鼓勵幼兒多方從事閱讀和書寫，並從環境中培養獨立自主的學習習慣。全語言的語文環境強調的不僅止於硬體設備，更重要的是，這些設施要持續被使用，是教室生活的一部分，而且是為了幫助持續性活動進行得更順利而設立的。在太陽班教室內，教師大量增加了環境文字及讀寫材料，一方面提供幼兒更多使用文字的機會，一方面也藉著這些環境文字的設立，使學習活動和教室經營管理更為順暢。環視教室的整體規畫，兩位教師在推動語言發展上有下列幾項特別的安排：

　　1.設立各式的標示、標誌、指示牌，如學習區名稱、學習工具和材料

種類名稱的標示、實驗和觀察材料的標示、幼兒作品、和主題相關的展示品名稱等。有些標示可能因時間的推進和活動的進行，而持續更替。

2. 提供豐富而多元的閱讀材料：各種不同文類的兒童書、報紙、雜誌、圖畫、圖片、表單、指引、說明、海報、簡介、卡片、書信……等。

3. 將日常作息書面化，將作息時間表、每日要點活動提示和月曆做成海報張貼，活動進行時並隨時回溯相關表格，以之為作息和生活的提醒和參考。

4. 所有學習區中均配備書寫工具和材料（紙筆）、參考資料。

5. 增設書寫區，與美勞區結合，除了美勞工具和材料，加入了書寫時的參考資料和出版須用的工具和材料。

6. 大量使用語言經驗圖表，例如：幼兒自行繪製的身高圖、各種傢俱器物測量結果的統整表、圖書借閱管理的「借書給我們的人」、最受歡迎的書統計圖表、參觀超商的注意事項……等。

7. 提供與學習活動相關的書面資料、告示或記錄，並鼓勵幼兒藉由閱讀來進行活動。例如：在食物主題中，提供各式食品包裝盒或袋子，並鼓勵幼兒辨明食物種類和其中印製的製造日期和有效期限。又如在家庭生活的扮演活動中，因幼兒出現烹飪行為而提供食譜，供幼兒扮演烹調時參考。有些書面材料是與幼兒討論產生或幼兒自己製作的，例如：「閱讀故事書的規則」、擺在積木作品旁的提醒語「這是吳儀宣的不要拆除」、積木建構作品名稱和作者名字、實驗記錄……。

8. 使用各種不同目的的簽到表或登記表，並利用登記的方式管理資源的使用和分配。如每日簽到表、器材使用登記表、活動參與登記表、請求協助的登記表、索取資訊的登記表……等。例子之一是教師在公佈了校外美術比賽辦法之時，同時張貼了一張登記表在旁，讓對比賽內容有興趣的幼兒登記，以取得影印本。

9. 在各學習區陳列相關的書面參考資料，例如：美勞區的指印畫書、摺紙書、撕紙的參考書；科學區的植物圖鑑等和科學探究相關的參

考資料；扮演區的食譜、點菜單；積木區加了拼圖參考板、標示和商標以利作為建構物的標示；益智區的拼圖說明、工作卡讓幼兒記錄已完成之工作或作品。

10. 增加書面社會性互動的設施，如個人信箱和班級信箱、公佈欄、白板和留言板，鼓勵幼兒與幼兒及成人間之書信互動，張貼書信，讓幼兒實地書寫或閱讀留言。

11. 建立借書證使用制度，幼兒要借書回家時須填寫借書證，包括書名和日期，由幼兒自行管理圖書的借出和歸還。

12. 將教室管理書面化，與教室管理相關的說明或規則作成書面記錄，例子之一是當積木數量不夠用而幼兒之間產生爭執時，教師將此問題提諸全班討論，尋求解決的方法，在達成共識時，將解方書寫成規則張貼——「積木不夠用時怎麼辦」，以為往後類似情況發生時處理的依據。其他如「閱讀故事的注意事項」、「帶烤箱來的人」、「工作區使用須知」等都是隨著解決教室內問題而產生的記錄，班上成員在從事相關活動時須去援用的。

13. 隨著探究而產生的活動過程記錄或資料，例如：「校園裡的植物」——小組採集校園內的植物葉子，查閱參考資料，註明植物名稱及葉子結構的小海報。

以上每一項環境文字的增設，即增加了一種閱讀和書寫的機會，更重要的是，其中多數乃衍生於生活上的實際需要，可用來促成活動的順利進行。

㈡作息時間的調整

在課程發展之初，太陽班沿用舊有的例行作息。從表 7-1 可以看出原來例行活動的重點。上午主要的學習活動時間有二：九點二十分至九點五十分的「教學活動」，通常進行學習區活動；十點三十分至十一點二十分的綜合和討論活動，通常針對單元作大團體教學。下午二點四十分至三點進行分組活動；三點二十分到三點五十分為團體分享。上學期嘗試實施全語言不久，兩位教師即感覺到原有時間安排缺乏彈性，活動既無法充分延

全語言教育

表 7-1　上學期作息時間表

時　間	活　動　項　目	時　間	活　動　項　目
08:00-08:30	幼兒來園時間（室內活動）	11:20-12:00	教室整理；準備午餐
08:30-09:00	自由活動（戶外活動）	12:00-12:40	午餐時間
09:00-09:10	朝會、早操	12:40-13:00	收拾整理；衛生習慣
09:10-09:20	清潔儀容檢查	13:00-14:20	午休靜息
09:20-09:50	教學活動	14:20-14:40	寢室、服裝儀容整理
09:50-10:10	戶外活動	14:40-15:00	分組活動
10:10-10:30	點心時間；收拾整理	15:00-15:20	點心時間
10:30-11:00	綜合活動	15:20-15:50	團體活動；經驗分享
11:00-11:20	討論活動	15:50-16:00	整理放學

表 7-2　下學期作息時間表

	時　間	活　動　項　目
上午	08:00-09:00	幼兒來園；學習區自由選擇
	09:00-09:50	大團體（主題活動）
	09:50-10:10	點心時間；戶外活動
	10:10-11:30	學習區自由選擇；分享
下午	11:30-12:40	教室整理；午餐時間
	12:40-13:00	衛生習慣；自由活動
	13:00-14:20	午休靜息
	14:20-14:40	點心時間
	14:40-15:20	兒童書閱讀
	15:20-15:50	大團體；組織性活動；借書時間
	15:50-16:00	整理放學

伸，主題也無法深入探討，欲建立的例行讀寫無法插入作息之中，也不能順應幼兒的學習興趣和活動步調。到了下學期，在經過協商並取得行政同意之後，太陽班的作息時間作了大幅調整，詳情見表 7-2。時間表的調整，

主要在提供幼兒不間斷的完整學習時段，有充裕時間建立教室內常態的讀寫，一方面容許幼兒有充分的時間從事個別探索，另一方面也希望教師帶領的大團體活動，必要時有機會作充分的延伸，以延續幼兒萌發的興趣。為了集中時間，教師將舊有徒具形式的事務（例如朝會和儀容檢查等）減至最低，並調動活動次序。下學期很明顯地，每天上午有三個重點活動：來園後近一個小時的自由選擇，五十分鐘的主題活動和八十分鐘的學習區探索和分享；下午則固定有四十分鐘的童書時間供作大團體閱讀及個別閱讀，三十分鐘大團體時間供教師作組織性工作，及讓幼兒進行借書手續。這個改變充分供應幼兒自由探索的時間與彈性，也讓教師預計要進行的活動，如借書和主題相關的探究，得以順利開展。除了時段變動之外，上下兩學期的活動基本上都包括了幾個重要的活動型態：1.大團體，進行單元主題教學；2.學習區自由選擇（小組或個人）；3.分享時間。然而因為時間的調配，下學期有較多完整時段進行活動，活動的內容和品質就大大地提升了。

㈢例行閱讀和例行書寫的建立

為了讓幼兒有更多書面語言的經驗，兩位老師嘗試在教室內建立常態性的閱讀和書寫活動，在每日的例行讀寫活動中讓幼兒一方面體會書面語言的功能，一方面有機會探索文字符號及不同的書面語言形式。例行閱讀是以圖畫書的閱讀為主；例行書寫則從幼兒的名字和生活內容開始。

1. 例行閱讀

例行閱讀的目的不只在建立常態性的閱讀活動，同時也在培養幼兒閱讀的習慣和喜好。第一個步驟是在作息中訂出團體和個人的例行閱讀時間，由教師在大團體時間一天至少一次為全班幼兒出聲閱讀兒童書，也在其他如自由活動等時段為小組或個別幼兒閱讀。另外，教師也鼓勵幼兒利用學習區和自由活動的時間個別自行靜默閱讀、或三兩一組地互讀。閱讀內容基本上以故事類的圖畫書為主。

為推動閱讀，兩位老師採取了幾個策略，以鼓勵幼兒閱讀。策略之一

是借書證的使用。幼兒在教室內閱讀過相當數量的圖書，並登記滿閱讀書單「我讀過的書」之後，可換取正式的借書證，凡持有借書證的幼兒均可借書回家閱讀。借書活動稍後同時發展成家庭的閱讀活動。借書是個自我管理的活動，幼兒可利用一天之中的任何時間瀏覽決定要借回去的書，在放學前二十分鐘的準備時間內，取得書，自行填寫借書證，並把借書證歸至約定的櫃架上。每位幼兒都有一本借書證，封面自行寫上名字，裡面每本書一列，每列共有三欄資料須填寫：借書日期、書名、歸還後的註記。初期的借書證頁數不多，幼兒很快就用完一本，用完後可持之再向老師申請第二本。老師為鼓勵他們，在第二本以後會在借書證封面貼上一個「小讀者」的徽章，不同版本徽章顏色不同，前後共有四種，從徽章的顏色可以看出這是第幾本借書證。到了下學期因幼兒借閱的次數極頻繁，兩位老師決定換成厚一點、好幾倍頁數、可長久使用的借書證，並由幼兒表決取名為「好寶寶借書證」。到了下學期結束時，全部幼兒都用到了第一本好寶寶借書證，有的幼兒甚至已經用完了第二本。依借書證的本數估計，在一學年之中，絕大多數幼兒光是借回家閱讀的書本數就有一百冊次左右，尚不包括在學校閱讀的書量。借書活動的確大大提昇了幼兒的閱讀興趣和數量。

　　策略之二是作新書介紹。凡新到的書，教師先口頭簡介，有時也會請一、二名幼兒先行閱讀，再以口頭或書面的方式向全班介紹，之後會放在新書陳列區，作重點展示，讓幼兒自行取閱。策略之三是故事錄音，梅老師先帶領幼兒一起嘗試了幾次故事錄音，然後鼓勵幼兒閱讀熟悉的故事書，自行錄製成錄音帶，供其他幼兒聆賞。兩位老師會在學習區後的分享時間撥出一些時間，讓幼兒播放所錄的故事給全班小朋友聽。這個活動是自由選擇的項目之一，但因幼兒的興趣，在太陽班卻變成了幾乎每天出現的常態性活動。策略之四是定期進行班上最受歡迎的書的統計和展示，請幼兒閱讀完一本書後在封底內頁簽上名，一段時間之後根據簽名統計閱讀人次，以此決定哪些書該撤換，並選出最多人看的書，公佈統計表，成立「我們最愛的書」特別陳列區。由於閱讀的機會和數量增加，閱讀的興趣提昇，幼兒對書本的談論也日趨頻繁，並出現了創作故事、將故事移作戲劇扮演，

甚至進一步的戲劇表演的自發性活動，幼兒也顯示對文學和故事的高敏銳度。

2. 例行書寫

在太陽班由教師陸續建立的例行書寫有簽到和日記書寫等兩種活動，但隨著幼兒的閱讀和探索文字符號經驗的增加，其他型態的書寫也成為日常可見的。簽到活動是在實施全語言的最初就開始，日記則在第二學期，幼兒有充分的書面語言經驗，有充分的機會探索文字符號之後教師才介紹。二者都是自由選擇的活動，幼兒可自行決定是否參與。

兩位老師將簽到定位於功能的、社會性活動，鼓勵幼兒以班級成員的身分參與，以書面的方式記錄自己的出席情況，提供自己及班級社群中其他成員，包括老師和其他小朋友，出缺席的資訊。對幼兒而言，這是一種「我」的表徵，也是參與班級社群意願的宣告，維持團體運行秩序的媒介，每天都會有幼兒去照管有誰來了還沒簽到、有誰沒來、是什麼原因沒來，沒有人當簽到是一種語文功課或老師的要求，但它卻也提供幼兒從事文字符號的探索和實驗的機會，過程中幼兒得以體驗自己對文字符號的掌握和選擇的權力，也常會去查看閱讀別人的簽名，參考了其他人多樣化的書寫形式。這個與每日生活例行作息相關的活動，是幼兒發展文字符號資料庫很重要的資料來源。

借書活動是從閱讀著眼，卻也連帶地帶領幼兒進入書寫的經驗之中。幼兒若想借書回家，得想辦法填寫借書證，包括日期和書名。日期可對照教室內的日曆抄寫，書名對許多幼兒而言則是一種挑戰。對不會寫字的幼兒，老師會鼓勵他們用一個自己辦得到又可以辨識的方式來登記書名。幼兒發展了各種不同的策略，包括以圖像的方式表徵書名；畫出書中某一人物或場景；只寫局部書名；對照著封面逐字抄寫書名；或請朋友代筆（參見 368 頁的圖 7-2）。幼兒借書的頻繁度使得借書證的填寫是太陽班每天會發生的事，而從幼兒的借書證中，大大地顯露了幼兒在符號文字上的實驗和發展。

日記雖是自由選擇的活動，卻有極高的參與率。兩位老師仍然將日記

書寫定位為功能性，從一天生活的回顧開始，鼓勵幼兒將生活中重要事項留存記錄，超越時空限制，可表達自我，也可與人分享。教師提供裝釘好的空白簿子，讓幼兒自行取名，在封面書寫上日記本名稱和自己的名字，並任意作裝飾。幼兒在內容和書寫方式上享有極大的自由，幼兒可以選擇以圖畫、任何符號、自創的符號文字、近似國字、其他文字系統、國字或口述代寫的方式，寫下任何想要表達的想法和事件。表面上是書寫活動，實際運作時卻是聽、說、讀、寫的結合。教師會與幼兒談論並複讀幼兒的書寫內容，也會在稍後以書面的方式在幼兒的日記本上回應。幼兒與幼兒之間也常見分享日記的情況。日記書寫活動提供幼兒諸多不同體裁、不同功能的書寫中一種書寫經驗。

㈣文學與課程的融合

全語言教室內不使用教科書，幼稚園課程更不宜以教授讀本的方式進行，各類兒童書是重要的學習資源之一。閔老師和梅老師掌握了這個原則，在課程中納入大量的童書，尤其是文學類的圖畫書。兩位老師使用各類文學書籍不只在增加幼兒聽、說、讀、寫、語言的表達與理解能力，也用以支援主題內容的探究學習。即使在像美勞這類看似與文學無直接相關的活動中，教師亦能適時利用童書來支援幼兒的學習和探索。在「紙的遊戲」這個單元中，教師擬介紹撕紙畫，介紹活動由閱讀童書《世界上第一條眼鏡蛇》開始，該書的插畫乃由撕紙作成，因此教師在讀完故事之後將介紹重點放在插圖上，導引幼兒注意插圖的製作，然後再展示插圖同樣用撕紙方式完成的不同兒童書《撕啊撕啊》和 *Fish Fish Fish*，對照二本書中插畫的不同撕法，教師並示範如何撕紙以達成不同的效果。接著，教師提供不同材質的紙張（砂紙、玻璃紙、色紙、棉紙、衛生紙、縐紋紙、金紙、瓦楞紙等，分開釘在展示板上，加上名稱），介紹它們的特性和不同的質感，讓幼兒觸摸體會。建議幼兒可以自行嘗試探索，並進行撕紙的實驗和創作。往後的幾天裡，美勞區裡出現了撕紙實驗、撕紙比賽（利用報紙撕出最長的紙條）、撕紙造形等活動，教師同時帶領棉紙浸染、色塊顏料之使用等相關的藝術活動。

在教師大量使用文學之後，幼兒間對文學的興趣和概念逐日增加，而出現了許多由文學閱讀延伸出來的自發性活動。例如，有一個幼兒創作了一本有關水陸兩棲動物的書，在團體分享時表示，他所創作的故事，內容是參考《海豹海獅和海象》一書寫成的，他同時呈現該書，說明所參考的章節何在；果然在他的故事中有一些資料，與書中所列該種動物的生長習性相近。

出現在太陽班內與文學相關活動，大約可分成幾個大方向，有些是教師設計的，有些則是由幼兒起始：

1. 文學的閱讀：為文學的樂趣而閱讀，不一定有深入的討論或延伸，每日的例行閱讀，以及幼兒自發性的個別或小組閱讀，是太陽班內與文學相關的主要閱讀活動之一。

2. 文學的談論：針對圖畫書的文本內容或插畫作進一步的探討、談論，可能發生在教師帶領的團體活動中，也可能發生在幼兒起始非正式的情境裡，例如在閱讀過無字書後，幼兒談論自己依插圖建構出來的故事內容；或幼兒私下發表對書中人物、情節的看法，例如在私下閱讀過《我媽媽說世界上根本沒有鬼或怪物這樣的東西》一書後，幼兒間開始討論到底書中所提到的那些鬼怪是真的假的、又是誰。

3. 文學的創作和再創作：文學閱讀之後，教師設計延伸活動，讓幼兒將故事內容和自己的經驗相聯繫，以原故事為架構，幼兒的想像或經驗為內容，進行故事的再創作。有時書中故事只激發了幼兒的某個想法，或只提供了一個點子，幼兒會由此發展出與原故事完全不同的新故事創作。梅老師閱讀完《如果你給老鼠吃餅乾》之後，帶領幼兒以太陽班為背景，他們正在進行的烤餅乾活動為起點，原書的故事循環架構，依幼兒的想像，創作了「太陽班裡的老鼠」。而那一陣子幼兒因為對該書有高度的興趣，在學習區時間有幼兒或單獨、或三兩人一組地創作了好幾本與書中情節或人物有關的故事書，其中「如果你給伯哲吃糖果」是沿用了原書的情節架構；另一本「老鼠搭火車」只取用了老鼠此一角色，其他的內容、情節、情境和主題等和原故事則完全無關聯了，是個新的創作。

4. 文學要素的探討：教師或以故事圖或討論，甚或一系列的比較分析的方式，帶領幼兒深入認識故事的背景、人物、情節、主題等文學要素。例如，閱讀完《好一個餿主意》，梅老師帶領幼兒回想故事情節，發展了故事人物圖，從人物圖幼兒可以進一步整理出情節發展的脈絡，而更瞭解主角的處境和感受。某些故事圖的使用，有時可幫助幼兒進一步延伸發展出有計畫的文學創作，例如，在閱讀完《我們要去捉狗熊》，師生共同完成了情節圖之後，幼兒決定進行故事再創作，梅老師帶領幼兒討論創作的細節，讓幼兒思考要有哪些人物及情節如何發展，同時將討論的過程畫成人物情節圖，幼兒稍後就據此畫了插圖，寫出文本，完成了太陽班版本的《我們要去捉野狼》。

5. 以文學支援各領域的學習：以具插畫特色的圖畫書支援藝術創作活動，例如以無字書 *Mouse Paint* 探討三原色和顏色的混合，預備幼兒進行顏料的探索和創作；以《小小大姊姊》等一系列描述老大情結的童書，探討手足關係，也為家中有弟妹即將出生的幼兒作心理準備……等是一些例子。

6. 文學與主題活動的結合：以大量的文學來支援主題概念的發展，或以之發展延伸活動。例如當主題進行到自我情緒的探索時，即大量閱讀以情緒為主題的故事書，透過書中人物情緒的呈現，來探討幼兒自己的情緒。

7. 作者研究：包括特定作者的作品蒐集、閱讀、比較、故事內容和插畫風格的分析，而形成了一個獨立的探究單元。太陽班進行過艾瑞卡爾及安東尼布朗的研究。

8. 由文學偶發的活動：此類因文學的閱讀所引發的後續發展活動，多數由幼兒起始，活動種類不勝枚舉。例如，幼兒開始在日常談論中出現了書中的詞彙、作者、書名等，於是教師和幼兒共同設計了以詞句、書名、作者、人物為線索的猜謎遊戲；又如，某些幼兒在閱讀過相當數量的兒童書之後，會自行列出自己的閱讀清單；另有兩名幼兒曾針對安東尼布朗的作品，以訪問錄音的方式展開讀者喜愛

度調查，統計並作成報告等，都是由文學衍生出來的活動實例。

㈤主題探究活動與閱讀書寫的結合

從全語言的觀點來看，語言是學習的工具，讀寫活動並非設計用來發展語言技巧，它主要用來完成知識的學習和經驗的探索。太陽班多數讀寫活動都結合在各領域的探究過程之中。下列這一系列單元活動可作一說明。

在「速食店」這個單元中，教師安排了參觀速食店的活動。教師先與幼兒討論參觀速食店時要做的事，包括點菜和進餐，以及其他該注意的事項。討論過後，教師將注意事項寫成海報，張貼在教室一角，以為日後提醒之用。教師另外取得該速食店的點菜單，交與二人一組的每組幼兒，讓他們自行協商如何在每組的價錢範圍之內點他們想要的食物。取得點菜單後，幼兒兩兩一組地閱讀點菜單上的食品和價目，並進行初步的討論協商。許多幼兒在放學回家之前各自要了對方的電話號碼，登記在記事本上，計畫晚上再用電話聯絡，以確定隔天要點的食物。兩人討論完之後，有的幼兒甚至將決定要點的食物名稱寫在記事本上備忘，作為隔天點菜的依據。教師有計畫地示範書寫，將注意事項書面化，提供點菜單，及先前記事本的介紹和使用建議，結合了單元活動和讀寫活動，擴展了幼兒文字使用的範圍和深度，發揮了文字在生活中所扮演的角色和運作的方法。

在這個活動實例中，讀寫的使用是教師有計畫的設計和建議。在一個非全語言的教室中，同樣的單元可以忽略了這些讀寫的可能性而照樣進行完成。只是少了這些讀寫，活動的深度勢必減低，幼兒也缺乏使用書面語言的機會，喪失許多參與的可能性。以下是語言和主題探究活動結合幾個常見的類別：

1. 以閱讀兒童書起始活動：例如介紹拼貼方式的美勞創作之前，教師先閱讀了插畫素材為拼貼的圖畫書《好餓的毛毛蟲》、*Do You Want to be My Friend？*、《田鼠阿佛》等書，起始接下來的拼貼創作。
2. 參考資料的閱讀：例如在走廊發現毛毛蟲之後，進一步閱讀參考資料以認識其種類、名稱、身體部位名稱、習性、所吃的食物等；又如在校園發現的葉子，參照參考資料標示其種類、名稱、特徵。

343

3.組織活動：例如在進行食物單元時，因為製作食物需要烤麵包機，教師與幼兒共同作了工作分配表「帶烤麵包機來的人」，讓志願帶烤麵包機來的幼兒登記；在圖書的需要量大增之後，部分幼兒志願由家中帶書來借予班上幼兒閱讀，為了組織這一活動，出現了「借書給我們的人」記錄表。

4.活動過程的一部分：例如上學期進行單元「我」，活動之一是測量幼兒的身高。教師摒棄了傳統由大人執行的測量活動，將測量方式交予幼兒討論，並由幼兒互相協助完成測量工作。為了進一步探討長度與測量的相對概念，活動延伸至測量身高以外的其他傢俱物品。每位幼兒可以選擇教室內或家中的物品，以自己選擇的工具進行測量。為了呈現這些可能的測量工具及其與長度的相對關係，教師將每一位幼兒的測量方式（工具）和結果列成圖表，供幼兒比較討論。在「我」這個單元之內，課程裡安排了對自我較深度的探討。幼兒參考教師所建議的項目，每個人發展了一份「我的小檔案」，以書面的方式呈現和自己相關的各種資訊。同樣的方式，進一步延伸至家中其他成員，幼兒以訪問的方式針對自己所選擇的對象，如：父親、母親或手足，完成了「家人小檔案」，幼兒並口頭和書面分享了這些書面的檔案。

㈥生活中自發性閱讀和書寫的支持

聽、說、讀、寫活動是太陽班教室裡伴隨每日生活的一部分，生活中的諸多事務須靠聽、說、讀、寫來完成。這些聽、說、讀、寫多數是功能性的，服務生活中不同的目的，可能是與工作相關的、是遊戲中的、是個人的，當然更有社會性的。這些聽、說、讀、寫多數是自發性的，對幼兒而言，他們所關注的是工作或遊戲的進行、個人創作或想法的呈現、社會互動的完成。他們不必在意須符合絕對標準，只要能達成目的，用什麼語言形式是他們的選擇。最重要的是，這是他們生活的一部分、是他們所關心的事。由他們的需要出發，是他們的語言歷程，而不是教師強加在他們身上的練習。

當文字的使用成為教室內日常生活的一部分之後，幼兒起始了許多學習活動，也出現了許多自發性的讀寫行為。教師如何支援、接續這些學習活動和讀寫行為，使學習能延續竟功，甚而能進一步深入擴展，關係幼兒後續的學習動機和對讀寫的態度，是教師很大的挑戰，也是學習者本位課程中很重要的元素。兩位教師採用不同的策略，以鼓勵幼兒語言文字的使用，並支援或接續幼兒起始的各種活動，以培養幼兒在學習上的獨立自主。此外，教師也常伺機和幼兒進行書寫形式的討論，尤其在幼兒對文字和形式提出問題時，教師會在當時情境中向幼兒說明成人的讀寫習慣，及何為約定俗成的形式。這些不同策略，同時也反映了兩位教師在這個學習社群中所嘗試扮演的供應、回應、伙伴、資訊提供、示範、接納等角色。教師在施用這些策略之後，幼兒的讀寫常能更進一步發展，文字的使用成為活動的一部分。

1. 材料和時間的供應

在一個具開放特質的教室裡，充足和多元的材料是幼兒自發性探索很重要的媒介，此外，提供時間和自由讓幼兒從事探索則是另一個不可或缺的元素。太陽班教師已預備了相當豐富的語文環境，讀寫材料相當充足，而在發現幼兒的某些自發性讀寫行為時，教師通常能敏銳地適時提供更進一步的材料或設備，以延續這些行為。當幼兒對故事錄音產生興趣，主動要求錄音時，老師就在語文區放置了簡易操作的錄音機和錄音帶，並開放使用的時段，讓幼兒可以自由使用這些設備進行故事錄音。在想要錄音的幼兒人數增加之後，老師進一步製作了故事錄音登記表，讓幼兒登記，並按登記次序去使用這些設備；這是教室內眾多供應的例子之一。戲劇扮演時這樣的情況更為多見，其中一個例子發生在幼兒玩小吃店的遊戲時。教師在發現這個扮演遊戲之後，在扮演區適時加入了食譜和點菜單。往後幾天的扮演活動中，幼兒利用這些材料在遊戲中販賣點心和蛋糕，並複製點菜單和蛋糕食譜。

2. 資訊和參考資料的提供

與材料的提供很類似的，教師會在必要時提供幼兒所要求的資訊或參

考資料。班上持續閱讀了幾本與老鼠相關的童書之後，家俊自行創作了一本圖畫書「小老鼠搭火車」，並表示他要加上作者介紹，只是不知怎麼寫。教師於是提供數本有作者介紹的書，供他參考，並在大團體討論時提出此一問題，讓全班小朋友共同為他提供建議。家俊在聽取大家的意見之後，作成決定要包含哪些資訊在作者介紹欄裡。在此一事件中，教師不只提供參考資料，延長家俊的書寫，同時促成幼兒間學習社群的意識。另一個例子是幾個小朋友在校園裡發現了一隻小蝸牛，帶回教室裡來，依玲想要知道蝸牛吃什麼，閔老師去圖書區找出昆蟲圖鑑，建議他查閱，再提出查閱結果報告。教室內經常看見幼兒來找老師詢問某字的寫法，教師常常只是指出可找到參考資料之處，讓幼兒由參考資料中自行尋求答案。

3.示範

　　教師示範如何在日常生活中使用書面語言以達成生活目的，在團體、小組及一對一活動中，幼兒有許多機會看到教師為各種不同的目的去讀去寫，也看到了口頭語言與書面語言的連結，知道口頭語言可以如何轉換成書面的，而逐漸瞭解書面語言有別於口頭語言的特性（如：可以超越時間和空間的限制而留存下來）。在幼兒嘗試書寫的最初階段，對某些幼兒，教師會直接以示範的方式，讓讀寫能初步完成。裕其在積木區蓋了一座動物園，宣稱他的動物園叫快樂動物園，教師於是幫他在紙片上寫下「快樂動物園」，作為標示，好貼在建構物入口。稍後裕其在建構積木時，會自行書寫標示貼上。教師示範文字可使用的範圍和機會，連結口頭和書面語言，讓幼兒看到語言使用的另一種可能。

4.接納認可

　　對部分幼兒而言，初步嘗試讀寫或學習時，很需要有安全感。安全感增加幼兒進一步嘗試的意願，尤其是讀寫經驗較少或在學習上不願冒險的幼兒。教師在面對這樣的幼兒時，接納是他們的首要態度。對閱讀準確性不足的幼兒，教師以接納的態度對待，並鼓勵他們持續。則楷是其中一個，他因語言的隔閡，原對故事書閱讀不感興趣，也不太參與班上使用國語的語言活動。一天，他主動要閱讀錄音《我的爸爸不上班》，並要求教師陪

同，則楷閱讀時雖然不是按照書上文字念，其中夾雜了一些自己對插圖的詮釋，但教師仍接納他的閱讀，認真傾聽，並在適當的段落給予回饋。則楷對書本閱讀的興趣日漸增加。

對幼兒起始和完成的活動和作品，教師通常會給予高度的肯定，所用的策略有幾種，可能是在團體分享時間內讓幼兒談他的作品，或讓其他幼兒有機會使用該成品，或口頭上稱許幼兒的努力、策略或成就。以下是此類事件的一、二個例子。

玉生很喜歡發明、製作紙上遊戲，每次製作完一個紙上遊戲之後，教師通常會讓他在分享時間介紹他的遊戲並邀請其他小朋友試玩，此時教師會對他的設計給予正面的評論或補充說明，並加入玩遊戲的行列。借書在太陽班採自己管理的方式，開始使用借書證之後，幼兒必須自己想辦法將書名登記在借書證上，教師鼓勵幼兒以自己熟悉的方式，文字也好圖畫也好，把書名書寫上去，以提醒自己是哪一本書。初期的書名書寫出現許多不同形式，有的畫書中的主角，有的挑寫書名中自己會的一、二個字，有的畫書中的主題，有的圖文兼採。面對這些不同的表徵方式，教師一律接納認可。

5.成為閱讀書寫的伙伴

延續閱讀和書寫的方法之一，就是成為幼兒的閱讀和書寫伙伴。伙伴可以是一對一的，有時候則在小組之中。教師常加入正在閱讀的小群幼兒之中，成為聽眾，一方面支持肯定幼兒的閱讀行為，一方面在必要時給予協助或回饋。對閱讀沒有興趣的幼兒尤須教師的個別陪伴。儀茹常常需要聽眾，才能持續他的閱讀，所以在可行的情況之下，教師即扮演閱讀伙伴的角色，聆聽儀茹的閱讀，並在重要處問啟發性的問題，幫助他理解。以下場景是另一個例子。

則楷對童書閱讀似乎一直都沒什麼興趣，在團體閱讀時通常很快即分心做別的事去了。一天則楷一早到園，對教室裡可做的活動顯得一樣都沒有興趣，他有些意興闌珊，似乎還未完全睡醒，坐在教室的一角。梅老師問他想做什麼，他搖搖頭未予回答。幾分鐘之後，梅老師走近他，在他耳

全
語
言
教
育

邊小聲地對他說：「我有一本新書，班上的小朋友都還沒有看過，你想先看嗎？」則楷似乎有些動心，回了回神，點了點頭，於是則楷和梅老師兩人一起坐在語文區的一角，梅老師為則楷閱讀了《寶貝牙旅行記》。這本書梅老師原本預計在這一兩天內在大團體時閱讀的，並談一談有關換永久齒的事，因為最近班上有幾位幼兒乳牙掉了。梅老師一邊閱讀，一邊請則楷找出插畫中牙齒的位置，則楷很專注地聽著。讀完之後，則楷翻回封面說：「再讀一遍！」梅老師依要求再讀了一遍，則楷臉上有了笑容，並且隨著故事的進行主動指著插圖裡掉了的牙齒，如此則楷連續要求重讀了四次。到了早上大團體分享，梅老師特意讓則楷與他一起為全班閱讀這本書，因為已閱讀過數遍，閱讀時則楷可以很精確地指出每一頁牙齒所在的位置。則楷對當天自己比其他所有人更知道一本書很有成就感，之後他開始對圖畫書產生了興趣，而常自己去找書閱讀，並常自發地作故事錄音。

教師伺機為則楷創造了閱讀成功的機會，直接鼓舞了則楷，也激起了他的興趣。教師常用成為伙伴的另一種方式是由教師起始社會性互動，以書面的方式和幼兒互動，邀請幼兒成為書面語言使用社群的成員。

6. 回應

對幼兒起始的書面人際互動總給予回應，是教師維持幼兒參與讀寫的策略之一，常有幼兒寫信或卡片給老師，老師在收到信或卡片時一定也以書面的方式回覆。這種書面的人際互動頻繁之後，教師在教室內設了信箱，供幼兒與老師投寄信函，讓這些互動有正式常設的管道可循，書信卡片的往返因而持續至學年之末，成為教室內例行的個別讀寫事件。教師另一個回應幼兒書寫的時機是在日記書寫活動上，通常教師會定期閱讀幼兒的日記，並擇篇在文後對該篇日記內容作某種回應，可能是感想、認同或建議。幼兒在接獲老師的文字回應之後，通常會很高興，並努力試著理解老師所寫的內容，有時增強了他們書寫日記的動機。

7. 挑戰

當幼兒面臨問題或困難時，許多時候教師並不直接提供資訊或答案。為了培養幼兒解決問題的能力，自發地利用教室內既有的材料或幼兒既有

的知識來完成工作，教師常視情況許可，以反問、延伸問題或延宕的方式，挑戰幼兒的思考或資源的應用。一天，宜珍在寫日記時，想寫「年」字但不會寫，要求梅老師幫他寫，梅老師不直接告訴他，反而要他想想何處可以找到參考資料。宜珍思索了一會兒，跑去找來《強強的月亮》一書，翻到背面作者介紹欄中的「一九六八年自……畢業……」，指著「年」字，依樣抄寫下來。有時候，當幼兒來詢問時，教師會請幼兒稍候，以激發幼兒轉而尋求其他資源或協助。

8. 建議

在某些事件進行過程中，教師若看見其中有學習契機，會給予幼兒建議，以利學習發生，甚或有所延伸。所給的建議可能是進一步的行動或去哪裡找進一步的資料。以下兩個事件可以說明。

在一兩週之內，梅老師介紹了好幾本安東尼布朗的書。一天在餐廳裡，亦楨和玉生開始了有關安東尼布朗的對話。玉生說：「我覺得安東尼布朗的書很好玩。」亦楨說：「他的書很有趣，他畫的圖很好看，要給五個圈。」玉生說：「我喜歡《朱家故事》，你喜歡哪一本？」亦楨說：「我也喜歡《朱家故事》。」玉生開始轉頭去問其他小朋友。教師聽見了，建議他去做一個正式的調查，可以使用錄音機，再做最後統計。於是玉生開始著手去進行作者著作喜愛度調查，他和亦楨取來錄音機，找尋對象逐一訪問錄音，調查安東尼布朗的《穿過隧道》、《朱家故事》、《大猩猩》、《動物園的一天》和《小凱的家不一樣了》等書受歡迎的程度。他們所問的問題是：「請問安東尼布朗的書，你最喜歡……，還是……？」訪問對象包括本班小朋友、本班老師和其他班老師。調查完畢，回到教室來，他們從頭播放錄音帶，根據錄音帶內容統計各本書的人數，並在大團體時間報告了調查的結果。因著教師的建議，一個偶發的話題遂成為一個正式的個別探究活動，幼兒們也進一步運用了口頭和書面語言（製作統計表）來完成這個探究。

伯哲在學習區時間，一直跑來要閔老師幫他寫小紙片，原來是為他的磁石積木建構物作標示。在閔老師的協助和自己的嘗試之下，伯哲共完成

了六個標示牌——「跑道阿兵哥」、「廁所」、「停車場」、「阿兵哥照相」、「獎金」、「1000」，放在他建構物的相關位置上。稍後閔老師建議：「既然有這麼多小朋友在蓋積木時可能會用到標示牌，我們可以做一些放在積木區，以後小朋友就不用每次都要重寫。」於是宜宜自願要做這些標示紙片，供大家將來使用，他共製作了「停車場」、「出口」、「彈珠跑道」、「入口」等幾個常用的標示牌，放置在積木區的掛袋裡。

9. 參與

教師常藉著參與幼兒起始的活動，以參與者的身分延展活動，使之更廣更精緻，或進一步結合文字的使用。以下的事件可做一說明。

在扮演區裡三個幼兒正在玩診所的遊戲，有的當醫生，有的當護士，但是沒有病人。他們跑來找梅老師當病人，梅老師加入他們的扮演活動中，但適時地藉由自己的角色，以下面的對話將扮演場景和情節發展語言化、具象化了，也加入了書面語言的使用。

老師：這是哪裡啊？

亞伶：醫院啊。

老師：什麼醫院啊？

亞伶：這裡叫中華醫院。等一下……（跑去取來一個用過的招牌「中華醫院」掛在扮演區的櫃壁上）你看！中華醫院！

老師：你是誰啊？

亞伶：我是護士，你是病人。

老師：你不是醫生啊？

亞伶：我是護士，他是醫生（指著亦珍）。

老師：你們看起來都一樣啊！我怎麼知道誰是誰呢？

亞伶：嗯……等一下……（取來一張紙，做成了一個名牌，上寫自創式的「護士」二字，然後貼在胸前）。這樣你知道吧。

老師：哎呀！護士，我很不舒服呢！

亞伶：來！我幫你打針。（打針、上繃帶）不要亂動哦！

老師：護士，我有沒有發燒啊？

亞伶：（取來一隻筷子當溫度計幫老師測量）一百度。

老師：怎麼辦啊？很嚴重呢！

亦珍：給他吃藥！（亦珍寫了一張處方箋交給亞伶，亞伶遞給老師一個裝了幾塊小積木的瓶子）

老師：要怎麼吃呢？

亞伶：（在瓶子上寫了「吃二個，6」）

老師：上面寫的是什麼？

亞伶：每次吃兩個，六點吃。

亦珍：你看病有沒健保卡啊？

老師：沒有呢！怎麼辦？

（亦珍先找來了一張紙片，思索了一下，又跑去找閔老師，借了他的健保卡作參考，開始製作起健保卡來了）

　　這些在使用情境中、不具威脅性的策略，讓幼兒願意作讀寫上的冒險，也帶領幼兒的讀寫進一步地發展。

㈦語言活動內容

　　兩位教師嘗試著將主題探究活動與語言結合，並鼓勵幼兒自發性的閱讀書寫，在教室內形成了一個具雙重目標的語言課程，課程中有多元的活動內容，這些活動有教師原初發展的考量，但是從幼兒的角度來看，這些讀寫活動又有其當下自己的目的，不見得與教師所預計的完全相同。下列就分從這幾個面向來探討，呈現這些活動的不同意義。

1.讀寫活動的整體內容

　　整體而言，在教師的設計建議，及幼兒起始發展之下，太陽班裡常見的功能性讀寫出現了各種可能，除了上文提及的簽到和借書證的使用之外，以下是另一些例子，可依與工作相關、與個人的事務相關、學習區中及社會性互動等類別觀之。

351

(1)**與工作相關的功能性讀寫的例子有：**

a. 登記使用器材（如錄音機）或輪次、時段（如預排教師代寫的輪次）。

b. 創作之前先作設計圖稿（如：桌上遊戲、餅乾造型）。

c. 為所能提供的服務（如：美勞作品的技術指導、推銷所設計的桌上遊戲）打廣告，寫文宣。

d. 作存檔記錄（documentation），對象包括已完成之建構物、拼圖、桌上遊戲、比賽過程和結果、閱讀過的兒童書……等，為之作書面的記錄，以存檔供檢驗或日後使用。

e. 清點架上的材料工具（如美勞）後，寫缺貨單以提醒老師補足。

f. 為早晨大團體中的新聞和氣象播報先返家閱聽報紙或新聞，再選擇內容，以之撰寫新聞稿，以便隔天播報使用。

g. 校方選拔模範生時，在選票上填入理想人選名字及其獲選的理由，開票統計，作成投票結果公報。

h. 遇有班級管理上的問題，在全班討論過解決方法之後，將這些方法或規則書面化，公佈陳列，以為日後使用的依據。例如，積木區只有一隻鎚子，但有多人要使用而發生了爭執，老師將之帶到團體討論，讓幼兒想辦法解決，達成共識，討論的結果作成了書面的記錄「有人要使用同一工具時怎麼辦」。類似的有「太多人要分享時怎麼辦」、「積木不夠用時怎麼辦」、「閱讀故事書的注意事項」……等。

i. 個人學習區的活動記錄，記錄個人每天所選擇學習區為何，並記錄參與該區活動的內容和情況。有時幼兒會為小組成員作活動參與的表現評量，或記錄遊戲的績分。

(2)**曾出現與個人的事務相關的功能性讀寫有：**

a. 在個人記事本上記下重要資料或事件，以備忘，如需要攜帶的物品、因合作事件須進一步協調而註明該打電話及對方的電話號碼。

b. 列閱讀過的書單，以便向家長證明自己的閱讀參與度和能力，或

作為個人的記錄。

c. 謄抄簽到表上全班幼兒的名字，以便他日須寫他人名字時（如送禮物給某人、畢業後可以寫卡片給某人）可以參考。

(3) **發生在學習區活動中的功能性讀寫例子有：**

a. 扮演區：醫院的標示、處方箋、服藥說明、餐館標示、菜單、點菜、食譜……，依扮演內容的不同，出現各種不同目的的讀寫行為。

b. 積木區：作建構物之名稱及各部位作標示、建構前先作的設計圖、建築完成之後作成稿圖、製作常用的標示以利往後有需要者重複使用……。

c. 科學區：觀察記錄、參考資料閱讀或標本部位的標示說明……。

d. 益智區：拼圖不同拼法的註記圖……。

e. 美勞區：閱讀美勞創作參考書以進行創作、美勞作品的標示、內容的敘寫……。

(4) **常見的社會性互動中的讀寫則包括：**

a. 寫字條、卡片、信給朋友、老師、父母親、訪客。這是太陽班教室內發生的事，幼兒不只以書面的方式作友情互動，也常見他們對來訪的客人遞自製的名片，邀請對方打電話給自己，以此建立友誼關係。

b. 在白板上留言給朋友、老師，是較非正式的社會互動方式，但很即時，而且可以吸引非當事人的參與。

c. 畢業前對朋友、老師寫畢業感言，在紀念冊上留言、簽名。

d. 創作圖畫書贈與特別的對象，例子之一是班上一位幼兒的媽媽生產，這位幼兒在大團體時間分享了媽媽生產的過程，幼兒們非常關心這件事，有四位幼兒決定進一步表達他們的關心，合寫了一本與生產過程相關的書「媽媽生了小弟弟」送給這位幼兒的媽媽。幼兒有時會將他們創作的書送給老師或常來教室的訪客。

e. 協助其他幼兒完成讀寫（如：為他人的日記代寫、為他人閱讀故

事）。

f. 互留地址、電話、往住家的路線圖，邀請朋友互相拜訪。

2.讀寫活動的發展功能——教師的目的

不管是由教師設計建議組織，或由幼兒所起始發展，上述這些閱讀和書寫活動各自提供了幼兒讀寫發展的機會。就促成讀寫發展而言，閱讀活動讓幼兒有機會可以：

(1)理解閱讀在日常生活中常見的功能。

(2)建立環境文字的知覺。

(3)培養閱讀理解的能力，知道意義才是閱讀活動的核心。

(4)知道使用閱讀於其他領域的學習經驗中，以支持內容的深度探討。

(5)培養閱讀策略，知道如何在文字情境中選取線索，以幫助閱讀的進行。

(6)反覆使用句子、句型和單字，逐漸建構其中文書寫系統的知識。

書寫活動則提供幼兒機會可以從事：

(1)練習如何運用不同的符號系統表徵意義。

(2)發展自己的文字符號系統，擴充自己的語言資料庫。

(3)逐步瞭解中國文字的結構，建構中文書寫系統的知識。

(4)瞭解文字和符號在學習和日常生活中所扮演的角色。

(5)協助日常生活的運作。

(6)協助其他領域學習的完成。

3.幼兒參與閱讀的目的

教師在安排課程時心中有上述各種語言發展的目標，但幼兒在從事閱讀和書寫時，心中所關心的卻可能是完全不一樣的事物。在太陽班內的閱讀活動，不管是由教師主導、建議，或是幼兒起始發展的，對幼兒而言，它們具有不同的功能，是為了多種不同的目的而做的。他們閱讀可能是為了下列各種不同目的：

(1)滿足個人閱聽故事的樂趣：特別是在一早來園和中午午餐過後的自由選擇時間裡，最常見的自發性閱讀就是閱讀童書，常見幼兒或倚

或斜在教室的一角，捧著童書，看得津津有味，而且通常在這段時間內會不只讀一本。

(2)成就他人閱聽故事的樂趣：另一個常見的景象是具有獨立閱讀能力的幼兒，會應其他幼兒的要求為他們閱讀，尤其是閱讀班上才介紹過的新書。

(3)自發性的閱讀練習：有些幼兒在為其他幼兒閱讀之前，會要求自己有較準確的閱讀，因而會事先練習，遇有不認得的字則會找老師幫忙。

(4)模仿老師，為其他幼兒閱讀圖畫書：在教師推動閱讀的初期，自由活動時間教室內常可見這樣的行為——某個幼兒在一群幼兒之前，拿著一本圖畫書，模仿老師的方式，對著其餘幼兒閱讀故事內容。重複出現的類似行為，重點似乎是在閱讀方式和情境的模擬或再創；與成就他人閱讀樂趣的情況略有差別。

(5)增加參與的話題：在教室內哪些圖畫書是當時幼兒注意到或感興趣的焦點，很容易從教室內的對話中得知，幼兒與幼兒間的自由交談之中，會出現這些書的作者、書中人物主角或書中的特定語詞句子，有時也聽得到他們對某本書中情節的評論，在評論書中情節或人物時，若有必要，有些幼兒會取來該書翻閱相關的頁面，以為參考或依據。

(6)為創作故事：太陽班幼兒的故事再創作有幾種不同的形式，最簡單的一種是故事錄音，從事故事錄音時有時完全按照原文，以較正式完整的方式進行；有時幼兒並非完全按文字去閱讀，而是參酌了許多個人對該故事所建構的概念來閱讀，因之或多或少有再創作的本質。不管是哪一種型態，閱讀該書是必要的過程。另一種涉及閱讀再創作的方式是大書和小書的創作（細節在書寫種類一段再闡明）。當一本大書或小書創作完成之後，當然有多次的後續閱讀，閱讀的進行可能是在大團體裡分享，也可能是個別閱讀，最初的一次通常是由教師和創作者一起閱讀，一方面確定內容文字無誤，一方面肯定作者的努力和成就。

(7)為滿足扮演：在第二學期，扮演區內最常見的扮演活動是童書中故事的演出。班上在不同時段大概都有不同的幾本熱門圖畫書，幼兒通常會重複演出這幾個故事。每一次演出過程中，都會歷經選取故事書、協商決定劇碼、協商角色、籌備道具、排練、終至正式演出等階段，這其中牽涉了許多閱讀，例如，最初的選取故事書階段，幼兒就必須各自擇取一本自認為適合的故事書，接著協商決定劇碼時，他們會選讀每本書中的某段，比較、討論，再做成決定，有的較堅持的幼兒，為了說服其他人，會出聲閱讀較長的故事內容，說明他的觀點。進入到選角和排練階段時，都必須一再回過頭來回溯原書內容，以求接近原著版本。因此在整個扮演的過程中，反反覆覆閱讀該書是常有的事。

(8)為使用環境：太陽班有一個豐富的語文環境，幼兒在這個教室中生活，需要使用環境中的文字來幫助自己參與作息。閱讀環境中的標示、說明、規則、各種表單，就是這個教室內每一份子的生活內容之一。幼兒會閱讀拼圖盒上的說明來進行拼圖；閱讀置物架上的標示以便收拾時能物歸原位，是閱讀環境文字的一、二個例子。

(9)為獲取資訊：在探究活動和遊戲情境中，都出現幼兒為了取得所需資訊而進行閱讀的行為。例如，翻查參考資料以認識所蒐集的植物樣本；閱讀桌上遊戲規則以進行遊戲；翻閱童書以查得所要寫的字。

(10)是日常生活的一部分：幼兒常得利用閱讀使日常生活得以順利進行。在太陽班教室內，兩位老師常以書面語言來輔助教室內的組織工作和班級經營。例如，以登記表的方式來管理使用人次和順序，幼兒得閱讀人名，根據登記的次序來參與活動；張貼使用規則以解決後續類似問題的發生，在書面規則書寫完畢之後，遇有類似狀況發生時，回去閱讀原規則的情況是常有的事。幼兒也習慣於以書面語言管理自己的生活，例如，閱讀月曆來確定日期時間和當天的重要事件；以文字符號來提醒或備忘，部分幼兒會在記事本上記錄要做的事來提醒自己；有幼兒將造型設計畫在記事本上，以便隔天實地做餅乾時參考；有的幼兒記錄老師和朋友的電話號碼、地址，以備有

需要時可以查閱。

(11)為維持人際關係和社會互動：太陽班多數幼兒也常常用書面的方式
來表達對特定對象的情感，包括書信、卡片、小紙條或板面留言等
不同形式，這種書面表達的最高峰是在畢業前「回憶本」上的留言。
幼兒藉由「回憶本」上的留言，向朋友表達他們對對方的觀感、對
某個事件的說明、道歉、感謝、喜愛、期許、不捨及道別。幼兒在
接收到類似的書面互動文字，均有極強的動機要瞭解內容，而想辦
法去讀懂它，是幼兒日常生活中的閱讀行為之一。

事實上多數的書寫活動都會伴隨著閱讀，在個別幼兒或團體完成一個
書寫成品時，當事人和相關對象都會去閱讀書寫的內容，有時教師將書寫
成品提出分享時，則可能全班幼兒都會去讀它，因此下文所列的書寫活動
也都可能延伸成閱讀活動。

4.幼兒參與書寫的目的

太陽班幼兒的書寫行為同樣包含了許多不同的種類和功能，也為了多
種不同的對象和目的。幼兒的書寫並不一定使用傳統文字（正確國字），
有的可能是約略可辨讀的國字、接近但無法辨讀的國字、自創的文字或各
種符號，在書寫時也常有伴隨圖畫的情形。此處列出各種書寫行為，不限
於使用正確國字者，重點也不在檢視文字符號的正確性，而是在呈現幼兒
如何使用書面的方式來表達或傳遞訊息。對幼兒而言，書寫常是為了下列
幾種目的：

(1)探索文字符號：幼兒在進入傳統文字書寫使用的階段之前，對不同
符號及中國文字的形式結構做了許多實驗和探索。這些文字和符號
的探究有的是有溝通目的，攜帶有訊息的，有些則只是純然的探索。

(2)為社會參與及活動參與：每日的例行簽到是幼兒一個重要的社會參
與表徵，幼兒藉由簽到表徵自己是太陽班社群的一份子，有意願參
與一天的生活，也宣告自己的出席。具有類似意義的是各類活動參
與的登記，例如，書寫借書證；登記要老師協助他寫日記；登記使
用錄音機；登記要影印文宣好帶回給家長參考等，都是班級社群中

全
語
言
教
育

一份子權利義務的行使，藉著書寫而達成。

(3)宣告、告知或傳遞資訊：藉由書寫，幼兒可以宣告物品的所有權（如：在所有物上寫上名字）；告知同儕或傳遞某些訊息（如：製作月曆；標示物品名稱；打廣告）。

(4)為保留記錄：將自己或所參與的小組所完成的工作作成記錄存檔，自己留存，或用來示於同儕或特定對象，供作參考，例如，為所建構的積木造型或拼圖作完成圖；將閱讀過的書寫成閱讀書單。

(5)為滿足扮演：為了讓扮演活動進行更順利，而作扮演過程中必要的書寫，例如在玩診所遊戲時，佈置情境作環境標示（掛號處、領藥處、門診科別）、製作健保卡、開處方箋、寫服藥說明等。

(6)創作故事、製作大小書：從事故事的圖文創作，有時或進一步裝訂出版，以滿足文學創作的欲望和樂趣。

(7)表達自我：以書面的方式，用圖畫、符號、文字等呈現自己的想法、情感，日記、回憶本的書寫都屬於這一類。

(8)為維持人際關係或社會互動：情感和想法的表達若有特定的對象，就同時兼具有社會性目的，回憶本、書信卡片字條及創作書贈人等書寫行為都同時具有維持社會關係的動機。

幼兒在看待這些活動時，都是從功能著眼，也就是說，他們書寫的焦點首在於達到上述目的，有時他們不太在意形式的問題，有時則十分注意字寫得是否正確或美觀、格式適不適當，視對象和目的而異。上面各項的排列，並無發展先後次序之意。

(八)課程基本架構的改變

在長達一年的課程發展過程中，經過日復一日的教學、省思與討論，太陽班的兩位教師逐漸感覺到既有課程結構的不足與束縛。既有的課程屬大單元活動設計，大單元之下有三至四個小單元，每個小單元進行一個星期。按園務政策，單元之選擇、目標之設定以及活動之安排等均全園一致，由教師於學期開始之前輪流設計，再交由各班統一實施。原有的教案設計乃採分科式組織，在單元目標之後，列出每一科的活動內容或項目。園方

另外為幼兒購買坊間出版的教材，有兒歌教材及與單元相關的教學活動，教師有義務使用。教師感到既有的課程架構需要改變有幾個理由：1.一個單元進行一週，大大地約束了活動的延伸，活動既無法深入，有時幼兒對某個活動有興趣卻無法延伸；2.分科式的架構，無法將單元所包含的概念作有系統的發展，也無法完全提供幼兒統整性的學習經驗；3.在既有的課程結構中，及有進度的壓力之下，無法進行推動幼兒語言發展和獨立學習的活動，未容許幼兒自發性的活動充分發展。於是在徵求園方行政人員及園內其他教師的同意之下，下學期的課程有了大幅度的調整。調整的內容包括：1.刪除小單元式的結構，改以主題來統整所有次主題和活動的發展；2.增長主題活動的週期，從一週改為一個月一主題；3.主題活動的計畫從分科改為以課程網方式建構；4.每個主題進行之時，容許教師在活動內容和時間的長度上有更大的自由度和彈性；5.停止採購使用坊間現成的教材，主題和活動由園內教師自行設計。在做了這個改變之後，各班教師在每個主題之內的自主權增加了，教師可以在該主題之下決定課程的走向；活動的彈性也增大了，教師可以根據教室內萌現的幼兒興趣或事件，決定某個活動要做何種延伸、延伸多久，也能含納主題以外的探究活動。

㈨新評量系統的發展

在發展全語言之後，閔老師和梅老師對評量有新的認識，知道在整體課程朝全語言精神改變之後，評量的方式也應隨著調整，以反映全語言的精神。他們參考讀寫萌發的理論，擬訂了幼兒語言發展的指標，據以作長期的觀察、評量，並在課程中容納了評量的歷程，一方面也參酌了評量的結果，調整課程活動。太陽班新的評量系統由三方面組成：評量內容、評量方法和資料的種類。

1.評量內容

以語言發展為例，評量的內容包含了下列項目：

(1)語言功能知覺：瞭解口頭語言和書面語言的功能。

(2)文字知覺：包括注意到環境文字的存在；知道文字代表意義；閱讀

環境文字時使用情境線索以理解意義。

(3)書本概念：包括書本持拿的知識；辨認書本組成的部分（如封面、封底、頁）；知道閱讀的方向；知道書中包含某些資訊；知道書本有人寫成，知道「作者」一詞之意。

(4)閱讀焦點和策略：以意義之理解為焦點；顯示正在發展有效的閱讀策略，包括：以圖或文為閱讀對象，參酌圖文線索以理解文意，從記憶中複讀已讀過的文本……等。

(5)閱讀題材和目的：選擇多元的文類、體裁、內容，為不同的目的閱讀。

(6)閱讀的概念：以意義為中心的閱讀觀。

(7)文字符號的探索：出現對文字符號的探索行為，包括國字、其他書寫系統（如注音符號、英文字母）、約定俗成的符號系統（如阿拉伯數字、標點符號、常見之標誌、商標）及自創的符號和文字。

(8)表徵行為：嘗試以選擇的圖畫、符號、文字表徵不同的人、事、物。

(9)中文書寫系統的概念：顯示發展中有關中文書寫系統的概念，例如，書寫和閱讀的方向、國字的獨立字形、字形字音的關係、字數和音節的一對一關係、部首的知覺、字的概念、詞的概念……等。

(10)功能性語言使用：包括使用口頭語言和書面語言，以達成多元的生活和學習上的目的。

(11)書寫策略：發展多元的書寫策略，包括自由選擇運用不同的表徵媒介；口述由他人代寫；從環境中的資源取得資訊以完成書寫。

(12)書寫目的、對象和題材：為不同的目的、對象書寫，書寫的內容出現多元的題材。

(13)對文學和讀物的喜愛。

(14)聯繫文學與個人的經驗。

(15)故事知覺：瞭解圖畫書中圖文的關係；知道故事中有人物、情節、背景、主題。

(16)文學的回應：嘗試以多元媒介對文學作回應。

2.評量方法

閔老師和梅老師的評量是從兒童觀察的精神出發，以學習檔案的方式組織，透過長期、持續性的時程執行。針對上述設定的評量內容，兩位老師有系統地計畫了蒐集資料和建立檔案的方式、機會及時間點，部分評量歷程並設計與教學結合。資料蒐集的主要方法是觀察及口語、閱讀和書寫樣本的蒐集，輔以會談、訪談和正式的評量程序。三大類資料交叉整合，整體性地呈現幼兒在各個評量項目的實際發展現況。

透過觀察，教師取得上述評量項目中大多數項目的資料。進行觀察的時機則包括大團體討論、學習區活動時間、例行閱讀和例行書寫時間、自發性閱讀和書寫時間、其他自由活動時間（如來園後、離園前、點心、午餐、戶外遊戲時間）。透過口語、閱讀和書寫樣本的蒐集，可幫助回答有下列有關幼兒發展的問題：語言功能知覺、書本概念、閱讀焦點和策略、閱讀題材和目的、文字符號的探索、表徵行為、中文書寫系統的概念、功能性的語言使用、書寫策略、書寫目的、對象和題材等。觀察記錄有時以填寫表格的方式為之，如：「閱讀行為觀察表」、「閱讀萌發發展評量表」、「閱讀概念訪談表」、「書寫策略和行為觀察表」、「書寫評量表」（見本節附錄七之一至七之五）；有時則採用軼事記錄。

閱讀樣本蒐集的範圍包括：「我所讀過的書」單、借書證、出聲閱讀、故事錄音或其他自發偶發性的閱讀清單。書寫樣本則包括：簽到表、「我所讀過的書」單、借書證、日記本、個人的學習區學習記錄、教室內各式表單和活動記錄、文學和藝術創作作品、幼兒自行發展的學習記錄、書面的社會性互動（如信、字條、卡片、畢業前留言的「回憶本」）、學習區內的各式書寫和活動記錄、任何自發性的書寫等。

訪談主要在補足前面兩項無法取得的資料，尤其有關書本概念、閱讀焦點和策略、閱讀概念、書寫策略、故事知覺、聯繫文學與個人的經驗等項目的發展。教師在檢視檔案中的資料，發現有不足者，會特別安排時段，以進行訪談或會談、一對一的閱讀或正式的評量程序。每次時間長度不一，從五分鐘至三十分鐘不等，視活動的內容而定。訪談過程會作成書面記錄，

可能是檢核表或文字敘述，必要時會錄音。

　　全語言的評量與教學是結合一起的，太陽班兩位老師許多活動的安排是為課程的目標，卻同時也提供了評量的機會，例如，在主題探究中加入讀寫，即產生了讀寫樣本；學習區中材料的供應，引發了幼兒的讀寫行為。另外一個評量與教學結合的例子是閔老所設計的猜謎和配對遊戲，混合不同圖畫書的書名、作者、代表性的插圖、插畫特色、文本摘句和局部情節，讓幼兒猜謎或配對。這些活動不只鼓勵幼兒對作者、插畫、故事作整體深入的認識探討，也可探知幼兒的書本概念和文學要素概念。

3. 資料的種類

　　隨著教學和評量的推進，幼兒的觀察記錄、各式語言樣本和訪談記錄逐步集結收入幼兒的個別檔案之中，因此，幼兒的學習檔案裡面可能包含有不同時期的閱讀樣本（如錄音帶、閱讀書單或統計數字）、書寫樣本（含本子、單張、原件、影本、照片）、教師觀察的軼事記錄、表格、訪談記錄、發展統整檢核表、發展統整說明等。以下是太陽班幼兒學習檔案中所收錄一些常見的資料。

⑴觀察記錄

例一：軼事記錄

表 7-3　軼事記錄

軼事記錄

幼兒：宋宛君

時間：11/13 上午 8:48；10:02　　　　　　　　　　　　　　記錄者：閔老師

事件：

　　早上宛君上學剛進教室時看起來很不開心的樣子，老師向他道早，他回應得不是很起勁。老師覺得有點奇怪，問他怎麼了，他嘟噥了一下，才說：「我媽媽說我不會看書。」

　　老師不明究竟，繼續問：「為什麼他會這麼說？」宛君說：「今天早上我媽媽問我去學校都在做什麼，我說我都在看書，我媽媽說『你會看書？』我說會啊，我媽媽就說『你會看什麼書！』」老師看著他有點委屈又有些不高興的表情，鼓勵地對他說：「我知道你會自己看書。也許你媽媽沒看到，所以你得想個辦法讓他知道或看到你會自己看書。」

　　學習區時間，宛君在圖書區一個人坐在桌子前用心地書寫，老師走過去看他在做什麼，發現桌上疊了十來本書，是從書架上拿下來的，他低頭在一張白紙上小心地抄寫著每一本書的書名。老師問他在做什麼，他說：「這是我看過的書，我要拿回去給媽媽看。」

附件：宛君的閱讀書單。（是他自行閱讀的書，而非大團體中老師讀給他們聽的。）

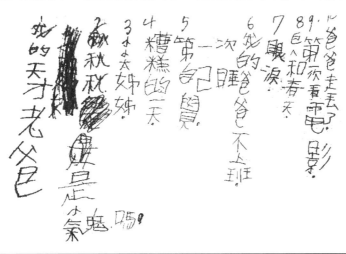

分析：

1. 他知道可以用書寫幫助他跟媽媽溝通，瞭解書面語言的資訊性和社會性功能。

2. 他知道用條列式的方法作記錄，已能掌握表單的基本格式，並應用適當。

3. 所有的字都書寫正確，對國字的字形已能充分掌握。（參見檔案中的簽到樣本）

例二：檢核表

表 7-4　閱讀行為觀察表

閱讀行為觀察表

姓名：許育伶
日期：10/20 　　　　　　　　　　　　　　　　記錄者：梅老師

　✓　　1. 指出書的封面
　✓　　2. 指出書的封底
　✓　　3. 指出書名
　✓　　4. 知道「作者」為何意
　✓　　5. 知道「插畫者」為何意
　✓　　6. 可以指出何謂「字」
　✓　　7. 可以指出何謂「插畫」
　✓　　8. 閱讀的方向正確（左到右、上到下）
　✓　　9. 模仿閱讀
　✓　　10. 喜歡閱讀，閱讀時會看著書頁
　✓　　11. 喜歡借閱書籍
　✓　　12. 在說故事時間仔細聆聽
　✓　　13. 複述故事：作推論，回應故事，和自己的生活作連結（口頭、書面）
　✓　　14. 為興趣而閱讀：會自己選擇去閱讀，有自己喜歡的書，知道有作者
　　　　　　／插畫者，並會去找出特定作者／插畫者的書
　△　　15. 為文義而閱讀：會利用線索作預測（語意、句法、句型、字形字
　　　　　　音），會自我監控，並糾正錯誤（註：較少使用文字的線索，較少
　　　　　　出現自我監控及糾正）

（表格改編自 Bird, Goodman, and Goodman, 1994。）

例三：功能性的語言使用——登記代寫

教師說明：陳玉玲為了請老師協助他完成日記書寫，在代寫登記表上登記
名字。他知道要透過書寫（登記）以便完成所作的工作，已有
了書面語言的功能知覺。

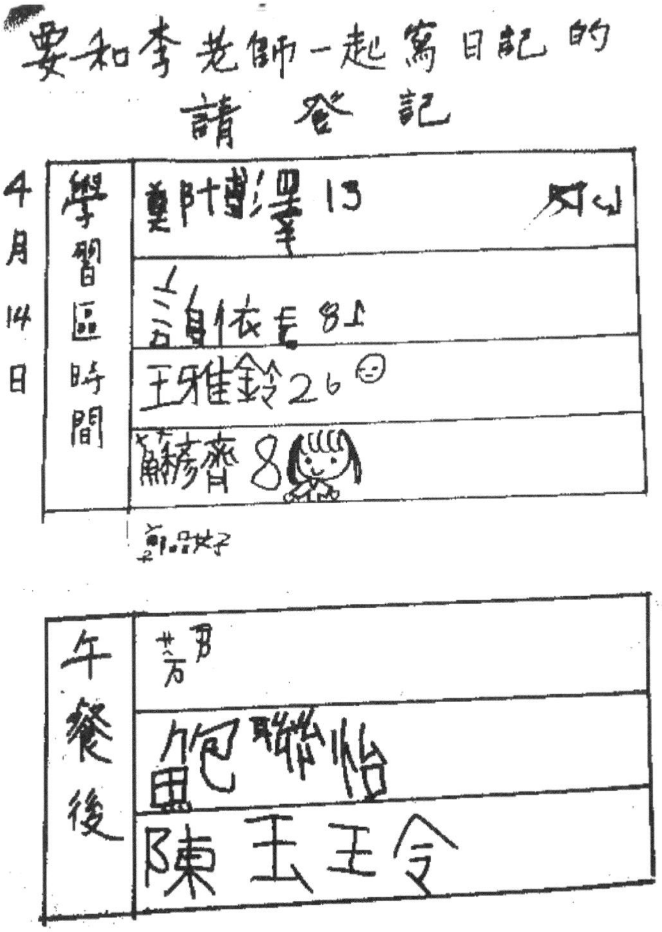

圖 7-1　代寫登記

（2）語言樣本

例一：閱讀樣本——故事閱讀錄音。

錄音帶附教師說明及檢核表：

表 7-5　閱讀樣本說明

作品名稱：故事閱讀錄音帶
幼兒：王經偉
日期：4/15　　　　　　　　　　　　　　　　　　　記錄者：梅老師
書名：新天糖樂園
情境：太陽班的朋友李老師每星期在教室進出已有八個多月的時間，下學期四月中有一個多星期未到教室。李老師再回來那天，一早才進教室，就引起小朋友的注意。經偉也看到他了，過了一會兒，從教室另一頭向李老師招手：「李老師你過來。」李老師走過去，經偉仰頭得意而神祕地說：「我要讀這本書給你聽。」一邊揚起手中的《新天糖樂園》。李老師說好，由經偉帶頭走到教室較安靜的一角，二人坐在地板上，經偉攤開書，從封面開始一頁頁地逐字出聲閱讀，他正確度 95%以上地將《新天糖樂園》讀完，又跟李老師聊起這本書來了。經偉過去一週內已經對許多人閱讀過這本書，有老師、有小朋友。老師不確定他如何、何時將整本書的文字認清楚的。
附件：故事閱讀檢核表

表 7-6　附件——故事閱讀檢核表

故事閱讀檢核表

幼兒：王經偉　　　　　　　日期：4/15　　　　　記錄者：梅老師

書名：新天糖樂園
　　新書　　　　　✓很熟悉的書　　　　　稍微熟悉的書
閱讀時幼兒手指向：
　　插畫　　　　　✓文字
　　　　　　　　　從左到右的方向　　✓是　　　否
　　　　　　　　　逐字地指著　　　　✓是　　　否

閱讀流利程度　　　✓高　　　　中　　　　　低

閱讀和文本一致的程度　　✓高 95%以上　　　　中　　　　低

可以指出故事中簡單常出現的名詞　　　✓是　　　否
　　例如：新天糖、巫婆、哥哥、妹妹、大維、小玫……

閱讀策略：
　　修正和預測　　　　　　　是　　　否
　　使用圖片的線索　　　　　是　　　否
　　記得故事的模式　　　✓是　　　否
　　自我修正文意　　　　✓是　　　否　　以閱讀文字、理解文意為主
　　使用對故事的記憶　　　　是　　　否

故事複述：　　　　　　✓對老師　　　對另一個幼兒
　　用書本的語言　　　✓是　　　否
　　適當的順序　　　　✓是　　　否
　　故事情節的符合度　✓高　　　　中　　　　低
　　顯示對內容的理解度　✓高　　　中　　　　低

作自己經驗的聯繫　　　✓是　　　否
對書本的喜愛　　　　　✓高　　　低
理由：「巫婆很壞，小孩子好危險哦！不過巫婆最後死了，哈哈。」——對
　　　人物（小孩子）的認同；故事的冒險、懸疑；光明的結局。

評論：經偉已進入正式閱讀層次，以文字為主要閱讀對象，並對文意有 90%
　　　以上的理解，在故事情境中，能辨認書中 95%以上的文字。

（表格改編自 Bird, Goodman, and Goodman, 1994。）

例二：閱讀樣本——閱讀書單、數量。

樣本上附教師的說明：

作品名稱：書名登記

幼兒：汪亞伶

情境：借書證　　　　　　　　日期：1/20　　　　　　記錄者：梅老師

說明：三個月間共借閱了 56 本，有少部分書是重複的，書本包含多元題材和
　　　內容，顯示對以動物為主角的故事類書籍特別有興趣。

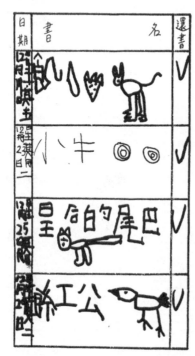

登　　飢餓的大熊　　　　　　　小玫的寶貝
錄　　箭靶小牛　　　　　　　　紙的遊戲
的
書　　皇后的尾巴　　　　　　　兔子先生去散步
名　　紅公雞　　　　　　　　　卡通童話

圖 7-2　借書證書寫

例三：書寫樣本——名字書寫的發展（簽到）。

樣本上附教師的說明：

作品名稱：名字書寫
幼兒：黃勁維
情境：每日簽到　　　　　　日期：1/10、6/14　　　　　　記錄者：梅老師

說明：勁維在書寫形式上有很大的進步！十月初他剛開始簽寫名字三個星期，
　　　他選擇以圖案代表他的名字；一個多月以後，他已能把名字寫得完全
　　　正確。後來他開始在簽到表屬於他自己的方格內作了很多版面的裝飾
　　　設計，並且自在地選用不同的符號來代表自己，在書寫上很有信心。

　　十月初　　　　　十一月中　　　　四月初

圖 7-3　名字書寫——簽到

例四：書寫樣本——社會性互動（回憶本）。

樣本上附教師的說明：

作品名稱：給朋友的祝福話		
幼兒：王玉生		
情境：畢業前的回憶本	日期：6/8	記錄者：梅老師

說明：畢業前玉生和朋友互相在對方的回憶本上留言，以表達友誼並留存紀念。玉生會因對象而改變祝福的話，從留言中可以看得出來他對對方的認識和他們的友情關係。

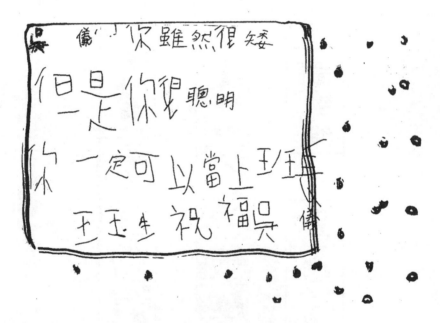

圖 7-4　回憶本的書寫

例五：書寫樣本——例行書寫（日記）。

樣本上附教師的說明：

作品名稱：日記
幼兒：把祁
情境：自由選擇的日記書寫　　　　日期：6/10　　　　記錄者：梅老師

說明：在大團體生活分享時間把祁分享了他和家人去買車試車的事，當天學習區時間他就在日記本上記錄了這件事。

圖 7-5　日記書寫

例六：書寫樣本——與工作相關的書寫（學習區活動記錄）。

樣本上附教師的說明：

作品名稱：學習區活動記錄	
幼兒：周青美	日期：3/25
情境：在學習區活動結束後自己作的活動記錄	記錄者：閔老師

說明：對自己當天所選擇的區和所做的活動作一記錄，並表明參與活動的感覺，顯見青美很樂意參與活動。青美會選擇不同的學習區，而對工作區似乎特別有興趣。

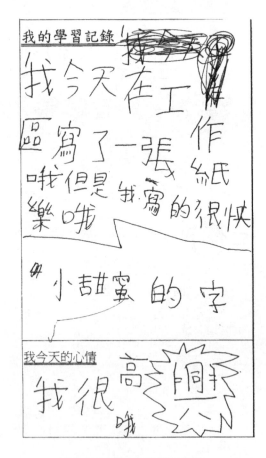

圖 7-6　學習區活動記錄

(3)閱讀概念訪談記錄（參見附錄七之三）

(4)統整發展資訊

例一：書寫發展統整檢核表

表 7-7　書寫發展統整檢核表

書寫發展統整檢核表					
幼兒：謝宜均　　　　　學年：大班　　　　　記錄者：梅老師					
◎＝很好　　○＝不錯 △＝還在發展 空白＝尚未出現	10/29 第一學期前半	1/6 第一學期後半	4/2 第二學期前半	6/10 第二學期後半	備　註
認得出在情境中的名字 （如簽到表、個人物品上的名字）	○	◎	◎	◎	多數班上小朋友的名字
認得教室內環境文字	○	◎	◎	◎	
會寫名字（能指出姓或名）	△	○	◎	◎	自己和朋友的
會使用圖畫、符號代表意思、傳遞訊息（可以任意使用符號）	△ 多圖畫	○	◎	◎	含數字、字母、自創的符號文字
有系統地使用文字表達意義 （文字可以辨認）		○	○	◎	有國字、近似國字
用單字或句子指稱圖片 （向老師口述或自己寫）	◎ 口述	◎ 口述	◎ 自己寫	◎ 自己寫	
將書寫當作一個活動的選擇		○	◎	◎	
會自發地書寫	△	○	◎	◎	
以書寫達成生活或學習上的目的	○	○	◎	◎	
為不同的目的、對象書寫；書寫內容包含多元題材		△	○	○	

（下頁續）

全語言教育

（續上頁）

項目					說明
使用書寫策略（選擇不同表徵媒介；留空位；口述代寫；自己動手；從環境中取得資訊；尋求協助）		○	○	◎	不會寫的字會查參考資料或找人詢問
中文書寫系統的概念（方向、字形獨立、一字一音、字形字音關係、部首知覺、字詞概念）		○	○	○	方向、字形獨立、一字一音、部首知覺
自己選擇書寫的主題		△	○	◎	
可以讀出自己的書寫內容	△	○	◎	◎	
分享自己的書寫作品		○	◎	◎	
以書寫完整地表達意思		○	◎	◎	
書寫內容具有邏輯順序（時間，因果關係等）		△	○	◎	
筆畫清楚可讀	△	○	◎	◎	
參與文學創作、出版		△	△	○	

評論——優點、需要加強的地方，或與檔案夾內書寫樣本相關的說明：

　　1/6 宜均對教室內的環境文字有興趣，並認得其中不少內容，尤其是小朋友的名字，在書寫中也出現了自己熟悉的環境文字。能自發地對文字符號探索，參與書寫活動，但許多時候是口述由老師代寫。自己動手寫時，表徵形式摻雜有圖畫、自創式文字符號和一些正確國字。知道書寫的功能，並會使用以（含口述和自己動手）達成生活和學習目的。書寫的內容和題材都還在發展中，老師會提供更多書寫的經驗和文學相關的活動，隨著這些經驗的增加，應會出現更多元題材的選擇和更成熟的內容組織。

　　6/10 宜均在文字符號的使用、書寫功能的應用、書寫內容的成熟度和書寫策略的運用上都有很大的發展，書寫時多數自己動手，使用國字，且字形掌握得不錯，有不會寫的字會自己想辦法解決。書寫對象和題材都算多元化。也有更多文學相關的書寫，並創作了幾本小書。是個獨立自主的書寫者、書面語言使用者。

（表格改編自 Bird, Goodman, and Goodman, 1994。）

四、教室場景

呈現太陽班一天中主要的活動過程，可以讓讀者一窺太陽班內的生活、活動的組織方式及部分課程面貌。在以下教室場景的描述中，將兼呈常見的一天的活動，以及部分主題的連續發展過程。為了呈現太陽班課程內容的完整性、多樣化和豐富性，所摘取的這些活動不見得都發生在同一天，但卻是極常見的。

早上八點過後即陸陸續續有幼兒來園了。兩位教師一面準備教室和材料，一面和到達的幼兒打招呼。抵達的幼兒在步入教室，和老師打過招呼之後，還沒來得及放下書包，第一件事就是到簽到處簽到。放好個人用品之後即開始自由選擇時間，幼兒可以選自己想做的事做。通常幼兒會先歸還前一天借回家的書，找出自己的借書證做了歸還登錄，然後在語文區挑選幾本書自行閱讀起來。如果老師有空協助的話，有些幼兒會利用這段時間寫前一天未完成的日記。

陸續來園的幼兒，三三兩兩談論著他們關心的事。有些幼兒會拿出從家裡帶來的書給他的友伴看。兒童書大量使用之後，幼兒有機會接觸各式不同文體不同內容的書籍，對書的要求量大增，也進一步有了書籍流通的概念，因此常有幼兒自家裡帶書來借書予全班的情形。這個時段是瞭解幼兒關注點很重要的時刻，兩位教師在巡視教室之餘，會用心觀察並細聽幼兒之間的對話。這些對話有時會形成一些主意，作為稍後計畫活動或提供給幼兒活動建議的參考。很常見的是有些幼兒一早進入教室之後，即主動找老師聊天，起始對話，或告訴老師最近家裡發生的事；或發表對某人某事的看法；或告訴老師今天想做的事；或遞給老師禮物；或只是來看老師今天為班上準備了什麼活動、有什麼新的材料。

在太陽班的例行作息中，上午的第一個時段是大團體時間。大團體時間的前半段，教師通常用來閱讀兒童書，組織一天的活動，並進行生活分享。有一陣子這時段有由小朋友登記負責的新聞和氣象播報。這一天輪到盛原當新聞和氣象小主播，早上一來，盛原即遞了一張紙給老師，同時複

述著上面的文字，原來是他在家準備好今天要播報的新聞內容，希望在上課之前能先跟老師確認一下。老師聽他念了一遍，點頭稱許，同時問他新聞的來源，盛原回答是爸爸看了報紙後告訴他的。談話告一個段落之後，盛原就轉身收好文稿先到學習區去了。大團體時間輪到他主播新聞時，盛原拿著他的播報文稿，將內容念了一遍，並接受其他幼兒發問，且回答問題。稍後老師將他的播報文稿張貼在教室新聞氣象公佈欄上，供幼兒閱讀。

　　大團體後半段是用來進行單元活動（上學期）。這一天教師計畫利用這一段時間準備二天後的商店參觀。參觀超商是「便利商店」單元的活動之一。在此之前，教師已與幼兒共同撰寫了一封信寄給 7-11 超商的店長，店長也回了信。今天活動一開始，教師先和全班幼兒複讀致店長的信，接著展示店長的回信，並將事先放大的回信信文張貼在黑板上，與幼兒共同閱讀回信內容。從幼兒臉上表情可以看得出來，他們對於能接獲來自校外成人的信，都十分興奮。教師趁機再提醒前一天已經討論過且已書寫成海報的參觀注意事項，這些注意事項有好多條是取自幼兒的意見。接著教師告訴幼兒，他們需要讓家長知道這件事，以便協助幼兒準備參觀。梅老師帶領著幼兒，共同撰寫一封通知單。過程中教師提醒通知單的格式，和幼兒一起商談內容，句子則多數由幼兒提供。之前，每有通知單捎回家給家長，在分發的時候老師會先向幼兒解釋該通知單的目的，再閱讀一遍，讓幼兒知道通知的內容，因此幼兒已十分熟悉通知單一般的撰寫格式。這一天因事先已談論過參觀超商時所要做的事——參觀所販賣的物品、物品的擺設方式及購買十元以內的商品，幼兒大抵知道通知單的重點。幼兒一邊口述，教師一邊將文句代寫在海報紙上，師生共同完成了通知單的擬定。然後，梅老師閱讀一遍通知單，閔老師同時在一旁將它謄在一般紙上，再影印，讓幼兒帶回。

　　上午大團體過後，約有一個小時左右的完整時段，是讓幼兒在學習區自由探索的時間，此時，幼兒可以選擇他們喜愛的區或活動做，分散在各區之內活動。以下是學習區時間常見的場景。積木區內有二群幼兒在進行建構活動，三個幼兒在建彈珠跑道，是一個需要精確衡量高低、斜度、力道的建構體，這個彈珠跑道不是建著好玩，而是要能供人投彈珠滑行的。

因為這個遊戲太受小朋友歡迎了，所以這一陣子每天都有不同的人在蓋彈珠跑道之類的建構體，好在大團體分享時讓小朋友可以實際玩，有一人正從壁面掛袋上取下之前有人做好的標示「彈珠跑道」、「入口」、「出口」、「軌道車」等牌子，放在適當的位置上。另有一男一女正在蓋野生動物園，建構體已經完成了一半，獸圈內各放了不同的模型動物。

扮演區裡有五、六個幼兒正在排演《皇后的尾巴》，這本圖畫書這一陣子在太陽班很受喜愛，最初有人開始在學習區時間扮演起書中情節，有一次在大團體分享時因有一組人分享了他們的扮演，引起小朋友興趣，接著陸陸續續有一組一組小朋友由自由扮演轉移為戲劇表演，專為表演給小朋友看而準備。事實上整個排演是從決定戲碼開始。幾個人聚集在扮演區之後，即開始討論今天要演什麼。建議的書包括《皇后的尾巴》、《瑪德琳》、《小郵差傑克》、《爸爸我要月亮》、《忙碌寶寶》等。提出建議的幾個幼兒都頗堅持自己選的那本書，在各自堅持之下，他們拿出書來比較劇情，一一篩選、淘汰，最後終於定案，決定演出《皇后的尾巴》。接著，他們決定各人擔任的角色，然後進行初步試演，若有不喜歡自己角色的，可提議經協調再換角色，直到大家滿意了。接著，他們會按劇情排練，排演時他們一面演一面回頭查看書本，以符合劇情發展，有時也會自創台詞。也有人負責找尋發展道具，若扮演區沒有他們要的，會擴大搜尋領域至積木區、益智區和美勞區，有時他們會用象徵物，例如拿數棒及套杯當牙刷和漱口杯。此時二個小朋友正在商量用什麼東西作尾巴，商量了一陣，又跑去找閔老師，閔老師給了一些建議，他們又回來繼續工作。其他人則在扮演區中間空地上排演，有一個小朋友拿著書指揮，要另一個小朋友拿刀去砍皇后的尾巴。幼兒戲碼會隨著當時受歡迎的圖畫書不同而變。

益智區有三群幼兒，有二人一組在玩桌上遊戲，另一組在拼拼圖，還有一個幼兒單獨在拼一個老師才剛買來尚未有人使用過新的立體拼圖。這位幼兒很專注地對照著說明書在嘗試不同的拼法，他共拼出了七種不同的拼法，完成後他很得意地去告訴閔老師他會拼七種圖，閔老師誇獎了他，並建議他想個辦法讓其他人知道有哪些不同的拼法。他回到益智區，找了一張紙試著要把七種不同的拼法畫下來，但因是不規則的圖形，很複雜難

以描繪出來，他又回去找閔老師，閔老師建議他再觀察一次七個排法中那個小圓柱體的位置，他觀察完之後發現不同的排法那個小圓柱體會在不同的位置上，於是以此圓柱體為主，畫下了七個不同的排法，加了註，然後自行張貼在益智區的櫃面上。美勞區裡四個幼兒正從事美勞創作，一個做了一個紙盒子，另一個完成了一張吹畫，自己覺得很滿意，於是又另外自製了一張小海報，寫上吹畫的製作方法，附上做好的作品，在旁邊加上「如果你要做的話可以找我」等字，備稍後分享時介紹給其他小朋友，讓有興趣的可以參考學做。

圖書區裡有三位幼兒正在翻查所有的圖書，他們要按作者列出書單，這緣自於早上大團體討論時梅老師提起了有些圖畫書的作者、插畫者和翻譯者常有許多作品，丟給大家一個問題「到底誰作了哪些書」，邀請有興趣的去調查。這三位幼兒決定利用學習區時間找出答案，他們手上有自己所列熟悉的艾瑞卡爾、安東尼布朗、李歐李奧尼、郝廣才、林真美等幾張名單，正在逐本地填上每一個人的作品。聆賞區有一個幼兒在錄故事書《巫婆巫婆請來參加我的宴會》，這是一本可預測書，有重複的句型，只是每一頁有不同的邀請對象。他一邊眼瞄著圖畫，甚至先翻到下一頁偷看一下以便知道邀請對象，一邊出聲閱讀文本。仔細觀察發現，他事實上是從記憶中閱讀，在幾個重複句型處所唸的與文本幾乎是一致的，其餘部分則不一定符合，但閱讀甚為流利，似乎他已讀過此書很多次了。他自行練習並重複錄了幾次，直到滿意，然後去向老師登記要在稍後的分享時間播放給全班聽。

在教室前方大團體區，梅老師帶著三個幼兒在製作《嗨，下車！》的故事圖。這本書先前已在團體裡閱讀過，學習區時間，梅老師和上哲、裕其和敏宣一起建構情節圖。建構故事圖的主要用意在幫助幼兒有條理地組織故事內的人物，深化事件次序重要性的概念。梅老師先在海報紙上列出「書名」、「作者」、「人物」和「情節」等標題，然後複讀一次故事內容。之後，裕其自願在海報上填上書名和作者。接著，梅老師讓幼兒一起回想書中所有的人物，再輪流以文字或圖畫的方式列出。接著則進入了故事的情節部分，再次回想事件的先後次序，同時由幼兒合作地按序一一將

事件呈現出來，梅老師多數時候退居在旁，由三位幼兒合力、互相提醒地完成全圖。故事圖完成後，他們用它口頭複述了一次故事，然後保留了故事圖，讓其他幼兒可用來獨立複述故事。

中午午餐過後有一段自由活動時間，飯吃得快的幼兒大約可以有近三十分鐘的時間做自己想做的事。吃完飯，幼兒由餐廳陸陸續續回到教室，進入自己選擇的學習區內活動。有兩個小女孩靠在簽到桌上，一個在察看還有誰還沒簽到，好提醒他。另一個女孩則俯靠著桌面，很用心、幾近恭謹地在一張大紙張上對照著簽到表寫字。梅老師經過看見了，停下來問這女孩在做什麼，女孩回答在抄小朋友的名字。梅老師很好奇繼續問為什麼要抄小朋友的名字，小女孩回答：「我以後如果要送禮物給小朋友，我就知道怎麼寫他的名字了啊。」此時，圖書區有幾群幼兒在那兒看自己所選的書，有的兩個人一起出聲閱讀；有的單獨一人默讀；有一個人在為三個人閱讀，書頁面向著聽者，還一邊指著書上的文字。圖書區的另一邊是書寫區，書寫桌上攤著一張登記表，有四個幼兒登記了要梅老師協助他們寫日記，有一個幼兒正在口述句子由梅老師代寫；另外有一個幼兒自己動手書寫，但偶爾會回來問老師某些字怎麼寫；還有一個男孩經偉坐在同一張桌子的另一邊，出聲招呼問有沒有人要他幫忙的，有一個登記要老師代寫但還沒輪到的幼兒就走向經偉，向經偉口述他的日記內容，經偉就幫他在日記本上寫了下來。這是經偉在中午時段喜歡做的事情之一——成為老師的助理，為同學提供代寫的服務。在積木區二位上午蓋野生動物園的小朋友，繼續完成上午未完成的建構物，男孩拿著紙正在寫入口和各獸圈的招牌「非洲野生動物園」、「獅子」、「長頸鹿」……等，建構物用了許多種不同的材料，有不同型式、形狀和大小積木、模型人、模型動物、玩具等。建構完成之後，兩人把建構物畫了下來，並寫上標示，為這份創作留下了書面的完成圖，這張圖稍後會張貼在積木區櫃子的板面上，即使積木拆解了，別人仍可以看得到或作參考。

不久，有幾個小朋友由走廊衝進教室，很興奮地向閔老師報告他們的新發現，他們在走廊盆栽的沙漠玫瑰上發現了幾隻顏色鮮艷的毛毛蟲，正在吃葉子。這群孩子七嘴八舌地報告著，並堅持老師要過去看看。閔老師

379

很認真地聽他們的報告，然後與他們一起走到走廊去看他們的發現。一列排開的幾棵盆栽上果然爬著毛毛蟲。觀察了一陣子再回到教室之後，閔老師把握了這個重要的學習機會，和發現的幼兒有一個簡短的討論，詢問幼兒想要對這些毛毛蟲做些什麼，幼兒們也陸續丟出了一些問題，很快的他們達成協議——他們想要多知道一點有關這隻小東西的事。於是閔老師一邊找出教室裡的昆蟲圖鑑，讓其中一位幼兒去查閱，同時答應下午會再繼續討論這件事。下午第一節課大團體活動時間，閔老師讓全班的小朋友知道這個新發現，同時討論大家可以如何參與這個事件一起學習。不久有兩個學習計畫從討論中產生，首先，有人回去進一步查不同的資料，其次，繼續觀察這些昆蟲的生活習性和可能的改變。有兩位幼兒登記要回去查家裡的資料，或問爸爸媽媽，再回來報告給大家知道；觀察計畫也在老師建議下產生，包括多久觀察及誰負責觀察、作記錄。這個萌發的課程持續進行了好幾週。

下午的大團體時間，第一階段是閱讀童書。教師會擇一本圖畫書，通常是故事類的，對著全班出聲閱讀。書本的選擇可能是基於與單元或正在探究的主題；或與目前孩子們關心的事相關；或是可聯繫至教師想要處理的某一個問題；或是新出版的書；或只是純粹讓幼兒有一段快樂享受故事的時光。若是一本從沒讀過的書，閱讀的時候教師會先介紹書名、作者和插畫者、出版社，讓幼兒根據書名和封面對該書的內容作初步預測，然後再進行閱讀。閱讀進行的過程中，教師會在關鍵性的頁面上停頓，問相關的問題或讓幼兒問問題，可能是有關內容的，或有關插畫的，或與閱讀過相關的書作連結，或與孩子的生活經驗聯繫，一方面培養幼兒選擇資訊、使用情境線索、預測、連結等閱讀策略，一方面也幫助幼兒理解。

閱讀結束之後，教師接著說明新的借書證的使用方法。為了推動閱讀，教師在借書證上做了系列的設計。幼兒在學校讀過十本書，登錄完「我讀過的書」書單之後，可以換正式的第一本借書證。有了借書證就可把書借回家。第一本借書證填滿之後，可以換第二本借書證，上貼有橘色「小讀者」徽章，算是對幼兒閱讀的肯定。如此循環下去，徽章依次類推共有橘色、紅色、紫色和金色等。因借書量太大，到了下學期就改成厚本的、長

久性的「好寶寶借書證」。這一天老師即在說明換證的方法，有不少幼兒已邁入了第二本借書證階段。

距離放學之前的二十分鐘是幼兒借書時間，幼兒們利用這段時間在語文區及其他擺放有圖書的地方，包括教師的私用書架上，找尋這天想要借回家的書。多數時候幼兒早有定見，已知道要借哪一本書，他們利用這段時間將書取得，從事登錄的手續。他們會封面朝上小心地將全部或局部書名寫在借書證上，再寫上日期，不確定日期的會去查日曆。等候家長接送時，有的幼兒會利用這段時間再閱讀一、二本書。

教師在課程及活動上對著幼兒的想法和興趣開放，發生在許多課程活動歷程之中，以「艾瑞卡爾研究」為例，在「春暖花開」主題進行期間，梅老師閱讀了艾瑞卡爾的《好餓的毛毛蟲》，以探討春天昆蟲的生態。當時並未計畫要進行作者研究專題。讀完之後，梅老師發現幼兒對艾瑞卡爾作品的興趣高過小動物生態的探討，於是又讀了艾瑞卡爾的《好忙的蜘蛛》，在幼兒的要求之下，在後續幾天中又陸陸續續讀了艾瑞卡爾其他的作品，包括《好安靜的蟋蟀》、《爸爸我要月亮》、《和我作朋友好嗎》、《拼拼湊湊的變色龍》等。在一次讀後的討論中，出乎梅老師預期的，有幼兒提出了問題——為什麼艾瑞卡爾書中的角色多是動物。梅老師於是找回這些書，師生一起逐本作了檢驗，在一張大海報紙上列出了每一本書中所有出現過的角色，發現艾瑞卡爾不只喜歡用動物當書中角色，而且還常一次就用了很多動物。接下來幼兒有許多對這些角色的評論，也引出了在眾多動物角色中到底哪一個是主角的話題，兩位老師於是伺機組織了有關「主角」定義的討論，並提供許多童書作參考資料，讓幼兒建構他們對「主角」一意的假設。在討論中，有幼兒說凡書名中有他的就是主角；有的說封面有畫他的是主角；有的說要從故事開始到結束都有出現的才是主角。透過團體討論，太陽班的幼兒共同建構了他們的「主角觀」，並依此挑出每一本書的主角，且進一步去談論這些主角的個性。梅老師和閔老師驚訝地聽這些幼兒自由地以他們已擁有的語言詞彙描述這些動物主角的個性，以及他們對不同角色的喜愛，一邊記錄下幼兒的想法，「動物主角的個性」圖（圖7-7）於焉產生。幼兒們對這些動物主角各有所擁戴，於是決定以民

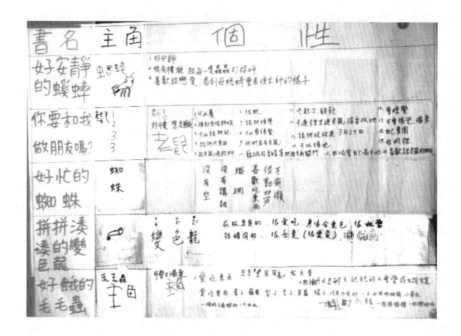

圖 7-7　動物主角的個性圖

主的方式選出其中最受歡迎者。幼兒決定要主導這次的選舉，在兩位老師未干預的情況之下，他們從事前選舉公告（圖7-8）的製作、選票（圖7-9）的製作、選務人員的選派、投票過程的安排、投票所的規畫佈置，一直到當天秩序的管理、選票的發放、排隊領票、圈票投票、開票計票，都由幼兒主其事，只在必要的時候請老師協助。原本是一個文學閱讀活動，後來擴展成一個深度的文學單元，並延伸出社會領域的經驗，是不在兩位老師計畫之中的。

　　在五、六月間教室內升起一股特殊的氣氛，興奮、熱切、忙碌、更頻繁的互動，卻仍有某種秩序維繫著，每天作息仍然流暢有條理。從全校性的動靜，幼兒們意識到快畢業了，大家就快分手了，兩位老師也在適當時機和小朋友談起畢業和上小學的事。第一次有小學部的哥哥姊姊拿畢業紀念冊來給兩位老師簽時，小朋友看到了都瞪大眼睛問那是什麼、作什麼用的，經老師解說之後，全班的小朋友都表達他們也要有一本，於是兩位老

圖 7-8　選舉公告

圖 7-9　選票

師為每一個小朋友裝訂了一冊空白本子，交予他們自行裝飾，自由使用。
大家決定這個本子應叫「回憶本」，每個小朋友可以為自己的回憶本再取
個個別的名字，於是「雪花回憶本」、「小熊維尼回憶本」、「星星回憶

383

本」……等的交換留言和閱讀成為未來一個月間的每日活動。幼兒利用早上來園尚未上課前的時間、學習區時間、午餐後、放學前的空檔等時段，找他們選擇的對象在他們的回憶本上留話，很珍貴地閱讀所有的留言，或與他人交換分享自己回憶本的內容。幼兒們以文字，佐以圖畫，寫下了各式的告白，有的也留了地址電話，邀請對方繼續聯絡。留言的內容有祝福、感謝、肯定稱讚（如「我覺得你很會幫助人」）、鼓勵（如「你進步了，如果你讀一年級就很棒了，我就送你一個星星」）、期許（如「你畢業了，你一定會更認真更懂事」）、道歉和好（如「對不起，上次你打電話來，我沒有接，以後希望你能夠再打電話來」）、表白解釋（如「你很可愛，我好喜歡你」、「我幫那些人吃，是要和他們做朋友」）、惜別（如「我要畢業了我就看不到宜珍了，我會想念宜珍」）等。經過回憶本的書寫，他們的關係似乎更趨融洽密切，回憶本的書寫讓他們有機會對許多對象說平常不太說的話語，表達了內心的情感，提昇了彼此間的友誼。兩位老師樂見幼兒們以珍惜朋友的態度結束了大班最後一個月的生活。

五、萌發的課程

在這個班級裡像上面幾個事件是很常見的。課程常常從孩子身上萌發出來，萌發點可能是教室內的突發事件引起幼兒的興趣、孩子生活或家人遭遇到的事、計畫中的活動出現了未預期的發展、或所讀過的童書及幼兒對書的反應……等。下列這個課程發展是眾多此類萌發課程的另一個，例子很能描述在此類萌發課程中幼兒的學習歷程。

一天，梅老師為全班幼兒閱讀一本已譯成中文複製的大書《我媽媽說世界上根本沒有鬼或怪物這樣的東西》（*My Mama Says There Aren't Any Zombies, Ghosts, Vampires, Creatures, Demons, Monsters, Fiends, Goblins, or Things*）（作者：Judith Viorst，出版社：Aladdin Books），才讀了沒幾頁，一個小女孩就說好可怕他不要聽了。梅老師當下決定中止閱讀，但將這書放回圖書區。未多幾天老師就發現，有不少幼兒跑回去翻閱那本書，顯然雖有幼兒覺得該書可怕，但有許多幼兒卻對它充滿興趣。在後來的幾週內，

不只多數幼兒已讀過該書，而且幼兒間出現了許多和該書相關的話題，常常提起故事中的主角，和書中懸疑情節的真假真相如何，教師覺得這是適當的時機，再次和幼兒一起探討書中主題——恐懼的情緒，最終延伸出深度自我探索的課程。

數週後，經徵求原不想聽的那位小女孩的同意，梅老師帶全班再回去閱讀那本書，讀完之後，梅老師先請幾位已讀過該書的幼兒分享他們對書中情節的看法，很令人意外的是這幾位幼兒對該書已有定見，認為它一點都不可怕，至於書中那些鬼怪之類的東西只是主角小男孩的想像，或是媽媽所假扮的。兩位老師讓其他幼兒也有機會談談自己對這本書的看法及相關的情緒經驗，過程中並有人聯繫了幾本書中也有恐懼情節的童書。老師集結了當時所能找到有害怕和恐懼情緒的圖畫書，包括《馬桶妖怪》、《新天糖樂園》、《穿過隧道》、《我的衣櫥裡有一個怪物》、《膽小獅特魯魯》、《突然》、《方眼男孩》、《強強的月亮》、《糟糕的一天》、《第一次自己睡覺》、《膽小大巨人》和《天不怕地不怕》等，在後續的幾天之中，一一和幼兒一起閱讀了。在讀完所有的書之後，師生一起將各書中的相關資訊列成了一張大圖表，作綜合比較。每次的閱讀都伴隨著對書中情節和所涉及之情緒的探討，幼兒有充分機會進出、體會書中人物的心理經驗，有時甚至能進入洞察或後設的層次在看這些心理現象。每讀完一本書，教師會與幼兒一起整理下列資訊——書中主角所懼怕的事物為何、原因何在，並檢視故事情節中是否提出解決之道，方法又為何，並在海報紙上列出了書名、主角、所害怕的事物及解決的方法（見圖 7-10）。讀完所有這些書後，在一次綜合討論時段，老師帶領幼兒回顧了所有書中的相關資訊，並將已完成的表張貼在教室內直到該主題結束。這張表格成為後來再回顧相關話題時的依據，也常是自由活動時間幼兒會去讀去談論的內容。

在間接參與了文學世界中各想像人物的情緒之後，老師讓幼兒有機會將這些經驗再一次聯繫上自己經驗，他們安排了一個討論時段，讓幼兒可以自由地回想、談論自己所害怕的事物及害怕的理由，以口頭（談）及書面（畫出或填寫在「恐懼單」上）的方式呈現出來，幼兒們的談話內容同

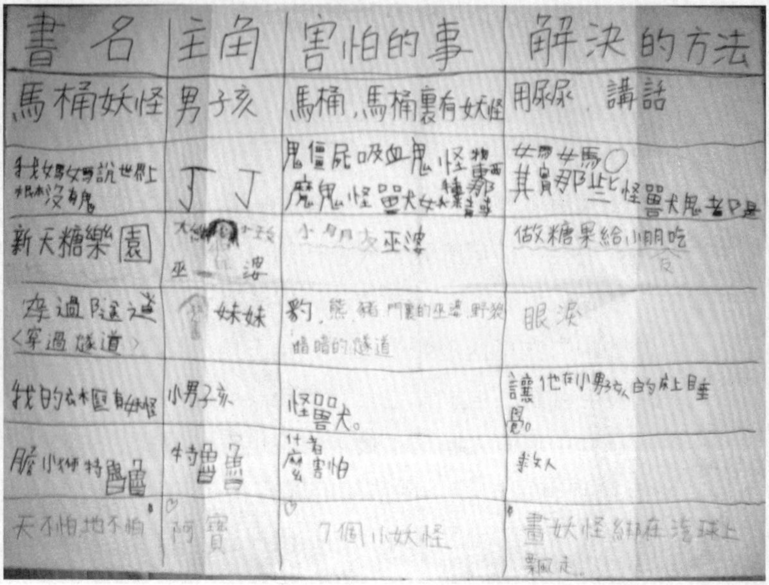

全
語
言
教
育

書名	主角	害怕的事	解決的方法
馬桶妖怪	男子亥	馬桶,馬桶裏有妖怪	用尿尿、講話
找女妈妈说世上根本没有鬼	JJ	鬼僵屍吸血鬼怪物虎鬼怪器犬	其實那些怪器鬼是假的
新天糖樂園	巫一一婆	小朋友巫婆	做糖果給小朋友吃
穿過隧道〈穿過隧道〉	妹妹	豹、熊、貓、門裏的巫婆、野狼、暗暗的隧道	眼淚
我的大怪物朋友	小男子亥	怪器犬	讓他和小男孩的床上睡
膽小獅特魯魯	特魯魯	什麼都害怕	數人
天不怕地不怕	阿寶	7個小妖怪	書妖怪綁起來造珠上

圖 7-10　「恐懼」的圖畫書討論圖表

時也都記錄下來,成為一份這班幼兒的恐懼事物表。在團體分享時,幼兒得以再一次在無威脅的情境下面對自己的恐懼情緒,聽到別人有類似的困擾,有的並能較理性地去看待甚至分析自己的情緒原由,其他幼兒也會提供個人對該事物的看法、可以不怕的理由或可能的解決方法。在這些談論經驗中,他們的情緒得到某種程度的釋放。從這次的談話之中,老師和小朋友共同從中發展了一個訪問調查表,可用來訪問周圍的人他們心中所害怕的事物。許多幼兒回家訪問了自己的家人,將家人的恐懼事物也作了訪問記錄,同樣帶至教室內分享。

　　在幾次分享之後,有一位幼兒突然提出了一個建議,指出他可以幫忙大家,將這些恐懼消除。他要所有幼兒將他們所害怕的事物寫在紙片上,並向老師要了一個盒子,貼上「消除恐懼箱」標籤,在大家的注視下,將所有紙片投入盒中,當眾密封,並由大家指定了一個教室內最隱蔽的角落,將該盒子深藏在那個角落深處,然後宣佈:「你們所害怕的事都被關在裡面了,現在你們都不用再害怕了!」

這個課程是個萌發的課程，更充分反映了全語言的課程精神。這一系列的活動統整了社會（如：親情、友朋關係）、自然（如：植物、動物、光明黑暗、真實與想像之特性等）、語言（如：聽、說、讀、寫；故事、圖表、便條、標籤等不同體裁；文學風格）、數學（如：數量、方向、大小）、藝術（表徵的形式）等領域的學習，也提供幼兒情緒、社會化等發展的經驗。這一系列的活動多數時候藉由聽、說、讀、寫來進行。文學構築情感歷程，也增加學習經驗。就語言使用而言，幼兒有機會說出自己的看法，聽到別人的意見，他們閱讀了教師提供的圖畫書、恐懼單、統計表、訪問記錄，也書寫了上述表單、記錄、紙片、標籤等不同的書寫式。教師與幼兒的關注點都在這些聽、說、讀、寫的功能，這些語言所攜帶的意義上，但也同時練習了不同體裁的不同書寫形式（如：便條與訪問記錄的格式不同，標籤有別於敘事體）。一切都發生在完整的情境之中。透過一連串的聽、說、讀、寫，幼兒一再增加了他們對語言形式的掌握。最重要的是，這是由幼兒起始的活動，與幼兒切身相關，對幼兒而言再真實不過，幼兒以自己選擇的語言形式來完成，整個過程是屬於幼兒的。

第二節
全語言的全，全在哪裡

在經過一年的發展與修正，太陽班在哪些方面具有全語言精神？在哪些方面又與全語言精神仍有差距？它是否可稱得上為一個全語言的班級？上一章已提出可用以辨察一個教室是否為全語言教室的共同原則，這些原則也可用來檢視太陽班的全語言本質——環境與學習材料、課程和學習活動的特質、班級經營與教室氛圍、評量的特質。

一、環境與材料

(一)環境

　　檢視語文環境是否合乎全語言的精神，要同時從量與質兩方面入手。在量上檢視它是否具備了推動幼兒語文發展和獨立學習的設備，在質上則要看這些設備是否供給並反映個別和團體幼兒的探究和書面語言使用。

　　從學習區、學習材料和環境文字來看，太陽班具備豐富的語文環境。教室內有數個學習區，供幼兒從事發現和探索，也設立了特別推動語文發展的圖書區以及與美勞區合併使用的書寫區。在圖書區裡，經常性地陳列不同體裁、內容和形式的各類童書，陳列的書籍並經常地隨著幼兒的閱讀興趣而更換。除了圖書區，在其他各區也設置了與該區相關的書籍，並都安放了書寫工具材料，教室裡紙筆到處可見，隨時可取用。

　　太陽班有豐富的環境文字，反映出多元的文字功能性使用，有指引標示說明的、人際互動的、和工作及生活相關的、以及休閒的。最重要的是，這些文字是活的、持續使用中的，也就是說是它們是具有功能，與生活結合，因生活中的不同需要而產生的，而且也為協助幼兒在教室中生活能運作得更順暢才存在的。這些文字有為個人的目的而產生，也有用來團體使用的，但都在使用的狀態中。

(二)材料

　　檢視太陽班所使用的學習材料，大約有下列的幾種特性：1.完整：多數材料是完整的，除非在幼兒的要求之下，教師基本上不單獨地給幼兒類似單字或單詞之類的讀寫材料，所有的讀寫材料都以它可能最完整的形式呈現，具備相關的語言情境，包含充足的情境線索，因此，對讀者、寫者而言是有意義的，也是易於理解的。2.有意義的、功能的、真實的：多數材料或用以支援探究，或與個人的生活相關，所以對學習者而言是有學習或個人意義的，有目的的，因而也是真實的，例如：月曆，是用來標示一

個月中的時間日期的推進及時間與教室活動的關係。教師讓幼兒參與月曆的製作，在一個月之初即由幼兒將已預先知道的活動或事件，先行登錄上去，給全班一個月的總覽。隨著日子的推進，相繼發生的事件又一一地加填上去。每週或遇有必要時，教師會以它來提醒即將要來的活動，到了月底，教師還拿它來做一個月活動的回顧。所以，這份讀寫材料是完全落實在日常生活裡的，是真實的，是功能的，且示範了一種特定的書面語言體例與情境。3.可接近的、有使用的機會：所有材料是對學習者開放的，幼兒可以隨時取用，教師也特別安排時間機會，讓幼兒可以去使用。4.使用大量的優質文學，並包含了廣度文類、各種不同媒體。

二、課程與學習活動的本質

(一)課程以學習者為中心

太陽班的課程是以學習者為中心的，可以從幾個方向來檢視：1.課程順應了全體及個別幼兒的興趣與需要而發展，同時開放萌發課程的機會。多數的課程內容，乃針對幼兒整體發展的需要而發展，尤其在激發幼兒的語言潛能；自由活動和學習區時間的提供，也在兼顧個別幼兒的興趣。太陽班的課程發展有幾條並行的軸線──主題、文學的延伸活動、由幼兒起始的探究。前二者多數時候由教師起始，後者則屬幼兒主導的活動。不管任何一種課程，隨時都對著萌發的課程開放，萌發的課程可能來自於幼兒的興趣、關注或班上的偶發事件。2.課程提供予幼兒選擇的機會，學習區和自由選擇時間內，幼兒可以完全按自己的興趣選擇自己想要從事的活動。即使在教師起始的活動中，幼兒仍有機會在諸多可能的活動中，選擇自己能力所及或想要一探究竟的活動。

(二)課程是統整的

上學期的課程計畫沿用舊有的體制，因學期初分科方式的設計，統整性較不足，相關度較弱，但仍在單元的聯絡之下。到了下學期，因課程整

全語言教育

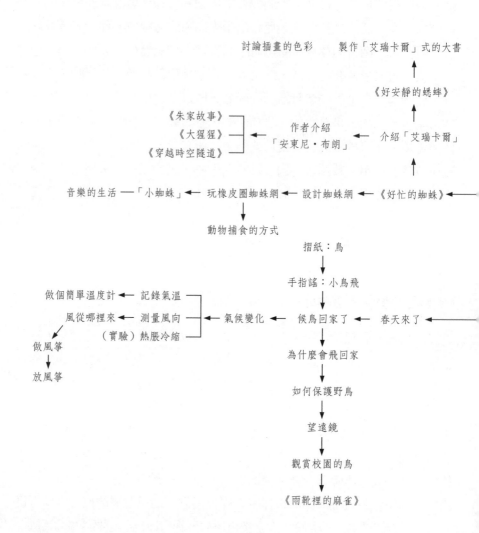

圖 7-11　「春暖花開」主題網

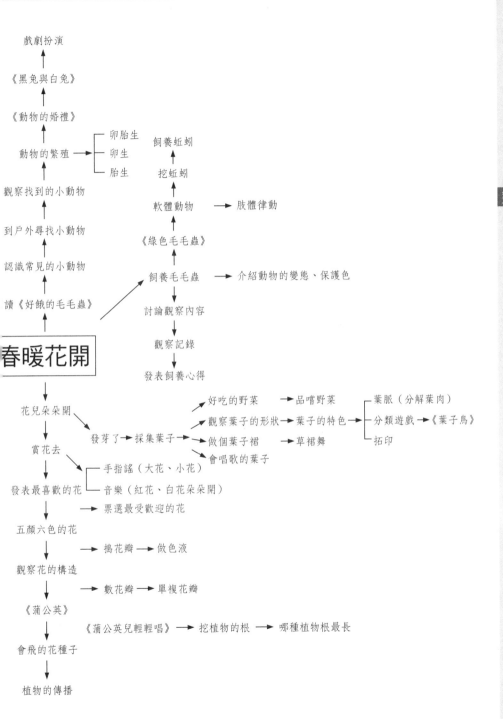

戲劇扮演

↑

《黑兔與白兔》

↑

《動物的婚禮》

↑

動物的繁殖 ─┬─ 卵胎生 ── 飼養蚯蚓
　　　　　　├─ 卵生　　　　↑
　　　　　　└─ 胎生　　　挖蚯蚓
↑　　　　　　　　　　　　　↑
觀察找到的小動物　　　　軟體動物 ──→ 肢體律動
↑　　　　　　　　　　　　　↑
到戶外尋找小動物　　　　《綠色毛毛蟲》
↑　　　　　　　　　　　　　↑
認識常見的小動物　　　　飼養毛毛蟲 ──→ 介紹動物的變態、保護色
↑　　　　　　　　　　　　　↑
讀《好餓的毛毛蟲》　　　討論觀察內容
↑　　　　　　　　　　　　　↕
　　　　　　　　　　　　　觀察記錄
春暖花開
　　　　　　　　　　　　　發表飼養心得

花兒朵朵開　　　　　　　　　　　　好吃的野菜 ──→ 品嚐野菜　　葉脈（分解葉肉）
↓　　　　　　　　　　　　　　　　　　　　　　　　　　　　　　　　
賞花去　　　　發芽了→採集葉子→　觀察葉子的形狀 → 葉子的特色 → 分類遊戲→《葉子鳥》
↓　　　　　　　　　　　　　　　　　做個葉子裙 ──→ 草裙舞　　　拓印
發表最喜歡的花─┬─手指謠（大花、小花）　會唱歌的葉子
　　　　　　　　└─音樂（紅花、白花朵朵開）
　　　　　→ 票選最受歡迎的花
五顏六色的花
↓
　　　　　→ 搗花瓣 ──→ 做色液
觀察花的構造
↓
　　　　　→ 數花瓣 ──→ 單複花瓣
《蒲公英》
↓
　　　《蒲公英兒輕輕唱》 ──→ 挖植物的根 ──→ 哪種植物根最長
會飛的花種子
↓
植物的傳播

391

體架構的改變，課程的聯繫性和相關緊密度增加。如果以下學期的主題「春暖花開」的發展過程為例，就可以看出課程如何統整，包括科目上的統整，前後經驗的銜接延續，及語言在學習上所扮演的駕馭統整角色。

藉著「春暖花開」這個主題，教師嘗試著要探討春天裡植物（「花兒朵朵開」支線）、動物，尤其是昆蟲（閱讀《好餓的毛毛蟲》支線）和氣候的現象（「春天來了」支線）。這個單元同時也嘗試融合了文學為本的課程活動（艾瑞卡爾和安東尼布朗的作者研究）。若以昆蟲這條課程支線來看，這一系列的探究活動含有閱讀、發現、觀察、尋找及閱讀參考資料、比較、討論和發表、作記錄（觀察）、扮演、書寫（日記）等活動。若就內容性質而言，則有科學、語言和文學、想像創作、數學等。每一個活動裡可能統整了兩個以上不同性質的知識。例如：閱讀圖畫書時除了增加語言經驗、詞彙、句型，同時建立了量、數名、對應、時間、星期名稱等數學概念，認識毛毛蟲的生態，同時欣賞特定形態（拼貼畫、色彩的運用）的藝術創作。而這一切都由主題發展而來，又指出後續一系列的延伸活動。又如，在探討春天的植物時，所做的有關花和葉子的討論發表、觀察、閱讀書寫、音樂歌謠、美勞等活動，幼兒學習了科學的語彙，瞭解了植物的結構和生長，有情意的欣賞（歌曲音樂），有肢體感官的經驗，體驗民主的程序（票選），同時多了許多認識和使用語言的機會。又以此系列活動中票選最受歡迎的花為例，幼兒須使用他們美的判斷（情意的、藝術的），應用書面語言製作花的圖表（語文的），製作選票、圈選選票（語文的、社會的），進行票數統計（數學的），部分幼兒因對此一票選事件印象深刻，還將它當作題材寫在日記裡。採集葉子，觀察葉子的形狀和特色，從事分類，延伸閱讀《葉子鳥》一書，做葉子拓印和樹葉貼畫等，也融合了語文（閱讀）、自然科學（採集、觀察）、數學（分類、比較異同）及藝術創作（拓印、貼畫）等不同領域的學習和發展。

最重要的，在太陽班裡，語言未被視為是一個學科，單獨拿來教、學、研究或練習。語言被視為是學習的工具，是用來統整所有學習的，在進行學習的過程中，教師能掌握機會，讓幼兒同時學會了使用語言，以及與語言相關的各種語言規則和形式。課程達成了雙重的課程目的——學習知識

和學習語言同時發生。

㈢學習活動是真實的、有意義的、功能的

太陽班老師總想辦法讓幼兒的讀寫是在真實的語言情境中進行，不管是自發的或教師安排的，都是真實的語言事件。所讀的材料都在傳達完整的意義，所有的書寫活動也都專注在意義或情感的表達。在進行植物主題活動時，幼兒將校園裡搜集來的葉子依序黏貼在硬紙板上，對照教師提供的植物圖鑑，找出該植物的種類，然後將名稱寫在紙板上該植物旁邊。在這個語言事件中，幼兒主要的焦點是在幫助自己和其他幼兒學習認識校園裡植物的種類和結構，而為了完成這個探索的工作，他們必須要閱讀相關的參考資料（植物圖鑑），整理搜集來的葉子，書寫上名稱，作成圖表。這整個過程對幼兒而言是一件真實的自然探索活動，其中發生的讀寫，正鑲嵌在過程中，只是在輔助探索活動的完成，再真實不過了。

教師也善於把握生活中學習的機會，活動不管起於幼兒或教師，大多與生活結合，讓學習與生活、語言統整在一起，因此許多學習活動也正是生活的一部分，對幼兒而言最是真實不過。這是一個生活中的例子，校方舉辦模範兒童選拔，所有班級都得參加，教師雖不贊同這類的活動，但決定將這個校方規定無法避免的活動轉換成有意義的學習歷程。於是在宣佈這個事件之後，教師讓幼兒來選拔這個人選，他們發給幼兒每人一張「最佳模範兒童」的選拔單，上列有空格讓幼兒填寫被選舉者的姓名及被選舉的理由，讓幼兒回家之後可以自行思考決定心目中最佳人選，並填好兩項項目。選拔單收回之後，教師一邊帶著幼兒整理統計票數，一邊閱讀並將選拔單和統計結果一起張貼在大統計表上，讓幼兒可以看到整個票選結果，誰得了多少票數及得票的理由。統計完之後，經民主程序的班上模範兒童於焉產生。在整個過程中，幼兒們學習的是民主程序——理性思考、作成個人決定、表達自己的意見、讓此意見得以被其他人得知、並尊重多數的決定。書面的選拔單和統計表是完成此項程序的工具，在此程序中，幼兒必須要聽（教師的說明和其他幼兒的意見）、說（問他人的意見、表達自己的意見）、讀（讀選拔單）、寫（填寫選拔單）。這些聽、說、讀、寫

都不是本活動的目的，只是為達成選拔所採的途徑。但是走過這個歷程之後，幼兒同時也學習了某些文字（如其他幼兒的名字）和表格（選拔單、統計表）的形式，及如何去寫、填、瞭解這些特定的語言形式。

㈣幼兒有機會沉浸、投入

檢視太陽班的全語言本質可以從這方面著眼：是否有一個豐富的語文環境；是否提供充分的機會讓幼兒真正去使用語言。上文關於環境和材料的探討，已指出太陽班不管從讀寫材料的種類和量，或從這些材料供應的理由和使用的情況來看，都稱得上具備豐富的語文環境。它的讀寫材料除了大量的優質文學之外，多數衍生自日常生活，與幼兒在園中的一天活動或課程裡的學習探究充分結合，是所謂真實的讀寫材料。其次，這些讀寫材料的提供，既是為支應學習探究課程或生活所需，而非傳統所謂的教材，它們是隨著探究和日常生活而變動的。

使用是關鍵。太陽班的教師未特意組織所謂語文課程或語文課，所有涉及語言使用的情況，多數在執行探究或屬日常生活的一部分。幼兒未被要求做諸如單字認念、手寫練習、注音符號辨認、拼音練習等類的語文練習。教師所有用來幫助幼兒發展書面語言能力的策略，是讓幼兒有最多的機會實際去聽說、去讀寫、去使用語言，可能是：

為簽到而想辦法寫自己的名字；

為了參加某一個活動而登記自己的名字；

為個人的樂趣而閱讀故事書；

為表達對老師的喜愛而寫卡片；

為向即將畢業分手的同儕朋友訴說心裡的話而在回憶本中寫下祝福話語；

為寫完整的日記或故事，為寫其中的一些字而去查閱教室裡的參考資料；

為其他不會自行閱讀的小朋友閱讀；

應其他不會自行書寫的小朋友的要求，代寫某些文字；

為了讓其他小朋友可以玩自己所設計的桌上遊戲而寫遊戲規則；

為了讓其他小朋友可以學會自己所完成的美勞創作而寫製作過程；

為了寫自己想出來的故事而想辦法以文字和符號寫出該故事；

為了回應他園幼兒的來信而共同寫回信；

為了讓遊戲進行得更順利而書寫招牌、標誌、點菜單；

為了記錄自己所完成的工作而以文字和符號作檔案記錄。

這些書寫和閱讀行為都不是為了因應成人的要求而去練習寫字，為學會認字而去認念書中的字句，或為學習如何寫卡片、寫信，而去寫卡片、寫信。幼兒為了完成日常的諸多目的，充滿動機、想盡辦法、非常努力地要學會文字和不同的書面語言體例。而在使用這些書面符號的同時，他們逐步學習書面語言。

三、班級經營與教室氛圍

㈠一個學習社群

太陽班的教師嘗試將太陽班建立成一個學習社群，在教師的經營之下，幼兒在從事活動或在生活中常見協調、合作以完成工作或解決問題；為他人的工作提供建議、問問題、回饋或進一步協助等情況。作為讀者和寫者，他們也常互為讀寫的伙伴，共同或協助對方完成讀寫活動，許多故事錄音、積木建構、故事大書的創作出版、文學的專題活動（如作者介紹、新書介紹），都是在合作之下完成的，而有一些幼兒會協助他人完成借書證或日記的書寫，互相提醒簽到更是常見的事。教師是這社群裡的一份子，他們除了以較客觀的角度進行促成、觀察、評量之外，更常以伙伴、回應者、示範者的角色參與於幼兒的活動之中。

㈡尊重、接納幼兒

太陽班教師能接納幼兒的不同能力和背景，對幼兒發展中的讀寫形式也以同樣的態度對待，但會掌握契機，幫助幼兒意識到約定俗成形式在某些時候的必要性。例如在課程實施的早期，許多幼兒對閱讀的概念尚在建

立中，認識的文字也還有限，但教師對所有的閱讀嘗試均給予認同並鼓勵，即使幼兒的閱讀可能是從記憶中閱讀或根據插畫來詮釋、繽繹故事內容。對幼兒初期在書寫形式上的自創或約略，教師同樣採接納的態度。

太陽班教師尊重幼兒表現在不同的事物上，包括材料和活動的選擇、做事和學習方法的決定、幼兒個人的感覺等。全班性的決策常是由全體幼兒共同議決，而非由教師主控，但教師會注意在團體意見交換時個人意見可以被聽到。事例之一是，圖書區裡的書已經過於擁擠，教師為新主題所帶進來的書無法上架，於是思索著將那些少被使用的書移走，以便騰出空間好放入新書。但是在進行撤換之前，教師並未擅用己意自行決定移走哪些書，而是交由幼兒來決定。教師進行了一個民意調查，讓每個幼兒提出自己最想看的書單，再由書單整理出當時幼兒較少閱讀的書目，進行汰換。民主程序應用在教室內許多事例上，如借書證、日記本和回憶本的一般名稱由幼兒經民主程序議決選定，個別名稱則完全開放讓幼兒個別自決。在教師長期的示範濡養之下，接納和尊重的態度也出現在幼兒與同儕的互動上。

㈢幼兒擁有自主權

太陽班教師給予幼兒極大的自主權。在教室既有的例行作息之下，幼兒可以決定參與什麼活動、使用什麼材料、和誰一起工作、用什麼方法來完成工作、以什麼形式來呈現想法和創見。提供學習區的選擇，是太陽班教師培養幼兒自主最基本的機會，幼兒必須練習理清楚自己的興趣和想法，在眾多選擇之中，決定當下自己的意願。選定區別之後，還得在諸多學習材料之中，決定所要做的工作和方向。事實上類似這樣的自我管理，在一天之中要發生多次，幼兒必須持續地選擇決定以從事活動。即使是教師起始的活動中，幼兒仍有自主的機會，例如，教師介紹了記事本之後，幼兒可自行決定用不用、用在什麼事上；收到他園幼兒的來信之後，由幼兒決定回不回信及回信的內容；動物研究的主題中由幼兒決定所要研究的動物，自行訂立「動物問題單」；進行測量活動時，幼兒可決定測量的工具；幼兒在自己所創作的故事書中加入作者介紹欄時，教師提供許多例子，其他

幼兒給予建議，但最終內容是由該幼兒自己決定。幼兒因享有的自主權，有機會練習如何獨立完成工作，也清楚自己所要的是什麼，他們對自己的意見常具有信心、堅定，不容易被其他人混淆影響。

㈣幼兒願意冒險

教師的接納和尊重，讓太陽班的幼兒在學習和語言使用上都是冒險者，願意冒險嘗試。因為讀寫活動的焦點放在意義而非形式上，幼兒對自己形式上的不成熟較不在意，多數幼兒願意嘗試用自己可以製造出來的符號來表達或表徵，他們知道如何將自己的想法放在紙上，重於用什麼符號來寫或寫得正不正確。因為這種冒險的意願，以及沒有形式上要求的壓力，幼兒才出現了大量的閱讀和書寫，也因為教師鼓勵嘗試和教室內冒險的氛圍，讓幼兒能很自在地去從事各種探索活動，自發性學習行為大量增加。

四、學習社群成員的成長

在一年的全語言課程發展期間，幼兒的改變和成長是明顯可見的，從作者持續整年的觀察、教師訪談、家長訪談及教師和家長自發性的言談等資料中，可看出個別及整體幼兒的變化。整體而言，太陽班的幼兒呈現了下列幾方面的成長和改變：

1. 自我概念和人際態度的改變：因為不同的因素和契機，在不同的時間點，多數幼兒自我概念提昇了，他們顯得有信心得多。他們的信心表現在學習、語言的使用、閱讀、書寫上，也表現在人際互動上。他們常起始正向的人際互動，和同儕、老師和其他成人發展成朋友的關係，常會自然、主動找老師或其他成人聊天，這現象在幾個以前極少說話的幼兒身上，尤其明顯。班級社群的運作和個別信心的增加，讓他們認識身為班上一份子的權利，他們體驗了、也珍惜這些權利，會表達意見，珍惜表達意見的機會，並且慎重地使用這些機會。他們懂得尊重民主程序，也能成熟地操作，有溝通協調的意願和能力，當各有堅持時，他們會採民主程序解決，或共同作評估

397

擇其較佳者，活動是在充分溝通並達成共識之後才往下推進。

2. 學習態度的改變：幼兒的學習興趣提高了，同時發展了主動的學習態度。他們參與活動的意願和參與度都增加了，似乎對教室內的活動都充滿興趣。少數過去常遲到的幼兒，改變了習慣希望早些到校參與活動。有的幼兒甚至對家長額外安排校外的學習活動，即使不如教室內的學習者導向，他們仍然樂意參與，從中自得其樂。在參與活動時他們願意冒險嘗試，也不怕調整改變，例如在扮演區內自發性的戲劇扮演時，會分派角色試演，試演後發現角色安排不適當，就又協調換角色，直到全劇順利扮演完成。顯示幼兒在活動參與中，看待學習是一個群力合作的過程。

3. 學習能力的改變：在一年之中，多數幼兒逐漸建立了學習策略，發展解決問題的能力，並培養了獨立自主的學習態度。自己遇到問題知道怎麼想辦法解決，在別人的工作中有時也會主動提出問題，或給予解決問題的建議，例如在分享積木建構時，幼兒會主動提出問題，詢問搭建過程中的一些細節，而搭建者也能一一詳細地回答，有問題時有的幼兒會建議如何解決，使積木區的分享不同於以往只是展示作品而已，經由問答和分享，讓其他幼兒更瞭解整個架構，也幫助建構者做得更精確、完善。多數幼兒有問題時知道如何找尋資料或資源解決，例如在書寫時遇有不會寫的字，不同的幼兒發展了不同的解決策略，有的從環境文字中找尋，有的參考熟悉圖畫書中的文本。兩位教師常驚嘆於幼兒的「可以做得到」。此外，他們也培養了合作、協調、計畫的能力，這些能力在合作建構積木、拼圖、戲劇表演和文學創作中尤為常見。例如在戲劇表演決定演出的劇目、角色和劇情的討論、準備演出的道具和彩排，常都是幼兒在小組中合作完成，教師鮮少介入。

4. 書面語言的使用和態度的改變：閱讀書寫是為個人的而非他人的目的；是功能性的而非功課的要求；是自己的選擇而非依循教師的指派；是自發的而非被規定的。常可以看到他們為備忘、參考資料、社會參與、建立人際關係、滿足創作需要、完成工作、成就扮演、

休閒、樂趣等多元的目的而自動讀寫。他們對圖畫書充滿興趣，喜愛閱讀，大量閱讀；書寫行為是每日常見的事，也常使用書面語言在社會性互動上。有許多幼兒對文字、詞彙、圖畫書中的語言很敏銳，常問相關的問題。有不少幼兒因對書面語言駕馭能力的提昇，視自己為有能力的讀者寫者，而樂意為同儕提供讀寫上的協助。他們在文學知識上的成長更是明顯，認得許多童書的作者插畫者，甚至可以分辨得出他們的風格，細數他們的作品；他們的故事概念表現在閱讀和相關的討論中，也應用在他們的故事創作上，例如在故事創作之前，先按角色、情節大要等文學要素作計畫，再進入文本或插畫創作。又如在幾次新書介紹活動中，幼兒或以口頭、或海報、或圖表的方式，將新書內容介紹給全班小朋友時，都能掌握住故事要素及作者特色等要點。

5. 氣質的改變：多數幼兒情緒有正向的發展，普遍快樂得多，對情緒有較好的控制管理，比較願意去探討自己的情感情緒，也對別人的情緒情感有較大的包容，並樂意促使別人快樂，協助他人，成全他人，有時也為他人提供娛樂，例如有好幾個幼兒常會設計活動或遊戲，邀請其他幼兒來玩。他們對自己做的事有信心、有主見。他們知道自己要做什麼，很少有爭執，他們看重自己，也尊重他人，能自主、自治、自我管理。

若將一年分為三個階段來看，大概可看出他們成長的大約歷程。在實施全語言的早期（約前四個月），幼兒對上學有較好的態度，他們較喜歡上學，有許多幼兒要求要早些到學校，延後回家，以便有更多時間在學校做喜歡做的事；多數幼兒變得較有信心，會看待自己是個能讀、能寫、能學習的人，雖然他們無法像大人那樣閱讀書寫，但他們不怕去讀去寫，他們成為較好的語言使用者，對文字有更高敏感度，認得的字增多了，也都喜歡閱讀。實施全語言的中期（約第五到第八個月），他們逐漸成為獨立、主動、活躍的學習者，對學習有較高興趣，更活躍地參與活動，有意願、也有能力與他人合作；多數人知道自己要什麼、要如何做，知道如何安排在家和在學校的時間和生活；也發展了豐富的文學知識。在一學年結束前

二個月，幼兒顯示對自己的情緒有較好的管理，有更和諧的人際關係。教師敘述，過去帶的班在畢業前常會出現浮躁、甚或有語言或肢體衝突，在太陽班卻不曾出現。就整體學習而言，太陽班的幼兒比同年其他班的幼兒或兩位教師過去所帶的大班幼兒要有更大的學習成果。閔老師指出，一年中太陽班幼兒的學習比在過去教師主導的課程中多得多，他十分驚奇於教師將學習的權力交予幼兒之後他們學習上的增長，他發現在教師將生活和學習主權交予幼兒，同時充分提供材料和機會之後，幼兒就掌管了自己的學習，並出現了高度的學習動機。

發展全語言課程的一年，對閔老師和梅老師而言也是專業成長的一年。在這一年中他們不只增加了對全語言理論和實務的瞭解，進一步認識了幼兒和學習的歷程，調整了對教學及教師角色的看法，提昇了經營課程、教學、班級的能力和策略，也對教師為一專業有新的體會和委身。兩位老師在這一年之前與全語言課程的相關訓練和經驗都極有限，梅老師在大學裡修過一門兒童文學的課，是相關的專業背景。在決定嘗試全語言之後，他們採多重管道，以求快速瞭解全語言的理論內涵及教學上的應用——閱讀全語言專業書籍；參加全語言教師成長團體聚會，參與對話及教學分享；諮詢外來的資源人士，定期與之作教學研討；教學上持續省思、修正調整。隨著日復一日教學實務的推展，他們逐漸理解全語言的精義，在執行教學時也漸能掌握全語言的精神。他們以孩子為師，從孩子身上更深瞭解每一個幼兒的本質和學習特性，也驗證了理論的真實和確實可行，他們以幼兒的反應檢驗學習活動的適當性，修改課程，體驗到全語言所指在教室內「教師與學生都是學習者」的意義。幼兒的反應和成長，激勵他們願意更進一步地委身，用心學習求知，投入時間精力，以便為孩子創造更多適性、合乎語言發展的學習經驗。在這過程中，他們對課程、教學、學習、語言學習和幼兒的信念，日益明確堅定，而且更願意向其他人分享、陳述這些信念。他們意識到教師必須擁有教學的主權，而信念的溝通是不可避免的途徑，因此他們發展了與家長和行政人員溝通的有效策略，讓家長和行政上司瞭解、進而認同他們在教室內所做的是對幼兒最好的，他們也樂意和同儕分享教學，在互動中彼此鼓勵、學習。經歷了這一年，他們不再會是同

樣的教師，在成為全語言教師的路上，他們確定會再繼續發展下去。梅老師的一段自述，是他這一段發展經驗的感想：

> 這是我幼教教書生涯中的一大步，也是我專業成長重要的一年。對我而言，教學不再只是一個工作，也是一個創作的過程、一種態度。過去我想過要改變、要突破，卻一直不知從何著手；現在我不必將課程全盤翻轉，不必將我過去做的事完全拋棄，也不必花太多額外的時間，卻在孩子身上、在教室內看到這麼大的變化。我現在覺得教學很棒，對自己的教學也較有信心，常常想在教室內嘗試新的東西，常常覺得教學是件有趣的事。我每天都很想趕快來上班，和小朋友一起工作，看看他們今天又有什麼想法，光是看著他們成長就很有意思，我現在就只看到他們好的一面了。過去我怎麼沒發現教學可以是如此令人興奮的事！

五、成為全語言幼兒教室

太陽班在環境與材料、課程、班級經營與氛圍、評量等方面，都掌握了全語言的精神。教師在統整的課程架構之下，以幼兒為中心，提供了全面性、真實的學習經驗，從個體的經驗和能力出發，創造均等、豐富、多元、相關的學習機會。在全語言課程裡，幼兒經歷了與生活相關的各式探究活動，他們以語言為途徑，一一探查自己關心的事物。不管在學習或生活中，他們都是這些歷程的主人，和教師一起，以社群成員及夥伴的關係，共同經營太陽班此學習社群，發現現象和問題，合作尋求答案。

在太陽班雖然每天都有豐富的聽、說、讀、寫，但太陽班的全語言並不限於語言課程，教師也不是為語言課程設計獨立的語言活動。語言活動乃融合於以主題為核心、涉及各領域的不同探究活動之中；融合於日常生活的組織運作裡。幼兒為學習和生活的目的，不怕冒險地去從事聽、說、讀、寫，在一連串的聽、說、讀、寫過程中，他們關心意義的傳遞，他們

的語言知識逐日建構形成，語言形式日趨正確精鍊。語言是學習媒介，讓他們的學習活動更深入更豐富，使生活中的表徵溝通更多元。在這些歷程中，教師尊重幼兒，授權予幼兒，同時充分地支援他們。幼兒充分沉浸投入，而成為獨立自主的探究者、語言使用者。

太陽班教師在實施一年全語言之後對全語言的評論，或許可為全語言課程作一個註腳：

原來全語言讓每一個孩子都可以有平均的機會去學，每一個孩子都有個別學習的機會，每一個孩子都可以有成就感。老師可以從孩子的現況開始，去安排學習活動。所有的孩子都可以用很自然的方式自發地去學他想要學的東西，而且他們真的做得到！

附錄七之一　閱讀行為觀察表

```
                    閱讀行為觀察表

   姓名_____   日期_____   觀察者_____   分數_____
```

_____ *1.* 找到書的封面

_____ *2.* 找到書的封底

_____ *3.* 找出書名

_____ *4.* 知道「作者」為何意

_____ *5.* 知道「插畫者」為何

_____ *6.* 可以指出何謂「字」

_____ *7.* 可以指出何謂「插畫」

_____ *8.* 用正確的順序「讀」書（左到右、上到下、右到左）

_____ *9.* 模仿閱讀

_____ *10.* 喜歡閱讀也喜歡看著書

_____ *11.* 喜歡借閱書籍

_____ *12.* 在說故事時間仔細聆聽

_____ *13.* 複述故事：作推論，回應故事，和自己的生活做連結（口頭、書面）

_____ *14.* 為興趣而閱讀：會自己選擇閱讀，有自己喜歡的書，知道有作者和插畫者，並會去找出作者／插畫者的書

_____ *15.* 為文意而閱讀：會利用線索系統作預測（語意、句法、字形字音），自我監控，並糾正錯誤

資料來源：改編自 Bird, Goodman, and Goodman, 1994。

全語言教育

附錄七之二　閱讀萌發發展評量表

閱讀萌發發展評量表

姓名＿＿＿＿＿＿　日期＿＿＿＿＿＿　評量者＿＿＿＿＿＿　分數＿＿＿＿＿＿

層級 11：	＿＿＿＿	流利地閱讀書本和其他書面材料
層級 10：	＿＿＿＿	尋找新的資訊來源
層級 9：	＿＿＿＿	利用文章脈絡的線索、句子結構、結構分析和字形分析來閱讀新的文章
	＿＿＿＿	可以閱讀簡單的書籍
層級 8：	＿＿＿＿	閱讀不熟悉的故事時不甚流暢，需要大人稍微協助
層級 7：	＿＿＿＿	閱讀熟悉的故事時很流利
層級 6：	＿＿＿＿	逐字地閱讀
層級 5：	＿＿＿＿	記得故事的內容並且可以假裝在「讀」故事
層級 4：	＿＿＿＿	在有押韻的字和一些可預測的文句處加入閱讀
層級 3：	＿＿＿＿	講述著每個圖片（而非說故事）
層級 2：	＿＿＿＿	在大人讀故事的時候看著圖片
層級 1：	＿＿＿＿	聽故事但不會去看書頁

資料來源：改編自 Bird, Goodman, and Goodman, 1994。

附錄七之三　閱讀概念訪談表

閱讀概念訪談表

姓名 _____　日期 _____　訪談者 _____

1. 你知道怎麼閱讀嗎？_____

　　如果知道：

　　a. 你怎麼學會閱讀？

　　b. 有沒有人教你怎麼閱讀？_____（如果有，是誰？）

　　　或者，你是自己學會閱讀的嗎？

　　c. 你喜歡閱讀嗎？　　　　d. 你喜歡讀些什麼？

　　如果不知道：

　　e. 你想要知道怎麼閱讀嗎？　f. 你會怎麼學習閱讀？

　　g. 是不是一定要有人教你如何閱讀？

　　h. 你認為誰會教你學會閱讀？

2. 有沒有可能自己學會閱讀？

3. 學習閱讀是簡單的或困難的？

4. 為什麼你覺得學習閱讀是簡單的或困難的？

5. 和你一起住的人知不知道怎麼閱讀？_____

　　如果知道：

　　a. 他們都讀些什麼？　　b. 他們在哪裡閱讀？（臥房，客廳等）

6. 和你住一起的人有沒有為你閱讀過？_____

　　如果有：

　　a. 是誰？　　　b. 他們讀些什麼？

　　c. 你喜歡嗎？　　d. 為什麼？

7. 當有人為你閱讀的時候你都在看什麼？（提問「還有呢？」）

8. a. 如果我說「我要讀一個故事給你聽」，我會怎麼做？

　　b. 如果我說「我要說一個故事給你聽」，我會怎麼做？

　　c. 讀故事和說故事一不一樣？_____　差別在哪裡？

9. 你有沒有辦法閉著眼睛閱讀？_____　那要怎麼做呢？

10. 你有沒有看電視？_____　電視上有什麼東西可以閱讀的嗎？

11. 你有沒有和你的父母去過商店？_____

　　如果有：

　　a. 商店裡有什麼是你可以閱讀的或其他人可以閱讀的？

　　b. 是什麼？（試著點出書本、雜誌、報紙、標籤這些物品但不直接說出名稱，要他說出答
　　　案。如果他不會，就直接問。）

12. 人為什麼要閱讀？

資料來源：改編自 Bird, Goodman, and Goodman, 1994。

附錄七之四　書寫策略和行為觀察表

書寫策略和行為觀察表				
姓名＿＿＿＿＿　日期＿＿＿＿＿　觀察者＿＿＿＿＿				
年級 ＿＿＿＿	第一學期上	第一學期下	第二學期上	第二學期下
書寫策略 • 用圖畫表徵故事 • 用隨意符號表達意思 • 抄寫環境中的文字 • 使用自創的符號書寫 • 使用正確的國字書寫 • 書寫方向 • 會問如何寫某一個字				
書寫行為 • 勇於冒險 • 喜歡書寫 • 獨立書寫 • 把自己當成作者 • 能坐一段時間並且書寫 • 為不同的目的書寫 • 為不同的對象書寫 • 喜歡在日記上畫圖和書寫 • 分享書寫成品——出版和未出版				

資料來源：改編自 Bird, Goodman, and Goodman, 1994。

附錄七之五　書寫評量表

<table>
<tr><td colspan="4" align="center">書寫評量表</td></tr>
<tr><td>姓名_____</td><td>日期_____</td><td>評量者_____</td><td>分數_____</td></tr>
</table>

日期 _____

- 只有畫圖
  - ☐ 從不　　　　☐ 很少　　　　☐ 時常
- 任意塗寫和模仿抄字
  - ☐ 從不　　　　☐ 很少　　　　☐ 時常
- 寫正確的字
  - ☐ 從不　　　　☐ 很少　　　　☐ 時常
- 抄寫教室內有的字
  - ☐ 從不　　　　☐ 很少　　　　☐ 時常
- 會問如何寫某個字
  - ☐ 從不　　　　☐ 很少　　　　☐ 時常

日期 _____

- 喜歡在書寫區桌上書寫
  - ☐ 很少　　　　☐ 經常　　　　☐ 總是
- 喜歡在日記上畫圖和書寫
  - ☐ 很少　　　　☐ 經常　　　　☐ 總是
- 將教室內範本的字抄寫到自己的紙上
  - ☐ 很少　　　　☐ 經常　　　　☐ 總是
- 抄寫他人為他的口述所代寫的字（會問字怎麼寫）
  - ☐ 很少　　　　☐ 經常　　　　☐ 總是

資料來源：改編自 Bird, Goodman, and Goodman, 1994。

全語言教育

第參部分

全語言的啓示與發展

全語言教育

　　全語言運動是美國加拿大的教育改革運動，對過去近三十年間
該地區的教育現場和教師產生極大的影響，它的發展也對其他地區
的教師和教育深具啓發意義。全語言對許多不同的對象造成改變，
包括各級學生、教師、家長、學校、教育行政人員、教育主管單位
以及師資培育機構；其中最大受惠者是學生，最關鍵的人物則是教
師。教師是全語言運動的核心，也是全語言理論所關心的一部分，
探討全語言不得不探討全語言教師的發展。

　　在全語言運動的三十年期間，美加地區許多教室由教師主導轉
向學習者本位，全語言教室紛紛出現。轉換成全語言需要多方面的
努力和支持，包括行政系統的支持和教師之間的支持。這三十年全
語言的發展也可視爲教師專業成長發展史的一部分。第參部分即在
呈現全語言運動、教師及其他相關人員的發展。第八章以已發生的
實際經驗爲例，探討要成功轉換至全語言需要哪些支持的條件；第
九章專門探討全語言教師的成長，及其所需的外在環境；第十章陳
述全語言過去三十年在西方幾個主要國家特別是美國的發展，也回
顧全語言十來年在台灣的發展，也許他國的經驗可以給對全語言有
興趣的台灣教育工作者對未來全語言在台灣的發展一些啓示。

第八章　支持全語言的實踐

全語言教育

㈢溝通

㈣省思

三、面臨的問題

四、成功的因素

支持全語言的實踐

全語言的理論包含有語言、語言學習、學習、課程和教師五個大軸；它的實務則在提供有利學生、教師整體發展的環境有機體，促成完整的發展。一個有利學生和教師整體發展的有機體，不會只包含單一內容，它相涉的可能是多元而複雜的對象。全語言的主要著力點雖然在課程，但是課程絕非實施全語言時唯一會牽動的對象。一個走向全語言的班級或教師，要改變的不只是教室和課程的組織方式，教師本身也需要改變和成長，甚至學生和教師所在的學校整體也須重新組織，以支持教室內的改變。要全語言教室能穩定、長久發展，有時連更大的學校體系內（如全市或全學區）都須整體調整，以形成一個更大的支持社群。如此整體的改變，才是實施全語言的全備環境。

全語言學者Goodman等人在論及如何組織一個全語言教室的時候，以「全方位資源管理」為例子，說明教育中的管理也必須是全方位（holistic）的道理。他們的說明同時將「全語言」一詞的「全」字，帶出另一層面的詮釋，意喻實施全語言時當涵蓋更大、更完全的範疇。建立管理一個全語言學校、全語言課程方案（program）或全語言教室，都需要有這樣宏觀的視野和態度：

> 全方位的觀點意味著必須要從整體（whole）著手。……當我們計畫組織教育實務時也應該運用相同的原則，從整體開始，可以是從一群學生、一個班級、一個年級、一個學校、一個學校系統、

413

一個省份或一個國家開始。然後考慮其中呈現的必要條件（如空間、設備、傢俱、時間、材料）、與之相關的人有誰（如學生、教師、其他的專業人員、非專業的職員、行政人員）以及對這個組織有興趣的相關個體或團體（家長、所在的社區、家長會或董事會、其他文化團體）。

我們還須將學校放在更大的社會文化情境脈絡中去思考。學校於所在社區的地位如何？其歷史和傳統為何？目前的狀況如何？將來需要往什麼方向發展？學生是怎樣一群人？他們的背景如何？又可能成長成為什麼樣的人？他們的興趣是什麼？不感興趣的又是什麼？教職員又是些什麼樣的人？他們的能力和需要為何？而與這教育實務相關的人士，包括學生、教師、社區及決策者又希望這教育實務如何運作？目標有哪些？其優先次序又如何？他們所在的文化又希望他們成為什麼樣的人？

當我們對上述這些整體有一些概念之後，我們才能開始去計畫組織我們的時間、空間、精力、材料，及參與者。……在組織全語言時，也有其生態循環，我們希望建立一個健康、富動力、運作順暢、完整的機體，以提供最大的學習機會，並支持教學，將所付出的時間、精力、資源發揮到最極致，以產生最大收益。過程中我們也希望能有自我更新的機會，創造一個智能、肢體和社會發展持續不斷的循環，讓學生和教師都是健康、快樂、有生產力的完整個體。（Y. Goodman, Hood, and K. Goodman, 1991, pp.3-4）

從他們的論述可以知道，全語言班級或全語言學校的建立，所涉及的不只是該班的課程、教師和學生、他們所需要的資源和材料，也涉及學校內其他的教師、行政人員、主管，以及學校外的家長、所在的社區文化。這些內在和外在條件，都可能影響到一個全語言教室運作的成功程度，是需要去檢視探討的。

學者Maguire（1989）探討加拿大魁北克省二十年間發展實施全語言課程方案的歷史，他的發現支持了Goodman等人的上述論述。綜觀整個發展歷史和流變趨勢，Maguire剖析了在魁北克省影響全語言課程發展的社會大環境因素和校級的因素，指出包括省教育部、大學、各校董事會、教育專業團體、各校行政人員特別是行政主管、教師和家長等都在發展變革中發揮了不等的作用。他也呈現了全語言在該省特有的政治社會情境（教育主導權在於省而非中央；法、英二語系所涉及的學校體制；法語為主之省份的英語政策）、歷史文化背景（社會語言導向的政治實務；存在於法語教學中的哲學觀；主流和少數民族的語言使用差異）之下，這些因素交互作用的獨特發展歷程。

全語言在美加等國發展的全盛時期，全語言學者和研究工作者參與全語言班級或全語言學校建立的情況頗為多見，其中有針對發展歷程提出報告者（Bird, 1989a; Clyde and Condon, 1992; Doe, 1992; Files and Wills, 1992; Y. Goodman et al., 1991; Pahl and Monson, 1992; Siu-Runyan, 1992 等是其中的一些例子），他們的報告指出了發展全語言的主客觀條件。作者曾參與台灣一個幼兒教室發展全語言的歷程，也探討了影響這個教室全語言發展的因素。當然每一個教室的運作，因相涉的人事物不同、情境有異，每一個都是個案，但是其中仍然有共同的脈絡可尋，檢視成功的全語言教室或學校發展過程中的脈絡，或可找出促成其成為全語言教室的原則。大致而言，促使全語言實務成功的原則大致可以從教師、行政系統等方面來探討。

第一節
教師實踐全語言

全語言是個教育哲學觀，應用在實務上有其特有的精神和原則，要實施全語言就要融合其哲學觀，把握其精神，遵循其原則。成功的全語言教育，不只要將全語言的哲學觀、實務原則應用在課程和教學歷程之上，同時也須應用在學生和教師身上，並運作於行政層面——校級甚或更上層的

行政實務之中。沒有全語言教師就沒有全語言教室，教師雖非唯一，但卻是實施全語言最關鍵的實體。從全語言的觀點觀之，一個教師成為全語言教師，和學生的學習歷程是很相似的，要實施全語言，教師自有其特定的需要和歷程，這些或可謂為教師實施全語言時須具備的客觀條件。

一、意願

實施全語言，教師的意願是首要條件，若指定強迫教師實施全語言，首先就與全語言的精神相違。自主和選擇是全語言精神的一部分，同樣應用到教師身上，實施全語言必須是教師自由意志下的專業選擇，才能經營出真正的全語言教室或全語言學校；有意願，同時意味著專業的承諾。全語言既是一種哲學觀，就沒有辦法強加諸人，而是要人認同，進而去建構、消化、融入。全語言學者 Pahl 和 Monson（1992）就強調，表面行為可以立法要求，派典的轉換、信念的建構，卻無法由上級指派規定。實施全語言，是將其精神原則應用到課程、教學和學生身上，教師是否可以接受其觀點，是成敗的關鍵因素。如果一個教師不認同全語言的觀點，那麼他不可能實施全語言而能完全成功，沒有人可以強迫任何教師成為全語言教師。教師必須看到了全語言觀點的合理性，而願意嘗試，才能成為真正的全語言教師。其次，教師必須對全語言的理論精義和實務原則有正確的認識和把握，才能將它實踐出來，如果教師未有這個裝備，他得願意花額外的時間去追求知識。再者，實施全語言對許多教師而言是教學上的轉變，轉變帶來挑戰，有的教師也許需要放棄一些原來熟悉的教學內容和方式，建立新的，都需要投入時間精力。教師願意看到教室內有新的、正向的改變，是個不可缺乏的動力。實施全語言需要有教育的熱情，成功的全語言教育是在關懷學習者的熱情中產生出來的。

二、改變、學習與成長

教師對全語言的正確理解，建立全語言哲學觀，是實施全語言的基礎。

全語言對許多教師而言可能是個與既有很不一樣的教育哲學觀，若是如此，那麼實施全語言首先涉及的是派典的轉換、哲學觀的改變。派典的轉換、哲學觀的改變，有時要求一個人走出他的安全範圍，以不一樣的方式思考，用不一樣的方法做事，但除非教師在哲學觀上有長足的改變，否則一個教室不可能成為真正的全語言教室。教師不能只對如何使用全語言等方法層面的學習有興趣，他需要有一個明確的哲學理念，以及持續的理論上的支持，同時要相信全語言對學生較有助益，教室內持續的改變才可能發生。而要教師發掘全語言的潛力，教師需要持續省思，願意改變，並且願意為改變付出代價，這代價可能是要花時間研讀相關的專業書籍，與人討論；花時間參加研習或在職進修課程，求自己專業知識的成長；花時間思考理論與實務的關係，省思自己的教學，並與適當的人（例如有類似經驗的同儕、課程顧問或專家學者）分享切磋；願意投入精力嘗試，不怕犯錯，不介意修正調整。值得注意的是，全語言既不是教學法，實在不能將之模式化、步驟化、手冊化，教師的學習若只限於參與單獨的、操作手冊式的在職進修研習，反而延緩了教師內化全語言哲學觀的契機。教師要有持續學習成長的態度。

　　全語言教師須具備專業知識，除了全語言理論，專業知識還包括自己所屬領域裡與服務對象的相關知識。以幼兒教師為例，其專業知識包括有關幼兒發展和學習的知識、對幼兒的需要、特質、興趣等的正確認識、對幼兒學習內涵的界定等。這些知識也許無法在職前訓練中完全養成，學生也各有不同，因此，持續的專業成長應是全語言教師的職志之一。

　　實施全語言不只涉及哲學觀的改變，也涉及實務的改變。實務的改變除了指課程內容和教學活動上的改變，也指教師的態度和角色的改變。全語言學者Weaver（1992）認為任何人想實施全語言，不只要真正瞭解全語言的哲學觀、原則，並且要活出這信念，亦即真正將信念執行出來。教師若建立了和全語言相通的哲學觀，在師生互動和態度上就要操練全語言所強調的支持、尊重、民主、促成催化等精神。全語言實務不止於活動的設計，更重要的是課程原則的掌握。不少自稱在實施全語言的教師，事實上都只停留在教學活動的抄襲複製，關心的層面多在尋求可以引用的活動；

417

或有教育工作者或出版社，整理了一套活動執行模式，稱之為全語言模式、全語言教材，提供予現場教師依步驟操作。這些都是對全語言的誤解和錯用，也成就不了任何全語言教室。教師成長需要時間，對很多初始實施全語言的教師而言，要一下子就掌握所有的全語言課程原則，可能並不是件容易的事，但解決之道絕不是按所謂全語言教材和步驟教學，如此無異又回到老路上去。實務上的改變是可以有策略的，曾經輔導協助整個學區改變課程實施全語言的學者 Siu-Runyan（1992）就建議教師可以從一個較容易看出學生改變和成長的點著手切入，從其中重新思考學習及讀寫發展的本質，檢視過去以教科書為本的教學價值觀，一方面可幫助自己調整信念，一方面逐步建立教學上的信心和技能。

教師態度上改變的操練，也包括如何看待自己在課程轉換中的角色。全語言視教師和學生一樣是個學習者，實施全語言，教師當如此看待自己，明白自己的學習相似於學生的學習歷程和學習現象——同樣從經驗中建構意義、有個別的需要、應擁有作決定的權利、要為自己的學習負責任、能去評量自己的學習、並期望自己成長。教師的自我成長是長期、持續性的，教師對自己的成長要有整體的規畫，並採多元途徑，持續的省思、長期的正式非正式在職進修、尋求對話的伙伴、加入全語言教師支援團體或其他專業團體等，教師要主動規畫，保持前進。

三、長期的灌溉

轉換至全語言是個複雜的歷程，需要時間，尤其如果是全校性的轉換，涉及的因素和人、事更廣，更需要長程的規畫發展。過去美加等國許多不同地區、不同學校轉換至全語言的方案，都包含了教師成長此一成份。教師需要學習、成長，學習成長需要時間，在幾個方案中（例如 Maguire, 1989; Pahl and Monson, 1992）甚至容許教師有五年的時間逐步轉換派典，建立新的信念體系。許多對全語言有興趣的教師可能尚未具備相關的知識和經驗，參與演講、研習、研討，可以是教師初步接觸全語言的機會，但教師大概無法一次而完整地掌握它的理論內涵和與實務間的聯繫。轉換全

語言絕不能以一次研習式的教師進修為足，一次研習也許可以激發一些思考省察，醞釀一些想法，但大概不足以充分支持或準備一個教師實施全語言。推動全語言，宜跳脫研習一次而足的思維或作法，有興趣的班級或學校，教師和行政人員都宜有長程的教師成長計畫，規畫如何有系統地汲取相關知識，轉換教育哲學觀，建立新的信念系統，發展相關的教學策略和技能。

教師的成長需要時間，課程的建立也需要時間。教師教學上從開始嘗試轉變，逐漸全面地實施，到能成熟運用全語言的原則，可能要花幾年的時間，這期間需要多方且長程的投入。行政人員，尤其是主管，要支持這歷程，供應所需的資源，而教師也要願意就可得的資源持續地省思檢驗，調整修正。長期的專業投入，教師需要有誘因或動機，誘因有外在的和內在的，內在的動機可能來自專業上的自我期許、看到學生的改變（如對學習的熱切和語言能力上的成長）或與其他教師合作的機會；外在的誘因則來自組織內對改變的期望、行政的支持、資源和時間的供應。因此行政上要有長期的支持和資源供應的預備。成為一個成功的全語言教師面臨一個很根本的挑戰，就是永遠不會邁入所謂「完成」的狀態，每一個階段都是「過程中」，而這發展的過程是需要長期、持續的支持和鼓勵的。

四、對話和分享

教師的知識和專業能力的成長、觀念的釐清，也可透過對話的方式達成。對全語言的界定和詮釋，在學者和文獻之中已然存在著歧異，全語言在各地區發展的歷史中，也常發現參與者對它的解讀詮釋，因個人的背景和經驗的不同而有所差異，甚或紛歧、偏頗。在實施全語言時，詮釋上的偏頗和觀念上的歧異都需要釐清修正，才能朝向共同的目標。觀念的溝通釐清可透過對話達成，行政人員、教師或全語言社群裡的其他人員都可起始對話，創造各種不同的對話機會，讓參與者透過書面的或面對面的方式，抒發一己的看法，同時聆聽、思考他人的意見，以良性的機制，共塑群體知識。

全語言教育

　　其次，在實施全語言的過程中，教師極須有人一起切磋想法，討論教學內容或問題，或聽取建議。同儕間的分享，尤其是同樣已在實施全語言的教師，或具有相關專業知識的人士，都可以是教師討論分享的對象。對話和分享可規畫在校內教學研討或定期的教師成長課程之中，也可發生在校外教師支持團體或專業團體裡，以及研討會、研習活動之內。此外，教師可主動尋求對話機會，進行專業上的交流，透過文章的寫作出版，或在研討會上的發表，讓自己在專業上的看法可以被認識，有機會與他人進行交流，也可以開放自己的教室供人參觀，或至其他教室內觀摩其他教師的教學，在這些交流機會中進行另一種方式的對話。

五、支援系統

　　教學無法在真空的狀態下進行，同樣的，教師很難關起教室的門來實施全語言。在實施全語言的過程中，教師也許需要面對不同型態的問題、不同來源的壓力，例如：官方課程的制式要求、行政人員因不瞭解而干預、家長窄化學習成就觀之下對教學的質疑、甚或同儕的不認同。因此，獲得某些特定團體或個人的支持，將使理念的貫徹容易得多。一般而言，如果實施全語言是出自草根的動力，亦即由教師起始，那麼尋求校內相關行政人員，例如：校長、主任或同事等的支持，甚而進一步資源上的協助供應，是最直接而有利的。行政上的支持可以有很多不同的方式，如教師參加在職進修活動時校方給予時間上的彈性安排、經費的部分補助，詳細內容在下面探討行政支持一段會有進一步的闡述。有些教師會尋求家長的支持，未雨綢繆地讓家長先瞭解課程上未來的改變及改變的理由，先取得家長的認同。如果未能有上述先機，參加校外的支持性團體，如教師團體，也可以獲得精神上的鼓勵和教學實質上的幫助。

　　教師成長或支持團體是許多成功全語言課程中的常見要素。一群有類似經驗的教師聚在一起，不僅可分享專業知識和教學資源，切磋教學方法策略，更可討論疑惑解決問題，互相鼓勵打氣。如果未能接近這類的團體，集合幾個有意實施全語言的教師，定期聯絡討論分享，也是一個可行的方

向。

六、有策略的實踐

　　一個成功的全語言課程，大大維繫在教師對全語言理論的正確理解、全語言信念的確立及願意委身，但並不意味所有人需要等理論的理解成熟之後，才能開始著手去做。在還沒有成為真正的全語言教師，成功地建立一個全語言教室之前，教師事實上有很大的嘗試空間。在全校性的轉換至全語言，不是所有的教師都已準備好的情況之下，帶領者也需要有策略地推動。改變是增長性的，也是個人化的，教師要實際參與於改變的歷程中，才能逐漸體會出全語言的價值和精義。即使尚未完全瞭解全語言，教師也可以針對已有心得的一、二種精神或原則，嘗試將之逐步帶入課室內。另一策略在前文已提及，即就容易看出學生改變和成長的點著手切入，再從其中去思考全語言的精神，重整自己的價值觀、哲學理念。對某些有興趣但沒有經驗的教師，在初步嘗試實施全語言時，也許希望能有一、二個可以切入的點，幫助他們起步，再慢慢擴展增加，帶領者或教師自己都可以設定一、二個起步點。以台灣的幼兒教室為例，以下這些建議都可以是嘗試的開始，教師可以擇定其中一或數項，融入現有教學中，並持續省思檢討，以掌握精神為要，再逐步擴展至較大課程面：

1. 建立例行的閱讀，並觀察幼兒的反應，思考改進的方法。
2. 建立讀寫環境，同時觀察幼兒的使用情形，並持續改進擴張。
3. 在既有的活動中加入讀寫的活動及材料，檢視其材料的真實性及使用情形。
4. 檢視教室內讀寫活動的功能性，淘汰非功能性的活動。
5. 淘汰與幼兒不相關或不屬於幼兒的活動。
6. 經營支持的環境和氛圍，讓幼兒可以放心地讀寫。
7. 以文學支援課程。
8. 全面調整課程，淘汰不合乎全語言精神的活動。
9. 思考如何以語言，尤其是讀寫，支援學習和社會性互動。

*10.*全面調整課程，多線進行。

*11.*實施全語言必要的親師溝通。

．
．
．

學者Guskey（1985）在探討課程轉變的歷程時就指出，有許多教師的態度和信念上的大轉變是發生在他們開始嘗試新的教學，成功了，並看到學生學習上的改變之後。不管策略為何，過程中持續地觀察、省思、與人討論、調整、修正，都有助於將原則掌握得更精確深入，進而擴展全語言至課程的更廣面。但是沒有這個起步，就不可能有改變，不可能有全語言教室和全語言教師。但是要記得這個永遠不變的提醒——實施全語言，絕不能只停留在活動層面，如果教師只一味在進行所謂全語言活動（事實上前面章節已辯證過，沒有所謂全語言的教學活動），有可能落入在「做」全語言，而卻未能行為、思考像全語言的境地，也就是說，他並不是真的在實踐全語言。

第二節
行政支持全語言的實踐

在一九八〇和九〇年代，全語言成為美加地區教育改革潮流的時期，當地有許多大規模的學校或學區轉向全語言的課程改革方案，每一個改革方案因其社會、次文化情境不同，都是一個獨特的故事。Siu-Runyan（1992）參與了一個學區轉換成全語言的課程改革，探討了改革歷程中的影響因素，歸結出在美國的教育體制和社會文化之中，支持教師改變歷程能有效推動，有幾個重要的外在條件：*1.*教師和行政主管要能改變其有關讀寫發展的信念派典；*2.*教師要能得到行政主管的支持；*3.*教育主管當局也要確實支持改變；*4.*教師要有充裕的時間學習和發展；*5.*教科書決策單位允許教師使用自己選擇的學習材料；*6.*校級以上的評量能反映歷程導向的學習觀；*7.*能取得有經驗課程顧問的協助。

在這些條件中多數項目是攸關行政，尤其是行政主管。但是光看這些外在條件不能完全體會轉換歷程的動態性，徒有這些條件也不見得就能成功轉換，因為教育改革是個複雜的過程，相涉的不只是教師，決定性也不在行政的權能多大，有關的團體和個人可能還包括機構（學校）、作決策者、其他相涉的個人及改革本身的特性。要能有效、成功地轉換成全語言，相關成員要能體認到轉換歷程的複雜性，並認明所須面臨的議題，而願意共同去面對，均等地關照。

有學者和實務工作者雙重身分的 Pahl 和 Monson（1992），曾經參與了一個學校轉換至全語言，記錄了他們所實際經歷的機構轉換歷程，指出機構內的教育改革，減低兩極化對立是個重要的功課，也是要成功轉換的必要措施。這兩極對立指行政上級（相關行政主管、決策者、校方）和下屬執行層級（教師），也指同意者和反對者。為減低兩極化的對立，雙方的興趣和需要都得被考量關照到，雙方也都要有具體的行動。這個學校發展了一個促成有效改革的雙向對流合作模式——「由上往下的供應促成」（top-down facilitation）和「由下而上的委身投入」（bottom-up commitment）策略（見圖 8-1），這策略為雙方建立了一共同的基礎，不只有效地達成派典的圓融轉換，且在過程中減低了相關成員間兩造對立的張力。

在這個模式中很重要的一點是上下雙方的興趣和需要都考量了，都被照顧了，雙方面也都採取行動，參與投入。上層的需要包括機構內的需要、決策者的需要和改革本身的需要。機構內的需要指的是機構內部所須形成有利改革的共識，亦即內部要有專業信任和共同價值的強烈基調。Pahl 和 Monson 指出，就轉換至全語言而言，最能培養學校層級派典轉換的因素有：確實具體的支持、實驗、與事者之間的互動所產生的共識和習慣及共同參與決策的機會。與事者要有這些共識——認同成人（亦即教師和行政人員）是學習者，支持其學習歷程；建築共同的願景，並賦予自主權；看重知識智能；提供民主決策機會，能分享權力，以致成人學習者願意冒險，尋求自己的學習和成長。在校級實施全語言的例子中，作成決定要進行改革的人有可能是下列一方或一方以上的聯合：校長、更高層的行政主管（如學區總監）、家長、教師或校董事會。作決策者會需要面對內部和外在（如

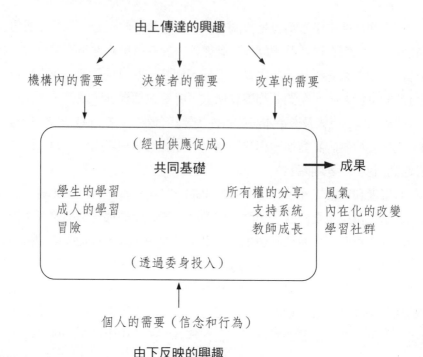

全語言教育

由上傳達的興趣

機構內的需要　　決策者的需要　　改革的需要

（經由供應促成）

共同基礎　　　　　　　　　　　　➤ **成果**

學生的學習　　　　所有權的分享　　風氣
成人的學習　　　　支持系統　　　　內在化的改變
冒險　　　　　　　教師成長　　　　學習社群

（透過委身投入）

個人的需要（信念和行為）

由下反映的興趣

圖 8-1　有效改革的雙向運作模式

資料來源：Pahl and Monson, 1992, p.210。

上一層教育主管當局、家長或社會大眾）兩種團體。在改革開展以後，可以預期的，相關人員會想要看到成果，如學生在學習、能力和語言上的成長，因此決策者必須扮演一個直接、強力的支持角色。決策者對內需要：1.與改革執行者（通常是教師）取得共識；2.想辦法促進外在團體中關心此改革的人（如家長）瞭解所做的決定和理由；3.協調不同的意見；4.對改變所預期帶來的結果和影響有所認知，並能明確表示、陳述。這就屬決策者的需要。至於改革本身的需要亦即改革的特性，就是在多數改革歷程中常見的現象。就全語言而言，因為它不是套裝課程，因此在執行時難免出現實務上的差異，過程中可以容許多大的差異，限度又如何，是不得不考量的。教師的信念系統和教學實務差異越大，越難溝通，越難達成共識，因此教師進修和成長是有效消弭信念和實務差異的途徑。

下層的需要指個人的需要，亦即所有與改革相涉的個人需要，尤其是教師。首先，他們必須對全語言有信心，相信實施全語言可帶給學生更好的學習。Pahl 和 Monson 建議教師若質疑全語言的有效性，可視之為是教師的專業良知起作用，是他的信念體系不同的緣故。學校應讓教師有充分機會持續省思其教學，並供應後續的在職進修環境。其次，改革主事者應瞭解教師在改革過程中可能出現害怕失敗的焦慮，或專業能力不足的挫折，面對這樣的情況，主事者必須持支持的態度，接納這些負面的反應，接受教師間的差異，給予成長時間，並提供學習的機會，讓教師發現或目睹理念、行為和結果三者之間的聯結關係，而願意開始嘗試探索實驗。全語言教師既會讓學生從他們所在之點開始，讓他們投入浸淫在相關的經驗之中，過程中提供示範說明及建構實驗的機會，接納並認可他們的不完全。在對待教師這些成人學習者，也應有這樣的態度。

　　所以行政上的支持和舉措，是與教師和其他相涉個體循環互動，相互作用影響的。行政上的支持雖是成功實施全語言時教師之外另一環重大要素，但要在動態的脈絡中運作，大概可從下列幾個方向來探討：一、派典的轉換；二、資源的供應；三、學習者社群的營造；四、尊重與賦權；五、評量的調整；六、溝通的起始、協助。

一、派典的轉換

　　在一個教室或一個學校之中，不管實施全語言是個由上傳達的政策，或是由下發動的草根行動，相關行政人員都要面臨一次全面的省思和改變。信念會影響行為，行政人員的信念若能調整到與全語言的精神相符，其他行政上的支持條件才有發展的餘地。和教師一樣，行政主管需要經歷信念派典的轉換歷程，先自省自己對學習、教學和教師成長的信念，對閱讀和寫作的理念，自己要先調整改變，如此才可能創造一個支持的環境。也就是說，行政主管要瞭解全語言哲學觀，並且在他的角色上活出那樣的生命。

　　但是派典的改變，不單指學習、教學、語言發展等哲學觀，也包括對主管角色的界定和實踐。Weaver（1992）以其「交易」的（transactional）

表 8-1　行政主管的角色

傳達派典	交易派典
管理者	領導人
規定改變	催化、促成改變
不一定瞭解所指定的內容精義	與教師一起學習轉換的內容精義
轉變歷程中與教師保持距離	轉變歷程中作示範，並積極參與
維持權威、掌管者的地位	與教師分享權威
推動競爭	示範合作的學習方式

資料來源：Weaver, 1992, p.21。

哲學觀，指出要支持課程轉換至全語言，行政主管首先要改變其對主管角色的界定，從傳達的思維轉換成交易派典的角色。一個交易派典下的主管是帶領教師，與教師一起實際參與於改變過程的領袖，他供應、促成，但不規定指派；他願意聽取教師的意見，與之分享決策的權利；他鼓勵團隊式工作，並視自己是團隊中的一員，視自己也是個學習者。兩種不同派典主管的差別詳見表 8-1。

　　派典轉換了，還要能在角色上活出那樣的生命。轉換至全語言對教師和行政人員而言都是一個學習歷程，行政主管要能參與於學習歷程之中，同時也要能促成教師的學習和成長。就像教師促成學生的學習和成長一樣，行政主管在促成教師的學習成長時，必須從下列這些原則性角色出發：

　　1. 角色示範：在自己的角色上示範全語言哲學觀，扮演一個全語言學習者，活躍地參與學習，示範學習，例如，閱讀相關專業書籍或文獻，並與人討論；參加為教師安排的研習活動，在獲得全語言的相關知識上與他人合作學習；起始或加入全語言教師支持團體；示範何謂冒險，並嘗試成為一個冒險者，願意嘗試改變；成為一個對閱讀書寫有興趣的學習者。也成為一個全語言教育者，示範所希望看到的改變，願意採取直接、長程的具體改變行動，願意賦權給他人，願意和信念不同的人進行對話。

　　2. 成為師傅、合作伙伴、促成者、催化者：這意味著要能就所欲推動

的教學，與教師一起發展能反映全語言精神的教學目標或立場宣言，並界定一些相關的內容和狀態。接著要提供教師各種不同的學習經驗和多元的資源，邀請教師談論他們的教學上改變的計畫，然後針對其需要提供達成計畫的必要協助，必要時也示範有效的教學，並對教師的需要有所回應。

3. 不強制但具體直接參與：全語言行政主管不指定教師教學上改變的方式，而是直接參與到教師教學改變的歷程之中，與教師一起體會新的哲學觀，共同建立從這哲學觀所衍生出來的教學實務。（Bird, 1989; Siu-Runyan, 1992; Weaver, 1992）

相關行政人員要在組織內營造一種鼓勵改變的氛圍，並建立合乎全語言精神的共同文化，才能成為一個全語言學校。

二、資源的供應

㈠教室內學習材料的供應

在全語言的哲學觀裡，行政是教學的支援體系，是用來支援教學，好為學生提供最好的受教育條件和機會。一個班級或學校開始實施全語言時，教師可能需要用不一樣的方式思考學習材料和資源，在某些教室內可能意味著要放棄教科書或讀本是唯一學習材料的使用習慣，而開始含納多元的材料，甚至不再購買統一教材。若就語言學習而言，全語言教室內沒有固定教科書，但針對主題使用各種不同的閱讀材料，如小說、非小說、傳記、知識性書籍、雜誌、期刊等，當然文學是其中的主要材料。有的全語言教室內完全不使用閱讀教科書（basal readers），有閱讀教科書的教室內也只選擇其中少數有好品質的文學篇章，當作是眾多材料中的一部分而已。以美國多數州而言，教科書選用的主導權通常不在教師手上，教師開始嘗試全語言時，馬上會面臨的挑戰是如何在教科書為本的課程中加入真實的閱讀和寫作材料。有的教師可以說服上級行政主管，讓他以各類文學書籍取代閱讀教科書，有的無法完全擺脫規定的閱讀教科書，會將這些統一購買

全語言教育

的材料當作多元材料中的一種，而只選擇其中適用者，也就是說保留但不再以教科書的方式使用之。不管是哪一種情況，行政主管都扮演著很重要的協調和供應的角色。校長通常是關鍵性人物，他握有決定權是否讓教師可以不再使用閱讀教科書。如果教科書的決定和購買權在於校級以上的學區手中，校長向上斡旋協調，讓教師取得自主權就是他可以支持教師的一種方式。如果購買決定權在各校，那麼校長更可直接就教科書的經費作彈性的安排。許多全語言實務工作者建議，省下全校性購買閱讀教科書的龐大經費，用來購置各式文學作品，反而豐富了學生的閱讀內容和經驗。行政人員若從全語言的課程原則和語言學習的觀點來支持教學，就負有責任在教室內供應整體導向的學習材料，以各種不同體例文類的文學書籍和其他相關的、真實的閱讀材料，作為學生的學習材料。此外學生用以書寫和出版的材料和工具，也是行政人員在教室內必備的供應品。

㈡教師成長的支持

持續學習成長是全語言教師的特質，對剛要嘗試全語言的教師而言，理解全語言的哲學觀和理論內涵是成長學習重要的第一步，同時他們需要知道理論與實務的聯繫、相關的教學策略等，教師在職進修是學校轉換入全語言必然且必要的途徑，行政主管如何在行政上促成是行政供應的一部分。促成教師進修包含幾個層面：*1.*專業書籍文章的供應；*2.*提供或尋求進修課程和管道；*3.*時間和經費上的配合；*4.*促成班與班、教師與教師間的交流；*5.*諮詢資源的發掘和引入。行政上是單項逐步供應或同時合併幾項，也視學校支持意願的強度、行政策略的運用、可取得的資源而定。

教師進修成長可以有好幾種不同的方式進行，專業書籍的閱讀是每一種方式中必然包含的程序，教師在平日教學中也常須隨時參考翻閱，有的行政人員會提供閱讀書單，甚至為免掉教師尋覓購買的時間和麻煩，會代為集中購買，或在學校內備置專業書籍供教師借閱，讓書本容易取得，好即時將閱讀應用在教學上。有的行政人員為幫助教師有系統的閱讀成長，會在校內成立讀書會，讓教師可加入團體之中，一起研讀討論，並進一步與教學實務聯繫。除了研讀專業書籍，參加在職進修課程是有系統提昇全

語言相關知識的方法。在職進修的方式同樣有多種可能，校內自行舉辦或與附近他校合辦演講、研習、到大學修課、參加校外學術單位舉辦的研討會研習會等都是可能的方式。行政人員應採取可行的方式，鼓勵教師參與在職進修課程。在許多轉換至全語言的學校中，為兼顧教師的教學，鼓勵教師進修，行政人員都採取了配合措施，時間上的配合包括：學校的其他活動能配合教師的研討研習活動而調整；調整上下課時間，好空出多些放學後的時間，讓教師參加研習活動或讀書會研討，但視之為上班時數；給予教師公假讓他們可以參加研習，或從事課程上的探索、計畫、研討，並為之請代課老師。這些時間上彈性措施，有時也需要經費上的配合，是行政人員可著力之點。此外，在轉變的過程中，行政人員應鼓勵教師之間教學上的交流，讓校內教師可以到其他班級內觀察或觀摩教學，並安排後續的研討，讓教師可以與同儕有實務對理論的詮釋和教學策略上的切磋。還可進一步讓教師有機會與他校在作同樣課程的教師聯繫，形成學習聯絡網路，有機會對話，分享教學。值得注意的是，有效益的教師進修成長是需要長程且深度的，因此這些行政措施都要長程的規畫，具體地執行，以支持全語言的實踐。

(三)課程顧問的引入

在支持的資源中，有一個被證實有助益教師轉換的資源，是課程顧問或諮詢來源的引入。課程顧問通常是在全語言理論和實務上有專精的學者或課程專家，以顧問的方式與學校合作，能個別化地、切要地、即時地且長期地與教師互動，針對個別教學上的問題，協助解決。在經費許可的情況之下，引入課程顧問可以全面而有效地幫助教師成長。有的學校會與附近的大學訂立合約或合作方案，邀請大學裡的學者提供校內的在職進修課程，幫助教師瞭解全語言課程精神和實施策略，甚至參與教師的課程轉變，進行定期個別化的諮詢，並在教師的邀請下到個別教室內觀察，提供教學上的建議，甚至示範教學。只是外來課程顧問進入現場仍有他獨特的影響，不得不注意，教師對於一個具有專業權威的外來者，不免有心理上的負擔或壓力，而可能衍生諸如放棄自主思考、依賴或排斥等負向的反應。Siu-

Runyan（1992）以其參與多校諮詢的經驗建議課程顧問在進入現場時，可採取一些策略以降低教師的緊張壓力，其一是與教師建立學習伙伴的關係，放棄由上指導的互動模式，並仔細聆聽教師的想法和意見。其次是將焦點放在學生和他們所做的事情上，而非教師的教學。當教師與課程顧問的焦點都在學生身上時，雙方有共同的話題，可以從討論中看到教學的現象，而有所學習，如此，教師明白課程顧問是以學生的利益為中心，較易接受其在教學策略上所作的建議。

教師的成長需要長期的支持和鼓勵，行政或其他資源體系支持教師成長時，不能只提供一、二次的研習活動，或只教給他一些教學點子、教學技巧而已。支持教師成長須是全面性的，要求各層級的委身投入，供應必要的資源和協助，並建立平等和諧的人際互動，激發教師的內在學習動機。

三、學習社群的營造

㈠視教師是學習者

全語言哲學觀主張教師應視自己和學生一樣，也是學習者。事實上在學校或教室轉型為全語言的過程中，所有的參與者都是學習者，包括學生、教師和行政人員、行政主管，甚至助理和義工。這些成人學習者的學習歷程和學生的學習歷程很相似，因此看待他們要和看待學生一樣。換句話說，要抱持同樣的支持促成態度，同時要承認他們都是獨特的個體，應給予該有的尊重，並容許他們以自己的速度和方式學習、成長。

在一個全校性的轉換歷程中，行政主管往往扮演著領導人的角色，在帶領教師改變時，不能以指定的方式為之。行政主管若視教師為一學習者，則應該先引發他們內發的動機，讓他們發現實施全語言對學生和對自己個人的意義，找出改變歷程與自己專業發展的相關性，視其為自己想要追求的學習，而願意主動去嘗試，擁有此過程。其次，每個教師有其獨特的成長方式，有的老師發現自己所做的改變在學生身上發生影響，被肯定和支持，就願意繼續主動追求；有的教師則需要更多的鼓勵、提醒、協助，才

能逐步邁入改變，對不同的教師不要有一致的要求。不管如何，對教師的信任是重要的前提，要相信教師是有能力改變的，且正在發展中，肯定他們可見的努力並給予正向的回饋，即使初時教學的突破並未顯得樣樣成功。教師成長和改變都需要時間，行政人員和教師自己都要容許有改變成長的時間，可以挑戰改變，但不期望全面的改變會在一夕之間完成。

㈡鼓勵冒險

對學習者，全語言另一個重要的態度是鼓勵支持冒險。轉換入全語言，教師一樣需要冒險。行政人員應當創造一個支持的環境，鼓勵冒險，接納過程中參與者的不完美、不完全，但肯定其努力，讓教師可以安心冒險，願意嘗試實驗，不怕犯錯。更具體的說，實施全語言，教師可能需要改變教學的內容，嘗試新的方法，整體學校氛圍要讓教師在從事新教學方法的實驗時，不用耽心導致負面的後果，而不再一味依賴教師手冊教學。更重要的一點是不怕冒評量結果的險，在改變初始，如果學校或學區裡整體學生學習評量的型態未變，學生測驗的成績有可能出現變化，教師要不耽心學生考試成績的起伏，甚而影響到對教師的評量。行政要發展或接受教師所發展新的評量系統，幫助所有相關人員（學生、教師、行政人員、家長、上級）瞭解如何辨認學生的學習和成長。

㈢創造學習者社群

實施全語言，草根的興趣有時須由組織培養孕育，全語言信念的執行，須有頻繁的機會讓參與者從事實驗、訓練及想法意見之交換，所有成員若能一起參與所有改變的經驗，才能發展出共有信念，而這些都是需要花時間，願意委身互相鼓勵，才能運作推動，改變過程中參與者的需要也才能滿足（Pahl and Monson, 1992）；這種歷程是學習社群運作的歷程。前文提到，除了教師，所有參與於改變歷程的人都是學習者，他們共同形成了一個學習社群。教師和課程顧問也要以學習者看待行政人員。行政人員對全語言哲學觀和理論內涵，可能和教師一樣需要進一步去認識瞭解；對理論應用到實務上的技巧也許一樣生疏；甚至對如何支持教師的轉變未有類似

的經驗，因此行政人員可能和其他參與者一樣，都在學習的路上，只是所處的點不同。行政人員、教師、課程顧問宜共同營造一個支持性的學習社群，創造合作學習的組織氣氛，互相支持對方的學習。行政人員宜參與於所有為教師所舉辦的研習活動，與教師一起討論研習和閱讀的內容，甚至教室內的助理或義工也可以參與，有機會聽到研習會之中或課程顧問所分享有關教學的相關訊息，以使教室內相關人員的步調一致。教師與教師之間更是最好的學習伙伴，行政人員應促成教師學習上彼此的提攜合作，尤其對全語言哲學觀尚未掌握、對實施全語言沒有經驗的教師，有效的推動策略就是讓他們有機會進入學習社群，鼓勵他們與其他已在改革路上或經驗於全語言的教師在教學或學習上合作或協同。只是當合作和分享時，必須注意是在同儕分享的氛圍之中進行，避免有經驗的一方以教導或權威的態度表達，或有優劣的暗示，違反了學習者社群的精神（Weaver, 1992）。學校需要營造學習社群，讓集體的改變能發生。

四、尊重與賦權

(一)尊重的組織氣氛

全語言哲學觀視教學是一專業，而教師是專業人士（在本書下一章會進一步探討），實施全語言時教師和行政人員都應有這種態度。如果教師視自己為專業人士，那麼對自己就有專業的期許，而要求自己持續地成長；如果行政人員視教學為專業，那麼不只會支持教師的專業成長，對教師也就有專業上的尊重。對教師專業的尊重顯現在尊重他們教學上的判斷及決定，願意讓教師在教學上擁有充分的自主（Steele and Meredith, 1993）。有些行政人員必要時可能會提供諮詢或顧問，給予教師教學上的建議，或鼓勵教師精修教學技巧，但在執行面仍然給予教師彈性和自由。轉換成全語言的過程中，要轉變過程圓融順暢，尊重尤其重要，可避免將參與者推入對立的局面。若能在校內建立相互尊重的文化，包括教師、學生、行政主管、家長及社會大眾間之相互尊重，則可逐步在學校整體文化中營造出全

語言的組織氣氛，有助轉換的達成。

㈡賦權

尊重的另一面是賦權，實施全語言是個賦權，即分享決策權力的過程——教師賦權給學生；行政人員賦權給教師。賦權的第一步是將教室內教學的權力還給教師，尊重教師教學上的判斷和決定。在轉換入全語言的過程中，因為主要要改變的是教學，因此應該讓教師也參與改變過程的決策，分享決策的權力和責任。Doe（1992）就他轉換至全語言的經驗指出，校長願意與學校社群的其他成員分享其決策權力，並肩一起學習，合作尋求改進，是成功轉換全語言的關鍵性因素。課程的轉換需要經過小心謹慎的規畫，校內各種政策的制訂最好透過行政人員與教師合作的方式達成，讓所有成員對政策的內容及與自己相關的部分都明瞭。有的行政主管會讓教師參與撰寫課程發展的年度目標，教師有機會按教師及學生的特性和需要，設定合乎實況、可以達成的發展目標，過程中容許教師有一段充分的銜接轉換時期，同時間提供教職員的在職訓練活動，以促成課程的可能改變。行政主管同樣邀請所有成員參與政策執行的評估，在每一年結束時，與他們針對計畫的執行進行評估，並根據新的發現和需要調整計畫。如此，政策的執行不再是由上傳達，而是上下共同的約定。學校的制度能這樣的調整，更有利於教師的轉換。

五、評量的調整

在全語言的發展歷史中，評量常是前進的阻礙（本書第十章將作進一步的探討）。實施全語言建基在教師和行政人員派典的改變，評量的派典也不能不調整。如果課程已然朝向全語言發展，而卻仍沿用過去與全語言哲學觀不合的評量方式，全語言的轉換是不會成功的。評量的焦點和方式反映評量者的學習觀和教學觀，教師和行政人員的學習觀和教學觀既已改變，就要同步地改變評量學生和評量教師的態度和方法。

全語言對學生的評量是整體性且多面向的評量，教師透過各種不同的

資料來瞭解學生的學習和成長，例如，各式記錄和樣本、觀察記錄、省思札記、對話式札記、學生定期的表現樣本、會談和訪談記錄及正式評量工具等（詳見第二章第六節），這些資料所能呈現有關學生的學習狀況，絕對不是紙筆測驗所能達到的，教師和行政人員都要有這樣的認識，不再倚賴測驗，或使用單一分數導向的成績作為評量學生學習的依據，行政人員尤其要調整對測驗成績在學習和教學上所代表意義的解讀，小心使用它作後續決策的參考，同時鼓勵教師採多元評量，將多元評量的結果以描述性的學習報告書取代分數，來呈現學生的學習，這樣的記錄才具有供課程與教學決策上參考的客觀性。

行政主管對教師的評量和學生的評量是很類似的，同樣要反映全語言學習和教學的原則，測驗成績不代表學生的學習成就，行政人員就不能以學生的測驗成績評定教師的教學績效。對教師的教學效度和成長的評量，宜著眼在教師如何促成催化學生的學習，以及如何呈現他專業上的發展。和學生評量一樣，教師評量第一個原則是要採多元的媒介，而非單一的依據（如單次的教學觀察、學生的考試成績）。教師平日要建立學生的學習檔案，含納多元學生學習和發展的證據，以便在適當時機可以向主管和家長呈現，說明學生的成長。教師同時也要用教學檔案的方式呈現自己在教學上的記錄、學習和成長，在檔案中包含多元資料，尤其要有在教學和學習上自我省思的記錄。其次，對教師評量可以自我評量為主要的途徑，教師以教學者和學習者的角度，對自己的教學和學習作自我的評量，並呈現其歷程。教師的自我評量歷程宜是進行式、持續性、動態的，與教學和學習相結合。教師的教學反映在學生的學習上，經由觀察學生的反應，教師可以瞭解自己所提供的學習經驗是否切合學生的需要，判斷自己在教室內所經營的學習社群是否有效地運作，又當如何調整促進。透過其他類型的資料，可以瞭解學生的進步情況，參酌決定後續如何幫助學生的學習和發展。全語言評量很重要的一個立足點是著眼在學習者自己的成長比較，而非以外在的標準衡量。不管是評量教師或學生，相關人員都要能尊重個別獨特的發展，以個體的過去和現在相比較，去發現前後的差別，以顯明個體的進步和成長。

六、溝通的起始、協助

在 Pahl 和 Monson（1992）所提出有效改革的模式裡，建立課程轉換過程中，在所有相涉人員之間建立共同的基礎是必要的，相涉的人員可能包括各級行政主管、教師、家長、學生等，讓與事者都明確知道改革的理念，也讓他們都參與於計畫，一起發展任務要點，形成目標，評估、選擇策略，推動行動計畫，合作執行、評鑑課程方案。溝通就是所有這些轉換過程中必要的程序。轉換至全語言需要充分的溝通，包括內部的和對外的溝通，行政人員尤其是主管可以在溝通上扮演起始的角色，並在溝通歷程中提供教師必要的協助。全校性的課程轉換，學校內部成員間成功的溝通，往往可以免掉過程中許多衝突和阻力，在實施全語言之前，行政主管應該讓所有相涉成員對轉換的內容、與自己相關的部分，以及行政上的期望有充分的瞭解，並達成共識。在溝通協調的過程中，有時候制度的調整、資源的取得、分配和應用、在職訓練等必須作相關的配合，以利教師、課程的轉換。行政主管若願意邀請教職員合作參與計畫的制訂，聆聽他們的困難，尊重他們的意見，會讓轉換的過程更圓融。如果轉換是由教師起始，行政主管仍有其溝通上的角色，願意嘗試瞭解轉換的內容和預期的結果和效率，尊重教師的專業選擇，並協助教師和同儕及其他行政人員之間的溝通，都是行政主管支持性的作法。

全語言教育之下的學習者，其學習證據是很不一樣的，能辨識得出學習的真正指標才能明白全語言的好處，因此，對學校外關心學生學習效益者而言，如家長、社區成員、上級教育主管單位，溝通是實施全語言很關鍵性的舉措。幫助這些對象辨識是學校的責任，教師必須要有系統地向家長說明學生的學習、成長狀況，並提出相關的證據，說服家長全語言對學生的助益。有的教師在轉換之際，會先讓家長瞭解課程的改變、改變的理念和理由以及可預期的結果；有的甚至在學生進入全語言課程之前，就先讓家長明白課程及學生未來的學習經驗，邀請他們支持參與。行政人員可具體支持教師這些溝通上的努力，在時間、人力、資源上配合教師的行動，

合作計畫安排家長參與的活動，諸如邀請家長到教室參觀；定期舉辦親師會談，或以書面的方式向家長說明學生的學習和成長；定期提供書面的課程資料和專業資訊給家長，幫助家長逐漸瞭解全語言，明白分數式的評量不適用這種較全方位、整體導向的課程。對某些學校而言，這些溝通上的努力可能還須擴大到上級以及社區的層面，幫助上級和社區成員瞭解學校內進行的事，邀請他們參與、支持。在某些教育體制之中，影響課程政策的可能包括校外的單位，以美國為例，中小學校除了各校董事會，尚有上一層主管機構——學區，在許多州裡課程綱要是由學區發展制訂，學區行政主管和課程發展委員會對區內學校的課程有決策和督導的權責。過去在像加利福尼亞、科羅拉多、紐約、亞利桑那、德克薩斯等州都有全學區的全語言課程轉換，學區的行政人員在轉換過程中扮演著舉足輕重的角色。如果是個別學校的課程轉換，那麼取得學區主管單位和行政人員的支持是校內行政人員必須努力的目標，校長和其他行政人員應協力讓學區主管同樣瞭解校內課程的改變，以及改變的理念和理由，爭取他們的支持和協助，若能在適當時機邀請他們到校訪視，進一步瞭解課程，也表達對教師和學生支持鼓勵的態度，對教師的轉型會有正向的幫助。

轉換至全語言對學生、教師、課程、學校而言，都是長程的發展，行政上的支持既是必要條件之一，也必須是長期的、且全面性的，每一層級的人都達到相近的教育哲學觀，也願意積極參與。不管是資源的供應、社群的營造運作、內外的溝通，都建立在尊重的基礎之上，教師和各級相涉的行政人員在此過程中，和學生一樣都是學習者，如果各方都願意持有對學習者的尊重，轉換就可較順利推動，也較容易成功。

▶ 第三節
一個支持全語言轉換的實例

不管是少數班級或整個學校甚或學區開始實施全語，轉換都是發生在社會文化情境脈絡之中，在不同的教育體制之下，轉換的歷程會有極大

的差異。上兩節探討了為成功實施全語言教師和行政上應該有的配合，呈現的是一般的客觀條件，尤其是在曾大規模發生轉換至全語言的美加地區背景之下的客觀條件。如果要更進一步探究轉換歷程的細節，則不得不展呈一個特定的實施全語言的實際例子，從其所在的社會情境脈絡中來觀其發展，較能整理出在該社會背景之下特定的相關影響因素。為了有利從本土的情境脈絡之中，來思考上兩節所探討影響全語言實務轉換的因素，本節將以作者曾參與的太陽班為例，呈現一個台灣的幼兒教室實施全語言的轉換歷程中教師和行政上的努力和轉變。當然每一個教室轉換至全語言都是一個獨特的故事，但至少從這個實例中可以看出在台灣教育體制之下，幼兒教室要實施全語言可以從哪些方面提供支持。

一、課程轉換之前

本書所記錄有關太陽班轉換到全語言的歷程及他們的課程內容，都只限於作者在太陽班教室內進行研究的一年期間。太陽班實施全語言的課程發展在第七章已詳細呈現了。本節重在探討課程轉換歷程中促成轉換成功的因素，包括教師的改變、所面臨的困難、行政上的支持及其他相關的客觀條件。

太陽班是一個幼稚園的大班，有兩位教師，都是有多年幼兒教學經驗的合格幼教師。該園除了負責行政的園長之外，尚有另外六位教師。台灣幼稚園沒有上級教育主管單位規定的統一課程和教材，課程主權在各園。太陽班決定嘗試全語言之前，該園的課程是以單元活動設計為主，在園長的行政決策之下，各班的課程一直都維持相當高的相似性，也就是說，各班採用相同的單元，單元之下進行類似的活動，園長認為維持全園課程的一致性，就行政管理而言是最單純、最容易管理的方式。單元名稱、內容和進行的時間在開學之前即已訂定，雖是由教師共同決定，但訂定之後，形成了全園的進度，就不太能再更動。此外，為方便教師設計活動，該園也使用購自坊間的現成教材，也就是說，課程是由教師設計的單元活動，和外購教材所建議的活動、材料和練習組合而成。

實施全語言是太陽班兩位教師的決定，所以是在全園舊有課程體制中單一教室課程的轉換。改變的決定來自於教師的專業省思，省思之一是教師有感於多年教學走入了瓶頸，想要有所突破成長；省思之二起於年年面對家長成就導向的課業要求，亟欲尋求一個專業的解決方法。改變的契機是專業資源的接觸，兩位教師有機會參加了一個全語言的研討會，聆聽了幾場演講，又有機會進入全語言教師團體，參與了有興趣於全語言的教師們的定期聚會和對話，對全語言有了初步的認識，為全語言的理論內涵和觀點所吸引，於是開始思索課程轉換的可能性。實際的改變行動則始於專業諮詢資源的注入，他們在全語言教師團體裡與本書作者的接觸，促成了合作的關係，由作者提供全語言相關的諮詢，協助他們課程的轉換。所以，和許多美加地區的全語言教師一樣，太陽班全語言課程的轉換是教師因同意全語言的觀點，主動追求專業上的改進和自我的成長，所起始的草根改革行動。既是由下往上推動的草根行動，教師需要多方著手努力，以取得由上而來行政的支持。

二、哲學觀和實務的改變

在太陽班草根的改革行動中，兩位教師邁入全語言是採多元腳步前進的，其一是自我專業知識的充實和專業能力的提昇；其二是課程上的調整改變；其三是建立與同儕、行政人員、家長的溝通，以取得認同。兩位教師體認到教室內的改變無法自外於所處的社會情境，考量了相關的人（幼兒、家長、同儕、行政主管、還有自己）的特質和需要，教室內所有的改變都是採漸進式的，而且是先從自己做起。

㈠改變和成長

兩位教師首先調整了自己與幼兒互動的態度，他們學習欣賞幼兒所做的事和他們的成長，學習進一步去詮釋幼兒所做的事，這些事在發展、學習和語言學習上的意義，嘗試著去發現幼兒會的、已知的、他們的優點，針對幼兒的優點在同儕間建立對該幼兒的認可，為每一位幼兒尋找可以成

功的機會。他們也學習如何回應幼兒，尊重幼兒。而隨著課程的調整，幼兒有機會逐漸顯示他們學習的潛能及語言的發展、成長，兩位教師因而更進一步瞭解這一群幼兒，發現他們是有能力的、「可以做得到」的，而且多數幼兒建立了自己的學習策略，是能解決問題的學習者。教師態度的調整和師生互動上的努力，與幼兒的成長形成了良性的循環，顯露出一群有能力的全語言學習者，也改變了兩位教師對幼兒和學習的觀點。

和他們的學生同為學習者，在課程轉換期間兩位教師也持續在學習、成長。他們維持常態的閱讀全語言相關的專業書籍，以增加對全語言理論和實務的認識；繼續參與全語言教師團體，與其他學校的教師定期討論分享，切磋教學技能；密切地與課程諮詢者互動，隨時檢視教學並作必要的調整。課程諮詢者在太陽班課程轉換的歷程中，主要扮演資源提供的角色，他與兩位教師的互動大概有以下幾種方式：

1. 每週與兩位教師進行會談，討論的內容包括全語言理念的澄清；課程內容和教學活動的計畫、檢討、修正；協助解決教師所提教學上的問題；分享幼兒的反應；協助教師從幼兒的反應中解讀發展的意義。
2. 實際參與教學，必要時並為兩位教師和園裡其他教師作教學示範。
3. 提供專業資源供兩位教師使用或參考，例如教師成長用的專業書籍閱讀書單、教學用的兒童書或書單、活動設計的想法、某些學習材料或教具的製作點子……等。

(二)課程的調整

太陽班課程的調整是採漸進的。兩位教師在思考如何調整課程時，有幾個不同的考量。首先考慮到的是園裡既有的文化——教師已習於以單元組織活動，並使用現成教材作為教學輔助材料；行政上採全園一致的單元和進度，兩位教師希望起初的改變不要導致太陽班課程與既有傳統太大差異。其次考量到幼兒的需要，知道帶給幼兒新的經驗時要逐漸增加，讓他們有充分的時間和機會在新的事物上探索實驗。兩位教師也考量到自己在全語言活動上的經驗和技能不足，所以決定從有把握的活動先嘗試起。基

本上，他們先從增加幼兒對文學的認識、培養幼兒的閱讀興趣和促成幼兒對文字符號探索的層面著手，而未大幅度改變課程結構（太陽班的詳細課程內容參見第七章）。在進行了一學期之後，因園內同儕對太陽班內所進行的事有了一些瞭解，對全語言有了初步的認識，兩位教師透過長期溝通的努力取得同儕的認同，並徵得行政主管即園長的同意，下學期才開始在課程結構上作了彈性的調整，包括：1.加長主題進行的時間長度，從原有的一週一單元延長至一個月一主題；2.捨棄科目的思考，改以課程網的方式建構主題的內容；3.各主題進行時，保持內容和進行時間長度上的自由和彈性，以因應幼兒的興趣和需要；4.在課程的發展和活動安排上對著幼兒的想法開放，讓幼兒可以參與建構甚至主導課程的發展方向；5.停止使用購自坊間出版社的現成教材。兩位教師為太陽班爭取來的課程上的這些自由和自主，因著行政上一致的考量，後來變成全園性的措施。這個因個別班級的轉換而帶動的全園性改變，對該園有長期性的良性影響，卻也在當時衍生了一些短期、過渡性的問題，需要解決。

㈢溝通

伴隨著課程改革的腳步，太陽班教師必須同時起始主動、活躍的溝通。面對同儕的觀望、行政態度的不確定，太陽班的教師必須想辦法讓主管和同儕知道太陽班教室內發生些什麼事，瞭解做這些事背後的理由和信念，明白兩位教師在課程和教學上轉變的想法，進而認識全語言的理論內涵和信念基礎。兩位教師採取了下列策略，建立對內的溝通：

1. 在園內定期教學研討會中分享太陽班的教學活動、幼兒的反應、幼兒的作品，並說明活動的理由、幼兒反應的意義。
2. 邀請其他班的教師至太陽班教室參觀環境與教學。
3. 邀請其他班有興趣的教師參與兩位教師與課程諮詢者的會談、討論。
4. 協助其他教師進行某些太陽班新發展的活動，並針對過程作重點討論。

從過去帶大班的經驗，兩位教師知道大班家長會對幼兒上小學前語文技能有所要求，意識到在實施全語言之後，家長是他們必須用心去經營的

另一群對象。為了讓家長即時瞭解幼兒的學習和發展，進一步支持教室，兩位教師改變一學期一次總結式成果報告的方式，採取長期、歷程導向的策略與家長互動，他們以幾種不同的方式與家長溝通，讓家長更瞭解幼兒的學習及教師的教學：

1. 在學期之初即向家長說明該學期課程的走向、大致的教學方式、可預期的活動及幼兒可能有的經驗、反應和成長學習，讓家長知道該期待些什麼。同時以專業的觀點說明這些學習對幼兒的意義和好處，讓家長確知他們的孩子在學校內會有好的學習經驗，會有哪些方面的成長。

2. 學期中即時地舉行數次個別的或小組式的親師會談，向家長呈現幼兒的學習樣本（可能是各類個人或團體的作品、事件的記錄或描述），說明其所代表的發展意義。

3. 設計家庭親子活動，讓家長參與幼兒放學後的學習活動，一方面增進親子關係，提昇親職品質，一方面增加家長對課程內容的瞭解。

4. 成立家長讀書會，開放予家長自由參加，由教師帶領家長認識兒童讀物，裝備家長能更有效地進行親子共讀活動。

5. 隨時蒐集幼兒各式口頭的和書面的學習樣本，建立成檔案，有系統地整理，好在可得的時機（如接送上下學時、班親會中）向家長呈現說明。

隨著全語言課程在教室內的推展，幼兒越來越顯示出獨立自主的學習能力，幼兒的改變和成長成為對家長最佳的溝通、最有力的說服證據，讓多數家長接受、肯定教師的教學，重新認識幼兒，參與或協助幼兒學習課程的程度也提高了，相對的，對教學和班級經營的干預減低了，甚至不再要求教師進行語文技能的教學，有的家長協助園務及教學的意願提高了，更願意參與園內的課程活動。家長態度的正向提昇，讓太陽班轉換成全語言的課程發展可以順暢無礙。

㈣省思

另一件隨著教學持續進行的事是教師的省思。太陽班兩位教師有高度

的自省能力，也願意去面對教室內外的各項問題。兩位教師每天課後對當天的教學作檢討，每週一次與課程諮詢者舉行會談，針對教學和班級經營上的問題作更深度的探討，這些討論都會導向下一步教學上的調整或深化發展。教師的一段省思話語能反映他們的專業態度——「壓力來自於自我的期許，而不是怕做得不好，給別人看不好看。」他們有高度的自我期許，這期許敦促他們時時反省自己的教學，並尋求外力協助檢視教學和課程的適當性。

三、面臨的問題

太陽班轉換至全語言是個草根的行動，因為非由行政上級所起始，許多屬行政支持的條件需要教師去爭取、經營。上兩節所列實施全語言的有利條件，太陽班並不完全具備。就教師的部分而言，太陽班兩位教師的確走過派典的轉換，改變了他們的哲學觀；在教學實務上他們著手漸進、長程、有效的改變，只是教師自覺教學技能仍有待發展；他們願意長期的灌溉，即使在太陽班幼兒畢業了之後，在新的班級兩位教師仍然繼續在全語言上的實驗、學習；他們維持與同儕和學者的對話和分享，追求在專業能力上的繼續成長，並採具體的行動來達成。

就行政條件而言，則並未具備所有的有利條件。這一年的課程轉換既是教師起始，行政人員相形就處於被動的角色，支援和改變未完全與兩位教師相同步調，但是行政主管仍願意在既有體制下作必要的配合。整體而言，太陽班轉換至全語言的一年過程之中，所面臨的挑戰和設法解決的情況，大概可以從這幾方面來看：

　　1. 資源的供應、取得：教學上所須的資源，特別是文學材料，礙於經費、申請程序及時間空間的限制，常不能即時、如數取得，而有資源來源不足的情況。教師成長部分行政的支援有限，多數由教師自行尋求機會，在教師個人的時間和經費內進行，專業諮詢亦經由教師的管道引入。行政上所提供的是班與班、教師與教師間交流的機會，而這些交流證實有益於其他教師的成長，和幾年後全園的課程

轉換。

2. 教學知能：教師常自感教學技能的不足，對如何設計能啟發幼兒主動學習的活動，如何將日常材料轉為可用的學習材料，時感困難。兩位教師間的討論以及和課程諮詢者間的定期會談是最主要解決問題的方式，在教師團體中與他校教師的分享討論、專業書籍的閱讀是兩位教師尋求解決的另一途徑。

3. 全園的課程政策：在行政主管全園課程一致的要求下，太陽班兩位教師在課程和教學上受到了不小限制，也在同儕之間引起一些壓力。上學期太陽班初始實施全語言時，全園性的單元結構方式和現成教材的使用，讓兩位教師不能完全發揮全語言課程的精神，同時得兼顧現成教材的進度，造成時間上的緊迫和教學雙重的負擔。下學期行政決策指向全園課程結構改變，並取消現成教材，以配合太陽班的教學，卻又引起其他班教師的不安。其他教師覺得被要求實施全語言，但又未得到基礎知識和方法上的裝備，以及相關資源的供應，而深感壓力，不免出現情緒上的反應。此外，行政上不願見各班課程分歧，讓太陽班兩位教師不敢在短期內有太大的改變等，都是過程中曾出現過的困擾。

4. 同儕的態度：太陽班教師須面對一個事實──教師各在其不同的專業發展階段，專業委身程度也不一。實施全語言時，全園課程一致的政策同時帶給太陽班兩位教師和其他教師壓力。其一，有少數教師認為無法跟上實施全語言者的步調，而自覺有壓力。其二，教學分享時部分教師因對全語言不瞭解，期待知道活動的具體操作步驟，結果未如預期，而有誤解和挫折。其三，部分教師對下學期全園性的課程改變持不同看法，特別當他不知道全語言的好處，沒有足夠知識和方法的準備，不知該如何著手，且得不到該有的支持，又一下子失去可參考的現成教材，不免變得持負向的態度。面對行政上和同儕間的這些挑戰，兩位教師只能以幼兒成長的具體證據和實際的協助行動，爭取認同，並耐心等待改變，讓時間消除誤會和觀望。

5. 壓力來源：在太陽班實施全語言之後，兩位教師趨向於自己設計課

程，預備材料，尤其到了下學期，除了主題名稱之外，課程和教學活動幾乎完全由教師依學生興趣發展，已脫離了全園性預定的活動設計，教師在準備活動和材料上的機動性和工作量都增加了，時間上立即性也提高。這是兩個事實，在許多實施全語言的教室內都可能發生，對太陽班的兩位教師是否構成困難或壓力呢？兩位教師的反應正反映了他們的專業態度和委身，他們表示雖然工作量增加了，但並未造成困擾，因為是自己有興趣的事，而且從孩子身上得到很大回饋，因此樂意持續付出而不覺辛苦。時間上的困難在上學期是存在的，因為有雙重課程，即同時要兼顧全園統一的現成教材，有時間的壓力。這個困難在下學期取消現成教材之後就自然解決了。兩位教師自承壓力的來源是對自我的專業期許，期望自己能滿足幼兒的興趣和需要，並能挑戰其成長。值得注意的是，在實施全語言之先預期會面臨來自家長課業要求的壓力卻未發生。多數家長反而給予許多正向的回饋，或認同肯定新的課程，或分享幼兒的表現、對幼兒新的認識。細究其原因有二，其一是教師長期與家長的溝通經營，提供幼兒學習、成長的具體證據；其二是幼兒在家的行為表現，他們的改變直接說服了家長。就這一點而言，實施全語言的確解決了最初教師所面對從家長而來的問題。

四、成功的因素

課程轉換必然伴隨著困難，解決困難的過程也正是發展和成長的過程，困難有時是邁向成熟的助力。太陽班這一年的全語言課程轉換雖面對不少困難，但整體而言轉換算是成功的，它的成功大概可歸因於下列幾個有利的條件。

1. 專業覺醒和意願：兩位教師專業上的省思，導出求變的決心，並主動尋求改變的可能性，是課程轉換最大的動力，因此他們願意在教學上投入更多的時間精力，不在意工作量增加，不畏困難，願意積極尋求解決的策略，是讓課程的轉換能持續推動的最大利因。

2. 專業態度：兩位教師省悟到態度重於專業知識，在全語言教學相關的知能未完全具備之際，他們就先嘗試調整自己的教育哲學觀和態度，包括自己的專業委身、願意追求成長及對幼兒和學習的觀點。他們以不同的態度看待幼兒，嘗試接納、尊重幼兒的特質和個別差異。他們尋求各種可能的機會提昇自己全語言的知識，加強自己的教學技能。在教學過程中，他們持續省思，常態性地針對課程和教學進行檢視，並與課程諮詢保持定期的討論。透過省思討論，他們努力培養教學上和對幼兒的敏感度，合作協力計畫課程和學習活動。他們也努力但以溫和的方式爭取課程的自主權，期課程和活動能符合幼兒的需要，並能真正推進幼兒的學習。努力的態度換得了實質上的改善。

3. 溝通、對話、分享：兩位教師深感從事課程轉換時另一位協同教師很重要，對所要進行的事對方不懂沒關係，但要願意嘗試瞭解、接受，而對話就是合作最重要的管道，教師要能常有機會與教學伙伴和園內或其他園的教師討論有關課程的問題。兩位教師在與對方想法的溝通上很透明且即時，能很快取得共識。他們溝通的最大努力是放在與行政主管和園內其他教師之間，期望在園內既有的課程體制和文化中，取得同儕和主管的認同。長期溝通的努力的確取得了行政上部分的支持，轉變了部分教師從觀望進入嘗試，消除了少數教師的對立。與課程諮詢者之間的對話，幫助了教學實務的精緻化；與校外教師的分享則獲得了專業上的成長和認同、肯定，精神上鼓舞了兩位教師課程改革中的付出。

4. 專業資源：從轉換歷程的分析和兩位教師的省思及反應顯示，在太陽班課程轉換的過程中，外來的專業資源是促成課程轉換成功很重要的條件，課程諮詢所提供的教學資源、教學上的建議及定期的會談討論，是讓課程可以不偏離全語言精神的維持力量之一。兩位教師表示，有問題時可以隨時與瞭解全語言的人討論，讓他們較容易掌握住全語言的精神，而不致只停留在複製活動而已。

5. 學習社群：太陽班課程轉換的過程，對多數相涉的人員都是一個學

習的歷程，包括兩位教師、園裡其他教師和行政人員、太陽班幼兒、課程諮詢者及當地全語言社群裡的成員。這些人員形成幾個不同質性但重疊的學習次社群，而整體合起來就是一個跨越班際的學習社群。兩位教師願意向孩子學習，也是彼此的重要學習伙伴，他們與園裡其他的教師互相切磋，常與課程諮詢互動，共同探討更具啟發性的學習活動，一起發現幼兒的潛在能力。兩位教師又參加了全語言教師團體，在團體聚會中與校外其他教師交流，互相提攜。這些不同形式的學習和社群運作是太陽班兩位教師重要的知識和技能學習的來源，也是重要的支持力量，兩位教師在轉換過程中並未單打獨鬥，而是結合群力的努力。

6. 行政的配合：上述全園性課程政策雖造成了困擾，但整體而言，行政人員對太陽班課程的轉換是採配合態度的。基本上，行政人員雖未主動提供多數教學所需資源，但對太陽班兩位教師的教學並未加干預，也嘗試提供機會讓太陽班教師可以和其他教師研討、分享教學，並鼓勵其他教師至太陽班觀摩。下學期當兩位教師提出改變太陽班課程結構的請求時，行政主管同意了，並採納之為全園的課程政策，要求所有教師一起實施新課程。此舉雖衍生了一些問題，卻也開啟了後來全園性課程轉換的契機。

7. 彈性的評量：上一節提到，評量是在美國或在有制式課程的學校（如小學）裡實施全語言常須面臨的問題，實施全語言若不同時轉換評量的派典，教師就須面對測驗成績的挑戰。太陽班屬幼稚園，本沒有制式的課程，也沒有統一的評量方式，更沒有考試和分數的壓力，因此教師在教學上可以因幼兒需要和興趣而調整，不必顧慮考試相關的教學內容和進度，教師擁有教學的自主，教學不受制，讓課程和活動的發展能更以學習者為中心，並發展以學習者為中心的評量。

這一年的轉換就一年期的目標而言是成功的，但就全語言課程的成熟和教師的成長而言，則尚未到達終點。課程的建立和教師的成長都需要時間，教師和相關行政人員要有這樣的體認。在一年的轉換期過後，太陽班幼兒已畢業，但兩位教師仍然在他們後來的班級內繼續全語言課程的發展，

繼續往全語言教師的路上前進，尋求成長，成為更專業的全語言教師。他們的動力來自幼兒的回饋和專業的成就感。該園在一年過後因受這一年課程轉換的影響，也看到了幼兒在全語言課程中的表現，多數教師開始以自己的步調，學習如何提供以幼兒為中心的學習活動，慢慢地移向整體導向、看重語言使用的課程。

　　每個全語言教師都有他的發展歷史，發展也需要時間。上面三節所述及的這些主、客觀條件具備與否，都可能影響教師的發展。教師本身和其他相關人員，如行政人員、外來的諮詢輔導人士，都要體認教師可能處在發展的不同階段，而去尋求或提供需要的資源和協助。在教育的大環境之中，改變教育品質的契機，實是教師、學者、行政人員、各級教育主管當局和家長等交互互動的結果。全語言的發展，正是這些群力的共同運作。

第九章　全語言與教師成長

第一節　全語言教師的形成

一、全語言教師的養成：職前教育

二、成為全語言教師：在職成長

第二節　全語言教師成長團體

一、成長團體的形成

二、成長團體的運作

三、成長團體的功能

四、成功案例的特質

　　㈠支持

　　㈡委身

　　㈢尊重

　　㈣自主

　　㈤省思

第三節　全語言教師支持團體

一、教師支持團體的發展

二、教師支持團體的本質和功能

　　㈠自願、自主、建構

　　㈡平等、尊重

　　㈢省思

　　㈣多元性

三、教師支持團體的組織運作

　　㈠成員、行政

　　㈡會期和聚會內容

　　㈢其他服務

　　㈣經費

四、教育新現象的形成

　　㈠教師主導自己的專業成長

全
語
言
教
育

㈡教師是課程改革者

㈢教師是研究者、理論創造者

五、台灣的全語言教師支持團體

㈠發展

㈡功能、服務

㈢影響

第九章

全語言與教師成長

· ·

> 所有的孩子都是全語言學習者，但是沒有全語言教師，就不可能
> 有全語言教室。（李連珠譯，1998，頁 123）

全語言教育中最重要的元素是教師，對教師相關議題的論述，也是全語言五大重要內涵之一。在前面幾章作者已作幾番辯證，全語言是一種教育哲學觀，既是一種哲學觀，就是無法教的，也不是可藉由教導而習得的知識。它是一種態度的實踐，關鍵因而就在實踐這哲學觀的人——教師。全語言教師的形成有其特定的歷程，雖人人都不一樣，但相涉的轉變元素常是類似的，有些條件是在全語言教師形成過程中不能缺乏的。本章即將探討和全語言教師成長相關的各種環境條件，以及一些成長的實際歷程。

▶ 第一節
全語言教師的形成

全語言教師有各種不同的成長歷史。有的教師在養成階段即已沐浴了全語言教育，或接觸了相關理論，在走入自己教室教學之前，對經營一個全語言教室已有了藍圖；有些教師在自己的教學中已融合了全語言哲學觀，援用了全語言的原則卻不自知，也不熟悉或不冠用「全語言」一詞；對多數教師而言，成為全語言教師是個探索、冒險的蛻變之旅，或回首駐足，

或柳暗花明，往往是多人一起攜手走過，集體的學習經驗。

一、全語言教師的養成：職前教育

　　成為全語言教師有一些特定的條件，專業知識是其中最基本的，而專業態度則最重要。在職前養成教育中，師資培育者可以指出專業知識獲取的途徑，但不一定能確保學生就業以後維持專業態度。全語言是個需要被生活出來的哲學觀，任何人想實施全語言，不只要真正瞭解全語言的哲學觀、原則，並且要活出這個信念，亦即真正執行出來。一個教師如果在養成教育中即接受了全語言的教育，將來在職場上就容易成為一個全語言教師。全語言既不只是關乎語言教學，在師資養成教育中一樣可以應用，全語言的大學教室就好像全語言小學教室一樣是存在的事實，許多全語言學者在大學裡即在示範這樣的教學。如果想要一個職前教師將來成為全語言教師，在師資養成課程中，就要實地操作全語言的原則，師資培育者的教學要反映、示範全語言的哲學觀，示範無法經由直接教學教會別人的態度，呈現一個全語言教師和全語言課程的樣貌，讓學生浸淫其中，涵養相近的態度。

　　要學生成為全語言教師，師資培育者需要裝備他們相關的專業知識，全語言教師必須瞭解有關認知、學習、語言發展、語言學習、閱讀與寫作歷程、課程等的最新理論和研究，這些是師資培育課程中所應涵蓋的內容。教師可以設計專業書籍、文獻閱讀的活動，藉由閱讀和討論，幫助學生建立他們的相關理論架構，並讓學生透過對自己學習的省思，檢視自己的理論。學生在學習上的省思可以不同的方式進行，學習札記、對話式札記、討論、兒童觀察、自我評量、同儕評量、學習檔案等都是可行的方式。全語言師資培育者 Heine 和 Hornstein 認為，除了充實專業知識、建立理論架構，要成為全語言教師，學生還需要有機會練習如何建構一個全語言課程，他們設計了一個師資培育課程的模式，兼顧了理論的建立和實務的操作，包含了以下六個成份：*1.* 投入教室內的邀請：所謂的邀請意味教室內的活動是由學生選擇參與的，教師要學生在所提供的多元活動中選擇對自己有

意義、重要、有興趣、且能聯繫個人經驗的活動去做，並鼓勵互助合作，多讀、多寫、多思考；2.對自己學習的省思，以便更瞭解自己的學習歷程以及別人的學習方法；3.檢視理論和個人信念：藉由閱讀和討論，學生建立他們的學習理論架構；透過對自己學習的省思檢視自己的學習理論；4.將建立的學習理論聯繫於兒童的學習之上，找機會觀察兒童，與兒童互動，進而選擇特定兒童作個案研究，幫助學生將理論具體化；5.進一步對教學作探索、批判和修改；6.規畫全語言環境：進入實務現場，根據理論為兒童設計學習經驗，練習以兒童的興趣和所提的問題發展探究的主題（Heine and Hornstein, 1996）（見圖9-1）。整體而言，教師要建立一個學習者社群，賦予學生自主權，主動參與於所選擇的活動，在過程中，並鼓勵同儕多互助協助，合作學習。在一個支持的學習社群裡，藉由與教師和同儕的互動及合作，學生一方面可以在一個全語言課程中生活學習，同時也有機會練習規畫一個全語言的課程。這樣的學習是發生在真實的情境之中，而也有紮實的理論基礎。

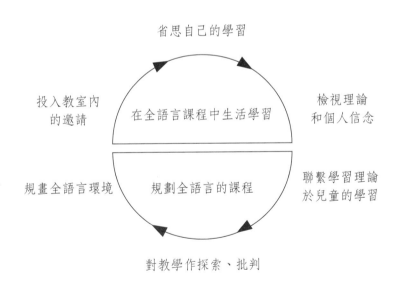

圖 9-1　全語言教師培育模式

資料來源：Heine and Hornstein, 1996, p.182。

從師資培育的經驗中，Whitmore 和 K. Goodman（1996）呼籲，所有相信全語言哲學觀的師資培育者，要認真執行自己所教導的內容，也就是說，老師的老師們在教學中要活出自己所傳授的哲學觀。他們建立了一個探究導向的師資養成課程，包含了以下元素：1.建立學習者社群；2.尊重學習者，並支持他們的學習；3.與學習者一起轉化課程；4.記錄學習經驗；5.提高政治層面的知覺和行動。這是一個循環式的學習，在這個循環中，學習社群中相涉的個體須持續地探討學習的議題，解決其中的困難，持續再提出問題。這個過程形成了成員的學習經驗，也讓他們有意義、有目的地使用語言。原來的問題解答了，困難解決了之後，新的學習議題、問題和困難又被提出，導向下一步的學習。

這兩個模式都反映了全語言的課程和教學的幾個原則——尊重、賦權、擁有、相關、社群式學習、持續的省思等。Whitmore 和 K. Goodman 特別加入政治知覺此一元素，強調教師在職前就要體認到，當教師成為專業並表現像專業時，勢必要面臨一些政治性挑戰，例如，在決定要與學生一起建構課程，不再使用上級規定的教科書時，馬上得面對如何說服主管、如何在既有體制下自主運作的挑戰，這就是政治性議題，教師需要覺察並專業地行動。這兩個模式說明了全語言師資培育環境中的要素，這些要素也適用於全語言教師在職成長的情境中。它描繪了多數教師成為全語言教師的過程，在許多全語言教師成長團體和教師支持團體中，也包含了其中數個要素。教師的學習和兒童的學習歷程是很相近的，在職前養成和在職成長的過程中所需的助力和環境也類似。教師在職前階段就能經歷、體會何為有助學習的環境，進入實務現場教學時，較能提供類似的學習環境。有心幫助職前和在職教師學習、實施全語言者，可以考慮儘量涵蓋這些層面。

二、成為全語言教師：在職成長

沒有人能強迫任何教師成為全語言教師，任何教師想成為全語言教師，並非一旦下了決定就能瞬間達成，或參加一、兩個研習會就具備了充分條件。成為全語言教師是一個漫長的歷程，是一個特殊的專業成長的歷程，

也是一個冒險的歷程。過程中教師必須與許多不同的個人和團體，從事密切的互動、合作，也必須投入跨不同知識領域的專業訓練，接受裝備。最重要的是，那是一個改變、革新的過程。

推動全語言教育的歷程，可能是一個涉及多層級人員教育信念派典的轉換的歷程，這些不同層級人員包括師資培育者（師資養成課程中所有相涉的教育者）、教師（包括在職和職前教師）和行政人員（校內和更高教育行政當局中的上司）。信念主導一個人的行動，在教育上的信念，尤其是對學生如何學習的信念，左右了教師在教室內所做的事，也影響了多數行政決策，只是許多教師和行政人員在執行工作時，並不意識到自己是如何地被內在的信念所牽引。教育工作者在學習信念上的覺知或改變，往往是教育實務起變化的關鍵。

對多數教師而言，實施全語言必須經歷派典的轉換，他們得重新檢驗自己對認知發展、學習、語言學習、讀寫萌發、閱讀理解、閱讀歷程、寫作歷程等心理現象本質的認識，參閱最新的相關文獻，與他人討論分享，再放諸自己教室內的學生身上，反覆作省思檢驗，必要時並作調整修正。他們也必須重新思考何為教學，以及他們在學生學習過程中宜扮演的角色，調整自己的實務，以便能充分催化、促成學生經由假設、假設測試修正、形成概念、調查、探究等不同方式的知識建構。「如果一個教師對學習的信念沒有改變，那麼他課程和教學的內在精神和外在活動，都不可能改變。」（Files and Wills, 1992, p.46），實施全語言就是一連串理念和實務的改變。

全語言教師視「改變」是一個「學習」歷程。教師也是學習者，他們的學習其實非常相似於學生的學習歷程和現象，什麼對學生有益，也就對教師有益。若思考學生學習的本質，就能瞭解教師可能履涉的歷程以及他們的需要。坐等著接受其他專家學者灌輸知識，對改變不會有什麼幫助，學習不會活絡成有生命，教師需要從自己的實際經驗中建構出意義，以便真正瞭解理論。學習過程中，他們有學習者的個別需要和發展的個別速度，這些個別性和個體的複雜性需要被尊重；他們需要有能力同儕的協助，以臻更上一層的學習效果；他們需要被賦予作決定的權力，因而就有能力為

自己的學習負責任；他們需要被尊重為有能力學習的個體，也有評量自己學習的能力。全語言教師和他們的學生一樣，需要被尊重，被賦權。

　　學習和改變都需要時間，全語言教師的成長需要時間。除了時間，他們也需要外在相關環境條件之配合。在就職前就已接觸過全語言的教師，亦即在全語言教育中養成的教師，和在教職中成長為全語言的教師，可能走過不同的路徑，卻又歷經類似的過程。他們在不同的組織型態中學習成長，走過各自獨特的學習歷程。相似的是，他們都在所屬的學習社群中成長，也都需要來自相關人員的支持和協助。在職教師的成長，除了自己在專業知識和能力上的主動追求，也可尋求團體的支持，藉由參與成長團體、支持團體，教師將自己置身於學習社群之中，與其他信念相近的教師互相提攜，一同成長。教師成長所須的委身和條件在第八章已充分闡述，下兩節將就教師成長團體和支持團體分別探討。

第二節
全語言教師成長團體

　　全語言相信，學習社群是學習醞釀、發酵的必要場所，全語言教師需要進入一個能支援其學習的社群之中，團體於是成為全語言教師成長的重要環境之一，也是成功推動全語言的溫床。

　　全語言學者常以傳達模式和交易模式的比較，來闡釋全語言所支持的學習狀態（詳見本書第二章）。以這兩個模式的比較來探討教師的學習，可以同樣指出何者切合實際，何者合宜。傳達模式的學習要學習者被動接受知識，按預設的標準去操作執行。可惜我們無法「教」全語言，更無法「支使」教師實施全語言。交易式的學習容許學習者冒險犯錯，也鼓勵學習者探尋自己的意義，建構自己的知識，這正是一個教師實施全語言必須走過的路。

　　教師的學習和學生一樣，需要建構自己的意義。在派典轉換的過程中，教師不能只接受他人給予的知識和實務，卻需要針對其所聞所見所讀，反

興趣，進而熱心地想將這新的理念在學校或學區中推動。他們回校後可能對教師們談論全語言，並表達想要嘗試的計畫。接下來大概會舉辦一至數天的研習活動，讓老師瞭解全語言的理論，學習實施的方法，然後就要求教師開始在教室內實地去做。很不幸的是，許多主管的行動就到此為止，將後續的發展和問題留給老師們自行面對。其實後續的狀況是不難想像的，教師們可能不再有教科書可用，更無教師手冊可作為教學的依循，面對需要自己準備學習材料，創造學習機會，設計學習活動，必須用有別於過去的方法評量……等，都是極大的挑戰，對某些教師而言也可能是全新的經驗，其艱辛可想而知，再加上如何解讀學生在學習上的表現、如何與家長溝通等問題，教師很難單獨承擔。這樣的改革，情況較好的，教室內的學習材料有了改變，也增加了一些新的活動，但充其量都是些表面或短程的改變而已；情況較差的，教師可能對上級的命令採取不理會或抗拒的策略，甚或引起外顯的反彈和對立，改革完全停擺。這樣的結局並不令人意外。研究指出，在課程改革中，除非教師能徹底參與整個改變的過程，具體指出他們所覺察到的問題和需要，並有機會和權力作自我的調整或改變，否則學校的變革沒有成功的機會（Fullan and Pomfret, 1977; Lester and Onore, 1990）。Matlin 和 Short（1996）強烈質疑，只上一兩天教導「如何做」的研習，就要求老師執行上級交辦的新課程，卻未再提供任何必要的、相關的後續支援，所產生的短程或表面的改變，實談不上是課程的改革。

另兩種途徑之有別於第一者，是將改革的擁有權（ownership）交賦予教師。行政人員固然可為了推動新課程而起始成長團體，但是改革的過程應該以教師——在改革中受最大影響的人為核心。行政主管在成立了成長團體，鼓勵教師參與之後，應逐漸退居同儕的地位，由多數教師主導團體的運作和相關課室內的改變。Bird（1989a）和 Matlin 及 Short（1996）參與並記錄了藉由教師成長團體的運作，成功轉換成全語言學校的實際改革，記錄了類似的過程。兩校成長團體的火種雖然由行政主管點燃，並邀請了校外學者的參與，真正添加燃料，維持後續燃燒的是教師們。值得注意的是，在這兩個案例中，教師都是自由參加，校長只成立團體，提供了參與的機會，但未強制規定。資料也顯示，團體成立之初只有部分教師參加，

在團體運作了一年之後，因看見了參與者本身及其教室內的改變，未參與的教師都自動加入了團體中。

二、成長團體的運作

一個校內成長團體的運作，民主、自由應是貫徹不變的精神，不管起始人、帶領人是誰，都要注意這個組織性原則。帶領人主要在做統籌、組織的工作，幫助成員可以在多數人設定的方式、方向和目標上，有共同焦點地合作前行。所有成員應都是自願參與，團體的規模可大可小，有些由教師起始的團體，可能只有少數幾個教師。本書作者曾實地參與了一個全語言幼稚園班級的形成，過程中教師與作者用以幫助彼此成長的媒介，只能說是一個成長小組，開始時的成員只有該班的兩位老師和作者。重要的是，參與的成員要有共識，願意共同面對個人和團體專業上的問題，一起尋求解決的方案，並協助彼此改進。Matlin 和 Short（1996）所參與一所小學之教師成長團體的運作，是一個展現上述民主原則的例子。

這個團體雖由校長所起始建立，但在一開始即將主權交給自由加入的教師們。在初期的聚會中，教師一起討論、設定該學期聚會的議題和議程，他們集思廣益提出討論的可能主題和方向，再議決其一而行。在這個大方向之內，每個教師再設定自己當年度或學期的發展重點，思考在教學、專業知能上要做些什麼，擬訂自己的成長計畫。每次聚會時，他們會帶來各種足以反映個人專業思考和教室活動的材料，例如：學生作品、教學檔案、學生的學習檔案、專業期刊文章或書籍、童書、行動研究的田野筆記、個人的閱讀札記……等，與其他教師分享，每次會議結束前，會再議定或確認下次的主題和程序。過程的主導權顯見是在參與教師手中，校長此時就是這群學習者中的一員，帶領人則只在促成議定的程序（Matlin and Short, 1996）。

團體的運作沒有固定模式，最基本的條件是參與的教師們能找出共同的時間，定期聚會。不同的團體可能經驗過不同折衝出例行聚會時間的過程，行政主管在這過程中扮演著頗重要的角色。面對這個問題，首先要決

定的可能是要在上班時間內，或另外在下班後挪私人時間聚會。如果使用上班時間，彈性調整上課時間，以便能挪出空堂，則需要多方協調，尤其在不同年級教師之間。有些校長願意付代課老師費用，以便參與教師聚會時，學生仍有人帶領，這是行政支持的極端例子。有的團體因成員體認團體對自己的重要性，而願意花個人的時間做這事，牽涉到的問題就較單純，只須協調出共同的時間即可，不少團體是在星期六上午聚會。

聚會的目的在幫助參與者專業成長。聚會的議程，各團體因自己的需要各有焦點，通常是教師利用聚集在一起的機會思考、分享、討論他們設定或關心的內容，可以是挑戰、省察或分享自己的教學，探索理論和實務的關係，澄清信念和教學上的矛盾衝突，分析教學上的問題，交換資訊、想法，理清個人和專業上發展的需要，互相支持教學實務上的改革……等。教師們藉由討論分享的過程，互相激盪、協助解決問題。如果成員人數較多，個別的需要無法完全在大團體中得到滿足，一般會再分成小組，讓同質性高的教師（例如同年級的教師，或教學發展方向相似者）可以集合，更聚焦地合作學習。在這過程中，各個教師可依自己的主客觀情況，在教學上作不同程度的調整改變，再回到團體中，將執行的過程、結果重新檢驗，再作調整修正，如此反覆循環，逐漸提昇教學與理念的一致性，更趨向全語言的哲學觀。

在這樣的團體中，成員之間的關係是影響學習成效很重要的因素。從一開始，帶領人就需要營造一個不具威脅性、安全的氣氛，尤其當團體中有行政主管參與時，更要明確地建立接納和信任的文化，讓教師相信，團體是學習而非評量的場所，每個教師可以有自己的學習方法和速度，同儕之間在此是為互相幫助而非相互競爭。帶領人要鼓勵參與者，一起經營成學習社群的環境。

在這種型態的學習中，資源是幫助教師成長另一個重要的元素。促成教師成長的資源是多元的，可以是外來的專家、專業書籍期刊文章，也可以是同儕。過程中所採取的行動策略，諸如教學分析、與其他教師合作、與學生的互動……等都是資源。行政上如何支援資源的供應，則是另一相關的條件。

行政人員在成長團體中可以扮演多元的角色。如果行政主管參與了團體，身為學習社群的一員，不宜干預團體運作的內容和議程，也不應規定教師發展的實施細節。他在行政上主要的角色是發揮行政支持的功能，例如，前面提到的聚會時間的選擇，校長在可行範圍內宜盡力促成其事。有的教師可能需要在固定大團體聚會之外，另有機動性的討論機會，及時掌握改變或學習的契機，這也是行政人員可以協助達成的，上述資源供應的協助是另一支援的範疇。此外，行政主管要能認識教師在過程中的付出，肯定他們的努力。

三、成長團體的功能

　　教師成長團體提供教師學習和成長的場域，一個正常運作的成長團體，要能發揮以下的幾項功能：

1. 為教師提供專業發展上的長程支持，這種支持具有針對個別需求、容許個別進程、彈性又機動的特性，是其他型態的專業活動，如短期在職研習活動或大學進修課程所無法提供的。

2. 提供教師討論分享的機會。有別於一般校內教學檢討會議重在集體的管制、要求，成長團體中的分享討論乃聚焦在教師選定的或個別化的議題之上。

3. 提供教師在自己的教學上從事實驗、調整的機會。所有的實驗、調整是自發的，乃教師的選擇而非上級的規定。

4. 建立「賦權予學習者」的教育文化，讓教師和學生都可以在學習上有更高的自主權，各人可以決定自己的學習內容，設定自己成長、改變的進度。

5. 陶鑄學校的既有文化成為社群、合作的文化，整體上更貫徹全語言的哲學觀。

四、成功案例的特質

　　文獻上記錄了許多成功的教師成長團體的歷程（Bird, 1991; Files and Wills, 1992; Mack and Moore, 1992; Matlin and Short, 1996; Pahl and Monson, 1992; Siu-Runyan, 1992a; Steele and Meredith, 1993），並勾勒出這些團體的運作在教師派典轉換，及全語言哲學觀的實踐上所扮演的角色。仔細分析這些成功的個案，可以歸納出一些共同的特質，這些特質是一個成長團體在促成教師專業成長上，發揮作用之處。教師成長團體如果是一個學校課程改革歷程的一部分，要它能有效發揮作用，大概需要具備有下列幾個特質：

㈠支持

　　支持應該從兩方面來看，一是團體內成員間的相互支持，一是從行政來的支援。行政主管在推動改革之際，應體認教師將經歷的不只是一個派典轉換、觀念改變的歷程，教學上也可能作大幅調整，他們勢必面臨困難、問題和疑惑，所需要的教學資源和協助也會與前此不盡相同，他們需要長程的支持。因此校方須準備好，願意長程地提供教師所需的支援。

　　行政上的支援，涵括很多不同的面向。時間是個重要項目，除了前面提到聚會時間上的需要，教師的改變也需要時間。他們的觀念，須經反覆地檢測、探究、修正、對照、調整、印證，才能逐步轉移趨近全語言哲學觀。他們在教學上的改變也是漸進的，在自己特有的環境條件之下，教師需要依情勢和需要，找出可行的方向，創造出可進行改變的契機或狀態，一次也許只能動一小點，待成熟了再擴展其面，是長程的奮鬥，都需要時間。教師自己、同儕和行政主管都要能接納成長需要時間此一事實。

　　除了需要時間成長，教師也需要協助及資源。教師既然須經歷長時期觀念的轉變和教學上的革新，在教學和專業知識上都需要許多扶持、鼓勵、回饋、建議、輸入和供應，所需的各種資源和協助，團體宜協助其尋得。行政人員和團體其他成員都可以是協助的來源，團體匯集了不同的人力、

智力、經驗和物質資源，會較個人提供更大的支援。

　　行政主管亦有其積極性的角色。任何教師成長課程和歷程，都須教師和行政主管一起參與投入。行政主管的角色，要能超越開設研習課程、提供教學技巧或活動範例。他們需要也檢視自己的教學信念和實務，參與改變的過程，和教師一起成長。在校內營造支持性的環境和組織氣氛，讓老師有安全感，願意嘗試實驗，不怕犯錯。對教師在改革上的嘗試，要能接納；對他們的努力，要能辨認肯定。

㈡委身

　　全語言的重要學者 K. Goodman 認為，成為全語言教師的第一件事是委身（commitment）（K. Goodman, 1986）。邁向全語言的課程改革，也需要相關人員願意投入委身，教師成長團體，當然也延續這個精神。成功的成長團體中，通常要求各層級的委身投入，包括教師、外來協助者（如學者或課程專家）、行政主管以及資源。

　　成為全語言教師非一蹴可幾，沒有任何套裝的課程或手冊，明編了預設的步驟或方法，教人如何成為全語言教師；成熟全語言教師的經驗，也不見得都適用其他人。在支持的環境之中，發展的路每一個教師仍須親自走過。嘗試全語言可能意味著須嘗試不一樣的教學，得多花時間準備，多花心神蒐集材料，冒可能犯錯的險，過程中得多與學生協商，常思考，隨時省思，多讀書，常與同儕討論，與家長溝通……等，如果沒有自我承諾，願意委身付出，是無法持續進行的。除了付出和自我調整，在成長團體中教師還要願意開放分享，互相激勵，提攜一起學習的同伴。

　　不少成功的教師成長團體中有外來人士參與，可能是大學來的學者或學區的課程專家。他們所扮演的角色通常是顧問，有的也在團體成立早期擔任帶領人的工作。他們主要在提供教師專業知識和技能的諮詢，也充分發揮支持的功能。加入團體的這些學者專家，通常對團體都有極大的投入，願意付出時間精力幫助教師，給予回饋建議，和教師一起合作學習，並盡力提供專業上的資源。

　　行政主管和行政的配合也應是委身的一部分。他們要願意在物質和精

神上支持教師的改變，並耐心等待其成長。在校級的改革中，行政人員以校長為首，若課程改革涵蓋更大層面，則學區教育主管也是相涉的行政主管。作者曾參與美國加州灣區一個跨學區大規模的雙語學校實施全語言的課程改革方案，其中所涉及行政上的投入就更多層更複雜。

行政上的承諾有許多時候是反映在資源的投入上。課程改革過程中有可能學校經費和資源的調配，須重新調整。全語言課程需要大量兒童讀物，文學類的書籍供學生閱讀寫作；非文學類書籍供學生作主題探究時的參考。還需要其他類型的閱讀書寫材料，供學生作真實的讀寫。在全語言教室內，學生主導的寫作、出版、故事創作會大量出現，紙張的需求大量增加，寫作、出版所需的材料和工具也是必要的。為了滿足教學上需求，經費和資源的運用上需要有彈性，有些校長會把購買教科書和練習本的經費移作童書的購買，實質上支援教學上的改變。

(三)尊重

成功的教師成長團體往往維持和諧的人際關係。團體成員間的互動，必須建立在尊重的基礎之上，因為尊重是全語言的重要精神。尊重的態度必須反映在例常的互動之中，參與的每一位成員都當有尊重「學習者」的態度，學習者包括學生、教師、行政人員，甚至外來的學者專家。在這個學習社群裡，每個人都有自己設定的學習目標、方法、進度和評量自己學習的方法，應得其他成員的尊重。教師尤須自我提醒，在轉換的過程中，教學上需要更多地去聽取學生的想法，接納學生的個別性、獨特性。

(四)自主

尊重的另一面是自主。成為全語言教師，既無法依一套步驟操作，也無法在上級規定之下達成。全語言鼓勵學習者以探究的態度和方式進行學習。教師希望學生培養探究的能力和習慣，自己卻常不被鼓勵從事探究，主導自己的學習。事實上，教師也需要主動建構知識，而非被動接收知識的灌輸。唯有學習者最清楚自己的需要、問題、困難、優劣勢，因而較能提出切合的解決之道。

成功的成長團體就將專業成長的主導權留予教師自己，讓教師對自己的學習和教學提出問題，決定回答的途徑或解決的方法，同時教學上賦予教師執掌的權力，他們可以決定要讀哪些專業書籍或文章、材料，要參與哪種方式的合作模式，教學上先從哪一點著手……等。藉由主動參與的歷程，教師發展了自主性，培養對自己教學主動思考、省察的態度和能力。不同發展階段的教師，可以在自己關心的領域裡有各自的成長空間和速度，在教學上各作不同程度的調整，提高了教室實務改變的可能性，在團體中，教師的聲音想法亦被聽聞、採納。

掌握了全語言原則的教師，會將自主的精神反映在課程和教學上。他將學習的自主權賦予學生，保有課程上應有的自由和彈性，以容納學生的想法，他會隨機與學生協商，提供學生選擇的自由，在學什麼、如何學、如何評量等事上，讓學生的聲音想法亦被聽聞、採納。

(五)省思

成長過程中，教師需要有時間聚在一起思考、分析、分享，成長團體是滿足此需要的有機體。它提高機會，讓教師可以對自己的教學和學習作省思（reflection）。它也提供合作學習的環境和所需的協助，幫助教師回應自己在教學和學習上的問題，教師可以成熟的態度，在他們所創造的教學情境中，體驗改變的歷程。Matlin 和 Short（1996）指出，除非教師能在充分支持的環境中，對自己教學上的假設作檢驗，對自己的教學和學習作省思，否則成長和教學上的改革都可能遭阻礙、延宕。

成功的教師成長團體，通常會在個別教師的專業發展和學校文化、組織氣氛中留下痕跡。Matlin 和 Short（1996）所記錄成長團體對個人和學校的影響，亦常見於其他的成長團體之中，這些正向的影響包括：

1. 因為團體支援個別的專業成長，並形式一個支持性的學習社群，教師對自己和同儕的信心增加了。
2. 教師所採取的研究行動，直接改變了他們在教學和學習上的焦點，提昇了自己的教學，間接地也影響到校內其他的教師。
3. 教師體驗了自主在教學和學習上的重要性，也養成了獨立思考的能

力，就不再單單倚賴外來專家的意見，他們視自己為決策者，藉由省思和行動，他們主導自己的改變，願意為自己的決定負責。

4. 經過反覆的閱讀、思考、分享、批判，教師逐漸有能力結合理論與實務，教學活動的設計，會基於教師對學習和課程的信念，一致性高，教學理念也明確可辨。

5. 在合作學習、一起成長的過程中，教師體驗到改變是專業發展的自然過程，而非教學上犯錯導致的結果，而讓教學上的改變成為專業成長必然的一部分。

6. 教師願意更多更進一步追求專業知識，有的藉由進修，有的藉由閱讀，提昇自己的專業知能。有的願意在研習會或研討會上發表，分享自己的知識和經驗，幫助其他的教師成長。

第三節
全語言教師支持團體

教師支持團體和教師成長團體一樣，都是支持、幫助教師成長的團體。不同在於教師支持團體的成員來自不同學校，有較高的異質性，可開闊參與者的視野，帶入多元的觀點和經驗；因為它的跨越性和聯結性，教師支持團體在全語言運動中扮演著很重要的角色。

在許多文化裡教師是弱勢團體，他們常覺得必須單獨去對抗外來的敵對勢力，他們必須承受從政府、家長、行政主管或主管單位、商業界、甚至學生而來的壓力。他們常常因學生的考試成績、學習或行為等問題而被責怪，雖然學生失敗的背後尚有複雜的衍生自社會大環境的因素。他們常感勢單力薄。實施全語言，教師的壓力會在這一切之上再添加。許多全語言教師需要面對其他教師所未面對的問題，有些問題無法單獨解決；某方面而言，他們有別於其他教師，孤獨感更深。全語言教師需要支持，尤其是同儕的互相支持，彼此提攜，一起成長，這通常是全語言教師支持團體組成的原因。以下這段話很能描繪全語言教師支持團體組成的背後動力：

許多教師開始組織支援和成長團體，讓有志一同的教學工作者可以聚在一起，互相傾訴安慰，進行自助式的團體治療，分享彼此的成功經驗。他們討論全語言的教學技術、教學策略和教學單元；規畫適當的方法，以應付心存懷疑的同事、備感威脅的行政人員以及困惑的家長。慢慢地，他們不但參與了自己的在職教育，也介入了同事的在職訓練。他們會在研討會中報告，或進一步地組織及規畫公開的研討會及示範教學。（李連珠譯，1998，頁136）

在教師支持團體中，對教師而言，最基本也是最重要的是他們可以互相支持打氣，彼此扶持成長。當他們分享自己的教學策略和問題時，有人願意聽且關心、認同，讓他們不再覺得孤單，減輕了專業上的孤立感，有許多情感上的幫助。分享過程中，他們常常被其他有經驗或成功的教師鼓舞，激起更多教學的熱情，願意繼續堅持下去。

其次，教師需要在專業團體中精化自己全語言相關的知能，進而發展教學上的專長。在全語言教師團體中，他們有機會參與討論，和他人進行具個人意義的對話。有些教師參加全語言教師團體，是有心想多瞭解全語言的學習和教學觀、它的理論和實務，或想尋求有用教學上的建議或點子，提昇專業性。有的教師想與其他全語言教師分享自己的研究、教學，而教師團體通常會舉辦研討會或在職進修研習，正提供了教師發表的適當場所。團體中資訊的流通，也讓教師們較容易取得新的知識和活動資訊，保持敏銳。

此外，教師須與其他有相同專業關懷的人聯結，有許多全語言教師關心的議題和困難，是其他專業團體未曾關照到的。結合成團體，可以較有形、出聲、正式地表明立場，提出訴求。教師可以團體一份子的角色，和其他成員一起面對所遭遇的問題，這些問題常是他們共同的問題，例如，如何與行政主管溝通，降低標準化測驗在學生評量上的比重，或說服校長讓教師可以不用教科書教學。在團體中教師學習如何正向、有建設性地護衛自己及自己的專業。

密切觀察教師支持團體發展的學者發現，教師支持團體出現的時機，往往是外在教育環境趨惡劣之際。Mack和Moore（1992）記錄了美國俄亥俄州大量全語言教師支持團體形成之際，正是教師面臨強大外在壓力之時，也是標準化測驗、教育相關立法、學區經費短缺、大眾抨擊國家教育報告書內容等教育界波濤，造成對教師和教學嚴重影響之時。教師們採取團體的方式，來對抗這些壓力。

一、教師支持團體的發展

一九八〇年代當全語言運動在加拿大、美國大大興起，越來越多教師開始嘗試全語言之際，全語言教師支持團體需求的呼聲在各地響起。八〇年代晚期，美加各地全語言教師支持團體紛紛成立。從文獻上難以追溯最早的全語言教師團體是哪一個，但美國密蘇里州哥倫比亞市的教師支持團體，一般被認為是最早的全語言教師支持團體之一，它的運作模式也為其他團體提供了具體的參考。

為了確實發揮具備支持的功能，全語言教師支持團體通常是區域性的，以同城市和鄰近地區為範圍集合教師。因此，以美國和加拿大為例，同一州或省份之內，就可能有許多個全語言教師團體。全語言教師團體並沒有一致的名稱，最常見的名稱是 "Teachers Applying Whole Language"（實施全語言的教師團體），簡稱 "TAWL"，中文簡譯為「全語言教師團體」。同樣是全語言教師支持團體，也有可能使用其他的名稱。在大大小小不計其數的教師支持團體中，只要是提倡全語言哲學觀，或持有一個整體觀、兒童中心的教育態度和立場者，不管名稱如何，都可視為全語言教師支持團體，因為他們的立場相近，而組合的目的類似。

有許多全語言教師支持團體是由實務工作者發起。美國早期全語言教師支持團體的創始人之一 Dorothy Watson 記錄了美國某一個全語言教師支持團體成立的始末。整個故事是從一個研討會開始，一位小學四年級的教師參加了一個全語言研討會之後不久，寫信向 Watson 求救，希望得到一些指點或資源，幫助他解決當時面臨的問題——如何更進一步認識全語言及

尋求教學改進上的建議。Watson 記載著：

> 朱麗在信中一邊訴說著他過去十年教學生涯所累積的疲累和挫折，
> 一邊卻又十分興奮地談論著他在三天研討會中被激起的興奮和熱
> 情。他決定要繼續研讀、瞭解全語言，同時也計畫要修改他的課
> 程，因為他驚覺到自己過去的教學實在有太多問題。但是回到自
> 己的教室之後，研討會激起的興奮逐漸在消退，會中小組的討論
> 已結束，遇到的那些自信的全語言教師們又遠在他城，專題演講
> 的錄音帶已重複播放了幾十遍，但內中的資訊早已不夠使用，他
> 覺得極度孤單。（Watson, 1991, p.373）

身為教師支援團體成員的 Watson 回信給這位教師，大大地鼓勵了他，
給了他一些建議和忠告，並附上一些全語言相關的文章和閱讀書單，又請
另一位四年級的全語言教師與他聯絡。這位教師在接到這些鼓勵和訊息之
後，努力在他所在的地區尋得了另二位想法接近的老師，聚集起來，開始
他們專業上的分享討論和追求。這是該地區教師支持團體的起頭，開始時
只有三個人。他們的聚會和在專業上的改變吸引了他們的同事和教師朋友，
人數急遽增加，他們一邊彼此幫助，一邊學習著組織運作他們的團體成為
一個正式的教師支持團體。值得注意的是，這是一個完全因著實際需要由
教師主動組成的教師團體，他們也一起掌握了該團體的發展。類似這樣的
發展歷程在許多教師支持團體中都可看見。

區域性的全語言教師團體，是一個個的學習社群，他們需要與更大的
全語言社群聯繫。經過一些較大區域團體核心成員的努力，整合全語言教
師團體的更大國際性專業組織 "Whole Language Umbrella"（全語言聯
盟），於一九八九年二月間在加拿大曼尼托巴省的溫尼伯市成立了。它的
名稱反映出它成立的意圖，是嘗試要整合全語言相關的專業團體。以 "Um-
brella" 為名，意喻它可以如「傘」一般結合、包容國際間所有的相關組
織。這個組織提供了一個機制，讓不同國家、州別省份、城市間之全語言
擁護者能保持聯繫，擴大分享的層面及於地區、州際、甚至國家以外，打

破了過去地域性的限制（Watson, 1991）。國際性的全語言聯盟發揮了幾項重大的功能，它不只擴大了內部的分享層面，建立了聯絡網，同時作了外環的聯結，與同領域重要學術組織——國際閱讀協會（International Reading Association）、美國英語教師協會（National Council of Teachers of English）——聯合，就語言教育進行更多學術性和實務上的互動。在成立多年、嘗試了不同合作方式之後，目前全語言聯盟隸屬於美國英語教師協會之下，以附屬組織的地位，更多聯結整合，更有效地運作。

二、教師支持團體的本質和功能

就團體的本質和功能而言，全語言教師支持團體和教師成長團體是很相近的，上文論及教師成長團體之功能和特質中所提列的內涵，在教師支持團體中多數都可以找到。在這種學習社群中，成員對自己學習和專業成長以及團體的組織運作，有充分的自主，成員間互相支持，彼此尊重，藉由分享討論、持續的省思批判，發展新的理論和實務。

(一)自願、自主、建構

教師支持團體是種社會團體，有興趣者自由選擇加入。較諸成長團體，教師在支持團體中發展出更高的主導權和自主性。跨越學校以區域為單位的教師支持團體，鮮少是由行政主管或握有管理督導權力的個人出面組織，教師通常是起始者和主要成員，也是多數成員。團體的運作由教師主導他們充分掌握團體的程序，雖然在許多團體中有教授學者參與，但這些人通常與教師一樣是「會員」身分，即使他們也常發揮「精神領袖」的功能，但在決策上不見得反映其學術權威，他們支持但不教導。在較小的團體中，所有教師共決內部的運作，較大的團體則通常有其行政組織（如選舉產生的主席、諮詢委員、被委任的職員）和設定的行政程序，即使成員中偶有校長、學區教育主管之類身分者，它的運作也完全和學校或學區內的體系無干。對教師而言，這是個學校外的安全環境，也是自由的成長天地，每個人計畫、管理自己的發展，也協助伙伴達成目標。

在支持團體中，教師的學習一樣要經過建構的過程。透過分享討論，教師有機會聽到其他人的理念和經驗，但不一定得去接受或執行，他們體驗到全語言無法從別人那裡移植來，而需要從自己的教室內，建構出適用自己教室文化的全語言，形成新的教學實務，而新的實務須持續地修正調整，以適應教師自己獨特有生命力的教室情況。

(二)平等、尊重

在教師支持團體中，成員互相協助，也彼此尊重。對話時，所有參與者均被平等看待，視為同樣具有專業性。當團體中有學者教授參與，他們的角色較像是同儕而非外來專家。成熟的團體裡，成員會有共識大家是來尋求協助、提供支援，而非控制他人，因此不會去察驗他人全語言的知識有多少，也沒有人會將自己的全語言觀念或教學經驗強加在他人身上。他們透過分享自己的實務經驗，溝通想法信念，藉此讓參與者開始去思考自己過去的教學，各人按自己的需要和狀況選擇、參與、調整。成員間通常能互相信任，自在地分享問題和挫折。

(三)省思

在過去，教師的教學和學校的課程往往被教科書或上級的課程規定所主導控制，而非基於教師省思研究的結果。全語言鼓勵教師以他們的知識及對學生的瞭解作為課程決策的依據，而不再由校外的決策控制。因此，教師須增加知識的廣度深度，在環境允許他們按自己的決定實際執行教學時，持續的省思是必要且極重要的歷程。參與了團體之後，教師對自己的教學會較具省思能力，會常去檢視批判自己的教學和師生互動。省思可能讓他願意作調整，新的教學則又催促教師繼續作省思，而導出更進一步的修正，如此行動與省思交錯循環，批判意識就逐漸形成發展出來（Mack and Moore, 1992）。全語言支持團體因其安全、支持性的環境，是促進自我省思批判的場所，透過對自己教學的省思批判，教師重新整理組織自己的信念和實務。

㈣多元性

教師支持團體之異於成長團體在於成員的多元性和在地性。成員來自不同學校、學區，有其不同的客觀環境，不同的背景和經驗，這些不同的背景和經驗可以幫助其他成員從不同的角度思考解決問題。教育運動很少能考量到教室內社群的複雜性，在一個教室內有效的實務，換了另一個教師、另一個班級，不見得能照樣行得通。由當地發展出來的團體所提供持續性的支持，較能幫助教師去針對個別性做應有的調整（Mack and Moore, 1992）。教師支持團體聚合了各種不同的情境不同的經驗，其多元性所具的潛能，常可發揮個別性的協助作用。

三、教師支持團體的組織運作

㈠成員、行政

全語言教師支持團體是以教師為主，自由參加的團體，但是會員的招募可能不同團體間不盡相同。團體成立後，成員們接著會關心的一件事是新成員的來源和成份，他們需要決定哪樣的人是他們要邀請的對象，他們須決定是要廣納不同思維的人，還是要想法較相近者，考量時當然也須照顧到該團體所預設的功能或目標。有些教師團體會以已經在實施，或打算要嘗試全語言的教師為主；有的也會接受還在觀望尚未下定決心，或理念尚未理清楚的教師；有些則希望能推廣全語言哲學觀，影響大眾的理念，那麼他們也會邀請他們認為需要認識全語言，需要被說服的人。成員來源可廣可狹，來源廣可增加豐富度；來源狹則同質性高，運作容易，只要成員間有共識即可。有許多教師團體會邀請附近地區認同全語言之大學教授學者參與，有些全語言界知名的學者，如 Dorothy Watson、Kenneth Goodman、Yetta Goodman、Jeremy Harste 則原本就參與了當地團體的成立。所以許多全語言教師支持團體中有從幼兒學校至大學各種不同階層的教師。

成員人數多寡並不重要，也各有優缺點，重要的是如何讓團體有效地

運作，以滿足多數成員的需求。當人數太多時，分享討論可能不再能遍及每一個人，有些人的問題就無法被照顧到。有些團體在人數成長超越有效分享範圍之後，會分出支會，成立第二個團體；有些則仍保持原來的大團體，同時依某種質性（如教同年級的老師）再分成若干小組，聚會時除了大團體活動之外，再規畫小組聚會時間，讓教師在小組中有較切合個別需要的分享討論。

教師支持團體的行政組織也因團體而異，人數少的團體可能極其簡單，由多數成員分擔工作，人數多的可能就需要某種程度的組織才能有效運作。幾乎所有的全語言教師支持團體因經費有限都沒有專任職員，參與行政工作的大多是義務幫忙。但大團體中仍有可能有一核心小組，如諮詢委員會，為會務作計畫；有一個負責執行會務的召集人，及一至數名協助事務工作的職員。較有規模、有制度的教師支持團體，會考慮與當地其他專業團體結合，例如與國際閱讀協會的區域分會合作或掛在其名下。這樣的合作通常雙邊都能蒙受其益，有時兩邊的會員資格可流通，或一起辦活動，分攤工作，減輕人力負擔，又增加雙方的機動力。

(二)會期和聚會內容

教師支持團體最主要的工作是提供參與者定期聚會的機會。每個團體聚會的頻率不一，從二週一次到二個月一次不等，端看會員的需要和實際可行性。教師支持團體聚會的內容和方式極多樣化，常見的大致有下列幾類：*1.*教學分享；*2.*讀書會；*3.*演講；*4.*專題探討。有的團體會在聚會時邀請出版商或書商陳列專業書籍和童書，供教師參閱。

教學分享是教師聚合最主要的目的，也是最常見的活動型態。教師通常有興趣分享教學上的問題、點子、經驗、成敗得失或教學上的研究，例如：如何鼓勵幼兒書寫、文學單元如何進行、閱讀寫作如何與其他領域統整、師生或小組會議實施的程序和技巧、評量的方法……等。他們也分享學生的種種：他們做的事、他們的作品、寫作樣本及其意義、孩子的語言故事……等，幫助教師增加對兒童學習的瞭解。與學生的互動、和家長的溝通也是他們關心的重點，諸如班級經營之策略、學生的行為問題、親師

全語言教育

溝通……等也會是話題，他們並集思廣益，凝結出可行的解決方案或對策。他們也帶來各式材料，如教具、學習材料、學習單、童書……等，提供他人教學上的參考。要注意的是，分享、討論的參與應是自願的。若為掌握議程及時間，可在會前先作安排分享的人和時間長短。分享的內容也要考慮到所有成員的需要和興趣，以增加參與度。

讀書會是另一個常被採用的聚會方式。教師先選定閱讀的方向、主題或書本，先自行在家閱讀，整理出心得和問題，聚會時針對討論題綱進行討論。所閱讀的書可以是與全語言相關的書籍或文章，或其他的專業書籍、期刊文章、文獻，看教師的選擇。因為兒童、青少年文學在語文教學上的重要性，他們有時也讀童書，包括故事和非故事類的圖畫書，和青少年文學書籍。

邀請講員來演講是偶爾舉辦的活動，而非常態的聚會內容。在平常聚會中所安排的演講通常是較非學術性，例如請童書作者、插畫者談他們的書和創作歷程，因此所邀請來的人有可能是某個領域的專家或學者，或出版界、家長、團體以外的教師。Watson（1991）提及，有一次他們的團體請來一位學生分享他的詩作，在場老師們如何從他身上瞭解學生的寫作歷程，並對他提出的教學建議印象深刻。

有時聚會中會穿插有專業領域相關的專題探討，教師們針對某個教育相關的議題，如最新的教育政策、學生所在的社區的問題、某一社會事件對教育或學生的影響，進行討論，甚或採取某種行動，這類活動也是順應時機而出現的活動。

上述各種型態的活動有可能會交錯安排，或一次聚會中同時出現二種以上。要注意的是，活動的安排要基於教師的需求，要能兼顧所有成員的興趣，探索嘗試各種可能的方式和資源，讓活動的內容總能滿足參與者的需要，使聚會生動有趣，提昇一起研究學習、互相激勵的功能。

㈢其他服務

在上述提到定期聚會共同參與的活動之外，教師支持團體也會按人力所能及提供成員一些其他服務。有的團體會在聚會時邀請出版商或書商陳

列專業書籍和童書，供教師參閱，是一種體貼的服務。有的團體提供圖書館服務，購買收藏相關的專業書籍存放在固定地點，在開放時間內，供成員借閱。有的舉辦短期在職進修課程或研習活動，幫助會員在職進修成長。有的團體會舉辦不定期的學術活動，包括邀請著名學者作正式的演講、舉辦教學研討會，讓參與的教師有機會作正式的發表。有些較成熟的教師在這類研討會中發表，變成了受歡迎的講員，進而受邀在不同層級的在職進修研習會中演講，逐漸成為某個領域的顧問或專家。這是教師支持團體發揮的另一項功能——幫助教師成為專家。多數團體會提供定期的出版品，例如，會訊、期刊、活動通知、會員通訊等，提供會員文章或相關資訊，算是對會員的服務。

　　國際性的全語言聯盟也對會員提供類似的服務。他們有定期的會議，但因為是跨團體、跨地區的組織，會議間期較長。也舉辦年度學術研討會，其規模和參加的人數可想見相對的要大得多。他們也提供資訊交流的服務，定期寄發予會員相關的最新資訊，如書目、期刊文章，發行定期的刊物，提供全語言教育工作者相關的理論與實務。他們跨地區甚至國際的組織本質，帶入較宏觀多元的觀點，有系統地提高會員對政治性議題的知覺和參與度。

㈣經費

　　教師支持團體是種自助的團體。許多教師團體在創會之初是不收費用的，維持運作的少量支出通常由承辦者自願付擔。當團體人數增多，所提供的服務增加時，費用是他們不得不面對的問題。為維持諸如郵資、印刷或講師費用之類的基本開銷，團體主事者需要開闢經費來源。收會費是最常見的方法，其他的開源方法則視各團體本身的條件而異，辦研習會、研討會（國際間的研討會、研習會通常是收註冊費的）、代售專業書籍、出售會員自己編寫的書或教學參考材料是一些曾出現過的方法。偶有團體得到其他團體或個人的贊助，據 Watson（1991）所知，全語言聯盟在創立之時，溫尼伯市的另一個學術團體，也是全語言教育學者的聯盟 "CEL"（Child-Centered Experience-Based Learning）就獨力贊助了全語言聯盟創立

之初的費用。

四、教育新現象的形成

在美加等國全語言運動是個草根運動，以參與全語言教師支持團體或其他較個別化的方式，堅持在教室內執行全語言哲學觀的教師們，在行政主導、學者為瞻的既有教育文化中，開創了一股新的風氣，形成由教師力量匯整的一些教育現象，這些現象 Mack 和 Moore（1992）稱之為「下聲上越」的運動（bottom-up movement），由基層築起，向上貫越，與舊有「上令下達」（top-down）的傳統形成有趣的對照。

㈠教師主導自己的專業成長

一如前言，多數全語言教師支持團體是由教師出面組織興起，在團體組成和運作上，教師多採主導地位，這意味著這些教師體認到自己是專業人士，除了要努力提昇自己的專業知能，在自己的教學生涯中，應該主動積極地爭取該有的發展空間和權力，他們的行動正顯示他們在自己的專業裡，已由被動的地位轉採主動的行動。教師團體促成「賦權予教師」之實現。在團體的運作過程中，教師亦逐漸省悟到，教師能被聽聞是件很重要的事，因而願意尋求機會提出自己的想法和觀點。許多教師藉由在聚會中發言、分享、參與討論，逐漸踏出腳步；有的教師更進一步積極參與對外的表達機會，如公聽會、書面文件的傳遞，讓教師群整體的聲音得以發抒；有的教師把握研討、研習會的發表機會，讓其他人知道他在專業裡的觀點和努力。這些「出聲」的機會，幫助教師們不只發展了更高的社群參與度，也提昇了他們的專業自信心。

㈡教師是課程改革者

過去課程的改革多數是從上級指定加諸教師的工作，全語言運動中由教師發起個別教室內課程上的變革，則是上述「下聲上越」的又一個現象。二者有許多重要的差別，其中之一是教師的覺醒和主動。教師的省思是在

教師成長團體和支持團體中共有的精神，參與了團體之後，教師自然常對自己的教學和信念作檢驗的工作，而逐漸形成「批判意識」（critical consciousness）（Mack and Moore, 1992）。教師對自己教學上的省思批判，衍生後續的改變調整，如此循環持續，可以產生個別教室內的課程改革。這樣的改革不是教室之外的理論家、學者所推動，也不是上級的政策或行政主管所決定，教師本身就是課程改革者、課程改革的決策者。更具影響力的是，全語言教師們以全語言哲學觀為共同的改革目的，他們一個個個別教室內的課程全語言化，藉由團體，就形成了廣面的全語言課程改革，是個集體的改革，草根的運動。

這種改革還可以發揮更高的作用——政治層面的影響力。有一些全語言教師支持團體集合群力，以團體之身分參與了教育政策層面的運作，試圖讓教育能走向更學習者中心、統整的方向，例如，密蘇里州哥倫比亞市全語言教師團體的政治行動小組就曾參與了當地學區教育董事會的選舉過程，主導其口試內容，發揮了某種程度的影響，也一度召開公開會議評估州長諮詢委員會的語文教育報告書，並採取後續行動；亞利桑那州鳳凰城的教師團體也曾主動參與了全學區的課程改變過程，是幾個實際的例子。顯示他們覺察到自己是專業團體中的一份子，而這身分可透過集體的行動造成影響。

㈢教師是研究者、理論創造者

過去教師通常被定位為理論的接收者、執行者。教師的全語言知識可能得自於文獻、其他教師、學者、課堂中、研習會或研討會裡。這些知識需要被放在教室活動中，經由每日的事件，解讀、建構出屬於教師自己的意義，此時知識已被轉換，教師不再是單純接收者，他是主動知識建構者。在全語言的哲學觀下，教師被鼓勵自主，也被賦予學習者的責任，在個人的教學實務中，反覆持續觀察、省思，同時調整、發展自己的教學，教師可以是研究者，而教室就是他研究的場所，他在每天的行動中進行他的研究，瞭解對象，向學生學習，也跟著學生一起學習，並實驗自己新的教學策略，從而建構出語文學習和教學的理論。在這過程中，他也建立了理論

和實務間的新關係。這些從實務現場的研究所形成的理論，讓全語言相關的理論更為完整，Mack 和 Moore 謂「全語言教師並不是以全語言的方式學習如何教學，事實上，是他們在自己的教室內，從基層個別地創造了全語言的理論」（1992, p.119）是個極佳的註解。

五、台灣的全語言教師支持團體

台灣的全語言發展是最近這十來年的事，大約在一九九六年前後教育領域的學者和實務工作者才逐漸談論全語言相關的話題。全語言在台灣發展的時間雖短，但只要有全語言的地方，全語言教師就是其中重要的元素，教師支持團體通常很快會隨著全語言的推行應運而生。全語言在台灣的發展過程在下一章第二節會有較詳細的描述，有關教師支持團體的發展則先在本節說明。

㈠發展

就全語言在台灣的發展歷史而言，一九九六年是有重要事紀的一年，這一年，第一個正式的全語言國際學術研討會在台北和台南舉行，這一年台灣第一個全語言教師支持團體成立。一九九六年元月間，全語言的國際重要學者 Kenneth Goodman 和 Yetta Goodman 及富有實務經驗的全語言教師 Debra Goodman 應邀來台，分別在彼時的台南師範學院、國民學校教師研習會，有兩場各為期二天的學術講座，這兩位學者和一位實務工作者將全語言的理論和實施作了系統而具體的闡發。

在此之前，事實上有不少實務工作者，或在學修課或在職研習時，已接觸過全語言，有的甚至已開始在教室內嘗試全語言。研討會前後，南部地區不少幼教老師在私下或公開場合中曾表達進一步認識全語言的興趣。作者回應這些呼聲，於研討會結束後出面聚合有興趣的教師，為他們籌組教師支持團體。半年後，全國第一個全語言教師支持團體在台南成立，正式名稱為「南部地區全語言教師團體」。這個團體對全語言教師的成長，提供了活力的園地。

團體成立之初是個自由組合、非正式的團體，它對教師及對全語言有興趣者開放，可自由加入。初期約有四十位成員，是有興趣將全語言帶入自己的課室內而加入該團體者，多數為幼教老師，也有一些幼稚園的行政人員，包括園長和主任。他們分別來自台南和高雄縣市不同的公私立幼稚園。這些教師分處在不同的學校文化之中，各有其不同的外在客觀環境條件，他們的專業背景不同，對全語言有不同程度的認識和解讀，對什麼是學習者中心的教學和課程，看法各異，至於全語言教室長什麼樣子，也有各自的想像。

　　作者籌組這個團體除了回應教師的呼聲，目的之一也想促成教師間的聯繫和對談，推動教師的自我專業成長，藉由團體的運作，提供一個機會、場所，讓有興趣的教師們能定期聚會，進一步認識全語言和全語言教室，在對話分享中互相支持，一起成長。這個團體的運作，大抵也能逐步朝此目標邁進。教師們定期聚在一起，談論全語言相關的理論，一起閱讀全語言相關的書籍和文獻，一起討論、整理、澄清全語言的概念及語言教學上的想法；分享教學的想法、心得和問題；探討他們所關心課程、教學或教育領域的議題，也互相分享可取得的教學資源，如童書或教學活動。最重要的是，教師們可以在團體中尋得支援，互相打氣，澄清概念，看到了在教室裡實施全語言的可能性。

　　隨著整體教育環境的改變和教育改革的推動，教師尋求課程新知和教學上的改變越來越多，另一方面，全語言教師支持團體在南部地區也逐漸引起教育工作者的注意，加入團體的人數逐漸在成長，不少南部以外地區的教育工作者也想要對這個全語言團體有更進一步的認識。在最初的三年中，團體的成員大多來自南部幾個縣市。後來因應其他地區教師之要求，二○○○年二月該團體向內政部申請成立正式全國性社會團體。歷半年的籌備，並經內政部核准，於同年九月召開成立大會，成為登記有案正式的全國性社會團體，訂名為「中華民國全語言教育發展研究會」。成為全國性的社會團體也就擴展了它服務的對象至全國各地，於是除了南部地區的幼兒教師，陸續有中北部甚至東部的教師加入，除了幼兒教師、幼教行政人員，也增加了國小教師、高職幼保科教師、大專院校的教授學者、來自

研究機構的研究工作者及少數非教職但與教育相關的從業人員。成為正式社會團體之初，來自全省各地註冊的會員約有一百二十多人，至二○○四年止，曾註冊的會員已超過三百人。新會員的加入通常是口耳相傳，教師依自己的興趣和需要加入，沒有廣告，也不強迫。會員人數增加，會務也跟著擴展。

(二)功能、服務

這個團體的最大功能，即在提供教師充滿生命力的交流、分享、對話和支持的機會，協助有興趣的教師將全語言精神逐步融入教學中。會中成熟的教師常協助新嘗試的教師，讓交流和學習更富動力。團體互相支持成長的宗旨，藉由這些活動達成——定期聚會、教學研討、小組讀書會。每學期大團體的定期聚會三次，分別在學期初、學期中和學期末，讓教師在學期初計畫課程、學期中調整課程時，有機會省思、交流、分享討論、互相切磋、提供建議，到了學期末也可一起省思、回顧、評量。除了大團體中的討論分享，會中成員又分成數個小組，作小組的分享討論，以成長團體的方式運作。小組的組成乃依照個人設定的教學發展重點，有共同興趣或類似發展重點的教師可以組成一組，在大團體聚會以外的時間再行聚會，針對所設定的目標，按所預定的方式活動。加入哪一個小組是教師的選擇，也可以每年調整。

在人數增加、會務擴展、教師日趨成熟之後，為了更廣度地服務成員，也進一步促成教師的專業發展，自二○○二年開始，該會發展了三項新的服務——舉行年度教學研討會；出版期刊；成立資訊交流中心。每年大型正式的年度教學研討會，是為提供機會讓教師和師資培育者針對全語言理論和實務進行研討交流，讓會中的教師能將他們教學的歷程和成長有系統地呈現，幫助生手教師或新進的成員學習，並與該會以外的教育工作者分享。年度研討會每年有不同的主題，安排有專題演講、論文發表及海報型教學成果展示。此年度研討會對外開放予非會員，主要對象是幼稚園和國小教師、行政人員，以及對全語言有興趣之學者，期能推動更廣面的交流。團體成立以來一直有出版通訊，記錄聚會的內容，公佈會務及相關活動，

並定期郵寄予會員。自二〇〇二年起進一步出版期刊，刊載與全語言理論和教學、童書和專業書籍的介紹和應用、全語言教學相關問題和教育議題探討等類別的文章，也記載該團體的運作情況。期刊和研討會兩項活動除了增進理論和實務的交流，另一重要的意義在於反映實施全語言的教師在全語言教學實務上的專業發展歷程。資訊交流中心是為了提供資訊幫助教師自我專業知識的成長，結合理論和教學實務，整合相關的教學資源，蒐集了與全語相關的專業書目、文章、演講的錄音帶、錄影帶、光碟片及童書書目，以提供教師借閱參考。

㈢影響

　　全語言教師支持團體的組織和運作，在參與教師的專業發展上扮演著重要的角色，參與者可以在團體的活動參與過程中有知識的引入和修正，有機會對自己的教學作省思檢視，並得到同儕的激發和支持。自一九九六年以來，此團體會員人數的增加指出了全語言在台灣發展的兩個趨勢——有更多教師和學者對全語言有興趣；這個教師支持團體獲得了教育工作者某種程度的認可，全語言教師已受到注意。這些全語言教師在專業領域中逐漸被注意，一方面是有他們在教室內多年努力的成果作基礎，同時也是他們願意跨出教室作更廣面分享的結果。他們向外邁出呈現專業的方式包括：在不同的研討會和教師在職進修研習會中發表或擔任講員；在正式和非正式的教師聚會中交流分享；將專業知識和歷程寫成文章發表在期刊上。這些舉措顯示他們以專業自我要求，也表現得像專業人士，而他們的確也向不同的場域中的教育工作者示範何為全語言教師、全語言教學，實際幫助了全語言的推動。

　　歷經這些年，台灣的全語言教師支持團體對教師和教室實務有其可見的影響，尤其是對南部地區的幼兒教室。有不少以幼兒為中心、整體導向教學的教師加入這個團體。在參與此團體的活動及其他場合的分享發表時，這些教師朝向全語言教學之路邁進，也向其他人呈現何謂優質的教學、教師可以如何互相支持。因而對許多非全語言教師而言，全語言不再只是某種理論；實施全語言也不再是一個難以實現的理想。這些全語言教師展現

了一個事實——只要教師願意，全語言可以是學校現實環境中真實發生的事。

第十章　全語言在各國的發展

第一節　全語言在英語系國家的發展

　　一、紐西蘭、澳洲、英國

　　二、加拿大

　　三、美國

　　　　㈠全語言是教育重要議題

　　　　㈡全語言的影響

　　　　㈢爭議和攻擊：閱讀戰爭

　　　　　　1.表面之爭：閱讀教學的效益

　　　　　　2.背後的目的：教育控制權之爭

　　　　㈣全語言的未來

第二節　全語言在台灣

　　一、全語言在台灣的發展歷史

　　　　㈠零星散播的種子

　　　　㈡深入的耕耘：實驗課程

　　　　㈢里程碑：潮流的開啟

　　　　㈣潮流方興未艾：對課程改革的啟發

　　　　㈤現況：不是風潮而已

　　二、全語言的展望

　　　　㈠全語言與教育改革

　　　　㈡發展的契機與挑戰

附錄十之一　台灣與全語言相關之博碩士論文研究

全語言在各國的發展

‧‧‧

　　全語言理論的發展有其長久的根源，全語言實務的發展也是個多種元素交互作用的過程，本書在第一章已追溯了這些根源。全語言融合了過去和現代相關思想，統合形成一個堅實明確可陳述的學說，在一九七〇年代以後才有一取得共識的統一名詞出現；它的內涵雖融合了多人多種思想，但理論形成以及理論被廣泛討論應用之地還是以美加兩國為主，它的理論已然是一個派典，它的實務甚至在美國形成了一個教育改革運動。但是全語言並不只出現在美國、加拿大而已。

　　全語言實務的全盛時期大約在一九八〇年代至一九九〇年代的前半期，最主要的實施地區多數是英語系國家，包括紐西蘭、澳洲、英國、加拿大和美國。在全語言理論經國際間學術研討交流、文獻的流通和實務的普及和分享之後，陸續在中南美洲（如委內瑞拉、墨西哥）和亞洲地區（如新加坡、日本、台灣）有相關的討論和實務出現。全語言被引入台灣是在一九九一年前後的事，十來年之間，雖還只是教育領域裡的小眾，卻與台灣近年來一連串的教育改革行動偕行，也在不少幼兒和小學的個別教室中直接影響了教師和學生。一九九〇年代中期以後，全語言在美國遭到排擠，其中有許多錯綜的因素交雜，而進一步突顯了它的草根本質及美國教育體制中權力和資源控制的問題。全語言在各國的實施和發展，都有其因社會、文化和教育歷史背景而有的獨特情況，但各國之間仍有可互相借鏡之處。本章將探討全語言在西方幾個國家，特別是美國和加拿大的發展概況，以及近年全語言在美國所遭遇到問題的因素，同時也回顧全語言在台灣的發

展歷史，或可以此瞻望它在本土未來可能的發展。

第一節
全語言在英語系國家的發展

　　美國雖是全語言論壇的重鎮，卻不是最早實施全語言的地區。早在一九七〇年代，全語言已存在紐西蘭、澳洲、英國的教育體系裡。只是紐西蘭等國的教育界雖採用整體導向、語言為本的課程精神和原則，但並不使用 "Whole Language" 此一名詞。 "Whole Language" 一詞是美國和加拿大教育界慣用的名詞，紐、澳、英等國以「語言橫跨課程」或語言統整學習等教育政策顯現出他們與全語言精神一致的課程觀。但為了方便說明，在本章還是以「全語言」稱紐、澳、英等國所顯示的語言觀和語言為本的課程觀。

一、紐西蘭、澳洲、英國

　　有別於美國的草根行動，在紐、澳、英等國全語言精神應用在課程，是起始於主管當局的教育政策，加上他們的教育歷史背景及學界的倡導，以致未有如發生在美國一般形成一個草根的改革運動。

> 英國、加拿大、澳洲及紐西蘭等國的學校及地方教育當局，一一訂立學校的語言政策，釐清教育上對語言的態度，要求學校接納各種形式的語言，並支持英語以外的母語，同時也特別指出學校全部教職員在學生語言發展上的連帶責任。這些政策，使語言成為教育關注的焦點及課程的核心。（K. Goodman, 1986, p.60）

　　紐西蘭教育歷史中一直有著強烈進步主義的傳統，幾個重要的研究者如 Marie Clay、Don Holdaway 的研究對紐西蘭的閱讀和寫作教學有重大的

影響，加上該國只有單一的學校系統，而該系統的核心哲學觀是兒童中心的哲學觀，視閱讀是一個整體導向、尋求意義的過程。他們的教學實務原本即是整體導向的，當北美全語言理論傳遞至該地時，適時幫助教師們整理了他們的信念體系，教師們很快將理論與他們的實務聯繫起來。因此，在紐西蘭雖然不用「全語言」這個名稱，但全語言精神確實一直是他們的課程精神，也是教育政策。澳洲的情況很類似，新一代的教師及學校主政者從英、美、加及紐西蘭等國的研究中，選擇、整理出屬於他們的理念，重新建立了新的語言課程，形成了一個富動力的教育社群，進行研發具創意的課程和材料，以及教育相關政策，在其中可見明顯看出整體導向的課程精神。在第二章曾提到，英國的語言教育受到了幾個已公佈官方文件的影響。布拉克委員會所公佈的「生活的語言」是其中之一，指出教育的目標、課程和方法的制訂，必須考量語言、思考和學習三者的關係。這幾份官方文件和他們的進步主義根基，讓教師較容易將有關閱讀和寫作理論融合到他們的實務中。他們的統整日和語言橫跨課程的概念和實務，也反映了英國政府將學校開放予工人階級及移民的政策（K. Goodman, 1992a）。

二、加拿大

加拿大因與美國接境，資訊的流通快速無礙，兩國的文化教育也互相影響。在一九六〇年代，正當美國閱讀教學還被從行為主義的閱讀工學思想發展出來的閱讀教科書所主導，強調細微的語言技巧訓練之際，加拿大教育當局已有省察，不再使用美國出版的讀本系列而發展適用於本土的讀本。後來他們受到布拉克報告中整體導向的訴求影響，而將此精神反映在他們的課程、實務和自己出版的教材之中。為了有別於過去技能導向、讀本中心的課程，他們冠以新課程「全語言」之稱，致有人認為是加拿大教育工作者叫響了「全語言」此一名詞（K. Goodman, 1992a）。

全語言成為教育政策加拿大也比美國搶先一步，而且更全面性。美國全語言運動還在草根階段時，加拿大各省已制訂了相關的政策，魁北克、亞伯達、英屬哥倫比亞、曼尼托巴、薩斯克其萬、安大略、新斯科夏、新

伯倫瑞克、紐芬蘭等省，都有整體導向的語言教育政策。其中的魁北克省是法語省份，有其特有的法語文化、教育和政治背景，該省內的全語言課程的發展，實有其特殊的意義。

　　學者 Maguire（1989）曾從歷史和社會的觀點著手，探討魁北克省實施全語言的歷程，追溯了發展的脈絡和相關的因素。他指出魁北克實施全語言是個持續不斷對話的過程。從歷史的角度觀之，全語言的發展鑲嵌在魁北克省內獨特的社會語言及政治現實狀態之內，並且是在這種社會、語言、政治事實中輾轉變動。因此，探討全語言的發展，不得不同時也看該省的社會、語言和政策演變。自十九世紀起，魁北克境內英語學校系統和法語學校系統一直是分開的，而在英語學校中某些科目是用法語教授。一九七〇年代以來政府公佈的幾個重要課程法案都指向「教育應以學生為焦點」、「兒童的權利應被辨認、尊重」，其中一九八二年的「小學一至六年級英語語言課程」建議以全語言、兒童中心、統整的方式教聽、說、讀、寫。但相對的法語語言課程和教學就有很不一樣的原則和焦點。英語課程之所以能有機會朝全語言發展，乃歸功於參與發展英語課程的學者和教師將他們的全語言理念帶入其中，另外因為英語是少數語言，致官方較放手讓他們自由發展。所以可以說，全語言在魁北克傳開來是雙線並行的──一九七〇年代開始英語教育工作者已悄悄在教室內著手改變；同時英語教育政策也形成、公佈。政策公佈之後引起了兩種反應，已在教室內實施全語言的教師表示歡迎，而其他未預備好的教師則反彈或消極對待。教育工作者之間的矛盾後來卻導出正向的結果──促使雙方，包括教師與教師、教師與行政人員，開始對話，探討、澄清他們的教育目標，同時去面對處理課程政策宜中央化或地方化的議題，催化了教育的改變。在這些矛盾產生之際，教師和行政人員透過不同方式，努力尋找資訊，建立更精確的專業知識，也開始組織支援團體，支持教師實施全語言。此時全語言學者的相關理論和研究正提供給教師和師資培育課程有用的參考內容，一些大學開始和各地學校董事會合作，提供系統化在職進修課程，讓教師可以互相對話學習，熟悉當時的理論和研究，逐步成長，最終成為教室內的研究者。各校的董事會也採用了不同的策略，讓全語言哲學觀可以在相關人員之間

全語言教育

正確樹立。這是一段準備期，自政策公佈之後，共有五年的時間，訓練教師對全語言理論和實務有進一步的瞭解，才訂了全面實施的時間。一九八〇年代後期，全語言在魁北克省全面推行了，卻也慢慢地從政策規定又步回草根層面，教育領域許多個人為全語言的推行付出努力，在英語學校的教育工作者之間形成了一個強壯的教師聯絡網路。到了九〇年代，全語言也經廣面地在英語學校系統內實施，教師對全語言的態度大概有三大類別：1.對全語言有充分瞭解、具省思能力的教師；2.接受官方的課程政策，局部採用全語言原則的教師；3.未能掌握全語言的精義，也不想檢視自己的教學和理念，進而有所突破，未有省思能力的教師（Maguire, 1989）。選擇權回到了教師，全語言在魁北克因教師的選擇而在不同的教室內持續運行。

檢視全語言在魁北克實施的歷程，Maguire 歸結出全語言在當地成功促使了教育上的轉變，這些轉變包括：

1.教育工作者之間、他們與政府相關人員之間有更多的對話產生。

2.教師能省思，能以不同的方式陳述自己的信念。

3.學校中有更多全語言教室。

4.有更多教師能真正去作兒童觀察，有更切合實際情況的評量。

5.更多教師會著作或在研討會上發表自己的專業觀點和經驗，願意冒險，並與其他人分享。

6.全語言支持團體產生了，教師定期聚會，閱讀、討論全語言相關的議題。

7.全語言也出現在一些特殊教室之中。

這些轉變超越了閱讀和寫作教學，而及於教師的專業發展，甚至於更擴及於教育工作者社群內及與政府的互動之中。在上述這些國家中，全語言精神應用至課程似乎都發生在一個比較大的範疇，全語言推行者也希望從宏觀的角度去看全語言的發展，不少學者超越表面看到問題的深層，而視全語言運動是一個潛藏許多政治性、社會性改革的運動。可惜的是在美國許多教師和學者仍然定焦在閱讀和寫作教學之上，後來美國教育界的閱讀戰爭即由此而來。

三、美國

　　美國以其廣大的土地、資源和教育人口，以及為數眾多的大學和學者、研究者，二十世紀以來在教育相關理論的發展、傳播和應用上，向來有其影響地位。全語言雖不是最早出現於美國，但在美國的發展卻也頗受矚目。全語言哲學觀裡包含了語言、課程、學習、教學等多種觀點，其中有不少加添自美國學者的理論和研究，在本書第二章已有闡述。全語言成為一個運動最主要的場域還是美國。一九七〇年代與全語言相關的研究和理論在美國教育界逐漸受到注意，引起討論，同時也有不少教師開始對自己的教學有所省思而嘗試改變。一九八〇中期以後全語言已然是一個運動了。

㈠全語言是教育重要議題

　　不管實務或學術論述，全語言都是一九八〇和九〇年代美國教育的主要議題，這可以從許多不同領域的現象中得到印證。其一，全語言教室如雨後春筍在各地紛紛出現。這些教師有的是在校方行政領導的鼓勵之下開始實施全語言，多數教師是在接觸過全語言之後因對全語言理論的體悟，受到全語言實務的激勵，而自願在自己的教室內嘗試。這些教師有的努力取得同儕和行政上司的認同和支持；有的即使在非全然支持的環境中，仍堅持理念在做。許多學校行政人員發現，即使未經學校主管的正式批准或鼓勵，許多教師已經開始在自己的教室內改變教學，朝全語言發展。全語言教室的紛紛出現是教師自覺和取得專業自主的行動。

　　第二個事實是全語言教師專業團體——在各地組成並活躍運作，有地方性、區域性、全國性和國際性的。至一九九二年，在北美洲有數百個全語言教師團體，其中的五百個起始聯合組成了國際性的全語言教師專業團體——「全語言聯盟」。自一九八七年以來，全語言聯盟附屬在全美英語教師協會之下所舉辦的研討會，每場都有千人以上的參與者，在一九九〇和一九九一年兩屆獨立的年度研討會裡，各場參與的人數更是超過了二千三百人以上（K. Goodman, 1992b）。教師們不只在教室內實施全語言，而

全
語
言
教
育

且向外尋求資源以求專業成長，也尋求支援，合作解決困難，並互相打氣。
參與專業團體的熱絡情況，顯示教師追求成為專業的決心。

在如此眾多教師投入全語言教學之後，全語言也逐漸成為家長和媒體
關注的對象。著名的期刊雜誌，如 *Newsweek*、*US News and World Report*、
Parenting、*Education Week* 和 *Science News* 都有專刊專文報導（K. Goodman,
1992b）。不同階級的家長，包括小鎮、市區、郊區及大城市中產階級的家
長都有尋求全語言學校，要求全語言課程者。此時期在非教育專業者之間，
全語言也是個熱門話題。

第四個現象是全語言逐漸取得政策制訂層級的認同，甚而成為官方的
教育政策，州政府或地方政府立法，有的以全語言為教育政策，有的鼓勵
教師採用全語言相關的教學，例如亞利桑那、加州、夏威夷、密西根、紐
約、俄亥俄、德州等州，都出現以全語言或相關的教學為官方的語言課程
政策，有些是全州性的（如加州、德州），也的則是區域性的。其中加州
和德州因其為大州，最受矚目。加州在一九八七年，發布了一個官方的「英
語語言課程綱要」（English-Language Arts Framework），建議英語課程應
以文學為本，以取代技能導向的課程。此綱要施行至一九九五年。一般人
就視一九八七年至一九九五年之間的加州語言課程是採用全語言的。一九
九五年之後加州有一個大的擺盪，下文會再探討。

對全語言運動反應最敏感也最快速的可能是出版業界。例子之一是當
加州的學校在全州語言課程政策之下有可能停止使用閱讀教科書時，閱讀
教科書的最大出版商馬上派了一組團隊至加拿大的新斯科夏去學習全語言
的課程內容，繼而迅速推出了一套他們所謂文學為本的教材，推薦給加州
政府，希望能取代他們過去的閱讀教科書教材，此乃事關數百萬美元的生
意，他們發現他們的同行在教材冠上全語言之銜後，取代了他們原先在俄
勒岡等幾州的市場，他們不想再失掉更多市場。在此同時，有許多教科書
出版商從紐西蘭、澳洲進口教材，以因應市場上整體導向學習材料的需求
（K. Goodman, 1992b）。一時之間，出版商們不管他們的產品內容如何，
都紛紛冠上了全語言的名稱，以求能夠吸引學校和教師，擠入銷售行列。
其他全語言所造成與出版相關的影響，包括童書和專業書籍的出版和銷售，

自一九八二年來十年間童書的銷售是過去總量的五倍多，圖書館中的童書區的使用率更是直線上升，教育專業書籍更因教師成長的急迫需要而市場大開。

全語言也引起了實證研究者和測驗界的注意。全語言挑戰了過去量化窄化的評量，也對標準化測驗提出質疑。當全語言理念廣被傳遞接受之後，教師對未基於語言發展理論設計、標準化、以選擇題方式為之的紙筆測驗重新評估，教育工作者不再迷信這些測驗，直接威脅了測驗使用的市場。加上在全語言盛行之前即已存在對所謂客觀性測驗的批評，促使大型測驗設計發行公司不得不尋找符合全語言教師需要的另類評量方式，在這個潮流之下，檔案評量逐漸受到注意和歡迎，教師也開始能信任自己對學生所作的專業判斷。

其七，全語言帶出大量的研究，其中有不少實證研究者以量化的實驗針對所謂全語言的效益作比較性研究；也有研究者作後設研究分析，將過去完成的實證研究整理分析，從中對全語言的效益作出結論（相關的討論見本書第三章），其中較矚目的是 Stahl 和 Miller（1989）、Adams（1990）、Foorman（1995）和 National Reading Pannel（2000）的研究報告。Adams的研究報告有其特殊的產生背景（下文會進一步探討），被閱讀教科書出版界和反對全語言的極端右翼份子及其他團體所使用，變成後來反對全語言勢力的有力工具，而輾轉演變成後續閱讀戰爭和排擠全語言的政策。

一九八〇年代至一九九〇年代中期，全語言在美國教育界蔚然成為潮流。全語言運動以一草根的本質，在美國形成一教育的重要議題，實在有教育從業人員及行政主管機關須思考之處。這一股由教師起始的教育改革運動，不管後來的發展如何，在美國的教育發展史上，都有其不可抹滅的意義。

㈡全語言的影響

全語言在美國語言教育政策擺盪於技能和意義導向之間的循環中，有其高峰和低潮，但全語言理念和實務在美國教育及相關領域、行業和人員之中已然造成了改革性的影響，不只改變了教育工作者對課程、材料、方

法和評量的觀點，重新思考教學和學習的關係，也迫使出版業者調整他們所出版的教科書和測驗的內容。K. Goodman（1998）分析美國「全國教育成長評量」（National Assessment of Educational Progress，簡稱 NAEP）一九九二和一九九四年的評量報告資料，發現這二份報告中的數據有全語言對教師和學生正向影響的多項指標，教師部分包括：*1.* 多數教師教學時統整了閱讀和寫作，並以部分全語言原則和文學充實閱讀教學；*2.* 高達百分之八十以上的教師曾接受全語言相關的在職進修課程；*3.* 有明顯的趨勢顯示教師逐漸不再只依賴閱讀教科書教學，而加入文學書籍，或完全以文學書籍取代。這些都是在全語言興起之前很少見的。學生部分，以全國的四年級學生為例，數據顯示：*1.* 半數以上學生在家會主動為樂趣而閱讀；*2.* 三分之二的學生每天在學校都會不出聲閱讀，並自己選擇所要閱讀的書；*3.* 接近百分之七十的學生每個月平均至少閱讀三本書。這些事實證明了全語言確實帶領美國學校的學生和教師邁入閱讀的新境界。但全語言的影響不止於閱讀和寫作教學。Harste（1994）在語言、學習、課程及學校等數個面向，都看到了全語言的影響。就對語言的觀點而言，全語言：

1. 讓教育領域內的大眾接受了意義是語言的核心此一事實。

2. 對所謂的讀寫能力有一個新的、更廣面的界定，讓大眾重新認識閱讀和寫作的過程如何運作。

3. 在教育專業領域裡加入了許多表達新概念的新名詞，例如：閱讀和寫作差異（miscue）、兒童觀察（kidwatching）、真實的（autentic）等，甚至有些與全語言信念不一的人現在也在使用這些名詞。

就學習的現象而言，全語言讓教育工作者：

1. 學會如何讓學校裡的學習變得有趣。

2. 學習尊重兒童和童年。

3. 對語言學習有進一步的洞察（例如功能性、情境中的文本等）。

4. 對語言在學習中的角色有新的認識（如學習者的聲音、選擇等）。

5. 對認知歷程有新的、更廣度的瞭解，而不再那麼相信標準化測驗。

有關課程，全語言讓教育工作者：

1. 發現語言課程有新的可能內容（如擴展溝通的潛能）。

2.賦予兒童文學新的價值。

3.學會如何激發出真正作者，而非訓練出拼字能手。

4.在思考課程時會想到不干預打斷學生的參與、策略教學等新的方向。

5.學會看待知識（knowledge）和「求知」（knowing）（是社會性的、合作的）是兩件不同的事。

6.發現了一個對話的論壇，可以和其他專業領域中有相近思考的教育工作者進行對話。

7.在教育歷程的核心中加入了探究歷程。

有關學校經驗，全語言：

1.提供了教師倦怠問題的解決方法（許多教師和學生現在比以前更想來上班上學）。

2.影響了出版業者的業務（如開創新的出版社；讓系列閱讀讀本的出版商頭痛而不得不調整）。

3.使家長開始被學校邀請一起合作，參與於教育歷程之中。

4.改變了教育專業中層級排序的（hierarchical）本質（新的、重要的研究問題往往來自教室內；教師開始作專業的自我表達）。

5.開創了教師專業團體，而這些團體的運作連帶影響了其他專業團體的運作。

6.使教育工作者開始認真思考如何影響州級的立法單位，並著手去做。

7.使教育工作者更加謹慎地辨察教育所賦權的對象。

　　從這些影響可以看出，全語言運動過程中所有的參與者共同創造了社會知識，帶出了新的教育實務，這些影響反映了全語言的精神本質，部分卻也成為全語言被攻擊的原因。全語言運動是美國教育史上最強大的草根教學改革運動，因為它的成功太突出、太受注意，影響的披及面太大，又以教師為主，致遭到了特定群體的反對。一九九五年前後，反對勢力取得了權力，全語言被捲入另一階段的論戰和政治之爭。

㈢爭議和攻擊：閱讀戰爭

　　自一九九五年以來，美國語言教育界最喧騰的論戰可謂對什麼才是最

好的閱讀教學法的辯論，主要的爭辯聚焦在全語言相對於技能導向的語文教學，或更明確地說，相對於拼音教學法（phonics），這個爭議和參與者所採的相關政治性及個人性舉措一般稱之為「閱讀戰爭」（reading war）。表面上看起來，這是個有關閱讀教學的爭議，事實上有許多潛藏的政治性因素、手段和目的糾雜其中，爭議的過程已不只是學術和教學上的辯證討論，而出現了對全語言的攻擊，甚而對教師和全語言學者的個人攻擊。全語言教師和學者仔細追蹤了幾個論戰點（如加州、德州）的立法歷程、官方文件報告的產生過程和內容及文獻，發現實質上這是一場有關「控制權」的爭奪，反對勢力要恢復對教師、課程與教學、更終目的是對公立學校教育的控制（Altwerger, 1998; Edelsky, 1998; K. Goodman, 1998; Weaver and Brinkley, 1998）。有關閱讀戰爭下文將從兩方面來探討——表面有關閱讀教學之爭；背後潛藏的政治性目的。

1. 表面之爭：閱讀教學的效益

閱讀戰爭起於教育界對全語言的錯誤認知。全語言是個整體的教育哲學觀，不是語文教學法甚至閱讀教學法，是瞭解全語言者的共識，但許多學者、研究者、實務工作者卻只是局部地以語文教學來看待它。全語言主張整體導向、意義中心的語文教學觀與美國長時期語文教學傳統大相逕庭，未能得到所有人認同原並不意外，學術本來就各有觀點。學術界持不同觀點者著文批判，或進行研究比較全語言與其他教學模式的效益（詳見本書第三章），卻常是基於對全語言錯誤、窄化的界定。在全語言全盛時期，有些州級或地方教育主管當局援用與全語言相近的觀點為語言課程政策，成為上級規定的（mandated）課程，通常也連帶地停止購買閱讀教科書，建議教師改用文學類的書籍，這些情況不免引起對全語言不瞭解或未準備好的教師的反彈，以及閱讀教科書出版商的恐慌。力主拼音教學的學者研究者，結合實務界的反對力量，加上背後龐大閱讀教科書出版商勢力及極右派團體的操縱，試圖改變各地官方政策，回歸拼音教學法，再度恢復使用閱讀教科書的規定。在他們強調拼音教學所策畫的活動中，也同時加入了對全語言的抨擊。甚至進入國會參眾兩院語言教育相關政策委員會，以

達影響決策的目的，並在地方上惡意批評攻擊全語言教師、童書、全語言導向的教學和課程方案，試圖影響大眾視聽。在反對勢力各方運作之下，加州政府教育主管部門在一九九五年重訂語言課程政策，回復拼音教學為規定的教學模式，並立法要求教師執行（一九八七年的綱要只是建議並未立法要求，立法意味著教師完全沒有選擇，不遵行即觸犯法律），是閱讀戰爭中攻擊全語言勢力的高峰，德州也有類似的情況。

　　反對勢力最常持有的理由是全語言無法有效教會學生閱讀，所依據的證據是測驗成績和學者的研究報告，而略過其他的現象和因素。以加州為例，拼音教學支持者將加州四年級生在一九九二年 NAEP 中閱讀的測驗分數居於全國之末，歸咎於全語言，謂自實施全語言之後學生的分數下降，而鼓動恢復過去的拼音教學。這個表面似是的理由其實有須進一步去分析的事實，姑不論以測驗分數來衡定學習和能力是否得當，或以行為主義為基礎、測量技能表現的測驗來評斷全語言的不適當性，單從測驗分數的意義來看，Krashen（2002b）提出了幾個不得不知相關的事實，其一，NAEP 測驗成績全國排序一九九二年是第一次，無從與以前的排序比較，所以不能說是否下降，也就是說，加州四年級生的閱讀成績是否以前就居全國之末，或在實施新課程之後才如此，是個不可知的事實。Krashen 提出另一種測驗「加州學習成就方案」（California Achievement Program，簡稱 CAP）的閱讀理解分數作對照，該項資料顯示從實施新課程之前到之後，七年間分數並無明顯的起落，可見加州學生閱讀方面的問題在實施新課程之前即已存在。有趣的現象是當加州政府於一九九五年立法規定實施密集的拼音教學之後，幾次（如一九九八年）的 NAEP 測驗成績也並未提昇，都遠低於全國平均，這些結果與 CAP 的結果可稱一致。Krashen 同時分析了 NAEP 測驗內容，而質疑在該項測驗中得低分的學生並不一定閱讀能力差，或缺乏有關字音字形關係的知識，因為其中有一些內容是主觀的文學認定。這些事實和分析都指出對 NAEP 測驗分數要重新解讀。反對全語言者只舉閱讀測驗分數作為依據，而故意略過其他項目（如 K. Goodman 所分析的幾項，見上文），不只以偏蓋全，且顯然別有用心。

　　其次，相較於他州，加州學生中有全國最高的移民子女比率，全州有

約一半的學生其第一語言並非英語；生活於貧窮家庭中兒童的比率居全國第九高；班級平均學生人數全國最多；花費在每名學生的平均經費極少。此外，加州的語文環境極為貧乏，其學校圖書館和公立圖書館的品質都全國排名最後，一般家庭和圖書館平均圖書量都幾近全國最低，圖書館員與學生的比例遠遠低於全國平均數（加州 1:4595；全國 1:900），這些都是相關因素（Krashen, 1995, 2002a）。McQuillan（1998）將語文環境變數以統計的方法計算，指出其和學生在 NAEP 測驗中的分數有高度的相關度，換句話說，學生在測驗上的不良表現是因為教育條件不良、缺乏閱讀材料，而非全語言之罪。閱讀材料的可接近性及圖書館員的質和量和閱讀能力相關是有其他研究支持的。

反對全語言者常持的另一類證據是學者的研究報告，這些報告通常是比較性研究，比較全語言與其他技能導向的教學在教導閱讀上的效益，絕大多數採行為主義的派典，施行實驗和控制組的對照比較，以前後測取得閱讀技能（如對字形字音關係的知覺，字彙能力）的測驗成績，用為判定效益的指標。被引用的研究結果不是指全語言並不優於其他技能導向的教學法，就是指出拼音教學法獨優。這一類研究是否適宜用以衡量全語言一直是個大的爭議，本書第三章已作過討論。

弔詭的是，反對全語言者所常舉用的研究報告不是有其特殊的產生背景，就是單一的研究被改造重複使用。主張拼音教學者常舉的一份報告是Adams（1990）的後設研究分析。Adams 先建立了一個工學觀、與閱讀教科書精神一致的假設，再分析已完成的一些研究，作出此假設已在這些研究中得到證實的結論。K. Goodman 追溯了這份研究的產生背景，發現背後涉及政治勢力的操作。極端右翼團體一向主張拼音教學，為讓拼音教學法成為閱讀教學的官方政策，他們透過關係影響了國會相關委員會，作成決議由國會施壓給聯邦政府教育部，透過教育部命令「閱讀研究中心」（Center for the Study of Reading）研究早期閱讀發展。Adams 接受此研究合約，採用行為主義的派典，只蒐集分析了施行實驗和控制組對照比較的實證研究，刻意避開所有閱讀差異研究、心理語言學導向的研究、甚至該中心先前已完成建立在基模理論上的研究。他的刻意過濾，讓所包含的研究可以

證實他的假設，也滿足了起始此研究者的目的，實無異一場結合研究力量的政治競爭（K. Goodman, 1992a）。另一份常被引用也廣為流傳的研究報告是出自國家兒童健康和人類發展院（National Institute of Child Health and Human Development）的「三十年的研究：我們所知有關兒童如何學習閱讀——閱讀研究的綜論」。Allington 和 Woodside-Jiron（1998）花了二年多時間追蹤幾個州的教育相關決策活動，發現這一篇研究報告多次出現在不同的場所，包括期刊、書面報告、網頁，尤其是在不同州教育政策或立法相關的公聽會上被反覆使用，但每次都因著發表的地點而掛著不同的作者名稱，有時是個人署名，有時是在機構名下，有私立機構，也有半官方機構。Allington 和 Woodside-Jiron 仔細分析了報告中所列的十二篇研究，發現有半數的研究是以特殊兒童為對象；有二篇並未出版；有四篇只簡述其大要並未列出研究資料。也就是說，這篇報告所據以為證的研究，或對象不適用，或未具充分有效性。報告反映強烈的閱讀工學觀，強調直接教導音素知覺、字音和拼字關係的知識，建議以易於拼讀的文本讓學生反覆練習拼字和拼讀的技能，但所舉的研究例子並未支持文中所提的教學原則。Allington 和 Woodside-Jiron 認為這份文件雖名為三十年的研究綜論，但實際上是篇陳述個人觀點的文章，大於是份可信的研究發現的結論。此份文件廣被推銷流通，數千份傳發至各州的決策者，在各州產生了極大的決策影響力，並被持拼讀觀點的不同擁護者屢次引用。以上兩個例子都說明了在閱讀戰爭中，反對全語言者所持研究證據的有力性值得檢驗。

　　全語言在加州及美國其他地區遭受困境尚有幾個理由，其一，錯誤地以標準化測驗作為評量學習的工具。在某些老師改以合乎全語言精神的方式評量學生時，官方仍要求實施技能導向的標準化測驗，學校行政人員和家長就以測驗分數評定學生的學習和教師的教學，未能看到學生其他方面的成長，而趨向反對全語言。其二，在州政府全語言導向的語言課程綱要公佈實施之時，許多教師對全語言的理論與實務仍未有充分的瞭解，以致未能精確掌握全語言的原則和精神，甚至有對全語言認識有誤差的，其教學更與全語言相違。在指定的政策之下，他們沒有充分的時間預備、學習如何實施全語言。其三，許多學校行政主管或不信任教師，或不知如何支

持教師，加上家長因不瞭解產生疑惑，若行政人員未能協助溝通，教師在教學轉換中就會倍增困難。其四，所提供的教師進修機會不足，投入教師成長發展的經費資源缺乏，無法有效促成教師專業能力的提昇，成為真正的全語言教師，而此同時，學生中英語非母語的人口遽增，教師未能適時獲得相關的專業裝備。其五，有不少教師只去上了一、兩次全語言研習，把閱讀讀本換成文學書，再從其他全語言教師那兒學了一些教學技巧，就覺得自己是在做全語言了，他們不見得轉換了信念派典，也未持續閱讀文獻，與人討論、對話、分享教學，持續修正自己的教學、專業知識和態度。若仔細觀察這些自稱在做全語言的教學實務，其實並非全語言，就連實證研究中所取樣的所謂全語言班級也常有這樣的問題。因一般人未能分辨哪些是有全語言理論基礎的全語言教室，哪些只是名稱上自稱而已，且趨向於將凡與傳統教學不太一樣的教室都歸類為全語言，所以在研究或測驗中被視為全語言教室的代表群與事實有極大的誤差。其六，媒體的偏頗報導，選擇性的只報導測驗失敗的事件，極少陳述成功的例子。其七，也是最嚴重的，商業和政治團體的介入操控，這些權力團體拿全語言議題，以攻擊全語言為他們的手段，達成控制美國教育的目的（Berliner and Biddle, 1995; Edelsky, 1998; Freeman and Freeman, 1998; Weaver and Brinkley, 1998）。

2. 背後的目的：教育控制權之爭

全語言原是從教室裡發展出來的教育哲學觀，是個教育議題，但只要涉及行政，就無法脫離政治性（political）因素的作用。全語言的哲學根源（見第一章）裡有強烈的民主思維，反映在實務之中形成了一些特有的文化，也對教育領域傳統的政治性運作產生威脅，因此全語言運動和邇近對全語言的攻擊，都有其政治性意義，探討閱讀戰爭背後的權力之爭可從這兩方面來看。

過去許多全語言運動參與者視此運動只是教學相關、是教室內的事，與政策、政治無關，但事實上資源和權力的政治性運作卻大大影響了教室內的師生及他們的每天生活和課程。這些影響是多方面的，首先是課程的控制。當教育主管當局規定使用教科書時，教科書就控制了課程，決定教

師該教什麼、怎麼教、學生應學什麼。課程被教科書牽著走，等於出版企業控制了教師的教學和學生的學習內容，教師沒有發揮專業能力和自主的餘地；學生未能按自己的能力興趣和需要尋求知識。其次，學校被有層級劃分的社會所控制，以致它也劃分層級（hierarchy）。測驗就是學校中層級劃分實地運作的主要例子，學校以測驗結果評定學生的學習成果和教師的教學效益，以致學校就代表測驗，測驗所反映學校的價值觀是比較、排序、分出類別，也導引出競爭，教師學生不管接不接受層級劃分的事實，都得付出大代價，這是政策影響學生和教師的另一事實。學校罔視學生家庭語言的多樣性而設立語言的單一標準，是另一種控制。有的學生入學時已知道如何使用所謂標準的語言，因而成為所謂聰明的學生，但有許多孩子的語言並非學校的標準形式，就陷入不利的境地而被視為語言不佳、學習不良，甚至被貼上失敗的標籤，是政治性的安排對學生造成影響的另一個事實。

(1)全語言的另一層意涵

全語言的哲學觀裡除了談課程教學之外，到底蘊藏了什麼意涵，足以挑戰過去的傳統體制？或者說它到底在哪些方面也可謂具政治意識？簡而言之，全語言意味正義、平等、民主、賦權、整體、融合；反對所有的不正義、有層級劃分的社會體制，亦即反對種族歧視、性別歧視，以及其他有階級性的安排造成權力、地位、資源、機會取得等的不正當分配和不尊重，反對權力集中、單一標準、隔離。

全語言認為人不分階級、性別、種族都應該有均等的機會參與於民主社會中，社會應提供普及的學校系統讓大眾因而有平等機會可接近社會的經濟、文化和政治果實（K. Goodman, 1992a），而真正的教育機會平等是建立在個別化、順應差異的機制之中，因而推動多元文化、反偏見、反歧視的課程，反對有單一、標準化、官方的知識和方法。全語言主張賦權，將權力與學生、教師分享，在教育歷程中給予學生和教師自主權、決定權、選擇權、建構意義的自由、發展獨立、批判、創造性思考的機會，反對閱讀工學觀的閱讀讀本對教師和學生造成的束縛和限制，試圖打破出版業者

對測驗和課程的控制，拒絕測驗和排序等將學生、教師分等級的事物。它鼓勵教師進行專業對話，找到他們自己探究的聲音，成為教室內的研究者，從外來者手中取回在自己教室內、教學上的主控權。全語言認為教育可以改變人及人的社會關係、社會地位，全語言即在努力讓所有教師和學生的聲音可以被聽見，被看見，特別是那些先前被漠視的個人、社群、文化、團體能被注意且被納入考量，亦即為那些未被重視者伸張、代言，呼籲進一步正視他們的需要（Harste, 1989a）。從這些角度看，全語言不只是課程的議題而已，它挑戰了舊教育中既存的思維和體制，而這一點是它遭受攻擊主要的原因。

(2)擁拼音教學者的意識型態

攻擊全語言的勢力結合了對語文教學持相反立場的拼音教學擁護者、政治中的極右派份子（far right）、政府特定當政者及出版閱讀教科書的出版業者。極右派份子一向力主拼音教學法，因為他們的價值觀與拼音教學精神相近，都相信傳統、權威、次序、結構，堅持在社會結構中要有權威、控制，主張知識、文本、文本的意義是絕對性的，有已確立的標準，不容商榷，教學就是要傳遞這些標準。他們反對學生脫離標準，進行批判、創造思考、建構意義，相信直接教導比讓孩子去發展知識要好。他們反對多元化、個別差異、適性，他們不信任學生，也矮化教師的專業。右派團體推動拼音教學，反對公立學校教育及師資培養已有長久的歷史，他們透過各種競選式推廣活動和政治性管道，例如，設法進入各地學校學區董事會、州教育董事會；影響州和聯邦的立法程序；組成家長團體或私人組織，致力於遊說將系統化強度的拼音教學變成各地的官方課程政策（K. Goodman, 1998）。分析極右派參與閱讀立法相關活動的Edelsky（1998）指出，攻擊全語言只是極右派的手段，他們還有更深遠的政治性目標——削弱公立學校、控制學校課程、控制教育，這些目標和某些商業團體的意圖相近。

(3)商業團體的介入

近年來美國企業界有個一貫的企圖——促使政府所掌理的事務私營化，包括學校。有心人一方面奔走力促教育私營化，另一方面要求減少商業稅、

學校稅，反對政府將太多稅收挹注在公立學校，目的都在增加自己的盈餘，並促使政府將某些階段的教育開放予營利的私人企業。反對公立學校教育的不同勢力結合，推銷教育是家長而非社會之責任的觀念，讓政府和家長相信公立學校教育失敗，而錯誤就在教師教學失敗，以致學生拒絕學習（K. Goodman, 1998），全語言變成了標靶。另一個商業界反對全語言的重要因素是重建閱讀教科書的商機。在全語言全盛時期有許多州級和地方教育主管當局決定不再購買使用閱讀教科書，對出版閱讀教科書的出版公司而言是很大的生意損失，所以有任何可能的機會，他們一定想辦法推銷拼音教學，攻擊全語言，影響教育政策。於是他們找來具說服力的人士，如研究者，以有利於他們的研究和測驗數據在政府部門和關鍵性的公聽會上宣稱全語言失敗。值得注意的一個現象是，商業力量通常隱藏在那些公開露面的研究者背後，或化身課程專家潛入政府的課程政策制訂委員會，有幾位被安排在不同州課程綱要草案公聽會上演說的研究者，事實上同時隸屬於教材出版公司，所安排發言者的論調明顯都倒向一邊（詳情參見 Ellis, 1998 的過程描述）。

⑷政府的託詞

過去這些反全語言勢力的運作都刻意地提昇至政府政策面，甚至企圖影響立法。這些原屬民間的反全語言勢力之所以能在短期之內造成政策面的影響，除了關乎他們所採用的策略之外，州政府執政者的態度也是個重要因素。姑不論反對者所持教育失敗指標的數據是否有效，州政府的教育政策和態度往往是影響教育品質的因素，尤其在幾個出現大爭議的州，卻被刻意轉移注意至閱讀教學。分析了 NAEP 測驗分數低落的幾個州的政府教育政策、經費、閱讀戰爭後期的決策過程，學者讀出了幾個閱讀戰爭背後政府的操作（Berliner and Biddle, 1995; Ellis, 1998; K. Goodman, 1998; Murphy, 1998）。首先，教育被當成是某些錯誤政策所產生負面結果的代罪者，例如某些執政者號稱教育失敗，經費不值得投資至教育上，就是一種權謀的說法。實際上是以前政策導致高財政赤字，要平衡赤字，政府想要刪教育預算，而轉以教育效率不佳為藉口，好讓預算可以順利刪減。其次，全

國性大測驗結果公佈之後,跡象顯示有些政客趨於不願意支持公立學校教育,有意擺脫被標上障礙的學生,放棄貧窮、工人階級、中下階層家庭,以節省學校教育的經費。當所有根據不實資料指出學生閱讀能力低落、陷入危機的聲明出現時,馬上為政府的政策提供了合理的理由,而很快被採納。事實上,政府多年來未能充分支持有效的學校教育,才是 NAEP 測驗分數低落的原因,在加州,「加州第十三提案」(California's Proposition 13)就是一例,該提案限制了對公立學校的經費支持,降低教師資格檢覆專業訓練的要求,是導致 NAEP 測驗分數低落的部分原因,但矛頭卻指向閱讀教學,將所有的錯失歸咎於全語言。

反對勢力力量結合之後,大概透過幾種方式交叉運作,從政策、立法面著手,達成控制課程的目的。手法大概是綜合使用以下幾種:(1)引用不實的資訊,通常是單一立場、有利拼音教學的研究結果和測驗數據,造成錯覺,好推銷他們的觀點,使預設的立場得以站立得住,同時抨擊全語言;(2)引進相同立場的少數所謂專家學者研究者,全部是持拼音教學觀者,在政策會議或公聽會上推動他們的觀點,以單一觀點主導政策的制訂;(3)同樣這些學者研究者重複出席不同州的會議、公聽會之中,以致橫跨各州都出現單一的聲音;(4)由主政者(如州長)成立特殊委員會,由經過特別挑選、不一定是教育專業領域的人士組成,為教育政策提供諮詢,作成有利執政者的政策;(5)使用媒體炒作,刻意影響大眾視聽,並在重要會議場所發動人潮造勢,製造假性民意;(6)公聽階段過後,罔顧多數教育界反對的意見、建言,選擇有利的時間點和地點,讓草案快速表決通過。可惜的是,在這些政策制訂程序中,語言教育專業組織(如 IRA、NCTE)和教師專業團體,以及全語言教師、學者、研究者,未能與對手同樣地積極、主動出擊,即時、全面地採取回應策略,透過相等的政治參與,表達意見,扭轉局面,抵抗攻擊,維護理念,以致有不少州的語文教學政策又回到老路。全語言擁護者在這場戰爭中,學到了一課政治的功課。

㈣全語言的未來

在經歷了閱讀戰爭之後,關心全語言教育者不禁要問全語言在美國的

發展可有未來。不少全語言學者在閱讀戰爭未結束之時已分析明白情勢，不管就政策面而言全語言是否當道，它所造成的改變已然形成（見上文），無法被抹滅。全語言賦權了教師，讓教師有專業的省察、成長和期許，教師有了專業的啟發和覺醒之後，是很難再回去當一個被外來者牽著鼻子走的教師匠。全語言運動是個教師的運動，它的未來也在於教師，在於關心全語言者合作去創造。全語言教師需要繼續堅持理念，繼續追求專業上的成長，在教學上有更專業的表現，發展合乎全語言精神但更能說服人、更有效度的評量系統，以呈現學生的成長。同時持續與其他專業教師互動，以教師即研究者的方式，透過社會互動創造知識；各級教師及凡認同提供好的教學給學生的人士團結，與其他教育專業團體聯合，形成聯絡網路，互相學習、支持、保護，發出聲音，提出規勸，表達意見。然後在專業和政治性場合中，再度贏回專業信度。

　　全語言的未來有賴持續、更進一步的溝通與對話。全語言遭受攻擊有部分原因是大眾對它不瞭解，特別是家長。未來有需要建立一個讓對話可持續進行的機制，讓教育工作者可以在個人的和專業的場合談專業知識；可以與家長溝通，幫助他們瞭解；可以在公共的和政治性場合與一般民眾溝通，讓一般民眾瞭解全語言；可以引起媒體注意，得到平衡的報導；在政治性場合被聽到，證明研究支持全語言。教育工作者之間宜開啟新的對話，讓彼此可以聽得到新的聲音，幫助瞭解意見的多元性而非一致性才能增長學習。全語言教師也需要持續作證，讓大眾知道全語言確實對學生有建造的作用。全語言教師不再能關起門來做自己認為對的事而已，他們所做的事需要被正確認識，而溝通與對話是必要的途徑。

　　全語言是個賦權的過程，為了不讓教科書編輯者、或學者、或政策掌控課程內容，教師需要參與於課程綱要和內容的建立，因此教師有策略的行政和政策參與是必要的，例如，參與於行政人員的選舉，推出理念相合者進入有決策權的階層，在教育政策上發揮影響力；組成草根的政治性組織，對政府的決策立法過程、會議等保持密切注意，熟悉特定、相關立法的內容及影響性，並主動參與相關過程、活動。

　　閱讀戰爭所引起的政策面影響主要是在小學教育，尤其是語言教育。

但全語言理論的影響已從語言領域擴展至其他學科領域（如社會、自然、數學），也擴展至其他階段的教育（如中學、大學、特殊教育、外語教育、雙語教育），至學校行政。許多教師被改變，他們的知識在擴展。全語言教師已將理念融合在他們的實務之中，政策再改變，也抽不走他們教室內全語言的支持氛圍，他們很難再走回老路，用不合適的老方法來教學。未來不管全語言會不會是政策或一個公開的名稱，在許多教室內它仍然會是個存在的事實。

第二節
全語言在台灣

全語言被引入台灣之前，已有二十多年的發展歷史，它的理論內涵已臻成熟，它在西方教育實務現場的應用，也經過相當長時間的檢驗，不管對教育相關理論的啟發，或在實務現場內，都有它實質的影響，在上一節及前幾章已有闡述。當它被介紹進入本土之後，理論內涵雖不必再經過形成期的醞釀，但是知識的引入、觀念的傳播，都需要多元媒介的傳遞，而閱聽者對其意義、內涵的體會和理解，也須經過反覆的討論與辯證。當它更進一步引起學者或實務工作者的興趣，而思將之應用於教育現場時，參與者所需要的知識的獲取、觀念的釐清、執行時原則和精神的掌握等，不只是一個充滿動力的歷程，也對全語言在本土的發展挹注了很基礎性的元素。審視全語言在本土的發展，上述這些多變動的元素，都應予以參酌。

因為社會、文化背景和教育體制的差異，全語言在台灣的發展步履了和美國很不一樣的過程。一開始雖然都出自草根，全語言在台灣卻從未像美國某些州成為官方的政策，也因而未遭逢大的反對勢力。全語言在台灣的發展約有十來年的歷史，還是股微弱的力量，卻正與台灣教育史上最大變動的時期相遇。邇近幾年，台灣教育大環境瀰漫教育變革和改造的氛圍，許多教育工作者，包括官方主事者、學界學者、現場的教師和行政人員，開始在體制、課程與教學上反省而萌改變之心。正當教育工作者，或大則

思索教育的變革改造，或小則在教學上反省思變，尋求可行的取代方案之際，全語言理論正提供了一個課程改革的方向。相對地，各種改革的教育政策也提供了場所讓全語言在本土有較大的展現空間，二者互相助力，對實務現場起了可見的作用。

一、全語言在台灣的發展歷史

全語言開始在台灣受到注意是在幼兒和小學教育領域之中，理論初被引入之時，學界先後發表了論述，卻仍缺乏對背景理論學說系統化的介紹。發展初期，學界對全語言理論的闡釋眾說紛紜；理論的實踐尚未萌芽，實務界無法提供可資參考的教室實況，實務現場對全語言理論的實踐，常是各憑己意，各行其是，出自教師或指導學者個人對全語言的體會和闡釋。因為文獻的缺乏和可供驗證的實務太少，不正確的認知不在少數。最常見的誤謬，或將全語言當成一種教學法，甚至只是語文教學法，可以按部就班複製的；或將全語言拆解等同於一個個的活動組合，而單從活動層面來實施；或以為全語言只關乎課程而已，忽略了學習者、教師以及其他相關要素在此理論中的角色等等現象，都大大地曲解、也窄化了全語言此教育哲學觀。隨著文獻、研究、實驗課程、在職進修機會、專家諮詢的陸續出現，全語言的實務日漸蓬勃。在此同時，有一些教師對將全語言帶入教室深感興趣，而採取進一步追求的行動，他們有的參與研習會和教學觀摩，學習相關的理論實務；有的定期聚會，針對與全語言相關的理論、議題和教學實務，進行討論分享，期望藉由合作學習、經驗分享和資訊交流，為自己的教學注入新體質，在資訊有所供應及外在條件允許之下，在自己教室內嘗試實施，擴張了全語言在本土實務領域的面。這些人、事、現象，共同反映了全語言在台灣的發展。

談發展，就涉及歷史。全語言自一九八○年代末期被介紹到本土以來，也歷經了一段發展的歷史，本段將以時間為主軸，參以促成發展的各個元素，包括專題演講、研討會和研習會的舉辦、實驗課程的發展、文章和專書的出版、對話的產生進行、教師團體的成立運作等，回顧這一段發展的

歷程。歷史的回顧，或可指出未來發展的可能軌跡，作者將藉著由直接和間接參與、所讀、所談、所聞、所觀察等凝聚的心得（李連珠，2000b），同時探討全語言在本土未來發展的方向。

㈠零星散播的種子

台灣學界開始談論"Whole Language"這個觀念，大約在一九八〇年代的末期。一九九〇年十一月間作者在屏東師院有一場以"Whole Language"為主題的專題演講，可能是台灣最早以"Whole Language"為題的公開學術講述，也是在台灣系統化介紹"Whole Language"的名詞和觀念最初步活動之一。彼時"Whole Language"一詞的中譯名尚未統一，演講中"Whole Language"被譯為「完整語言」。往後幾年間，因談論的人不同，"Whole Language"分別以「完整語言」或「整體語言」等幾個不同的譯名出現。

此次演講並未引起對"Whole Language"廣面的迴響，之後也未立即有以"Whole Language"為題的後續介紹，但從全語言出發的語言發展理論，卻陸續散見學術發表中。一九九一年六月間，在「七十九學年度師範院校學術論文發表會」，作者從讀寫萌發的觀點探討幼兒的語言發展，其實是"Whole Language"語言發展觀的濫觴。同一立場的觀點，又在隔年被提出。一九九二年六月間，於「八十學年度師範院校學術論文發表會」中，作者再度從讀寫萌發的觀點談幼兒的書寫發展，都是全語言語言觀的學術性論述。一九九四年四月間舉辦之「八十二學年度師範院校學術論文發表會」中，學者趙涵華（1994）以「整體語言」為譯名，首次介紹"Whole Language"的理論背景，這是"Whole Language"一詞最先出現在學術研討會論文之中。

全語言觀念對實務工作者的介紹，則大約始於一九九三年間。一九九三年三月和四月，在彼時的台南師院分別有兩場以全語言為主題的幼稚園教師在職進修研習會。此時"Whole Language"的中譯名經幾位關心的學者討論之後，已初步底定為「全語言」。這二場研習會即以「全語言」為名來介紹其觀念。一九九三年九月間，另一場以全語言為題的研習會又在

台南師院舉辦，對象則拓及國教輔導團幼稚園輔導員，希望輔導員在輔導第一線教師時，能將此專業知能傳遞予現場教師。

除了這些零星的發表、研習會和演講之外，另一顆與全語言有關、影響頗深遠的種子，在一九九二年間也已埋下。彼時的台灣省國民學校教師研習會的國語組研究小組，在全語言理念的激發之下，開始著手編輯實驗性國語教材。雖然全語言不主張使用教科書，但在既有教育體制之下，此研究小組希望能在國語科教材內融入全語言的精神，而自一九九二年開始編纂國語科實驗教材，並在全省各地擇學校進行教材的實驗。因應此實驗課程的實施，教師研習會除了一方面作教師訓練，培養參與實驗之教師使用新教材的能力，另方面也從一九九五年間起，在研習會內或在實驗學校所在，提供在職進修課程，介紹全語言的相關概念和在課程上的應用。

㈡深入的耕耘：實驗課程

國民學校教師研習會所編纂的國語科實驗教材和全省性的教學實驗，雖然不是全語言的實踐，其中所承載的精神——考量學習者的經驗、跳脫教科書為唯一材料、容許學習者在學習過程中某種程度的自主等思維，和全語言的精神確有相近之處，顯示了研究小組含納全語言的意圖，也打開了國小國語教材和教學的新視野。因為它實驗對象的廣及，並歷經長期，可謂為一場深入國小課程的耕耘。

類似的深度耕耘，也散見在不同的幼稚園教室內。一九九四年起，在中南部地區陸續有幾個幼稚園，包括公立和私立幼稚園，開始在實務現場發展全語言課程。一九九四至一九九八年間，高雄某私立幼稚園以其既有方案的課程架構，融入全語言的語言課程精神，發展了一個結合方案和語言的多元表徵課程。另外，在一九九五至一九九六年間，台南一私立幼稚園的部分班級，同樣的以其既有開放的課程基礎，融入全語言的精神，培養了一群在學習和語言使用上均十分獨立自主、有信心的幼兒。稍後，台南市幾個國小附幼也開始在其具開放精神的課程中，加入一些全語言的原則。值得注意的是，方案和開放兩個課程模式，都主張以學習者為中心，這種課程精神，正與全語言的基本原則相通。因此，此二者的結合，是一

個站在相同基礎之上，相佐相輔，水到渠成的歷程。

　　幾年之後，作者參與了台南某幼稚園一個班級建構、發展全語言課程的歷程。這個歷時一年的課程發展，建構了一個比較全面性也較完整、徹底的全語言幼兒課程。這個班級的舊有課程是教師主導性較強的單元模式。在實施全語言的過程中，考量了幼兒和教師本身的舊有經驗，教師並未完全捨棄既有的課程架構和基礎，從零開始重新發展。課程改革的策略是一方面將全語言的精神應用在班級經營和教室組織上，一方面在既有的架構中逐步地加入合乎全語言課程原則的學習活動。一年的課程結束之後，不只幼兒在語言和學習潛能上有相當的發揮，養成了對學習的正面態度和習性，兩位教師也成為真正的全語言教師，持續地在他們的職位上持守貫徹全語言理念。此課程發展成功，大約可歸功於幾個要素：*1.* 教師經專業省思後在課程上求變的決心；*2.* 全語言相關資源的供應，包括相關理論知識、教學資源、專家學者或有經驗教師的課程建議和教學討論等之供給；*3.* 相關支援系統的建立，包括行政主管和同儕的同意和配合、校外專家學者和教師的支持。這些要素是成功發展全語言條件中的一部分，或許也是其他想發展全語言課程者可以參考含納進去的元素。陳淑琴（1998）以 Holdaway 的自然模式在中部地區幼稚園教室內進行了三個月的實驗教學，發展了適合本土的自然學習教學模式。

　　除了幼兒教育領域，國小課程中稍後也有區域的耕耘。一九九六至一九九七年間，沈添鉦（1997）在嘉義師院附小三年級和五年級各一個班級中，進行了加強學生讀寫能力的實驗課程。或許侷限於國小的分科現況，這個實驗課程的重點著眼於國語科教學。在既有的國語教材之外，教師帶領學生從事了幾種課外的讀寫活動，如辦班刊。沈添鉦指出，實驗課程中的學生，顯現對實驗課程中的語文活動有高度的興趣和參與意願，顯然此課程對學生語文的能力和興趣均有正面建設。

　　部分從事外語教學或外語教學研究的教師或學者，也開始思考全語言在外語教學上的應用。一九九六至一九九九年之間，曾月紅（1999）曾以全語言的觀點，從事國小和幼稚園英語教學上的實驗和研究，提出了全語言應用在外語教學上的一些教學原則和實例，頗有一些心得。

深度的耕耘固然可從實務現場的實際教學著手，也應從教師訓練上著力，在職進修和職前教育都可以是深度耕耘的途徑。職前的準備，可以讓部分教師在進入職場之前，已具備相關的專業知識。一九九一年以來，部分師院，如台南師院、國北師院和市北師院，其教師養成課程中，都提供了從全語言哲學觀出發的課程，雖然課程名稱不見得有全語言字樣，但一樣在準備學生成為具全語言精神的教師。這些課程為日後幼教師之專業知能作準備，也為全語言將來在幼稚園的實施播下種子。不過此類課程多數仍以語文相關的課程為主。

㈢里程碑：潮流的開啟

一九九六年在台灣全語言發展的歷史中是個重要的里程碑，一個潮流的開啟。全語言的國際學者 Ken Goodman 博士、Yetta Goodman 博士和 Debra Goodman 博士三人於這一年一月間來台講學，先後在彼時的台南師範學院及位於板橋之國民學校教師研習會，有兩場各為期兩天的學術講座。這兩場研討會將全語言的基礎理論作了深入且系統化的介紹，也將全語言在教學實務上的應用作了具體的闡發。Goodman 等人的學術涵養和精湛的講學，引起與會人士極大的迴響。另外，Goodman 以國際學者的身分來訪，獲得教育相關媒體的注意，有國語日報等幾家媒體專訪他們，並撰專文介紹全語言的基本觀念。全語言經此學術研討會及大眾媒體一披露，一下子引起不少人的注意，在台灣幼兒教育、小學教育和語言教育領域逐漸被視為一個新學說，興起了討論的熱潮。

此次講學引發了一些直接和間接的後續發展。其一，在研討會之後半年，全國第一個全語言教師團體在台南成立。其二，會後一年中，國民學校教師研習會及區域性的教育輔導當局，陸續舉辦了系列的教師在職進修，介紹全語言理論，也訓練教師如何在實務中應用全語言於教學。接著，有 Ken Goodman 和其他全語言的相關著作中文譯本在兩年之間相繼出版，計有：Ken Goodman 的《談閱讀》（洪月女譯，心理，1997）和《全語言的全，全在哪裡》（李連珠譯，信誼，1998）、Shirley Raines 的《全語言幼稚園》（薛曉華譯，光佑，1997）以及 Bobbi Fisher 的《快樂的一天》（林

全
語
言
教
育

佩蓉譯，光佑，1998）。這些專書涵蓋有基礎理論也有教學實務，共同提供了本地學者和教師較完整、系統化的專業參考資料。此外，學術論文和期刊篇章也在之後相繼出版，例如：沈添鉦和黃秀文在「八十六學年度教育學術研究會」所發表探討國小教室內實施全語言的研究結果（沈添鉦、黃秀文，1997）；黃繼仁（1997）以探討全語言理論背景為題的碩士論文；《教育心》期刊對全語言的專刊介紹……等，有探討理論的、有研究教學實務的、也有從親職角度探討供家長參考的，還有從第二語言教學之應用著眼的，如曾月紅的《兒童英語文教學：全語文觀點》（五南，2000）。除了以全語言為題的論述之外，還有少數與全語言觀點接近的著作，如黃瑞琴的《幼兒讀寫萌發課程》（五南，1997），全語言學說慢慢出現了多元化的角度和論述。

　　上一章提到目前台灣唯一全語言教師團體的發展、運作和功能。這個團體對全語言在台的推動，紮下了一些重要的根基。它提供了教師交流、分享、對話和支持的機會，協助有興趣的教師開始逐步將全語言精神帶入課程中，是一個披及面頗大的深度耕耘。與會教師在多年參與分享研討之後，陸陸續續以自己的步調，朝全語言教育的路上發展，也各處在不同的發展階段，有的已然是成熟的全語言教師，有的在既有客觀環境中，嘗試著可行的方式儘量將促進真正學習的經驗帶給孩子。該會的發展，已然有其對教育實務現場的影響，其未來的發展，對全語言理念的推動，影響勢必要持續下去。

㈣潮流方興未艾：對課程改革的啟發

　　正當我國的國民教育逐步邁入改革，課程重整的呼聲四起之際，全語言以學習者為本、主張學校經驗宜與學生生活相聯繫的教育哲學觀，似乎對國小的新課程有許多啟發。一九九七、一九九八年間，學校本位課程的思潮興起，稍後統整性課程成為國小教育政策，全語言正提供了學界和實務工作者一個新的思考教育和課程的方向，這段期間尋求認識全語言的人逐日增加。一九九八至二〇〇〇年之間，為發展學校本位的課程，即有不少區域性或學校本位的研習活動，嘗試以全語言為研習的主題。一九九八

年間「九年一貫課程」公佈之後，許多縣市政府教育局所主辦的種子教師培訓，也涵蓋了全語言為培訓課程內容之一。其後一、二年間，當時教育部長曾智朗倡導閱讀，又讓許多教育從業人員再一次思考全語言的閱讀與學習的關係、閱讀在課程中的角色及其他閱讀相關的議題。這些年間，小學課程中開始含納大量文學作品，各校倡導親子共讀，地方教育主管當局培訓閱讀種子教師等措施，不無全語言以語言統整學習的影響在其中。

全語言於二〇〇一年前後在台灣學校教育界所引起的關注，也可以從另一個現象窺見──成為學術研討會的主題。二〇〇〇年三月間兒童教育學會在台北舉辦的「統整性課程面面觀國際學術研討會」，視全語言為統整性課程的途徑之一，安排有專文報告；同年六月間台東師院一場探討統整性課程的「K-12 統整性課程國際學術研討會」中，全語言和方案、九年一貫課程綱要同被列為大會三個平行的主題，很顯然，全語言同樣被視為實施統整性課程的可行方向。會中，除了二場專題演講和研究論文報告之外，同時安排了一個下午的座談會，開放與會人士針對全語言的理論和實務，進行對話。這場對話對在場人士釐清全語言的觀念、認識實施時可能面臨的問題和解決之道等，均有啟發。二〇〇〇年十至十一月間，彰化師範大學舉辦了一個全語言學術研討會「數理科的學習與教學實務中的語言問題──全語言的觀點」，再度邀請 Ken Goodman、Yetta Goodman 和 Debra Goodman 來台演講。Goodman 同時受邀至台中師範學院和彼時的台南師範學院演講，在中部和南部的三場研討會中，對語言於學習的角色及全語言在語言以外課程領域的應用，有了進一步的闡發。這些論述都指向全語言在統整性課程中的價值和可行性。

㈤現況：不是風潮而已

風潮有時而盡，理念的洗滌淬鍊卻會留下痕跡。統整性課程即使不再是當熱的教育政策和話題，教師也都歷經了一場有關課程思想的洗禮。接觸過全語言理論的教師也許並不全都同意此一哲學觀，曾經實施過全語言的教室也許並不一定都繼續堅持，但全語言所引起實務上的改變還是有跡可循。就好像全語言在美國近三十年的發展後雖未成為今日課程的主流，

但它所造成美國教育現場的改變是明確可溯的，全語言的鑿痕不會隨風潮而盡，教育也不應該只追求風潮。

全語言理論被介紹到台灣十來年之間，它的實務不管應用在幼兒教育或小學教育現場都尚未普遍，但它對教育場域的影響卻觀察得到，包括對教師、不同學習領域不同年級的課程與教學、學生、家長與教育行政。對許多接觸過全語言的教師而言，全語言無異打開了一個新的視窗，讓他們重新思考學習、教學、親師關係、課程和教師專業發展。當他們持續尋求對全語言的瞭解，並應用全語言的原則在教學中，經營整體導向的教學實務，他們事實上就朝向「優質教學」的路上邁進。他們的教學可以向同儕、家長、行政主管說明一個事實——一個更學習者導向的課程不只可以促成學習，同時也可產生好的學習結果。有許多全語言教師成功發展了良性的師生關係、親師關係及同儕教師的伙伴關係。

另一個觀察到全語言的影響是及於課程發展、教科書出版及在職進修課程的設計發展。有少數有經驗的全語言教師參與發展課程、課本（如國語科）或學習材料編輯、或教師在職進修課程時，會將全語言的概念和精神應用在所參與的工作內容之中。由此，全語言導向的課程觀念可因而更公開可見，進而影響至更廣大領域、更多的使用對象。

今天在台灣的實務現場，特別是幼兒教室和小學教室內，仍有許多教師以自己可以掌握的方式，不同程度地在實踐全語言的理念和原則，在台灣也許不一定找得到很多全語言學校，但卻有不少全語言教室散見各處，全語言教師仍然在他們的位置上，繼續做他們相信對學生有益的事，他們仍然定期聚會。對多數發展全語言的地區而言，全語言是教師的專業選擇，只是在選擇了全語言之後，因內外在條件因素，可能有各種不同的操作方式。對不受統一制式課程限制的教師而言（例如許多幼兒教師），全語言是一個可充分自由探究發展的課程方向；對需要執行統一課程和規定教科書的教師而言（如小學、中學教師），只能在可行範圍內援用部分全語言的原則和精神。有一些教師在以實際教學成果說服了他們的行政主管和家長之後，也許可能擺脫教科書的限制，獲得了更大教學上的自主和自由，用文學書籍和其他各式真實的學習材料取代或補充規定的教科書或教學材

料。這些自由和支持多數是靠他們的專業知識、專業表現以及學生的成長，並經努力的長期溝通而取得。類似上述的情況，教師選擇全語言在本土不同的教育階段都可看見，且預期會持續下去。從另一個出版現象也可看出全語言仍是許多教師所尋求的課程參考，不少坊間幼兒教材出版社或舉辦全語言教學研習，或出版發售所謂全語言教材，雖然與全語言的精神完全相違，但這些商業行為正看出市場上對全語言的需求。

對全語言有興趣的研究者仍相繼在探討這個理論及其實務，例如至二〇〇四年已經有三十多篇以全語言或全語言教師為研究主題的博碩士論文完成（見附錄十之一），涵蓋了全語言理論的探討；全語言應用在國語科教學、英語教學、華語教學、自然科教學、企業課程、環境教育等不同領域；全語言教師之信念、班級經營的探討，研究對象包括幼稚園、國小、國高中、大學和成人學習者以及教師。有關全語言理論和實務的期刊文章更不可勝數，對全語言的討論還在持續著。

二、全語言的展望

全語言要在台灣更廣面地推行，與客觀教育及社會環境的改變息息相關。不管從美國或台灣過去的發展歷史來看，全語言的發展都與所在社會的教育思維與政策走向相互影響。檢視台灣過去教育改革的軌跡，不只可看出全語言所發揮的作用，或也可看出全語言在本土未來可能的發展。

㈠全語言與教育改革

從教育社會學的觀點觀之，教育改革常隨著社會改革而興衰。台灣自一九八七年解嚴之後，十多年間在政治、經濟和社會各方面都有急速而大幅的變化，朝向民主開放邁進，教育體制在此潮流中屢經變革重整，而有了新的政策、新的實務面貌。

近十年來台灣社會歷經了不少次教育改革，其中有一些是出自民間的草根行動，一九九四年四一〇教育界大遊行正是民間對政府有關教育政策建言的一次具體行動。中央政府對此來自民間改革的訴求，回應以某些政

策的改變，同年所公佈新的師資培育法是其中之一。新的師培法開放了師資培育的機構，所有大學都可成立師資培育課程，過去專司師資培育的師範院校不再是師資產生唯一管道。這個變革在教師專業挹注入多元性質、多元觀點和不同的意見。再過一年，在新師培法的精神之下，教師會陸續在各地區成立，教師得以有機會和管道表達，促使與教師權利相關的議題被重視、探討。新師培法為校園內帶來了民主和改變，特別是在中、小學的校園內。一九九六年，教育部進一步開放了國小教科書的編輯，民間出版社可以出版發行教科用書，各學校或教師可以選擇他們所要用的版本，打破了過去國小教科用書由國家統一出版的傳統。一九九八年「九年一貫課程綱要」公佈，更進一步將教育的權力下放至各校和教師手中，中央政府不再是所有課程決策的唯一決定者。這些年間，教育部及各地方教育局推動像開放教育、小班小校、學校本位課程、多元入學方案……等教育政策，鼓勵推動統整性的學習及學習本位的課程，推動強調彈性、多樣化、整合性、多元形式的評量，這些舉措都顯示了主事者對學習重新界定及考量學習者個別特性的態度，也看出了教育主管當局在這些政策背後所欲建立的相關價值觀（Lee and Lin, 2003）。

　　整體而言，這些年的教育新政策指向：1. 對教師賦權，鼓勵教師的自省和專業經營，讓教師可以在教學和課程設計上有自主性，以創造出對學生而言有意義的課程和學習經驗；2. 對學生賦權，視學生為有能力的學習者，各有其特質，教學宜順應學生特質，並進而衍生在地性的鼓勵；3. 邁向多元及整合。這些思維逐步朝向民主、學習者中心的教育藍圖發展，也反映了教育工作者專業的自我期許，而與全語言教育的哲學觀日益相近。

㈡發展的契機與挑戰

　　在新的教育政策之下，有些新的實務產生，這些新實務有的可以融入全語言的思想，如前一段所舉的例子；有的開出了全語言在本土應用的新路徑。台灣教育改革的步調極快，而當有改革發生時，理論的供應和實務的調整，總是趕不上改變的腳步，雖然大多教師對全語言堅實的理論並未有正確充分的理解，但隨著教育改革的急速呼求、教師行動研究的潮流雲

湧、適性教學的呼籲，全語言以其主張民主、意義導向的哲學觀，可能是教師的一個選擇，這是全語言在台灣未來發展的空間之一。

政府的英語教育政策是另一個與課程有關的教育改革，因著國際間交流的加速，家長呼籲英語教育提早開始，各地區教育主管機構多將英語入門課程從國中提早到國小五至三年級不等，因之英語教學是這幾年國小課程中的新焦點，儼然成為顯學，卻也是有待發展的領域。因為是個新領域，在課程和教學上也就未受過去的包袱限制，但普遍被認可的新模式仍未產生。當英語教師在尋求新的教學模式時，全語言似乎是許多教師的興趣和選擇。在許多英語教師的養成教育和在職進修課程中，常見包含了全語言為課程內容，許多民間所舉辦的研習活動中，全語言常是熱門的主題之一。英語教學如果能維持是個教師自主、適地適性的課程，可能成為未來全語言在本土被應用的領域，這是全語言可能發展的空間之二。

全語言強調民主和適性的思維，在沒有制式課程的教育場域更容易被執行，以台灣現存的體制而言，幼兒教育領域是全語言很好的實踐場所，事實上幼兒教育裡兒童中心的主流價值觀也與全語言較為接近。在過去，台灣實施全語言的教室也多數是幼兒教室，幼兒教育領域在過去和未來都是全語言最容易發展的空間。其他教育階段的教師和教室，若教學有分領域的事實，則不妨先從語文教學著手，再逐步擴展至其他領域，進而尋求全面統整的可能。

不可否認的，全語言在本土要穩健地發展成長，仍有它須面臨的挑戰，美國的例子是個值得警惕的借鏡。在台灣，不管屬於哪一個教育階段，凡決定要做、已經在做或自稱在做全語言的教師，都需要在實務上持續省察、檢驗、琢磨、精鍊。理論的體會是一回事，在實務上實踐，往往與理論有一段距離，所實施的是否真正反映理論，是否確實掌握了原精神，都需要不斷地省思檢視，確實修正調整。似是而非的全語言實務往往是對全語言的發展最大的傷害。因而對話是很重要且必要的，所有在教室內實施全語言的教師，要打開與全語言學習社群其他成員對話的機會，透過分享討論，學習更精確地掌握全語言的精神和原則。其次，全語言在台灣的推行，要面對過去多數教育改革所遭遇到類似的困境，最主要的困難在於考試、教

全語言教育

科書主導教學和學習，亦即狹隘的教學和評量觀點。這種狹隘的教學和評量觀點讓許多小學和中學教師不願或不敢在教室內花時間嘗試教科書及考試內容以外的材料和經驗，他們不希望學生或自己面對考試成績落後所帶來的各界壓力。改變這種狹隘的教學觀和評量觀是所有教育改革須先克服的問題，也是全語言要更廣面推行最先須面對的挑戰之一。因此，全語言的推行事實上是與整體教育體制、教育改革和教育思維相聯結的，整體教育是否走向民主、平等、尊重、個別化、重合作、反競爭，多少左右了全語言推展的廣度和速度。而在大環境尚不完全有利的情況下，積極的溝通是除去攔阻不可缺少的行動，介乎教師、行政人員及家長之間長期持續性的溝通，可促進瞭解和觀點的交流，以達成共識。

教育不應是風潮的追逐。教育是理念的執行，而理念的執行，需要長期的貫徹和堅持。思考全語言在本土的發展，宜首先思考全語言哲學觀和我們教育理念的關係，而不只當它是一種課程風潮、一種流行。在教育大環境之中，改變教育品質的契機，需要教師、學者、行政人員、各級教育主管當局和家長等群策群力。全語言在本土的發展，也繫乎這些群力的合力運作。台灣的全語言熱潮，希望不是一種新教學法的推廣，而是教育理念的實踐。

附錄十之一　台灣與全語言相關之博碩士論文研究
（按年代排列）

李佩純（2004）：一位初任教師在幼稚園實施全語言教育的歷程。國立台北師範學院幼兒教育學系碩士班碩士論文。

吳芬玲（2004）：運用圖畫書實施全語文教學之研究——以〈小榕樹兒童讀書會〉為例。台中師範學院語文教育學系碩士論文。

涂屹鋒（2004）：全語言教學法在高中英詩教學之應用。國立高雄師範大

學英語學系碩士論文。

陳貞妃（2004）：全語言教學對國小一年級學童說話學習成效之影響研究。屏東師範學院國民教育研究所碩士論文。

張鶴齡（2004）：幼兒美語教學之現況研究——以台中市一所全美語幼兒園為例。南華大學教育社會學研究所碩士論文。

廖純慧（2004）：一位資深幼教老師使用圖畫書歷程之研究。台南師範學院幼兒教育學系碩士班碩士論文。

李利德（2003）：主題探索式課程對成人英文寫作學習者的影響。淡江大學英文學系博士論文。

陳芬虹（2003）：Kenneth S. Goodman 全語思想及教學主張之探討。國立中正大學教育研究所碩士論文。

徐綉華（2003）：全語言教學在國小高年級之行動研究。國立新竹師範學院台灣語言與語文教育研究所碩士論文。

黃祺（2003）：全語文英語教學策略對智能障礙學生英語學習成效之研究。彰化師範大學特殊教育研究所碩士論文。

黃雲湺（2003）：全語文教學對國小身心障礙資源班兒童英文學習之個案研究——全語取向。國立台北師範學院兒童英語教育研究所碩士論文。

黃雅筠（2003）：基於全語言教學原則下之寫作發展——初學華語學生個案研究。國立台灣師範大學華語文教學研究所碩士論文。

林恩如（2002）：全語言觀點：一位幼稚園英文教師之個案研究。淡江大學西洋語文研究所碩士論文。

施麗雅（2002）：幼稚園全語言教學之協同行動研究。新竹師範學院幼兒教育研究所碩士論文。

陳明哲（2002）：全語言教學取向應用於技職校院國際企業課程之研究。彰化師範大學工業教育學系博士論文。

楊惟程（2002）：國小六年級學童對自然科教學融入讀寫活動的經驗覺知之研究。東海大學教育研究所碩士論文。

蔡宜玲（2002）：一位全語文教師之教學信念的詮釋與實踐。國立台北師範學院課程與教學研究所碩士論文。

王昭湄（2001）：以兒童文學為起點結合全語言與環境教育之行動研究。國立台灣師範大學環境教育研究所碩士論文。

洪慧娟（2001）：幼兒說故事內容及結構之分析研究——以一個全語言幼稚園為例。國立台灣師範大學家政教育研究所碩士論文。

陳文琪（2001）：全語言教學對國小五年級學童批判思考、寫作表現和學習內發動機的影響。屏東師範學院國民教育研究所碩士論文。

蔡蕙珊（2001）：國小一年級學童寫作形式之個案研究。國立嘉義大學國民教育研究所碩士論文。

林怡伶（2000）。幼稚園師生問答歷程之描述——以一大班的小組活動為例。國立台南師範學院國民教育研究所碩士論文。

林雅慧（2000）：全語取向教室中的控制與所有權之個案研究。國立嘉義大學國民教育研究所碩士論文。

廖凰伶（2000）：直接教學與全語教學對國中低閱讀能力學生閱讀理解表現之研究。彰化師範大學特殊教育研究所碩士論文。

蔡蕙如（2000）：學習外一章：運用兒童讀物實施全語文教學活動之行動研究——以一個課輔班為例。國立台北師範學院課程與教學研究所碩士論文。

賴盈君（2000）：國小二年級國語科實施全語取向教學之個案研究。國立嘉義大學國民教育研究所碩士論文。

簡郁娟（2000）：「可預測故事」影響外語初學者口語與閱讀發展之探討。淡江大學西洋語文研究所碩士論文。

劉雪芳（1999）：全語文教師運用故事教學之個案研究。國立台北師範學院課程與教學研究所碩士論文。

林麗卿（1998）：全語言教學法對國小學生英語學習之效益研究。國立高雄師範大學英語教育研究所碩士論文。

程玉葉（1998）：適性全語言教學在國中英語教學之研究。國立高雄師範大學英語教育研究所碩士論文。

江惠蓮（1997）：看電影學大一英文：「全語教學」的應用。國立台灣師範大學英語研究所博士論文。

黃繼仁（1997）：美國小學全語言教學之研究。國立台灣師範大學教育學系碩士論文。

全語言教育

參考文獻

李連珠（1991）：課室裡的圖畫書。國教之友，**43**(2)，頁 29-36。

李連珠（1995）：台灣幼兒之讀寫概念發展。幼教天地，海峽兩岸幼兒教育研討會專輯，頁 37-68。

李連珠（1996）：再談幼兒教室之情境佈置：創造推動讀寫活動之環境。國教之友，**48**(3)，頁 14-19。

李連珠譯（1998）：全語言的全，全在哪裡？台北：信誼。

李連珠（2000a）：全語言與幼稚園實施全語言之探討。論文發表於國立台東師範學院「K-12 語文教育與統整性課程」國際學術研討會。

李連珠（2000b）：全語言的本土發展：回顧與前瞻。彰化師範大學「數理科的學習與教學實務中的語言問題」研討會文集，頁 41-48。

李連珠（2003）：全語言的幼兒語文課程。中國學前教育研究會編，為了每一個幼兒的健康成長：紀念中國幼兒教育百年學術論文集，頁 475-480。南京：江蘇教育。

李連珠、林慧芬（2001）：適合發展的幼兒語文課程。臺南師院學報，**34**，頁 443-474。

吳敏而（1994）：文字書本概念與閱讀能力的關係。國民小學國語教材教法研究，**3**，頁 47-59。

吳敏而、黃琪芬（1994）：幼兒對文字用途的認識。國民小學國語教材教法研究，**3**，頁 37-46。

沈添鉦（1997）：全語言教學對小學高年級學生寫作態度與寫作能力的影響之研究。論文發表於師範學院實小八十六年度國語文教學策略理論與實務整合發表會。

沈添鉦、黃秀文（1997）：全語教學在國小實施的個案報告。論文發表於

八十六學年度教育學術研討會。

洪月女譯（1997）：談閱讀。台北：心理。

陳淑琴（1998）：全語言自然學習教室模式的理論與實務應用。南投：台灣省教育廳國民教育輔導團。

曾月紅（1999）：透過全語文教學探討學前幼兒認知學習英文的過程——全語文幼稚園實驗課程。國科會專題研究報告，NSC88-2411-H026-004。

曾月紅（2000）：兒童英語文教學：全語文觀點。台北：五南。

黃瑞琴（1997）：幼兒讀寫萌發課程。台北：五南。

黃繼仁（1997）：美國小學全語言教學之研究。國立台灣師範大學教育學系碩士論文。

趙涵華（1994）：整體語言教育：一個可能的選擇。八十二學年度師範學院教育學術論文發表會論文集，頁 168-179。

墨高君譯（1996）：幼兒文學。台北：揚智。

顏綺貞（2004）：落實全語言精神於幼稚園活動室。全語言，**6**，頁 30-41。

Adams, M. J. (1990). *Beginning to read: Thinking and learning about print.* Cambridge. MA: The MIT Press.

Akers, B. L. (1988). *Early literacy curriculum: Utilizing language experience and whole language in kindergarten.* (ERIC Document Reproduction Service No. ED 315 164).

Allen, J. (1988). *Literacy development in whole language kindergartens.* Technical Report No. 436. (ERIC Document Reproduction Service No. ED 300 780).

Allen, J., Michalove, B., West, M., & Shockley, B. (1989 November). *Studying the students we worry about: A collaborative investigation of literacy learning.* Paper presented at the 39th annual meeting of the National Reading Conference, Austin, TX.

Allen, J., Michalove, B., Shockley, B., & West, M. (1991). "I'm really worried about Joseph":Reducing the risks of literacy learning. *The Reading Teacher, 44,* 458-472.

Allen, R.V., & Allen, C. (1976). *Language Experience Activities.* Boston: Houghton Mifflin.

Allington, R. (1983). The reading instruction provided readers of differing reading abilities. *Elementary School Journal, 83,* 548-559.

Allington, R. I, & Woodside-Jiron, H. (1998). Thirty years of research in reading: When is a research summary not a research summary? In K. Goodman (Ed.), *In defense of good teaching* (pp. 143-157). York, ME: Stenhouse.

Altwerger, B. (1998). Whole language as decoy: The real agenda behind the attacks. In K. Goodman (Ed.), *In defense of good teaching* (pp. 175-181). York, ME: Stenhouse.

Altwerger, B., Edelsky, C., & Flores, B. (1987). Whole language: What's new? *The Reading Teacher, 41,* 144-154.

Anderson, R., Willson, P. T., & Fielding, L. (1988). Growth in reading and how children spend their time out of school. *Reading Research Quarterly, 23,* 285-303.

Antonelli, J. (1991). *Decoding abilities of elementary students receiving rule-based instruction and whole language instruction.* (ERIC Document Reproduction Service No. ED 331 002).

Applebee, A. (1978). *The child's concept of story.* Chicago: University of Chicago Press.

Atwell, N. (1987). *Wonderings to pursue: The writing teacher as researcher.* Paper presented at the Conference of National Council of Teachers of English, Los Angeles.

Avery, C. (1985). Lori "figures it out": A young writer learns to read. In J. Hansen, T. Newkirk, & D. Graves (Eds.), *Breaking ground: Teachers relate reading and writing in the elementary school* (pp. 26-37). Portsmouth, NH: Heinemann.

Balajthy, E. (1991 October). *A school-college consultation model for instruction of technology and whole language in elementary science instruction.* Paper

參考文獻

presented at the Annual Meeting of the New York State Reading Association, Kiamesha Lake, New York.

Ball, E., & Blachman, B. (1991). Does phoneme awareness training in kindergarten make a difference in early word recognition and developmental spelling? *Reading Research Quarterly, 26,* 49-66.

Bartley, N. (1993). Literature-based integrated language arts instruction and the language deficient student. *Reading Research Quarterly, 32,* 31-37.

Bergeron, B. S. (1990). What does the term whole language mean? Constructing a definition from the literature. *Journal of Reading Behaviors, 21,* 301-326.

Berliner, D. C., & Biddle, B. J. (1995). *The manufactured crisis: Myths, fraud, and the attack on America's public school.* Reading, MA: Addison-Wesley.

Bird, L. (1987). What is whole language? In D. Jacobs (Ed.), *Teachers Networking: The whole language newsletter, 1*(1), Dialogue. Katonah, NY: Richard C. Owen.

Bird, L. (1989a). *Becoming a whole language school: The fair oaks story.* Katonah, NY: Richard C. Owen.

Bird, L. (1989b). The art of teaching: Evaluation and revision. In K. Goodman, Y. Goodman, & W. Hood, (Eds.), *The whole language evaluation book* (pp. 15-24). Portsmouth, NH: Heinemann.

Bird, L. (1991). Professional development at Fair Oaks. In Y. Goodman, W. Hood, & K. Goodman (Eds.), *Organizing for whole language* (pp. 323-335). Portsmouth, NH: Heinemann.

Bird, L., Goodman, K., & Goodman, Y. (1994). *The whole language catalog: Forms for authentic assessment.* New York: SRA/Macmillan.

Bissex, G. L. (1980). *GNYS AT WRK: A child learning to write and read.* Cambrige, MA: Harvard University Press.

Bloome, D. (1987). Reading as a social process in a middle school classroom. In D. Bloome (Ed.), *Literacy and schooling* (pp. 123-149). Norwood, NJ: Ablex.

Bock, J. (1989 November). *Portraits of six developing readers in a whole language classroom.* Paper presented at the 39th Annual Meeting of the National Reading Conference, Austin, TX.

Bodrova, E., & Leong, D. J. (1999). Literacy standards for preschool learners. *Educational Leadership, 57*(2), 42-46.

Bodycott, P. (1987). Developing reader critics: Products of wholistic learning. *Australian Journal of Reading, 10*(3), 135-146.

Bowen, J. (1981). *A history of western education, Vol. III.* London: Methuen.

Bradely, L., & Bryant, P. E. (1983). Categorizing sounds and learning to read: A causal connection. *Nature, 301,* 419-421.

Bradely, L., & Bryant, P. E. (1985). *Rhyme and reason in reading and spelling.* Ann Arbor, MI: University of Michigan Press.

Bredekamp, S., & Copple, C. (1997). *Developmentally appropriate practice in early childhood programs.* Washington, DC: National Association for the Education of Young Children.

Bright, R. (1989). Teacher as researcher: Traditional and whole language approaches. *Canadian Journal of English Language Arts, 12*(3), 48-55.

Brinkley, E. H. (1998). What's religion got to do with attacks on whole language. In K. Goodman (Ed.), *In defense of good teaching* (pp. 57-71). York, ME: Stenhouse.

Britton, J. (1977). Language and the nature of learning: An individual perspective. In J. R. Squire (Ed.), *The teaching of English* (pp. 1-38). Chicago: University of Chicago Press.

Brown, J., Marek, A., & Goodman, K. (1994). *Annotated chronological miscue analysis bibliography.* (Occasional Paper, No. 16). Tucson: University of Arizona, Program in Language and Literacy.

Browne, D. B. (1986). *Whole language: An approach to reading that fits native American reading styles.* (ERIC Document Reproduction Service No. ED 296 861).

Bullock, A (1975). *A language for life.* London: Her Majesty's Stationery Office.

Burns-Paterson, A. L. (1991). *First and third graders' concepts of reading in different instructional settings.* (ERIC Document Reproduction Service No. ED 339 027).

Burrow, A., Jackson, D., & Saunders, D. (1984). *They all want to write.* Hamdenm, CT: Library Professional Publication.

Burton, F. (1991). Reflections on designing a K-12 whole language curriculum: Implications for administrators and policymakers. In Y. Goodman, W. Hood, & K. Goodman (Eds.), *Organizing for whole language* (pp. 364-372). Portsmouth, NH: Heinemann.

Butler, A. (1988). *The elements of the whole language program.* Crystal Lake, IL: Rigby.

Butler, D., & Clay, M. (1987). *Reading begins at home.* Portsmouth, NH: Heinemann.

Calkins, L. (1983). *Lessons from a child: On the teaching and learning of writing.* Portsmouth, NH: Heinemann.

Calkins, L. (1985). *The art of teaching writing.* Portsmouth, NH: Heinemann.

Cambourne, B. (1988). *The whole story: Natural learning and the acquisition of literacy in the classroom.* Auckland, New Zealand: Ashton Scholastic.

Camilli, G., Vargas, S., & Yurecko, M. (2003). Teaching children to read: The fragile link between science and federal education policy. *Education Policy Archives, 11*(15). http://epaa.asu.edu/epaa/v11n15/.

Camilli, G., & Wolfe, P. (2004). Research on reading: A cautionary tale. *Eudcational Leadership, 61* (6), 26-29.

Chall, J. (1967). *Learning to read: The great debate.* New York: McGraw Hill.

Childs, J. L. (1956). *American pragmatism and education.* New York: Holt.

Christensen, K. E. (1990). *A study of teachers' viewpoints on whole language.* (ERIC Document Reproduction Service No. ED 329 907).

Church, J. (1993). Record keeping in whole language classroom. In B. Harp (Ed.),

Assessment and evaluation in whole language programs (pp.187-210). Norwood, MA: Christopher-Gordon.

Church, S. M. (1996). *The future of whole language: Reconstruction or self-destruction?* Portsmouth, NH: Heinemann.

Church, S., & Newman, J. (1985). Danny: A case history of an instructionally induced reading program. In J. Newman (Ed.), *Whole language: Theory in use* (pp. 169-179). Portsmouth, NH: Heinemann.

Clark, M. M. (1975). *Young fluent readers.* London: Heinemann.

Clarke, L. K. (1988). Invented versus traditional spelling in first graders' writings: Effects on learning to spell and read. *Research in the Teaching of English, 22,* 281-309.

Clay, M. M. (1975). *What did I write?* Auckland, New Zealand: Heinemann.

Clay, M. M. (1982). *Observing young readers.* Auckland, New Zealand: Heinemann.

Clay, M. M. (1987). Writing *begins at home.* Auckland, NZ: Heinemann.

Clay, M. M. (1998). *By different paths to common outcomes.* York, ME: Stenhouse.

Clyde, J. A. (1987). *A collaborative venture: Exploring the socio-psycholinguistic nature of literacy.* Unpublished doctoral dissertation, Indiana University, Bloomington, IN.

Clyde, J. A., & Condon, M. (1992). Collaborating in coursework and in classrooms: An alternative for strengthening whole language teacher preparation cultures. In C. Weaver & L. Henke (Eds.), *Supporting whole language: Stories of teacher and institutional change* (pp. 87-104). Portsmouth, NH: Heinemann.

Comenius, J. A. (1887). *The orbis pictus.* Syracuse, NY: C. W. Bardeen.

Cousins, P. (1988). *The social construction of learning problems: Language use in a special education classroom.* Unpublished doctoral dissertation, Indiana University, Bloomington, IN.

全語言教育

Cunningham, J. W. (2001). The National Reading Panel Report. *Reading Research Quarterly, 36,* 326-335.

Dahl, K. L., & Freppon, P. A. (1992). *Learning to read and write in inner-city schools: A comparison of children's sense-making in skill-based and whole language classrooms.* Washington, DC: U. S. Department of Education, Office of Educational Research and Improvement.

Dahl, K. L., & Freppon, P. A. (1995). A comparison of inner-city children's interpretations of reading and writing instruction in the early grades in skills-based and whole language classroom. *Reading Research Quarterly, 30,* 50-74.

Dahl, K. L., & Scharer, P. L. (2000). Phonics teaching and learning in whole language classrooms: New evidence from research. *The Reading Teacher, 53,* 584-594.

Daniels, H. (1995). Whole language: What's the fuss? In D. Levine, R. Lowe, B. Peterson, & R. Tenorio (Eds.), *Rethinking schools: An agenda for change* (pp. 115-127). New York: The New Press.

de la Cruz. B. M. (1989). *Implementing a whole language curriculum to improve oral language competence in an inner-city kindergarten.* (ERIC Document Reproduction Service No. ED 313 145).

Dewey, J. (1916). *Democracy and education.* New York: Macmillan.

Dewey, J. (1938). *Experience and education.* New York: Macmillan.

Dewey, J. (1943). *The child and the curriculum.* Chicago, IL: University of Chicago.

DiStefano, P., & Killion, J. (1984). Assessing writing skills through a process approach. *English Eudcation, 16,* 203-207.

Doake, D. (1994). The myths and realities of whole language. In A. D. Flurkey and R. J. Meyer (Eds.), *Under the whole language umbrella* (pp. 125-157). Urbana, IL: National Council of Teachers of English.

Dobson, L. (1988). *Connections in Learning to write and read: A study of children's development through kindergarten and grade one.* (Technical Report

No. 418). Urbana-Champaign: University of Illinois, Center for the Study of Reading.

Doe, J. (1992). The bureaucratic undoing of a whole language school. In C. Weaver & L. Henke (Eds.), *Supporting whole language: Stories of teacher and institutional change* (pp. 187-204). Portsmouth, NH: Heinemann.

Donaldson, M., & Reid, J. (1982). Language skills and reading: A developmental perspective. In A. Henry (Ed.), *Teaching reading: The key issues* (pp. 1-14). London: Heinemann.

Durkin, D. (1966). *Children who read early.* New York: Teachers College Press.

Dyson, A. H. (1981). Oral language: The rooting system for learning to write. *Language Arts, 58,* 776-784.

Dyson, A. H. (1982). Reading, writing, and language: Young children solving the written language puzzle. *Language Arts, 59,* 829-39.

Dyson, A. H. (1983). *Social worlds of children learning to write in an urban primary school.* New York: Teachers College Press.

Dyson, A. H. (1985). Three emergent writers and the school curriculum: Copying and other myths. *The Elementary School Journal, 85,* 497-511.

Dyson, A. H. (1986). Children's early interpretations of writing: Expanding research perspectives. In D. B. Yaden & S. Templeton (Eds.), *Metalinguistic awareness and beginning literacy* (pp. 201-218). Portsmouth, NH: Heinemann.

Dyson, A. H. (1988). *Drawing, talking, and writing: Rethinking writing development.* (Occasional Paper No. 3), University of California, Berkeley, National Center For The Study Of Writing.

Dyson, A. H. (1989). *Multiple worlds of child writers: Friends learning to write.* New York: Teachers College Press.

Dyson, A. H. (1990). Weaving possibilities: Rethinking metaphors for early literacy development. *The Reading Teacher, 44,* 202-213.

Dyson, A. H. (1991). Viewpoints: The word and the world: Reconceptualizing

參考文獻

written language development. *Research in the Teaching of English, 25,* 97-123.

Dyson, A. H. (2001). Where are the childhoods in childhood literacy? An exploration in outer space. *Journal of Early Childhood Literacy, 1*(1), 9-39.

Dyson, A. H. (2002). Writing and children's symbolic repertoires. In S. B. Neuman & D. K. Dickinson (Eds.), *Handbook of early literacy research* (pp. 126-141). New York: The Guilford Press.

Dyson, A. H. (2004). Writing and the sea of voices: Oral language in, around, and about writing. In R. B. Ruddell & N. J. Unrau (Eds.), *Theoretical models and processes of reading* (5th ed., pp. 146-162). Newark, DE: International Reading Association.

Edelsky, C. (1994). Research about whole language; research for whole language In A. D. Flurkey & R. J. Meyer (Eds.), *Under the whole language umbrella* (pp. 64-84). Urbana, IL: National Council of Teachers of English.

Edelsky, C. (1998). It's a long story—And it's not done yet. In K. Goodman (Ed.), *In defense of good teaching* (pp. 39-55). York, ME: Stenhouse.

Edelsky, C., Altwerger. B., & Flores, B. (1991). *Whole language: What's the difference?* Portsmouth, NH: Heinemann.

Edelsky, C., Draper, K., & Smith, K. (1983). Hookin'em in at the start of school in a whole language classroom. *Anthropology and Education Quarterly, 14,* 257-281.

Ehri, L., Nunes, S. R., Willows, D. M., Schuster, B. V., Yaghoub-Zadeh, Z., & Shanahan, T. (2001). Phonemic awareness instruction helps children learn to read: Evidence from the National Reading Panel's meta-analysis. *Reading Research Quarterly, 36,* 250-287.

Eldredge, L., & Baird, J. (1996). Phoemic awareness training works better than whole language instruction for teaching first graders how to write. *Reading Research and Instruction, 35,* 193-208.

Elley, W. B., & Mangubhai, F. (1983). The impact of reading on second language learning. *Reading Research Quarterly, 19,* 53-67.

Ellis, L. (1998). We'll eat the elephant one bite at a time: The continuing battle for control of literacy education in Texas. In K. Goodman (Ed.), *In defense of good teaching* (pp. 87-105). York, ME: Stenhouse.

Engel, B. S. (1991). *Longfellow school literacy project: A five-year study of outcomes from a whole language program in the primary grades.* (ERIC Document Reproduction Service No. ED 344 185).

ERIC Clearinghouse on Languages and Linguistics (1998). *Developing language proficiency and connecting school to students' lives: Two standards for effective teaching.* (ERIC Document Reproduction Service No. ED 424 790).

Fader, D. (1968). *Hooked on books: Program and proof.* New York: Berkerley.

Farr, M. (1984 April). *State of the art: Children's early writing.* Paper presented at the 68th Annual Meeting of the American Educational Research Association, New Orleans, LA.

Farris, P. J., & Andersen, C. (1990). Adopting a whole language program for Learning Disabled students: A case study. *Reading Horizons, 31*(1), 5-13.

Ferreiro, E. (1978). What is written in a written sentence? A developmental answer. *Journal of Education, 160*(4), 25-39.

Ferreiro, E. (1984). The underlying logic of literacy development. In H. Goelman, A. Oberg, & F. Smith (Eds.), *Awakening to literacy* (pp. 154-173). Portsmouth, NH: Heinemann.

Ferreiro, E. (1986). The interplay between information and assimilation in beginning literacy. In W. H. Teale & E. Sulzby (Eds.), *Emergent literacy: Writing and reading* (pp. 15-49). Norwood, NJ: Ablex.

Ferreiro, E. (1990). Literacy development: Psychogenesis. In Y. Goodman (Ed.), *How children construct literacy: Piagetian perspectives* (pp. 12-25). Newark, DE: International Reading Association.

Ferreiro, E., & Teberosky, A. (1982). *Literacy before schooling.* Portsmouth, NH: Heinemann.

參考文獻

Files, J., & Wills, P. (1992). Learning from teachers how to support their growth. In C. Weaver & L. Henke (Eds.), *Supporting whole language: Stories of teacher and institutional change* (pp. 43-65). Portsmouth, NH: Heinemann.

Five, C. (1985). Teresa: A reciprocal learning experience for teacher and child. In J. Harste & D. Stephens (Eds.), *Toward practical theory.* Bloomington: Indiana University, Language Education Department.

Flurkey, A. D., & Meyer, R. J. (Eds.) (1994). *Under the whole language umbrella: Many cultures, many voices.* Urbana, IL: National Council of Teachers of English.

Foorman, B. R. (1995). Research on "The great debate": Code-oriented versus whole language approach to reading instruction. *School Psychology Review, 24,* 376-392.

Foorman, B. R., Francis, D. J., Beeler, T., Winikates, D., & Fletcher J. M. (1997). Early intervention for children with reading problems: Study designs and preliminary findings. *Learning Disabilities, 8,* 63-71.

Fox, M. (1993). *Radical reflections: Passionate opinions on teaching, learning, and living.* San Diego, CA: Harcourt Brace.

Freeman, D., & Freeman, Y. S. (1998). California reading: The pendulum swings. In K. Goodman (Ed.), *In defense of good teaching* (pp. 73-85). York, ME: Stenhouse.

Freeman, E. B., & Hatch, J. A. (1989). Emergent literacy: Reconceptualizing kindergarten practice. *Childhood Education, 66*(1), 21-24.

Freire, P. (1985). *Pedagogy of the oppressed.* New York: Herder and Herder.

Freppon, P. (1988). *An investigation of children's concepts of the purpose and nature of reading in different instructional settings.* Unpublished doctoral dissertation, University of Cincinnati, Cincinnati, OH.

Freppon, P. (1989 November). *An investigation of children's concepts of the purpose and nature of reading in different instructional settings.* Paper presented at the 39th National Reading Conference, Austin, TX.

Freppon, P. (1995). Low-income children's literacy interpretations in a skill-based and whole-language classroom. *Journal of Reading Behavior, 27,* 505-533.

Froese, V. (1996). Introduction to whole-language teaching and learning. In V. Froese (Ed.), *Whole-language: Practice and theory* (pp. 1-16). Boston: Allyn and Bacon.

Fullan, M., & Pomfret, A. (1977). Research on curriculum and instructional implementation. *Review of Educational Change, 47,* 335-397.

Galda, L., Cullinan, B., & Strickland, D. (1993). *Language, literacy, and the child.* Fort Worth, TX: Harcourt Brace.

Garan, E. (2001). Beyond the smoke and mirrors: A critique of the National Reading Panel report on phonics. *Phi Delta Kappan, 82,* 331-342

Garan, E. (2002). *Resisting reading mandates.* Portsmouth, NH: Heinemann.

Gardner, H. (1980). *Artful scribbles: The significance of children's drawings.* New York: Basic Books.

Gee, J. (1999). Critical issues: Reading and the new literacy studies: Reframing the National Academy of Sciences Report on Reading. *Journal of Literacy Research, 31,* 355-374.

Gee, J. (2000). Discourse and sociocultural studies in reading. In M. Kamil, P. Mosenthal, P. Pearson, & R. Barr (Eds.), *Handbook of Reading Research, Vol. III* (pp. 195-207). Mahwah, NJ: Erlbaum.

Gilles, C. (1996). Everybody needs a "Grip": Support groups for doctoral students. In K. Whitmore & K. Goodman (Eds.), *Whole language voices in teacher education* (pp. 49-52). York, ME: Stenhouse.

Goodman, D., & Curry, T. (1991). Teaching in the real world. In Y. Goodman, W. Hood, & K. Goodman (Eds.), *Organizing for whole language* (pp. 137-169). Portsmouth, NH: Heinemann.

Goodman, K. (1967). Reading: A psycholinguistic guessing game. *Journal of the Reading Specialist, 6,* 126-135.

Goodman, K. (1973). Miscue: Windows on the reading process. In K. Goodman

(Ed.), *Miscue analysis: Applications to reading education.* Urbana, IL: ERIC and National Council of Teachers of English.

Goodman, K. (1982). *Language, literacy, and learning.* London: Routledge Kagan Paul.

Goodman, K. (1984). Unity in reading. In A. Purves & O. Niles (Eds.), *Becoming readers in a complex society* (pp. 79-114). Chicago: University of Chicago Press.

Goodman, K. (1986). *What's whole in whole language.* Portsmouth, NH: Heinemann.

Goodman, K. (1989a). Beyond basal readers: Taking charge of your own teaching. In G. Manning & M. Manning (Eds.), *Whole language: Beliefs and practices, K- 8* (pp. 217-219). Washington, DC: National Education Association.

Goodman, K. (1989b). Preface. In K. Goodman, Y. Goodman, & W. Hood, (Eds.), *The whole language evaluation book* (pp. xi-xv). Portsmouth, NH: Heinemann.

Goodman, K. (1989c). Whole language research: Foundations and development. *The Elementary School Journal, 90,* 207-221.

Goodman, K. (1992a). I didn't found whole language. *The Reading Teacher, 46,* 188-199.

Goodman, K. (1992b). Why whole language is today's agenda in education. *Language Arts, 69,* 354-363.

Goodman, K. (1994). Reading, writing, and written texts: A transactional sociopsycholinguistic view. In R. B. Ruddell, M. R. Ruddell, & H. Singer (Eds.), *Theoretical models and processes of reading* (4th ed., pp. 1093-1130). Newark, DE: International Reading Association.

Goodman, K. (1996a). *On reading.* Portsmouth, NH: Heinemann.

Goodman, K. (1996b). Principles of revaluing. In Y. Goodman & A. Marek (Eds.), *Retrospective miscue analysis: Revaluing readers and reading* (pp. 13-20). Katonah, NY: Richard C. Owen.

Goodman, K. (1998). Who's afraid of whole language? Politics, paradigms, pedagogy, and the press. In K. Goodman (Ed.), *In defense of good teaching* (pp. 3-37). York, ME: Stenhouse.

Goodman, K., Bird, L., & Goodman, Y. (1991). What is whole language? In K. Goodman, L. Bird, & Y. Goodman (Eds.), *The whole language catalog* (pp. 4-5). Santa Rosa, CA: American School Publishers.

Goodman, K., & Goodman, Y. (1979). *A comprehension-centered whole language curriculum.* (Occasional Paper, No. 1). Tucson: University of Arizona, Program in Language and Literacy.

Goodman, K., & Goodman, Y. (1982). Learning to read is natural. In F. V. Gollasch (Ed.), *Language and literacy: The selected writings of Kenneth S. Goodman, Vol. II* (pp. 251-269). Boston: Routledge & Kegan Paul.

Goodman, K., & Goodman, Y. (1983). Reading and writing relationships: Pragmatic functions. *Language Arts, 60,* 590-599.

Goodman, K., Shannon, P., Freeman, Y., & Murphy, S. (1988). *Report card on basal readers.* Katonah, NY: Richard C. Owen.

Goodman, K., Smith, E., Meredith, R., & Goodman, Y. (1987). *Language and thinking in school.* Katonah, NY: Richard C. Owen.

Goodman, Y. (1984). The development of initial literacy. In H. Goelman, A. Oberg, & F. Smith (Eds.), *Awakening to literacy* (pp. 102-109). Portsmouth, NH: Heinemann.

Goodman, Y. (1985). Kidwatching: Observing children in the classroom. In A. Jaggar & M. Smith-Burke (Eds.), *Observing the language learner* (pp. 9-19). Newark, DE: International Reading Association.

Goodman, Y. (1986). Children coming to know literacy. In W. H. Teale & E. Sulzby (Eds.), *Emergent literacy: Writing and reading* (pp. 1-14). Norwood, NJ: Ablex.

Goodman, Y. (1989a). Evaluation of students: Evaluation of teachers. In K. Goodman, Y. Goodman, & W. Hood (Eds.), *The whole language evaluation book*

全語言教育

(pp.3-14). Portsmouth, NH: Heinemann.

Goodman, Y. (1989b). Roots of the whole language movement. *The Elementary School Journal, 90,* 113-127.

Goodman, Y. (1990). Discovering children's invention of written language. In Y. Goodman (Ed.), *How children construct literacy: Piagetian perspectives* (pp.1-11). Newark, DE: International Reading Association.

Goodman, Y. (1991). The history of whole language. In K. Goodman, L.B. Bird, & Y. Goodman (Eds.), *The whole language catalog* (pp.386-387). Santa Rosa, CA: American School Publishers.

Goodman, Y. (1992). A question about the past. In O. Cochrane (Ed.), *Questions and answers about whole language* (pp.1-5). Katonah, NY: Richard C. Owen.

Goodman, Y. (1996a). Kidwatching: An alternative to testing. In S. Wilde (Ed.), *Notes from a kidwatcher* (pp. 211-218). Portsmouth, NH: Heinemann.

Goodman, Y. (1996b). Revaluing readers while readers revaluing themselves: Retrospective miscue analysis. *The Reading Teacher 49,* 600-609.

Goodman, Y. (1996c). The roots of literacy. In S. Wilde (Ed.), *Notes from a kid-watcher* (pp. 121-147). Portsmouth, NH: Heinemann.

Goodman, Y., Altwerger, B., & Marek, A. (1989). *Print awareness in pre-school children: The development of literacy in pre-school children, research and review.* (Occasional Paper No. 4). Tucson: University of Arizona, Program in Language and Literacy.

Goodman, Y., & Goodman, K. (1993). Vygotsky in a whole language perspective. In L. C. Moll (Ed.), *Vygotsky and education* (pp. 223-250). Cambridge: Cambridge University Press

Goodman, Y., & Goodman, K. (2004). To err is human: Learning about language processed by analyzing miscues. In R. B. Ruddell & N. J. Unrau (Eds.), *Theoretical models and processes of reading* (5th ed., pp. 620-639). Newark, DE: International Reading Association.

Goodman, Y., Hood, W., & Goodman, K. (Eds.) (1991). *Organizing for whole language.* Portsmouth, NH: Heinemann.

Goodman, Y., & Marek, A. (1996). *Retrospective miscue analysis: Revaluing readers and reading.* Katonah, NY: Richard C. Owen.

Goodman, Y., Watson, D., & Burke, C. (1987). *Reading miscue inventory: Alternative procedures.* Katonah, NY: Richard C. Owen.

Gould, J. S. (1996). A constructivist perspective on teaching and learning in the language arts. In Fosnot, C. T. (Ed.), *Constructivism: Theory, Perspectives, and Practice* (pp. 92-102). New York: Teachers College Press.

Goulden, N. R. (1998). The roles of national and state standards in implementing speaking, listening, and media literacy. *Communication Education, 47,* 194-208.

Grave, D. (1975). An examination of the writing process of seven-year-old children. *Research in the Teaching of English, 9,* 227-241.

Grave, D. (1983). *Writing: Teachers and children at work.* Portsmouth, NH: Heinemann.

Grave, D. (1990). *Discover your own literacy.* Portsmouth, NH: Heinemann.

Greaney, V. (1980). Factors related to amount and type of leisure reading. *Reading Research Quarterly, 15,* 337-357.

Griffith, P. L., & Klesius, J. P. (1990 November). *The effect of phonemic awareness ability and reading instructional approach on first grade children's acquisition of spelling and decoding skills.* Paper presented at the 40th National Reading Conference, Miami, FL.

Grisham, D. L. (1993 April). *The integrated language arts: Curriculum enactments in whole language and traditional fourth grade classrooms.* Paper presented at the Annual Meeting of the 74th American Educational Research Association, Atlanta, GA.

Gross, P. A. (1991 December). *Interactive reading on the secondary level.* Paper presented at the 41st Annual Meeting of the National Reading Conference,

Palm Springs, CA.

Gross, P. A. (1992 December). *Sharing meaning: Whole language reader response at the secondary level.* Paper presented at the 42nd Annual Meeting of the National Reading Conference, San Antonio, TX.

Guskey, T. (1985). Staff development and teacher change. *Educational Leadership, 42* (7), 57-60.

Gutknecht, B. (1995). Learning about language learners: The case for informal assessment in the whole language classroom. In J. E. De Carlo (Ed.), *Perspectives in whole language* (pp. 289-297). Boston: Allyn and Bacon.

Hagerty, P., Hiebert, E., & Owens, M. (1989). Students' comprehension, writing, and perceptions in two approaches to literacy instruction. In B. McCormick & J. Zutell (Eds.), *Thirty-eighth yearbook of the National Reading Conference* (pp. 453-459). Chicago: National Reading Conference.

Hall, N. (1987). *The emergence of literacy.* Portsmouth, NH: Heinemann.

Halliday, M. A. K. (1977). *Explorations in the functions of language.* Portsmouth, NH: Heinemann.

Halliday, M. A. K. (1978). *Language as a social semiotic: The social interpretation of language and meaning.* Baltimore: University Park Press.

Halliday, M. A. K. (1980). Three aspects of children's language development: Learning language, learning through language, and learning about language. In Y. Goodman, M. Haussler, & D. S. Strickland (Eds.), *Oral and written language development research: Impact on the schools* (pp. 7-19). Urbana, IL: National Council of Teachers of English.

Halliday, M. A. K. (1983). *Learning how to mean.* New York: Elservier North-Holland.

Halliday, M. H. K. (2004). The place of dialogue in children's construction of meaning. In R. B. Ruddell & N. J. Unrau (Eds.), *Theoretical models and processes of reading* (5th ed., pp. 133-145). Newark, DE: International Reading Association.

Hansen, J. (1987). *When writers read.* Portsmouth, NH: Heinemann.

Harlin, R., Lipa, S. E., & Lonberger, R. (1991). *The whole language journey.* Markham, Ontario, Canada: Pippin.

Harp, B. (1993). The whole language movement. In B. Harp (Ed.), *Assessment and evaluation in whole language programs* (pp. 1-18). Norwood, MA: Christopher-Gordon.

Harste, J. (1989a). The future of whole language. *The Elementary School Journal, 90,* 243-249.

Harste, J. (1989b). *New policy guidelines for reading: Connecting research and practice.* Urbana, IL: National Council of Teachers of English.

Harste, J. (1992). We seem to have everyone now claiming to use whole language. Just what exactly is and what is not whole language? In O. Cochrane (Ed.), *Questions and answers about whole language* (pp. 7-11). Katonah, NY: Richard C. Owen.

Harste, J. (1994). New questions, different inquiries. In C. S. Smith (Ed.), *Whole language: The debate* (pp. 143-154). Bloomington, IN: EDINFO Press.

Harste, J., Burke, C., & Woodward, V. (1984). *Language stories and literacy lessons.* Portsmouth, NH: Heinemann.

Hartle-Schutte, D. (1991). Literate environment evaluation. In K. Goodman, L. Bird, & Y. Goodman (Eds.), *The whole language catalog* (p. 240). Santa Rosa, CA: American School Publishers.

Haussler, M. M. (1982). *Transitions into literacy: A psycholiguistic analysis of beginning reading in kindergarten and first grade children.* Unpublished doctoral dissertation, University of Arizona, Tucson.

Heath, S. B. (1983). *Ways with words: Language, life, and work in communities and classrooms.* Cambridge, England: Cambridge University Press.

Heath, S. B. (2004). The children of Trackton's children: Spoken and written language in social change. In R. B. Ruddell & N. J. Unrau (Eds.), *Theoretical models and processes of reading* (5th ed., pp. 187-209). Newark, DE: International Reading Association.

Heine, D., & Heine, P. (1996). A Cohort model for whole language study in the graduate school. In K. Whitmore & Y. Goodman (Eds.), *Whole language voices in teacher education* (pp. 214-221). York, ME: Stenhouse.

Heine, D., & Hornstein, S. (1996). Living and learning whole language with pre-service teachers. In K. Whitmore & Y. Goodman (Eds.), *Whole language voices in teacher education* (pp. 181-192). York, ME: Stenhouse.

Henkin, R. (1996). Something just clicked: Reflection through portfolios. In K. Whitmore & Y. Goodman. (Eds.), *Whole language voices in teacher education* (pp. 297-305). York, ME: Stenhouse.

Hillocks, G. (1986). *Research on written composition: New directions for teaching.* Urbana, IL: National Conference on Reading in English and ERIC Clearinghouse in Reading and Communication Skills.

Hillocks, G. Jr., & Smith, M. W. (1991). Grammar and usage. In J. Flood, M. Jensen, D. Lapp, & J. R. Squire (Eds.), *Handbook of research on teaching the English language arts* (pp. 591-603). New York: Macmillan.

Hines, V. A. (1972). Progessivism in practice. In J. R. Squire (Ed.), *Progressive education* (pp. 118-164). Washington, DC: Association for Supervision and Curriculum Development.

Hinnenkamp, B. (1991). *Reading and writing with a special needs student: A case study.* (ERIC Document Reproduction Service No. ED 326 846).

Holdaway, D. (1979). *Foundation of literacy.* Portsmouth, NH: Heinemann.

Holland, K. W., & Hall, L. E. (1989). Reading achievement in the first grade classroom: A comparison of basal and whole language approaches. *Reading Improvement, 26,* 323-329.

Hood, W. (1994). The triumphs and tribulations of a whole language teacher. In A. D. Flurkey & R. J. Meyer (Eds.), *Under the whole language umbrella* (pp. 309-330). Urbana, IL: National Council of Teachers of English.

International Reading Association & National Council of Teachers of English

(1989). *Cases in literacy: An agenda for discussion.* Newark, DE: International Reading Association.

International Reading Association & National Council of Teachers of English (1996). *Standards for the English Language Arts.* Newark, DE: International Reading Association.

Jacobs, L. (1965). *Using literature with young children.* New York: Teachers College Press.

Jeynes, W. H., & Littell, S. W. (2000). A meta-analysis of studies examining the effect of whole language instruction on the literacy of Low-SES students. *The Elementary School Journal, 101,* 21-33.

Johnson, D., Johnson, R., & Holubec, E. (1991). *Cooperation in the classroom.* Edina, MN: Interaction Book Co.

Johnson, T., & Louis, D. (1987). *Literacy through literature.* Portsmouth, NH: Heinemann.

Juel, C., Griffith, P. L., & Gough, P. B. (1986). Acquisition of literacy: A longitudinal study of children in first and second grade. *Journal of Educational Psychology, 78,* 243-255.

Kamii, C., Manning, M., & Manning, C. (1991). *Early literacy: A constructivist foundation for whole language.* Washington, DC: National Education Association.

Kaster, W. C., & Clarke, B. K. (1989). *Reading/writing readiness for preschool and kindergarten children: A whole language approach.* Sanibel, FL: Educational Research and Development Council.

Kelly, E., Rogers, C., Maslow, A., & Combs, A. (1962). *Perceiving, behaving, becoming.* New York: Association for Supervision and Curriculum Development.

Kersting, F., & Ferguson, J. (1988). *Narration in reading remediation.* (ERIC Document Reproduction Service No. ED 299 536).

Kilpatrick, W. (1936). *Foundations of method.* New Youk: Macmillan.

全語言教育

King, M. (1985). Language and language learning for child watchers. In A. Jaggar & M. T. Smith-Burke (Eds.), *Observing the language learning* (pp. 19-38). Urbana, IL: National Council of Teachers of English.

Klesius, J., Griffith, P., & Zielonka, P. (1991). A whole language and traditional instruction comparison: Overall effectiveness and development of the alphabetic principle. *Reading Research and Instruction, 30,* 47-61.

Knowles, M. (1973). *The adult learner: A neglected species.* Houston, TX: Gulf Publishing.

Krashen, S. (1995). School libraries, public libraries, and the NAEP reading scores. *School Library Media Quarterly, 23,* 235-237.

Krashen, S. (2001a). Does "pure" phonemic awareness training affect reading comprehension? *Perceptual and Motor Skills, 93,* 356-358.

Krashen, S. (2001b). More smoke and mirrors: A critique of the National Reading Panel report on fluency. *Phi Delta Kappan, 83,* 119-123.

Krashen, S. (2002a). The NRP comparison of whole language and phonics: Ignoring the crucial variable in reading. *Talking Points, 13*(3), 22-28.

Krashen, S. (2002b). Whole language and the great plummet of 1987-92: An urban legend from California. *Phi Delta Kappan, 83,* 748-753.

Krashen, S. (2003). *False claims about phonemic awareness, phonics, skills vs. whole language, and recreational reading.* NoChildLeft.com, 5, 1. http://nochildleft.com/2003/may03reading.html.

Krashen, S. (2004). False claims about literacy development. *Educational Leadership, 61*(6), 18-21.

Krogh, S. (1990). *The integrated early childhood curriculum.* New York: McGraw-Hill.

Lancy, D. F. (1994). *Children's emergent literacy: From research to practice.* Westport, CT: Praeger.

Landsman, L. T. (1990). Literacy development and pedagogical implications: Evidence from the Hebrew system of writing. In Y. M. Goodman (Ed.), *How children construct literacy: Piagetian perspective* (pp. 26-44). Newark, DL: International Reading Association.

Lee, D., & Allan, R. V. (1963). *Learning to read through experience.* New York: Appleton-Century-Crofts.

Lee, L. (1990). *Developing control of reading and writing in Chinese.* (Occasional Paper No. 20). Tucson: University of Arizona, Program in Language and Literacy.

Lee, L. (1995 March). *Emergent literacy for Chinese speaker.* Paper presented at Center for The Expansion of Language and Thinking, The San Francisco whole language Literacy Conference, San Francisco, CA.

Lee, L. (1998 November). *"We didn't know teaching could be this motivating!" A Taiwanese kindergarten's story of becoming a whole language kindergarten.* Paper presented at the Tucson TAWL Annual Conference, Tucson, AZ.

Lee, L. (2000 July). *A program reform to facilitate literacy and learning among kindergarten children.* Paper presented at the International Reading Association, 18th Word Congress on Reading, Auckland, New Zealand.

Lee, L. (2002 July). *Taiwanese children's literacy development.* Paper presented at International Reading Association, 19th World Congress on Reading, Edinburgh, Scotland, Great Britain.

Lee, L., & Lin, W. (2003 August). *Whole language in Taiwan.* Paper presented at International Development in Asia Committee of International Reading Association, The 3rd International Literacy Conference, Penang, Malaysia.

Leinhardt, G., Zigmond, N., & Coolery, W. (1981). Reading instruction and its effects. *American Educational Research Journal, 18,* 343-361.

Lester, N. B., & Onore, C. S. (1990). *Learning change.* Portsmouth, NH: Heinemann.

Lilley, I. M. (1967). *Friedrich Froebel: A selection from his writings.* Cambridge: Cambridge University Press.

Loughlin, C., & Suine, J. (1982). *The learning environment: An instructional*

全語言教育

strategy. New York: Teachers College Press.

Lyons, C. A., Pennel, G. S., Deford, D., & Clay, M. (1993). *Partners in learning: Teachers and children in reading recovery.* New York: Teachers College Press.

Machado, J. M. (1990). *Early childhood experiences in language arts.* Albany, NY: Delmar Publishers.

Mack, N., & Moore, E. (1992). Whole language support groups: A grassroots movement. In C. Weaver & L. Henke (Eds.), *Supporting whole language: Stories of teacher and institutional change* (pp. 105-121). Portsmouth, NH: Heinemann.

Maguire, M. H. (1989). Understanding and implementing a whole language program in Quebec. *The Elementary School Journal, 90,* 143-159.

Manning, G., & Manning, M. (1989). *Whole language: Beliefs and practices, K-8.* Washington, DC: National Education Association.

Manning, G., & Manning, M. (1995). Whole language portfolios: Assessment and evaluation to inform children, parents, and educators. In S. C. Raines (Ed.), *Whole language across the curriculum: Grads 1, 2, 3* (pp. 179-198). Newark, DE: International Reading Association.

Manning, M., & Kamii, C. (2000). Whole language vs. isolated phonics instruction: A longitudinal study in kindergarten with reading and writing tasks. *Journal of Research in Childhood Education, 15*(1), 53-65.

Manning, M., & Long, R. (1990). *Writing development of inner city primary students: Comparative effects of a whole language and a skill-oriented program.* (ERIC Document Reproduction Service No. ED 336 745).

Manning, M., & others (1989 November). *Effects of a whole language and a skill-oriented program on the literacy development of inner city primary children.* Paper presented at the Annual Meeting of the Mid-South Educational Research Association, New Orleans, LA.

Martens, P. (1996). *I already know how to read.* Portsmouth, NH: Heinemann.

Martin, B., Jr. (1974). *Sounds of language.* New York: Holt, Rinehart, & Winston.

Mason, J., & Sinha, S. (1993). Emerging literacy in the early childhood years: Applying a Vygotskian model of learning and development. In B. Spodek (Ed.), *Handbook of research on the education of young children* (pp. 137-150). New York: Macmillan.

Matlin, M., & Short, K. (1996). Study groups: Inviting teachers to learn together. In K. Whitmore & Y. Goodman. (Eds.), *Whole language voices in teacher education* (pp. 85-92). York, ME: Stenhouse.

Matthrews, M. K. (1992 April). *Gifted students and whole language: A descriptive study of four classrooms.* Paper presented at the Annual Meeting of the American Educational Research Association, San Francisco, CA.

McCaslin, M. M. (1989). Whole language: Theory, instruction, and future implementation. *The Elementary School Journal, 90,* 223-229.

McGee, L. M., & Purcell-Gates, V. (1997). So what's going on in research on emergent literacy? *Reading Research Quarterly, 32,* 310-319.

McKenna, M., Stratton, B., Grindler, M., & Jenkins, S. (1995). Differential effects of whole language and traditional instruction on reading attitudes, *Journal of Reading Behavior, 27,* 19-44.

McQuillan, J. (1998). *The literacy crisis: False claims and real solutions.* Portsmouth, NH: Heinemann.

Merver, K., & Hiebert, E. (1989). Literature-selection strategies and amount of reading in two literary approaches. In S. McCormick & J. Zutell (Eds.), *Thirty-eighth yearbook of the National Reading Conference* (pp. 529-535). Chicago: National Reading Conference.

Meyer, R., Goodman, Y., & Goodman, K. (1996). Continuous evaluation in a whole language preservice program. In K. Whitmore & Y. Goodman. (Eds.), *Whole language voices in teacher education* (pp. 256-267). York, ME: Stenhouse.

Michalove, B. (1989 November). *Engagement and community in a second grade classroom.* Paper presented at the 39th Annual Meeting of the National

Reading Conference, Austin, TX.

Michalove, B., Allen, J., & Shockley, B. (1993). *Engaging children: Community and chaos in the lives of young literacy learners.* Portsmouth, NH: Heinemann.

Miller, J. K., & Milligan, J. L. (1989 July). *A comparison of the whole language approach with a basal reader approach on the decoding and comprehending ability of beginning readers.* Paper presented at the 6th European Conference on Reading, Berlin, West Germany.

Milligan, J. L., & Berg, H. (1992). The effect of whole language on the comprehending ability of first grade children. *Reading Improvement, 29,* 146-154.

Mills, H. (1990). Teachers and children: Partners in learning. In H. Mills & J. A. Clyde (Eds.), *Portraits of whole language classrooms* (pp. 43-63). Portsmouth, NH: Heinemann.

Mills, H., & Clyde, J. A. (1990). *Portraits of whole language classrooms: Learning for all ages.* Portsmouth, NH: Heinemann.

Mills, H., & O'Keefe, T. (1990). *Accessing potential: Lesson from a "at risk" six-year-old.* (ERIC Document Reproduction Service No. ED 323 542).

Milz, V. (1982). *Young children write: The beginnings.* (Occasional Paper No. 5). Tucson: University of Arizona, Program for Language and Literacy.

Moe, A. (1989). Using picture books for reading vocabulary development. In J. Stewig & S. Sebesta (Eds.), *Using literature in the elementary classroom* (pp. 23-34). Urbana, IL: National Council of Teachers of English.

Moll, L., & Greenberg, J. (1990). Creating zones of possibilities: Combining social contexts for instruction. In L. Moll (Ed.), *Vygotsky and education* (pp. 319-348). Cambridge, England: Cambridge University Press.

Moore, A. (1990). *A whole language approach to the teaching of bilingual learners.* (Occasional Paper No. 15). (ERIC Document Reproduction Service No. ED 332 500).

Moore, C. (1990). *Increasing reading fluency for learning-disabled and remedial readers.* (ERIC Document Reproduction Service No. ED 323 519).

Morrow, L. (1992). The impact of a literature-based program on literacy achievement, use of literature, and attitudes of children from minority background. *Reading Research Quarterly, 17,* 250-275.

Morrow, L., O'Connor, E., & Smith, J. (1990). Effects of a story reading program on the literacy development of at-risk kindergarten children. *Journal of Reading Behavior, 22,* 255-275.

Murphy, S. (1998). The sky is falling: Whole language meets Henny Penny. In K. Goodman (Ed.), *In defense of good teaching* (pp. 159-173). York, ME: Stenhouse.

Murray, B., Stahl, S., & Ivey, M. G. (1996). Developing phoneme awareness through alphabet books. *Reading and Writing, 8,* 307-322.

Murray, D. (1986). *A writer teaches writing.* Boston: Houghton Mifflin.

Nation, K., & Hulme, C. (1997). Phonemic segmentation, not onset-rime segmentation, predicts early reading and spelling skills. *Reading Research Quarterly, 32,* 154-167

National Association for the Education of Young Children (1988). Position statement on standardized testing of young children 3 through 8 years of age. *Young Children, 43*(3), 42-47.

National Association for the Education of Young Children (1999). *Statement of the Position.* Washington, DC: Author.

National Association for the Education of Young Children & National Association of Early Childhood Specialists in State Department of Education (1992). Guidelines for appropriate curriculum content and assessment in programs serving children ages 3 through 8. In S. Bredekamp & T. Rosegrant (Eds.), *Reaching Potentials: Transforming Early Childhood Curriculum, Vol. I,* (pp. 9-27). Washington, DC: National Association for the Education of Young Children.

National Reading Pannel (2000). *Teaching children to read: An evidence-based assessment of the scientific research literature on reading and its implication for reading instruction.* Reports of the subgroups. Washington, DC: National Institute of Child Health and Human Development.

Neill, M. (2000). Transforming student assessment. In R. Robinson, M. McKenna, & J. Wedman (Eds.), *Issues and trends in literacy education* (pp. 136-152). Boston: Allyn & Bacon.

Neill, M. (2003). The dangers of testing. *Educational Leadership, 60*(5), 43-46.

Neuman, S. B. (1999). Books make a difference: A study of access to literacy. *Reading Research Quarterly, 34,* 286-311.

Neuman, S. B., Copple, C., & Bredekamp, S. (2000). *Learning to read and write: Developmentally appropriate practices for young children.* Washington, DC: National Association for the Education of Young Children.

Newman, J. M. (1983). On becoming a writer: Child and teacher. *Language Arts, 60,* 860-870.

Newman, J. M. (1985). Insights from recent reading and writing research and their implications for developing whole language curriculum. In J. M. Newman (Ed.), *Whole language: Theory in use* (pp. 1-36). Portsmouth, NH: Heinemann.

Newman, J. M. (1991). *Interwoven conversations: Learning and teaching through critical reflection.* Portsmouth, NH: Heinemann.

Newman, J. M., & Church, S. M. (1995). Myths of whole language. In J. E. De Carlo (Ed.), *Perspectives in whole language* (pp. 24-31). Boston: Allyn and Bacon.

Nigohosian, E. T. (1992). *Meeting the challenge of diversity: Applying whole language theory in the kindergarten with ESL Korean children.* (ERIC Document Reproduction Service No. ED 352 818).

Nistler, R. J., & Shepperson, G. M. (1990 November). *Exploring new directions for staff development: Teachers in charge of change.* Paper presented at the 40th Annual Meeting of the National Reading Conference, Miami, FL.

Oldfather, P. (1993). What students say about motivating experiences in a whole language classroom. *The Reading Teacher, 46,* 672-681.

Otto, B. W., & Iacono, M. (1990). *Implementing changes in reading instruction.* (ERIC Document Reproduction Service No. ED 323 526).

Owochi, G., & Goodman, Y. (2002). *Kidwatching: Ducumenting children's literacy development.* Portsmouth, NH: Heinemann.

Pace, G. (1992). Stories of teacher-initiated change from traditional to whole language literacy instruction. *The Elementary School Journal 92,* 481-476.

Pahl, M., & Monson, R. (1992). Nurturing a change in belief systems: Building a culture that prevents polarization and supports change. In C. Weaver & L. Henke (Eds.), *Supporting whole language: Stories of teacher and institutional change* (pp. 205-224). Portsmouth, NH: Heinemann.

Pardo, L. S. (1992). *Accommodating diversity in the elementary classroom: A look at literature-based instruction in an inner city school.* (ERIC Document Reproduction Service No. ED 353 575).

Patterson, L., & others (1996). Transforming practice together: Teacher educators and collaborative inquiry. In K. Whitmore & Y. Goodman. (Eds.), *Whole language voices in teacher education* (pp. 278-284). York, ME: Stenhouse.

Penton, J. (1979). *Reading in NZ schools: A survey of our theory and practice.* Auckland, New Zealand: Department of Education.

Phillips, L. A. (1990 December). *Weaving a web of literacy: A one-year evaluation of the implementation of a literature-based whole language approach.* Paper presented at the 11th Annual Meeting of the American Reading Forum, Sarasota, FL.

Piaget, J. (1967). *The child's conception of the world.* Totowa, NJ: Littlefield, Adams & Co.

Pierce, V. (1984). *Bridging the gap between language research/theory and practice: A Case study.* Unpublished doctoral dissertation, Texas Woman's University, Denton.

參考文獻

Pikulski, J. J. (1997). Reading and writing in kindergarten: Developmentally appropriate? *Reading Today, 15*(1), 24-27.

Purcell-Gates, V., McIntyre, E., & Freppon, P. A. (1995). Learning written storybook language in school: A comparison of low-SES children in skill-based and whole language classrooms. *American Educational Research Journal, 32,* 659-685.

Rafferty, C. D., & others (1991 December). *Developing a reading/writing curriculum for at-risk high school students.* Paper presented at the 41st Annual Meeting of he National Reading Conference, Palm Springs, CA.

Raines, S. C. (1995a). A first grade teacher becomes a whole language teacher. In S. C. Raines (Ed.), *Whole language across the curriculum: Grads 1, 2, 3.* (pp. 19-39). Newark, DE: International Reading Association.

Raines, S. C. (1995b). Reflecting on whole language. In S. C. Raines (Ed.), *Whole language across the curriculum: Grads 1, 2, 3.* (pp. 1-16). Newark, DE: International Reading Association.

Raines, S. C., & Canady, R. J. (1990). *The whole language kindergarten.* New York: Teachers College Press.

Raphael, T. E., & Brock, C. H. (1992 December). *Mei: Learning the literacy culture in an urban elementary school.* Paper presented at the 42nd Annual Meeting of the National Reading Conference, San Antonio, TX.

Read, C. (1971). Pre-school chidlren's knowledge of English phonology. *Harvard Educational Review, 41,* 1-34.

Read, C. (1975). *Children's categorization of speech sounds in English.* (Research Report No. 17). Urbana, IL: National Council of Teachers of English.

Remero, G. G. (1983). *Print awareness of the preschool bilingual Spanish-English speaking child.* Unpublished doctoral dissertation, University of Arizona, Tucson.

Reutzel, D. R., & Cooter, R. B. (1990). Whole language: Comparative effects on first grade reading achievement. *Journal of Educational Research, 83,*

252-257.

Rich, S. (1989). Restoring power to teachers: The impact of whole language. In G. Manning & M. Manning (Eds.), *Whole language: Beliefs and practices, K- 8* (pp. 220-228). Washington, DC: National Education Association.

Richardson, M., Apaza, J., & Graff, D. (1991). *Evaluation of whole language and traditional language arts instruction using a Cloze-Procedure Test for reading comprehension.* (ERIC Document Reproduction Service No. ED 339 012).

Roberts, R. B. (1991 November). *Writing abilities of first graders: Whole language and skill-based classrooms.* Paper presented at the Annual Meeting of the Mid-South Educational Research Association, Lexington, KY.

Rosen, H. (1984). *Stories and meanings.* Upper Montclair, NJ: Boynton.

Rosenblatt, L. (1976). *Literature through exploration.* New York: Noble & Noble.

Rosenblatt, L. (1978). *The reader, the text, the poem.* Carbondale, IL: Southern Illinois University Press.

Rosenblatt, L. (2004). The transactional theory of reading and writing. In R. B. Ruddell & N. J. Unrau (Eds.), *Theoretical models and processes of reading* (5th ed., pp. 1363-1398). Newark, DE: International Reading Association.

Roskos, K. (1990). *A naturalistic study of the ecological differences between whole language and traditional individualized instruction in ABE settings.* (ERIC Document Reproduction Service No. ED 329 769).

Rousseau, J. J. (1979). *Emile.* New York: Basik. (Translated by Allan Bloom).

Routman, R. (1988). *Transitions: From literature to literacy.* Portsmouth, NH: Heinemann.

Routman, R. (1997). Back to the basics of whole language. *Educational Leadership, 54*(5), 70-74.

Ruddell, R. B. (1994). The development of children's comprehension and motivation during storybook discussion. In R. B. Ruddell, M. R. Ruddell, & H. Singer (Eds.), *Theoretical models and processes of reading* (4th ed., pp.

參考文獻

281-296). Newark, DE: International Reading Association.

Ruddell, R. B., & Ruddell, M. R. (1994). Language acquisition and literacy pro-
cesses. In R. B. Ruddell, M. R. Ruddell, & H. Singer (Eds.), *Theoretical
models and processes of reading* (4th ed., pp. 83-103). Newark, DE: Interna-
tional Reading Association.

Ruddell, R. B., & Speacker, R. B. (1985). The interactive reading process: A mod-
el. In H. Singer & R. B. Ruddell (Eds.), *Theoretical models and processes of
reading* (3rd ed., pp. 751-793). Newark, DE: International Reading Associ-
ation.

Ruddell, R. B., & Unrau, N. J. (2004). Reading as a meaning construction process:
The reader, the text, and the teacher. In R. B. Ruddell & N. J. Unrau (Eds.),
Theoretical models and processes of reading (5th ed., pp. 1462-1521). Ne-
wark, DE: International Reading Association.

Sadler, J. E. (Ed.) (1969). *Comenius.* London: MacMillan.

Salinger, T. (1998). How do we assess young children's literacy learning. In S.
Neuman & K. Roskos (Eds.), *Children achieving* (pp. 223-249). Newark,
DE: International Reading Association.

Schafer, V. (1989). *The effects of teaching a whole language philosophy to second
grade students.* (ERIC Document Reproduction Service No. ED 309 400).

Scherer, M. (2004). What works in reading? *Educational Leadership, 61*(6), 5.

Schieffelin, B. B., & Cochran-Smith, M. (1984). Learning to read culturally: Li-
teacy befor schooling. In H. Geolman, A. Oberg, & F. Smith (Eds.),
Awakening to literacy (pp. 3-23). Portsmouth, NH: Heinemann.

Schleper, D. R. (1993). Whole language works...and I've got proof. *Perspectives
in Education and Deafness, 11*(3), 10-15.

Sebesta, S. (1989). Literature across the curriculum. In J. Stewig & S. Sebesta
(Eds.), *Using literature in the elementary classroom.* (pp. 110-128). Urbana,
IL: National Council of Teachers of English.

Serebrin, W., & Irvine, J. (1996). Empowering ourselves to inquire: Teacher education as a collaborative enterprise. In K. Whitmore & Y. Goodman (Eds.), *Whole language voices in teacher education* (pp. 169-180). York, ME: Stenhouse.

Shanahan, T., & Neuman, S. B. (1997). Literacy research that makes a difference. *Reading Research Quarterly, 32,* 202-210.

Shannon, P. (1983). The use of commercial reading materials in American elementary schools. *Reading Research Quarterly, 19,* 68-85.

Shannon, P. (1989). *Broken promises: Reading instruction in twentieth-century America.* New York: Bergin & Garvey.

Shannon, P. (1990). *The struggle to continue: Progressive reading instruction in the United States.* Portsmouth, NH: Heinemann.

Shannon, P., & Goodman, K. (Eds.) (1994). *Basal readers: A second look.* Katonah, NY: Richard C. Owen.

Shaw, P. A. (1991). A selected review of research on whole language. *Journal of the Wisconsin State Reading Association, 35*(1), 3-17.

Shockley, B. (1989 November). *Sing a song of Joseph.* Paper presented at the 39th Annual Meeting of the National Reading conference, Austin, TX.

Short, K. (1996). Balancing action and reflection in student teaching. In K. Whitmore & Y. Goodman (Eds.), *Whole language voices in teacher education* (pp. 43-48). York, ME: Stenhouse.

Short, K., Burke, C. (1989). New potentials for teacher education: Teaching and learning as inquiry. *The Elementary School Journal, 90,* 193-206.

Short, K., Harste, J., & Burke, C. (1996). *Creating classrooms for authors and inquirers.* Portsmouth, NH: Heinemann.

Silber, K. (1960). *Pestalozzi: The man and his work.* London: Routledge & Kogan Paul.

Simich-Dudgeon, C. (1989). *English literacy development: A approaches and strategies that work with limited English proficient children and adults.* (ERIC Document Reproduction Service No. ED 318 274).

參考文獻

Siu-Runyan, Y. (1992). Supporting teacher growth. In C. Weaver & L. Henke (Eds.), *Supporting whole language: Stories of teacher and institutional change* (pp. 67-86). Portsmouth, NH: Heinemann.

Slaughter, H. B., & others (1985 March). *Contextual differences in oral and written discourse during early literacy instruction.* Paper presented at the 69th Annual Meeting of the American Educational Research Association, Chicago, IL.

Slavin, R. (1991). Synthesis of research on cooperative learning. *Educational Leadership, 48*(5), 71-82.

Smith, F. (1973). *Psycholinguistics and reading.* New York: Holt. Rinehart & Winston.

Smith, F. (1976). Learning to read by reading. *Language Arts, 53,* 197-199, 322.

Smith, F. (1981). Demonstrations, engagement, and sensitivity: A revised approach to language learning. *Language Arts, 58,* 103-112.

Smith, F. (1988). *Joining the literacy club: Further essays into education.* Portsmouth, NH: Heinemann.

Smith, F. (1992). Learning to read: The never-ending debate. *Phi Delta Kappan, 73,* 432-35, 438-41.

Smith, F. (1994). *Understand reading.* Hillsdale, NJ: Erlbaum.

Smith, F. (1997). *Reading without nonsense.* New York: Teachers College Press.

Smith, F. (2003). *Unspeakable acts, unnatural practices: Flaws and fallacies in "scientific" reading instruction.* Portsmouth, NH: Heinemann.

Smith, M. S. (1990). *A study of the socialization of student teachers with a whole language perspective.* (ERIC Document Reproduction Service No. ED 329 903).

Smith, M. S. (1992 March). *Manifesting a whole language perspective: Novice teachers in action.* Paper presented at the Creating the Quality School Conference, Norman, OK.

Snow, M. B., Garry, M., & Engel, B. S. (1989 November). *Assessing a whole lan-*

guage program: A five-year study. Paper presented at the 79th Annual Meeting of the National Council of Teachers of English, Baltimore, MD. (ERIC Document Reproduction Service No. ED 333 342).

Soundy, C. (1991). Classroom comparisons of young children reading collaboratively. *Reading Instruction Journal, 34,* 13-16.

Stahl, S. A., McKenna, M., & Pagnucco, J. (1994). The effects of whole-language instruction: An update and reappraisal. *Educational Psychology, 29,* 175-185.

Stahl, S. A., & Miller, P. D. (1989). Whole language and language experience approaches for beginning reading: A quantitative research synthesis. *Review of Educational Research, 59,* 87-116.

Steele, J. L., & Meredith, K. (1993). *A districtwide staff development program for transitioning from basal to a whole language literacy program: The teacher educator's role as a partner in the change process.* (ERIC Document Reproduction Service No. ED 356 189).

Stevens, R., & Slavin, R. (1995). Effects of a cooperative learning approach in reading and writing on academically handicapped and non-handicapped students. *The Elementary School Journal, 95,* 241-262.

Stice, C. F., & Bertrand, N. P. (1990). *Whole language and the emergent literacy of at-risk children: A two year comparative study.* (ERIC Document Reproduction Service No. ED 324 636).

Stice, C. F., Thompson, D. L., & Bertrand, J. E. (1991). *Literacy development in two contrasting classrooms: Building models of practice toward a theory of practice.* (ERIC Document Reproduction Service No. ED 340 004).

Sulentic, M. M. (1989). *Whole language for high-risk students: A descriptive study.* (ERIC Document Reproduction Service No. ED 323 490).

Sulzby, E. (1986). Writing and reading: Signs of oral and written language organization in the young children. In W. H. Teale & E. Sulzby (Eds.), *Emergent literacy: Writing and reading* (pp. 50-89). Norwood, NJ: Ablex.

參考文獻

Taylor, B. M., Frye, B., & Maruyama, G. (1990). Time spent reading and reading growth, *American Educational Research Journal, 27,* 351-362.

Taylor, D. (1983). *Family literacy: Young children learning to read and write.* Portsmouth, NH: Heinemann.

Taylor, D. (1990). Teaching without testing: Assessing the complexity of children's literacy learning. *English Education, 22,* 4-74.

Taylor, D. (1997). *Many families, many literacies: An international declaration of principles.* Portsmouth, NH: Heinemann.

Taylor, D., & Dorsey-Gaines, C. (1988). *Growing up literate: Learning from inner-city families.* Portsmouth, NH: Heinemann.

Teale, W. H. (1984). Reading to young children: Its significance for literacy development. In H. Goelman, A. A. Oberg, & F. Smith (Eds.), *Awakening to literacy* (pp. 110-121). Portsmouth, NH: Heinemann.

Teale, W. H., & Sulzby, E. (1986). Introduction: Emergent literacy as a perspective for examining how young children become writers and readers. In W. H. Teale & E. Sulzby (Eds.), *Emergent literacy: Writing and reading* (pp. vii-xxv). Norwood, NJ: Ablex.

Teberosky, A. (1990). The language young children write: Reflections on a learning situation. In Y. Goodman (Ed.), *How children construct literacy: Piagetian perspective* (pp. 45-58). Newark, DE: International Reading Association.

Thompson, R. A. (1971). *Summarizing research pertaining to individualized reading.* (ERIC Document Reproduction Service No. ED 065 836).

Traw, R. (1996). Large-scale assessment of skills in a whole language curriculum: Two districts experience. *Journal of Educational Research, 89,* 323-339.

Tunnell, M. O., & Jacobs, J. S. (1989). Using "real" books: Research findings on literature based reading instruction. *The Reading Teacher, 42,* 470-477.

Vacca, R. T., & Rasinski, T. V. (1992). *Case studies in whole language.* Fort Worth, TX: Harcourt Brace Jovanovich College Publishers.

全語言教育

Valencia, S. W. (1997). Authentic classroom assessment of early reading: Alternatives to standardized tests. *Preventing School Failure, 41*(2), 63-70.

Varble, M. E. (1990). Analysis of writing sample of students taught by teachers using whole language and traditional approaches. *Journal of Educational Research, 83,* 245-251.

Veatch, J. (1985). *How to teach reading with children's books.* Katonah, NY: Richard C. Owen.

Vellutino, E. R., & Scanlon, D. M. (1987). Phonological coding, phonological awareness, and reading ability: Evidence from a longitudinal and experimental study. *Merrill-Palmer Quarterly, 33,* 321-363.

Vygotsky, L. S. (1978). *Mind in society.* Cambridge, MA: Harvard University Press.

Vygotsky, L. S. (1986). *Thought and language.* Cambridge, MA: MIT Press.

Wagner, R. K. (1988). *Causal relations between the development of higher psychological processes.* Cambridge, MA: Harvard University Press.

Wagner, R. K., & Torgesen, J. (1987). The nature of phonological processing and its causal role in the acquisition of reading skills. *Psychological Bulletin, 101,* 192-212.

Watson, D. (Ed.) (1987). *Ideas and insights: Language arts in the elementary school.* Urbana, IL: National Council of Teachers of English.

Watson, D. (1989). Defining and describing whole language. *The Elementary School Journal, 90,* 129-141.

Watson, D. (1990). *Action, reflection and reflexivity: Thinking in the whole language classroom.* (ERIC Document Reproduction Service No. ED 322 474).

Watson, D. (1991). Teacher support Groups: Reaching out, bringing in. In Y. Goodman, W. Hood, & K. Goodman (Eds.), *Organizing for whole language* (pp. 373-382). Portsmouth, NH: Heinemann.

Watson, D., Burke, C., & Harste, J. (1989). *Whole language: Inquiring Voices.* New York: Scholastic.

Watson, D., Jenkins, P., & King, D. (1996). Creating communities of learners. In

參考文獻

K. Whitmore & Y. Goodman (Eds.), *Whole language voices in teacher education* (pp. 17-21). York, ME: Stenhouse.

Weaver, C. (1990). *Understanding whole language: From principles to practice.* Portsmouth, NH: Heinemann.

Weaver, C. (1991). Whole language and its potential for developing readers. *Topics in Language Disorders, 1*(3), 28-44.

Weaver, C. (1992). A whole language belief system and its implications for teacher and institutional change. In C. Weaver & L. Henke (Eds.), *Supporting whole language: Stories of teacher and institutional change* (pp. 3-26). Portsmouth, NH: Heinemann.

Weaver, C., & Brinkley, E. H. (1998). Phonics, whole language, and the religious and political right. In K. Goodman (Ed.), *In defense of good teaching* (pp. 127-141). York, ME: Stenhouse.

Weaver, C., Gillmeister-Krause, L., & Vento-Zogby, G. (1996). *Creating support for effective literacy education.* Portsmouth, NH: Heinemann.

Weber, L. (1973). Letter from the director. *Notes from workshop center for open education, 2,* 2, New York: City College.

Weed, J. (1991). Living daily in a whole language classroom. In Y. Goodman, W. Hood, & K. Goodman (Eds.), *Organizing for whole language* (pp. 84-94). Portsmouth, NH: Heinemann.

Weintraub, S. (Ed.). (1992-1997). *Summary of investigations related to reading.* Newark, DE: International Reading Association.

Wells, G. (1986). *The meaning makers.* Portsmouth, NH: Heinemann.

West. K. R. (1998). Noticing and responding to learners: Literacy evaluation and instruction in the primary grades. *The Reading Teacher, 51,* 550-559.

Whitmore, K., & Crowell, C. (1994). *Inventing a classroom: Life in a bilingual, whole language learning community.* York, ME: Stenhouse.

Whitmore, K., & Goodman, Y. (1995). Transforming curriculum in language and literacy. In S. Bredekamp & T. Rosegrant (Eds.), *Reaching Potentials: Trans-*

forming Early Childhood Curriculum Vol. II (pp. 145-166). Washington, DC: National Association for Education of Young Children.

Whitmore, K., & Goodman, K. (1996). Practicing what we teach: The principles that guide us. In K. Whitmore & Y. Goodman. (Eds.), *Whole language voices in teacher education* (pp. 1-16). York, ME: Stenhouse.

Wilde, S. (1992). *You kan red this! Spelling and punctuation for whole language classrooms, K-6.* Portsmouth, HM: Heinemann.

Windsor, S., & Others (1991). Parent supporting whole language. In Y. Goodman, W. Hood & K. Goodman (Eds.), *Organizing for whole language* (pp. 284-299). Portsmouth, NH: Heinemann.

Wood, K., & Busching, B. (1996). Conversation as exploration: Teachers collaborating to know what they know. In K. Whitmore & Y. Goodman (Eds.), *Whole language voices in teacher education* (pp. 93-103). York, ME: Stenhouse.

Wright, T. A. (1990). *Improving oral language skills in kindergarten students through the use of the whole language approach.* (ERIC Document Reproduction Service No. ED 323 503).

參考文獻

國家圖書館出版品預行編目資料

全語言教育／李連珠著. -- 初版. -- 臺北市：心理, 2006（民 95）
　　面；　公分. --（語文教育；9）
參考書目：面

ISBN 978-957-702-771-9（平裝）

1.語言學—教學法　　2.學前教育—教學法

523.23　　　　　　　　　　　　　　　　94002928

語文教育 9　　**全語言教育**

作　　者：李連珠
執行編輯：李　晶
總 編 輯：林敬堯
發 行 人：洪有義
出 版 者：心理出版社股份有限公司
社　　址：台北市和平東路一段 180 號 7 樓
總　　機：(02) 23671490　　傳　真：(02) 23671457
郵　　撥：19293172　心理出版社股份有限公司
電子信箱：psychoco@ms15.hinet.net
網　　址：www.psy.com.tw
駐美代表：Lisa Wu　Tel：973 546-5845　Fax：973 546-7651
登 記 證：局版北市業字第 1372 號
電腦排版：臻圓打字印刷有限公司
印 刷 者：東縉彩色印刷有限公司
初版一刷：2006 年 6 月
初版二刷：2008 年 8 月

定價：新台幣 600 元　　■ 有著作權・侵害必究 ■
ISBN 978-957-702-771-9

讀者意見回函卡

No. _____　　　　　　　　　　填寫日期：　年　月　日

感謝您購買本公司出版品。為提升我們的服務品質，請惠填以下資料寄回本社【或傳真(02)2367-1457】提供我們出書、修訂及辦活動之參考。您將不定期收到本公司最新出版及活動訊息。謝謝您！

姓名：_____　　性別：1□男　2□女

職業：1□教師 2□學生 3□上班族 4□家庭主婦 5□自由業 6□其他____

學歷：1□博士 2□碩士 3□大學 4□專科 5□高中 6□國中 7□國中以下

服務單位：_____　部門：_____　職稱：_____

服務地址：_____　電話：_____　傳真：_____

住家地址：_____　電話：_____　傳真：_____

電子郵件地址：_____

　書名：_____

一、您認為本書的優點：（可複選）

　❶□內容 ❷□文筆 ❸□校對 ❹□編排 ❺□封面 ❻□其他____

二、您認為本書需再加強的地方：（可複選）

　❶□內容 ❷□文筆 ❸□校對 ❹□編排 ❺□封面 ❻□其他____

三、您購買本書的消息來源：（請單選）

　❶□本公司 ❷□逛書局⇨_____書局 ❸□老師或親友介紹

　❹□書展⇨____書展 ❺□心理心雜誌 ❻□書評 ❼其他_____

四、您希望我們舉辦何種活動：（可複選）

　❶□作者演講 ❷□研習會 ❸□研討會 ❹□書展 ❺□其他____

五、您購買本書的原因：（可複選）

　❶□對主題感興趣 ❷□上課教材⇨課程名稱_____

　❸□舉辦活動　❹□其他_____　（請翻頁繼續）

心理出版社 股份有限公司

台北市 106 和平東路一段 180 號 7 樓

TEL: (02) 2367-1490
FAX: (02) 2367-1457
EMAIL:psychoco@ms15.hinet.net

沿線對折訂好後寄回

六、您希望我們多出版何種類型的書籍

❶□心理 ❷□輔導 ❸□教育 ❹□社工 ❺□測驗 ❻□其他

七、如果您是老師，是否有撰寫教科書的計劃：□有□無

書名／課程：＿＿＿＿＿＿＿＿＿＿＿＿＿＿＿＿＿＿＿＿

八、您教授／修習的課程：

上學期：＿＿＿＿＿＿＿＿＿＿＿＿＿＿＿＿＿＿＿＿＿＿

下學期：＿＿＿＿＿＿＿＿＿＿＿＿＿＿＿＿＿＿＿＿＿＿

進修班：＿＿＿＿＿＿＿＿＿＿＿＿＿＿＿＿＿＿＿＿＿＿

暑　假：＿＿＿＿＿＿＿＿＿＿＿＿＿＿＿＿＿＿＿＿＿＿

寒　假：＿＿＿＿＿＿＿＿＿＿＿＿＿＿＿＿＿＿＿＿＿＿

學分班：＿＿＿＿＿＿＿＿＿＿＿＿＿＿＿＿＿＿＿＿＿＿

九、您的其他意見

＿＿＿＿＿＿＿＿＿＿＿＿＿＿＿＿＿＿＿＿＿＿＿＿＿＿

謝謝您的指教！　　　　　　　　　　　　　48009